高等职业教育“十一五”规划教材

高职高专数控模具教材系列

机械设计基础

刘美玲　雷振德　主　编
李　明　程昌宏
林承全　刘明皓　副主编

科学出版社
北京

内 容 简 介

全书分两篇共 11 章。第一篇介绍工程实际中各种典型机构的静力分析与构件承载能力分析；第二篇主要内容是常用机构的组成和工作原理、各种常用机械传动的基本知识及设计，其中包括平面连杆机构、凸轮机构、带传动与链传动、齿轮传动等。

本书可作为高职高专院校模具、数控技术应用、汽车等机械类和近机类各专业机械设计的基础课程教材，也可供相关工程科技人员参考。

图书在版编目(CIP)数据

机械设计基础/刘美玲，雷振德主编. —北京：科学出版社，2005
（高等职业教育“十一五”规划教材 · 高职高专数控模具教材系列）
ISBN 978-7-03-015781-2

Ⅰ.机… Ⅱ. ①刘… ②雷…Ⅲ.机械设计-高等学校：技术学校-教材
Ⅳ. TH122

中国版本图书馆 CIP 数据核字（2005）第 068122 号

责任编辑：庞海龙 / 责任校对：刘彦妮
责任印制：吕春珉 / 封面设计：耕者设计工作室

科学出版社 出版
北京东黄城根北街16号
邮政编码:100717
http://www.sciencep.com
双青印刷厂 印刷

科学出版社发行 各地新华书店经销
*
2005 年 8 月第 一 版 开本：787×1092 1/16
2009 年 12 月第六次印刷 印张：23 1/4
印数：17 001—19 000 字数：526 000

定价：32. 00 元

（如有印装质量问题，我社负责调换<路通>）

销售部电话 010-62136131 编辑部电话 010-62138978-8006（VT03）

本书编写人员

主　编　刘美玲　雷振德

副主编　李　明　程昌宏　林承全　刘明皓

撰稿人（按姓氏笔画排序）

刘明皓　刘美玲　李　明

程昌宏　雷振德　林承全

出版说明

进入21世纪，国际竞争日趋激烈，竞争的焦点是人才的竞争，是全民素质的竞争。人力资源在增强国家综合国力方面发挥着越来越重要的作用，而人力资源的状况归根结底取决于教育发展的整体水平。

教育部在《2003～2007年教育振兴行动计划》中明确了今后5年将进行六大重点工程建设：一是“新世纪素质教育工程”，以进一步全面推进素质教育；二是“就业为导向的职业教育与培训工程”，以增强学生的就业、创业能力；三是“高等学校教学质量与教学改革工程”，以进一步深化高等学校的教学改革；四是“教育信息化建设工程”，以加快教育信息化基础设施、教育信息资源建设和人才培养；五是“高校毕业生就业工程”，以建立更加完善的高校毕业生就业信息网络和指导、服务体系；六是“高素质教师和管理队伍建设工程”，以完善教师教育和终身学习体系，进一步深化人事制度改革。

职业教育事业在改革中加速发展，使我国的经济建设和社会发展能力显著增强。各地和各级职业院校坚持以服务为宗旨、以就业为导向，正大力实施“制造业与现代服务业技能型紧缺人才培养培训计划”和“农村劳动力转移培训计划”，并密切与企业、人才、劳务市场的合作，进一步优化资源配置和布局结构，深化管理体制和办学体制改革，以使这一事业发展势头良好。

科学出版社本着“高水平、高质量、高层次”的三高精神和“严肃、严密、严格”的三严作风，集中相关行业专家、各职业院校双优型教师，编写了高职高专层次的基础课、公共课教材，各类紧缺专业、热门专业教材，实训教材，同时还引进了相关特色教材，其中包括如下三个部分：

1. 高职高专基础课、公共课教材系列

  (1) 基础课教材系列

  (2) 公共课教材系列

2. 高职高专专业课教材系列

  (1)紧缺专业教材系列

    ——软件类专业系列教材

    ——数控技术类专业系列教材

    ——护理类专业系列教材

  (2)热门专业教材系列

    ——电子信息类专业系列教材

——交通运输类专业系列教材

——财经类专业系列教材

——旅游类专业系列教材

——生物技术类专业系列教材

——食品类专业系列教材

——精细化工类专业系列教材

——艺术设计类专业系列教材

——建筑工程专业系列教材

3. 高职高专特色教材系列

(1)高职高专实训系列教材

(2)国外职业教育优秀系列教材

本套教材建设的宗旨是以学校的选择为依据，以方便教师授课为标准，以理论知识为主体，以应用型职业岗位需求为中心，以素质教育、创新教育为基础，以学生能力培养为本位，力求突出以下特色：

1. 理念创新：秉承"教学改革与学科创新引路，科技进步与教材创新同步"的理念，根据新时代对高等职业教育人才的需求，出版一系列体现教学改革最新理念、内容领先、思路创新、突出实训、成系列配套的高职高专教材。

2. 方法创新：摒弃"借用教材、压缩内容"的滞后方法，专门开发符合高职特点的对口教材。在对职业岗位所需求的专业知识和专项能力进行科学分析的基础上，引进了国外先进的教材，以确保符合职业教育的特色。

3. 特色创新：加大实训教材的开发力度，填补空白，突出热点，积极开发紧缺专业、热门专业的教材。对于部分教材，提供了"课件"、"教学资源支持库"等立体化的教学支持，以方便教师教学与学生学习。对于部分专业、组织编写"双证教材"，注意将教材内容与职业资格、技能证书进行衔接。

4. 内容创新：在教材的编写过程中，力求反映知识更新和科技发展的最新动态，新知识、新技术、新内容、新工艺、新案例及时反映到教材中，体现了高职教育专业紧密联系生产、建设、服务、管理一线的实际要求。

欢迎广大教师、学生在使用本系列教材时提出宝贵意见，以便我们将来进一步做好修订工作，出版更多的精品教材。

科学出版社

前　言

本书是根据教育部制定的高职高专教育机械设计基础课程教学基本要求，结合多所院校多年的教改经验编写而成的，主要适用于模具、数控技术应用、汽车等机械类、近机械类各专业两年制和三年制学生的教学，参考学时数为100~120学时。

本书主要特色如下：

（1）教材体系新

①本书除绪论外共11章，第1、2、3、5、6等章是本书的主体，其内容按照机械的受力分析、承载能力、组成结构、工作原理分析、零件设计这样的顺序进行编排。这种编排体系与机械设计的一般程序是一致的，可以使学生在学习本书的过程中自觉地了解和掌握机械设计的一般过程。

②考虑本书既有理论性、又有实践性的特点以及机电一体化的发展趋势，将全书分成两篇。第一篇主要介绍工程实际中各种典型零部件受力分析与承载能力计算等，理论性比较强，但所举实例均为模具机构和汽车传动机构中的构件受力及强度计算；第二篇的主要内容是机械的组成和工作原理、各种常用机械传动的基本知识及设计，具有很强的实践性。

（2）内容整合力度大

例如，本书将原理论力学中的静力学知识按照由基本概念、基本定理、平面力系到空间力系这一由浅入深的顺序整合成一章；将原材料力学中的四种基本变形及组合变形整合为一章；将原机械设计中的齿轮传动和蜗杆传动按平面齿轮传动和空间齿轮传动重新整合。

（3）实践性较强

对基本理论，本书遵循“必需、够用为度”和“掌握概念、强化应用”的原则，对各种公式不作详细推导，例题和习题的编写突出理论的应用性，且所举实例在今后专业课中均会用到。

（4）采用了最新的国家标准

由于本书的教改力度较大，一定存在不足之处，加之编者水平有限，书中的错漏之处在所难免，恳请广大读者批评指正。

目　录

第二篇　机械原理与机械零件

绪　论

0.1 课程概述

0.1.1 引言

在国民经济建设和人们的日常生活中，机械是常常用到的，其作用非常大。尤其是在现代工业各领域内，广泛使用各种机械进行生产是最为主要的生产方式，从最早的杠杆原理、手摇纺车等一步步发展到今天的起重机、汽车、内燃机、缝纫机、洗衣机、冲压机、注塑机、机器人、计算机等种类繁多、结构复杂、技术先进、功能全面的机械。可以说机械的发展、新机器的诞生推动着工业革命的到来，推动着生产力的进步和社会的向前发展。因此，制造业发展水平的高低是衡量一个国家生产力水平高低的重要标志之一。

在现代社会里，除机械制造行业外，在其他的工业行业（如采矿、冶金、化工、建筑、轻纺、食品、电力、电子、供热制冷等）中的近机械类和非机械类的工程技术人员和管理人员，同样也要经常接触各种机械设备，并要处理许多与机械有关的问题。因此，掌握一定的机械方面的基本知识，对他们来说非常必要。由于专业要求和学时的限制，对近机械类和非机械类各专业，不可能设置有关机械方面的一系列课程。本书能为这些专业的学生提供有关机械方面的最必要的基本理论和基本知识，让他们对机构的组成原理、机构的受力特点等方面的知识有一个清醒的认识，并对简单机械有初步设计的能力，这就是编写本书的主要目的。

0.1.2 课程的研究对象及课程内容

本书以各种机械中的常用机构及通用零部件为研究对象。

本书内容按照分析已有机械受力和设计新机械的一般程序进行编排，同时兼顾相关学科的传统体系。总体上，本书内容共包括两篇。

第一篇主要介绍组成平面机构的构件在载荷作用下的静力分析的基本理论；组成构件的各类零件承载能力的分析与计算。

第二篇主要介绍各种常用平面机构的结构组成、工作原理、运动特点及设计；各种常用机械零部件的结构特点、工作原理、材料和设计计算等。

0.2 课程的性质和任务

0.2.1 课程性质

本课程是一门专业技术基础课，首先要综合运用先修课程如高等数学、普通物理、机械制图、金属工艺学、金属材料及热处理等基本知识，解决常用机构及通用零部件的受力分析和设计问题；其次，本课程的理论性、实践性比较强，是后继专业课程学习的重要技术基础，是模具专业、汽车专业和非机械类专业的主干基础课程之一。该课程在教学中起着承上启下的作用，是工程技术人员的必修课程。

0.2.2 课程任务

通过对本课程的学习，模具专业、汽车专业和非机械类专业的学生应达到以下基本要求：

① 熟练掌握静力分析的基本理论和基本计算方法，零件承载能力的分析与计算方法，能解决日常生活和工作实际中有关构件的强度计算等问题。

② 熟悉常用机构的结构特点、工作原理及应用等基本知识，并具有初步分析和设计常用机构的能力。

③ 掌握通用零部件的类型、工作原理、失效形式、设计准则和设计方法，初步具有对一般工作条件和常用参数范围内的通用零、部件进行设计的能力。

④ 使学生获得机械设计实验、设计简单机械及传动装置的基本技能。

⑤ 使学生具有运用标准、规范、手册、图册等相关技术资料的能力。

以上要求也就是本课程的任务。

0.3 课程的学习方法

本课程是一门专业技术基础课，是从理论性、系统性都很强的基础课向实践性较强的专业课过渡的一个转折点。因此，学习本书时必须在学习方法上有所转变，具体应注意如下几点：

① 注意理论联系实际，学以致用，把知识学活。本书的研究对象与生产实际联系紧密，在初学本课程时，会感到内容比较抽象。因此，建议在学习本书理论知识的同时，要有意识地去多看、多接触一些实际的机构和机器，如缝纫机、自行车等，并努力用所学到的原理和方法去分析、思考。这样就可使原本枯燥抽象的理论学习变得生动具体，有利于学好理论知识，也有利于开发智力和培养创造性思维。

② 注意本书内容的内在联系，抓住基本知识和设计两条主线。本书的教学内容是按照机械设计的一般程序来安排的，对各种常用机构、通用零部件及常见机械传动，除了介绍一些受力分析和承载能力分析的基本理论外，都是介绍它们的基本知识（结构、原理、相关标准、使用维护等）和设计方法这两方面的内容。在学习本课程内容时，要注意各章节的共性，互相联系、互相比较，抓住两条主线来学习，才能保证本课程的学习效果。

③ 本课程的实践性较强，而实践中的问题往往很复杂，难以用纯理论的方法来分析解决，而常常采用经验参数、经验公式、条件性计算等方法，容易给学生造成“没有系统性”、“逻辑性差”甚至“不讲道理”的错觉，这是由于学生习惯了基础课的系

统性所造成的。这就是实践性、工程性较强课程的特点，在学习时要了解懂得这一特点，并逐步适应。

④ 本书的一些计算结果不具有唯一性。也就是说，计算结果没有对错之分，只有好坏优劣，这也是实践性、工程性较强的课程的特点。在学习时也要逐步适应这种特点，并树立努力获得最佳结果的思想。

⑤ 注意重视结构设计。对机械工程问题来说，理论计算固然很重要，但往往并不能解决问题，结构设计有时是决定问题的关键。大量工程实践证明，一个好的设计工程师，首先必须是一个好的结构设计师。初学的人往往只注重计算而忽视结构设计，实际上，如果没有正确的结构设计，再好的理论计算也毫无意义。在学习本课程时，应逐步培养将理论计算与结构设计、工艺等问题相结合的思想。

0.4　机器的组成及相关概念

一说到"机器"，人们很自然就会提到汽车、火车、车床、内燃机、冲压机等，但是若问到什么是"机器"，答案会各不相同，而且还会有许多人干脆回答不知道。下面结合单缸内燃机和颚式破碎机来说明"机器"的含义及其相关概念。

0.4.1　机器的组成特征及其定义

任何一种机器都是为实现某种功能而设计制造的。

如图 0.1 所示的内燃机，当气体推动活塞 1 时，通过连杆 2 将运动传至曲轴 3，使曲轴 3 转动。内燃机的基本功能就是使燃气在缸内经过进气—压缩—燃烧—排气的循环过程，将燃烧的热能转变成使曲轴转动的机械能。

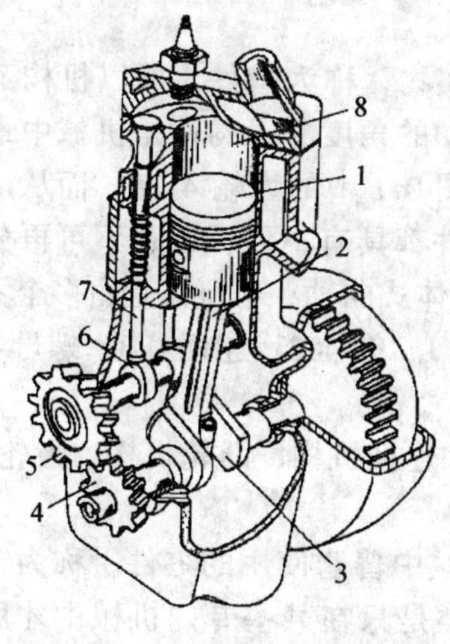

图 0.1　单缸内燃机

1. 活塞　2. 连杆　3. 曲轴　4、5. 齿轮　6. 凸轮　7. 顶杆　8. 汽缸体

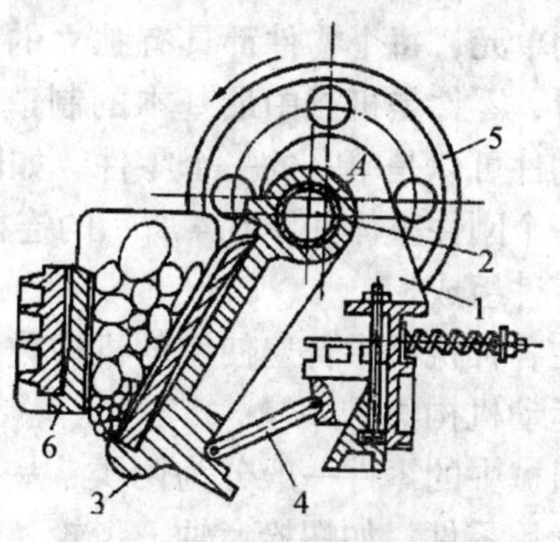

图 0.2　颚式破碎机

1. 机架　2. 偏心轴　3. 动颚板　4. 肘板　5. 带轮　6. 定颚板

再如图 0.2 所示的颚式破碎机，偏心轴 2 与带轮 5 固连，电动机通过带传动驱动偏心轴转动，使动颚板作平面运动，轧碎动颚板与定颚板之间的矿石。颚式破碎机就是通过动颚板的平面运动实现轧碎矿石来做有用的机械功。

尽管机器的种类繁多，其功能、结构、工作原理也各不相同，但从结构上和功能上看，各种机器都具有一些共同的特征。

1. 机器的结构组成

通过对各种机器进行结构分析可以发现，它们都有 3 个共同的特征：

① 都是人为的实物组合。

② 各实物之间具有确定的相对运动。

③ 他们都能代替或减轻人类的劳动，去实现能量转换或完成机械功。

2. 机器的功能组成

从各实物在机器中所起的作用看，每一种机器基本都由 5 个共同的部分组成，即动力部分、传动部分、执行部分、控制部分和辅助部分。

综上所述，考虑到随着技术的进步，新的机器如电子计算机等的出现，“机器”一词可广义定义为：机器是转换或传递能量、物料和信息，执行机械运动，部分代替或减轻人的脑力或体力劳动的一种设备。

0.4.2 机器的相关概念

与机器一词相关的概念有：机械、机构、构件、零件等。

如果一个实物组合只具备机器 3 个特征中的前两个，不讨论其做功与否，那么该实物组合就不能称为机器而被称为机构。因此机构和机器的根本区别在于：机构的功能只是用于传递运动和力，而机器的功能除传递运动和力外，还能实现能量、物料和信息的转换与传递。当只从运动的观点来看时，机构和机器并无区别，工程上习惯将机器与机构统称为机械。

组成机构的，相互间作确定的相对运动的各个实物，称为构件，所以机构又是由构件组成的，一个机构中可包括若干个构件。从运动的角度看，构件是机械中最基本的运动单元，每个构件都具有独立的运动特性，如图 0.1 中的齿轮 4、5。而从加工的角度看，零件是机械中最基本的制造单元，每个零件都具有不可拆卸、不可再分的特性。构件可以是单一的一个零件，如图 0.3 所示的整体式曲轴；也可以是由多个零件组成的一个刚性整体如图 0.4 所示的连杆，它由连杆体 1、螺栓 2、连杆盖 3、螺母 4 等若干个零件组成。

在各种机械中普遍使用的机构称为常用机构，如连杆机构、凸轮机构、齿轮机构、间歇运动机构等。

机械中的零件一般分为两类：一类是在各种机械中普遍使用的零件，称为常用零件或通用零件，如螺栓、轴、齿轮、弹簧等；另一类是只在某些专门机械中才用到的零件，称为专用零件，如活塞、曲轴、叶轮等。

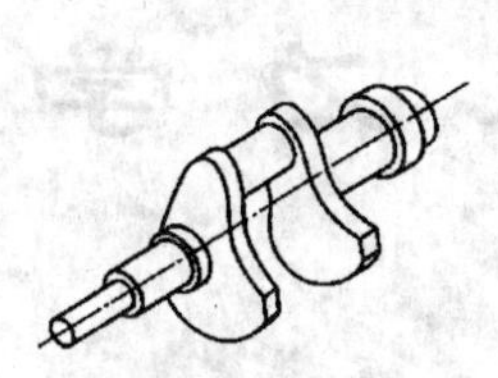

图 0.3　整体式曲轴

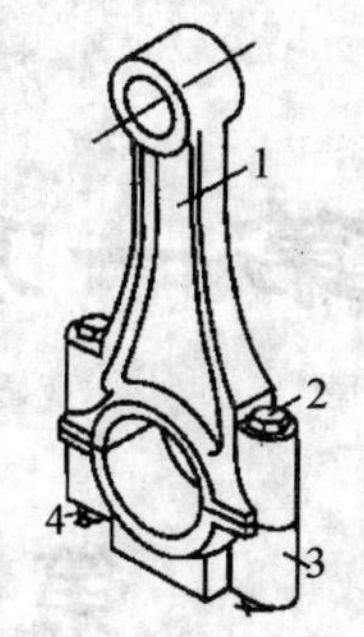

图 0.4　刚性组合式连杆

1. 连杆体　2. 螺栓　3. 连杆盖　4. 螺母

在机器中，对于一套协同工作且完成共同任务的零件组合，称为部件。部件也分为通用部件和专用部件，如减速器、轴承、联轴器等属于通用部件；而汽车转向器、模具中的型芯、型腔等则属于专用部件。

0.5　机械设计的基本要求和一般程序

机械设计是指规划和设计实现预期功能的新机械或改进原有机械的性能。

尽管机械的类型很多，但设计机械应满足的基本要求大致相同，主要是：在满足预期使用功能的前提下，经济性能好、生产效率高、制造成本低、采用新技术、造型美观和满足特殊要求（如经常移动的机械应便于拆卸、运输和安装；食品、纺织机械不能污染产品等），在预定的使用寿命时间内安全可靠、操作简便、维护方便等。

机械设计的内容主要包括：确定机械的工作原理，选择合适的机构；拟定设计方案；进行运动分析和动力分析，计算作用在各构件上的载荷；进行零部件承载能力分析、失效分析和设计计算；总体设计和结构设计。

在明确了机械设计的基本要求和主要内容后，就可以开始设计了。不同的机械，设计方法、设计步骤各不相同，没有固定的、一成不变的设计程序。但对于各种机械来说，其设计的一般程序基本相同。

任何一台机器的诞生，都要经过从感觉到某种需要而萌生设计理念、明确设计要求，到设计、制造、鉴定、产品定型和批量生产等一系列过程。这就是机械设计的一般程序。

思考与练习

1. 机器与机构的共同特征有哪些？它们的区别是什么？
2. 缝纫机、洗衣机、机械式手表是机器还是机构？
3. 以自行车为例，列举自行车中的两个机构，并说明每个构件上有哪些零件。

第一篇 工程力学

第1章 静力学基础

静力学是研究力系的简化及物体在力系作用下平衡条件的科学。

“平衡”是指物体相对于惯性参考系（如地面）保持静止或作匀速直线运动的状态。如桥梁、高层建筑物、作匀速直线飞行的飞机等都处于平衡状态。平衡是物体机械运动的一种特殊形式。

在静力学中，主要研究三方面问题：

① 物体的受力分析，即分析物体共受多少个力，以及每个力的大小、方向和作用线位置，以便对所要研究的力系有系统和全面的了解。

② 力系的简化，即用一个简单的力系来等效替换一个复杂的力系，从而抓住不同力系的共同本质，明确力系对物体作用的总效果。

③ 建立力系的平衡条件，即研究物体平衡时，作用在物体上的各种力系所必须满足的条件。

在静力学中，将所研究的物体都看作是刚体，所以又称刚体静力学。所谓刚体，就是在任何情况下其大小和形状不变的物体。实践证明，任何物体受力总会或多或少地产生变形，但是，在正常工作情况下，工程技术中的绝大多数零件和构件的变形，一般是很微小的，甚至只有用专门的仪器才能测量出来。例如，房屋建筑中常用的钢筋混凝土梁，在设计时梁中央的最大变形（挠度）就控制在梁长的1/250～1/300；在机械中，各零部件所允许的最大变形量更是极为微小的。因此，在很多情况下，物体这些微小的变形，对于平衡问题的研究影响很小，可以忽略不计，从而使问题的研究大为简化。以后我们还将看到，对于那些必须考虑变形的平衡问题的研究，也是以刚体静力学为基础的，只不过还要考虑更为复杂的力学现象，并加上一些补充条件而已。

在工程实际中存在着大量的静力学问题，例如，在对各种工程结构的构件（如梁、桥墩、屋架等）设计时，必须用静力学理论进行受力分析和计算。在机械工程设计时，也要应用静力学知识分析机械零部件的受力情况作为强度计算的依据。对于运转速度缓慢或速度变化不大的构件的受力分析，通常都可简化为平衡问题来处理。另外，静力学中力系的简化理论和物体受力分析方法可直接应用于动力学和其他学科，而且动力学问题还可从形式上变换成平衡问题，应用静力学理论来求解。因此，静力学是工程力学的基础部分，不仅在力学理论上占有重要的地位，而且在工程实际中也有着极其广泛的应用。

1.1 静力学的基本概念

1.1.1 力的三要素及力的表示法

人们通过长期的生产劳动和科学实践，建立了力的概念。力是物体间的相互机械作用，这种作用使物体的运动状态或形状发生改变。例如用手推小车，手对小车的作用力使它由静止开始运动；又如置于弹簧上的重物，对弹簧的作用力使弹簧发生变形。

物体受到力的作用后，产生的效应表现在以下两个方面：

① 外效应（运动效应），即使物体的运动状态发生变化。

② 内效应（变形效应），即使物体的形状发生变化。

静力学研究的是力对物体的外效应。

力对物体的作用效应决定于以下三个要素：力的大小、方向、作用点，因此力是定位矢量。力的运算服从矢量运算法则。可以用矢量图示法表示力矢量，即用一有向线段表示力。有向线段的长度按比例表示力的大小，线段的方位和箭头指向表示力矢的方向，线段的起点或终点表示力的作用点，如图 1.1 所示。力所沿的直线称为力的作用线。本书中用黑体字母（如 $\boldsymbol{F}$）标记矢量，而用对应的普通字母（如 F）表示矢量的模。在国际单位制中，力的单位为 N。

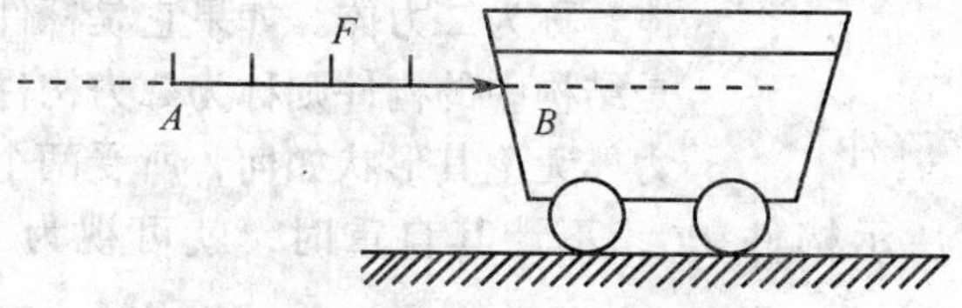

图 1.1 力的三要素

1.1.2 力系及其分类

作用在物体上的一组力，称为力系。按照力系中各力作用线在空间分布的不同形式，力系可分为：

① 汇交力系，即各力作用线相交于一点。

② 平行力系，即各力作用线相互平行。

③ 任意力系，即各力作用线既不相交于一点，又不相互平行。

按照各力作用线是否位于同一平面内，上述三种力系各自又可分为平面力系和空间力系两类，如平面汇交力系、空间任意力系等。

在工程中，物体往往同时受到一组力即力系的作用。力系对物体的效应取决于力系的两个特征量——力系的主矢和力系对一点的主矩。关于力系的主矢和对一点的主矩将在后面章节里介绍。两个不同的力系，如果对同一物体产生相同的外效应，则该两力系互为等效力系。若一个力与一个力系等效，则这个力称为该力系的合力。

1.2 静力学公理

人们在长期的生活和生产实践中，对力的基本性质进行了概括和归纳，提出了能深刻反映力的本质的一般规律，其正确性已为长期的实践反复验证，并为人们所公认，故称之为静力学公理，它们是静力学的理论基础。

1. 公理1——二力平衡公理

作用在刚体上的两个力，使刚体保持平衡的充分必要条件是：这两个力大小相等、方向相反，且作用在同一直线上，如图1.2所示。即

$$\boldsymbol{F}_1 = -\boldsymbol{F}_2 \tag{1.1}$$

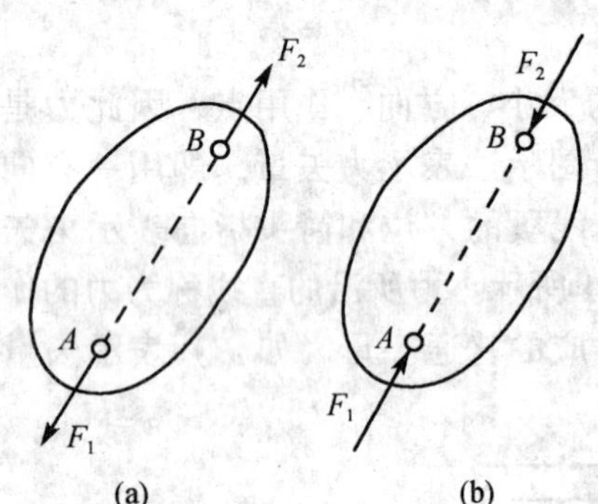

图1.2 二力平衡条件

该公理指出了作用于刚体上最简单的力系的平衡条件。对刚体而言，这个条件既是必要条件又是充分条件；但对非刚体来讲，该条件并不充分。例如，软绳两端受等值、反向、共线的拉力作用时可处于平衡，但若受到等值、反向、共线的压力时，就不能平衡了。

习惯上，将仅在两点受力作用而处于平衡的刚体，称为二力体。如果它是杆件则称为二力杆，如果是结构中的构件则称为二力构件。由公理1可知，二力体无论其形状如何，所受两个力必沿两力作用点的连线。如图1.3（a）所示构件 *BC*，不计其自重时，就可视为二力构件，其受力如图1.3（b)所示。

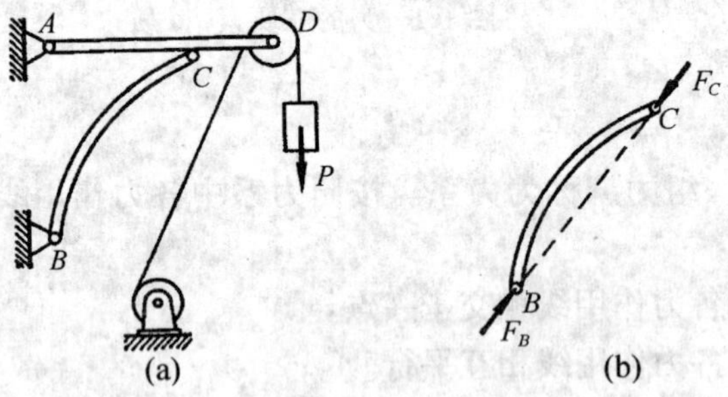

图1.3 受力分析

2. 公理2——加、减平衡力系公理

在已知力系上加上或减去任意平衡力系，并不改变原力系对刚体的作用效应。

该公理为研究力系的等效替换与力系的简化提供了理论依据。其次，这个公理同样也只适用于刚体而不适用于变形体。

推论1 力的可传性原理 作用于刚体上某点的力，可以沿着它的作用线移动到刚

体内任意一点，并不改变该力对刚体的作用效应。

证明：设有力 $\boldsymbol{F}$ 作用在刚体上的点 A，如图 1.4（a）所示，根据公理 2，在力的作用线上任取一点 B，并添加上两个相互平衡的力 $\boldsymbol{F}_1$ 和 $\boldsymbol{F}_2$，使 $\boldsymbol{F}=\boldsymbol{F}_2=-\boldsymbol{F}_1$，如图 1.4（b）所示。根据公理 1，可知力 $\boldsymbol{F}$ 和 $\boldsymbol{F}_1$ 也是一个平衡力系，故可除去；这样只剩下一个力 $\boldsymbol{F}_2$，如图 1.4（c）所示。于是，原来的力 $\boldsymbol{F}$ 与力系（$\boldsymbol{F}$，$\boldsymbol{F}_1$，$\boldsymbol{F}_2$）以及力 $\boldsymbol{F}_2$ 等效，这样就将原来的力 $\boldsymbol{F}$ 沿其作用线由点 A 移到了点 B。

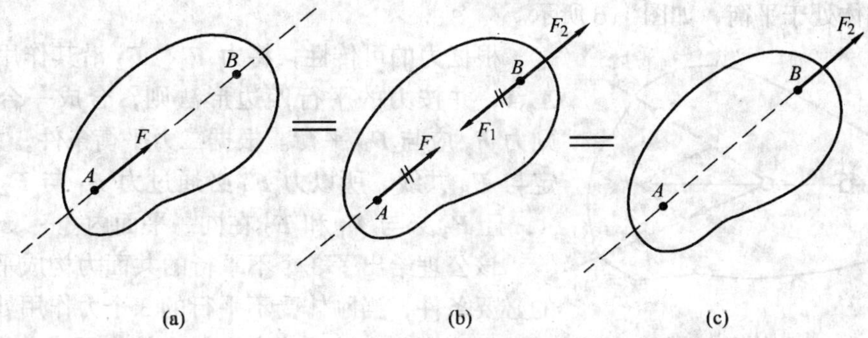

图 1.4　受力分析

由此可见，对刚体而言，力的作用点要素可用作用线来代替，所以作用于刚体上的力的三要素是：力的大小、方向和作用线。作用于刚体上的力可以沿着作用线移动而不改变力对刚体的外效应。

3. 公理 3——力的平行四边形法则

作用在物体上同一点的两个力，可以合成为一个合力；合力的作用点也在该点，合力的大小和方向，由这两个力为邻边构成的平行四边形的对角线确定，如图 1.5（a）所示。或者说，合力矢等于这两个力矢的几何和，即

$$\boldsymbol{F}_{\mathrm{R}}=\boldsymbol{F}_1+\boldsymbol{F}_2$$

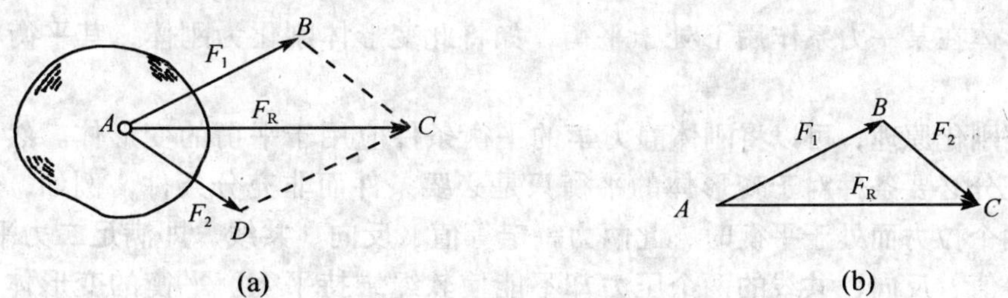

图 1.5　力平行四边形法则

该公理既是力的合成法则，也是力的分解法则，是较复杂力系简化的基础。为了方便，在用矢量加法求合力时，往往不必画出整个的平行四边形，如图 1.5（b）所示，可从任选一点 A 作矢量 $\overrightarrow{AB}$ 等于力矢 $\boldsymbol{F}_1$，再以 $\boldsymbol{F}_1$ 的末端点 B 为起点，作矢量 $\overrightarrow{BC}$ 等于力矢 $\boldsymbol{F}_2$，然后连接 A，C 两点，显然，$\overrightarrow{AC}$ 即表示合力矢 $\boldsymbol{F}_{\mathrm{R}}$，这样得到的 $\triangle ABC$ 称为

力三角形。这种求合力的方法，称为力三角形法则。但应当注意，力三角形只表明力的大小和方向，即力矢，它不表示力的作用点或作用线。应用力三角形法则求解力的大小和方向时，可应用数学中的三角公式或在图上按比例直接量出。

推论 2　三力平衡汇交定理　刚体受三力作用而平衡，若其中两个力的作用线汇交于一点，则三力必在同一平面内，且第三个力的作用线通过汇交点。

证明：设有不平行的 3 个力 $\boldsymbol{F}_1$，$\boldsymbol{F}_2$ 和 $\boldsymbol{F}_3$，分别作用于刚体上的 A_1，A_2，A_3 三点，使刚体处于平衡，如图 1.6 所示。

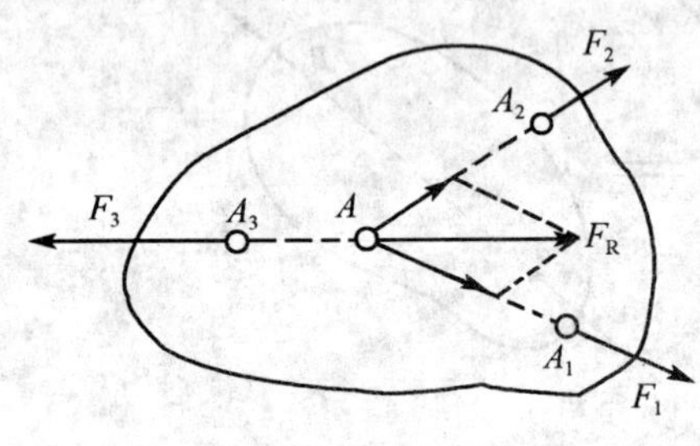

图 1.6　刚体三力分析

根据力的可传性，将力 $\boldsymbol{F}_1$，$\boldsymbol{F}_2$ 沿其作用线移到 A 点，并按力的平行四边形法则，合成一合力 $\boldsymbol{F}_R$，则力 $\boldsymbol{F}_3$ 应与 $\boldsymbol{F}_R$ 平衡。根据二力平衡条件，力 $\boldsymbol{F}_3$ 必定与 $\boldsymbol{F}_R$ 共线，所以力 $\boldsymbol{F}_3$ 必通过力 $\boldsymbol{F}_1$ 与 $\boldsymbol{F}_2$ 的交点 A，且 $\boldsymbol{F}_3$ 必与 $\boldsymbol{F}_1$ 和 $\boldsymbol{F}_2$ 在同一平面内。

该公理给出了 3 个不平行的共面力构成平衡力系的必要条件，当刚体受不平行的 3 个力作用处于平衡时，常利用这个关系确定未知力的作用线方位。

4. 公理 4——作用和反作用定律

作用力和反作用力总是同时存在，两力的大小相等、方向相反、沿着同一直线，分别作用在两个相互作用的物体上。

该定律揭示了物体之间相互作用的定量关系，它是分析物体间作用力关系时必须遵循的原则。

必须强调指出，虽然作用力与反作用力两者等值、反向、共线，但它们是分别作用在两个不同的物体上，因此，不能把它们看成是一对平衡力。

5. 公理 5——刚化原理

变形体在某一力系作用下处于平衡，如将此变形体刚化为刚体，其平衡状态保持不变。

根据刚化原理，可以将刚体静力学的平衡条件应用于平衡的变形体。然而，刚体平衡的充分必要条件对于变形体的平衡只是必要条件而非充分条件，例如，软绳在两端受到两个拉力而处于平衡时，此两力一定等值、反向、共线，即满足二力平衡条件；但是，等值、反向、共线的两个压力却不能使软绳维持平衡。平衡的变形体，除了满足刚体的平衡条件外，还需要满足与变形体有关的某些附加条件。所以该原理也给出了刚体力学与变形体力学之间的关系。

1.3　约束和约束反力

在空间可以自由运动，其位移不受任何限制的物体称为自由体，如空中飞行的飞机、火箭等。工程中的大多数物体，其某些方向的位移往往受到限制，这样的物体称为非自由体。例如，在钢轨上行驶的火车、安装在轴承中的转轴等，都是非自由体。对非自由体某些方向的位移起限制作用的周围物体称为约束。如钢轨是火车的约束，轴承是转轴的约束等。当物体沿着约束所限制的方向有运动趋势时，约束对物体必产生一作用力。约束对被约束物体的作用力称为约束反作用力，简称约束反力或约束力。约束反力的方向总是与非自由体被约束所限制的位移方向相反。这是用以确定各种约束反力方向的原则，至于约束反力的大小，则不能预先独立地确定。约束反力以外的其他力称为主动力。在静力学中，约束反力和物体所受的主动力组成平衡力系，因此可用平衡条件求出约束反力。

下面介绍几种工程中常用的约束类型，并分析其约束反力的特点。

1. 柔索约束

工程中常见的钢丝绳、三角带、链条等都可以简化为柔索。当物体受到柔索的约束时，柔索只能限制物体沿柔索伸长方向的位移。因此，柔索的约束反力作用在柔索与物体的接触点，其方向沿着柔索离开被约束物体，即必为拉力。图 1.7（a）所示为两根绳索悬吊一重物。根据柔索反力的特点，可知绳索作用于重物的约束反力是沿绳索的拉力 $\boldsymbol{F}_A$、$\boldsymbol{F}_B$。图 1.7（b）所示为带传动装置中带对带轮的约束反力 $\boldsymbol{F}_1$、$\boldsymbol{F}_2$，约束反力沿带轮的外公切线方向。

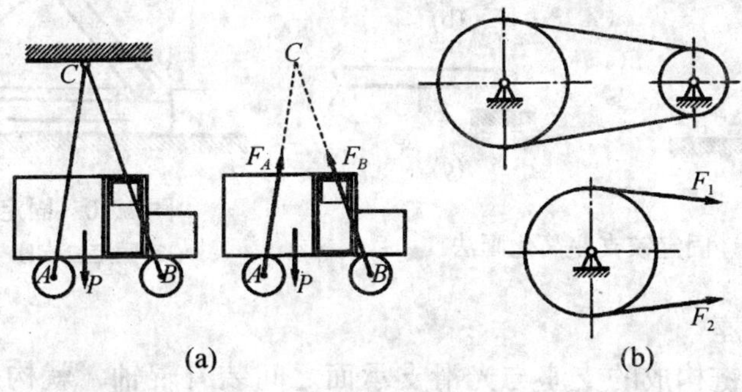

图 1.7　柔索约束

2. 光滑接触面约束

若两接触面之间的摩擦很小，可以忽略不计时，则认为接触面是光滑的。光滑接触面对被约束物体在过接触点的切面内任意方向的位移不加限制，同时也不限制物体沿接触点处的公法线方向脱离接触面，但阻碍物体沿该公法线方向进入约束内部。因此光滑接触面的约束反力必通过接触点，方向沿着接触面在该点的公法线，指向被约束物体内部，即必为压力。通常这种约束反力称为法向反力。如图 1.8 中的 $\boldsymbol{F}_{NA}$、$\boldsymbol{F}_{NB}$、$\boldsymbol{F}_{NC}$、$\boldsymbol{F}_N$ 所示。

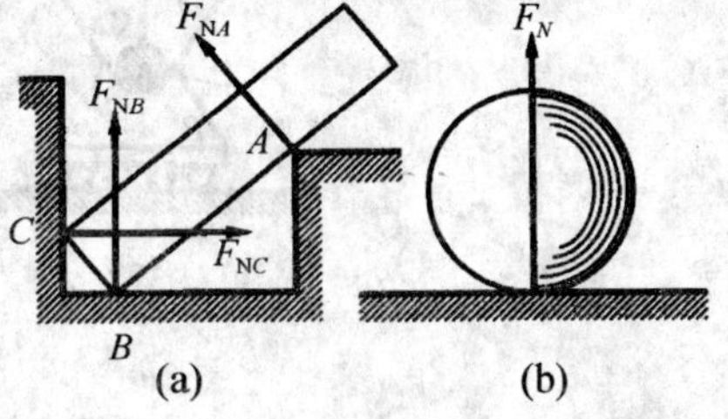

图 1.8　光滑接触面约束

3. 光滑圆柱铰链约束

在图 1.9（a）中，构件 A 通过其上的圆柱形孔套在构件 B 上的圆柱形销钉 C 上，构件 A 的运动受到销钉的限制，如果不计摩擦就构成了光滑圆柱铰链约束。由于销钉的直径一般比孔的直径小，故销钉的外表面和孔的内表面接触时为线接触。此接触线为圆柱的一条母线，可用其中点 K 来代替。按照光滑接触面约束反力的特点，销钉 C 作用于构件 A 的约束反力 $\boldsymbol{F}_{\mathrm{N}}$ 应沿接触点 K 处的公法线，即沿着通过 K 点的半径方向。由于接触点 K 的位置一般不能预先确定，所以约束反力 $\boldsymbol{F}_{\mathrm{N}}$ 的方向也不能确定。在实际受力分析时，可利用力的正交分解将该约束反力表示为两个正交分力 $\boldsymbol{F}_x$ 和 $\boldsymbol{F}_y$，如图 1.9（b）所示。

光滑圆柱铰链有以下不同的结构。

（1）固定铰支座

若构成圆柱铰链约束中的一个构件固定在地面或机架上作为支座，则称此铰链为固定铰支座，其约束反力一般用两个正交分量表示，如图 1.9（b）所示。图 1.9（c）为固定铰链支座的简化画法。图 1.10 中 O 为固定铰支座。

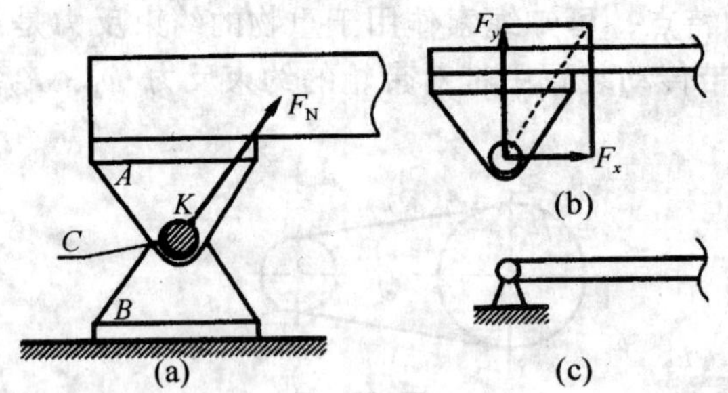

图 1.9　固定铰支座简化画法

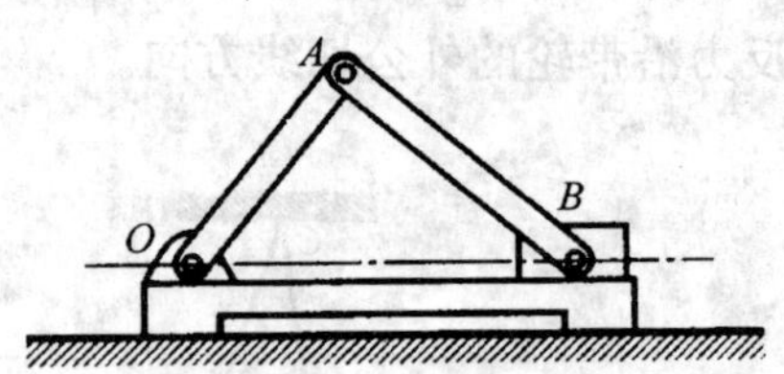

图 1.10　固定铰支座实例

O：固定铰支座　A：中间铰链

（2）可动铰支座

若在由圆柱铰链构成的支座与光滑支承面之间装有辊轴，就构成辊轴支座或可动铰支座。其约束反力垂直于光滑支承面，如图 1.11（a）所示。图 1.11（b）、（c）为可动铰支座的简化画法。

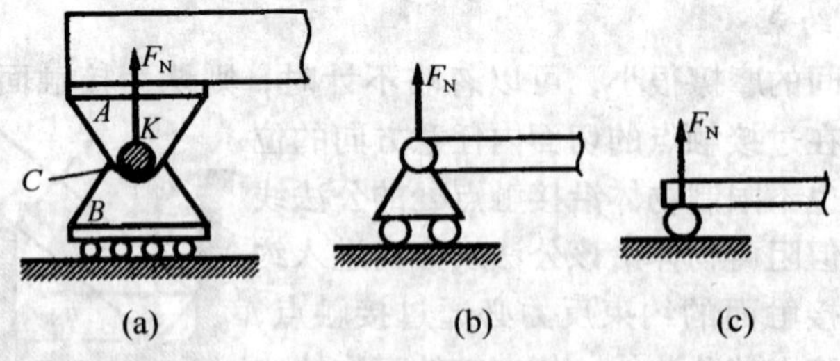

图 1.11　可动铰支座

（3）中间铰链

将两个构件用圆柱铰链连接在一起成为中间铰链，其约束反力一般也用两个正交分量表示，如图1.10中A。

在工程结构中，两端用光滑铰链与其他物体连接起来的刚杆，如果不计杆的自重，且杆上无其他主动力的作用，若杆处于平衡状态，则该刚杆是二力杆。显然，由光滑铰链约束的约束反力特点可知，上述刚杆两端所受到的两个约束反力必然为一对平衡力。由二力平衡公理可知，这两个约束反力必然大小相等、方向相反、作用线相同。

4. 光滑球形铰链约束

构件A的球形部分嵌入构件B的球形窝内，就构成了球形铰链约束，这是一种空间的铰链约束。若两个球形表面之间无摩擦，则为光滑接触，构件A受到的约束反力$\boldsymbol{F}_N$必通过球心沿着半径方向，但它的方位不能预先确定。通常将球形铰链的约束反力表示为正交的3个分力$\boldsymbol{F}_x$、$\boldsymbol{F}_y$、$\boldsymbol{F}_z$，如图1.12（b）所示。

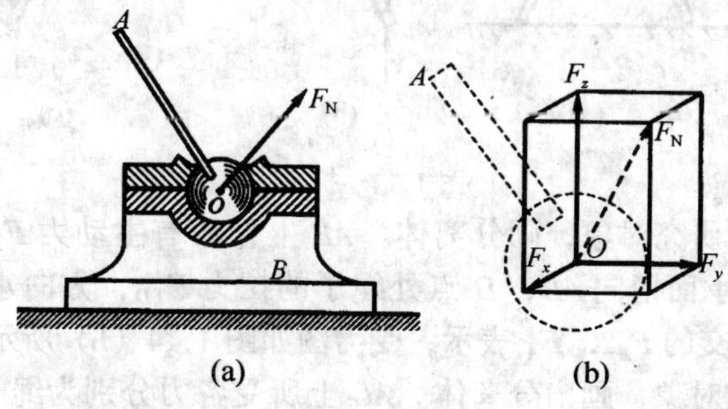

图1.12 光滑球形铰链约束

除上述常见的约束类型以外，还有固定端等其他类型，将在本章第1.8节中介绍。

1.4 物体的受力分析、受力图

在求解静力平衡问题时，必须首先分析物体的受力情况，即进行受力分析。根据问题的已知条件和待求量，从有关结构中恰当选择某一物体（或几个物体组成的系统）作为研究对象。这时，可设想将所选择的对象从周围的约束（含物体）中分离出来，即解除其所受的约束而以相应的约束反力代之。这一过程称为解除约束。解除约束后的物体，称为分离体，画有分离体及其所受的全部力（包括主动力和约束反力）的简图，称为受力图。

画受力图是求解静力学问题的重要步骤。

【例1.1】 简支梁AB的A端为固定铰支座，B端为活动铰支座，并放置在斜坡角为θ的支承面上，其上受有主动力P，Q作用，如图1.13（a）所示。试画出梁的受力图，梁的自重不计。

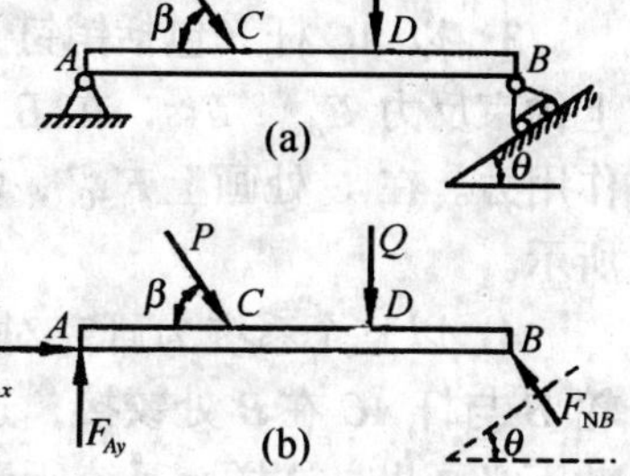

图1.13 简支梁

解： 1）取梁AB为研究对象，除去约束画出其分离体。

2）画主动力。有P和Q两力。

3）画约束反力。A 处为固定铰支座，其约束反力通过铰支中心 A，但方向不能确定，可用两个大小未知的正交分力 $\boldsymbol{F}_{Ax}$ 和 $\boldsymbol{F}_{Ay}$ 表示。B 处为可动铰支座，约束反力垂直斜面向上，用 $\boldsymbol{F}_{NB}$ 表示。

梁 AB 的受力图如图 1.13（b）所示。

【例 1.2】 折梯的 AB、AC 两部分在 A 处用中间铰链连接，并在 D、E 两点用水平绳子相连，梯子左侧站有一人重量为 $\boldsymbol{F}_{\mathrm{P}}$，如图 1.14（a）所示。不计梯子自重和接触面的摩擦，试画 AB、AC 的受力图。

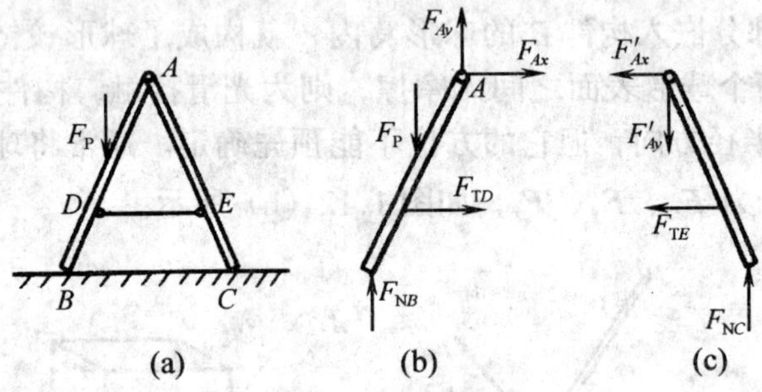

图 1.14　折梯

解： 1）取 AB 为研究对象，画分离体。AB 上作用有主动力 $\boldsymbol{F}_{\mathrm{P}}$，$B$ 点处光滑面约束反力 $\boldsymbol{F}_{NB}$ 垂直于支承面指向 AB，D 点处绳子的拉力 $\boldsymbol{F}_{\mathrm{TD}}$，方向水平向右，$A$ 点中间铰链的约束反力用正交的 $\boldsymbol{F}_{Ax}$，$\boldsymbol{F}_{Ay}$ 表示，受力图如图 1.14（b）所示。

2）取 AC 为研究对象，画出分离体。AC 上所受各力分别为绳子约束反力 $\boldsymbol{F}_{\mathrm{TE}}$，方向水平向左，$C$ 点光滑面约束反力 $\boldsymbol{F}_{\mathrm{NC}}$，垂直支承面指向 AC，A 处中间铰链约束反力为正交的 $\boldsymbol{F}_{Ax}'$，$\boldsymbol{F}_{Ay}'$，受力图如图 1.14（c）所示。

【例 1.3】 图 1.15（a）所示的结构由杆 AC、CD 与滑轮 B 铰接组成。物体重 W，用绳子挂在滑轮上。如杆、滑轮及绳子的自重不计，并忽略各处的摩擦，试分别画出滑轮 B（包括绳索）、杆 AC、CD 及整个系统的受力图。

解： 1）以滑轮及绳索为研究对象，画出分离体图。B 处为光滑铰链约束，杆 AC 上的铰链销钉对轮孔的约束反力 $\boldsymbol{F}_{Bx}$、$\boldsymbol{F}_{By}$，在 E、H 处有绳索的拉力 $\boldsymbol{F}_{\mathrm{TE}}$、$\boldsymbol{F}_{\mathrm{T}H}$，如图 1.15（b）所示。

2）在受力分析中，若能先找出二力杆，将有助于确定某些未知力的方位，故先以二力杆 CD 为研究对象，画出分离体图。设 CD 杆受拉，在 C、D 处画上拉力 $\boldsymbol{F}_{\mathrm{S}C}$、$\boldsymbol{F}_{\mathrm{S}D}$，且 $\boldsymbol{F}_{\mathrm{S}C} = -\boldsymbol{F}_{\mathrm{S}D}$。其受力图如图 1.15（c）所示。

3）以 AC 杆（包括销钉）为研究对象，画出分离体图。A 处为固定铰支座，故画上约束反力 $\boldsymbol{F}_{Ax}$、$\boldsymbol{F}_{Ay}$，在 B 处画上 $\boldsymbol{F}_{Bx}'$、$\boldsymbol{F}_{By}'$，它们分别与 $\boldsymbol{F}_{Bx}$、$\boldsymbol{F}_{By}$ 互为作用力与反作用力。在 C 处画上 $\boldsymbol{F}_{\mathrm{S}C}'$，它与 $\boldsymbol{F}_{\mathrm{S}C}$ 互为作用力与反作用力。其受力图如图 1.15（d）所示。

4）以整个系统为研究对象，画出分离体图。此时 AC 杆与 CD 杆在 C 处铰接，滑轮 B 与杆 AC 在 B 处铰接，这两处的约束反力互为作用力与反作用力，相互抵消，因此不必画出。这样，系统所受的外力有：主动力 $\boldsymbol{W}$，约束反力 $\boldsymbol{F}_{\mathrm{S}D}$、$\boldsymbol{F}_{\mathrm{TE}}$、$\boldsymbol{F}_{Ax}$ 及 $\boldsymbol{F}_{Ay}$。其受力图如图 1.15（e）所示。

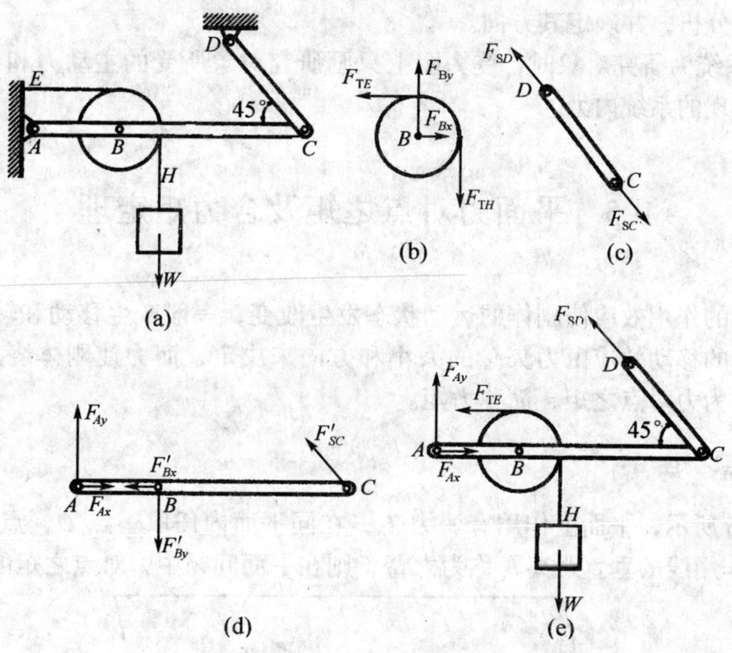

图 1.15　例 1.3 图

在上例中，当取整个系统为研究对象时，*AC* 杆与 *CD* 杆在 *C* 处不分开，此时这两根杆之间的相互作用力称为系统内力。一般来说，当取某个系统为研究对象时，该系统内构件之间的系统内力都不必画出，而只画作用在系统上的外力。需要指出的是，内力和外力的区分不是绝对的，在一定条件下，内力和外力是可以相互转化的。例如在上例中，如果要画由杆 *AC*、滑轮 *B*、重物和绳子所组成系统的受力图，则杆 *CD* 对杆 *AC* 的约束反力 $\boldsymbol{F}_{SC}'$（原来整个系统中两杆之间的内力）就成了该系统的外力。

求解静力学问题，必须先画受力图。如何有针对性地选取分离体并正确地画出受力图，是解题的关键。它不仅在静力学中，而且在以后的专业课学习中也很重要。

综上所述，要正确地画出受力图，必须熟练掌握以下几点：

① 根据题意选择恰当的研究对象。可以取单个物体为研究对象，也可以取由几个物体组成的系统为研究对象。这一点在学习了用平衡方程求解力学问题后，会有更深刻的体会。

② 根据已知条件，画出全部主动力。

③ 根据约束的类型，画出相应的约束反力。一个物体往往同时受几个约束的作用，应根据每个约束的特征确定约束反力的个数（一个力、两个正交分力或三个正交分力）和方向。（注意：切不可凭主观臆测去推断约束反力的方向。）为此，可核对每一个所画出的约束反力，指出它是由哪个物体（施力体）施加的。约束反力不能多画，也不能漏画。

④ 要熟练地使用规定的字母和符号标记各个力，对作用力和反作用力应注意它们的标记特征。要按原结构图上各构件的尺寸和几何关系作图，以免引起错误。

⑤ 对系统中的二力杆应给予特别的注意。必要时还应根据有关公理或推论对某些

约束反力进行分析，并确定其方向。

⑥ 当以系统为研究对象时，受力图上只画研究对象所受的主动力和约束反力，而不画其成对出现的系统内力。

1.5 平面力对点之矩及合力矩定理

力对刚体的作用效应使刚体的运动状态发生改变，一般产生移动和转动两种效应，其中力对刚体的移动效应由力矢量的大小和方向来决定，而力使刚体绕某点的转动效应的量度则称为力对点之矩，简称力矩。

1.5.1 力对点之矩

如图 1.16 所示，平面上作用有一力 $\boldsymbol{F}$，在同平面内任取一点 O，点 O 称为矩心，点 O 到力的作用线的垂直距离 h 称为力臂，则在平面问题中力对点之矩的定义如下。

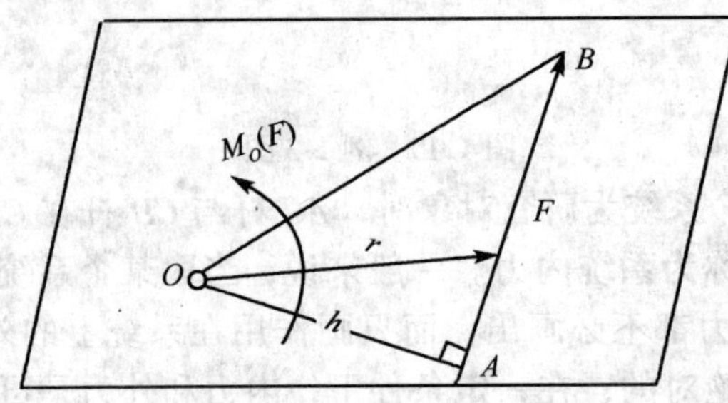

图 1.16 力矩

力对点之矩是一个代数量，其绝对值等于力的大小与力臂的乘积，其正负习惯上按下述方法确定：力使物体绕矩心逆时针方向转动时为正，反之为负，记作

$$\boldsymbol{M}_O(\boldsymbol{F}) = \pm \boldsymbol{F}h \tag{1.2}$$

由定义可知，力矩是相对某一矩心而言的，离开了矩心，力矩就没有意义。而矩心的位置可以是力作用面内任一点，并非一定是刚体内固定的转动中心。

从几何上看，力 $\boldsymbol{F}$ 对点 O 的矩在数值上等于△OAB 面积的两倍，如图 1.16 所示。显然，当力沿作用线移动时，力对点之矩保持不变；当力的作用线过矩心，则它对矩心的力矩为 0。

在国际单位制中，力矩的单位是 N·m 或 kN·m。

1.5.2 合力矩定理

在计算力系的合力对某点 O 之矩时，常用到合力矩定理：平面汇交力系的合力对某点 O 之矩等于该力系中各分力对同一点之矩的代数和，即

$$\boldsymbol{M}_O(\boldsymbol{F}_{\mathrm{R}}) = \sum_{i=1}^{n} \boldsymbol{M}_O(\boldsymbol{F}_i) \tag{1.3}$$

合力矩定理建立了合力对点之矩与分力对同一点之矩的关系。该定理也可运用于

有合力的其他力系。它提供了计算力对点之矩的另一种方法，此外它还可用于确定力系合力作用线的位置。

【例1.4】 一齿轮受到与它相啮合的另一齿轮的作用力 $F_n = 980N$，压力角为 $\alpha = 20°$，节圆直径 $D = 160mm$，如图1.17（a）所示。试求力 $\boldsymbol{F}_n$ 对齿轮轴心 O 之矩。

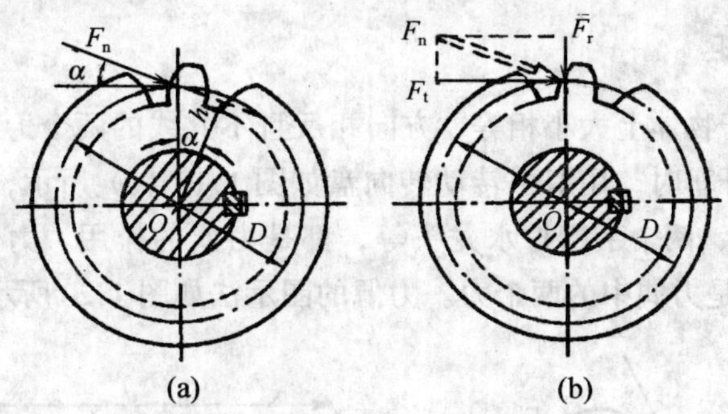

图1.17 例1.4图

解： 1）应用力矩的计算公式。

力臂

$$h = \frac{D}{2}\cos\alpha$$

由式（1.2）得力 $\boldsymbol{F}_n$ 对点 O 之矩

$$\boldsymbol{M}_O(\boldsymbol{F}_n) = -\boldsymbol{F}h = -\boldsymbol{F}_n\frac{D}{2}\cos\alpha = -73.7\text{N·m}$$

负号表示力 $\boldsymbol{F}_n$ 使齿轮绕点 O 作顺时针方向转动。

2）应用合力矩定理。

将力 $\boldsymbol{F}_n$ 分解为圆周力 $\boldsymbol{F}_t$ 和径向力 $\boldsymbol{F}_r$，如图1.16（b）所示，则

$$\boldsymbol{F}_t = \boldsymbol{F}_n\cos\alpha \qquad \boldsymbol{F}_r = \boldsymbol{F}_n\sin\alpha,$$

根据合力矩定理

$$\boldsymbol{M}_O(\boldsymbol{F}_n) = \boldsymbol{M}_O(\boldsymbol{F}_t) + \boldsymbol{M}_O(\boldsymbol{F}_r)$$

因为径向力 $\boldsymbol{F}_r$ 过矩心 O，故 $\boldsymbol{M}_O(\boldsymbol{F}_r) = 0$，于是

$$\boldsymbol{M}_O(\boldsymbol{F}_n) = \boldsymbol{M}_O(\boldsymbol{F}_t) = -\boldsymbol{F}_t\frac{D}{2} = -\boldsymbol{F}\frac{D}{2}\cos\alpha = -73.7\text{N·m}$$

二者结果相同，在工程中齿轮的圆周力和径向力常常是分别给出的，故方法2）用得较为普遍。另外，在计算力矩时，若力臂的大小不易求得时，也常用合力矩定理。（例1.5）

【例1.5】 汽车操纵系统的踏板装置如图1.18所示。已知 $a = 380mm$，$b = 50mm$，$\alpha = 60°$。工作阻力 $F = 1700N$，驾驶员的蹬力 $F_P = 193.7N$，求阻力 $\boldsymbol{F}$ 和蹬力 $\boldsymbol{F}_P$ 对 O 点的矩。

解： 根据式（1.2）可得

$$\boldsymbol{M}_O(\boldsymbol{F}_P) = -\boldsymbol{F}_P \cdot a = -193.7 \times 0.38 = -73.61\ \text{N·m}$$

$$\boldsymbol{M}_O(\boldsymbol{F}) = \boldsymbol{F}b\sin\alpha = 1700 \times 0.05\sin60° = 73.61\ \text{N·m}$$

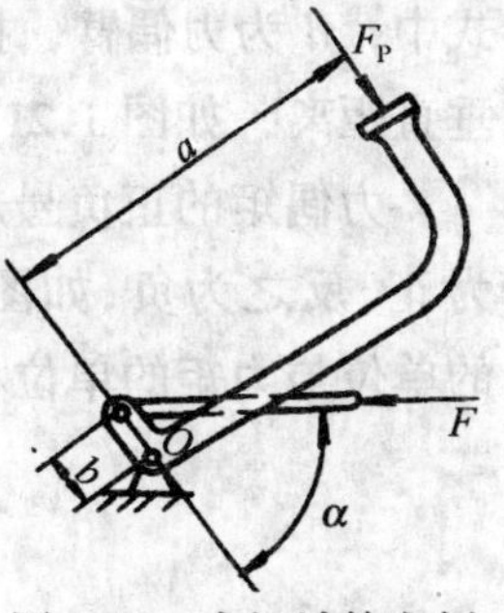

图1.18 力矩计算实例

1.6 平面力偶理论

1.6.1 力偶与力偶矩

力偶是指作用于物体上大小相等、方向相反且不共线的两个力组成的力系。例如，日常生活中驾驶员开车时，用双手转动转向盘如图 1.19（a）所示，钳工用丝锥攻螺纹如图 1.19（b）所示，两个手指拧水龙头等，都是力偶的作用。力偶用符号（$\boldsymbol{F}$，$\boldsymbol{F}'$）表示，$\boldsymbol{F}$ 和 $\boldsymbol{F}'$ 分别是力偶中的两个力。力偶的图示法如图 1.20 所示。

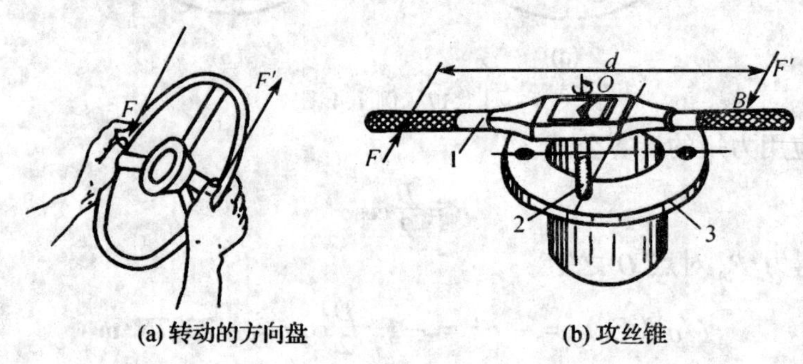

(a) 转动的方向盘　　(b) 攻丝锥

图 1.19　力偶应用实例

1. 铰杠　2. 丝锥　3. 工件

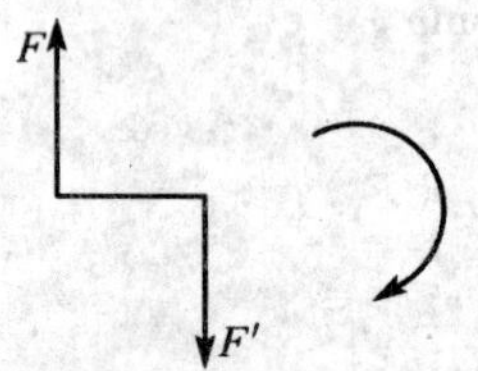

图 1.20　力偶的图示法

实践证明，力偶只能使刚体产生转动效应，不能产生移动效应。另外还应注意，组成力偶的两个力虽然等值、反向，但不共线，不是一对平衡力，也不能互相抵消。

力偶使刚体产生的转动效应可以用力偶矩来度量。力偶矩指力偶中力的大小与力偶臂的乘积，表示为

$$\boldsymbol{M}(\boldsymbol{F},\ \boldsymbol{F}') = \pm Fd \tag{1.4}$$

式中，d 为力偶臂，指力偶中两个力之间的垂直距离，如图 1.21（a）所示。

力偶矩的正负号规定：力偶逆时针转动为正，反之为负，如图1.21(b)所示。力偶矩的单位与力矩的单位相同。

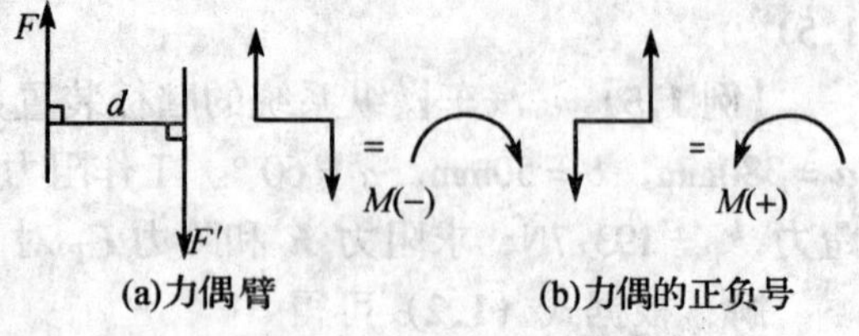

(a)力偶臂　　(b)力偶的正负号

图 1.21　力偶矩

1.6.2 力偶的性质及力偶等效变换

1. 力偶的性质

力偶中的单个力有着一般力的性质，但力偶作为力的特殊组合，使它对刚体的作用有着以下特殊的性质：

① 力偶不能简化为一个合力，即力偶不能与一个力等效，力偶只能与力偶等效和平衡。

② 力偶中的两个力对其作用面内任一点的矩，恒等于力偶矩，与矩心的位置无关，即

$$\boldsymbol{M}_O(\boldsymbol{F}) + \boldsymbol{M}_O(\boldsymbol{F}') = \boldsymbol{M} = \pm \boldsymbol{F}d$$

力偶作用面指力偶中的两个力所在的平面。

2. 力偶的等效变换

(1) 同一平面内力偶的等效变换

只要保持力偶矩大小和力偶的转向不变，作用于刚体上的力偶可以在其作用面内任意移动或转动，或同时改变力和力偶臂的大小，而它对刚体的效应不变。

如图1.22所示的转向盘，只要保持力偶矩大小不变，加在 A、B 两点的力偶（$\boldsymbol{F}$，$\boldsymbol{F}'$）可以移到 C、D 点或 E、F 点。

(2) 平行平面内的等效变换

力偶在同一刚体上可以搬移到与其作用面相平行的平面内，而不改变其对刚体的效应。例如，图1.23所示轴上力偶 $\boldsymbol{M}$ 作用于 A 和 B 点的效果是一样。

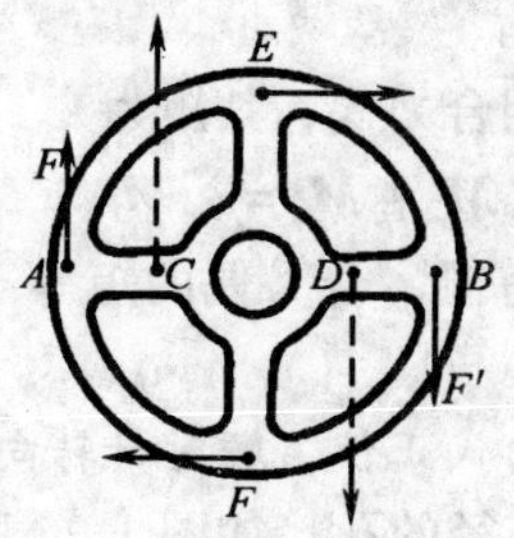

图1.22 转向盘的受力

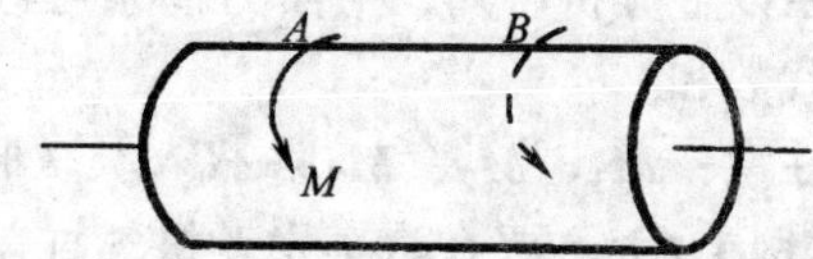

图1.23 轴的受力

由此可见，两力偶等效的条件为：

①力偶矩大小相等。

②力偶作用面平行。

③力偶转向相同。

符合以上三个条件的力偶称为互等力偶，这三个条件也就是力偶的三要素，即力偶矩大小、力偶作用面和力偶的转向。力偶对物体的转动效应取决于力偶的三要素。

1.6.3　平面力偶系的合成

两个或两个以上力偶组成的力系称为力偶系。力偶系合成的结果只能是力偶而不是力，这个力偶称为合力偶。

设有平面力偶系（$\boldsymbol{F}_1$，$\boldsymbol{F}_1'$）、（$\boldsymbol{F}_2$，$\boldsymbol{F}_2'$）、（$\boldsymbol{F}_3$，$\boldsymbol{F}_3'$），它们的力偶臂分别为 d_1、d_2、d_3，如图 1.24 所示。

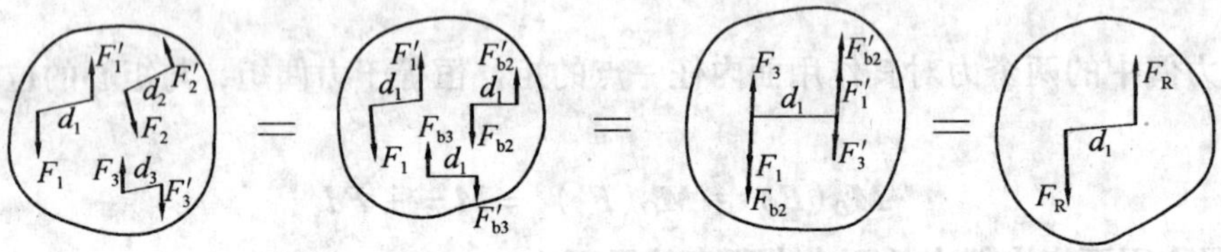

图 1.24　平面力偶系的合成

这 3 个力偶的力偶矩分别为

$$\boldsymbol{M}_1=\boldsymbol{F}_1 d_1,\ \boldsymbol{M}_2=\boldsymbol{F}_2 d_2,\ \boldsymbol{M}_3=\boldsymbol{F}_3 d_3$$

根据力偶的等效变换，可以在保证力偶矩大小不变的前提下，将力偶（$\boldsymbol{F}_2$，$\boldsymbol{F}_2'$）、（$\boldsymbol{F}_3$，$\boldsymbol{F}_3'$）用力偶臂为 d_1 的等效力偶来代替，即令

$$\boldsymbol{M}_2=\boldsymbol{F}_2 d_2=\boldsymbol{F}_{b2} d_1 \Rightarrow \boldsymbol{F}_{b2}=\frac{\boldsymbol{F}_2 d_2}{d_1}$$

$$\boldsymbol{M}_3=\boldsymbol{F}_3 d_3=-\boldsymbol{F}_{b3} d_1 \Rightarrow \boldsymbol{F}_{b3}=\frac{\boldsymbol{F}_3 d_3}{d_1}$$

而且将它们移到（$\boldsymbol{F}_1$，$\boldsymbol{F}_1'$）所在的位置上，再分别将两边的力合成得

$$\boldsymbol{F}_R=\boldsymbol{F}_R'=\boldsymbol{F}_1+\boldsymbol{F}_{b2}-\boldsymbol{F}_{b3}$$

由此形成一个新力偶（$\boldsymbol{F}_R$，$\boldsymbol{F}_R'$），即为原力偶系的合力偶，其矩为

$$\boldsymbol{M}=\boldsymbol{F}_R d_1=(\boldsymbol{F}_1+\boldsymbol{F}_{b2}-\boldsymbol{F}_{b3})\ d_1=\boldsymbol{M}_1+\boldsymbol{M}_2+\boldsymbol{M}_3=\sum \boldsymbol{M}_i$$

由以上分析可知，平面力偶系可以合成为一个合力偶，合力偶的矩等于各分力偶矩的代数和。

注意：$\boldsymbol{M}_1$、$\boldsymbol{M}_2$、$\boldsymbol{M}_3$ 在代入数值时，逆时针转向的代正值，顺时针转向的代负值。

【例 1.6】　要在汽车发动机气缸盖上钻四个相同直径的孔，如图 1.25 所示。估计钻每个孔的切削力偶矩为 $M_1=M_2=M_3=M_4=-20$ N·m。若用多轴钻床同时钻这 4 个孔，工件受到的总切削力偶矩有多大？

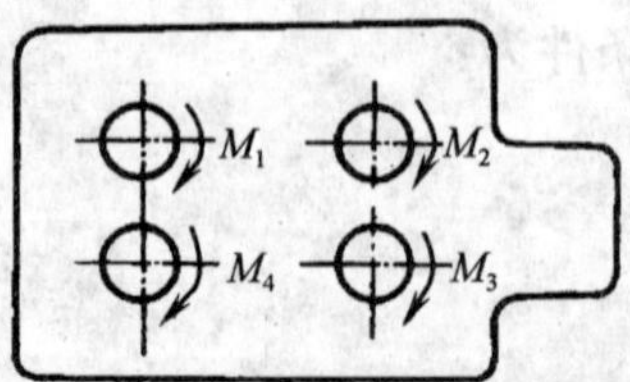

图 1.25　汽缸盖

解：作用于气缸盖上的4个力偶位于同一平面内，各力偶矩大小相等、转向相同，则作用在工件上的合力偶矩为

$$\boldsymbol{M} = \sum \boldsymbol{M}_i = \boldsymbol{M}_1 + \boldsymbol{M}_2 + \boldsymbol{M}_3 + \boldsymbol{M}_4$$
$$= 4 \times (-20) = -80 \text{ N·m}$$

即合力偶矩大小为80 N·m，按顺时针方向转动。

1.6.4　平面力偶系的平衡

由合成结果可知，力偶系平衡时，其合力偶矩等于0；反过来合力偶矩为0，则平面力偶系平衡。因此，平面力偶系平衡的充分必要条件是所有各力偶矩的代数和等于0，即

$$\sum_{i=1}^{n} M_i = 0 \qquad (1.5)$$

这就是平面力偶系的平衡方程。用这个平衡方程可以求解一个未知量。

【例1.7】　如图1.26（a）所示简支梁 AB 上有作用线相距为 $d = 20$ cm 的两反向平衡力 $\boldsymbol{F}$ 与 $\boldsymbol{F}'$ 和力偶矩为 $\boldsymbol{M}$ 的力偶的共同作用。若 $\boldsymbol{F} = \boldsymbol{F}' = 100$N，$\boldsymbol{M} = 40$N·m，$\theta = 60°$，梁长 $l = 1.6$ m，求支座 A 和 B 的约束反力。

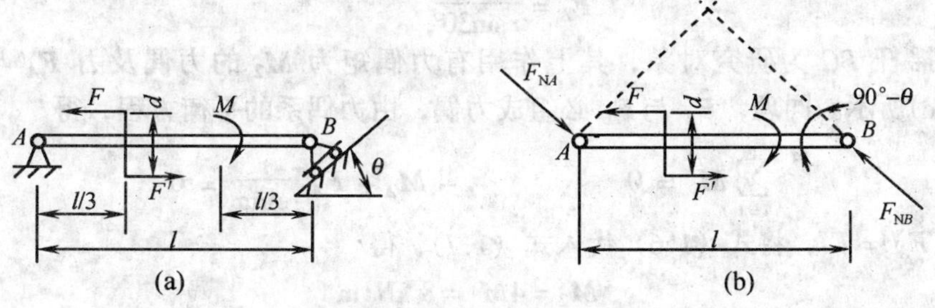

图1.26　简支梁及受力分析

解：取梁 AB 为研究对象，因为梁只受主动力偶作用，而力偶只能用力偶来平衡，故两支座反力必构成一新力偶。现已知 $\boldsymbol{F}_{NB}$ 的方向，则 $\boldsymbol{F}_{NA}$ 应与 $\boldsymbol{F}_{NB}$ 平行且反向，如图1.26（b）所示，由平面力偶系的平衡条件

$$\sum_{i=1}^{n} M_i = 0, \text{得}$$

$$Fd + M + F_{NB} l \sin(90° - \theta) = 0$$

得

$$F_{NB} = \frac{-M - Fd}{l\sin(90° - \theta)} = \frac{-(-40) - 100 \times 0.2}{1.6\sin 30°} = 25 \text{ N}$$

即 $F_{NA} = F_{NB} = 25$ N，方向如图1.26（b）所示。

【例1.8】　如图1.27所示机构的自重不计，圆轮上的销子 A 放在摇杆 BC 上的光滑导槽内，圆轮上作用一力偶，其力偶矩为 $\boldsymbol{M}_1 = 2$ kN·m，$OA = r = 0.5$ m，图示位置时 OA 与 OB 垂直，$\alpha = 30°$，且系统平衡。求作用于摇杆 BC 上的力偶 $\boldsymbol{M}_2$ 及铰链 O、B 处的约束反力。

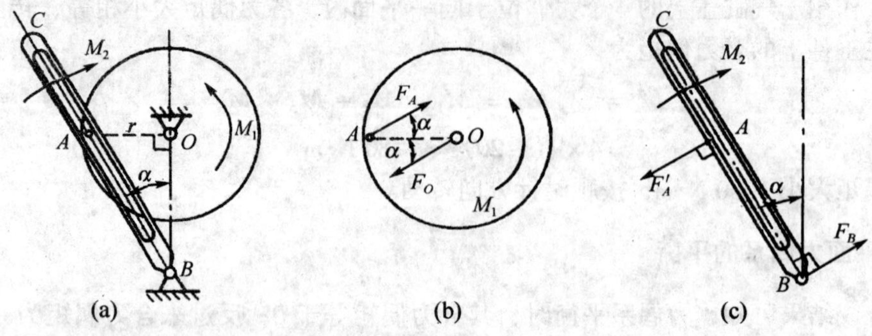

图 1.27　例 1.8 图

解： 先取圆轮为研究对象，其上受有力偶矩为 $\boldsymbol{M}_1$ 的力偶及光滑导槽对销子 A 作用力 $\boldsymbol{F}_A$ 和铰链 O 处约束反力 $\boldsymbol{F}_O$ 作用。由于力偶必须用力偶来平衡，因而 $\boldsymbol{F}_O$ 与 $\boldsymbol{F}_A$ 必定组成一力偶，如图 1.27（b）所示，由力偶系的平衡方程，得

$$\sum_{i=1}^{n} \boldsymbol{M}_i = 0 \qquad \boldsymbol{M}_1 - \boldsymbol{F}_A r\sin\alpha = 0$$

解得

$$\boldsymbol{F}_A = \frac{\boldsymbol{M}_1}{r\sin 30^\circ} \tag{1.6}$$

再取摇杆 BC 为研究对象，其上作用有力偶矩为 $\boldsymbol{M}_2$ 的力偶及力 $\boldsymbol{F}_A{}'$ 与 $\boldsymbol{F}_B$，如图 1.27（c)所示。同理，$\boldsymbol{F}_A{}'$ 与 $\boldsymbol{F}_B$ 必组成力偶，由力偶系的平衡方程，得

$$\sum_{i=1}^{n} \boldsymbol{M}_i = 0 \qquad -\boldsymbol{M}_2 + \boldsymbol{F}_A{}' \frac{r}{\sin\alpha} = 0 \tag{1.7}$$

由于 $\boldsymbol{F}_A{}' = \boldsymbol{F}_A$，将式（1.6）代入式（1.7），得

$$\boldsymbol{M}_2 = 4\boldsymbol{M}_1 = 8\ \text{kN}\cdot\text{m}$$

$\boldsymbol{F}_O$ 与 $\boldsymbol{F}_A$ 组成力偶，$\boldsymbol{F}_B$ 和 $\boldsymbol{F}_A{}'$ 组成力偶，则有

$$\boldsymbol{F}_O = \boldsymbol{F}_B = \boldsymbol{F}_A = \frac{\boldsymbol{M}_1}{r\sin 30^\circ} = 8\ \text{kN}$$

其方向如图 1.27（b）和 1.27（c）所示。

分析平面力偶系的合成与平衡问题时，应当注意：平面力偶的力偶矩用代数量表示，力偶矩是力偶对刚体作用效果的唯一度量。力偶只能用力偶进行平衡。其解题步骤与平面汇交力系解析法类似。所不同的是，当刚体只受主动力偶或主动力偶系作用时，常由力偶系平衡条件确定约束反力的方向。

1.7　平面汇交力系的合成与平衡

作用在物体上的力系可按其作用线是否共面分为平面力系和空间力系。若力系中各个力作用线均在同一平面内，则称为平面力系。若各个力的作用线不在同一平面内，则称为空间力系。在平面力系中，若各个力的作用线均汇交于一点，称为平面汇交力系。若各力的作用线均相互平行，称为平面平行力系。由力偶组成的平面力系，称为平面力偶系。若各力既不完全平行又不汇交于一点，则称为平面任意力系。平面任意力系是平面力系的一般情形，而平面汇交力系和平面力偶系是平面任意力系的特殊情况。

1.7.1　平面汇交力系的合成和简化

平面汇交力系可以合成为一个合力。平面汇交力系可以由两个、三个甚至更多的汇交力组成，由两个汇交力组成的汇交力系是最简单的汇交力系。平面汇交力系的合成和简化的方法有几何法和解析法。

1. 平面汇交力系合成的几何法

(1) 两个汇交力的合成

如图1.28所示，作用在物体上的任意两个不平行的力 $\boldsymbol{F}_1$ 和 $\boldsymbol{F}_2$，根据力的可传性原理将其沿作用线移至汇交点 O，从而成为汇交力系。这时合力 $\boldsymbol{F}_R$ 可根据力的平行四边形法则来确定，矢量式为 $\boldsymbol{F}_R=\boldsymbol{F}_1+\boldsymbol{F}_2$。为简便起见，可用力三角形法来合成：在任意位置 O 点先作力矢 $\boldsymbol{F}_1$，在 $\boldsymbol{F}_1$ 的末端接画力矢 $\boldsymbol{F}_2$，再连接由 $\boldsymbol{F}_1$ 始端指向 $\boldsymbol{F}_2$ 末端的矢量，即为合力 $\boldsymbol{F}_R$。由 $\boldsymbol{F}_1$、$\boldsymbol{F}_2$ 和 $\boldsymbol{F}_R$ 组成的三角形OBC称为力三角形。

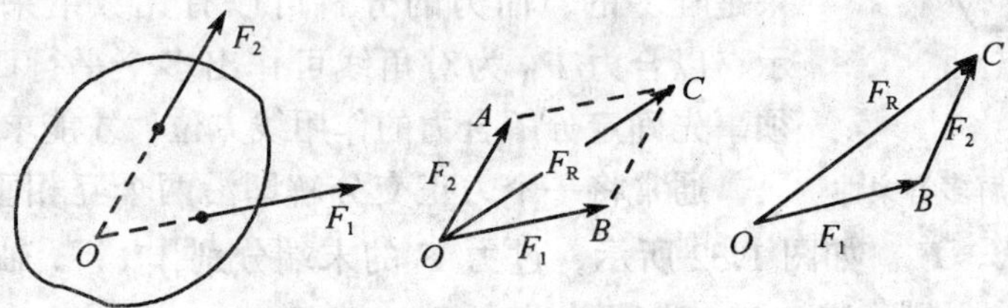

图1.28　力三角形法

(2) 任意个汇交力的合成

可以连续使用“力三角形法”来求任意个汇交力的合力。如图1.29所示，物体上 O 点作用一汇交力系 $\boldsymbol{F}_1$，$\boldsymbol{F}_2$，$\boldsymbol{F}_3$，…，$\boldsymbol{F}_n$。现可先将 $\boldsymbol{F}_1$、$\boldsymbol{F}_2$ 合成为合力 $\boldsymbol{F}_{R12}$，再将 $\boldsymbol{F}_{R12}$ 与 $\boldsymbol{F}_3$ 合成为合力 $\boldsymbol{F}_{R123}$。依此类推，即可求得整个力系的合力 $\boldsymbol{F}_R$，如图1.30所示。

由图中可看出，中间合力 $\boldsymbol{F}_{R12}$，$\boldsymbol{F}_{R123}$…可省略不画，只要将力系中各力 $\boldsymbol{F}_1$，$\boldsymbol{F}_2$，$\boldsymbol{F}_3$，…，$\boldsymbol{F}_n$ 依次首尾相接形成一条折线，则由第一个力的始端指向最后一个力末端的力矢 $\boldsymbol{F}_R$ 即为整个力系的合力。

合成的结果用矢量式表示为

$$\boldsymbol{F}_R=\boldsymbol{F}_1+\boldsymbol{F}_2+\boldsymbol{F}_3+\cdots+\boldsymbol{F}_n=\sum \boldsymbol{F}_i$$

由力 $\boldsymbol{F}_1$，$\boldsymbol{F}_2$，$\boldsymbol{F}_3$，…，$\boldsymbol{F}_n$ 和合力 $\boldsymbol{F}_R$ 构成的多边形称为“力多边形”，代表合力 $\boldsymbol{F}_R$ 的边称力多边形的封闭边，这种求合力的方法称为“力多边形法”。

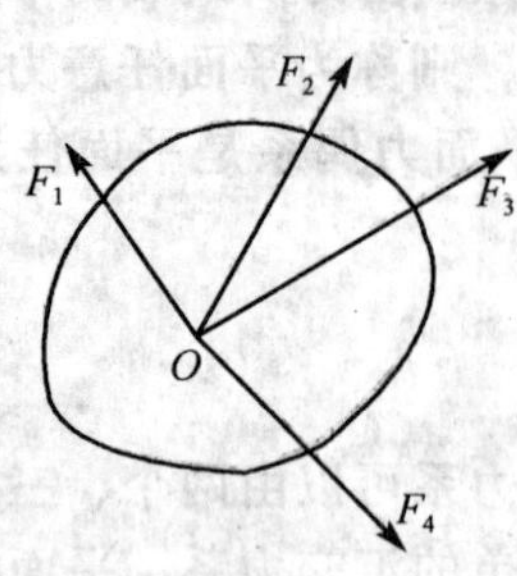

图 1.29　汇交力系

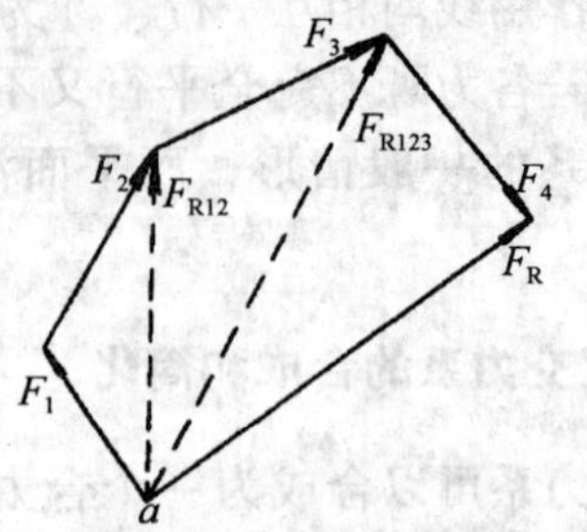

图 1.30　力多边形作法

由以上分析可知，一般情况下，平面汇交力系合成的结果是一个合力，合力的作用线通过力系的汇交点，合力的大小和方向由力多边形的封闭边表示。

2. 平面汇交力系合成的解析法

(1) 力的分解

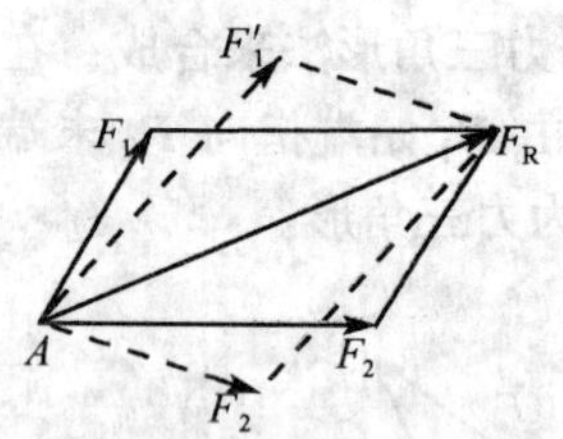

图 1.31　力的分解多答案性

前面曾介绍过，根据力的平行四边形法则可将两个汇交力合成为一个合力，反过来，作用在刚体上的一个力也可以分解为两个或两个以上的分力。两个汇交力合成的结果是唯一的，而力的分解可以有无数结果。如图 1.31 所示，以合力 $\boldsymbol{F}_R$ 为对角线可作出多个平行四边形，因此必须事先确定分解合力的作用线方位，才能求出唯一的结果。

通常将一个力正交分解即沿两个互相垂直的坐标轴的分解，得分力 $\boldsymbol{F}_x$、$\boldsymbol{F}_y$。如图 1.32 所示，过力 $\boldsymbol{F}$ 的末端分别作 x、y 轴的垂线，交 x、y 轴于 A、B 两点，则力矢 OA、OB 即为分力 $\boldsymbol{F}_x$、$\boldsymbol{F}_y$。

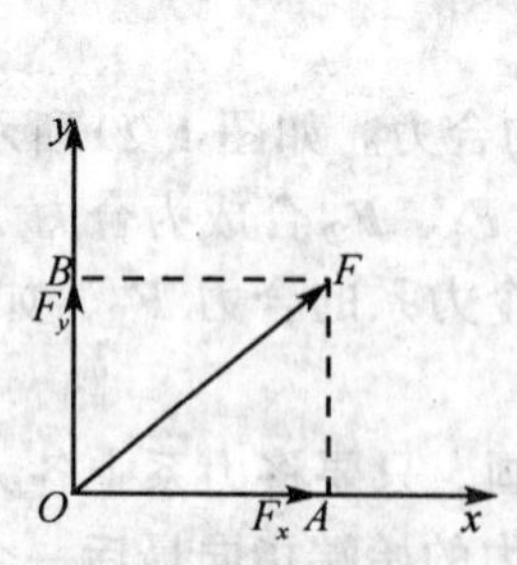

图 1.32　力沿 x、y 轴的分解

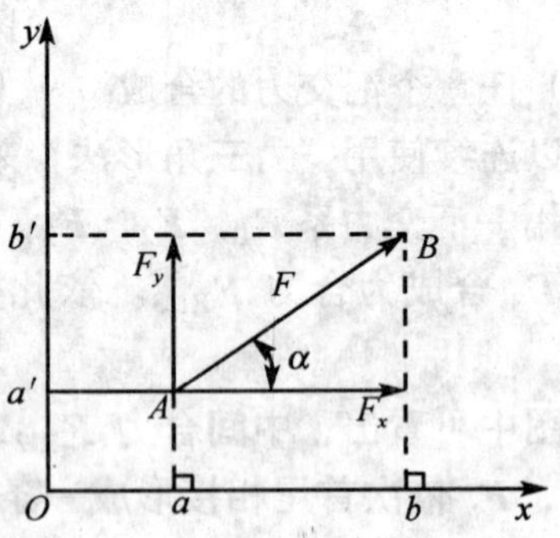

图 1.33　力在坐标轴上的投影

(2) 力在坐标轴上的投影

设力 $\boldsymbol{F}$ 作用在物体上 A 点，如图 1.33 所示。在力 $\boldsymbol{F}$ 的作用线所在平面内取一直角坐标系 xOy，过力 $\boldsymbol{F}$ 的始点 A 和终点 B 分别向 x 轴引垂线，得到垂足 a、b，则线段 ab 称为力 $\boldsymbol{F}$ 在 x 轴的投影，用 F_x 表示。同理，过 A、B 两点分别向 y 轴引垂线得到垂足 a'、b'，线段 $a'b'$ 称为力 $\boldsymbol{F}$ 在 y 轴上的投影，用 F_y 表示。

力在坐标轴上的投影是代数量，其正负号规定如下：由 a 到 b 的方向与 x 轴正向一致时，力的投影为正；反之为负。图1.33中 F_x、F_y 均为正值。

若已知力 $\boldsymbol{F}$ 的大小及力 $\boldsymbol{F}$ 与 x 轴的夹角 α（取锐角），则力 $\boldsymbol{F}$ 在 x、y 轴上的投影可按下式计算：

$$\left.\begin{aligned}F_x &= \pm F\cos\alpha\\F_y &= \pm F\sin\alpha\end{aligned}\right\}\tag{1.8}$$

若已知力 $\boldsymbol{F}$ 在 x、y 轴上的投影 F_x、F_y，则力 $\boldsymbol{F}$ 的大小和方向分别表示为

$$F=\sqrt{F_x^2+F_y^2}\tag{1.9}$$

$$\tan\alpha=\left|\frac{F_y}{F_x}\right|\tag{1.10}$$

其中，α 角是锐角，至于 $\boldsymbol{F}$ 画在第几象限由 F_x、F_y 的符号决定。

由图1.33可知，力的投影 F_x、F_y 的绝对值分别等于分力 $\boldsymbol{F}_x$、$\boldsymbol{F}_y$ 的大小，投影的正负号反映了分力 $\boldsymbol{F}_x$、$\boldsymbol{F}_y$ 的方向。当力沿坐标轴的分力方向与坐标的正向一致时，则力在该轴上的投影为正；反之为负。因此，当已知力在某一坐标轴的投影，就可以确定该力在同轴上的分力的大小和方向。利用这种力在直角坐标轴上的投影与分力之间的关系，可以把较复杂的矢量运算转化为较简单的投影代数运算。

应注意，力沿坐标轴的分力是矢量，用黑体字母 $\boldsymbol{F}_x$、$\boldsymbol{F}_y$ 表示，其效应与其作用点或作用线有关；力在坐标上的投影为代数量，用普通字母 F_x、F_y 表示，无所谓作用点或作用线。在所有正向相同的平行轴上，同一个力的投影均相同，所以不能将二者混淆。

(3) 合力投影定理

合力在某一直角坐标轴上的投影，等于各分力在同一轴上投影的代数和。

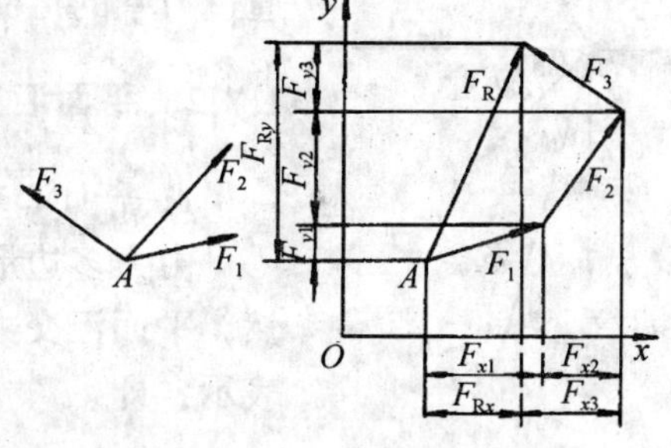

图1.34　合力投影定理

如图1.34所示，一平面汇交力系 $\boldsymbol{F}_1$，$\boldsymbol{F}_2$，…，$\boldsymbol{F}_n$ 作用于物体上 A 点，其合力 $\boldsymbol{F}_{\mathrm{R}}$ 可由 $\boldsymbol{F}_1$，$\boldsymbol{F}_2$，…，$\boldsymbol{F}_n$ 为边构成的力多边形的封闭边表示。在力的作用线平面内建立一直角坐标系 xOy，将各力投影到 x、y 轴，则得各分力及合力的投影。

从图中可看出各分力和合力之间有如下关系

$$\left.\begin{aligned}F_{\mathrm{R}x} &= F_{x1}+F_{x2}+\cdots+F_{xn}=\sum F_{xi}\\F_{\mathrm{R}y} &= F_{y1}+F_{y2}+\cdots+F_{yn}=\sum F_{yi}\end{aligned}\right\}\tag{1.11}$$

即合力 $\boldsymbol{F}_{\mathrm{R}}$ 在 x、y 轴上的投影，等于力系中各力在同一轴上投影的代数和。

(4) 平面汇交力系合成的解析法方法步骤

① 根据平面汇交力系的情况建立适当的坐标系。

② 求出力系中各力在两坐标轴上的投影 F_{x1}，F_{x2}，…，F_{xn}；F_{y1}，F_{y2}，…，F_{yn}。

③ 根据合力投影定理求出两坐标轴上所有投影的代数和

$$\sum F_x = F_{x1}+F_{x2}+\cdots+F_{xn}=\sum F_{xi}$$

$$\sum F_y = F_{y1} + F_{y2} + \cdots + F_{yn} = \sum F_{yi}$$

$\sum F_x, \sum F_y$ 即为合力 $\boldsymbol{F}_R$ 在 x、y 轴上的投影。

【例 1.9】 用解析法求图 1.35 所示平面汇交力系的合力的大小和方向。已知 $F_1 = 1.5$ kN，$F_2 = 0.5$ kN，$F_3 = 0.25$ kN，$F_4 = 1$ kN。

解：由式（1.11）计算合力 $\boldsymbol{F}_R$ 在 x，y 轴上的投影分别为

$$F_{Rx} = \sum F_{xi} = 0 - 0.5 + 0.25\cos 60° + 1\cos 45° = 0.332 \text{ kN}$$

$$F_{Ry} = \sum F_{yi} = -1.5 + 0 + 0.25\sin 60° - 1\sin 45° = -1.99 \text{ kN}$$

故合力 $\boldsymbol{F}_R$ 的大小为合力

$$F_R = \sqrt{F_{Rx}^2 + F_{Ry}^2} = \sqrt{(0.332)^2 + (-1.99)^2} = 2.02 \text{ kN}$$

合力 $\boldsymbol{F}_R$ 的方向正切为

$$\tan\alpha = \left|\frac{F_{Ry}}{F_{Rx}}\right| = \left|\frac{-1.99}{0.332}\right| = 5.944$$

可得：

$$\alpha = 80°33'$$

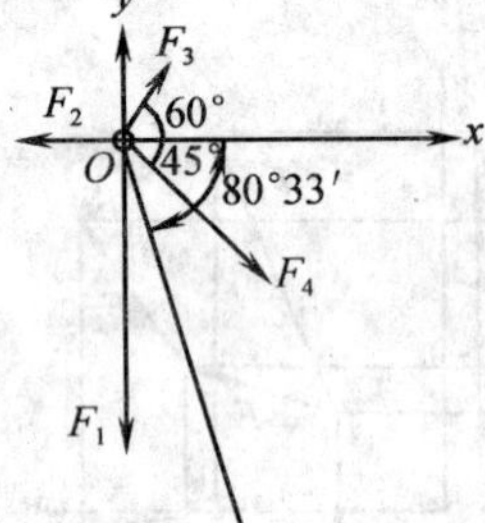

图 1.35 合力方向

因为 $\boldsymbol{F}_{Rx}$ 为正，$\boldsymbol{F}_{Ry}$ 为负，故合力 $\boldsymbol{F}_R$ 在第四象限，其作用线通过力系的汇交点 O，如图 1.35 所示。

1.7.2 平面汇交力系的平衡条件及应用

1. 平面汇交力系平衡的几何条件

由力多边形法则知，平面汇交力系可用其合力等效替换，显然，平面汇交力系平衡的充要条件是合力等于零。如果用矢量式表示，即

$$\sum \boldsymbol{F}_i = 0 \tag{1.12}$$

结论：平面汇交力系平衡的充要条件是该力系的力多边形自行封闭。

【例 1.10】 减速器盖重 $G = 800$ N，用两根铁链 AB 和 AC 吊起，如图 1.36（a）所示，已知铁链与铅直线的夹角为 $\alpha = 35°$，$\beta = 25°$，试求箱盖平衡时铁链的拉力。

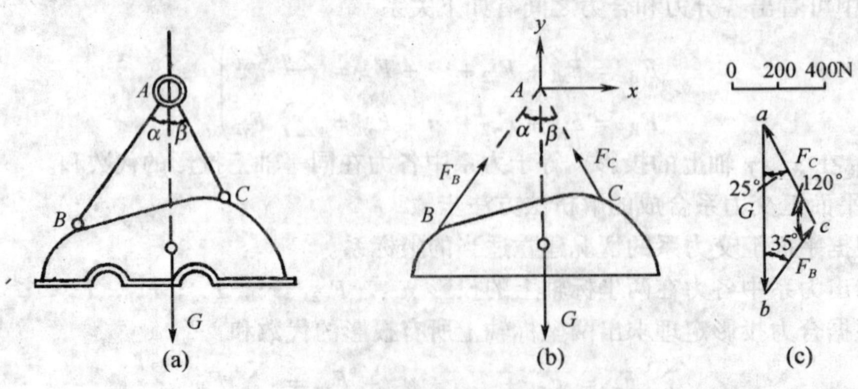

图 1.36 减速器盖受力分析

解：选箱盖为研究对象，其受力分析如图 1.36（b）所示，根据三力平衡汇交定理，此三力作用线必汇交于铁环的中心 A，构成平面汇交力系。

根据平面汇交力系平衡的几何条件，这三个力构成一自行封闭的力三角形。如用作图法求解，可选力的比例尺如图，先画已知力 $\boldsymbol{G}=\overrightarrow{ab}$，如图 1.36（c）所示，过 a，b 两点分别作直线平行于 $\boldsymbol{F}_C$、$\boldsymbol{F}_B$，这两直线相交于点 c，得到力三角形△abc。$\boldsymbol{F}_C$、$\boldsymbol{F}_B$ 的指向应符合首尾相接的原则。按照图示比例尺，直接从力三角形上量得铁链的拉力为

$$F_B = 390\ \text{N},\quad F_C = 530\ \text{N}$$

本例的几何关系并不复杂，也可画出力三角形示意图后，应用 α，β 这一已知条件，对力三角形△abc 应用正弦定理，则有

$$F_B = G\frac{\sin 25°}{\sin 120°} = 390.4\ \text{N}$$

$$F_C = G\frac{\sin 35°}{\sin 120°} = 529.8\ \text{N}$$

由此例题可以看出：用几何法解题，各力之间的关系直观、清晰。但作图时应准确地画出各力的方向和已知力的大小，否则从图上量取的结果会产生较大的误差；由力三角形可知，在重力 $\boldsymbol{G}$ 不变的情况下，角 α 和 β 增大，铁链的拉力也随之增大。因此吊起重物时应将铁链放长一些，使角 α 和 β 小一些，这样铁链才不易被拉断。

2. 平面汇交力系平衡的解析条件

由前面知，平面汇交力系平衡的充要条件是：该力系的合力 F_{R} 等于零，即

$$\left.\begin{aligned} F_{\text{R}x} &= \sum F_{xi} = 0 \\ F_{\text{R}y} &= \sum F_{yi} = 0 \end{aligned}\right\} \tag{1.13}$$

此式即平面汇交力系的平衡方程，它表明：用解析式表示的平面汇交力系平衡的充要条件是各力在两个坐标轴上投影的代数和分别等于零。平面汇交力系有两个独立的平衡方程，可以求解两个未知量。

用解析法求解平衡问题时，未知力的指向可先假设，若计算结果为正值，则表示所假设力的指向与实际受力情况相同；反之则相反。

【例 1.11】　如图 1.37（a）表示一简单的压轧设备，当在点 A 加力 $\boldsymbol{F}$ 时，物体 M 即受到比 $\boldsymbol{F}$ 大若干的力的挤压。设 $F = 200$ N，求当 $\alpha = 10°$时物体 M 所受的压力。

解：1）物体 M 所受的力是由连杆 AB 传来的。因此先取销钉 A 为研究对象，求 AB 杆所受的力。

画出点 A 的受力图如图 1.37（b）所示。这里 AB、AC 均为二力杆。

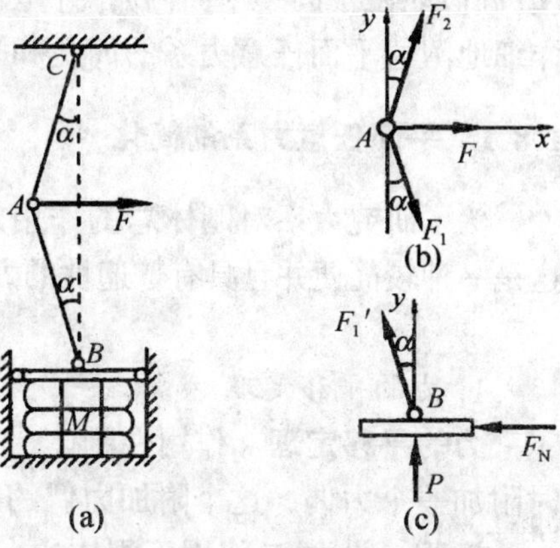

图 1.37　压轧设备受力分析

建立坐标系，列平衡方程，得

$$\sum F_{xi} = F + F_1\sin\alpha + F_2\sin\alpha = 0$$

$$\sum F_{yi} = -F_1\cos\alpha + F_2\cos\alpha = 0$$

解得

$$F_1 = F_2 = -\frac{F}{2\sin\alpha} = -576\ \text{N}$$

2）选取压板为研究对象，其受力图如图 1.37（c）所示，求 $\boldsymbol{P}$。

$$\sum F_{yi} = P + F_1'\cos\alpha = 0$$

解得

$$P = -F_1'\cos\alpha = 567\ \text{N}$$

从上面的计算可知，将 M 逐渐压缩，而 α 越来越小，压力将越来越大，从而将物体压紧。

3. 解析法解题的主要步骤

① 根据题意恰当地选取研究对象。

② 分析研究对象的受力情况，正确地画出相应的受力图，较复杂的问题可能要多次选取研究对象进行分析计算。

③ 选取合适的投影轴，列出平衡方程求解未知量。在此应注意，所取投影轴无需相互正交，若取的投影轴与某未知力垂直，则相应的平衡方程就不会出现该未知力，可以避免求解联立方程，从而简化计算。

1.8 平面任意力系

机器制造、建筑结构、交通运输等工程中许多结构和零部件的受力问题，都往往可以简化为平面任意力系的问题，即作用在物体上的力其作用线都位于同一平面内(或近似地位于同一平面内)，并呈任意分布的力系。因此本节将在前面内容的基础上，详细地阐述平面任意力系的简化和平衡问题。并介绍考虑摩擦时物体的平衡问题。

1.8.1 平面任意力系的简化

为了研究力系对刚体总的作用效果，并研究其平衡条件，需要将力系向一点简化，这是一种较简便并且具有普遍性的力系简化方法。这个方法的理论基础是力的平移定理。

1. 力的平移定理

力的平移定理 作用在刚体上某一点的力 $\boldsymbol{F}$ 可以平移到刚体内任一点，但必须同时附加一个力偶，这个附加力偶的矩等于原来的力 $\boldsymbol{F}$ 对新作用点的矩。

证明：设力 $\boldsymbol{F}$ 作用于刚体的点 A。如图 1.38（a）所示，在刚体上任取一点 B，根据加减平衡力系公理，在点 B 加上两个等值反向的力 $\boldsymbol{F}'$ 和 $\boldsymbol{F}''$，使它们与力 $\boldsymbol{F}$ 平行，且

$\boldsymbol{F}'=-\boldsymbol{F}''=\boldsymbol{F}$，如图 1.38（b）所示。显然，3 个力 $\boldsymbol{F}$，$\boldsymbol{F}'$，$\boldsymbol{F}''$组成的新力系与原来的一个力$\boldsymbol{F}$ 等效，但是，这 3 个力可看做是一个作用在点 B 的力$\boldsymbol{F}'$和一个力偶（$\boldsymbol{F}$，$\boldsymbol{F}''$）。这样，原来作用在刚体上点 A 的力$\boldsymbol{F}$ 就被平行移到该刚体上的另一个点B，但必须同时附加相应的力偶。如图 1.38（c）所示。此附加力偶矩 $\boldsymbol{M}$ 等于力$\boldsymbol{F}$ 对点B 之矩，即

$$\boldsymbol{M}=\boldsymbol{M}_B(\boldsymbol{F})=\boldsymbol{F}d$$

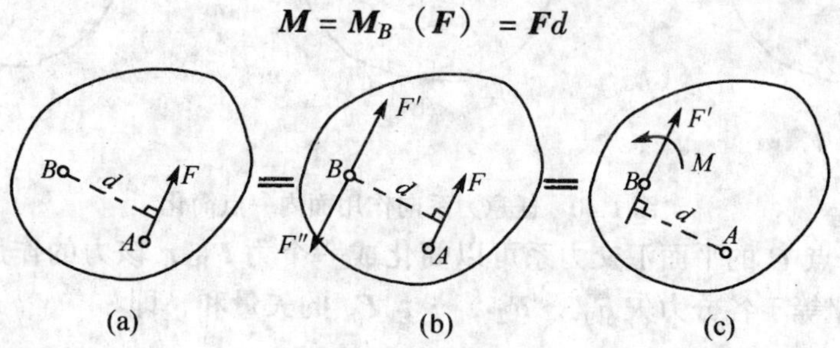

图 1.38　平移定理分析

由力的平移定理可知，平面内的一个力和一个力偶也可以合成为一个力。合成过程为如图 1.38 所示的逆过程。

力的平移定理在理论上和实践上都有重要意义，它建立了力与力偶这两个基本力学量之间的联系。既是力系向一点简化的理论依据，又可用来分析生产和生活实际中的一些力学现象。例如用丝锥攻螺纹时，操作规程要求必须用两手同时握紧扳手，而且用力要均匀，以保证丝锥只产生转动。绝不允许只用一只手去转动扳手。读者可借助图 1.39，用力的平移定理分析其原因。

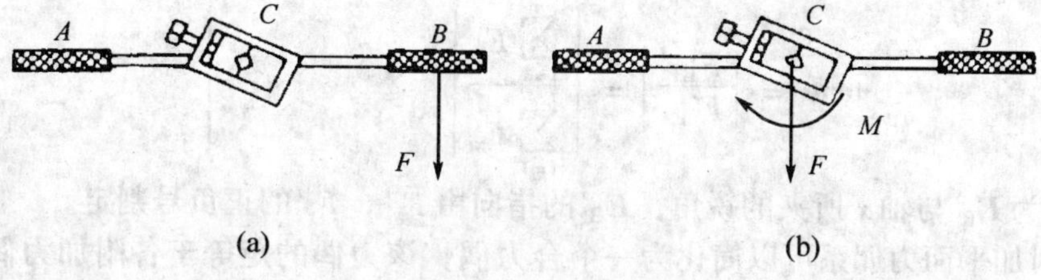

图 1.39　实例分析

2. 平面任意力系向作用面内一点简化

设刚体上作用一平面任意力系（$\boldsymbol{F}_1$，$\boldsymbol{F}_2$，…，$\boldsymbol{F}_n$），如图 1.40（a）所示，下面将该力系向平面内某一点进行简化。

① 在力系平面内任选一点 O，称为简化中心，应用力的平移定理，将力系中诸力向点 O 平移。这样，原力系便分解为两个简单力系：汇交于点 O 的平面汇交力系（$\boldsymbol{F}_1'$，$\boldsymbol{F}_2'$，…，$\boldsymbol{F}_n'$）和力偶矩为（$\boldsymbol{M}_1$，$\boldsymbol{M}_2$，…，$\boldsymbol{M}_n$）的附加平面力偶系，如图 1.40（b）所示。

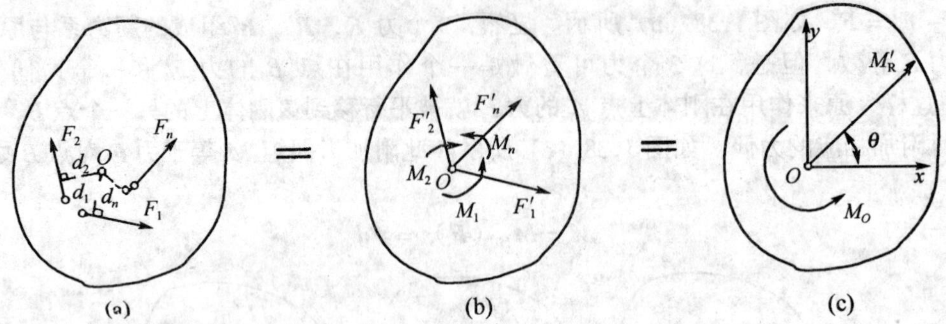

图 1.40　任意力系向作用面内一点简化

② 汇交于点 O 的平面汇交力系可以简化成一个力 $\boldsymbol{F}_R'$，该力的作用线过简化中心 O，其力矢 $\boldsymbol{F}_R'$ 等于各分力矢 $\boldsymbol{F}_1'$，$\boldsymbol{F}_2'$，…，$\boldsymbol{F}_n'$ 的矢量和，即

$$\boldsymbol{F}_R' = \sum_{i=1}^{n} \boldsymbol{F}_i' = \sum_{i=1}^{n} \boldsymbol{F}_i \tag{1.14}$$

它称为原力系的主矢。通过点 O 作直角坐标系 Oxy，将式（1.14）在直角坐标轴上投影，可得

$$F_{Rx}' = \sum_{i=1}^{n} F_{xi} \qquad F_{Ry}' = \sum_{i=1}^{n} F_{yi} \tag{1.15}$$

由此可求得主矢的大小和方向为

$$\left.\begin{aligned} F_R' &= \sqrt{F'^2_{Rx} + F^2_{Ry}{}'} = \sqrt{\left(\sum_{i=1}^{n} F_{xi}\right)^2 + \left(\sum_{i=1}^{n} F_{yi}\right)^2} \\ \tan\alpha &= \left|\frac{F_{Ry}'}{F'_{Rx}}\right| = \left|\frac{\sum_{i=1}^{n} F_{yi}}{\sum_{i=1}^{n} F_{xi}}\right| \end{aligned}\right\} \tag{1.16}$$

式中，α 为 $\boldsymbol{F}_R'$ 与轴 x 所夹的锐角，$\boldsymbol{F}_R'$ 的指向由 F_x'，F_y' 的正负号判定。

③ 附加平面力偶系可以简化为一个合力偶，该力偶的矩等于各附加力偶矩的代数和，它称为原力系对点 O 的主矩，用 $\boldsymbol{M}_O$ 表示，即

$$\boldsymbol{M}_O = \sum_{i=1}^{n} \boldsymbol{M}_i = \sum_{i=1}^{n} \boldsymbol{M}_O(\boldsymbol{F}_i) \tag{1.17}$$

结论：平面任意力系向作用面内任一点简化，可得到一个力和一个力偶，该力的作用线通过简化中心，其大小和方向等于原力系的主矢，该力偶的力偶矩等于原力系对简化中心的主矩。

由简化过程不难看出，力系的主矢与简化中心的选取无关，而主矩一般随简化中心的不同而改变，因此，对于主矩，应指明是对哪个简化中心而言的。主矩符号 M_O 的下标 O 就表示简化中心是点 O。

作为力系向一点简化理论的应用，下面分析平面固定端（插入端）支座的约束反力。例如，图 1.41 所示的梁，其一端嵌入墙内而固定不动，这种约束称为固定端或插入端支座，其简图如图 1.41（a）所示。该约束的特点是连接处有很大的刚性，不允许

构件发生任何移动或转动。它对物体的作用，是在接触面上作用了一群约束反力。在平面问题中，这些力构成一平面任意力系，如图 1.41（b）所示。将这群力向平面内的点 A 简化，得到一个力和一个力偶，一般情况下，这个力的大小和方向均未知，可用两个正交的未知分力来代替。故在平面任意力系情况下，固定端 A 处的约束反力可简化为两个约束反力 $\boldsymbol{F}_{Ax}$，$\boldsymbol{F}_{Ay}$ 和一个矩为 $\boldsymbol{M}_A$ 的约束反力偶，如图 1.41（c）所示。比较固定端约束和固定铰链支座的约束性质可知，固定铰支座只能限制物体的移动而不能限制物体在约束平面内的转动，固定端约束则除了限制物体的移动之外，还限制物体在约束平面内的转动，因此，除了约束反力外，还必须有约束反力偶。

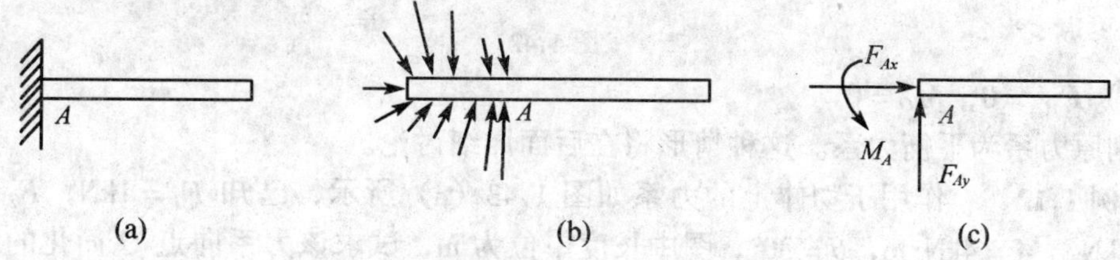

图 1.41　固定端约束受力

3. 简化结果的讨论

平面力系向刚体上任意一点简化可得力系的主矢和主矩，但这并不一定是力系简化的最终的最简单的结果。下面由这两个基本物理量来讨论力系简化的最后结果。

（1）$\boldsymbol{F}_R{}'=0$，$\boldsymbol{M}_O\neq 0$

则原力系与一力偶等效，此力偶称为平面力系的合力偶，其力偶矩等于主矩，即 $\boldsymbol{M}=\boldsymbol{M}_O=\sum_{i=1}^{n}\boldsymbol{M}_O(\boldsymbol{F}_i)$。由力偶的性质可知，这种情形主矩与简化中心的选取无关。

（2）$\boldsymbol{F}_R{}'\neq 0$，$\boldsymbol{M}_O=0$

则原力系等效于作用线过简化中心的一个合力。合力矢 $\boldsymbol{F}_R$ 由力系的主矢 $\boldsymbol{F}_R{}'$ 确定，即 $\boldsymbol{F}_R=\boldsymbol{F}_R{}'$。

（3）$\boldsymbol{F}_R{}'\neq 0$，$\boldsymbol{M}_O\neq 0$

这种情形还可以作进一步简化。根据力的平移定理知，$\boldsymbol{F}_R{}'$ 和 $\boldsymbol{M}_O$ 可以由一个合力 $\boldsymbol{F}_R$ 等效替换，且 $\boldsymbol{F}_R=\boldsymbol{F}_R{}'$，但是其作用线不过简化中心 O。若设合力作用线到简化中心 O 的距离为 d，则 $d=\left|\frac{\boldsymbol{M}_O}{\boldsymbol{F}_R{}'}\right|$。图 1.42 可说明上述简化过程，其中点 O_1 为合力 $\boldsymbol{F}_R$ 的作用点。

另外，从图 1.42（b）及其推证过程不难知道

$$\boldsymbol{M}_O(\boldsymbol{F}_R)=\boldsymbol{F}_R d=\boldsymbol{M}_O=\sum_{i=1}^{n}\boldsymbol{M}_O(\boldsymbol{F}_i)$$

由于简化中心 O 是任意选取的，故该式具有普遍意义，即平面力系的合力对作用面内任一点之矩等于各分力对同一点之矩的代数和。这恰好正是我们在本章 1.5 节叙述过的合力矩定理及其证明。

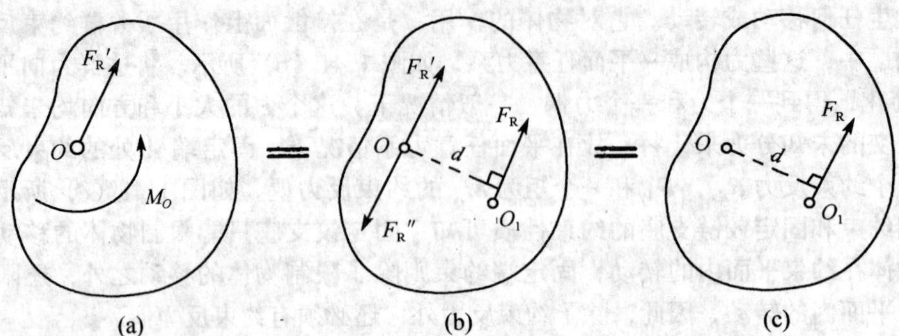

图 1.42

(4) $\boldsymbol{F}_R' = 0$，$\boldsymbol{M}_O = 0$

则原力系为平衡力系。这种情形将在后面详细讨论。

【例 1.12】 作用于物体上的力系如图 1.43（a）所示，已知 $F_1 = 1\text{kN}$，$F_2 = 1\text{kN}$，$F_3 = 2\text{kN}$，$\boldsymbol{M} = 4\text{kN·m}$，$\theta = 30°$，图中长度单位为 m，试求该力系向点 O 简化的结果以及该力系最终简化结果。

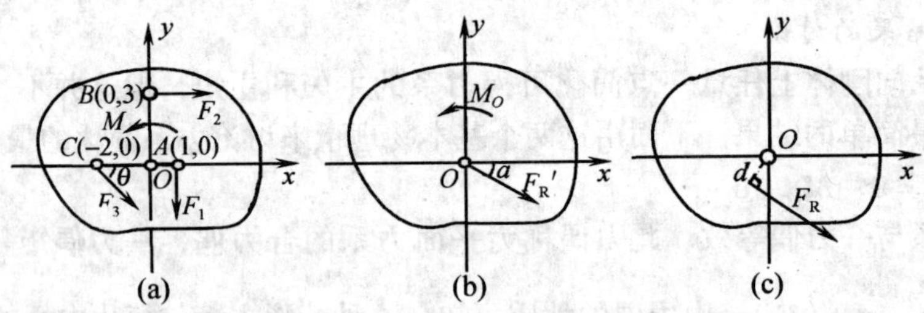

图 1.43

解： 将力系向点 O 简化。首先，以简化中心 O 为原点，建立直角坐标系 Oxy，如图 1.43（a）所示，求力系的主矢 $\boldsymbol{F}_R'$。由式（1.15）得主矢 $\boldsymbol{F}_R'$ 在轴 x，y 上的投影。

故由式（1.16）得主矢 $\boldsymbol{F}_R'$ 的大小及方向为

$$F_{Rx}' = \sum F_{xi} = F_3\cos\theta + F_2 = 2 \times \frac{\sqrt{3}}{2} + 1 = 2.73\ \text{kN}$$

$$F_{Ry}' = \sum F_{yi} = -F_1 - F_3\sin\theta = -1 - 2 \times \frac{1}{2} = -2\text{kN}$$

$$F_R' = \sqrt{(\sum F_{xi})^2 + (\sum F_{yi})^2} = \sqrt{2.73^2 + (-2)^2} = 3.39\ \text{kN}$$

$$\tan\alpha = \left|\frac{\sum F_{yi}}{\sum F_{xi}}\right| = 0.732 \qquad 即\ \alpha = 36.2°$$

式中，α 是 $\boldsymbol{F}_R'$ 与轴 x 所夹的锐角，$\boldsymbol{F}_R'$ 位于第四象限。

其次，求力系对简化中心 O 的主矩 $\boldsymbol{M}_O$。由式（1.17）得

$$\boldsymbol{M}_O = \sum \boldsymbol{M}_O(\boldsymbol{F}_i) = -1 \times \boldsymbol{F}_1 - 3 \times \boldsymbol{F}_2 + 2\sin30° \times \boldsymbol{F}_3 + \boldsymbol{M} = 2\ \text{kN·m}$$

最后，由于 $\boldsymbol{F}_R' \neq 0$，$M_O \neq 0$，故力系最终简化结果为一合力 $\boldsymbol{F}_R$。$\boldsymbol{F}_R$ 的大小和方向与主矢 $\boldsymbol{F}_R'$ 相同，合力 $\boldsymbol{F}_R$ 的作用线距点 O 的距离为 d。

$$d=\left|\frac{\boldsymbol{M}_O}{\boldsymbol{F}_{\mathrm{R}}}\right|=\frac{2}{3.39}=0.59\ \mathrm{m}$$

$\boldsymbol{M}_O$ 为正值，表示主矩为逆时针转向，故合力 $\boldsymbol{F}_{\mathrm{R}}$ 的作用线如图 1.43（c）所示。

1.8.2　平面力系的平衡

1. 平面任意力系的平衡条件

根据前面的分析，平面任意力系向一点简化后，得到一个主矢 $\boldsymbol{F}_{\mathrm{R}}'$和一个主矩$\boldsymbol{M}_O$。力和力偶不能互相平衡，因此，要使力系平衡，应使主矢和主矩分别平衡。当主矢 $\boldsymbol{F}_{\mathrm{R}}'=0$ 时，力系对物体无移动效应；当主矩 $\boldsymbol{M}_O=0$ 时，力系对物体无转动效应。因此，当主矢、主矩同时为 0 时，则力系平衡。即平面力系平衡的充要条件是：力系简化所得主矢 $\boldsymbol{F}_{\mathrm{R}}'$和主矩$\boldsymbol{M}_O$ 都等于 0。也就是

$$F_{\mathrm{R}}'=\sqrt{(\sum F_{xi})^2+(\sum F_{yi})^2}=0$$

$$\boldsymbol{M}_O=\sum \boldsymbol{M}_O(\boldsymbol{F}_i)=0$$

由此得到平面任意力系的平衡方程为

$$\left.\begin{aligned}\sum F_{xi}&=0\\ \sum F_{yi}&=0\\ \sum \boldsymbol{M}_O(\boldsymbol{F}_i)&=0\end{aligned}\right\}\tag{1.18}$$

平面任意力系平衡的解析条件是：力系中各力在两个任选的直角坐标轴上的投影的代数和分别为零，以及各力对任一点之矩的代数和为零。

式（1.18）中，前两个为投影方程，最后一个为力矩方程。平面任意力系的平衡方程还可以有以下不同的形式。

(1) 两力矩式平衡方程

$$\left.\begin{aligned}\sum F_{xi}&=0\\ \sum \boldsymbol{M}_A(\boldsymbol{F}_i)&=0\\ \sum \boldsymbol{M}_B(\boldsymbol{F}_i)&=0\end{aligned}\right\}\tag{1.19}$$

A、B 两点的连线不能垂直于 x 轴。

(2) 三力矩平衡方程

$$\left.\begin{aligned}\sum \boldsymbol{M}_A(\boldsymbol{F}_i)&=0\\ \sum \boldsymbol{M}_B(\boldsymbol{F}_i)&=0\\ \sum \boldsymbol{M}_C(\boldsymbol{F}_i)&=0\end{aligned}\right\}\tag{1.20}$$

A、B、C 三点不能共线。

可以证明：当平面任意力系满足两矩式、三矩式平衡方程时，有 $\boldsymbol{F}_{\mathrm{R}}'=0$，$\boldsymbol{M}_O=0$。

不论何种形式的平面任意力系平衡方程，均只有 3 个独立方程，可求解 3 个未知量。在实际应用中选用哪种形式，主要取决于解题的方便性。

【例 1.13】 一端固定的悬臂梁 AB 如图 1.44（a）所示。梁上作用有力偶 M 和载荷集度为 q 的均布载荷，在梁的自由端还受一集中力 $\boldsymbol{F}$ 的作用，梁的长度为 l。试求固定端 A 处的约束反力。

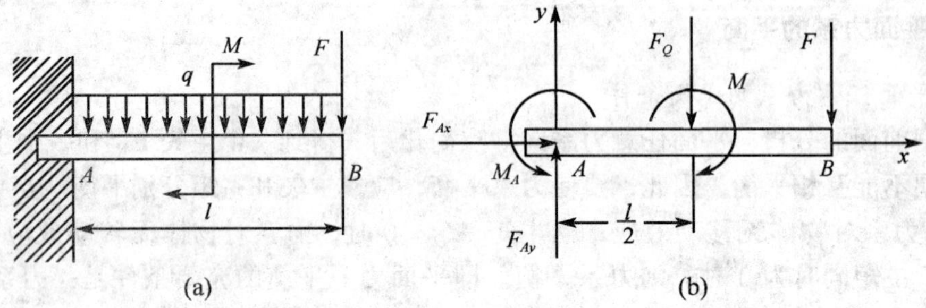

图 1.44 悬臂梁及其受力分析

解： 1）取悬臂梁 AB 为研究对象。

2）分析梁的受力，并作受力图如图 1.44（b）所示。梁受主动力 $\boldsymbol{F}$、$\boldsymbol{F}_Q$（$\boldsymbol{F}_Q = ql$）、$\boldsymbol{M}$ 和固定端约束反力 $\boldsymbol{F}_{Ax}$、$\boldsymbol{F}_{Ay}$ 和 $\boldsymbol{M}_A$ 作用，这些力构成平面一般力系。

3）取坐标系 Axy，建立平衡方程

$$\sum F_{xi} = 0, F_{Ax} = 0$$

$$\sum F_{yi} = 0, F_{Ay} - ql - F = 0$$

$$\sum \boldsymbol{M}_A(\boldsymbol{F}_i) = 0, \boldsymbol{M}_A - ql \cdot \frac{l}{2} - \boldsymbol{F}l - \boldsymbol{M} = 0$$

4）解得

$$\boldsymbol{F}_{Ax} = 0 \quad \boldsymbol{F}_{Ay} = ql + \boldsymbol{F} \quad \boldsymbol{M}_A = \frac{ql^2}{2} + \boldsymbol{F}l + \boldsymbol{M}$$

此处，均布载荷可用其合力 $\boldsymbol{F}_Q$ 等效替代。

2. 几种特殊平面力系的平衡方程

平面任意力系的平衡方程是各种力系的一般形式，其他特殊平面力系平衡方程可根据一般形式推导出来。

(1) 平面汇交力系的平衡方程

根据前面的分析可知，平面汇交力系可以合成为一个合力 $\boldsymbol{F}_R$，不可能有力偶。因此，一般方程中的 $\sum \boldsymbol{M}_O \equiv 0$，平衡方程只有两个，即

$$\sum F_{xi} = 0$$

$$\sum F_{yi} = 0$$

可见，平面汇交力系平衡的解析条件是：力系中各分力在直角坐标轴上投影的代数和分别为 0。

(2) 平面力偶系的平衡方程

根据前面的分析知道，平面力偶系合成的结果是一个合力偶，则一般方程中 $\sum F_{xi} \equiv 0$、$\sum F_{yi} \equiv 0$，因此，平衡方程只有一个，即

$$\sum \boldsymbol{M}_i = 0$$

因此，平面力偶系平衡的充要条件是：力偶系中各分力偶矩的代数和为0。

(3) 平面平行力系

由于平面平行力系中各力均平行，所以建立直角坐标系时，可选择某坐标轴与各力平行，则另一坐标轴与各力垂直。如图1.45中，令 y 轴平行于各力，则各力在 x 轴上的投影均为0，因而有 $\sum F_{xi} \equiv 0$ 且 $\sum F_{yi} = \sum F_i$，因此一般方程中只余下两个

$$\sum F_i = 0 \tag{1.21}$$

$$\sum \boldsymbol{M}_O(\boldsymbol{F}_i) = 0 \tag{1.22}$$

即为平面平行力系的平衡方程。

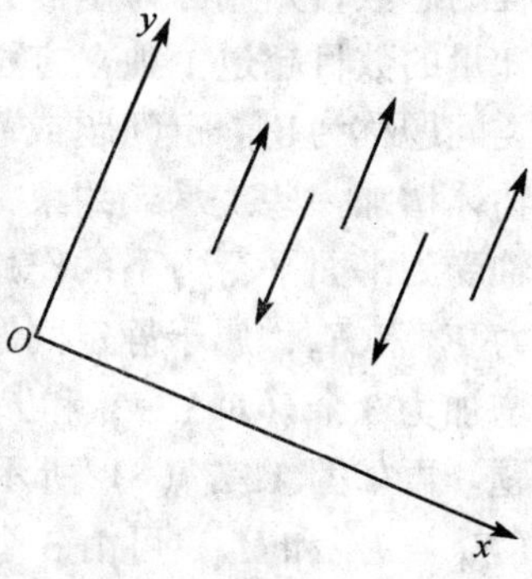

图1.45 平面平行力系

【例1.14】 塔式起重机如图1.46所示，已知轨距 $b = 3$ m，机身重 $G = 500$ kN，其作用线至右轨的距离 $e = 1.5$m，起重机的最大载荷 $P = 250$ kN，其作用线至右轨的距离 $l = 10$ m。欲使起重机满载荷时不向右倾倒，空载时不向左倾倒，试确定平衡块 W 之值，设其作用线至左轨的距离 $a = 6$m。

解： 1）先考虑满载时的情况。

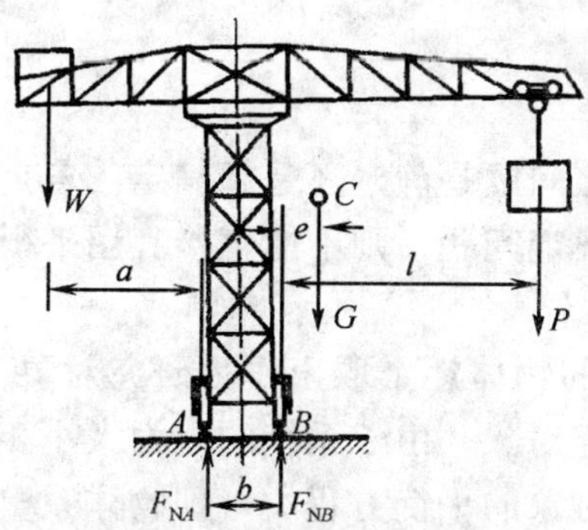

图1.46 塔式起重机受力分析

取起重机为研究对象。作用于起重机上的力有主动力 G、W、P 和约束反力 $\boldsymbol{F}_{NA}$、$\boldsymbol{F}_{NB}$，这些力组成平面平行力系。满载时，在绕 B 点不向右翻倒的临界情况下，应有 $\boldsymbol{F}_{NA} = 0$，此时平衡重 W 为取值范围的下限 W_{min}，可由平衡条件求出 W_{min}。列平衡方程

$$\sum M_B(F) = 0, W_{min}(a + b) - Ge - pl = 0$$

得

$$W_{min} = 361 \text{ kN}$$

2）考虑空载时的情况。

空载时（$\boldsymbol{P} = 0$）在绕 A 点不向左翻倒的临界情况下应有 $\boldsymbol{F}_{NB} = 0$，此时平衡重 W 为取值范围的上限 W_{max}。列平衡方程

$$\sum M_A(F) = 0, W_{max}a - G(b + e) = 0$$

解得

$$W_{max} = 375 \text{ kN}$$

可见，平衡重 W 取在 $361 \text{ kN} \leqslant W \leqslant 375 \text{ kN}$ 范围内时，无论工作与否起重机是平衡的。

1.8.3 物体系统的平衡

前面所讨论的都是单个刚体的平衡问题，而工程实际中通常遇到的是机械和结构等物体系统的平衡问题。物体系统平衡时，组成系统的每一个物体都处于平衡状态，

对每个物体都可至多列出 3 个独立的静力平衡方程，所以对由 n 个物体组成的物体系统，最多能列出 $3n$ 个独立的静力平衡方程。若平衡问题中未知量的数目不超过独立方程的总数，则用静力平衡方程可以求解出全部未知量，这类问题称为静定问题。若未知量的数目超过了独立方程的总数，则单靠静力平衡方程不能求解出全部未知量，这类问题称为超静定问题或静不定问题。在工程实际中，为了提高刚度和稳固性，常对物体增加一些支承或约束，因而使问题由静定变为超静定。如图 1.47（a）所示的转子轴受到平面平行力系的作用，能列出两个独立的平衡方程，可以求出两个未知约束反力 $\boldsymbol{F}_A$ 和 $\boldsymbol{F}_B$，属于静定问题；若增加一个中间支座 C 如图 1.47（b）所示，未知力数目增加为 3 个（$\boldsymbol{F}_A$、$\boldsymbol{F}_B$ 和 $\boldsymbol{F}_C$），但独立的平衡方程仍只能列出两个，因此属于静不定问题。再如图 1.47（c）所示，支承电动机的悬臂梁受平面任意力系作用，3 个未知量（$\boldsymbol{F}_{Ax}$、$\boldsymbol{F}_{Ay}$ 和 M_A）可由 3 个独立的平衡方程解出，故而属于静定问题；当加上支座 B［如图 1.47（d）］后，多了一个未知力 $\boldsymbol{F}_B$，而平衡方程的数目没有增加，所以属于静不定问题。

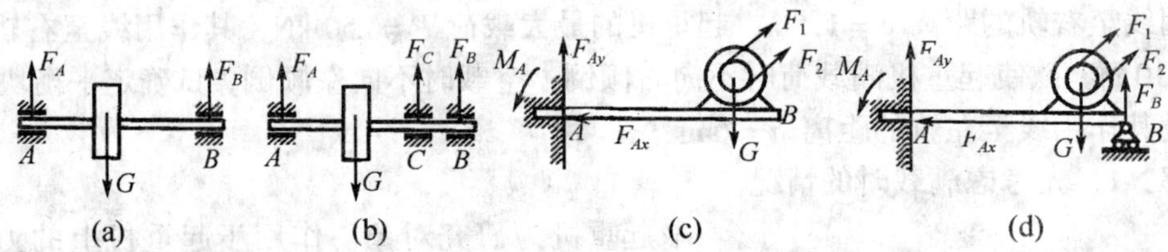

图 1.47　静定与超静定问题

在解决工程实际的静力平衡问题时，应首先判断该问题是静定还是超静定。若是静定问题，则可以利用静力平衡方程来求解，若是超静定问题，则不能直接利用平衡方程来求解。这里只研究静定问题。

在求解静定物体系统的平衡问题时，可将系统中的物体逐个取出作为研究对象，列出平衡方程，然后求解；也可以先取整个系统为研究对象，由于系统的内力大小相等、方向相反的成对存在，不会出现在以整体为研究对象的平衡方程中（即物体系整体的受力图中不用画出内力），这样方程中的未知量较少，可以先解出部分未知量，然后再取系统中某个物体为研究对象并列出相应的平衡方程解出其余的未知量。至于研究对象如何选取（即先取什么，后取什么）才能使问题更简便些，则需要根据具体的条件来判断。总之，选取研究对象的原则是应该使每个平衡方程中的未知量数目尽可能少，以避免解联立方程。

【例 1.15】　如图 1.48（a）所示的曲柄压力机由飞轮 1、连杆 2 和滑块 3 组成。飞轮在驱动转矩 $\boldsymbol{M}$ 作用下，通过连杆推动滑块在水平导轨中移动。已知滑块受到工件的阻力为 $\boldsymbol{F}$，连杆长为 l，曲柄半径 $OB = r$，飞轮重为 $\boldsymbol{G}$，曲柄、连杆和滑块的重量及各处摩擦均不计。求在图示位置（$\angle AOB = 90°$）时，作用于飞轮的驱动转矩 $\boldsymbol{M}$ 以及连杆、轴承 O 和滑块导轨所受到的力。

解： 1）先取滑块为研究对象。滑块所受的力有工件阻力 $\boldsymbol{F}$，连杆（二力杆）拉力 $\boldsymbol{F}_S$ 和导轨的约束反力 $\boldsymbol{F}_N$受力图如图 1.48（b）所示。

2）列平衡方程。取坐标系 Axy，由图 1.48（b）可知，滑块 3 受到的是平面汇交力系，其平衡方程为

$$\sum F_{xi} = 0, F - F_S\cos\alpha = 0$$

$$\sum F_{yi} = 0, F_N - F_S\sin\alpha = 0$$

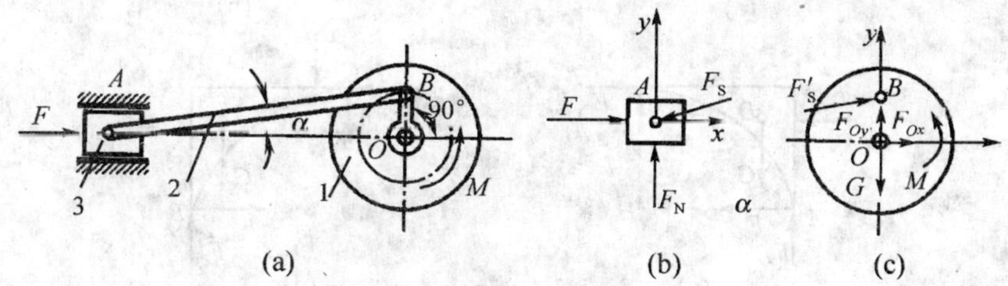

图 1.48　曲柄压力机

由图 1.48 中直角三角形 OAB 得 $\sin\alpha = \dfrac{r}{l}$，$\cos\alpha = \sqrt{1-\dfrac{r^2}{l^2}}$，代入方程得

$$F_S = \frac{F}{\sqrt{1-\dfrac{r^2}{l^2}}},\quad F_N = \frac{Fr}{\sqrt{l^2-r^2}}$$

3）再以飞轮为研究对象。飞轮受重力 $\boldsymbol{G}$、驱动转矩 $\boldsymbol{M}$、连杆作用力 $\boldsymbol{F}_S'$（$\boldsymbol{F}_S' = F_S$）、轴承约束反力 $\boldsymbol{F}_{Ox}$ 和 $\boldsymbol{F}_{Oy}$ 其受力图如图 1.48（c）所示。

4）列平衡方程。取坐标系 Oxy，由受力图 1.48（c）可知飞轮受到的是平面任意力系，其平衡方程为

$$\sum F_x = 0, F_S'\cos\alpha + F_{Ox} = 0$$

$$\sum F_y = 0, F_S'\sin\alpha - G + F_{Oy} = 0$$

$$\sum \boldsymbol{M}_O = 0, \boldsymbol{M} - \boldsymbol{F}_S' r\cos\alpha = 0$$

解上述方程，得

$$F_{Ox} = -F,\quad F_{Oy} = G - \frac{Fr}{\sqrt{l^2-r^2}},\quad \boldsymbol{M} = \boldsymbol{F}r$$

根据作用力和反作用力的关系，不难确定连杆、轴承和导轨所受的力。

本题属于物体系统的平衡问题，但若先取整体为研究对象，则平衡方程中未知量较多，不易求解，故本题是将系统中的物体逐个取出作为研究对象进行受力分析，并列出平衡方程求解。机构平衡问题的特点是：主动力之间要满足一定关系才能平衡。在进行受力分析时通常按传动顺序依次选取研究对象，逐个求解。

【例 1.16】　图 1.49（a）为三铰拱结构示意图。所谓三铰拱，就是由 AC、BC 两半拱用铰链 C 连接，并由铰链 A 与 B 固定于支座上的建筑物，如拱门、拱桥等。现已知两半拱的重量相等，即 $G_1 = G_2 = 40$ kN，重心分别在 D、E 两点处，结构受到铅直载荷 $P = 20$ kN，水平载荷 $F = 10$ kN。求支座 A、B 和中间铰链 C 的反力。

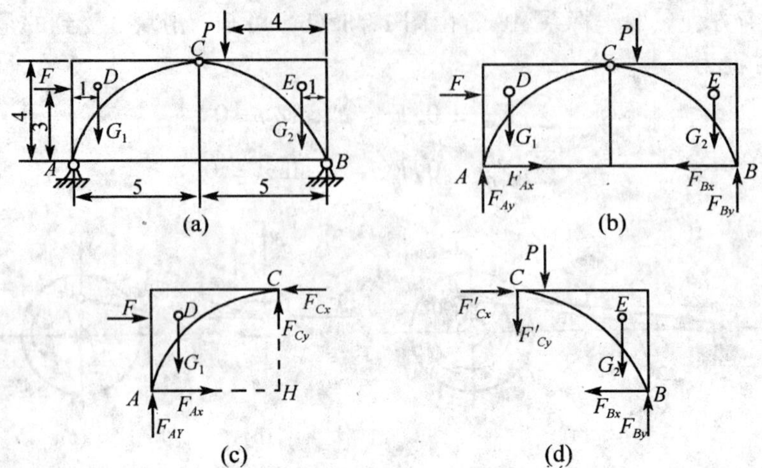

图 1.49　三铰拱结构及受力分析

解：本例属于系统的静定平衡问题。要求的未知量共有 6 个，因此需要取多次研究对象，若先取 AC（或 BC）为研究对象，都有 4 个未知量。因此，先取整体分析，再取部分分析。

1）取整体画出受力图，如图 1.49（b）所示，列平衡方程。

$$\begin{cases} \sum \boldsymbol{M}_B(\boldsymbol{F}) = 0, -10\boldsymbol{F}_{Ay} - 3\boldsymbol{F} + 4\boldsymbol{P} + 9\boldsymbol{G}_1 + 1 \times \boldsymbol{G}_2 = 0 & (1.23) \\ \sum \boldsymbol{M}_A(\boldsymbol{F}) = 0, 10\boldsymbol{F}_{By} - 3\boldsymbol{F} - 6\boldsymbol{P} - 1 \times \boldsymbol{G}_1 - 9 \times \boldsymbol{G}_2 = 0 & (1.24) \\ \sum \boldsymbol{F}_x = 0, \boldsymbol{F} + \boldsymbol{F}_{Ax} - \boldsymbol{F}_{Bx} = 0 & (1.25) \end{cases}$$

解方程，得

$$\boldsymbol{F}_{Ay} = 45\ \text{kN},\quad \boldsymbol{F}_{By} = 55\ \text{kN}$$

尚有 $\boldsymbol{F}_{Ax}$、$\boldsymbol{F}_{Bx}$不能从方程（1.25）中解出。下面分析部分的平衡。

2）取 AC（左半拱）为研究对象，受力情况如图 1.49（c）所示，列平衡方程。

$$\begin{cases} \sum M_C(F) = 0, 4F_{Ax} - 5F_{Ay} + 4G_1 + 1 \times F = 0 \\ \sum M_H(F) = 0, -5F_{Ay} - 3F + 4G_1 + 4F_{Cx} = 0 \\ \sum F_Y = 0, F_{Ay} + F_{Cy} - G_1 = 0 \end{cases}$$

解方程组得 $F_{Ax} = 13.75$ kN，$F_{Cx} = 23.75$ kN，$F_{Cy} = -5$ kN。

将 F_{Ax}值代入式（1.25），得 $F_{Bx} = 23.75$ kN。

至此，6 个未知量全部求出。答案是否正确，可用 BC（右半拱）来进行校核。如图 1.49（d）是 BC 的受力图，应有$\sum \boldsymbol{M}_B$（$\boldsymbol{F}$）$=0$成立，下面进行验证。

$$\begin{aligned} \sum \boldsymbol{M}_B(\boldsymbol{F}) &= 1 \times \boldsymbol{G}_2 + 4\boldsymbol{P} + 5\boldsymbol{F}_{Cy}' - 4\boldsymbol{F}_{Cx}' \\ &= 1 \times 40 + 4 \times 20 + 5 \times (-5) - 4 \times 23.75 = 0 \end{aligned}$$

成立，故以上的解答是正确的。

1.8.4　考虑摩擦时物体的平衡

摩擦是机械传动中普遍存在的一种自然现象。无论是静止的物体或运动着的物体，它们之间都可以有摩擦力存在，例如，在路上行驶的汽车，会受到路面的摩擦作用。前面在分析刚体或物体系统的平衡问题时，都认为接触表面是“光滑”的，而不考虑摩擦的影响，是因为在摩擦力比法向约束反力小得多时，摩擦力对所研究问题而言属次要因素，可以将它忽略不计。

在工程实际中，摩擦在许多情况下是作为主要因素而不能忽略的，如汽车的摩擦制动、皮带传动、机床夹具夹紧工件等，均是利用摩擦力来工作的。另外还应注意到，摩擦也有不利的方面，它会引起发热、磨损、降低精度和效率、缩短寿命等。因此，有必要对摩擦加以分析，掌握其基本规律，发挥其有用之处。

摩擦是一种十分复杂的物理现象。按物体之间的相对运动形式不同，摩擦可分为滑动摩擦和滚动摩擦。关于摩擦机理的研究已形成了专门的学科——摩擦学。这里只介绍滑动摩擦的基本内容。滚动摩擦的知识可以查阅物理等相关书籍。

1. 滑动摩擦

滑动摩擦是指两个互相接触的物体，沿其接触面相对滑动或有相对滑动趋势时，接触面上产生的沿切线方向的相互作用力。此时，两接触面之间彼此阻碍相对滑动的力即为滑动摩擦力。如图 1.50（a）所示，放于桌面上重力为 $\boldsymbol{G}$ 的物体，如只受到重力 $\boldsymbol{G}$ 和法向力 $\boldsymbol{F}_N$ 作用而平衡，则物体在水平方向无滑动趋势，接触面之间没有摩擦力。当在物体上施加一水平拉力 $\boldsymbol{F}_P$ 后，则会随 $\boldsymbol{F}_P$ 的大小不同，出现以下几种情况。

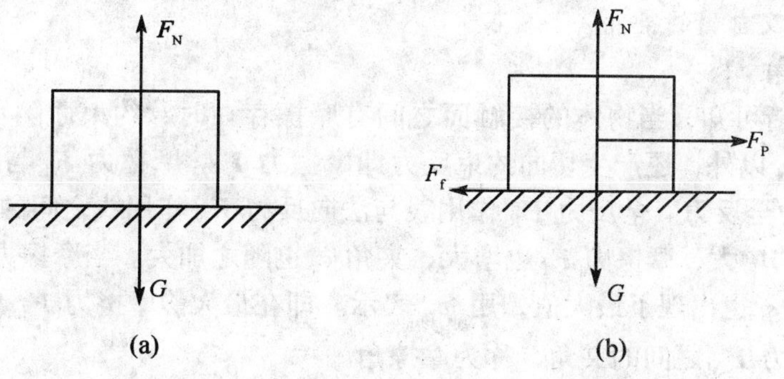

图 1.50　摩擦力

（1）静摩擦力

当 $\boldsymbol{F}_P$ 由零逐渐增加但不够大时，物体不会向右滑动，这是因为物体与水平面之间产生了摩擦力，如图 1.50（b）所示。这种在两个物体之间有相对滑动趋势时接触面之间产生的摩擦力，称为静动摩擦力，简称静摩擦力，用 $\boldsymbol{F}_f$ 表示。此时，根据平衡条件得

$$\boldsymbol{F}_N = \boldsymbol{G}$$

$$\boldsymbol{F}_f = \boldsymbol{F}_P$$

如果 $\boldsymbol{F}_{\mathrm{P}}$ 继续增大，在某一范围内，物体仍保持静止状态，但摩擦力 $\boldsymbol{F}_{\mathrm{f}}$ 随 $\boldsymbol{F}_{\mathrm{P}}$ 而增加。由此可见静摩擦力的性质为：

① 静摩擦力产生的条件是有切向力 $\boldsymbol{F}_{\mathrm{P}}$ 存在，物体间有相对滑动趋势，但仍静止。

② 静摩擦力的大小可根据平衡条件确定，其方向与滑动趋势方向相反。

(2) 最大静摩擦力

静摩擦力 $\boldsymbol{F}_{\mathrm{f}}$ 不会随 $\boldsymbol{F}_{\mathrm{P}}$ 的增大而无限增加，当 $\boldsymbol{F}_{\mathrm{P}}$ 增大到某一极限值 $\boldsymbol{F}_{\mathrm{Pk}}$ 时，物体处于将要滑动而尚未滑动的临界状态。此时，静摩擦力达到最大值，称为最大静摩擦力，用 $\boldsymbol{F}_{\mathrm{fmax}}$ 表示。试验证明，最大静摩擦力与两物体间的正压力 $\boldsymbol{F}_{\mathrm{N}}$ 成正比，方向仍与相对滑动趋势方向相反，即

$$\boldsymbol{F}_{\mathrm{fmax}} = f_{\mathrm{s}}\boldsymbol{F}_{\mathrm{N}} \tag{1.26}$$

式 (1.26) 称为静摩擦定律。式中，f_{s} 称为静摩擦因数，其大小与两接触物体的材料性质及表面状况有关。各种材料在不同表面状况下的 f_{s} 值可查阅有关工程手册。由以上分析可知，静摩擦力的范围是：$0 \leqslant \boldsymbol{F}_{\mathrm{f}} \leqslant \boldsymbol{F}_{\mathrm{fmax}}$。

只要拉力 $\boldsymbol{F}_{\mathrm{P}}$ 稍大于 $\boldsymbol{F}_{\mathrm{Pk}}$ 后，物体即开始滑动。此时，两相对滑动物体接触面上产生的阻碍物体滑动的力，称为动滑动摩擦力，简称动摩擦力，用 $\boldsymbol{F}_{\mathrm{f}}'$ 表示。试验表明，动摩擦力的大小与两接触面间的正压力 $\boldsymbol{F}_{\mathrm{N}}$ 成正比，即

$$\boldsymbol{F}_{\mathrm{f}}' = f\boldsymbol{F}_{\mathrm{N}} \tag{1.27}$$

式 (1.27) 称为动摩擦定律。式中 f 称为动摩擦因数，其大小除了与两接触物体的材料性质、表面状况有关外，还与相对滑动速度有关，可查阅有关工程手册。一般 $f \approx f_{\mathrm{s}}$。

2. 摩擦角及自锁的条件

(1) 摩擦角

由以上分析可知，当物体的接触面之间有摩擦存在时，约束面除了对物体产生法向约束反力 $\boldsymbol{F}_{\mathrm{N}}$ 以外，还产生切向约束反力即摩擦力 $\boldsymbol{F}_{\mathrm{f}}$。摩擦力 $\boldsymbol{F}_{\mathrm{f}}$ 与法向反力 $\boldsymbol{F}_{\mathrm{N}}$ 的合力 $\boldsymbol{F}_{\mathrm{R}}$，称为全反力。全反力 $\boldsymbol{F}_{\mathrm{R}}$ 作用线与法向反力 $\boldsymbol{F}_{\mathrm{N}}$ 作用线之间的夹角用 φ 表示。随着拉力 $\boldsymbol{F}_{\mathrm{P}}$ 的增大，摩擦力 $\boldsymbol{F}_{\mathrm{f}}$ 也增大，夹角 φ 也随之加大。当摩擦力 $\boldsymbol{F}_{\mathrm{f}}$ 达到最大值 $\boldsymbol{F}_{\mathrm{fmax}}$ 时，夹角 φ 也出现了最大值，用 φ_{m} 表示。即在最大静摩擦力 $\boldsymbol{F}_{\mathrm{fmax}}$ 时，全反力 $\boldsymbol{F}_{\mathrm{R}}$ 与法向约束反力 $\boldsymbol{F}_{\mathrm{N}}$ 之间的夹角，称为摩擦角。

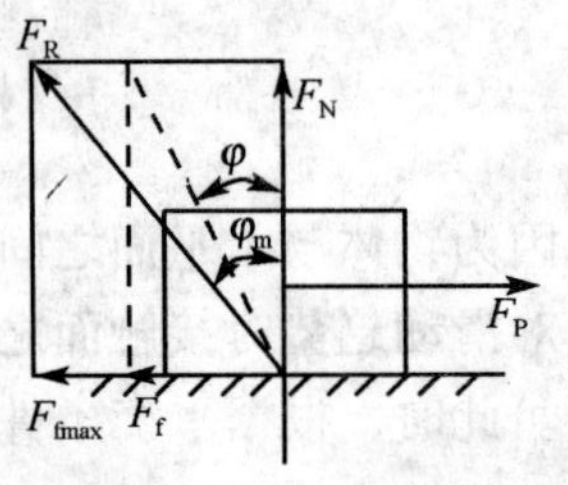

图 1.51 摩擦角

由图 1.51 可知

$$\tan\varphi_{\mathrm{m}} = \frac{F_{\mathrm{fmax}}}{F_{\mathrm{N}}} = \frac{f_{\mathrm{s}}F_{\mathrm{N}}}{F_{\mathrm{N}}} = f_{\mathrm{s}} \tag{1.28}$$

式 (1.28) 说明，摩擦角 φ_{m} 的正切等于静摩擦因数 f_{s}。可见，摩擦角也是反映材料摩擦性质的物理量。

(2) 自锁条件

当物体平衡时，总有 $F_{\mathrm{f}} \leqslant F_{\mathrm{fmax}}$，即夹角 $\varphi \leqslant \varphi_{\mathrm{m}}$。因此，摩擦角 φ_{m} 的大小，表明了物体平衡时全反力 $\boldsymbol{F}_{\mathrm{R}}$ 的作用线的位置范围。如图 1.52 所示，所有主动力的合力 $\boldsymbol{F}_{\mathrm{Q}}$ 与接触面法线之间的夹角为 α，则当物体

平衡时，根据二力平衡条件应有：$\boldsymbol{F}_Q$ 与 $\boldsymbol{F}_R$ 等值、反向、共线，即 $\alpha=\varphi$，而 $\varphi\leqslant\varphi_m$。

因此可得出物体保持平衡时需满足的条件为

$$\alpha\leqslant\varphi_m \tag{1.29}$$

式（1.24）说明，只要保持主动力的合力 $\boldsymbol{F}_Q$ 的作用线在摩擦角 φ_m 范围内，无论 $\boldsymbol{F}_Q$ 大小如何，总能保持物体平衡，这种现象称为自锁。$\alpha\leqslant\varphi_m$ 与主动力大小无关，只与摩擦角有关的平衡条件，称为自锁条件，如图 1.52 所示。

自锁现象在工程上经常被利用，如设计一些机构或夹具等。例如，螺旋千斤顶、起重装置中的蜗轮蜗杆，满足自锁条件时不会自行下落，而在一些机构中，则要求避免出现自锁，如汽车发动机中的凸轮机构，要求挺杆在任何位置均不发生自锁。又如图 1.53 所示的自卸车中的翻斗车厢，抬起的角度也应避免自锁，以使车厢内的物料能倾倒干净。因此，了解自锁条件有利于利用自锁或防止自锁。

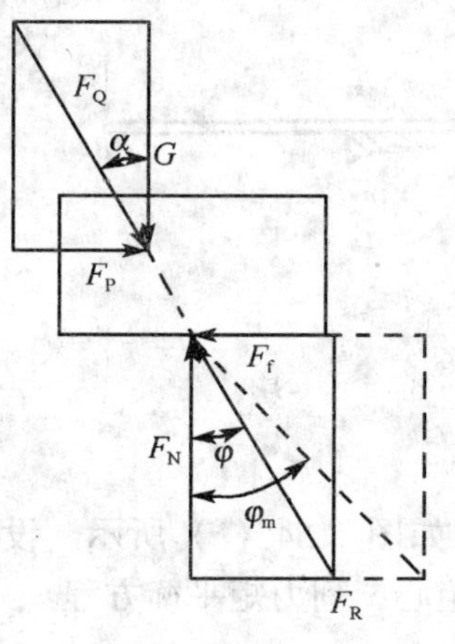

图 1.52　自锁概念

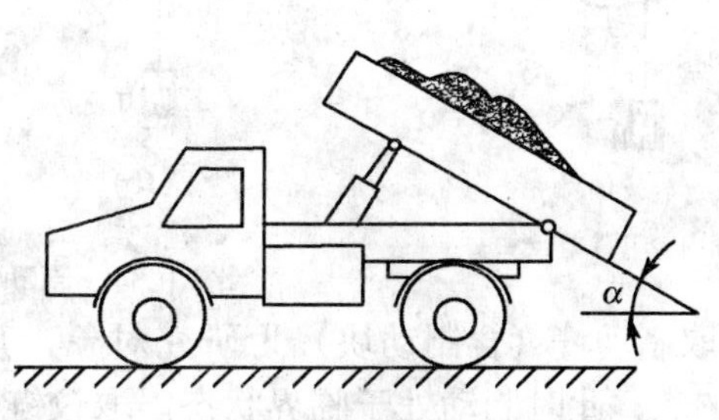

图 1.53　自卸车

3. 考虑摩擦时的平衡问题

考虑摩擦时物体的平衡问题，同样是根据平衡条件来解决的，所不同的是，在受力分析时要考虑摩擦力。因此，解决这类问题的一个关键就是正确判断摩擦力的方向并确定其大小。

摩擦力的方向总是与物体相对滑动（或相对滑动趋势）的方向相反；而摩擦力的大小则需由平衡条件来确定。由于静摩擦力 $\boldsymbol{F}_f$，总是在 $0\leqslant F_f\leqslant F_{fmax}$ 范围内，因此物体的平衡是有一定的条件和范围的。通常对物体的临界状态进行分析，以便确定平衡的范围，即当 $F_f=F_{fmax}$，列出 $F_{fmax}=F_Nf_s$ 作为补充方程，计算出结果后再进行讨论计算。

考虑摩擦时物体的平衡问题一般可分为以下几类：

①已知物体处于临界平衡状态，要求计算主动力大小或确定平衡时的位置。

②已知作用在物体上的主动力，要求判断物体是否平衡并计算摩擦力。

③求物体的平衡范围。

【例 1.17】　制动器的构造简图如图 1.54（a）所示。已知制动轮与制动块之间的

静摩擦系数为 f_s，鼓轮上挂一重物，重量为 $\boldsymbol{W}$，几何尺寸如图所示。求制动时所需的最小力 $\boldsymbol{F}_{\min}$。

解： 制动块与制动轮之间的摩擦力与正压力大小有关，即与制动力 $\boldsymbol{F}$ 有关。如果制动力太小，则二者之间的摩擦力不能形成足够大的力偶矩以平衡重物所产生的力偶矩；因而达不到制动的目的。

1）先以制动轮和鼓轮为研究对象。其受力图如图 1.54（b）所示，取鼓轮中心为矩心，列一个力矩平衡方程

$$\sum \boldsymbol{M}_O = 0, \boldsymbol{W}r - \boldsymbol{F}_f R = 0$$

解得

$$\boldsymbol{F}_f = \frac{r}{R}\boldsymbol{W}$$

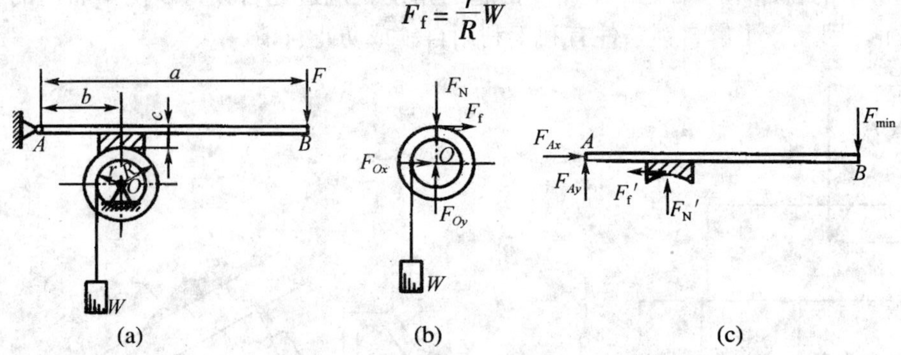

图 1.54　制动器

2）再取制动杆（含制动块）为研究对象，其受力图如图 1.54（c）所示。设最小制动力为 $\boldsymbol{F}_{\min}$，此时制动处于临界状态。取铰链 A 且为矩心，列力矩平衡方程

$$\sum \boldsymbol{M}_A = 0, \boldsymbol{F}_N' b - \boldsymbol{F}_f' c - \boldsymbol{F}_{\min} a = 0$$

又因为摩擦力 $F_f' = \boldsymbol{F}_N' f_s$，且由作用力与反作用力有 $F_f' = F_f = \frac{r}{R}\boldsymbol{W}$，代入上述平衡方程，解得

$$F_{\min} = \frac{Wr}{Ra}\left(\frac{b}{f_s} - c\right)$$

【例 1.18】　皮带输送机的简图如图 1.55 所示，胶带倾角为 α，物料与胶带间的静摩擦因数为 f_s，所运输的物料重力为 G。为保证运输过程物料不下滑，倾角 α 应小于何值？

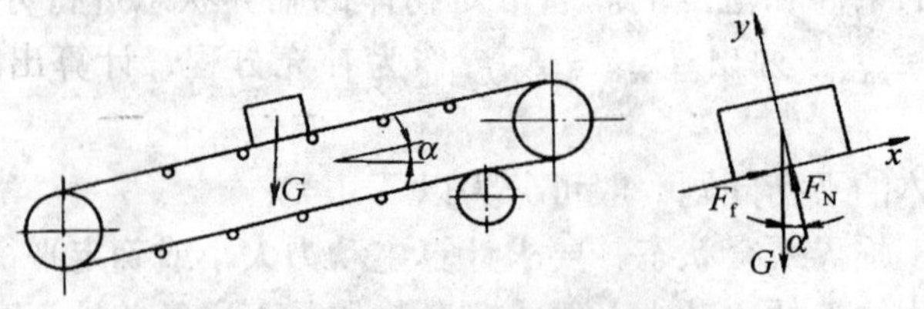

图 1.55　胶带输送机

解：取物料为分离体画出受力图（为了清楚起见，物料已放大），并取一直角坐标系，如图1.55所示。由于物料重力作用，物料有向下滑动的趋势，因此物料受到皮带的阻碍，摩擦力 $\boldsymbol{F}_f$ 应沿皮带向上。

列平衡方程得

$$\sum F_X = 0, F_f - G\sin\alpha = 0$$

$$\sum F_Y = 0, F_N - G\cos\alpha = 0$$

另有

$$F_f \leqslant f_s F_N$$

解之得

$$\alpha \leqslant \arctan f_s \quad 即\ \alpha \leqslant \varphi_m$$

因此，在沿斜面向上输送物料时，斜面倾角的大小与输送的重量无关，但与物料与皮带之间的摩擦因数有关，即胶带输送机的倾角不能超过物料与胶带之间的摩擦角。

思考与练习

1. 二力平衡条件与作用和反作用定律中的两个力都是等值、反向、共线，试问二者有何区别，并举例说明。

2. 什么是二力杆？为什么在进行受力分析时要尽可能地找出结构中的二力杆？

3. 什么是刚体？什么是平衡？

4. 画出图1.56中有字符标注的物体的受力图。设各接触面皆为光滑面，未画重力的物体重量不计。

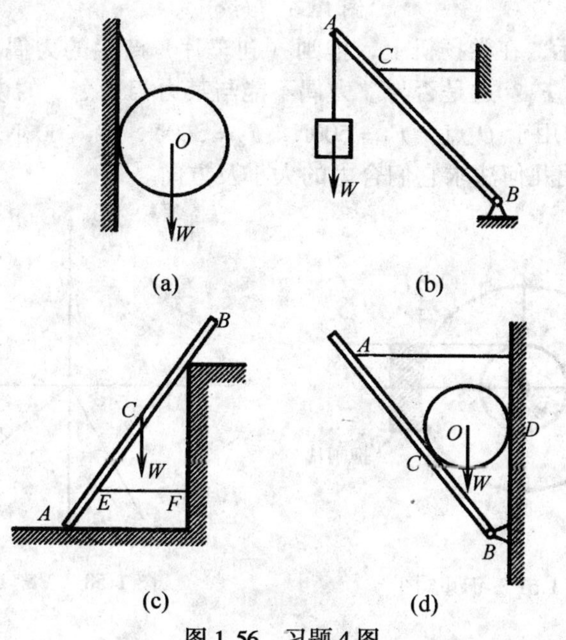

图1.56　习题4图

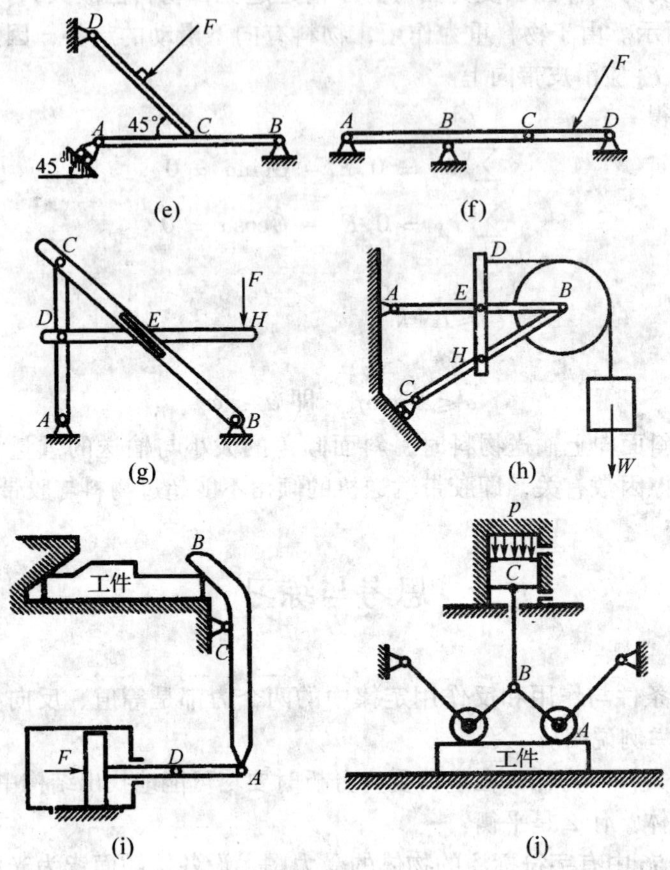

图 1.56 （续）

5. 如图 1.57 所示，在卷扬机上，抱闸（刹车片）产生的力偶 $\boldsymbol{M}$（$\boldsymbol{F}_1$，$\boldsymbol{F}_1'$）为什么可以“平衡”拉力 $\boldsymbol{F}_{\mathrm{T}}$？这是否与“力偶不能与某力相平衡”的说法矛盾？

6. 已知 4 个力作用于 O 点，$F_1 = 500\mathrm{N}$，$F_2 = 300\mathrm{N}$，$F_3 = 600\mathrm{N}$，$F_4 = 1000\mathrm{N}$，方向如图 1.58 所示，试用几何法求它们合力的大小及方向。

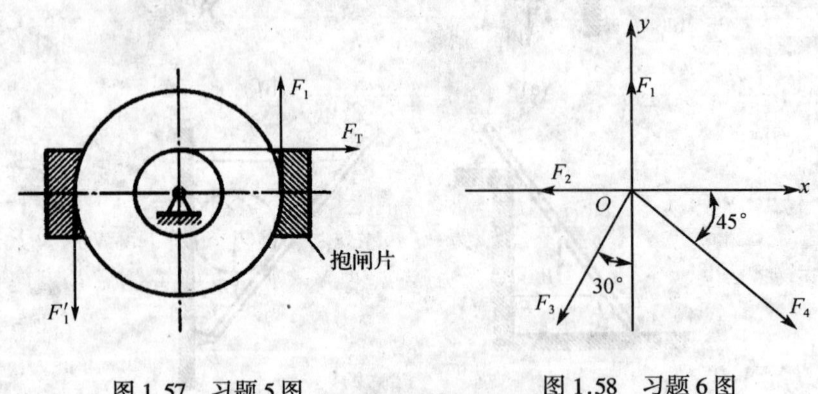

图 1.57　习题 5 图　　图 1.58　习题 6 图

7. 求图 1.59 所示平面力偶系的合成结果，其中 $F_1 = 50\text{N}$，$F_2 = 30\text{N}$，$F_3 = 40\text{N}$，图上坐标单位为 m。

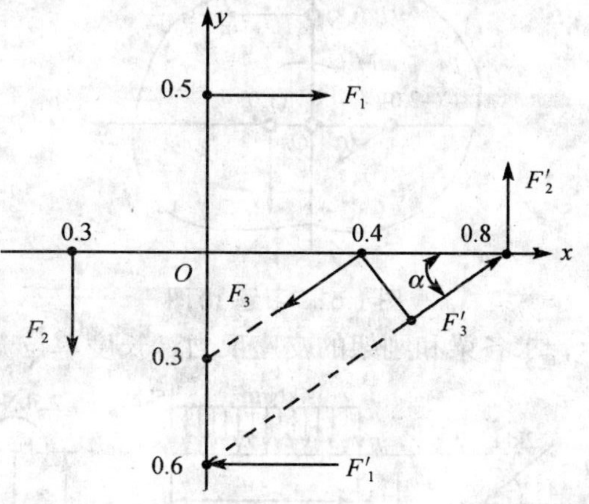

图 1.59　习题 7 图

8. 构件的载荷及支承情况如图 1.60 所示，$l = 4$ m，求支座 A、B 的约束反力。

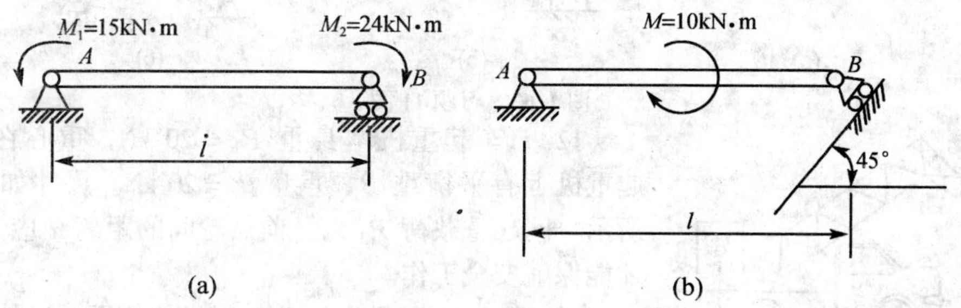

图 1.60　习题 8 图

9. 图 1.61 示简支梁受集中载荷，$F = 20$ kN，求图示两种情况下支座 A、B 的约束反力。

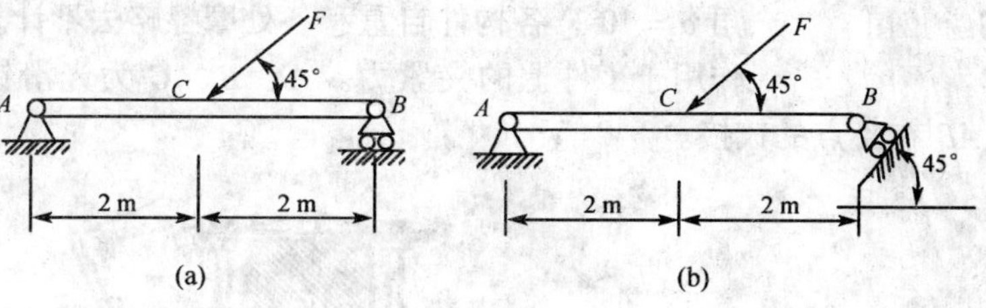

图 1.61　习题 9 图

10. 将图 1.62 示平面任意力系向原点 O 简化，并求力系合力的大小及其与原点的距离 d。已知 $F_1 = F_2 = 3$ kN，$F_3 = 2$ kN，$M_O = 8\text{kN·m}$，$\alpha = 30°$，图示长度单位为 m。

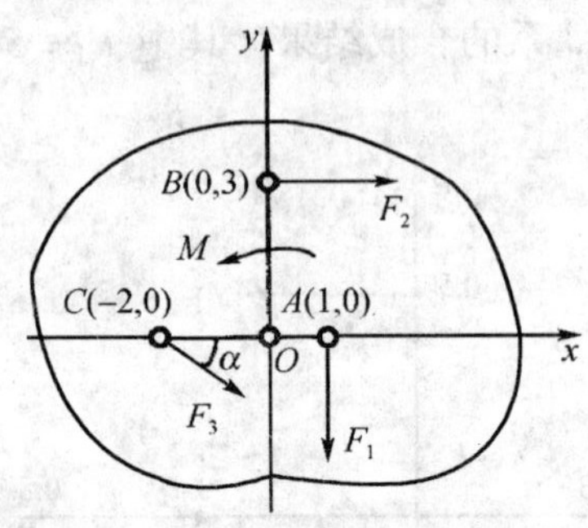

图 1.62 习题 10 图

11. 如图 1.63 所示，求各梁和刚架的支座反力，长度单位 m。

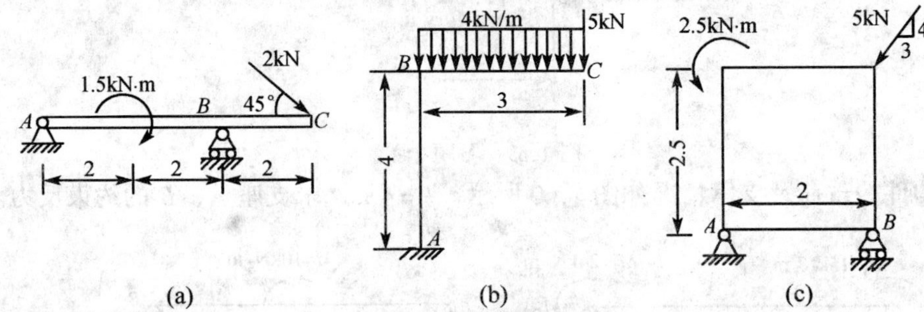

图 1.63 习题 11 图

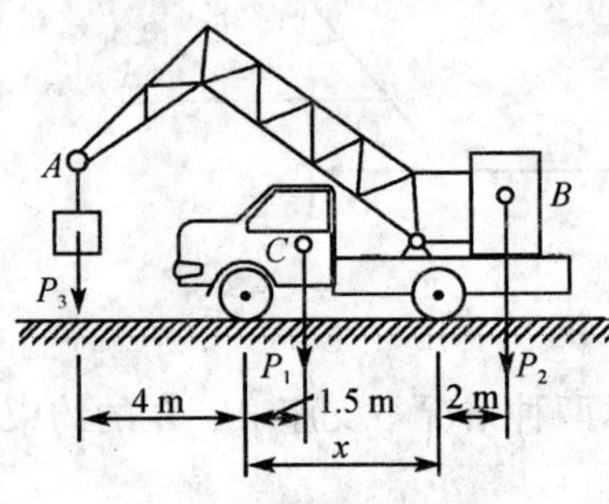

图 1.64 习题 12 图

12. 汽车起重机本身重 $P_1 = 20$ kN，重心在 C 点。起重机上有平衡重 B，重量 $P_2 = 20$ kN。尺寸如图 1.64 所示。问起重载荷 P_3 以及前后轮间的距离 x 应为何值，才能保证安全工作。

13. 图 1.65 所示为气动夹紧机构简图。已知气体压强 $p = 4 \times 10^5$ Pa，气缸直径 $D = 40$ mm，活塞杆直径 $d = 20$ mm，杠杆 $\dfrac{l_1}{l_2} = \dfrac{5}{3}$，夹紧工件时连杆 AB 与铅垂线的夹角 $\alpha = 10°$，各构件自重和各处摩擦略去不计。试求杠杆作用于工件上的夹紧力。A、B、C 为光滑销钉，活塞杆、滚子和连杆 AB 在 A 点的铰接。

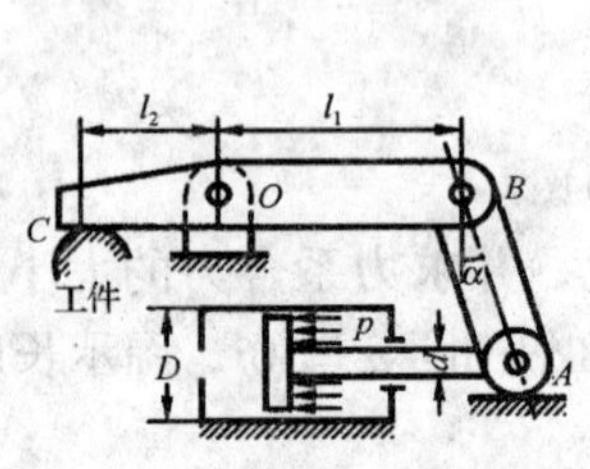

图 1.65 习题 13 图

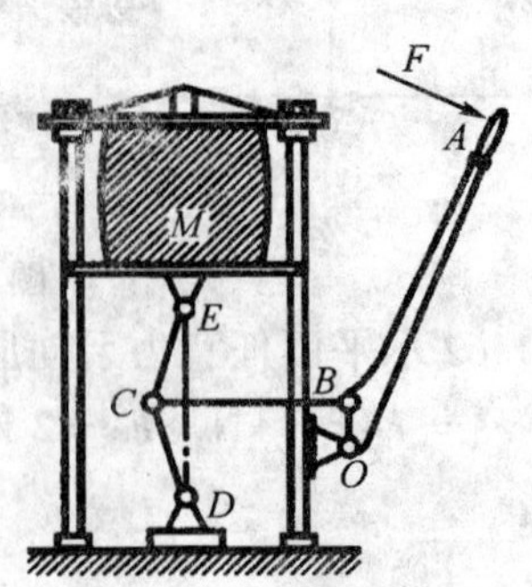

图 1.66 习题 14 图

14. 如图 1.66 所示压缩机，加于手柄的力 $F = 200N$，其方向垂直于杠杆 OA，拉杆 BC 垂直于 OB，并等分$\angle ECD$，且$\angle CED = 11°20' = \arctan0.2$，$OA = 1m$，$OB = 0.1m$。求加于物体 M 的压力。

15. 图 1.67 所示破碎机传动机构，活动颚板 $AB = 0.6$ m，设破碎时矿石对颚板的作用力沿垂直于 AB 方向的分力 $F = 1$ kN，其作用点为 H，$AH = 0.4$ m，$BC = CD = 0.6$ m，$OE = 0.1$ m，求图示位置时电机作用于 OE 杆的转矩 M。

16. 机床上为了迅速装卸工件，常常采用如图 1.68 所示的偏心夹具。已知偏心轮直径为 D，偏心轮与台面间的摩擦系数为 f_s，今欲使偏心轮手柄上的外力去掉后，偏心轮不会自动脱开，试问偏心矩 e 应为多大？在临界状态时，O 点在水平线 AB 上。

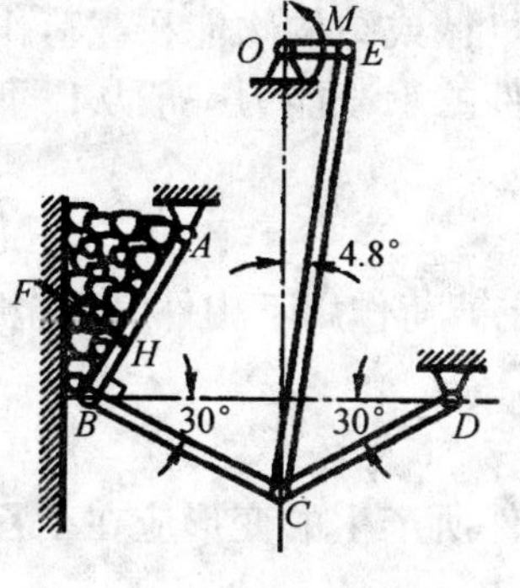

图 1.67　习题 15 图

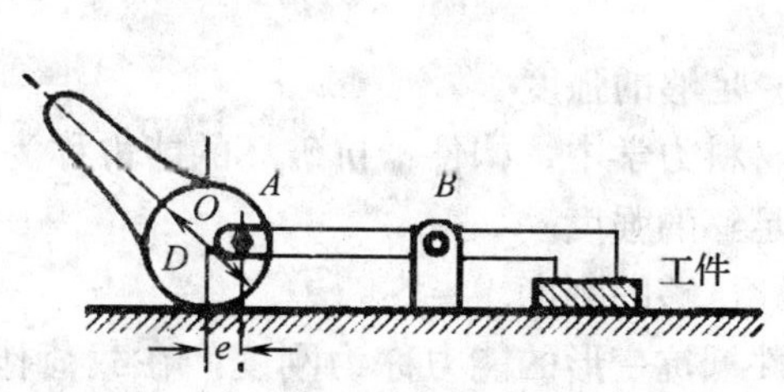

图 1.68　习题 16 图

17. 如图 1.69 所示为一油压抱闸装置，已知活塞直径 $d = 45$mm，油压 $p = 1$MPa，制动块与轮间的摩擦因数 $f_s = 0.3$，不计活塞、杠杆及制动块厚度的影响，求其对轮 O 能产生的最大制动力矩。

18. 插床机构如题图 1.70 所示，已知 $OA = 310$ mm，$O_1B = AB = BC = 665$ mm，$CD = 600$ mm，$OO_1 = 545$ mm，$P = 25$ kN。图 1.70 中 O_1OA 在铅垂位置，O_1C 在水平位置，机构处于平衡，试求作用在曲柄 OA 上的主动力偶的力偶矩 M。

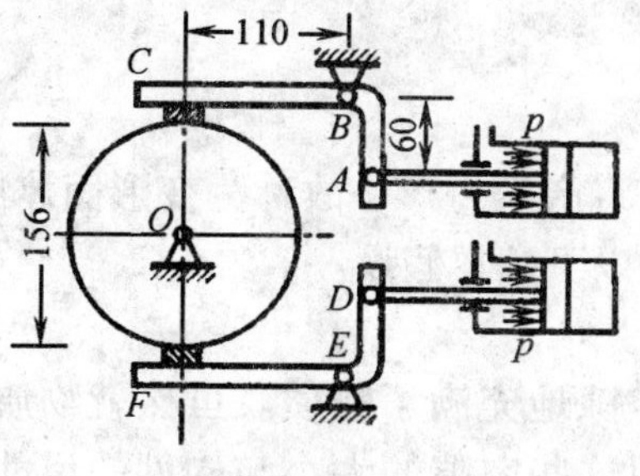

图 1.69　习题 17 图

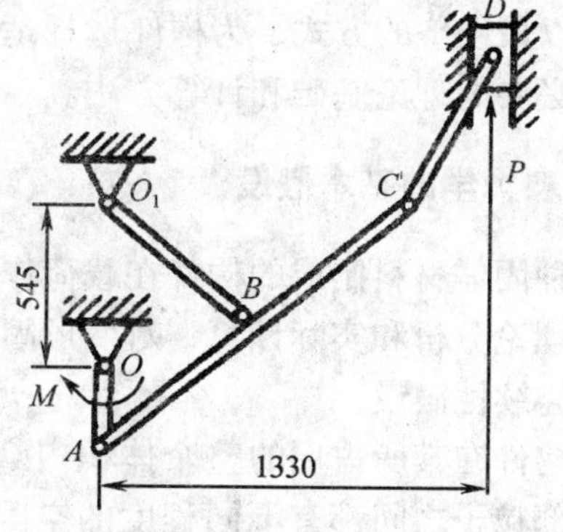

图 1.70　习题 18 图

第2章　材料力学

2.1　概　　述

2.1.1　材料力学的任务

机械或结构物的每一组成部分称为构件。为保证机械或结构物能在载荷作用下正常工作，要求每一构件必须具有足够的承载能力。构件的承载能力一般从以下三方面来衡量。

(1) 足够的强度

在材料力学中，构件抵抗破坏的能力称为强度。在载荷作用下构件应不至于破坏，即具有足够的强度。

(2) 足够的刚度

构件抵抗变形的能力称为刚度。在载荷作用下构件所产生的变形应在工程允许的范围之内，即具有足够的刚度。

(3) 足够的稳定性

某些构件，例如细长直杆，在一定数值的压力作用下不再保持其原有的直线形状下的平衡状态，而突然变弯或折断。构件在原有几何形状下保持平衡的能力称为构件的稳定性。因此，在载荷作用下构件在原有几何形状下的平衡应保持为稳定的平衡，即具有足够的稳定性。

为满足以上三方面的要求，构件可选用较好的材料和较大的截面尺寸，但这与节约和减轻构件自相矛盾。材料力学的任务就是在保证满足强度、刚度和稳定性要求的前提下，以最经济的方式，为构件选择适宜的材料、确定合理的形状和尺寸，为设计构件提供必要的理论基础和计算方法。

2.1.2　材料力学的基本假设

由各种固体材料制成的构件在载荷作用下将产生变形，故称为变形固体或变形体。为了便于理论分析和实际计算，对变形固体做以下基本假设。

(1) 连续性假设

认为构件在其所占用的整个体积内毫无空隙地充满了物质。虽然就物质的结构而言，其内部粒子之间都有不同程度的空隙，但这些空隙的大小与构件的尺寸相比是微不足道的，可以忽略不计。反映在数学上，可用连续函数描述相关的物理量。

(2) 均匀性假设

整个构件由同一材料制成，其任意部分都具有相同的力学性能。

(3) 各向同性假设

认为材料在各个方向的力学性能均相等。若材料沿不同方向呈现不同的力学性能，则称为各向异性。材料力学中一般限于讨论各向同性材料。

(4) 小变形假设

认为构件受力后的变形与构件原始尺寸相比是极其微小的。这样，在研究构件的平衡和运动，以及其内部的受力和变形等问题时，均可按构件的原始尺寸进行计算，同时可略去变形的二次幂，而使出现的方程成为线性方程，便于求解。

(5) 完全弹性假设

当载荷不超过一定限度时，材料在载荷作用下的变形，在撤去载荷后可全部消失，这种变形称为弹性变形。当载荷超过一定限度时，撤去载荷后，虽然弹性变形完全消失，但仍留下一部分不能消失的变形，这种变形称为塑性变形。材料力学只研究完全弹性的构件。

2.1.3 杆件变形的基本形式

构件的形式按其几何形状可分成多种，但最常见的形式是杆件，即长度尺寸远大于横向尺寸的构件。杆件的几何特点由轴线和横截面描述。横截面与杆的长度方向相垂直；横截面形心的连线称为轴线。根据轴线的特征，杆件可分为直杆和曲杆；根据横截面的特征，杆件可分为等截面杆和变截面杆。材料力学主要研究等截面直杆，简称等直杆。

杆件变形的基本形式有以下四种：

①轴向拉伸与压缩，如图 2.1 所示。

②剪切，如图 2.2 所示。

③扭转，如图 2.3 所示。

④弯曲，如图 2.4 所示。

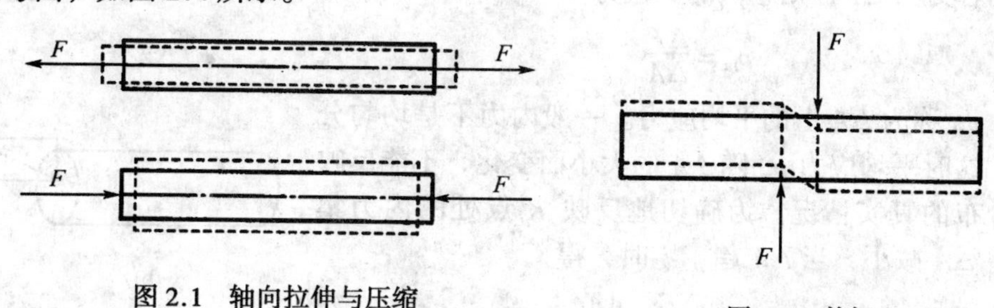

图 2.1 轴向拉伸与压缩

图 2.2 剪切

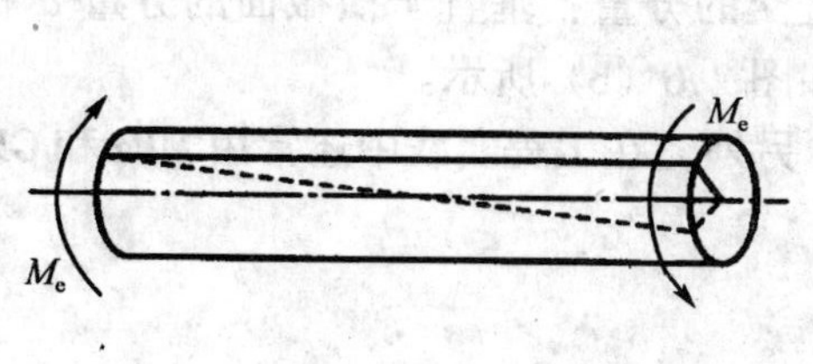

图 2.3 扭转

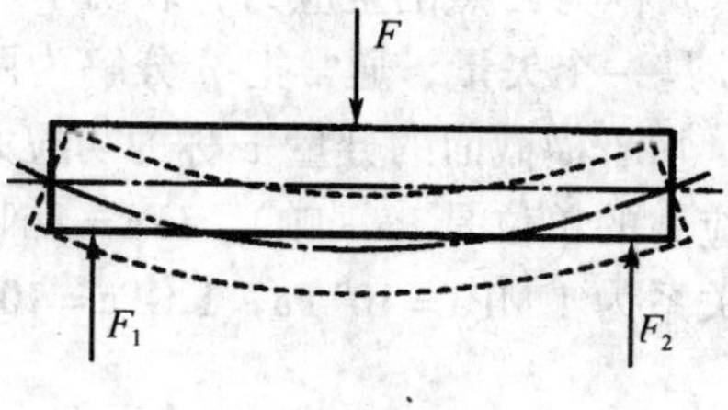

图 2.4 弯曲

2.1.4　内力、截面法、应力

(1) 内力

构件工作中受到其他物体对它的作用力称为外力，包括主动力和约束反力。在外力的作用下，会引起物体内部各质点之间的相对位置以及相互作用力发生改变，表现出来就是构件发生了变形。构件内部质点之间相互作用力（固有内力）的改变量即由外力作用而引起的“附加内力”，简称内力。内力随外力的大小而变化，当内力达到某一限度时就会引起构件的破坏。因此，构件的内力大小及其分布方式与其承载能力之间有密切的关系，研究和分析内力是解决强度、刚度等问题的基础。

(2) 截面法

截面法是分析、计算内力的方法，就是假想用一截面把构件截为两部分，取其中一部分为研究对象，并以内力代替另一部分对研究部分的作用，根据研究部分内力与外力的平衡来确定内力的大小和方向。

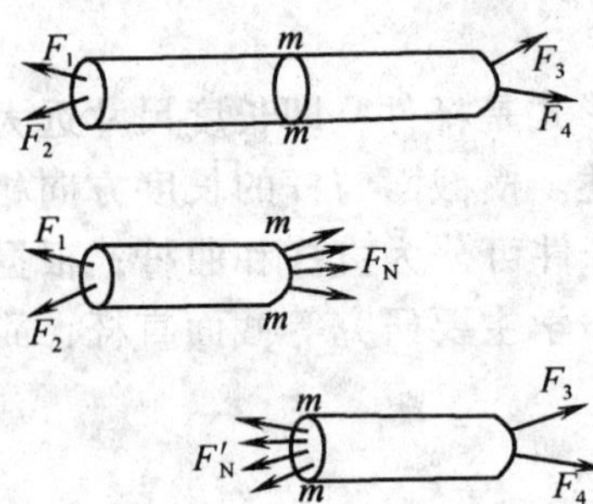

图 2.5　截面法

如图 2.5 所示，杆件在外力 F_1、F_2、F_3 和 F_4 的作用下平衡，欲求杆件的内力。可用一假想的截面将杆件一分为二，任取其中一段来研究。由于杆件处于平衡状态，所以截开后其中任一段也应平衡，这时可利用静力平衡条件来列出平衡方程，求出截面 $m-m$ 上的内力。

(3) 应力

截面法可以确定杆件截面上内力的合力，但不能确定内力在截面上的分布密度，由此需引入应力的概念。

如图 2.6 (a) 所示，在杆件截面上任一点 K 周围，取一微面积 ΔA，ΔA 上内力的合力为 ΔF，则它们的比值为

$$p_m = \frac{\Delta F}{\Delta A}$$

式中，p_m 称为 ΔA 上的平均应力。一般内力不是均匀分布的，这时平均应力 p_m 随 ΔA 的大小而变化，不能反映内力分布的真实情况。为确切地反映 K 点处的内力集度，将 ΔA 减小，当 ΔA 趋于零时，得

$$p = \lim_{\Delta A \to 0} \frac{\Delta F}{\Delta A} = \frac{dF}{dA}$$

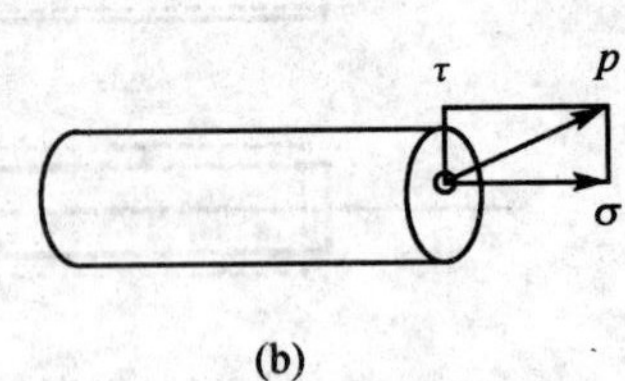

图 2.6　应力的概念

式中，p 称为 K 点的全应力，表明了内力系在 K 点的集度。p 是一个矢量，通常把 p 分解为两个正交的分量：垂直于横截面的分量 σ 称为正应力，切于横截面的分量 τ 称为切应力，如图 2.6 (b) 所示。

应力的单位是 Pa（帕），1Pa = 1 N/m^2。另外，在工程实践中还常用 MPa 和 GPa，其换算关系为 1 MPa = 10^6 Pa，1 GPa = 10^9 Pa。

2.2 轴向拉伸与压缩

本节将分析轴向拉伸或压缩时杆件的受力特点和变形情况，介绍材料力学分析内力的基本方法——截面法。通过对拉（压）杆的应力和变形分析，并结合材料机械性质（力学性能）的研究，解决拉（压）杆的强度和刚度计算问题。

2.2.1 轴向拉伸与压缩的概念

工程中有很多杆件是承受轴向拉伸或压缩的。例如，简易吊车中的 AB 杆（见图 2.7）、紧固螺栓（见图 2.8）等是受拉伸的杆件，而油缸活塞杆（见图 2.9）等则是受压缩的杆件。其受力特点为：作用于杆件的外力合力的作用线与杆件的轴线相重合。其变形为沿杆轴线方向的伸长或缩短，杆件的这种变形称为轴向拉伸或压缩，轴向拉伸或压缩杆件的力学简图如前面图 2.1 所示。

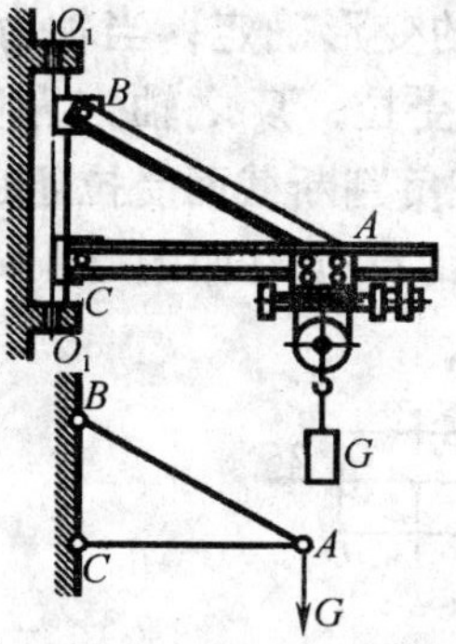

图 2.7 简易吊车中的 AB 杆

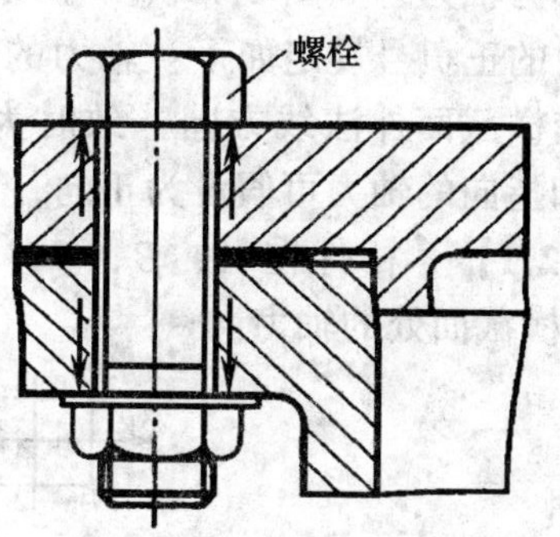

图 2.8 紧固螺栓

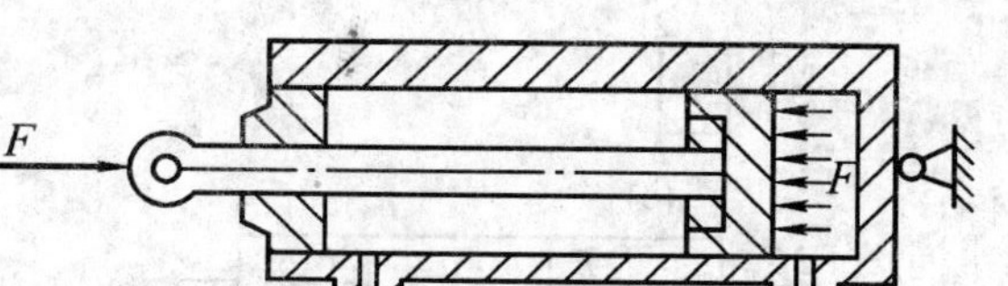

图 2.9 油缸活塞杆

2.2.2 拉压杆的内力计算、轴力图

1. 内力的计算

图 2.10 (a) 所示的拉杆受两个力 $\boldsymbol{F}$ 的作用，现用截面法求其内力。

用截面 $m-m$ 假想将杆截为两段，取左段为研究对象，并单独画出。同时，用内力 F_N 表示右段对左段的作用，如图 2.10 (b) 所示。根据平衡条件列出平衡方程如下

$$\sum F_x = 0 \qquad F_N - F = 0$$

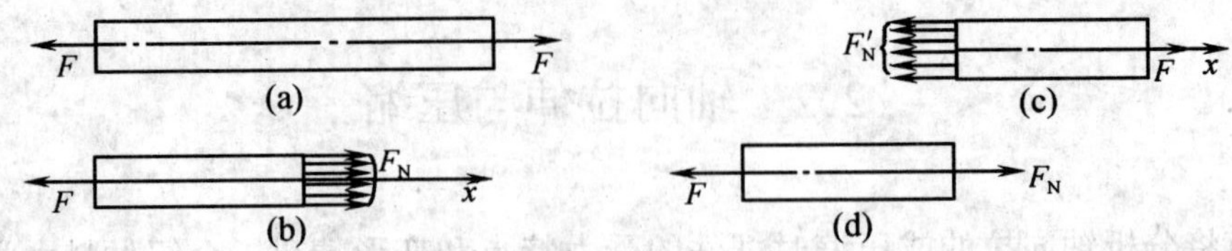

图 2.10　拉杆横截面上的内力计算

求得

$$F_N = F$$

如果取右段为研究对象，如图 2.10（c）所示，所得结果相同，即

$$F_N{}' = F$$

F_N 和 $F_N{}'$ 是作用力与反作用力的关系，即对同一截面来说，选取不同部分为研究对象，所得内力必等值、反向。

由于外力 F 沿杆的轴线方向，内力的合力 F_N 也可合成为一个合力，作用于杆轴线，故称为轴力，如图 2.10（d）所示。

轴力的正负号规定如下：轴力的正负号由杆件的变形确定，当轴力沿轴线离开截面，即与横截面外法线方向一致时为正，这时杆件受拉；反之轴力为负，杆件受压。一般未知指向的轴力可假设为正向，由计算结果的正负判断截面受拉还是受压。

【例 2.1】　杆件在 A、B、C、D 各截面处作用有外力如图 2.11 所示，求 1-1、2-2、3-3 横截面处的轴力。

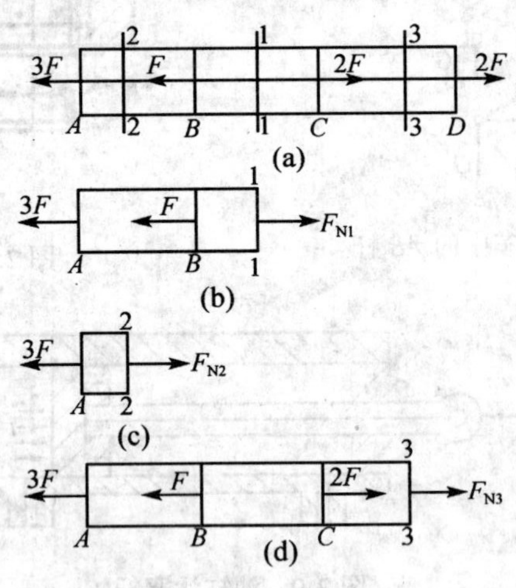

图 2.11

解： 由截面法，沿各所求截面将杆件切开，取左段为研究对象，在相应截面分别画出轴力 F_{N1}，F_{N2}，F_{N3}，列平衡方程 $\sum F_x = 0$。

由图 2.11（b）知

$$F_{N1} - 3F - F = 0 \tag{2.1}$$

$$F_{N1} = 3F + F = 4F$$

同理，由图 2.11（c）知

$$F_{N2} - 3F = 0 \tag{2.2}$$
$$F_{N2} = 3F$$

由图 2.11（d）知

$$F_{N3} + 2F - 3F - F = 0$$
$$F_{N3} = 3F - 2F + F = 2F \tag{2.3}$$

由式（2.1）、(2.2)、(2.3)，不难得到以下结论。

拉（压）杆各横截面上的轴力在数值上等于该截面一侧（研究段）各外力的代数和。外力离开该截面时取为正，指向该截面时取为负，即

$$F_N = \sum_{i=1}^{n} F_i \tag{2.4}$$

求得的轴力为正时，表示轴力离开截面，此段杆件受拉；轴力为负时，表示轴力指向截面，此段杆件受压。

2. 轴力图

工程上受拉、压的杆件往往同时受多个外力作用，称为多力杆。这时，杆上不同轴段的轴力将不同，为了清楚地表达轴力随截面位置变化的情况，可以用轴力图来表示。

轴力图的画法如下。

可按选定的比例尺，用平行于杆件轴线的坐标表示杆件截面的位置，用垂直于杆件轴线的另一坐标表示轴力数值的大小，正轴力画在坐标轴正向，反之画在负向。这样绘出的图形称为轴力图。

【例 2.2】 图 2.12（a）表示一等截面直杆，其受力情况如下图所示。试作其轴力图。

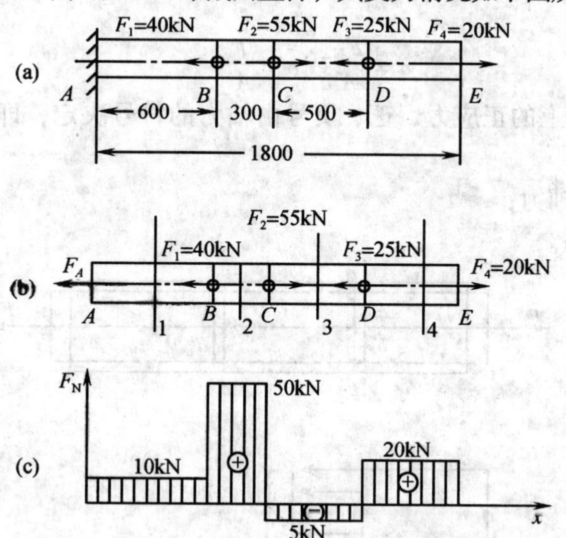

图 2.12 轴力图

解：1）作杆的受力如图 2.12（b）所示，求约束反力 F_A。

根据 $\sum F_x = 0$，得

$$-F_A - F_1 + F_2 - F_3 + F_4 = 0$$

$$F_A = -40 + 55 - 25 + 20 = 10 \text{ kN}$$

2）求各段横截面上的轴力并作轴力图。

计算轴力可用截面法，也可直接应用式（2.4），因而不必再逐段截开及作研究段的分离体图。在计算时，取截面左侧或右侧均可，一般取外力较少的杆段为好。

AB 段　$F_{N1} = F_A = 10$ kN　　（考虑左侧）

BC 段　$F_{N2} = F_A + F_1 = 50$ kN　　（考虑左侧）

CD 段　$F_{N3} = F_4 - F_3 = -5$ kN　　（考虑右侧）

DE 段　$F_{N4} = F_4 = 20$ kN　　（考虑右侧）

由以上计算结果可知，杆件在 CD 段受压，其他各段均受拉。最大轴力 F_{Nmax}在 BC 段，其轴力图如图 2.12（c）所示。

2.2.3　轴向拉伸或压缩时横截面上的正应力

取一等截面直杆，在其侧面作两条垂直于杆轴的直线 ab 和 cd，然后在杆两端施加一对轴向拉力 $\boldsymbol{F}$ 使杆发生变形，此时直线 ab、cd 分别平移至 $a'b'$、$c'd'$，且仍保持为直线，如图 2.13（a）所示。由变形现象可以推知，原为平面的横截面，变形后仍保持为平面，这就是平面假设。设想杆由纵向纤维组成，根据平面假设，等直杆在轴向拉力作用下，其横截面间的纵向纤维的伸长量是相等的。由均匀性假设，既然性质相同的纵向纤维得到了同样的伸长，可以推想它们的受力是相同的，因此，横截面上各点只有正应力且均匀分布，如图 2.13（b）所示，故横截面上各点的正应力可以直接表示为

$$\sigma = \frac{F_N}{A} \text{或} \sigma = \frac{F}{A} \tag{2.5}$$

式中：σ——杆横截面上的正应力，正、负号由轴力的符号决定，即拉应力为正，压应力为负；

F_N——横截面上的轴力；

A——横截面的面积。

(a)

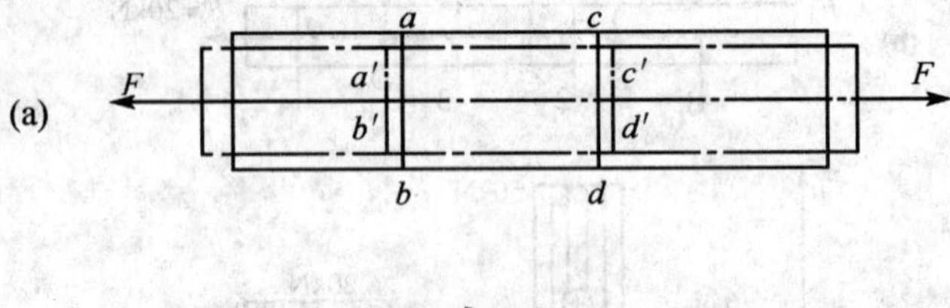

(b)

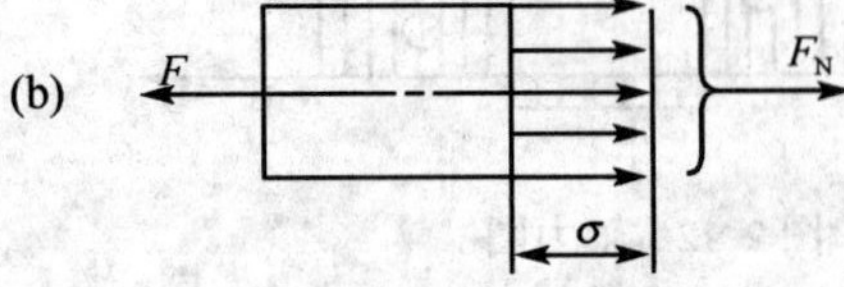

图 2.13　截面直杆

【例 2.3】 一钢制阶梯杆如图 2.14（a）所示。各段杆的横截面面积分别为 *AB* 段 $A_1 = 1500\ \text{mm}^2$，*BC* 段 $A_2 = 500\ \text{mm}^2$，*CD* 段 $A_3 = 900\ \text{mm}^2$，试画出轴力图，并求出此杆横截面上的最大正应力。

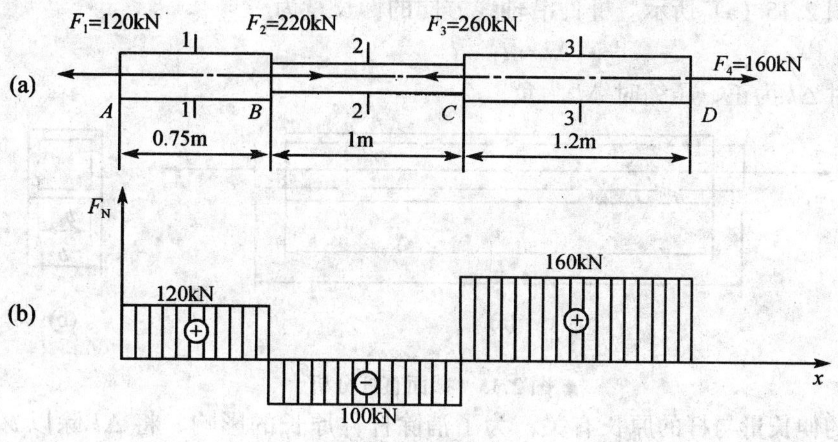

图 2.14

解： 1）求各段轴力。

根据式（2.4），得

$$\begin{cases} F_{N1} = F_1 = 120\ \text{kN} \\ F_{N2} = F_1 - F_2 = 120 - 220 = -100\ \text{kN} \\ F_{N3} = F_4 = 160\ \text{kN} \end{cases}$$

2）作轴力图。

由各横截面上的轴力数值，作轴力图，如图 2.14（b）所示。

3）求横截面上的最大正应力。

根据式（2.5），得

AB 段 $$\sigma_1 = \frac{F_{N1}}{A_1} = \frac{120 \times 10^3}{1500 \times 10^{-6}} = 8.0 \times 10^7\ \text{Pa} = 80\ \text{MPa}$$

BC 段 $$\sigma_2 = \frac{F_{N2}}{A_2} = -\frac{100 \times 10^3}{500 \times 10^{-6}} = -2.0 \times 10^8\ \text{Pa} = -200\ \text{MPa}$$

CD 段 $$\sigma_3 = \frac{F_{N3}}{A_3} = \frac{160 \times 10^3}{900 \times 10^{-6}} = 1.78 \times 10^8\ \text{Pa} = 178\ \text{MPa}$$

由计算可知，杆横截面上的最大正应力在 *BC* 段内，其值为 200MPa。由此可见轴力最大处并非一定是应力最大截面。

2.2.4 轴向拉伸或压缩时的变形、胡克定律

轴向拉伸或压缩时，杆件的变形主要表现为沿轴向的伸长或缩短，即纵向变形。由试验可知，当杆沿轴向伸长（或缩短）时，其横向尺寸也会相应缩小（或增大），即产生垂直于轴线方向的横向变形。

1. 纵向变形

设一等截面直杆原长为 l，横截面面积为 A。在轴向拉力 $\boldsymbol{F}$ 的作用下，长度由 l 变为 l_1，如图 2.15（a）所示。杆件沿轴线方向的伸长量为

$$\Delta l = l_1 - l \tag{2.6}$$

拉伸时 Δl 为正，压缩时 Δl 为负。

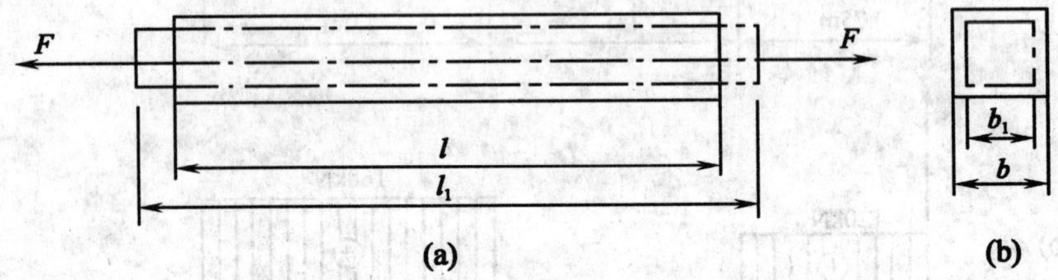

图 2.15　截面直杆分析

杆件的伸长量与杆的原长有关，为了消除杆件原长的影响，将 Δl 除以 l，即以单位长度的伸长量表征杆件变形的程度，称为纵向线应变，用 ε 表示

$$\varepsilon = \frac{\Delta l}{l} \tag{2.7}$$

ε 是一个无量纲的量，其正、负号与 Δl 的正、负号一致。

2. 胡克定律

试验证明：若杆横截面上的正应力不超过某一限度时，则杆件的伸长量 Δl 与轴力 $\boldsymbol{F}_{\mathrm{N}}$、杆原长度 l 成正比，与横截面面积 A 成反比，即

$$\Delta l \propto \frac{F_{\mathrm{N}} l}{A}$$

引入比例常数 E，则上式可写为

$$\Delta l = \frac{F_{\mathrm{N}} l}{EA} \tag{2.8}$$

上式称为胡克定律。

将式（2.5）和（2.6）代入上式，可得

$$\sigma = E \cdot \varepsilon \tag{2.9}$$

这是胡克定律的另一形式。可表述为：若应力不超过某一限度，则横截面上的正应力与纵向线应变成正比。式中 E 为材料的弹性模量，其单位与应力相同，常用单位为 GPa。材料的弹性模量由试验测定。

弹性模量表示杆在受拉（压）时抵抗弹性变形的能力。由式（2.8）可看出，EA 越大，杆件的变形 Δl 就越小，故称 EA 为杆件的抗拉（压）刚度。

3. 横向变形

在轴向外力作用下，杆件沿轴向伸长（缩短）的同时，横向尺寸也将缩小（增大）。设横向尺寸由 b 变为 b_1，如图 2.15（b）所示，则横向线应变为

$$\varepsilon' = \frac{\Delta b}{b} = \frac{b_1 - b}{b} \tag{2.10}$$

ε'也为一个无量纲的量。

拉伸时，纵向伸长 $\varepsilon > 0$；横向变细，$\varepsilon' < 0$。

压缩时，纵向缩短 $\varepsilon < 0$；横向增粗，$\varepsilon' > 0$。

4. 泊松比

试验表明，对于同一种材料，当应力不超过比例极限时，横向线应变与纵向线应变之比的绝对值为常数。比值 υ 称为泊松比，也称横向变形系数，即

$$\upsilon = \left|\frac{\varepsilon'}{\varepsilon}\right| \tag{2.11}$$

由于这两个应变的正负号恒相反，故有

$$\varepsilon' = -\upsilon\varepsilon \tag{2.12}$$

泊松比 υ 是材料的另一个弹性常数，为一个无量纲的量，由试验测得。

【例 2.4】　图 2.16（a）为一阶梯形钢轴，已知材料的弹性模量 $E = 200$ GPa，AC 段的横截面面积为 $A_{AB} = A_{BC} = 500\ \text{mm}^2$，$CD$ 段的横截面面积为 $A_{CD} = 250\ \text{mm}^2$，杆的各段长度及受力情况如图所示。试求：

1）杆横截面上的轴力和正应力；

2）杆的总变形。

解： 1）求各段杆横截面上的轴力为

AB 段　　$F_{N1} = F_1 - F_2 = 30 - 10 = 20\ \text{kN}$

BC 段与 CD 段　　$F_{N2} = -F_2 = -10\ \text{kN}$

2）画轴力图如图 2.16（b）所示。

3）计算各段正应力。

AB 段　　$$\sigma_{AB} = \frac{F_{N1}}{A_{AB}} = \frac{20 \times 10^3}{500 \times 10^{-6}} = 4.0 \times 10^7\ \text{Pa} = 40\ \text{MPa}$$

BC 段　　$$\sigma_{BC} = \frac{F_{N2}}{A_{BC}} = \frac{-10 \times 10^3}{500 \times 10^{-6}} = -2.0 \times 10^7\ \text{Pa} = -20\ \text{MPa}$$

CD 段　　$$\sigma_{CD} = \frac{F_{N2}}{A_{CD}} = \frac{-10 \times 10^3}{250 \times 10^{-6}} = -4.0 \times 10^7\ \text{Pa} = -40\ \text{MPa}$$

4）杆的总变形。

杆总变形 Δl_{AD} 等于各段杆变形的代数和，即

$$\Delta l_{AD} = \Delta l_{AB} + \Delta l_{BC} + \Delta l_{CD} = \frac{F_{N1} l_{AB}}{EA_{AB}} + \frac{F_{N2} l_{BC}}{EA_{BC}} + \frac{F_{N2} l_{CD}}{EA_{CD}}$$

将有关数据代入，即得

$$\Delta l_{AD} = \frac{1}{200 \times 10^9} \times \left(\frac{20 \times 10^3 \times 0.10}{500 \times 10^{-6}} - \frac{10 \times 10^3 \times 0.10}{500 \times 10^{-6}} - \frac{10 \times 10^3 \times 0.10}{250 \times 10^{-6}}\right)$$
$$= -0.01 \times 10^{-3}\ \text{m} = -0.01\ \text{mm}$$

负值说明整个杆件是缩短的。

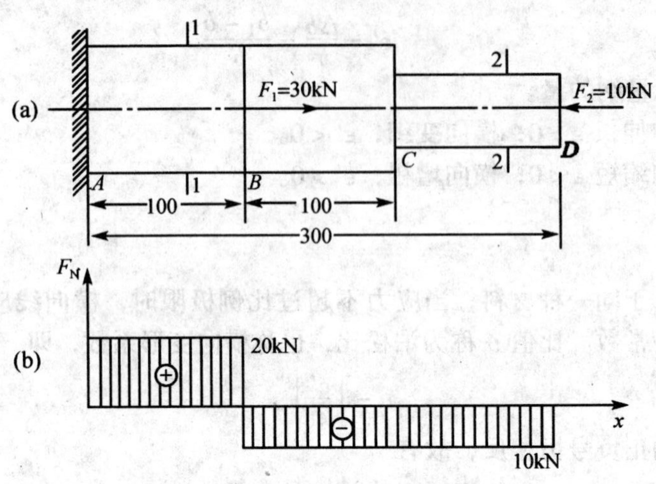

图 2.16 阶梯形钢轴

2.2.5 材料在拉伸与压缩时的力学性能

分析构件的强度时，除计算构件在外力作用下表现出来的应力外，还应了解材料的力学性能。所谓材料的力学性能，是指材料在外力作用下表现出来的变形和破坏方面的特性，它需由实验来确定。在室温下，以缓慢平稳的方式加载进行实验，称为常温静载实验，它是测定材料力学性能的基本实验。为了便于比较不同材料的试验结果，试件应按国家标准（GB/T228—1987）加工成标准试件如图 2.17 所示。对圆截面试件，标距 l 与横截面直径 d 有两种比例：$l=5d$ 或 $l=10d$。

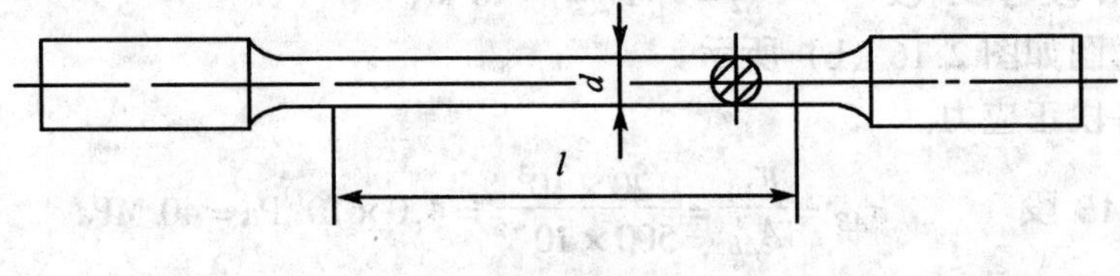

图 2.17 拉伸试验件

1. *低碳钢在拉伸时的力学性能*

低碳钢是指碳的质量分数在 0.3% 以下的碳素钢。低碳钢在工程中使用最广，且它在拉伸实验中表现出的力学性能较全面。因此这里选择低碳钢为典型材料，研究其拉伸时的力学性能。

试验开始，把试件装在试验机上，使它受到缓慢增加的拉力，记录各时刻的拉力 F_P，以及与各拉力 F_P 对应的试件标距 l 的伸长量 Δl，直至破坏。由于 Δl 与试件长度 l 和横截面面积 A 有关。为了消除它们的影响，反映材料本身的性能，将 F_P 除以试件横截面面积 A，即得 $F_P/A=\sigma$；将横坐标 Δl 除以试件标距 l，可得 $\Delta l/l=\varepsilon$。ε 称为线应变。若以 σ 为纵坐标，ε 为横坐标，随着 F_P 的缓慢增加，将得到一系列的点。连接这些点，便是表示 σ 与 ε 的关系曲线如图 2.18 所示，称为应力应变曲线，它表明了低碳钢在拉伸时的力学性能。

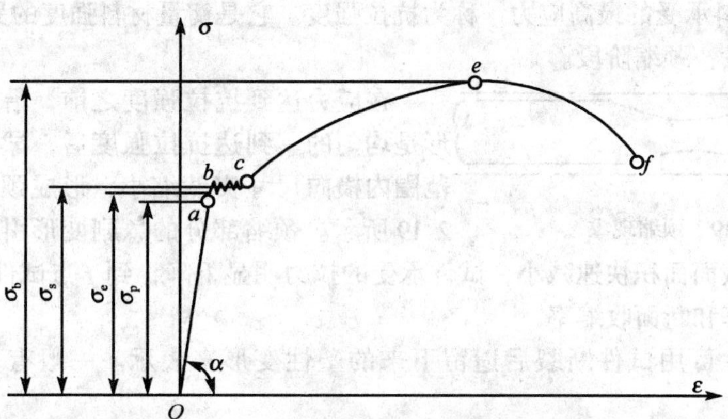

图 2.18 低碳钢拉伸时的应力—应变曲线

(1) 根据低碳钢的应力应变曲线特点，将整个拉伸过程分为四个阶段

①第Ⅰ阶段：弹性阶段。

如图 2.18 所示 Ob 段为弹性阶段。

Oa 段为直线段，它表明应力 σ 与应变 ε 成正比，即

$$\sigma \propto \varepsilon$$

或写成

$$\sigma = E\varepsilon$$

上式即为拉（压）胡克定律，E 为弹性模量，它是与材料有关的常量，由此实验可测定。这里直线 Oa 的斜率即为 E 的大小。

Oa 段的最高点 a 所对应的应力 σ_p 称为比例极限。显然，只有应力低于比例极限时，应力才与应变成正比，材料才服从胡克定律。

由 a 点到 b 点，应力和应变不再是直线关系，但由于低碳钢 a、b 两点非常接近，一般可不作严格区分。在 Ob 段内，若拉力解除，变形可全部消失，这种变形称为弹性变形。b 点对应的应力 σ_e 是保证只出现弹性变形的最高应力，称为弹性极限。当然，应力大于弹性极限后，如将拉力解除，则试件变形的一部分随之消失，但还残留一部分变形不再消失，这种变形称为残余变形或塑性变形。

②第Ⅱ阶段：屈服阶段。

图 2.18 所示 bc 段为屈服阶段。过 b 点材料出现塑性变形，σ-ε 曲线上出现一段沿 ε 坐标方向上、下微微波动的锯齿形线段，这说明应力变化不大，而变形却迅速增长，材料好像失去了对变形的抵抗能力，这种现象称为材料的屈服。屈服阶段的最低应力值 σ_s 称为材料的屈服点。由于材料在屈服阶段产生塑性变形，而工程实际中的受力构件都不允许发生过大的塑性变形，所以当其应力达到材料的屈服点时，便认为已丧失正常的工作能力。所以屈服点 σ_s 是衡量材料强度的重要指标。

③第Ⅲ阶段：强化阶段。

图 2.18 所示 ce 段为强化阶段。屈服阶段过后，要增加变形就必须增加拉力，材料又恢复了抵抗变形的能力，这种现象称为材料的强化。强化阶段中的最高点 e 所对应

的应力 σ_b 是材料承受的最高应力，称为抗拉强度。它是衡量材料强度的另一重要指标。

④第Ⅳ阶段：颈缩阶段。

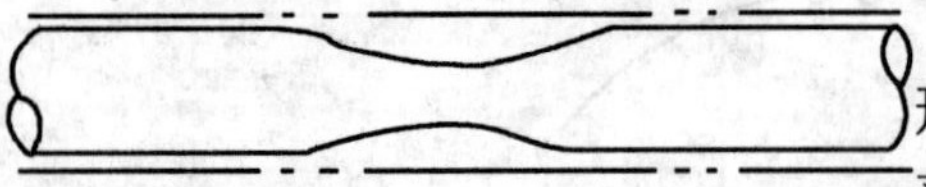

在应力达到抗拉强度之前，沿试件的长度变形是均匀的。到达抗拉强度后，试件在某一局部范围内横向尺寸突然缩小，形成颈缩现象，如图2.19所示。颈缩部分的急剧变形引起试件迅速伸长；颈缩部位截面面积快速减小，试件承受的拉力明显下降，到 f 点试件被拉断。

图 2.19　颈缩现象

(2) 伸长率和断面收缩率

材料的塑性可用试件断裂后遗留下来的塑性变形来表示。一般有下面两种表示方法。

①伸长率 δ：

$$\delta = \frac{l_1 - l}{l} \times 100\%$$

式中，l——试件标距原长度；

l_1——试件拉断后的标距长度。

②截面收缩率 Ψ：

$$\Psi = \frac{A - A_1}{A} \times 100\%$$

式中，A——试验前试件的横截面面积；

A_1——试件断口处最小横截面面积。

δ、Ψ 大，说明材料断裂时产生的塑性变形大，塑性好。工程上通常将 $\delta > 5\%$ 的材料称为塑性材料，如钢、铜、铝等；$\delta < 5\%$ 的材料称为脆性材料，如铸铁、玻璃、陶瓷等。几种常用材料的力学性能指标如表2.1、表2.2所示。

表 2.1　几种常用材料的 E 值和 υ

材　料	E/GPa	υ
碳　钢	196～216	0.24～0.28
合　金　钢	186～206	0.25～0.30
灰　铸　铁	78.5～157	0.23～0.42
铜及其合金	72.6～128	0.31～0.42
铝　合　金	70	0.33

表 2.2　几种常用材料主要力学性能

材料	牌号	σ_s /MPa	σ_b /MPa	δ_5/%
碳素结构钢（GB700—88）	Q215	165～215	335～410	26～31
	Q225	185～225	375～460	21～26
	Q275	235～275	490～610	15～20
优质碳素结构钢（GB699—88）	15	225	375	27
	40	235	570	19
	45	255	600	16

续表

材料	牌号	σ_s /MPa	σ_b /MPa	δ_5/%
低合金结构钢 (GB/T1591—94)	Q295	235 ~ 295	390 ~ 570	23
	Q345	275 ~ 345	470 ~ 630	21 ~ 22
	Q390	335 ~ 390	490 ~ 650	19 ~ 20
	Q420	390 ~ 420	530 ~ 680	18 ~ 19
合金结构钢 (GB3077—88)	20Cr	540	835	10
	40Cr	785	980	9
	50Mn2	785	930	9
碳素铸钢 (GB5675—85)	ZG200—400	200	400	25
	ZG230—450	230	450	22
可锻铸铁 (GB9440—88)	KTH350—10	200	350	10
	KTZ450—06	270	450	6
	KTB380—12	200	380	2
球墨铸铁 (GB1348—88)	QT400—15	250	400	15
	QT450—10	310	450	10
	QT600—3	370	600	3
灰铸铁 (GB9439—88)	HT150		拉 100 ~ 175，压 640	
	HT300		拉 230 ~ 295，压 1100	

注：δ_5 为 5 倍试件的伸长率；部分材料的 δ_s 为 $\delta_{0.2}$。

2. 其他材料在拉伸时的力学性能

下面介绍其他塑性材料拉伸时的 σ-ϵ 曲线。图 2.20（a）所示为几种塑性材料拉伸时的 σ-ϵ 曲线，这些塑性材料没有明显屈服阶段，工程上常采用屈服强度 $\sigma_{0.2}$作为其强度指标。$\sigma_{0.2}$是产生 0.2% 塑性应变的应力值，如图 2.20（b）所示，又称名义屈服强度。

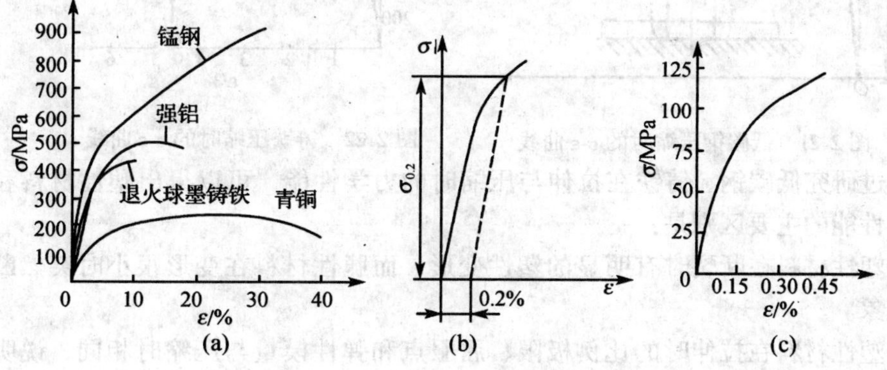

图 2.20　其他材料拉伸试验曲线

3. 铸铁拉伸时的力学性能

铸铁是工程上广泛应用的脆性材料，它在拉伸时的 σ-ϵ 曲线是一段微弯的曲线，如图 2.20（c）所示，它表明应力与应变的关系不符合胡克定律。但在应力较小时，σ-ϵ 曲线很接近于直线，故可近似地认为服从胡克定律。

由图还可以看出，铸铁在较小的应力下就被突然地拉断，没有屈服和颈缩现象，拉断前变形很小，伸长率通常只有 0.5% ~0.6%。

铸铁没有屈服现象，拉断时的抗拉强度 σ_b 是衡量强度的唯一指标。一般说，脆性材料的抗拉强度都比较低。

4. 材料压缩时的力学性能

金属材料的压缩试件一般制成很短的圆柱，以免被压弯。圆柱高度约为直径的 1.5~3 倍。

低碳钢压缩时的 σ-ε 曲线（图 2.21）与其拉伸的 σ-ε 曲线（图 2.21 中虚线所示）相比，在屈服阶段以前，两曲线基本重合。这说明压缩时的比例极限 σ_p、弹性模量 E 以及屈服点 σ_s 与拉伸时基本相同。屈服阶段以后，试件越压越扁，曲线不断上升，无法测出强度极限；因此，对于低碳钢一般不做压缩实验。

铸铁压缩时的 σ-ε 曲线如图 2.22 所示。试件在较小的变形下突然破坏，破坏断面的法线与轴线的夹角大致成 45°~55°。比较图 2.20（c）与图 2.22 可见，铸铁的抗压强度比抗拉强度要高出 4~5 倍。其他脆性材料也具有这样的性质。

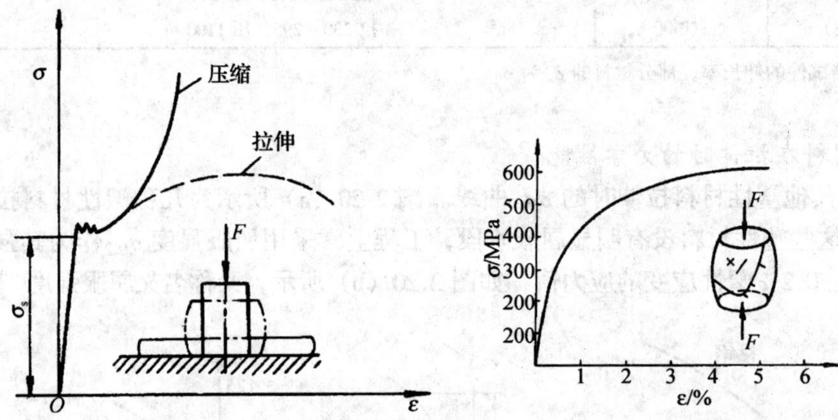

图 2.21　低碳钢压缩时的 σ-ε 曲线　　图 2.22　铸铁压缩时的 σ-ε 曲线

通过研究低碳钢、铸铁在拉伸与压缩时的力学性能，可以得出塑性材料和脆性材料力学性能的主要区别是：

①塑性材料在断裂时有明显的塑性变形；而脆性材料在变形很小时突然断裂，无屈服现象。

②塑性材料在拉伸时的比例极限、屈服点和弹性模量与压缩时相同，说明它的抗拉与抗压强度相同；而脆性材料的抗拉强度远远小于抗压强度。因此，脆性材料通常用来制造受压构件。

2.2.6　拉（压）杆件的强度计算

1. 许用应力的确定

由金属材料拉压试验可知，杆件受到的应力如果超过所用材料的屈服极限 σ_s 及抗

拉极限 σ_b，便会因产生过大的塑性变形或发生破坏等强度不足而丧失正常的工作能力，即失效。因此，工程中根据材料的屈服极限 σ_s 或抗拉极限 σ_b，考虑杆件的实际工作情况，规定了保证杆件具有足够的强度所允许承担的最大应力值，称为许用应力，常用符号 $[\sigma]$ 表示。显然，只有当杆件所受的应力小于或等于其许用应力时，杆件才具有足够的强度，不会发生失效。

从理论上讲，应取屈服极限 σ_s 或抗拉极限 σ_b 为许用应力 $[\sigma]$ 的值。但由于实际工作中有很多难以确定的因素，如载荷的变动、杆件材质的不均匀性和载荷计算的不准确性等，若取 σ_s，或 σ_b 为 $[\sigma]$，则很难保证杆件有足够的强度。因此，为了保证杆件的安全可靠，需要使其有一定的强度储备。为此，应将极限应力 σ_s 或 σ_b 除以一个大于 1 的系数 S，并将结果作为许用应力 $[\sigma]$。计算见表 2.3。

表 2.3　拉伸和压缩时的许用应力 $[\sigma]$

塑性材料	脆性材料	
许用拉压（应）力 $[\sigma]$	许用拉应力 $[\sigma_t]$	许用压应力 $[\sigma_c]$
$[\sigma]=\frac{\sigma_s}{S}$ 或 $[\sigma]=\frac{\sigma_{0.2}}{S}$	$[\sigma_t]=\frac{\sigma_{bt}}{S}$	$[\sigma_c]=\frac{\sigma_{bc}}{S}$

对于安全系数，必须根据杆件的实际工作情况，进行综合分析。若安全系数偏大，则许用应力 $[\sigma]$ 值低，杆件安全性高，但结构尺寸过大，不经济；若安全系数小，则许用应力 $[\sigma]$ 值高，杆件的结构尺寸虽然小了，但安全性又降低了。因此，安全系数的确定，应综合考虑安全性和经济性指标，通常要考虑以下几方面因素：

①载荷确定的准确性。考虑设计计算的简化与实际情况的差异程度。

②杆件材质的均匀性。考虑同一牌号材料，因冶炼、毛坯制造工艺水平等方面的影响而造成的性能差异。

③工作载荷的情况。考虑杆件工作中，所受载荷的不稳定性及杆件的重要性。

在设计计算过程中，若不能准确掌握实际情况，或杆件的材质均匀性差，或载荷变动较大，以及杆件失效后会引起严重后果等，则安全系数要取大值；反之，取较小的值。

许用应力和安全系数的具体数据，可查阅相关专业的标准确定。在一般机械设计中，在静载条件下，对塑性材料取 $S=1.5\sim2.0$；对脆性材料取 $S=2.0\sim5.0$，若材质均匀性差，且杆件很重要，也可取 $S=3.0\sim9.0$。

随着科学技术的进步，计算方法的日益精确和经验的丰富积累，安全系数的取值范围有逐渐减小的趋势。

2. 杆件的强度条件

为使杆件在工作中安全可靠（即强度足够），必须使其所受的最大工作正应力 σ_{max} 小于或等于其在拉伸（压缩）时的许用正应力 $[\sigma]$，即

$$\sigma_{max}=\frac{F_N}{A}\leqslant[\sigma] \tag{2.13}$$

式（2.13）称为拉（压）杆件的强度条件，是对拉（压）杆件进行强度分析和计算的依据。杆件中最大工作应力所在的截面称为危险截面。式（2.13）中 $\boldsymbol{F}_N$ 和 A 分别为危险

截面的轴力和截面面积。等截面直杆的危险截面位于轴力最大处；而变截面杆的危险截面，必须综合轴力和截面面积两方面来确定。

上述强度条件，可以解决三种类型的强度计算问题。

(1) 若已知杆件尺寸，所受载荷和材料的许用应力，则由式（2.13）校核杆件是否满足强度要求，即

$$\sigma_{\max} \leqslant [\sigma]$$

(2) 设计截面尺寸

若已知杆件所受的载荷和材料的许用应力，则由式（2.13）得

$$A \geqslant \frac{F_N}{[\sigma]}$$

由此先确定出面积，再根据截面形状得相应的尺寸。

(3) 确定许可载荷

若已知杆件尺寸和材料的许用应力，则由式（2.13）得

$$F_{N\max} \leqslant [\sigma] A$$

由上式算出杆件所能承受的最大轴力，从而确定杆件的许可载荷 $[F]$。

注意：对受压直杆进行强度计算时，式（2.13）仅适用粗短杆。对细长的受压杆，应进行稳定性计算。

【例 2.5】 图 2.23（a）所示为一刚性梁 *ACB* 由圆杆 *CD* 在 *C* 点悬挂连接，*B* 端作用有集中载荷 $F = 25$ kN，已知：*CD* 杆的直径 $d = 20$ mm，许用应力 $[\sigma] = 160$ MPa。

1) 试校核 *CD* 杆的强度；

2) 试求结构中使 *CD* 杆不断裂时 *B* 处的许可载荷 $[F]$。

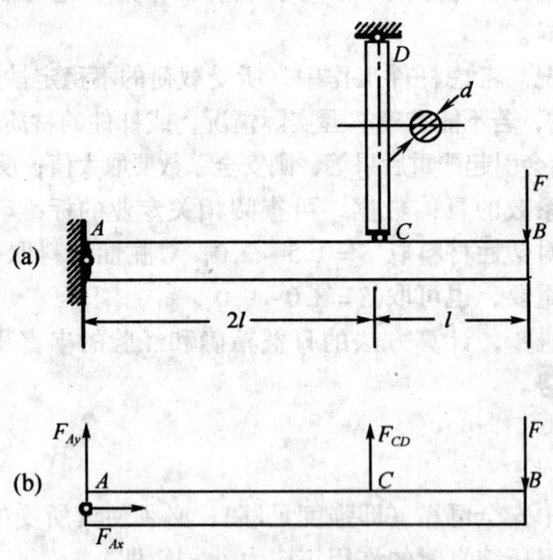

图 2.23　刚性梁

解：1) 校核 *CD* 杆强度。

因 *CD* 杆是二力杆，故取 *AB* 杆为研究对象作受力图，如图 2.23（b）所示，求 F_{CD}。

由平衡方程 $\sum M_A = 0$，有

$$2F_{CD}l - 3Fl = 0$$

$$F_{CD} = \frac{3}{2}F$$

则杆 CD 的轴力为

$$F_N = F_{CD} = \frac{3}{2}F$$

杆 CD 的工作应力为

$$\sigma_{CD} = \frac{F_N}{A_{CD}} = \frac{\frac{3F}{2}}{\frac{\pi d^2}{4}} = \frac{6 \times 25 \times 10^3}{\pi \times (0.020)^2}$$

$$= 1.194 \times 10^8 \text{Pa} = 119.4\text{MPa}$$

即 $\sigma_{CD} < [\sigma]$，所以 CD 杆的强度足够。

2）求结构中保证 CD 杆不断裂时 B 处的许可载荷[F]。

由

$$\sigma_{CD} = \frac{F_{CD}}{A_{CD}} = \frac{6F}{\pi d^2} \leqslant [\sigma]$$

得

$$F \leqslant \frac{\pi d^2 [\sigma]}{6} = \frac{\pi \times (0.020)^2 \times 160 \times 10^6}{6} = 33.5 \times 10^3 \text{ N} = 33.5 \text{ kN}$$

由此得结构中 CD 杆的许可载荷 $[F] = 33.5$ kN。

【例2.6】 如图2.24（a）所示的三角形托架，其杆 AB 是由两根等边角钢所组成。已知载荷 $F = 75$ kN，钢的许用应力 $[\sigma] = 160$ MPa。试选择等边角钢的型号。

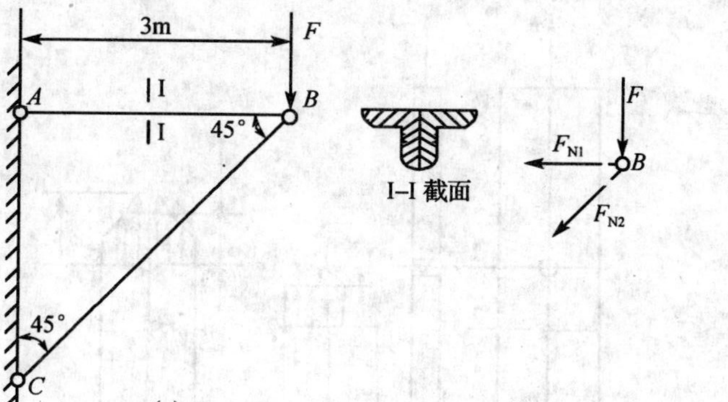

图2.24 三角托架

解： 1）杆 AB、BC 均为二力杆件，为求杆 AB 的轴力，取结点 B 为研究对象，受力如图2.24（b）所示。

列出平衡方程

$$\sum F_x = 0 \quad F_{N1} + F_{N2}\cos45^\circ = 0$$

$$\sum F_y = 0 \quad F + F_{N2}\sin45^\circ = 0$$

联立求解，得

$$F_{N1} = F = 75\ \text{kN} \quad F_{N2} = -\sqrt{2}F = -106\ \text{kN}$$

2）确定 AB 杆横截面面积。根据强度条件，有

$$A \geqslant \frac{F_{N1}}{[\sigma]} = \frac{75 \times 10^3}{160 \times 10^6} = 0.469 \times 10^{-3}\text{m}^2 = 469\ \text{mm}^2$$

3）选择角钢型号。查附录型钢表可知，边厚为 3 mm 的 4 号等边角钢的横截面面积为 $2.539\ \text{cm}^2 = 253.9\ \text{mm}^2$。采用两个这样的角钢，其总横截面积为 $253.9\ \text{mm}^2 \times 2 = 507.8\ \text{mm}^2 > A = 469\ \text{mm}^2$，能满足设计要求。

2.2.7　应力集中的概念

前面分析的等截面直杆在轴向拉伸（压缩）时，横截面上的正应力是均匀分布的。但在工程中，由于结构或工艺上的需要，有些杆件常开有孔槽或留有凸肩、表面切割螺纹等，使截面形状在这些部位处发生突变。研究表明，杆件在截面突变处的局部范围内，应力值急剧增加，而距突变区较远处又渐趋均匀。这种由于截面的突变而导致的局部应力增大的现象，称为应力集中。图 2.25 中所示的拉杆在 1-1 截面上，靠近孔边的小范围内应力很大，而离开孔边较远处的应力降低许多，且分布较均匀。应力集中的程度，通常以最大局部应力与被削弱截面上的平均应力之比来衡量，称为理论应力集中因素，以 K_t 表示，即

$$K_t = \frac{\sigma_{max}}{\sigma_m} \tag{2.14}$$

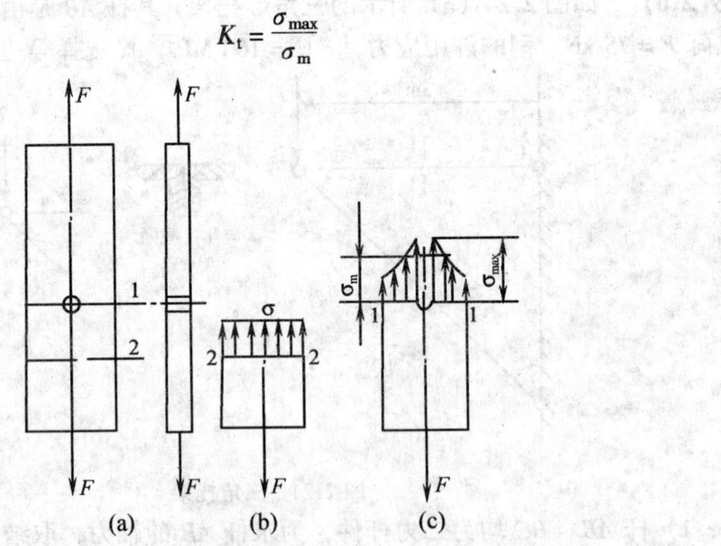

图 2.25　应力集中现象

在静载荷下，应力集中对塑性材料和脆性材料产生的影响是不同的。图 2.26（a）所示的带有小圆孔的杆件，拉伸时孔边缘将产生应力集中。塑性材料具有明显的屈服

阶段，当 σ_{max} 达到屈服点应力 σ_s 时，杆件在此局部产生塑性变形，该处的变形可以继续增大，而应力数值不增加。若载荷继续加大，尚未屈服的区域的应力随之增加，而相继达到 σ_s，如图 2.26（b）所示。直到整个截面上的应力都达到 σ_s 时，应力分布趋于均匀，如图 2.26（c）所示。所以，材料的塑性性质具有缓和应力集中的作用。脆性材料则不同，由于脆性材料无屈服阶段，局部最大应力随载荷的增加而增加，一直领先直至到达材料的强度极限 σ_b 时，孔边缘处就出现裂纹，从而产生断裂。因此，对脆性材料的杆件应考虑应力集中的影响。

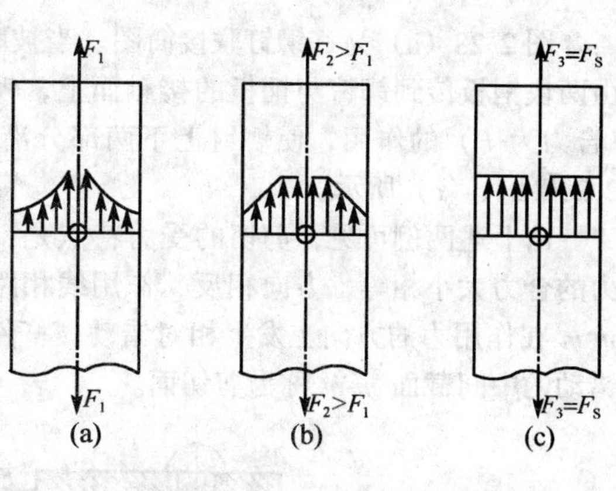

图 2.26　应力分析

需要指出的是，在交变应力或受冲击载荷作用下，无论是塑性材料，还是脆性材料，应力集中都会影响杆件的强度。

2.3　剪切与挤压

2.3.1　剪切的概念与实用计算

工程结构中的许多联接件，如铆钉、螺栓、键、销等，受力后产生的主要变形为剪切，剪切是杆件的基本变形形式之一。

1. 剪切的概念

图 2.27 为一剪床剪切钢板的示意图。钢板在上、下刀刃产生的力 $\boldsymbol{F}$ 作用下，在相距很近的 δ 区域内，迫使钢板左右两部分沿中间截面 m-m 发生相对错动，当力 $\boldsymbol{F}$ 足够大时，钢板被剪断。

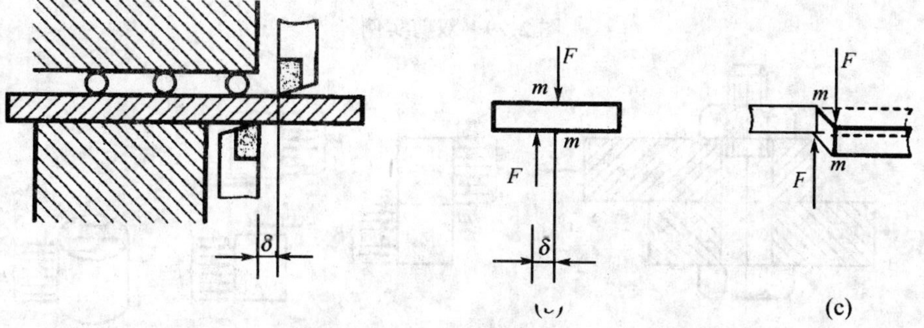

图 2.27　剪板原理

图 2.28（a）为一铆钉联接简图。当被联接件（钢板）上受到外力 $\boldsymbol{F}$ 的作用后，力由两块钢板传到铆钉与钢板的接触面上，铆钉受到大小相等、方向相反的两组分布力（合力为 F）的作用，使铆钉上下两部分沿中间截面 m-m 发生相对错动的变形，如图 2.28（b）、（c）所示。

由上述两例可见，剪切的受力特点是：作用在杆件两侧面上且与杆轴线垂直的外力的合力大小相等，方向相反，作用线相距很近。其变形为使杆件两部分沿中间截面 m-m 在作用力的方向上发生相对错动。杆件的这种变形称为剪切，杆件所沿发生相对错动的中间截面 m-m 称为剪切面。

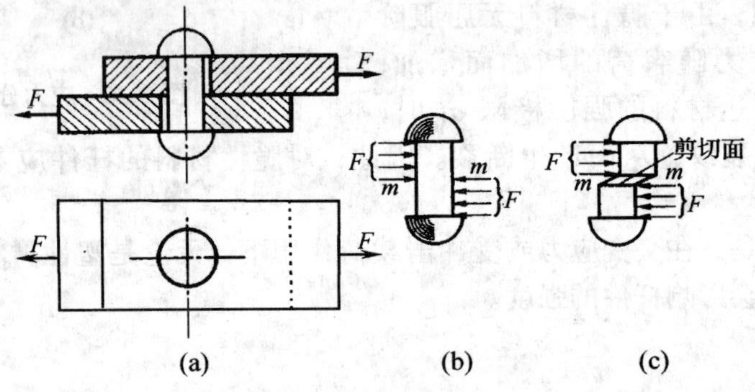

图 2.28　铆钉受剪图

只有一个剪切面的剪切称为单剪，如上述两例。有两个剪切面的剪切称为双剪，如图 2.29 中螺栓所受的剪切。剪切面上的内力仍然由截面法求得，它也是分布内力的合力，称为剪力，用 F_S 表示，如图 2.30（c）所示。剪切面上分布内力的集度即为切应力 τ，如图 2.30（d）所示。

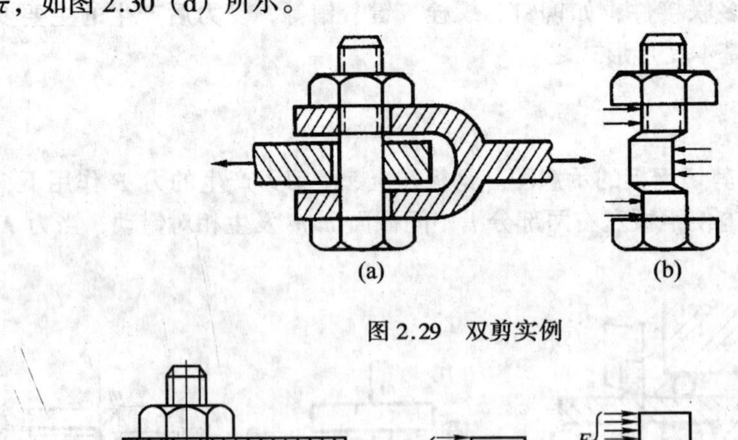

图 2.29　双剪实例

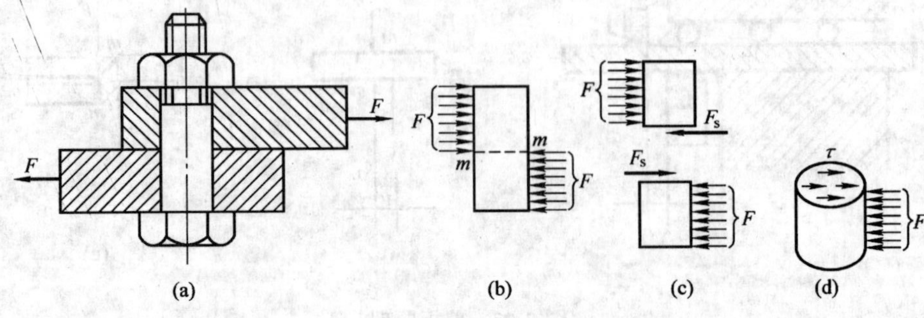

图 2.30　剪力

2. 剪切的实用计算

切应力在剪切面上分布的情况比较复杂。为便于计算，工程中通常采用实用计算，即根据构件的实际破坏情况，做出粗略的、简单的、但基本符合实际情况的假设，作为强度计算的依据。在这种实用计算中，假设切应力在剪切面内是均匀分布的，如图 2.30（d)所示，按此假设计算出的切应力实质上是截面上的平均应力，称为名义切应力，即

$$\tau = \frac{F_S}{A_S} \tag{2.15}$$

材料的极限切应力 τ_u 是按名义切应力概念，用试验方法得到的。将此极限切应力除以适当的安全因数，即得材料的许用切应力

$$[\tau] = \frac{\tau_u}{n} \tag{2.16}$$

由此建立剪切强度条件

$$\tau = \frac{F_S}{A_S} \leqslant [\tau] \tag{2.17}$$

大量实践结果表明，剪切的实用计算能满足工程实际的要求。

工程中常用材料的许用切应力，可以从有关的设计手册中查到。

剪切强度条件同样可解决三类问题：校核强度，设计截面尺寸和确定许可载荷。

2.3.2 挤压的概念与实用计算

1. 挤压的概念

铆钉等联接件在外力的作用下发生剪切变形的同时，在联接件和被联接件接触面上互相压紧，产生局部压陷变形，以至压溃破坏，这种现象称为挤压，如图 2.31（a）所示。接触面上的压力称为挤压力，用 F_{bs} 表示。由挤压力引起的接触面上的表面压强，习惯上称为挤压应力，用 σ_{bs} 表示。

应当注意，挤压与压缩的概念是不同的。压缩变形是指杆件的整体变形，其任意横截面上的应力是均匀分布的；挤压时，挤压应力只发生在构件接触的局部表面，一般并不均匀分布。

2. 挤压的实用计算

与切应力在剪切面上的分布相类似，如图 2.31（a）所示，挤压面上挤压应力的分布也较复杂，如图 2.31（b）所示。为了简化计算，工程中同样采用挤压的实用计算，即假设挤压应力在挤压面上是均匀分布的，如图 2.31（c）所示。按这种假设所得的挤压应力称为名义挤压应力。当接触面为平面时，挤压面就是实际接触面；对于圆柱状联接件，接触面为半圆柱面，挤压面面积 A_{bs}。取为实际接触面的正投影面，即其直径面面积 $A_{bs} = td$，如图 2.31（c）所示，因此有

$$\sigma_{bs} = \frac{F_{bs}}{A_{bs}} \tag{2.18}$$

应用名义挤压应力的概念，也可通过试验得到材料的极限挤压应力 σ_u，除以适当的安全因数 n，即得材料的许用挤压应力

$$[\sigma_{bs}] = \frac{\sigma_u}{n} \tag{2.19}$$

由此建立挤压强度条件

$$\sigma_{bs} = \frac{F_{bs}}{A_{bs}} \leqslant [\sigma_{bs}] \tag{2.20}$$

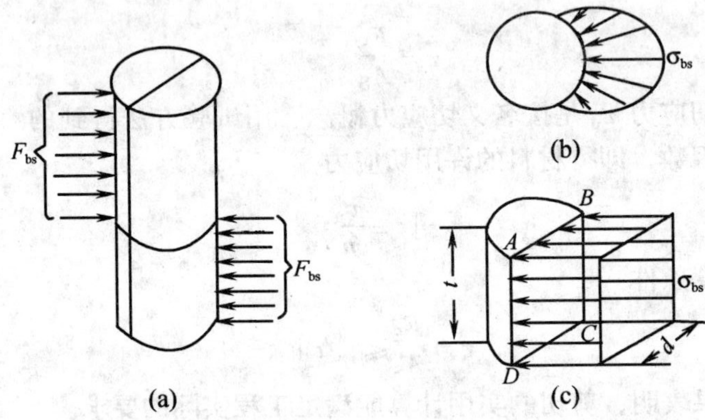

图 2.31　挤压的计算

工程实践证明，挤压的实用计算能满足工程实际的要求。工程中常用材料的许用挤压应力，可以从相关的设计手册中查到。

应当注意，挤压应力是联接件和被联接件之间的相互作用。当两者材料不同时，应对其中许用挤压应力较低的材料进行挤压强度校核。

对于剪切问题，工程上除应用式（2.17）进行剪切的强度校核，以确保构件正常工作外，有时会遇到相反的问题，即所谓剪切破坏。例如，车床传动轴的保险销，当载荷超过极限值时，保险销首先被剪断，从而保护车床的重要部件。而冲床冲剪工件，则是利用剪切破坏来达到加工目的的。剪切破坏的条件为

$$F_b \geqslant \tau_b A_s \tag{2.21}$$

式中，F_b——破坏时横截面上的剪力；

τ_b——材料的剪切强度极限。

【例 2.7】　电机车挂钩的销钉联接如图 2.32（a）所示。已知挂钩厚度 $t = 8$ mm，销钉材料的 $[\tau] = 60$MPa，$[\sigma_{bs}] = 200$ MPa，电机车的牵引力 $F = 20$ kN，试选择销钉的直径。

解： 1）求剪力 $\boldsymbol{F}_S$，销钉受力情况如图 2.32（b）所示，因销钉受双剪，故每个剪切面上的剪力 $F_S = \dfrac{F}{2}$，剪切面面积 $A_S = \dfrac{\pi d^2}{4}$。

2）根据剪切强度条件设计销钉直径。

由式（2.17）可得

$$A_S = \frac{\pi d^2}{4} \geqslant \frac{F/2}{[\tau]}$$

有

$$d \geqslant \sqrt{\frac{2F}{\pi[\tau]}} = \sqrt{\frac{2\times20\times10^3}{\pi\times60\times10^6}} \approx 14.57\times10^{-3}\ \text{m} = 14.57\ \text{mm}$$

取 $d = 15$ mm。

3）根据挤压强度条件设计销钉直径。

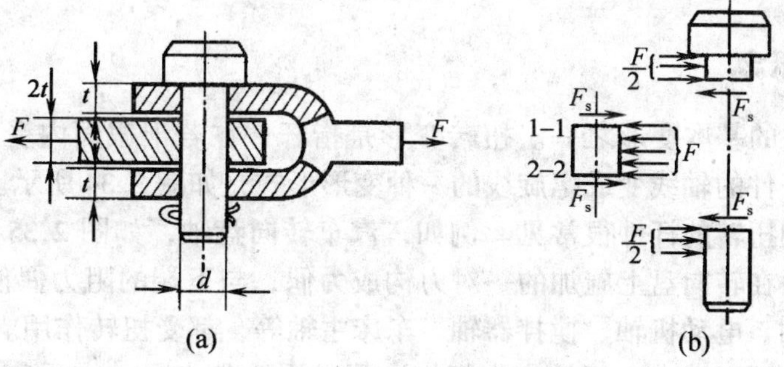

图 2.32

由图 2.32（b）可知，销钉上、下部挤压面上的挤压力 $F_{bs} = \frac{F}{2}$，挤压面面积 $A_{bs} = t\cdot d$，由式（2.20）得

$$A_{bs} = t\cdot d \geqslant \frac{F/2}{[\sigma_{bs}]}$$

即

$$d \geqslant \frac{F}{2t\ [\sigma_{bs}]} = \frac{20\times10^3}{2\times0.008\times200\times10^6} = 6.25\times10^{-3}\text{m} \approx 7\ \text{mm}$$

选 $d = 15$ mm，可同时满足挤压和剪切强度的要求。

【例 2.8】 已知钢板厚度 $t = 8$ mm，如图 2.33（a）所示，其剪切强度极限为 $\tau_b = 300$ MPa。若用冲床将钢板冲出直径 $d = 25$ mm 的孔，问需要多大的冲剪力 F。

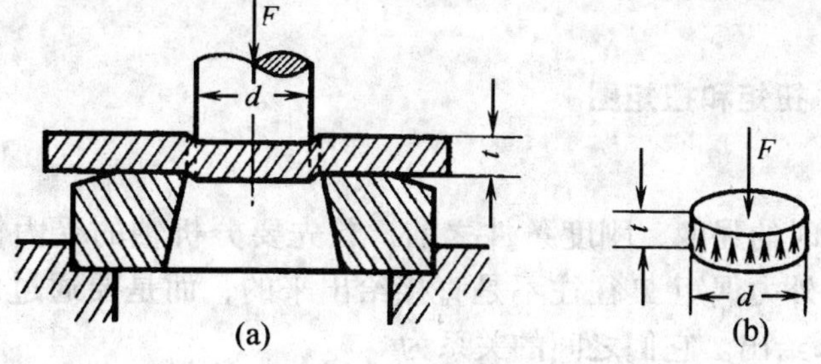

图 2.33

解： 由题意知，剪切面是圆柱形侧面，如图 2.33（b）所示。其面积为

$$A_S = \pi\cdot d\cdot t = \pi\times0.025\times0.008 = 6.28\times10^{-4}\text{m}^2$$

冲孔所需要的冲剪力就是钢板破坏时横截面上的剪力，由式（2.21）得

$$F_b \geqslant \tau_b\cdot A_S = 300\times10^6\times6.28\times10^{-4}$$

$$= 1.884 \times 10^5 \text{ N} = 188.4 \text{ kN}$$

故冲孔所需要的最小冲剪力为188.4kN。

2.4 扭　转

2.4.1 扭转的概念

扭转是杆件的基本变形之一。扭转变形是指杆件在若干截面内受到转向不同的外力偶作用，使杆件的轴线变成螺旋线的一种变形形式，如图2.34所示。

工程上受到扭转的杆件很常见。例如，汽车转向盘轴，如图2.35所示，在操纵汽车方向时，双手在转向盘上施加的一对力构成力偶，与下端的阻力偶使转向盘轴受扭，又如汽车传动轴、电动机轴、搅拌器轴、车床主轴等，都受扭转作用。

从以上实例可以看出，杆件产生扭转变形的受力特点是：在垂直于杆件轴线的平面内，作用着一对大小相等、转向相反的力偶；变形特点是：各横截面绕轴线发生相对转动，工程上常将以扭转变形为主要变形的杆件称为轴。本节只讨论圆截面直轴的扭转问题。

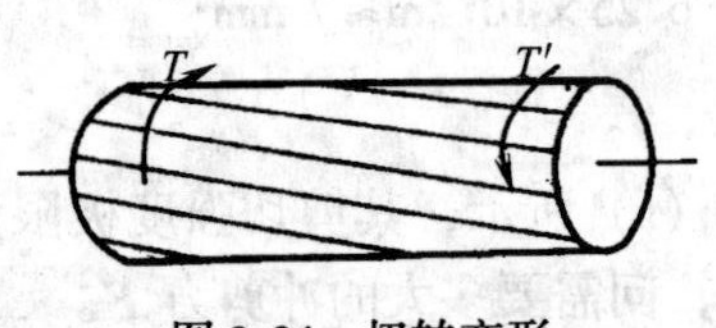

图2.34　扭转变形

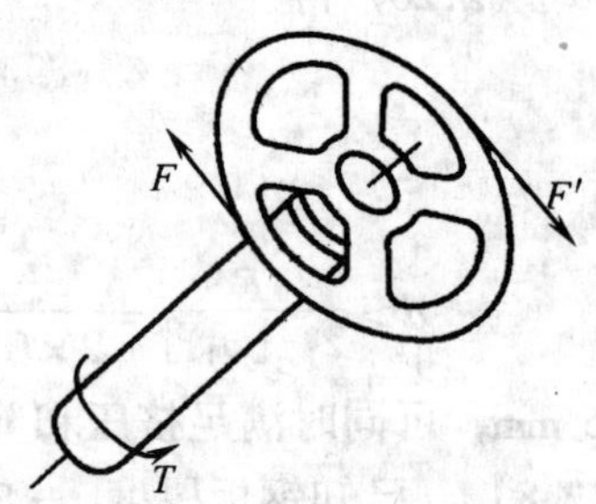

图2.35　转向盘轴

2.4.2 外力偶矩、扭矩和扭矩图

1. 外力偶矩

在分析轴扭转时的强度、刚度条件之前，首先要分析轴的受力情况。在工程实际中，作用在轴上的外力偶矩 $\boldsymbol{T}$ 往往不是直接给出来的，而是要通过已知轴所传递的功率 P 和轴的转速 n 给出。它们之间的关系为

$$T = \frac{9550P}{n} \tag{2.22}$$

式中，T——为轴所受的外力偶矩（N·m）；

P——轴所传递的功率（kW）；

n——为轴的转速（r/min）。

从式（2.22）可看出，轴所承受的力偶矩与传递的功率成正比，与轴的转速成反

比。当轴所传递的功率相同时，则高速轴所受外力偶矩较小，低速轴所受外力偶矩较大。因此，在同一传动系统中，低速轴的轴径要大于高速轴轴径。

2. 扭矩

当已知作用在轴上的所有外力偶矩后，即可用“截面法”计算圆轴扭转时各横截面上的内力。如图2.36（a）所示 *AB* 轴，在其两端垂直于杆轴线的平面内，作用有一对反向力偶，杆件处于平衡状态。为了求出轴的内力，用一假想截面 *m-m* 将轴一分为二，先研究左段的平衡，其上受一外力偶矩 $\boldsymbol{T}$ 作用，要使左段平衡，*m-m* 截面上必有一力偶矩 $\boldsymbol{M}_n$ 与外力偶矩 $\boldsymbol{T}$ 相平衡，即截面上的内力是一力偶矩。

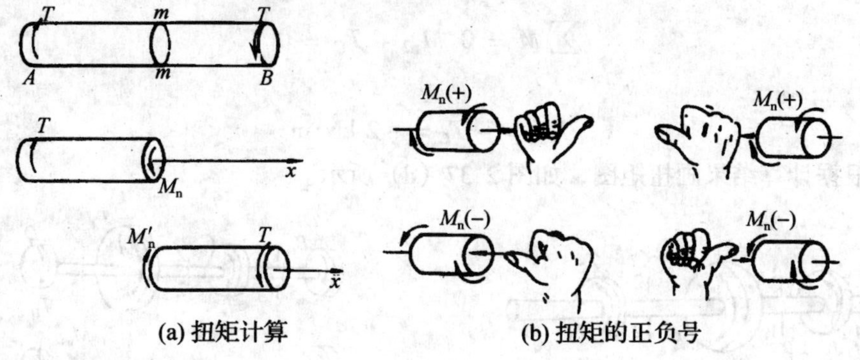

(a) 扭矩计算 (b) 扭矩的正负号

图 2.36

根据平衡条件得

$$\sum M = 0, M_n - T = 0$$

$$M_n = T \tag{2.23}$$

$\boldsymbol{M}_n$ 是轴在扭转时截面上的内力偶矩，称为扭矩。如果研究右段的平衡，会得到同一截面上大小相等、方向相反的扭矩 $\boldsymbol{M}_n'$，实际上两者是作用力与反作用力的关系。

扭矩的正、负号规定如下：用右手螺旋定则判断，右手四指绕向表示扭矩绕轴线方向，则大拇指指向与截面外法线方向一致时扭矩为正，反之扭矩为负，如图2.36（b）所示。同一截面的扭矩符号是一致的，如上例中扭矩 $\boldsymbol{M}_n$、$\boldsymbol{M}_n'$ 均为正。一般情况下，未知扭矩画其为正方向。

3. 扭矩图

当轴上作用有两个以上外力偶时，则轴上各段扭矩 $\boldsymbol{M}_n$ 的大小和方向有所不同。为了形象地表达轴上各截面扭矩大小和符号的变化情况，可用扭矩图来表示。

在扭矩图上，以平行于轴线的直线为横轴，轴上各点表示轴上横截面的位置，纵轴表示扭矩的大小；按照选定的比例尺，正扭矩画在纵轴正向，负扭矩画在负向。根据扭矩图，可清楚地看出轴上扭矩随截面的变化规律，便于分析轴上的危险截面，以便进行强度计算。

【例2.9】 如图2.37（a）所示，传动轴 *ABC* 上装有3个轮子。已知主动轮 *B* 上

的外力偶矩 $T_B = 6$ kN·m，从动轮上的外力偶矩为 $T_A = 4$ kN·m、$T_c = 2$kN·m，试求 1-1、2-2 截面的内力，并画出扭矩图。

解：1）取 1-1 截面，以左轴段为研究对象，画出受力图，如图 2.37（b）所示。由平衡条件得

$$\sum M = 0, M_{n1} - T_A = 0$$

得

$$M_{n1} = T_A = 4 \text{ kN·m}$$

2）取 2-2 截面，以右轴段为研究对象，并画出受力图如图 2.37（c）所示。由平衡条件得

$$\sum M = 0, M_{n2} + T_C = 0$$

得

$$M_{n2} = -T_C = -2 \text{ kN·m}$$

3）根据计算结果画扭矩图，如图 2.37（d）所示。

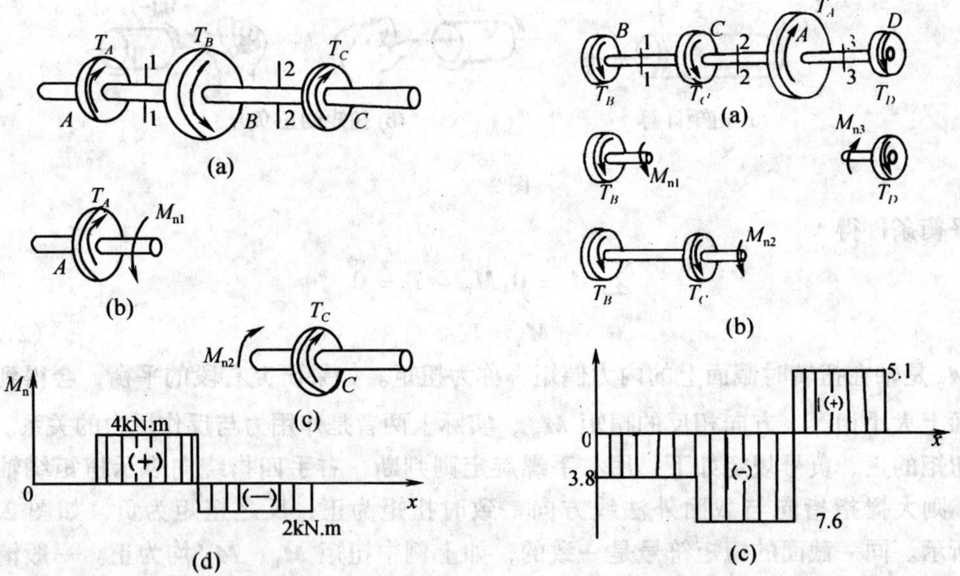

图 2.37　传动轴 *ABC*　　图 2.38　传动轴 *BD*

【例 2.10】　如图 2.38（a）所示传动轴 *BD*，已知轴的转速为 $n = 300$r/min，主动轮 *A* 的输入功率 $P_A = 400$ kW，3 个从动轮 *B*、*C*、*D* 的输出功率分别为 $P_B = 120$ kW、$P_C = 120$ kW、$P_D = 160$ kW，试求各段轴的扭矩并画出传动轴的扭矩图，确定最大扭矩 $|M_n|_{max}$。

解：1）先求出主、从动轮上所受的外力偶矩。

$$T_A = \frac{9550 P_A}{n} = \frac{9550 \times 400}{300} = 1.27 \times 10^4 \text{ N·m} = 12.7 \text{ kN·m}$$

$$T_B = T_C = \frac{9550P_n}{n} = \frac{9550 \times 120}{300} = 3.8 \times 10^3\ \text{N}\cdot\text{m} = 3.8\ \text{kN}\cdot\text{m}$$

$$T_D = \frac{9550P_n}{n} = \frac{9550 \times 160}{300} = 5.1 \times 10^3\ \text{N}\cdot\text{m} = 5.1\ \text{kN}\cdot\text{m}$$

2）截面法求各段轴的扭矩：在 BC、CA、AD 段任取截面 1-1、2-2、3-3，并取相应轴段为研究对象，画受力图，如图 2.38（b）所示。由平衡条件得

$$\sum M = 0 \qquad M_{n1} = -T_B = -3.8\ \text{kN}\cdot\text{m}$$

$$\sum M = 0 \qquad M_{n2} = -(T_B + T_C) = -7.6\ \text{kN}\cdot\text{m}$$

$$\sum M = 0 \qquad M_{n3} = T_D = 5.1\ \text{kN}\cdot\text{m}$$

3）画扭矩图，如图 2.38（c）所示，最大扭矩 $|M_n|_{max} = 7.6\ \text{kN}\cdot\text{m}$。

从以上两个例子的分析可知：轴上任一截面的扭矩等于该截面以左或以右轴段上各外力偶矩的代数和。

2.4.3　圆轴扭转时横截面上的应力和变形

前面分析了圆轴扭转时横截面上的内力，即扭矩的计算。为了对受扭圆轴进行强度和刚度计算，还需进一步分析讨论应力和变形。

1. 圆轴扭转时横截面上的应力

(1) 扭转试验

为了分析圆轴扭转时横截面上应力的分布情况，现取一等直圆轴，事先在圆轴表面画上若干平行于轴线的纵向线和垂直于轴线的圆周线，然后在圆轴两端分别用一外力偶矩 T，使圆轴发生扭转变形，如图 2.39 所示。

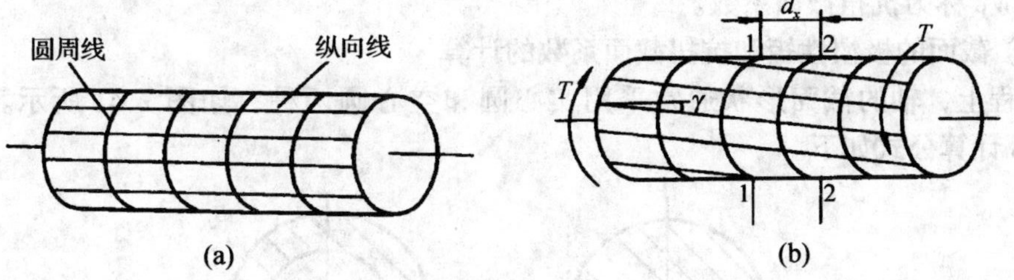

图 2.39　圆轴扭转实验

通过观察其变形过程，可以发现以下特点：

①各圆周线形状、大小以及相邻圆周线之间距离均未改变，只是绕轴线转过了一定的角度。

②各纵向线都倾斜了同一角度 γ，使圆轴表面的小方格变成了菱形。

根据以上观察到的现象，可做出如下假设：圆轴扭转后各横截面仍保持为平面，而且各横截面之间的距离不变，只是各横截面绕轴线转过了一定角度，各半径线仍为直线。

以上假设称为平面截面假设。根据这一假设，可做出如下分析：

圆轴扭转时，由于横截面间距离未变，即线应变 $\varepsilon=0$，所以横截面上没有正应力。横截面绕轴线相对转动，即发生了相对错动，出现剪切变形，故横截面上有切应力存在。由于截面半径长度未变，故切应力应垂直于半径方向。即圆轴扭转时，横截面上只有垂直于半径方向的切应力 τ，而无正应力 σ。

(2) 切应力分布规律

经推导，还可得出圆轴扭转时横截面上切应力 τ 的分布规律为：横截面上任一点的切应力大小与该点到圆心的距离成正比，并垂直于半径方向呈线性分布，如图 2.40 所示。

此规律可用下式表示

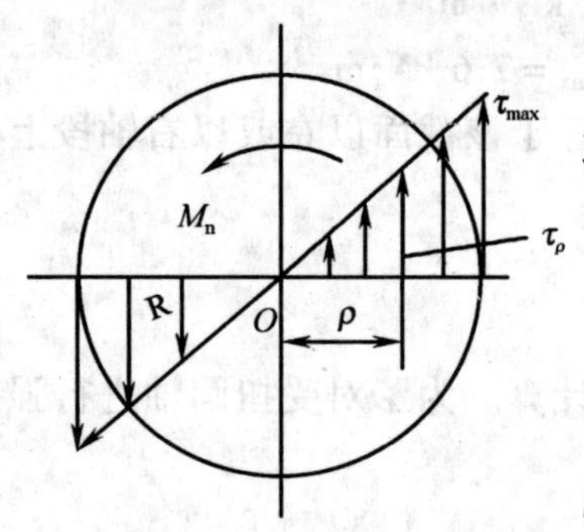

图 2.40 切应力分布规律

$$\tau_\rho=\frac{M_n}{I_P}\rho \tag{2.24}$$

式中，ρ——为截面上任一点到中心的距离；

M_n——所求截面上的扭矩值；

I_P——为横截面对圆心的极惯性矩；

τ_ρ——半径为 ρ 处的切应力。

因此，圆心处（即 $\rho=0$）$\tau=0$，圆轴表面处（$\rho=\rho_{max}$）切应力为最大。

圆轴扭转时横截面上最大切应力计算公式为

$$\tau_{max}=\frac{M_nR}{I_P} \tag{2.25}$$

式（2.25）中，R 和 I_P 均为与截面尺寸有关的几何量，可令，$W_P=I_P/R$，则有

$$\tau_{max}=\frac{M_n}{W_P} \tag{2.26}$$

式中，W_P 称为抗扭截面系数。

(3) 截面的极惯性矩和抗扭截面系数的计算

工程上，轴的截面形状通常采用实心圆和空心圆两种，如图 2.41 所示。它们的 I_P、W_P 计算公式如下。

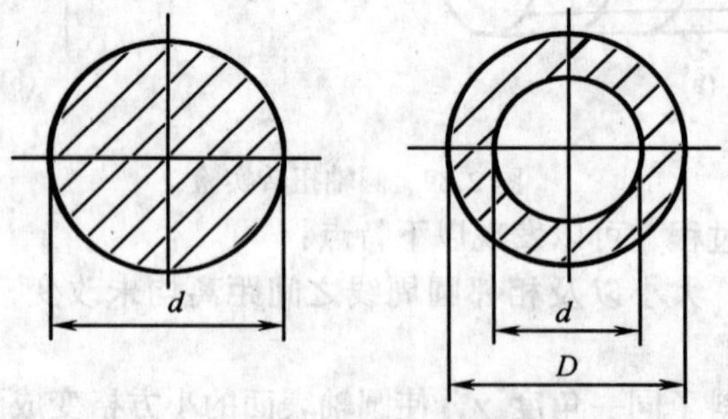

图 2.41 轴的截面形状

①实心圆截面：

极惯性矩 $I_P=\dfrac{\pi d^4}{32}$； 抗扭截面系数 $W_P=\dfrac{\pi d^3}{16}$

②空心圆截面：

极惯性矩 $I_P = \frac{\pi}{32}（D^4 - d^4）= \frac{\pi D^4}{32}（1 - \alpha^4）$

抗扭截面系数　$W_P = \frac{\pi}{16D}（D^4 - d^4）= \frac{\pi D^3}{16}（1 - \alpha^4）$

式中，D、d 分别为空心轴的外、内径；α 为内、外径之比，$\alpha = d/D$。

2. 圆轴扭转时的变形

圆轴扭转时，其变形可用扭转角 φ 来表示。所谓扭转角，是指变形时圆轴上任意两截面相对转过的角度，如图 2.42 所示，其单位是 rad（弧度）。

由理论分析可证明，扭转角 φ 与扭矩 M_n 以及两截面间的距离 l 成正比，而与材料的切变模量 G 及轴横截面的极惯性矩 I_P 成反比，即

$$\varphi = \frac{M_n l}{GI_P} \tag{2.27}$$

式中，G 为轴材料的切变模量；GI_P 称为抗扭刚度，反映了圆轴的材料和横截面尺寸两个方面因素抵抗扭转变形的能力，GI_P 越大，圆轴抵抗扭转变形的能力就越强。

注意：两截面之间的扭矩、直径有变化时，需分段计算各段的扭转角，然后求其代数和。扭转角的正负号与扭矩相同。

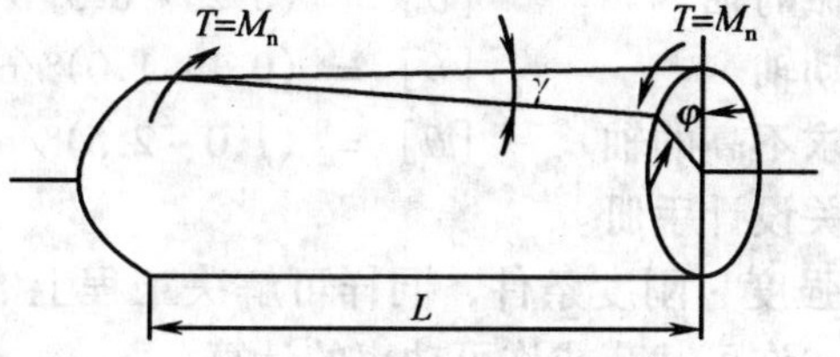

图 2.42　轴扭转时的变形

从式（2.27）中可看出，扭转角 φ 的大小与距离 l 有关。为消除 l 的影响，工程上常用“单位长度扭转角 θ”来表示其变形的程度，计算公式如下：

$$\theta = \frac{\varphi}{l} = \frac{M_n}{GI_P}$$

式中，θ 为单位长度扭转角（rad/m），而工程中常用（°/m）作为 θ 的单位。因此，θ 一般用下式来计算

$$\theta = \frac{M_n}{GI_P} \times \frac{180°}{\pi} \tag{2.28}$$

2.4.4　圆轴扭转时强度和刚度的计算

1. 强度条件

为了保证轴在扭转时能安全工作，必须使轴的危险截面上的最大切应力 τ_{max} 不超过材料的许用切应力［τ］，即

$$\tau_{max} = \frac{M_n}{W_P} \leqslant [\tau] \tag{2.29}$$

式中，M_n——为轴上危险截面的扭矩（绝对值）；

W_P——为危险截面的抗扭截面系数；

$[\tau]$——为材料的许用切应力。

所谓危险截面，对于等截面轴是指扭矩最大的截面；而对于阶梯轴，应该是扭矩大而抗扭截面系数小的截面，需综合考虑 M_n 和 W_P 两个因素来决定。对于许用切应力 $[\tau]$，可通过 $[\sigma]$ 来近似确定：

塑性材料　　$[\tau]=(0.5\sim0.6)[\sigma]$

脆性材料　　$[\tau]=(0.8\sim1.0)[\sigma_t]$

2. 刚度条件

圆轴在扭转时，除了必须满足强度条件外，还应该具有足够的刚度，以免产生过大的变形，影响机器的精度；尤其对一些精密机械，刚度条件往往起主要作用。因此，对于圆轴扭转时的刚度条件往往要加以限制。通常要求单位长度扭转角 θ 不得超过许用的单位长度扭转角 $[\theta]$，即

$$\theta=\frac{180°M_n}{GI_P\pi}\leqslant[\theta] \tag{2.30}$$

式中，$[\theta]$ 值根据轴的工作条件和机器运转的精度要求等因素确定，一般规定如下：

精密机械的轴　　$[\theta]=(0.25\sim0.5)°/m$

一般传动轴　　$[\theta]=(0.1\sim1.0)°/m$

精度要求不高的轴　　$[\theta]=(1.0\sim2.5)°/m$

具体数值可参考相关设计手册。

应用圆轴扭转时的强度、刚度条件，同样可解决工程上的三类问题，即强度、刚度校核，截面尺寸设计和许可载荷或许可功率的计算。

【例 2.11】 如图 2.43 所示为汽车传动轴（图中 AB 轴），由 45 钢无缝管制成，其外径 $D=90$ mm，内径 $d=85$ mm，材料的许用切应力 $[\tau]=60$ MPa，工作时最大扭矩 $M_n=1.5\times10^3$ N·m。1）试校核轴的强度；2）若将传动轴 AB 改为实心轴，且其强度相同，试确定轴的直径 D'，并比较空心轴和实心轴的重量。

图 2.43　汽车传动轴

解： 1）校核轴的强度

$$\alpha=\frac{d}{D}=\frac{85}{90}=0.944$$

抗扭截面系数

$$W_P=\frac{\pi D^3}{16}(1-\alpha^4)=\frac{\pi(90\times10^{-3})^3}{16}(1-0.944^4)\ \mathrm{m}^3=29.4\times10^{-6}\mathrm{m}^3$$

最大切应力为

$$\tau_{\max}=\frac{M_n}{W_P}=\frac{1.5\times10^3}{29.4\times10^{-6}}=5.1\times10^7\mathrm{Pa}=51\mathrm{MPa}$$

由于 $\tau_{max} = 51\text{MPa} < [\tau]$，所以强度足够。

2）AB 轴改为实心轴后确定轴径 D'。因要求实心轴与空心轴强度相同，故有

$$\tau_{max}' = \frac{M_n}{W_P'} = 51\ \text{MPa}$$

$$W_P' = \frac{\pi D'^3}{16} = \frac{M_n}{\tau_{max}} = \frac{1.5\times10^3}{51\times10^6}$$

$$D' = \sqrt[3]{\frac{16\times1.5\times10^3}{\pi\times51\times10^6}} = 0.053\ \text{m} = 53\ \text{mm}$$

在两轴材料相同、长度相等的情况下，其重量之比应等于横截面面积之比，于是有

$$\frac{Q_S}{Q_K} = \frac{A_S}{A_K} = \frac{\pi D'^2/4}{\pi\ (D^2-d^2)\ /4} = \frac{53^2}{90^2-85^2} = 3.2$$

也就是说，改为实心轴后，其重量是空心轴的3.2倍。可见，在其他条件相同的情况下，采用空心轴可减轻重量及材料消耗。在工程上，空心轴有着广泛的应用。

【例2.12】　如图2.44所示，有一减速器传动轴，直径 $d = 45$ mm，转速 $n = 300$ r/min，主动轮输入功率 $P_A = 36.7$ kW，从动轮 B、C、D 的输出功率分别为 $P_B = 14.7$ kW、$P_C = P_D = 11$ kW，轴的材料为45钢，材料的切变模量 $G = 8\times10^4$ MPa，许用切应力为 $[\tau] = 40$ MPa，许用单位长度扭转角 $[\theta] = 2°/\text{m}$，试校核轴的强度和刚度。

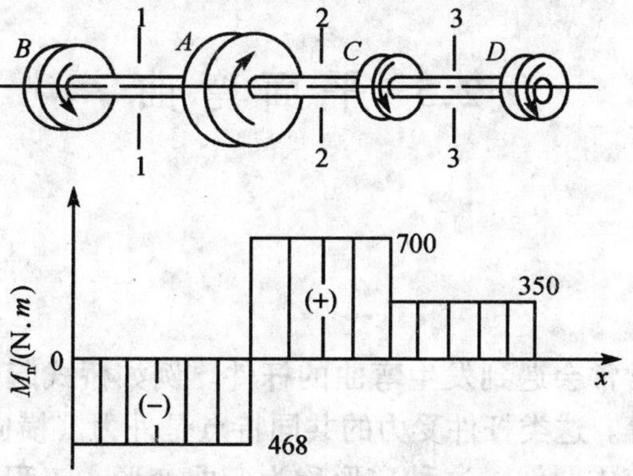

图2.44　减速器传动轴

解：1）计算外力偶矩。

$$T_A = 9550\frac{P_A}{n} = 9550\times\frac{36.7}{300} = 1168\ \text{N·m}$$

$$T_B = 9550\frac{P_B}{n} = 9550\times\frac{14.7}{300} = 468\ \text{N·m}$$

$$T_C = T_D = 9550\frac{P_C}{n} = 9550\times\frac{11}{300} = 350\ \text{N·m}$$

2）画扭矩图，确定最大扭矩

用截面法在 BA、AC、CD 段分别取截面1-1、2-2、3-3，并根据平衡条件求出相应的扭矩及正负号如下

$$M_{n1} = -T_B = -468\ \text{N·m}$$

$$M_{n2} = T_A - T_B = (1168 - 468) = 700\ \text{N·m}$$

$$M_{n3} = T_D = 350\ \text{N·m}$$

最大扭矩在 AC 段 $M_{nmax} = M_{n2} = 700\ \text{N·m}$。

3）校核强度。

轴的极惯性矩　$I_P = \dfrac{\pi d^4}{32} = \dfrac{\pi \times 45^4}{32} = 4 \times 10^5\ \text{mm}^4$

抗扭截面系数　$W_P = \dfrac{\pi d^3}{16} = \dfrac{\pi \times 45^3}{16} = 1.8 \times 10^4\ \text{mm}^3$

最大切应力　$\tau_{max} = \dfrac{M_{nmax}}{W_P} = \dfrac{700 \times 10^3}{1.8 \times 10^4} = 38.9\ \text{MPa}$

$\tau_{max} = 38.9\ \text{MPa} < [\tau]$，因此轴的强度足够。

4）校核刚度。

轴的最大单位长度扭转角

$$\theta_{max} = \frac{180° M_n}{G I_P \pi}$$

$$= \frac{180° \times 700}{8 \times 10^4 \times 10^6 \times 4 \times 10^5 \times 10^{-12} \times \pi} = 1.25°/\text{m}$$

由于 $\theta_{max} = 1.25°/\text{m} < [\theta]$，所以轴的刚度也足够。

2.5 平面弯曲

2.5.1 概述

1. 弯曲的概念

在工程实际中，常常会遇到发生弯曲的杆件。例如桥式起重机的大梁（图 2.45），火车轮轴（图 2.46）等。这类杆件受力的共同特点是外力（横向力）与杆轴线相垂直；变形时杆轴线由直线变成曲线，这种变形称为弯曲变形。工程上将以弯曲为主要变形的杆件统称为梁。

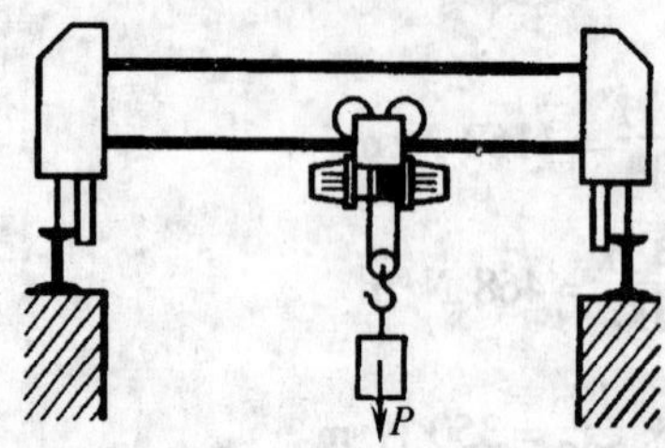

图 2.45　起重机的大梁

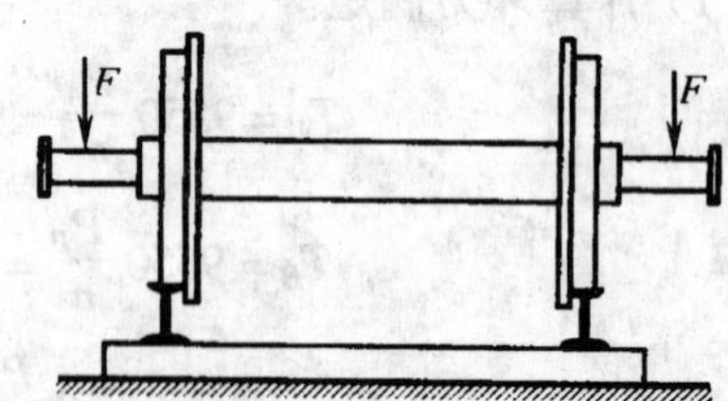

图 2.46　火车轮轴

工程中常见的梁，其横截面通常多有一个纵向对称轴。该对称轴与梁的轴线组成梁的纵向对称面（图 2.47）。若梁上所有外力、外力偶作用在梁的纵向对称平面内，则梁变形时其轴线在此平面内弯曲成一条平面曲线，这种弯曲称为平面弯曲。

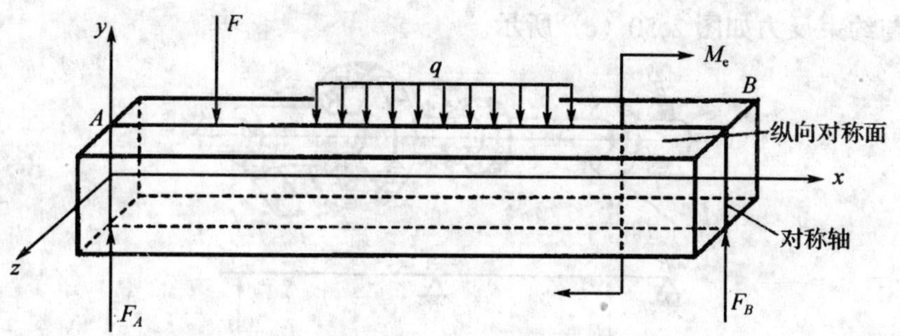

图 2.47　梁的纵向对称面

平面弯曲是弯曲问题中最基本和最常见的情况。上述起重机的大梁和火车轮轴的弯曲即为平面弯曲。本节只讨论平面弯曲。

2. 梁的计算简图及分类

工程中受弯杆件的支承情况是复杂多样的。为了便于分析，有必要根据杆件的变形情况将这些支承简化，从而将实际受弯杆件抽象为梁的计算简图。

(1) 支承的简化

①固定端：凡是在梁的支承处，不允许梁的端截面有相对移动和相对转动的，均可简化为固定端。如图 2.48 所示，车床刀架上的割刀，其支承可简化为固定端。固定端的简化形式与约束反力如图 2.49 所示。

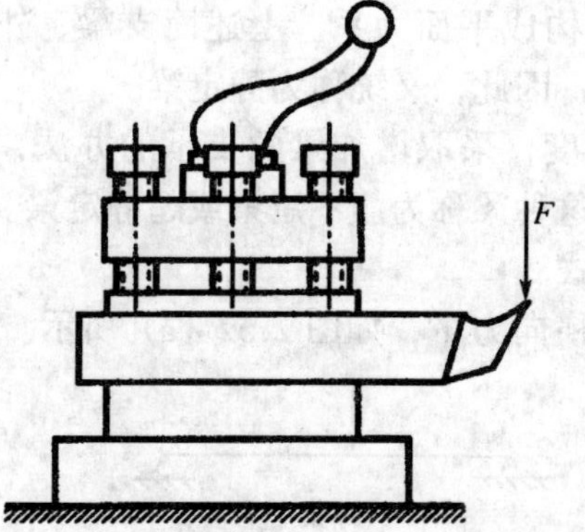

图 2.48　车床刀架上的割刀

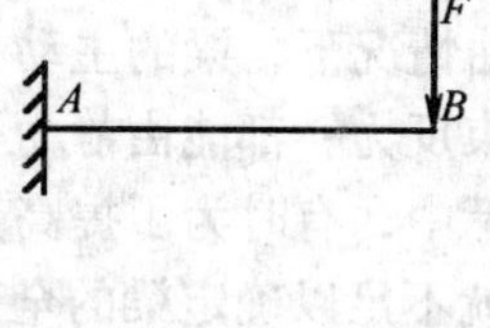

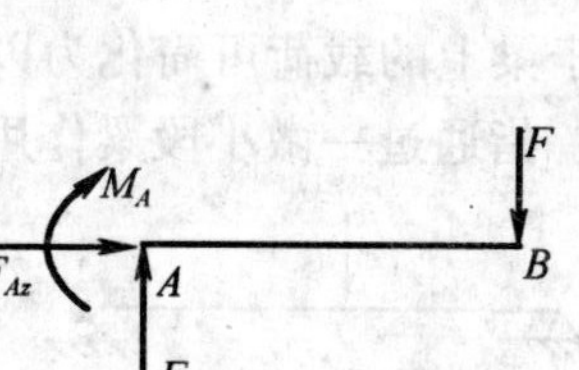

图 2.49　固定端的简化形式与约束反力

②固定铰支座：凡是在梁的支承处，不允许梁有相对移动，但允许其横截面有相对转动的，均可简化为固定铰支座。如图 2.50 (a) 所示车床主轴的前支承 A 处的轴承限制主轴沿径向和轴向的移动，但由于间隙等原因，允许主轴在支承处的横截面作微小转动，故可简化为固定铰支座。固定铰支座的简化形式与约束反力如图 2.50 (b) 所示。

③可动铰支座：凡是在梁的支承处，限制梁在支承处垂直于支承面的移动，但允许梁沿轴向的移动以及转动，可简化为可动铰支座。如车床主轴的后支承 B（图 2.50）。滚动轴承只能约束主轴沿径向的移动，故可简化为可动铰支座。可动铰支座的

简化形式与约束反力如图 2.50（c）所示。

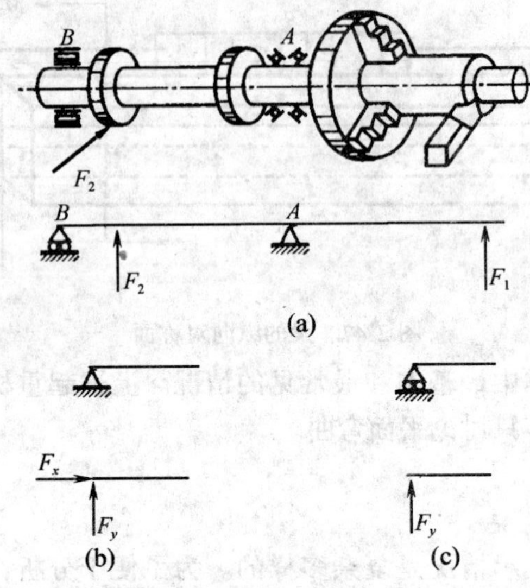

图 2.50　支座的类型

（2）简单梁的分类

根据梁的支承简化情况，在实际工程中常见的梁分为三种：

①简支梁：梁的一端为固定铰支座，另一端为可动铰支座，如图 2.51（a）所示。

②外伸梁：梁的一端（或两端）伸出支座以外的简支梁，如图 2.51（b）所示。

③悬臂梁：梁的一端为固定端，另一端为自由端的梁，如图 2.51（c）所示。

在对称弯曲情况下，梁的主动力与约束反力构成平面力系。上述简支梁、外伸梁和悬臂梁的约束反力，都能由静力平衡方程确定，因此，又统称为静定梁。

在工程实际中，有时为了提高梁的强度和刚度，采取增加梁的支承的办法，此时静力平衡方程就不足以确定梁的全部约束反力，这种梁称为静不定梁或超静定梁。

（3）作用于梁上的载荷可简化为以下三种形式

①集中力：指通过一微小段梁作用在梁上的横向力 $\boldsymbol{F}$，如图 2.52（a）所示。

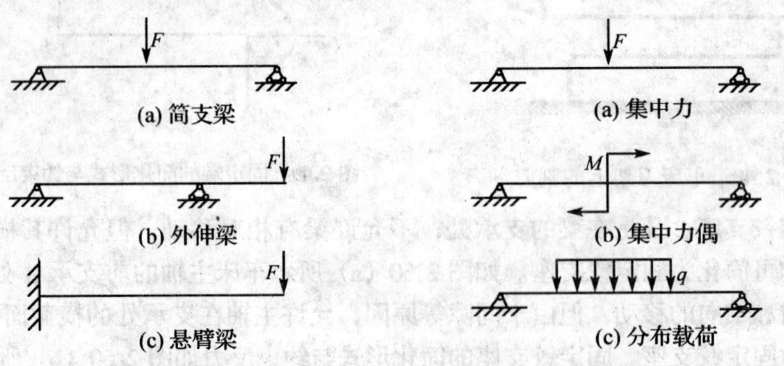

图 2.51　梁的类型　　　　图 2.52　载荷的类型

②集中力偶：指作用于梁纵向平面内的外力偶，如图 2.52（b）所示。

③分布载荷：在梁的部分长度或全长上连续分布的横向力。如均匀分布，则称为均布载荷，常用载荷集度 q 来表示，其单位为 N/m 或 kN/m，如图 2.52（c）所示。梁的自重等，就属此类载荷。

2.5.2 梁弯曲时横截面上的内力

1. 梁的内力——剪力与弯矩

作用于梁上的外力以及支承对梁的约束反力都是梁的外载荷。支承对梁所产生的约束反力一般都由静力平衡条件求得。在外载荷的作用下，梁要产生弯曲变形，梁的各横截面内就必定存在相应的内力。梁的内力可由截面法求出。

设梁 AB 受横向力 $\boldsymbol{F}_1$，$\boldsymbol{F}_2$，$\boldsymbol{F}_3$ 作用，如图 2.53（a）所示，相应的支反力为 $\boldsymbol{F}_{Ay}$，$\boldsymbol{F}_{By}$。现求距 A 端 x 处横截面 m-m 上的内力。由截面法，沿横截面 m-m 将梁切开，任取其中一段，例如左段作为研究对象。因原来梁处于平衡状态，故左段梁在外力及截面处内力的共同作用下也应保持平衡。因外力 $\boldsymbol{F}_{Ay}$ 及 $\boldsymbol{F}_1$，均垂直于梁的轴线，故一般地，在截面 m-m 上应有一个与截面相切的力 $\boldsymbol{F}_s$ 和一个在外力所在平面内的力偶 M 与之平衡，如图 2.53（b）所示。$\boldsymbol{F}_S$ 和 $\boldsymbol{M}$ 分别称为剪力和弯矩。剪力和弯矩的数值可由左段梁的平衡方程确定。

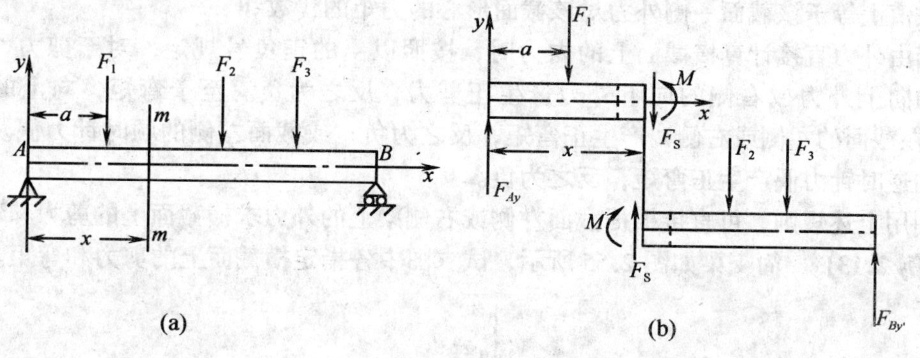

(a)　(b)

图 2.53 受力分析

由

$$\sum F_y = 0, F_{Ay} - F_1 - F_S = 0$$

得

$$F_S = F_{Ay} - F_1$$

即剪力 $\boldsymbol{F}_S$ 等于左段梁上所有外力的代数和。

由

$$\sum M_C = 0, - F_{Ay}x + F_1(x - a) + M = 0$$

得

$$M = F_{Ay}x - F_1 (x - a)$$

矩心 C 为截面 m-m 的形心，于是弯矩 M 等于左段梁上所有外力对截面形心 C 的力矩的代数和。

2. 剪力和弯矩的符号规定

如果以右段梁为研究对象，同样可求得截面 m-m 上的剪力和弯矩，它们与取左段梁时求得的剪力和弯矩数值相同，但方向相反，分别构成作用力和反作用力关系。为使以上两种情况所得同一横截面的内力具有相同的正负号，对剪力与弯矩的正、负作以下规定：在所切横截面的内侧截取一微段，如图 2.53（b）所示，凡使该微段有作顺时针方向转动趋势的剪力为正，反之为负；使该微段弯曲变形为凹向上的弯矩为正，反之为负，如图 2.54 所示。

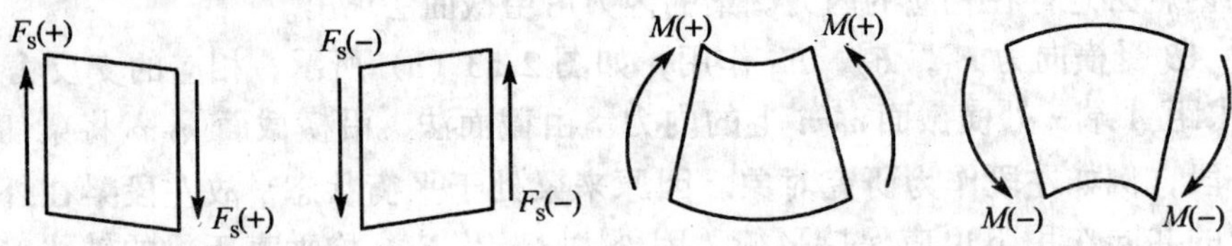

图 2.54　剪力与弯矩的正负号规定

综上所述，可得如下结论。

弯曲时梁横截面上的剪力在数值上等于该截面一侧外力的代数和；横截面上的弯矩在数值上等于该截面一侧外力对该截面形心的力矩的代数和。

当由外力直接计算横截面上的内力时，按照以上的正负号规定，对于剪力，截面左侧的向上外力或右侧的向下外力产生正剪力，反之为负。至于弯矩，向上的外力（不论在截面的左侧或右侧）产生正弯矩，反之为负；或截面左侧的顺时针力偶及截面右侧的逆时针力偶产生正弯矩，反之为负。

利用上述规则，可直接根据截面左侧或右侧梁上的外力求横截面上的剪力和弯矩。

【例 2.13】　简支梁如图 2.55 所示，试求图中各指定横截面上的剪力和弯矩。

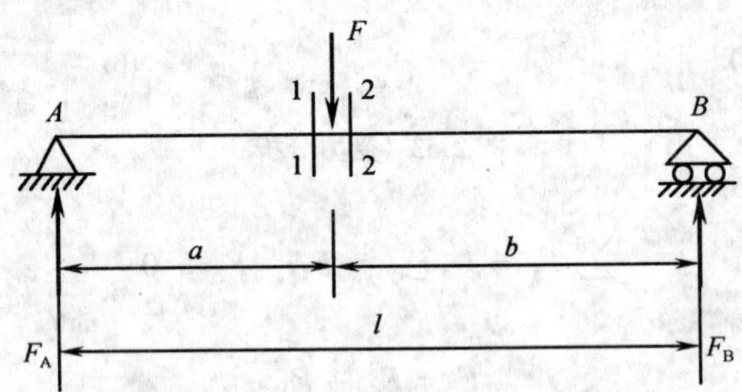

图 2.55　简支梁

解： 1）求 A、B 支座的反力。

$$\sum M_B = 0, F_A = \frac{Fb}{l}$$

$$\sum M_A = 0, F_B = \frac{Fa}{l}$$

2）求 1-1 截面内力。以左段为研究对象，根据平衡条件列平衡方程，可求得该截

面的剪力和弯矩为

$$F_{S1}=F_A=\frac{Fb}{l},\ M_1=F_Aa=\frac{Fab}{l}$$

显然，弯矩和剪力均为正值。

3）求2-2截面内力。仍以左段为研究对象，同样可求得该截面的剪力和弯矩为

$$F_{S2}=F_A-F=-\frac{Fa}{l},\ M_2=F_Aa-F\cdot 0=\frac{Fab}{l}$$

弯矩为正值，剪力为负值。

【例2.14】　图2.56（a）是薄板轧机的示意图。下轧辊尺寸表示在图2.56（b）中。轧制力约为10^4 kN，并假定均匀分布于轧辊的CD范围内。试求轧辊中央截面上的弯矩及截面C的剪力。

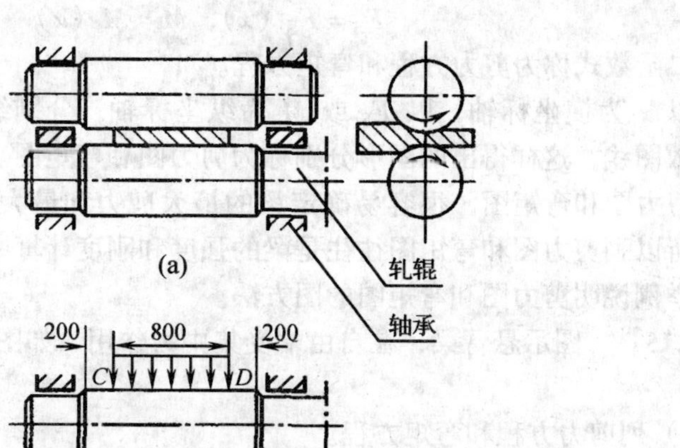

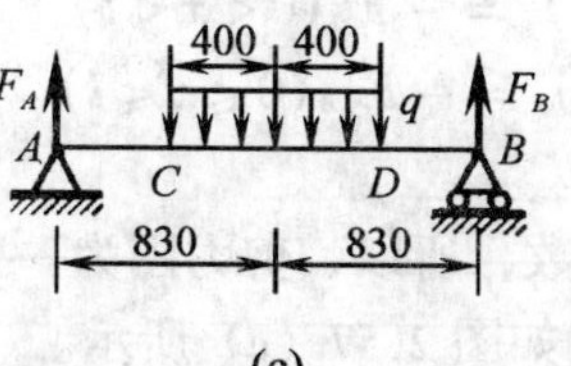

图2.56　剪板机电轧辊

解：轧辊可简化为如图2.56（c）所示形式。轧制力均匀分布于长度为0.8 m的范围内，故轧制力的载荷集度为

$$q=\frac{10^4}{0.8}\ \text{kN/m}=12.5\times10^3\ \text{kN/m}$$

由于梁上的载荷与约束反力对跨度中点是对称的，所以容易求出两端支座的约束反力为

$$F_A=F_B=\frac{10^4}{2}=5\times10^3\ \text{kN}$$

以截面C左侧为研究对象，求得该截面上的剪力为

$$F_{SC}=F_A=5\times10^3\ \text{kN}$$

在跨度中点截面左侧的外力为 F_A 和一部分均布载荷。以中点截面左侧为研究对象，求得弯矩为

$$M = F_A \times 0.83 - q \times 0.4 \times \frac{0.4}{2} = 3150\ \text{kN·m}$$

2.5.3 剪力图与弯矩图

1. 剪力方程和弯矩方程

由上节可求出任意横截面上的剪力和弯矩。一般地，它们随横截面的位置变化而变化。如果沿梁的轴线方向选取坐标 x 表示横截面的位置，则各横截面上的剪力和弯矩可以表示为坐标 x 的函数，即

$$F_S = F_S(x),\ M = M(x) \tag{2.31}$$

上述二函数式称为剪力方程和弯矩方程。

如果以 x 为横坐标轴，以 F_S 或 M 为纵坐标轴，分别绘制 $F_S = F_S(x)$ 和 $M = M(x)$ 函数图线，这样得出的图形分别称为剪力图和弯矩图。

利用剪力图和弯矩图，很容易确定梁的最大剪力和最大弯矩，以及梁的危险截面的位置。所以画剪力图和弯矩图往往是梁的强度和刚度计算中的重要步骤。

下面举例说明剪力图和弯矩图的图方法。

【例 2.15】 图示悬臂梁，在自由端受集中力作用，如图 2.57（a），试作剪力图和弯矩图。

解： 1）列剪力方程和弯矩方程。

选取截面 A 的形心为坐标原点，坐标轴如图 2.57（a）所示。在离原点为 x 的截面处切开取左段为研究对象，如图 2.57（b）所示，则

$$F_S(x) = -F\ (0 < x < l) \tag{2.32}$$

$$M(x) = -Fx\ (0 \leqslant x \leqslant l) \tag{2.33}$$

2）画剪力图。

式（2.32）表明，剪力 F_S 为常数，所以，剪力图为一条平行于 x 轴的直线。因剪力 F_S 为负值，故画在 x 轴的下方，如图 2.57（c）所示。

3）画弯矩图。

式（2.33）表明，弯矩 M 为 x 的一次函数，所以弯矩图为一条斜直线。

由式（2.33）可知

$$x = 0,\ M = 0$$

$$x = l,\ M = -Fl$$

过原点（0，0）与点（l，$-Fl$）连直线，即得弯矩图，如图 2.57（d）所示。

由图 2.57 可知，剪力在各个截面上均相等；弯矩的最大值在固定端 B 的左侧截面上。

$$|M|_{max} = Fl$$

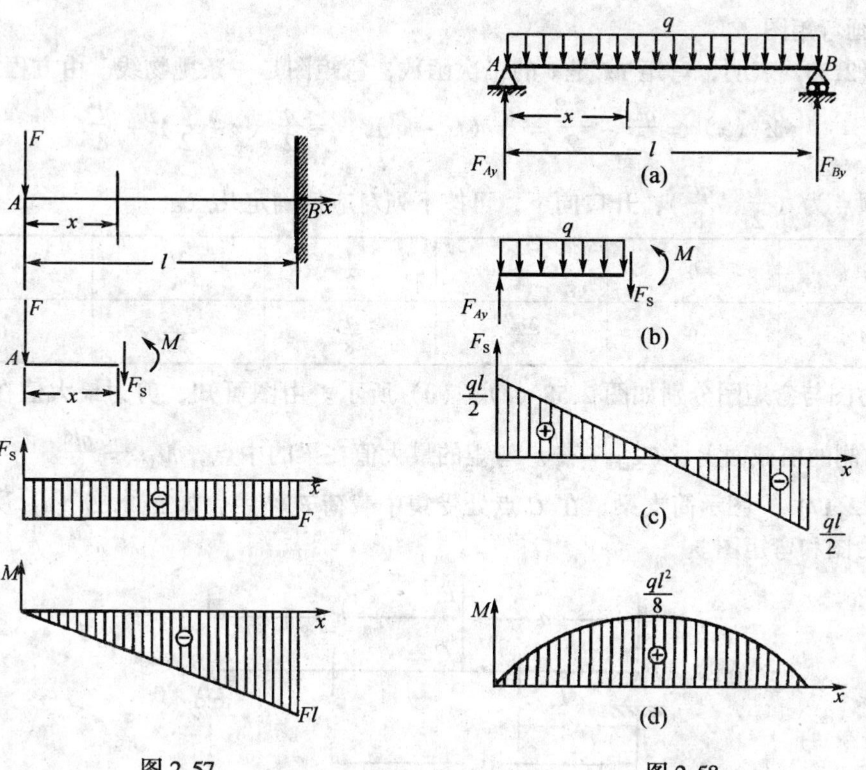

图 2.57　　图 2.58

【例 2.16】 图 2.58（a）所示简支梁，在全梁上受集度 q 的均布载荷。试作此梁的剪力图和弯矩图。

解： 1）求支座反力。

由 $\sum M_A = 0$ 及 $\sum M_B = 0$ 得

$$F_{Ay} = F_{By} = \frac{ql}{2}$$

2）列剪力方程和弯矩方程。

取 A 为坐标轴原点，并在截面 x 处切开取左段为研究对象，如图 2.58（b）所示，则

$$F_S = F_{Ay} - qx = \frac{ql}{2} - qx \quad (0 < x < l) \tag{2.34}$$

$$M = F_{Ay}x - \frac{qx^2}{2} = \frac{qlx}{2} - \frac{qx^2}{2} \quad (0 \leqslant x \leqslant l) \tag{2.35}$$

3）画剪力图。

式（2.34）表明，剪力 F_S 是 x 的一次函数，所以剪力图是一条斜直线

$$x = 0，\ F_S = \frac{ql}{2}$$

$$x = l，\ F_S = -\frac{ql}{2}$$

4）画弯矩图。

式（2.35）表明，弯矩 M 是 x 的二次函数，弯矩图是一条抛物线。由方程

$$M(x)=\frac{qlx}{2}-\frac{qx^2}{2}=\frac{q}{2}(lx-x^2)=-\frac{q}{2}(x-\frac{l}{2})^2+\frac{ql^2}{8}$$

即曲线顶点为（$\frac{l}{2}$，$\frac{ql^2}{8}$），开口向下，可按下列对应值确定几点。

x	0	$\frac{l}{4}$	$\frac{l}{2}$	$\frac{3l}{4}$	l
M	0	$\frac{3ql^2}{32}$	$\frac{ql^2}{8}$	$\frac{3ql^2}{32}$	0

剪力图与弯矩图分别如图 2.58（c）、（d）所示。由图可知，剪力最大值在两支座 A、B 内侧的横截面上，$F_{Smax}=\frac{ql}{2}$。弯矩的最大值在梁的中点，$M_{max}=\frac{ql^2}{8}$。

【例 2.17】 图示简支梁，在 C 点处受集中载荷 F 作用，如图 2.59（a）所示。试作其剪力图和弯矩图。

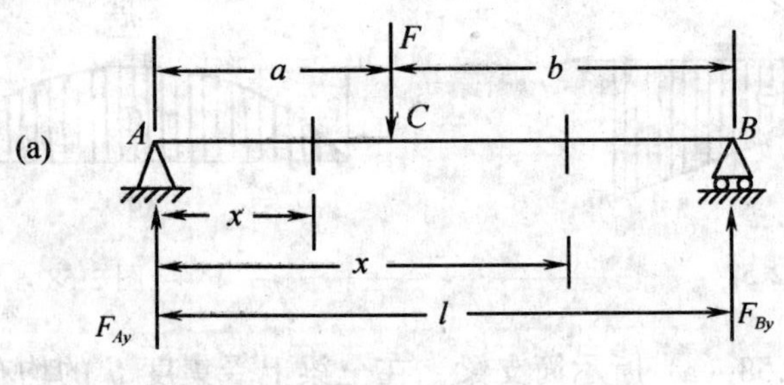

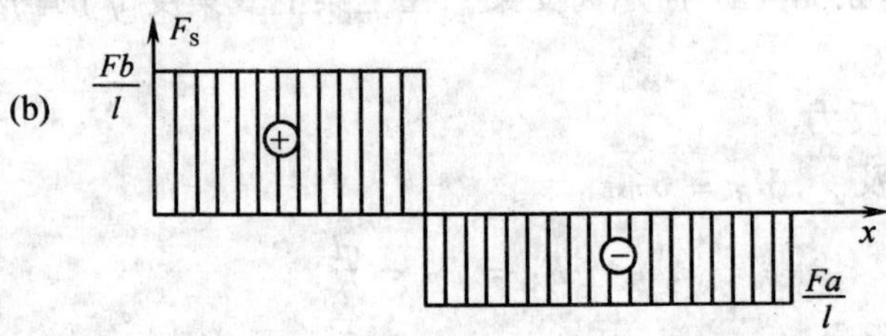

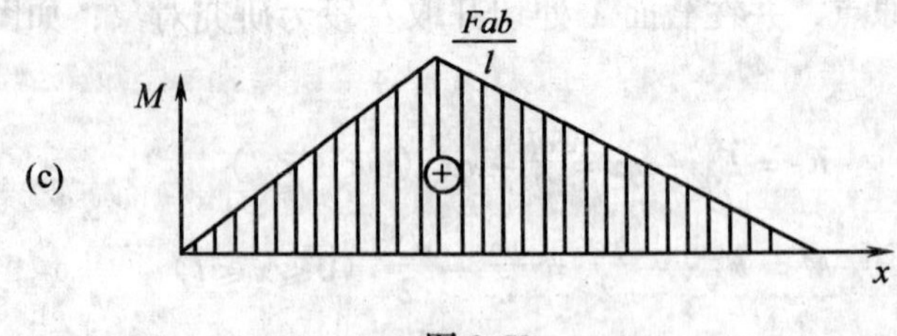

图 2.59

解： 1）求支反力。

由 $\sum M_A=0$ 及 $\sum M_B=0$ 得

$$F_{Ay}=\frac{Fb}{l}，F_{By}=\frac{Fa}{l}$$

2）列剪力方程与弯矩方程。

因梁在 C 点处有集中力，故应分段列方程。任取 A 点为坐标原点，AB 为 x 轴，

则，AC 段

$$F_S(x)=F_{Ay}=\frac{Fb}{l}\qquad(0<x<a)$$

$$M(x)=F_{Ay}x=\frac{Fbx}{l}\qquad(0\leqslant x\leqslant a)$$

CB 段（截开取右侧列方程）

$$F_S(x)=-F_{By}=-\frac{Fa}{l}\qquad(a<x<l)$$

$$M(x)=F_{By}(l-x)=\frac{Fa}{l}(l-x)\qquad(a\leqslant x\leqslant l)$$

3）分段画剪力图。

由剪力方程知，C 截面左右段均为水平直线，剪力图如图 2.59（b）所示，。

4）画弯矩图。

由弯矩方程知，C 截面左右段均为斜直线。

AC 段　　$x=0$，$M=0$；$x=a$，$M=\frac{Fab}{l}$

BC 段　　$x=a$，$M=\frac{Fab}{l}$；$x=l$，$M=0$

弯矩图如图 2.59（c）所示。最大弯矩在集中力作用处横截面 C，$M_{max}=\frac{Fab}{l}$。

【例 2.18】 如图 2.60（a）所示简支梁，在 C 点处受大小为 M_e 的集中力偶作用。试作其剪力图和弯矩图。

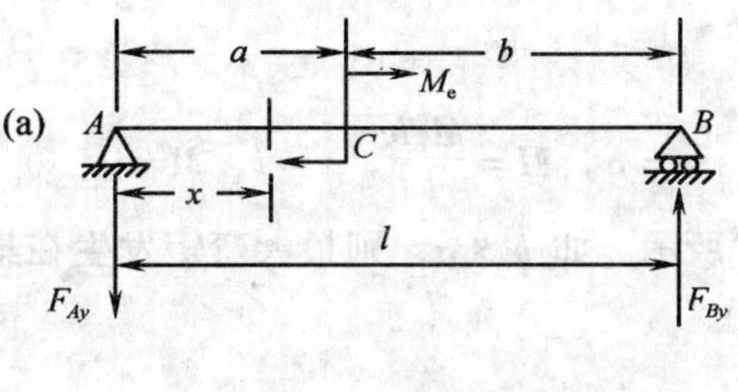

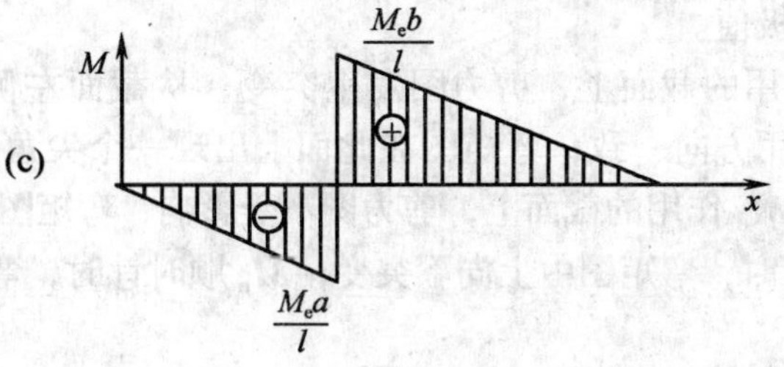

图 2.60

解：1）求支反力。

$$\sum M_B = 0, F_{Ay}l - M_e = 0, F_{Ay} = \frac{M_e}{l}$$

$$\sum F_y = 0, F_{By} - F_{Ay} = 0$$

$$F_{By} = F_{Ay} = \frac{M_e}{l}$$

2）列出剪力方程和弯矩方程。

$$F_S(x) = -F_{Ay} = -\frac{M_e}{l} \qquad (0 < x < l)$$

因 C 点处有集中力偶，故弯矩需分段考虑。

AC 段　$M(x) = -F_{Ay}x = -\frac{M_e}{l}x \qquad (0 \leqslant x < a)$

BC 段　$M(x) = F_{By}(l-x) = \frac{M_e}{l}(l-x) \qquad (a < x \leqslant l)$

3）画剪力图。

由剪力方程知，剪力为常数，故是一水平直线，如图 2.60（b）所示。

4）画弯矩图。

由弯矩方程知，C 截面左右段均为斜直线。

AC 段

$$x=0,\ M=0;\ x=a,\ M=-\frac{M_e a}{l}$$

BC 段

$$x=a,\ M=\frac{M_e b}{l},\ x=l,\ M=0$$

弯矩图如图 2.60（c）所示。如 $b > a$，则最大弯矩发生在集中力偶作用处右侧横截面上，$M_{max} = \frac{M_e b}{l}$。

2. 总结剪力图和弯矩图的规律

（1）梁段上没有分布载荷时，剪力图为一水平直线；弯矩图为一斜直线。

（2）梁段上作用均布载荷 q 时，剪力图为一斜直线，弯矩图为二次曲线，且在剪力等于零时弯矩存在极值。

（3）集中力 $\boldsymbol{F}$ 作用的截面上，剪力图发生突变，从截面左侧往右侧看，剪力突变的方向与集中力的作用方向一致；弯矩图在此面上出现一个尖角。

（4）在集中力偶 $\boldsymbol{M}_e$ 作用的截面上，剪力图不受影响，弯矩图出现突变。从截面左侧往右侧看，$\boldsymbol{M}_e$ 逆时针时，弯矩图由上向下突变；$\boldsymbol{M}_e$ 顺时针时，弯矩图由下向上突变。

3. 简捷法作梁的内力图

由以上例题知，用列方程的方法绘制内力图时，梁上载荷越多，分段越多，方程也越多，但每个方程只算 2～3 点，且这些点均为支座或载荷作用点，称之为控制点。

如果掌握了上述绘图的规律，只需要直接用截面法求出各控制点的剪力和弯矩，再按规律绘图即可。此方法叫简捷法绘制梁的内力图。

【例 2.19】　图 2.61（a）所示外伸梁。已知：$F = 20\ \text{kN}$，$M_e = 40\ \text{kN·m}$，$q = 10\ \text{kN/m}$。试绘制梁的剪力图和弯矩图。

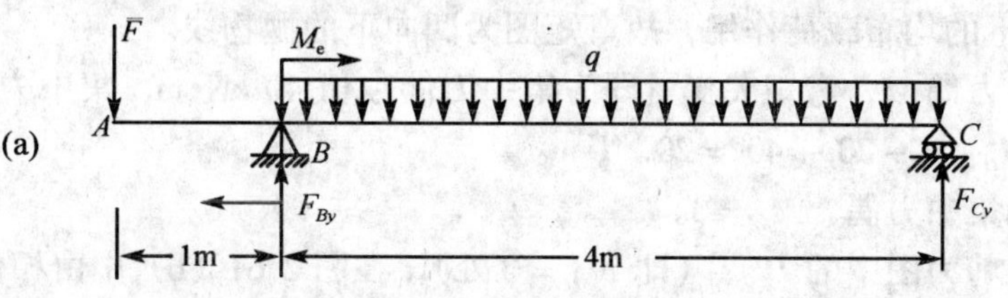

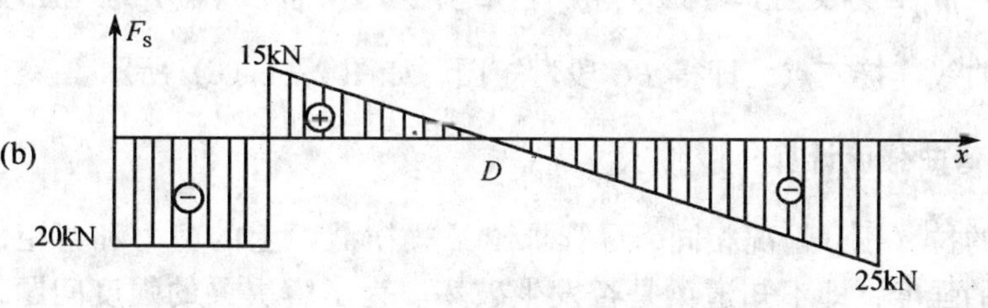

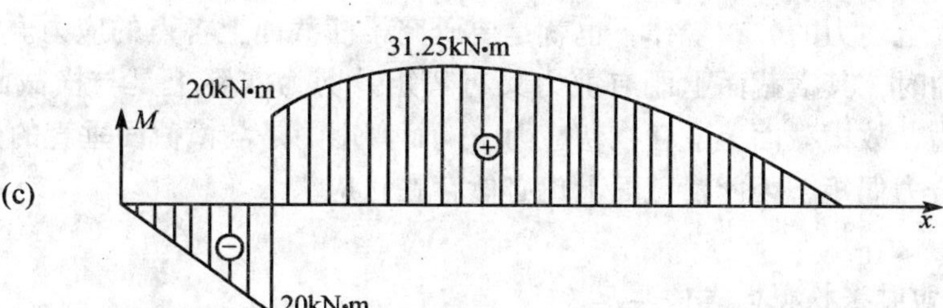

图 2.61

解： 1）求支反力。

$$\sum M_B = 0 \quad F_{Cy} = 25\ \text{kN}$$

$$\sum F_y = 0 \quad F_{By} = 35\ \text{kN}$$

2）画剪力图。

AB 段无分布载荷，剪力图为一水平直线，有 $F_S = -F = -20\ \text{kN}$ 及 $F_{SB左} = F_S = -20\ \text{kN}$。

BC 段有向下均布载荷，故剪力图为斜率为负的斜直线。*B* 处有集中力 F_{By} 向上，剪力突变量即为集中力数值 35 kN，故

$$F_{SB右} = -20 + 35 = 15\ \text{kN}$$

端点支座 *C* 处反力 F_C，即为其一侧截面之剪力，且由剪力正负号规则，得

$$F_{SC} = -F_{Cy} = -25\ \text{kN}$$

用直线连接 *B*、*C* 处剪力值的两点，即得 *BC* 段剪力图如图 2.61（b）。

3）画弯矩图。

AB 段无分布载荷，剪力为负，故弯矩图为斜率为负的斜直线。

$$M_A=0，M_{B左}=-20\times1=-20\ \text{kN·m}$$

用直线连接 A、B 处的弯矩值的两点，即得 AB 段弯矩图，如图 2.61（c）所示。

BC 段有向下的均布载荷作用，故弯矩图为凹向下的抛物线。

B 处有集中力偶 $\boldsymbol{M}$，弯矩突变量即为集中力偶数值 40 kN·m，集中力偶顺时针转，弯矩骤升，故 $M_{B右}=-20+40=20\ \text{kN·m}$。

端点支座无集中力偶，$M_C=0$。

最大弯矩在剪力图中的 D 点（即 $F_{sD}=0$ 处），在图 2.61（b）中由相似三角形求得 $BD=1.5\text{m}$，因此，用截面法求得

$$M_{\max}=M_D=25\times2.5-10\times2.5\times\frac{2.5}{2}=31.25\ \text{kN·m}\quad（截开取\ CD\ 段分析）$$

用光滑曲线连接三点，即得 BC 段弯矩图，如图 2.61（c）所示。

2.5.4 梁的弯曲强度计算

与直杆的拉（压）情况相同，尽管求出了梁横截面上的剪力和弯矩，但却并不能以此判断梁的强度，即不知道梁是否发生破坏。为了解决梁的强度问题，必须进一步研究梁横截面上内力的分布规律，也就是要研究梁横截面上各点的应力。

梁在弯曲时，其横截面上既有剪力又有弯矩。剪力实际上是与横截面相切的分布内力系的合力，故横截面上应存在切应力 τ；而弯矩则是与横截面垂直的分布内力系合成所得到的合力偶矩，因此横截面上也必然存在正应力 σ。

1．纯弯曲时梁横截面上的正应力

若梁的各个横截面上仅有弯矩而无剪力，则梁的横截面上仅有正应力而无切应力，这时梁的弯曲称为纯弯曲。若梁的横截面上同时存在弯矩和剪力，这种弯曲就称为横力弯曲或剪切弯曲。例如，图 2.62 所示为一矩形简支梁，CD 段横截面的剪力为零，只有弯矩，故产生纯弯曲，而 AC 段和 DB 段因横截面存在剪力，故产生横力弯曲。

纯弯曲是梁的最简单也是最基本的弯曲形式。本节通过对纯弯曲时梁横截面正应力分布规律的分析和计算，推导出梁的弯曲强度条件。

要想分析正应力的分布规律并计算正应力，还必须从梁的几何变形入手，并考虑变形的物理关系和静力学关系。

（1）变形几何关系

取一截面具有纵向对称轴的等直梁，在其侧面画两条代表横截面的横向直线 mm 及 nn，并在横向线间靠近顶面和底面画两条纵向线 aa 与 bb，如图 2.63（a）所示。然后在梁的两端纵向对称面内施加一对等值、反向的力偶，使梁产生纯弯曲变形，如图 2.63（b）所示，通过这一试验可观察到如下现象：

①横向直线 mm 和 nn 在梁变形后仍为直线，且仍然垂直于已经变成弧线的 $a'a'$ 和 $b'b'$，只是相对旋转了一个角度。

②纵向线变成了弧线，梁下部的纵向线 bb 变成弧线 $b'b'$ 后伸长了，而上部的纵向线 aa 变成弧线 $a'a'$ 后则缩短了，因此，梁的矩形横截面上部变宽，下部变窄。

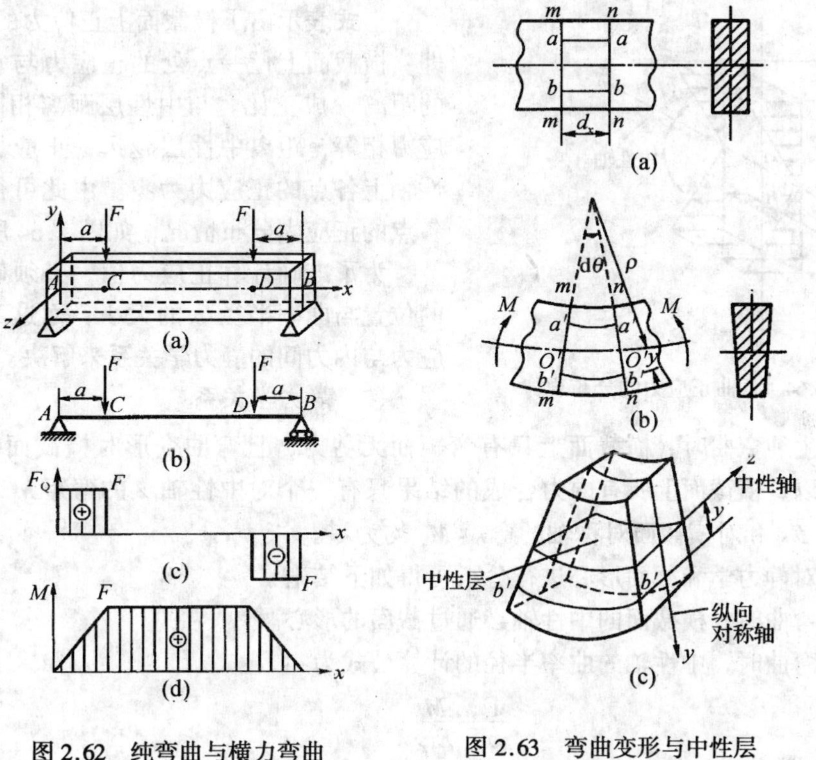

图 2.62 纯弯曲与横力弯曲　　图 2.63 弯曲变形与中性层

由以上现象可以看出，原为平面的横截面变形后仍保持为平面，且仍垂直于变形后梁的轴线，只是绕横截面内某一轴旋转了一个角度。设想梁由无数纵向纤维组成，且所有纵向纤维只受轴向拉伸与压缩，相互之间无挤压。由上述结果及变形的连续性可知，从变宽缩短的顶部纤维 $a'a'$ 到变窄伸长的底部纤维 $b'b'$ 之间必有一层长度不变的纤维，这一纤维层称为中性层。中性层与横截面的交线，称为中性轴，如图 2.63（c）所示。

根据这一假设可得梁的弯曲变形本质为：梁的弯曲变形就是横截面绕其中性轴产生了转动。

在对称弯曲的情况下，梁的变形对称于纵向对称面，因而中性轴必垂直于横截面内的纵向对称轴。用横截面 m-m 和 n-n 从梁中切出长为 dx 的微段。设截面 m-m 与 n-n 之间的相对转角为 $d\theta$，中性层 $O'O'$ 的曲率半径为 ρ。取 y 轴和 z 轴分别为横截面的对称轴和中性轴，如图 2.63（c）所示。距中性层为 y 处的纵向线 bb 原长为 dx，它也等于 $\rho d\theta$，变形后 bb 变成了弧线 $b'b'$，其长度为 $(\rho+y)\,d\theta$。因此，纵向线 bb 的线应变为

$$\varepsilon=\frac{(\rho+y)\,d\theta-\rho d\theta}{\rho d\theta}=\frac{y}{\rho} \tag{2.36}$$

上式表示各纵向线的线应变 ε 与它到中性层的距离 y 成正比。

(2) 物理关系

当梁横截面上的正应力没有超过比例极限时，由胡克定律可得横截面距中性层距

离为 y 处的正应力 σ 为

$$\sigma = E\varepsilon = E\frac{y}{\rho} \tag{2.37}$$

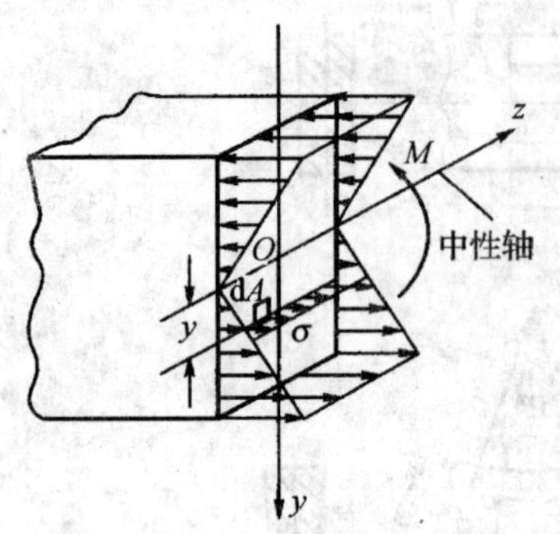

图 2.64　弯曲正应力的分布规律

上式表示出了横截面上正应力的分布规律，即：横截面上任一点处的正应力与它到中性轴的距离 y 成正比。与中性层距离相同的点，正应力相等，距离中性层越远，正应力越大，中性轴上各点的正应力为零。由此可得横截面上各点的正应力分布情况，如图 2.64 所示。

为了准确计算正应力值，必须确定中性轴的位置与曲率半径 ρ 的大小，而这又需要通过应力与内力间的静力学关系来解决。

(3) 静力学关系

梁发生纯弯曲时，横截面上只有弯矩而无剪力，且弯曲变形时横截面绕中性轴 z 转动。所以，横截面上所有内力合成的结果只有一个对中性轴 z 的弯矩 $\boldsymbol{M}$，而沿梁轴线的分量 $\boldsymbol{F}_{\mathrm{N}}$ 和对横截面对称轴的弯矩 $\boldsymbol{M}_y$ 均为零。

通过对静力学和截面形心进行分析可得如下结论：

①纯弯曲时，横截面的中性轴必通过截面的形心。

②纯弯曲时，中性轴的曲率半径的计算公式为

$$\frac{1}{\rho} = \frac{M}{EI_z} \tag{2.38}$$

上式中，EI_z 值越大，则梁弯曲的曲率半径 ρ 越大，中性轴的曲率就越小，也就是梁的弯曲变形越小；反之，EI_z 值越小，则梁的弯曲变形越大。因此，EI_z 值的大小反映了梁抵抗弯曲变形的能力，故 EI_z 称为梁的弯曲刚度。将式（2.38）代入式（2.37）中，得到纯弯曲梁横截面上任意一点正应力的计算公式为

$$\sigma = \frac{My}{I_z} \tag{2.39}$$

式中，M——截面上的弯矩；

y——截面上所求应力点到中性轴的距离；

I_z——为横截面对中性轴 z 的惯性矩；

I_z 是一个仅与横截面形状和尺寸有关的几何量，可以通过理论计算来求得。一般地，各种平面几何图形的 I_z 都以求出并列表备用，使用时直接查表即可。

式（2.38）和式（2.39）是纯弯曲梁的两个重要公式，前者用于计算梁的变形，后者用于计算梁横截面上的应力。在用式（2.39）计算正应力时，M 和 y 均以绝对值代入，而正应力的正负号则可由弯矩图中弯矩的正负直接判断或由梁的变形情况来确定，即梁凹入一侧受压，凸出一侧受拉。

由公式（2.39）可知，在截面的上、下边缘处，y 达到最大值，因此，梁横截面上的最大弯曲正应力发生在此处，其值为

$$\sigma_{\max} = \frac{My_{\max}}{I_z} \tag{2.40}$$

令

$$W_z = \frac{I_z}{y_{\max}} \tag{2.41}$$

式中，W_z 称为横截面对于中性轴 z 的弯曲截面系数。与惯性矩 I_z 一样，W_z 也是一个只与截面形状和尺寸有关的几何量，于是，梁横截面上的最大弯曲应力为

$$\sigma_{\max} = \frac{M}{W_z} \tag{2.42}$$

表 2.4 列出了几种常用几何图形的截面惯性矩 I_z 和弯曲截面系数 W_z 的计算公式。

表 2.4 几种常用几何图形的惯性矩和弯曲截面系数值

图形形状	形心位置	截面惯性矩	弯曲截面系数
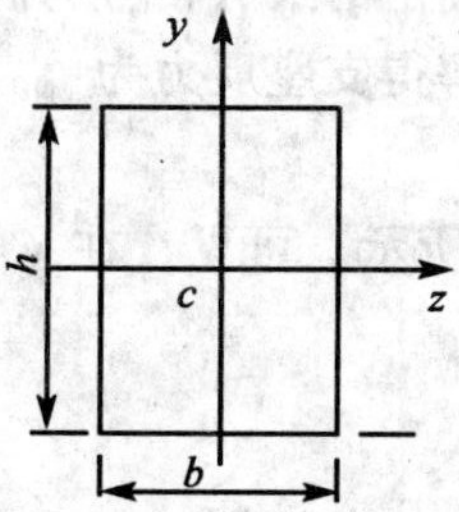 y, z, c, h, b	c 点	$I_y = \frac{b^3h}{12}$ $I_z = \frac{bh^3}{12}$	$W_z = \frac{bh^2}{6}$
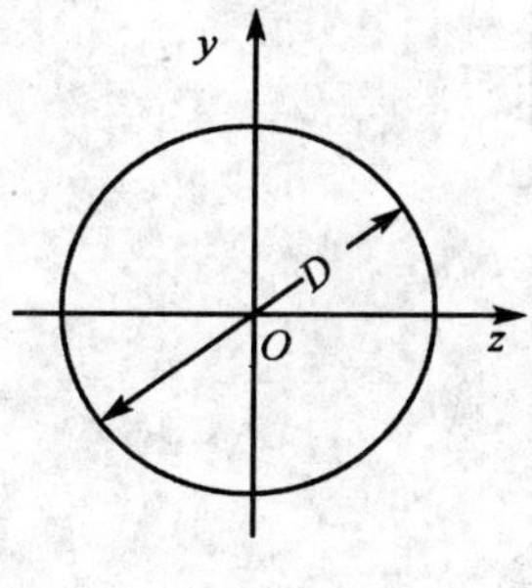 y, z, O, D	圆心 O	$I_y = I_z = \frac{\pi D^4}{64}$	$W_z = \frac{\pi D^3}{32}$
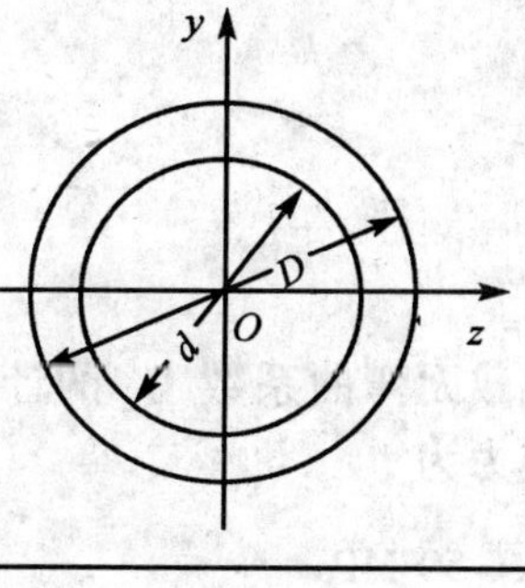 y, z, O, D, d	圆心 O	$I_y = I_z = \frac{\pi}{64}(D^4 - d^4)$	$W_z = \frac{\pi D^3}{32}(1-\alpha^4)$ $\alpha = \frac{d}{D}$

续表

图形形状	形心位置	截面惯性矩	弯曲截面系数
	中心 c	$I_z=\dfrac{BH^3-bh^3}{12}$	$W_z=\dfrac{BH^3-bh^3}{6H}$

【例 2.20】 如图 2.65（a）所示矩形截面简支梁。已知：$F=5$ kN，$a=180$ mm，$b=30$ mm，$h=60$ mm。试分别求将截面竖放和横放时梁横截面上的最大正应力。

解： 1）求支座反力。根据外力平衡条件列平衡方程，可解得支座反力为

$$F_{Ay}=F_{By}=5\text{ kN}$$

2）画出剪力图和弯矩图，如图 2.65（b）与图 2.65（c）所示。可见，在 CD 段横截面上剪力为零，故 CD 段为纯弯曲段，截面上弯矩值为

$$M_{\max}=M_C=900\text{ N·m}$$

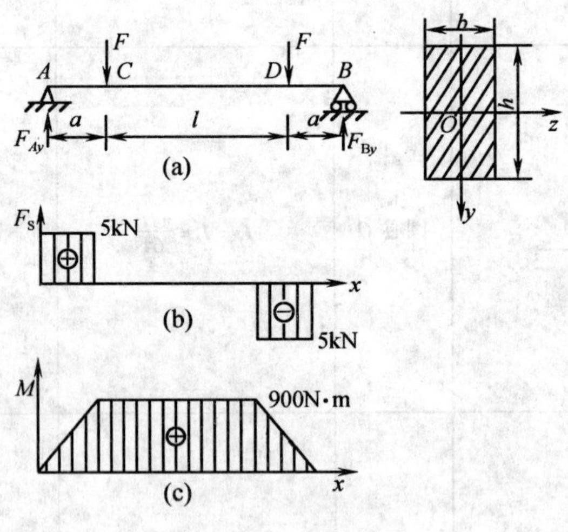

图 2.65　简支梁受力图

3）竖放时最大正应力。先由表 2.4 中查得矩形截面的截面弯曲系数 W_z 的计算公式，代入式（2.31）中即可求出竖放时横截面上的最大正应力为

$$\sigma_{\max}=\frac{M}{W_z}=\frac{M}{\dfrac{bh^2}{6}}=\frac{900}{\dfrac{0.03\times0.06^2}{6}}=50\times10^6\text{ Pa}=50\text{ MPa}$$

同理可求得横放时横截面上的最大正应力为

$$\sigma_{max}=\frac{M}{W_y}=\frac{M}{\frac{b^2h}{6}}=\frac{900}{\frac{0.06\times0.03^2}{6}}=100\times10^6\ \text{Pa}=100\ \text{MPa}$$

由本例可知，矩形截面梁的横截面放置方位不同，其最大正应力值也不同，即梁的弯曲强度不同。矩形截面梁的横截面竖放比横放时强度高。

2. 横力弯曲时梁横截面上的正应力

式（2.39）是在梁纯弯曲的情况下，以平面假设和纵向纤维间无挤压的假设为基础，推导得出。但在工程实际中，梁的变形多为横力弯曲，即横截面上不仅有正应力还有切应力。因此，梁的横截面将发生翘曲，不再保持为平面，纵向纤维之间也往往存在挤压应力。但通过试验和进一步的分析研究可知，当梁的跨度 l 与横截面的高度 h 之比大于5时，横截面上的切应力对弯曲正应力分布规律的影响甚小，其误差不超过1%，所以根据式（2.39）来计算横力弯曲时的正应力，其精度足以满足工程上的强度要求。

横力弯曲时，各截面上的弯矩 $\boldsymbol{M}$ 不再是常量，要随横截面的位置而发生变化。因此，对于等截面梁来说，其最大正应力应发生在弯矩最大的截面的上、下边缘处。计算公式为

$$\sigma_{max}=\frac{M_{max}}{W_z}\tag{2.43}$$

最大弯曲正应力所在的截面称为梁的危险截面。

3. 梁的弯曲强度条件

由前面分析可知，σ_{max}一般发生在危险截面上离中性轴最远的边缘处。为使梁安全可靠地工作，应使梁横截面上的最大工作应力 σ_{max}满足不发生失效的条件，即 σ_{max}不能超过梁所用材料的许用应力。由此可建立如下的弯曲强度条件

$$\sigma_{max}=\frac{M_{max}}{W_z}\leqslant[\sigma]\tag{2.44}$$

应该指出，上述强度条件公式（2.44）只适用于抗拉强度和抗压强度相同的材料（比如钢制梁）且梁的截面形状以中性轴为对称轴（如矩形、圆形、工字形、箱形、圆环形等）的场合。此时因梁的凸侧和凹侧应力大小相等，所以只需计算一侧应力即可。

而对于抗拉强度和抗压强度不同的脆性材料（比如铸铁梁），或梁的截面形状不以中性轴为对称轴（如槽形、T字形、角形截面等）的情况，由于抗拉强度和抗压强度不同，且梁的凸侧和凹侧应力大小不相等，因此应按拉、压两种情况分别进行强度计算，计算公式如下

$$\left.\begin{aligned}\sigma_{tmax}&=\frac{M_{max}}{W_z}\leqslant[\sigma_t]\\ \sigma_{cmax}&=\frac{M_{max}}{W_z}\leqslant[\sigma_c]\end{aligned}\right\}\tag{2.45}$$

与拉（压）强度条件的应用相似，弯曲强度条件同样可以用来解决强度校核、截面尺

寸设计和确定最大许可载荷三方面的强度问题。下面通过例题说明弯曲强度条件的应用。

【例 2.21】 如图 2.66（a）所示阶梯圆截面轴，CD 段受均布载荷 $q=1000$ kN/m 作用。已知直径 $D=330$ mm，$d=250$ mm，材料的许用应力［σ］$=160$ MPa。试校核轴的强度。

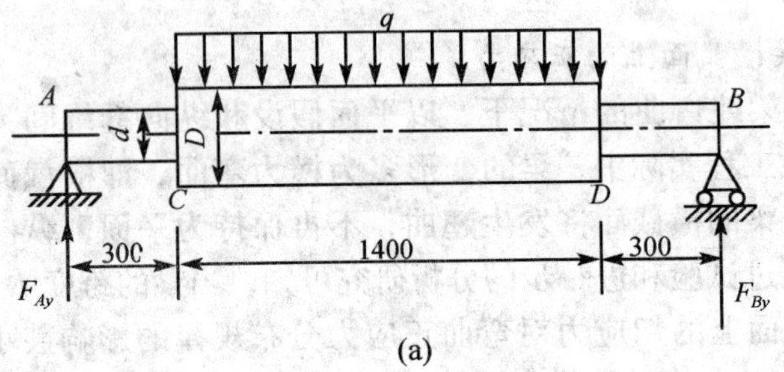

(a)

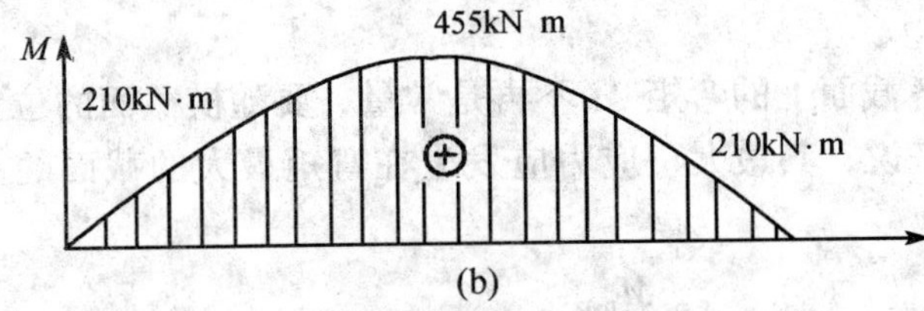

(b)

图 2.66　阶梯圆轴受力及弯矩图

解： 1）求支座约束反力。

根据外力平衡条件，列平衡方程求得支座约束反力为

$$F_{Ay}=F_{By}=700\text{ kN}$$

2）绘制弯矩图，确定最大弯矩及危险截面。因只需校核强度，可不必求出剪力和画剪力图，根据弯矩方程可画出梁的弯矩图，如图 2.66（b）所示。由弯矩图可知，梁的中点弯矩最大，该处可能是危险截面；另外，在梁的 C、D 两处截面上，尽管弯矩不是最大，但该处是截面尺寸发生变化处，截面上的应力有可能最大。因此应分别校核梁的中点和 C 或 D 处截面的强度。先求出这些点的弯矩值如下

$$M_A=M_B=0 \qquad M_C=M_D=210\text{ kN·m} \qquad M_{\max}=455\text{ kN·m}$$

3）校核强度。

AC 段或 BD 段上 C（或 D）截面，由式（2.43）有

$$\sigma_{\max}=\frac{M}{W}=\frac{210\times10^3}{\dfrac{\pi\times0.25^3}{32}}=1.37\times10^8\text{ Pa}$$

$$=137\text{ MPa}\leqslant[\sigma]$$

同理有，CD 段中点为危险截面，此处 $M_{\max}=455$ kN·m，则

$$\sigma_{\max}=\frac{M}{W}=\frac{455\times10^3}{\dfrac{\pi\times0.\ 33^3}{32}}=1.29\times10^8\text{Pa}=129\text{ MPa}\leqslant[\sigma]$$

两危险截面处的强度均满足要求，故梁弯曲强度足够。

【例 2.22】 如图 2.67（a）所示起重机。梁由两根工字钢组成，起重机自重 $G=50\ \text{kN}$，起重量 $F=10\ \text{kN}$，材料的许用应力 $[\sigma]=160\ \text{MPa}$。试按正应力强度条件选定工字钢型号（不考虑梁自重的影响）。

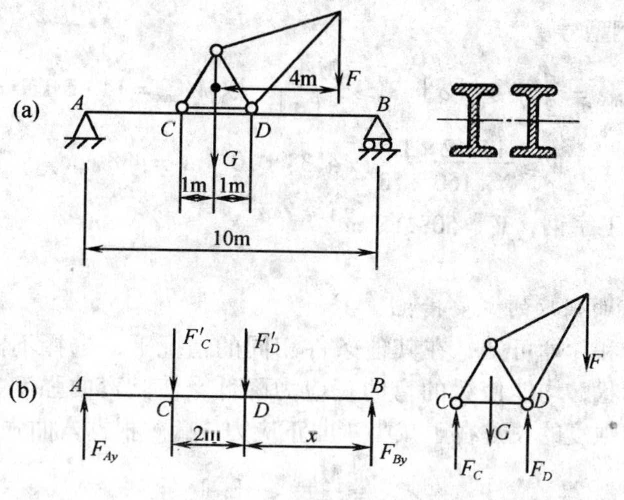

图 2.67 起重机受力图

解：1）取起重机为研究对象，求起重机对梁的作用力 F_C'、F_D'。

$$\sum M_D=0 \qquad G\times 1-F_C\times 2-F\times 3=0$$

得 $F_C=10\ \text{kN}$，则，$F_C'=10\ \text{kN}$。

同理

$$\sum M_C=0,\ F_D=50\ \text{kN}$$

所以 $F_D'=50\ \text{kN}$。

2）求梁 AB 的支座反力（设 $DB=x$ 时）。

由 $\sum M_B=0$ 得

$$F_C'\times(2+x)+F_D'x-F_{Ay}\times 10=0$$

即

$$F_{Ay}=2+6x$$

同理有 $\sum M_A=0$，$F_{By}=58-6x$。

3）求最大弯矩（可能发生在 C 或 D 截面）。

对于 C 截面：

$$M_C=F_{Ay}\times[10-(2+x)]=(2+6x)(8-x)=16+46x-6x^2$$

令 $\dfrac{dM_C}{dx}=46-12x=0$，得 $x=\dfrac{23}{6}$。

$$M_C=\left(2+6\times\frac{23}{6}\right)\times\left(8-\frac{23}{6}\right)\approx 104\ \text{kN·m}$$

对于 D 截面：

$$M_D=F_{By}x=(58-6x)x=58x-6x^2$$

令$\frac{dM_D}{dx}=58-12x=0$，得 $x=\frac{29}{6}$。

$$M_D=\left(58-6\times\frac{29}{6}\right)\times\frac{29}{6}\approx 140.2\ \text{kN·m}$$

4）选取工字钢型号。

$$\sigma_{\max}=\frac{M_{\max}}{2W}\leqslant[\sigma]\quad W\geqslant\frac{M_{\max}}{2[\sigma]}\quad 取\ M_{\max}=140.5\ \text{kN·m}$$

$$W\geqslant\frac{140.2\times10^3}{2\times160\times10^6}=4.38\times10^{-4}\text{m}^3=438\ \text{cm}^3$$

查表，取 No28a 型工字钢，$W=508.15\ \text{cm}^3$

4. 提高梁的弯曲强度的主要措施

从前面的分析和计算可知，在其他条件相同的情况下，选择不同的轴为中性轴或选择不同的截面形状，均能使梁的弯曲正应力降低，使其弯曲强度提高，以满足经济要求。提高梁弯曲强度的关键在于减小弯曲正应力 $\sigma_{\max}$。根据弯曲强度条件

$$\sigma_{\max}=\frac{M_{\max}}{W_z}\leqslant[\sigma]$$

可知，要使 $\sigma_{\max}$减小，可从 $\boldsymbol{M}_{\max}$和 W_z 两个方面考虑，一是在相同载荷的情况下设法减小最大弯矩 $\boldsymbol{M}_{\max}$；二是在截面面积相同的情况下增大抗弯截面系数 W_Z，因此工程上可采取以下几项措施。

(1) 合理布置梁的支座和载荷

在载荷相同的情况下，梁的支座安排不同、载荷布置不同均可使最大弯矩发生变化，可通过合理布置梁的支座和载荷来降低最大弯矩值。如图 2.68（a）所示，受均布载荷作用的简支梁，其弯矩最大值 $M_{\max}=ql^2/8$。若将支座改为图 2.68（b）所示位置，则从弯矩图可知最大弯矩 $M_{\max}'=ql^2/40$，是原来的 1/5，弯曲承载能力提高了4 倍。

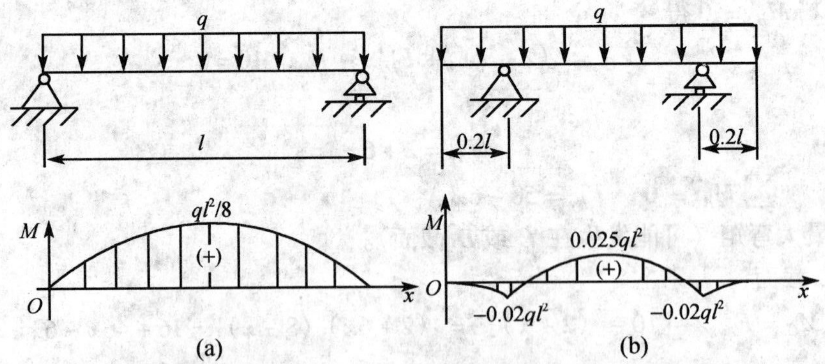

图 2.68　合理布置梁的支座

又如图 2.69（a）所示，受集中力 $\boldsymbol{F}$ 作用的简支梁 AB，其最大弯矩 $M_{\max}=Fl/4$。若在梁上增加一副梁，如图 2.69（b）所示，则集中力通过副梁作用于 C、D 点，弯矩最大值 $\boldsymbol{M}_{\max}$减小为 $\boldsymbol{F}l/8$，比原来降低了一半。因此，承载能力提高了 1 倍。集中力作

用下的简支梁，将载荷作用点靠近支座或设法将载荷分散作用，都将显著地降低最大弯矩值。在工程上，常将轴上齿轮尽可能靠近轴承，就是这个道理。

（2）选择合理的截面形状

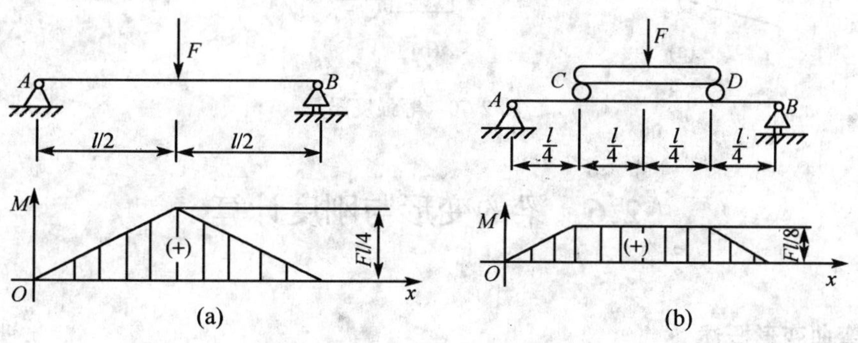

图 2.69 合理布置梁的载荷

由弯曲强度条件可知，抗弯截面系数 W_z 越大，梁的抗弯曲强度越高。因此，应尽量选择横截面面积较小，而抗弯截面系数大的截面形状，即 W_z/A 值大的截面是合理截面。工程中常用截面的 W_z/A 值如下，设各式中 $h=d=D$。

圆形截面 $\dfrac{W_z}{A}=\dfrac{\pi d^3/32}{\pi d^2/4}=0.125d$

矩形截面 $\dfrac{W_z}{A}=\dfrac{bh^2/6}{bh}=0.167h$

工字钢 $\dfrac{W_z}{A}=（0.27\sim0.31）h$

槽钢 $\dfrac{W_z}{A}=（0.27\sim0.31）h$

圆环钢 $\dfrac{W_z}{A}=0.205D$

从上述表达式可得如下结论：工字钢最好。

从弯曲正应力的分布可知，横截面上、下边缘处正应力最大，而靠近中性轴处的正应力很小。为了物尽其用，可将截面挖空，使材料得到充分利用，提高经济性。

对于抗拉、压强度相等的材料，可选对称于中性轴的截面，使最大拉应力、压应力同时接近许用应力值。而对于抗拉、压强度不等的材料，一般抗压强度大于抗拉强度，最好采用中性轴靠近受拉一侧的截面，可实现最大拉应力和最大压应力同时接近许用拉、压应力。

（3）采用等强度梁

一般情况下，梁截面上弯矩随截面位置不同而变化。若能在弯矩较大处采用较大截面、弯矩较小处采用较小截面，就能实现全梁强度基本相等，即等强度梁。如图 2.70（a）所示的悬臂梁、图 2.70（b）的阶梯梁及图 2.70（c）所示汽车车架上的纵梁等均为等强度梁。采用等强度梁既能满足强度要求，又减少了材料的消耗。

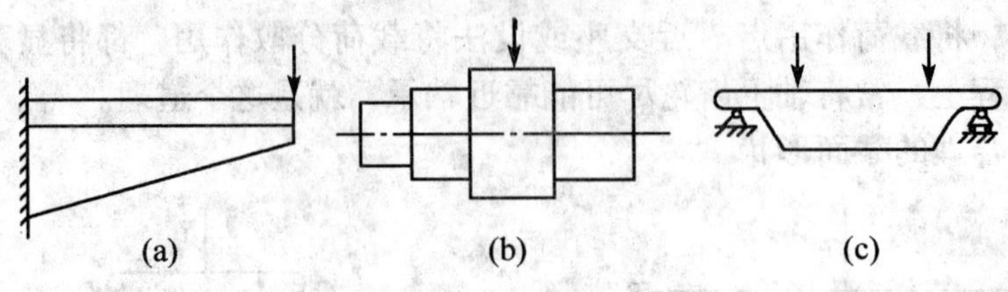

图 2.70　等强度梁

2.6　梁的变形与刚度计算

2.6.1　弯曲变形概述

工程上的各种梁除了要求其具有足够的强度以外，还要求其具有足够的刚度，以使其工作时变形不致过大，否则会引起振动，影响机器运转的精度，甚至导致失效。例如图 2.71 所示的传动齿轮轴，如果弯曲变形过大，会影响两齿轮的正常啮合，加剧轴承的磨损。因此，必须限制梁的弯曲变形。

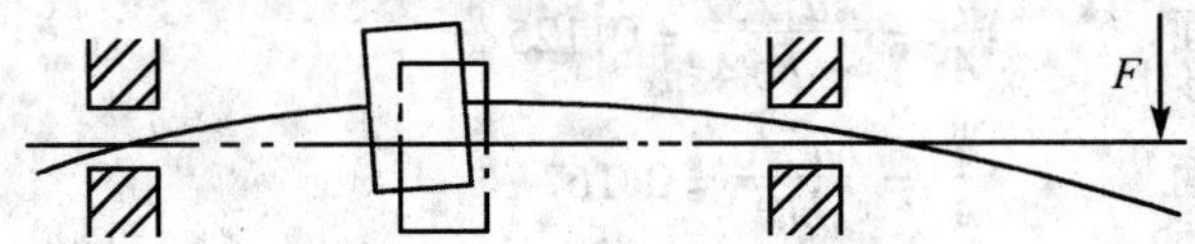

图 2.71　齿轮轴

另一方面，弯曲变形也有可利用的一面，例如汽车上的钢板弹簧，就是通过其弯曲变形来缓冲车辆的振动。下面对梁的弯曲变形进行分析研究。

1. 挠曲线方程

如图 2.72 所示悬臂梁，在 B 点受集中力 $\boldsymbol{F}$ 作用后，梁的轴线 AB 弯曲变形成为一条平面曲线 AB_1，称为挠曲线。

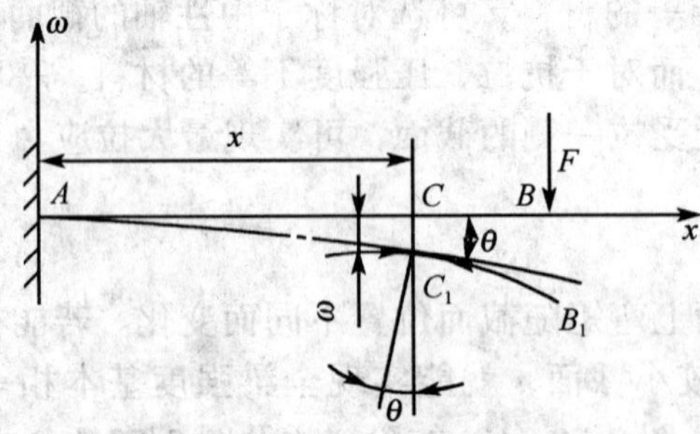

图 2.72　梁的弯曲变形

建立如图 2.72 所示 $xA\omega$ 坐标系，梁上距离 A 点距离为 x 的截面的形心 C 移至了 C_1 点，则 C 点在弯曲变形时沿垂直于梁轴线方向的位移 CC_1 称为挠度，用 ω 表示。由于挠曲线是一条曲率半径很大的较平缓的曲线，因而 C 点沿 x 轴方向的位移很小，可忽略不计。从图上可看出，截面的位置不同，挠度 ω 值也不等。因此，挠度是横坐标 x 的函数，即

$$\omega = f(x) \tag{2.46}$$

式（2.46）称为挠曲线方程。

梁在弯曲变形时，其上任一截面都绕其中性轴转过一定角度，称为转角，用 θ 表示。转角 θ 也就是挠曲线在 C 点处的切线与 x 轴的夹角，如图 2.72 所示。由于 θ 角很小，因此有

$$\theta \approx \tan\theta = \omega' = f'(x) \tag{2.47}$$

式（2.47）表明，转角近似等于挠曲线方程对 x 的一阶导数。

挠度和转角的大小反映了梁在弯曲变形时，梁的横截面移动和转动的程度，故用以衡量梁的变形大小。挠度和转角的正、负号规定如下：挠度与坐标轴 ω 正向一致时为正，反之为负；变形时截面逆时针转时，转角为正，反之为负。

挠曲线方程是研究梁的弯曲变形的基本方程，梁的变形可用积分法求得（可参考有关资料，本书不作详述）。梁在简单载荷作用下的挠度和转角的计算公式可查阅表 2.5。

表 2.5 梁在简单载荷作用下的变形

序号	梁的简图	挠曲线方程	梁端面转角（绝对值）	最大挠度（绝对值）
1		$\omega = -\dfrac{M_e x^2}{2EI}$	$\theta_B = \dfrac{M_e l^2}{EI}$（↺）	$\omega_B = \dfrac{M_e l^2}{2EI}$（↓）
2		$\omega = -\dfrac{M_e x^2}{2EI}$ $0 \leqslant x \leqslant a$ $\omega = -\dfrac{M_e a}{EI}\left[(x-a)+\dfrac{a}{2}\right]$ $a \leqslant x \leqslant l$	$\theta_B = \dfrac{M_e a}{EI}$（↺）	$\omega_B = \dfrac{M_e a}{EI}\left(l-\dfrac{a}{2}\right)$（↓）
3		$\omega = -\dfrac{Fx^2}{6EI}(3l-x)$	$\theta_B = \dfrac{Fl^2}{2EI}$（↺）	$\omega_B = \dfrac{Fl^3}{3EI}$（↓）
4		$\omega = -\dfrac{Fx^2}{6EI}(3a-x)$ $0 \leqslant x \leqslant a$ $\omega = -\dfrac{Fa^2}{6EI}(3x-a)$ $a \leqslant x \leqslant l$	$\theta_B = \dfrac{Fa^2}{2EI}$（↺）	$w_B = \dfrac{Fa^2}{6EI}(3l-a)$（↓）

续表

序号	梁的简图	挠曲线方程	梁端面转角（绝对值）	最大挠度（绝对值）
5	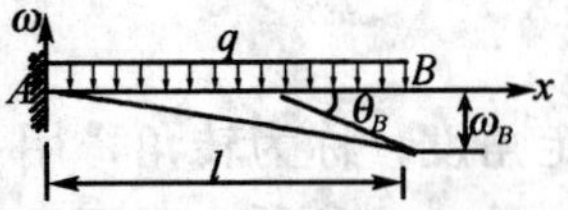	$\omega=-\frac{qx^2}{24EI}(x^2-4lx+6l^2)$	$\theta_B=\frac{ql^3}{6EI}(\curvearrowright)$	$\omega_B=\frac{ql^4}{8EI}(\downarrow)$
6	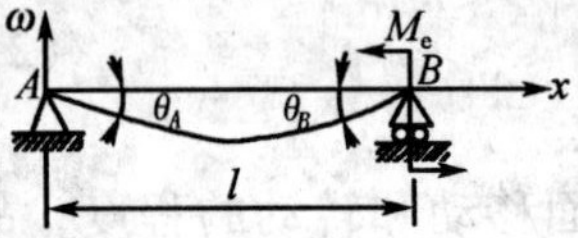	$\omega=-\frac{M_e x}{6lEI}(l^2-x^2)$	$\theta_A=\frac{M_e l}{6EI}(\curvearrowright)$ $\theta_B=\frac{M_e l}{3EI}(\curvearrowleft)$	$\omega_{max}=\frac{M_e l^2}{9\sqrt{3}EI}(\downarrow)$ $x=\frac{1}{\sqrt{3}}$ $\omega_{\frac{1}{2}}=\frac{M_e l}{16EI}(\downarrow)$
7	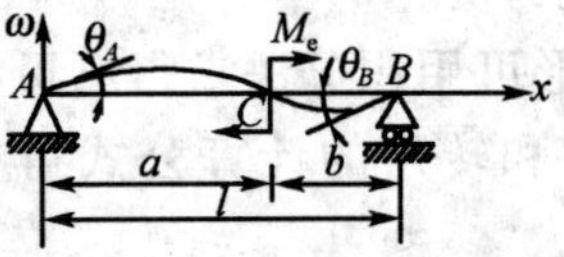	$\omega=\frac{M_e x}{6lEI}(l^2-3b^2-x^2)$ $0\leqslant x\leqslant a$ $\omega=\frac{M_e}{6lEI}[-x^3+3l(x-a)^2+(l^2-3b^2)x]$ $a\leqslant x\leqslant l$	$\theta_A=\frac{M_e}{6lEI}(l^2-3b^2)(\curvearrowright)$ $\theta_B=\frac{M_e}{6lEI}(l^2-3a^2)(\curvearrowright)$ $\theta_C=\frac{M_e}{6lEI}(3a^2+3b^2-l^2)(\curvearrowright)$	
8	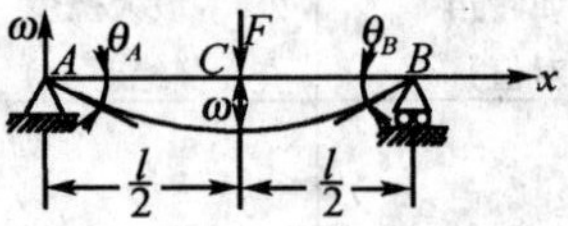	$\omega=-\frac{Fx}{48EI}(3l^2-4x^2)$ $0\leqslant x\leqslant\frac{l}{2}$	$\theta_A=\frac{Fl^2}{16EI}(\curvearrowright)$ $\theta_B=\frac{Fl^2}{16EI}(\curvearrowleft)$	$\omega=\frac{Fl^3}{48EI}(\downarrow)$
9	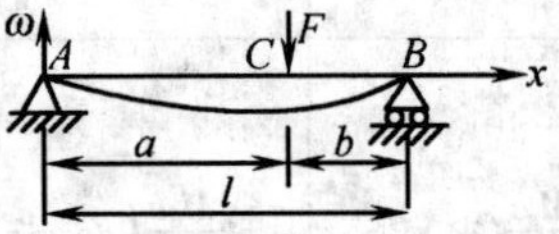	$\omega=-\frac{Fbx}{6lEI}(l^2-x^2-b^2)$ $0\leqslant x\leqslant a$ $\omega=-\frac{Fb}{6lEI}[\frac{l}{b}(x-a)^3+(l^2-b^2)x-x^3]$ $a\leqslant x\leqslant l$	$\theta_A=\frac{Fab(l+b)}{6lEI}(\curvearrowright)$ $\theta_B=\frac{Fab(l+a)}{6lEI}(\curvearrowleft)$	$\omega_{max}=\frac{Fb(l^2-b^2)^{\frac{3}{2}}}{9\sqrt{3}lEI}(\downarrow)$ $x=\sqrt{\frac{l^2-b^2}{3}}(a\geqslant b)$ $\omega_{\frac{1}{2}}\frac{Fb(3l^2-4b^2)}{48EI}(\downarrow)$
10	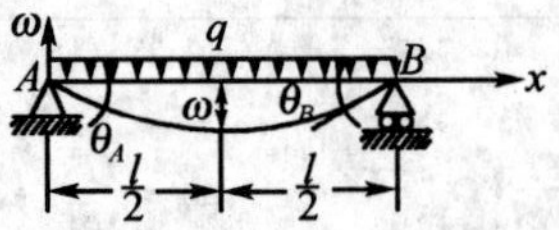	$\omega=-\frac{qx}{24EI}(l^3-2lx^3+x^3)$	$\theta_A=\frac{ql^3}{24EI}(\curvearrowright)$ $\theta_B=\frac{ql^3}{24EI}(\curvearrowleft)$	$\omega=\frac{5ql^4}{384EI}(\downarrow)$
11	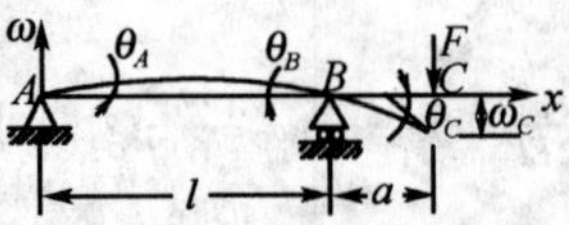	$\omega=\frac{Fax}{6lEI}(l^2-x^2)$ $0\leqslant x\leqslant l$ $\omega=-\frac{F(x-l)}{6EI}[a(3x-l)-(x-l)^2]$ $l\leqslant x\leqslant(l+a)$	$\theta_A=\frac{Fal}{6EI}(\curvearrowleft)$ $\theta_B=\frac{Fal}{3EI}(\curvearrowright)$ $\theta_C=\frac{Fa}{6EI}(2l+3a)(\curvearrowright)$	$\omega_c=\frac{Fa^2}{3EI}(l+a)(\downarrow)$

续表

序号	梁的简图	挠曲线方程	梁端面转角（绝对值）	最大挠度（绝对值）
12		$\omega=-\frac{M_e x}{6lEI}(x^2-l^2)$ $0\leqslant x\leqslant l$ $\omega=-\frac{M_e}{6EI}(3x^2-4xl+l^2)$ $l\leqslant x\leqslant(l+a)$	$\theta_A=\frac{M_e l}{6EI}$(↷) $\theta_B=\frac{M_e l}{3EI}$(↷) $\theta_C=\frac{M_e}{3EI}(l+3a)$(↷)	$\omega_C=\frac{M_e a}{6EI}(2l+3a)$(↓)
13		$\omega=\frac{qa^2}{12EI}\left(lx-\frac{x^3}{l}\right)$ $0\leqslant x\leqslant l$ $\omega=-\frac{qa^2}{12EI}[\frac{x^3}{l}-$ $\frac{(2l+a)(x-l)^3}{al}+$ $\frac{(x-l)^4}{2a^2}-lx]$ $l\leqslant x\leqslant(l+a)$	$\theta_A=\frac{qa^2 l}{12EI}$(↷) $\theta_B=\frac{qa^2 l}{6EI}$(↷) $\theta_C=\frac{qa^2}{6EI}(l+a)$(↷)	$\omega_C=\frac{qa^3}{24EI}(3a+4l)$(↓) $\omega_1=\frac{qa^2l^2}{18\sqrt{3}EI}$(↑) $x=\frac{1}{\sqrt{3}}$

从表中可看出，梁的变形与 EI 成反比，说明 EI 能表示梁抵抗弯曲变形的能力，称之为抗弯强度。

当梁上同时受几种载荷共同作用，而梁的变形较小并服从胡克定律时，梁上每一种载荷所产生的变形不受同时作用的其他载荷的影响，即每一种载荷的作用是彼此独立而互不干扰的。这时，几种载荷共同作用下产生的变形等于每一种载荷单独作用时产生的变形的代数和，这一方法称为叠加法。应用这一方法和表 2.5 的计算公式，便可以较方便地求出复杂载荷作用下梁的弯曲变形。

【例 2.23】　外伸梁 AB，在 C 点受到力 $\boldsymbol{F}$ 作用而变形，如图 2.73 所示。试求截面 A、B、C、D 的挠度和转角。

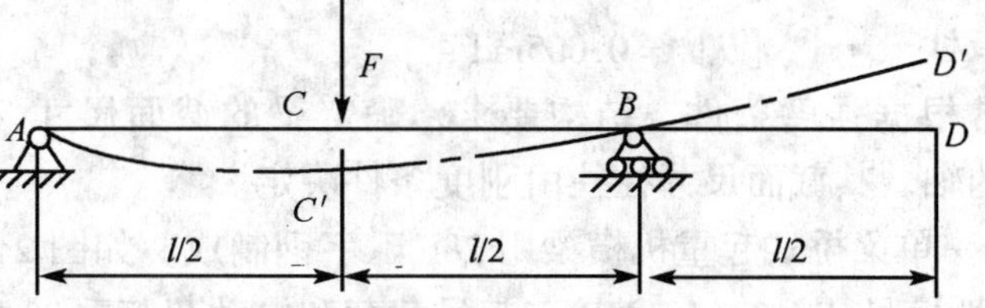

图 2.73　求梁的挠度和转角

解：梁受力 $\boldsymbol{F}$ 作用后，其变形如图 2.73 中的点划线所示，截面 C、D 分别移至 C'、D'。

1）由于 A、B 为支座，故挠度 $\omega_A=\omega_B=0$，它们的转角可见表 2.5 第 8 项。

$$\theta_A=-\frac{Fl^2}{16EI}$$

$$\theta_B=\frac{Fl^2}{16EI}$$

2）于 F 作用于 AB 中点 C，变形后挠曲线在 C 点的切线与 x 轴夹角为0，即 $\theta_C=0$，C 的挠度可表2.5第8项

$$\omega_C=-\frac{Fl^3}{48EI}$$

3）在 BD 段内弯矩为0，BD 段挠曲线实际上为直线 BD'，因此有

$$\theta_D=\theta_B=\frac{Fl^2}{16EI}$$

D 点挠度可利用几何关系求出，由 $\tan\theta_D=\omega_D/(l/2)$，得

$$\omega_D=\tan\theta_D\frac{l}{2}\approx\frac{l}{2}\theta_D=\frac{Fl^3}{32EI}$$

2.6.2 梁的弯曲刚度条件及应用

为保证受弯梁能安全工作，必须限制梁上最大挠度和最大转角（绝对值）不超过许用值，即梁的刚度条件为

$$|\omega|_{\max}\leqslant[\omega]$$
$$|\theta|_{\max}\leqslant[\theta] \qquad (2.48)$$

式中，$[\omega]$ 为梁材料的许用挠度；$[\theta]$ 为材料的许用转角。

这两个许用值可根据梁的工作性质来确定：

一般用途轴	$[\omega]=(0.0003\sim0.0005)\,l$（$l$ 为跨度，以下同）
刚度要求高的轴	$[\omega]=0.0002l$
普通机床主轴	$[\omega]=(0.0001\sim0.0005)\,l$
	$[\theta]=(0.001\sim0.005)$ rad
起重机大梁	$[\omega]=(0.001\sim0.002)\,l$
汽车发动机曲轴	$[\omega]=(0.05\sim0.06)$ mm
滑动轴承处	$[\theta]=0.001$rad
向心轴承处	$[\theta]=0.005$rad

设计时，通常根据强度条件、结构要求，确定梁的截面尺寸，然后校核其刚度。对于刚度要求高的轴，其截面尺寸往往由刚度条件决定。

【例 2.24】 一单梁桥式起重机横梁用28b工字钢制成，如图2.74所示，跨度 $l=7.5$ m，材料的弹性模量 $E=2\times10^5$ MPa，起吊载荷和电动葫芦重23 kN，许用挠度 $[\omega]=l/500=15$mm，试校核梁的刚度。

解： 1）将起重机横梁简化为受集中力 F 和梁本身自重（均布载荷 q）作用的简支梁，查附录A的型钢表得：28b工字钢 $q=469$ N/m，$I_x=7480$ cm^4。

2）计算梁的变形。查表2.5，分别求出 F 和 q 单独作用时梁的中点 C 的变形挠度为

$$\omega_{Cq}=-\frac{5ql^4}{384EI_x}=-\frac{5\times469\times7.5^4}{384\times2\times10^5\times10^6\times7480\times10^{-8}}$$
$$=-0.00129\text{ m}=-1.29\text{ mm}$$

$$\omega_{CF} = -\frac{Fl^3}{48EI_x} = -\frac{23\times10^3\times7.5^3}{48\times2\times10^5\times10^6\times7480\times10^{-8}}$$
$$= -0.0135\ \text{m} = -13.5\ \text{mm}$$

再利用叠加原理求两种载荷同时作用时 C 点的挠度为

$$|\omega|_{max} = |-13.5-1.29|\ \text{mm} = 14.79\ \text{mm}$$

3）校核刚度。

由于 $|\omega|_{max} = 14.79\text{mm} < [\omega]$，因此梁的刚度足够。

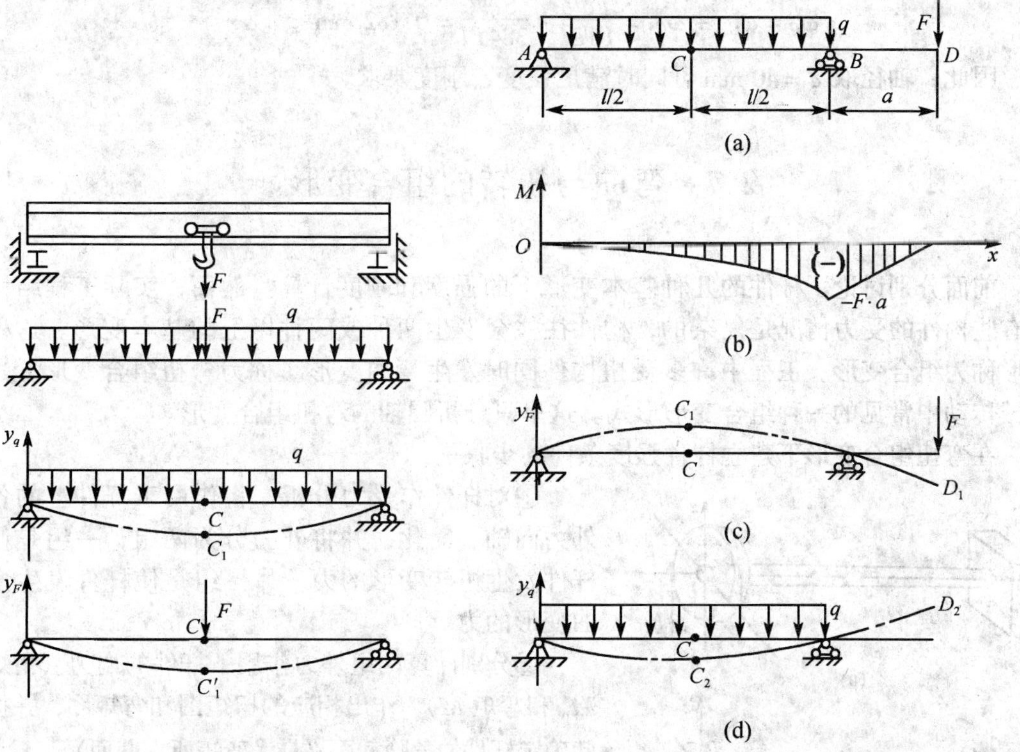

图 2.74 单梁桥式起重机横梁　　图 2.75 电动机轴变形图

【例 2.25】 如图 2.75（a）所示为一电动机轴，已知 $F=2.5$ kN，$q=4$ kN/m，跨度 $l=0.5$ m，$a=0.2$ m，材料弹性模量 $E=200$ GPa，许用应力 $[\sigma]=80$ MPa，C 截面的许用挠度 $[\omega]=0.4mm$，试设计轴的直径 d。

解：1）按强度条件设计轴径。先画出弯矩图，如图 2.75（b）所示，求得最大弯矩为

$$|M|_{max} = Fa = 2.5\times10^3\times0.2 = 500\ \text{N·m}$$

根据强度条件求得

$$\sigma = \frac{M_{max}}{W} \leqslant [\sigma]$$

$$W = \frac{\pi d^3}{32} \geqslant \frac{M_{max}}{[\sigma]}$$

计算得

$$d \geqslant \sqrt[3]{\frac{32M_{\max}}{\pi[\sigma]}} = \sqrt[3]{\frac{32\times 500}{\pi\times 80\times 10^6}} = 3.99\times 10^{-2}\text{m}$$

$$= 39.9 \text{ mm}$$

取 $d = 40$ mm，则有

$$I = \frac{\pi d^4}{64} = \frac{\pi\times 40^4}{64}\text{mm}^4 = 125.6\times 10^3 \text{ mm}^4$$

2）轴的刚度进行校核。如图 2.75（c）、（d）所示，由叠加法求 C 截面的挠度得

$$\omega_C = \omega_{CF} + \omega_{Cq} = \frac{Fal^2}{16EI} - \frac{5ql^4}{384EI} = 0.182 \text{ mm} \leqslant [\omega]$$

因此，轴径取 $d = 40$ mm 可同时满足强度、刚度要求。

2.7　弯曲与扭转的组合变形

前面分别讨论了杆件的几种基本变形下的强度和刚度计算。然而，实际工程结构中有些构件的受力情况是复杂的，构件往往会发生两种或两种以上的基本变形。这种变形称为组合变形。工程中许多受扭构件同时发生弯曲变形，称为弯扭组合变形，是机械传动中常见的一种组合变形形式。这里只分析圆轴的弯扭组合变形。

在弯扭组合变形下建立杆件强度条件的步骤是：

①对杆件作受力分析，将作用于杆件上的各外力向轴心简化，并将外力分为两组，一组是使杆件发生扭转变形的力，另一组是使杆件发生弯曲变形的力。

②分别计算两组外力作用下杆件的内力（扭矩 $\boldsymbol{M}_n$ 和弯矩 $\boldsymbol{M}$），作出相应的扭矩图和弯矩图，并据此确定杆件的危险截面（最大弯矩所在截面）。

③分别计算危险截面上与扭矩对应的最大切应力 $\tau_{\max}$ 以及与最大弯矩对应的最大正应力 $|\sigma|_{\max}$，作为强度计算的依据。

④按弯扭组合强度条件进行计算。

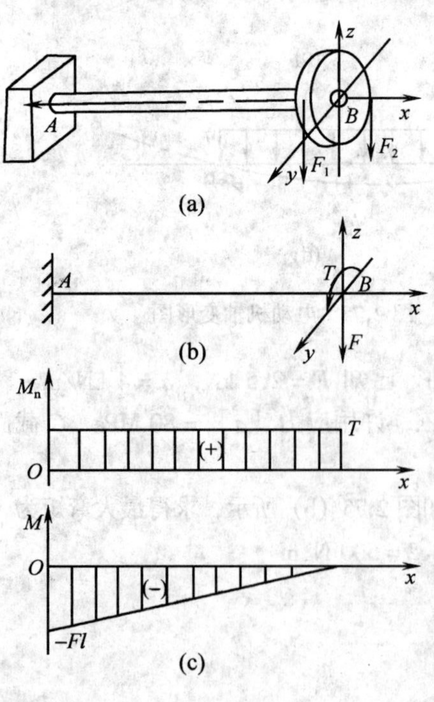

图 2.76　带轮轴

下面结合实例进行分析说明。图 2.76（a）所示是汽车发动机冷却系中风扇带轮轴经简化后的受力图。其中 A 端可视为固定端，B 端带轮上作用有切向力 $\boldsymbol{F}_1$、$\boldsymbol{F}_2$（$\boldsymbol{F}_1 > \boldsymbol{F}_2$），带轮直径为 d，轴长为 l，现分析其强度的计算方法。

①分析 AB 轴受力，并画出其计算简图。利用力的平移原理将作用于轮缘上的力 $\boldsymbol{F}_1$、$\boldsymbol{F}_2$ 向轮心 B 平移，得到作用于轮心上的力 $\boldsymbol{F} = \boldsymbol{F}_1 + \boldsymbol{F}_2$ 以及附加力偶 $\boldsymbol{T} = (\boldsymbol{F}_1 - \boldsymbol{F}_2)\ d/2$，

如图 2.76（b）所示。力 **F** 使 AB 轴弯曲，**T** 使 AB 轴受扭，即轴发生弯扭组合变形。

②计算在 **F** 和 **T** 作用下轴截面上的扭矩和弯矩，并画出扭矩图和弯矩图，如图 2.76（c）所示。由弯矩图可知，最大弯矩出现在 A 右侧截面，故 A 右侧为危险截面。

③计算危险截面的应力。与扭矩对应的是切应力 $\tau = M_n/W_P$。式中，W_P 为抗扭截面系数。与弯矩对应的是正应力 $\sigma = \pm M/W_z$，其中 W_z 为抗弯截面系数。

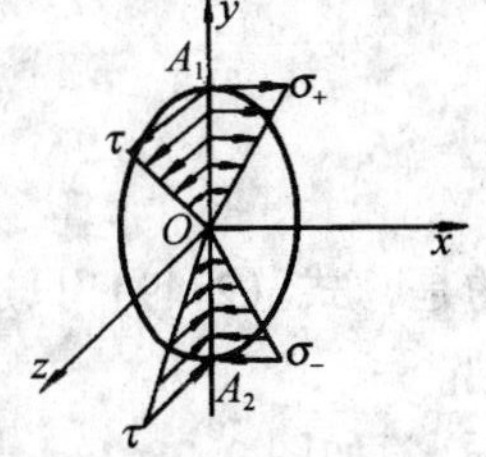

图 2.77 梁弯扭组合变形时截面的应力分布

正应力 σ 位于与横截面垂直的 xoy 平面内，切应力 τ 位于横截面内，它们的分布如图 2.77 所示，即 σ 和 τ 位于两个互相垂直的平面内。最大正应力 σ_{max} 出现在 A 截面的上、下边缘 A_1、A_2 点，最大切应力 τ_{max} 则出现在整个横截面的外圆周上各点。

④建立强度条件。由于 A 截面上除了正应力 σ 外，还有切应力 τ，属于复杂应力状态。对于这类复杂应力状态下强度条件的建立，不能沿用前面介绍的拉（压）、扭转、弯曲等基本变形时的单向应力状态的强度公式。因为复杂应力状态下应力的组合是多样化的，显然试验难以完整进行。但是，通过找出引起材料破坏的原因，可探索复杂应力状态下材料破坏的规律。经过长期的研究分析，人们提出了强度理论。强度理论认为，无论是单向应力还是复杂应力状态，材料的破坏都是由某一特定因素引起的。因此，利用单向应力状态下的试验结果（如拉伸试验测得的 σ_S、σ_b 值等），可建立既能满足工程需要又简单的强度计算公式。目前广泛使用的有四种强度理论。对于机械工程上中常用的金属材料等塑性材料，第三、第四强度理论与实际较吻合。下面简单介绍第三、第四强度理论。

第三强度理论（最大切应力理论）认为：最大切应力是引起材料屈服破坏的主要因素，无论材料处于何种状态，只要材料内一点最大切应力 τ_{max} 达到材料的极限应力 τ_u，即发生塑性屈服破坏。其强度表达式为

$$\tau_{max} \leqslant [\tau]$$

由实验可知，在弯扭组合时，最大切应力为

$$\tau_{max} = \frac{\sqrt{\sigma^2 + 4\tau^2}}{2}$$

对于塑性材料，$[\tau]$ 与 $[\sigma]$ 之间的关系为 $[\tau] = [\sigma]/2$。因此，第三强度理论的强度条件表达式可写成

$$\sigma_{r3} = \sqrt{\sigma^2 + 4\tau^2} \leqslant [\sigma]$$

第四强度理论（畸变能理论）认为：引起材料塑性屈服破坏的主要因素畸变能密度。无论材料处于何种应力状态，只要构件内危险点处的畸变能密度 υ_d 达到材料在单向拉伸时发生塑性屈服破坏的极限畸变能密度 υ_u，该点处的材料就会发生塑性屈服破坏。其强度表达式为

$$\sigma_{r4} = \sqrt{\sigma^2 + 3\tau^2} \leqslant [\sigma]$$

式中，σ_{r3}、σ_{r4}分别是按第三、第四强度理论计算时 σ 和 τ 的当量应力。

把 $\sigma = M/W_z$、$\tau = M_n/W_p$ 代入上述两式（圆轴 $W_p = 2W_z$），得

$$\sigma_{r3} = \frac{\sqrt{M^2 + M_n^2}}{W_z} \leqslant [\sigma]$$

$$\sigma_{r4} = \frac{\sqrt{M^2 + 0.75M_n^2}}{M_z} \leqslant [\sigma] \tag{2.49}$$

需注意的是，式（2.49）只适用于由塑性材料制成的弯扭组合变形的实心圆截面和空心圆截面轴。

【例 2.26】　如图 2.78（a）所示为减速器中的高速轴，动力由电动机通过联轴器输入。已知轴长 $l = 1.2$ m，中间装有齿轮，齿轮上所受的力 $F = 14$ kN，分度圆直径为 $D = 128$ mm，轴的直径为 $d = 100$ mm，轴材料的许用应力 $[\sigma] = 50$ MPa。试校核该轴的强度。

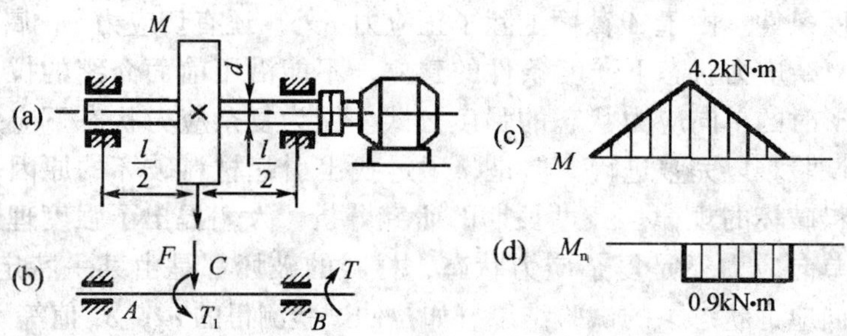

图 2.78　减速器高速轴

解： 1）将作用在齿轮上的力简化到轴线并由力的平移定理求出力偶矩的值。画出该轴的计算简图，如图 2.78（b）所示。

$$F = 14 \text{ kN}$$

$$T_1 = F\frac{D}{2} = 14 \times \frac{128 \times 10^{-3}}{2} = 0.9 \text{ kN·m}$$

齿轮上的力偶矩与电动机的输出扭矩平衡。

2）绘制弯矩图和扭矩图。如图 2.78（c）、（d）所示，从图中可以看出，C 截面为危险截面，由弯矩方程和扭矩图可求得该截面上的最大弯矩值及扭矩值为

$$M_{max} = 4.2 \text{ kN·m}, \qquad M_n = 0.9 \text{ kN·m}$$

3）强度校核。根据第四强度理论可得

$$\sigma_r = \frac{\sqrt{M^2 + 0.75M_n^2}}{W_z} = \frac{\sqrt{(4.2 \times 10^3)^2 + 0.75 \times (0.9 \times 10^3)^2}}{\dfrac{\pi \times 0.1^3}{32}}$$

$$= 4.35 \times 10^7 \text{Pa} = 43.5 \text{ MPa}$$

由此可知，$\sigma_r < [\sigma]$，故该轴强度足够。

【例 2.27】　如图 2.79 所示的曲拐，在 C 端作用 $F = 20$ kN 的力，材料的许用应力 $[\sigma] = 160$ MPa，试按第三强度理论设计 AB 杆的直径。

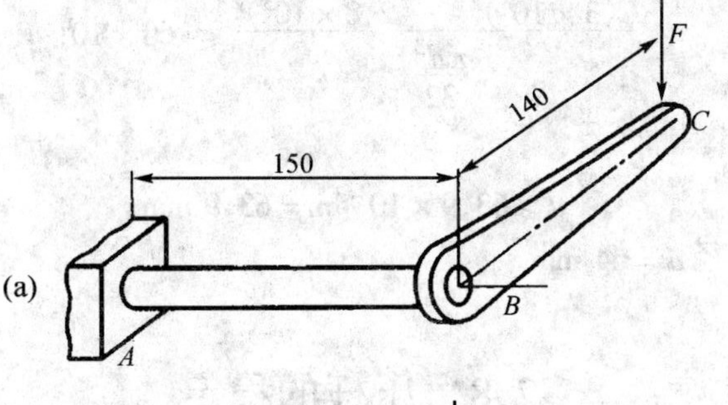

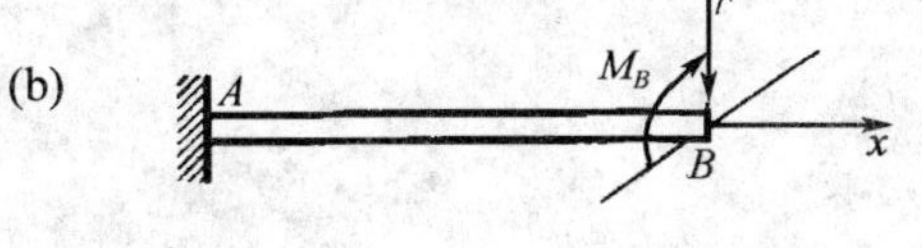

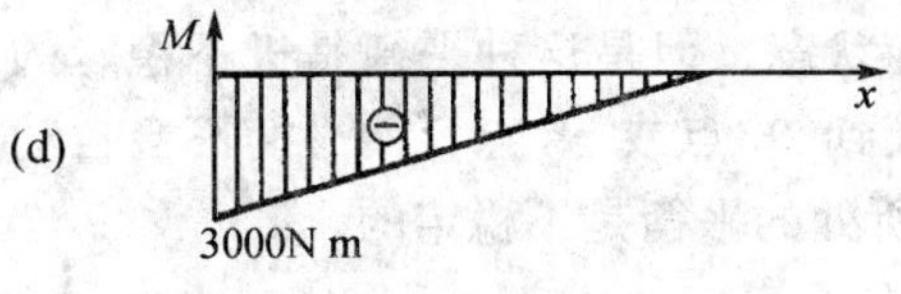

图 2.79

解：1）外力和内力分析。

将力 F 向 AB 轴心平移，可得到一个作用于 B 点的力和一个力偶如图 2.79（b）所示。力偶矩为

$$M_B = F \times 140 \times 10^{-3} = (20 \times 10^3) \times (140 \times 10^{-3}) = 2800\ \mathrm{N \cdot m}$$

平移后的力 $\boldsymbol{F}$ 使 AB 杆产生弯曲变形，M_B 使 AB 杆产生扭转变形，所以 AB 杆承受扭转与弯曲的组合变形。

根据以上外力，可以画出 AB 杆的扭矩图和弯矩图，分别如图 2.79（c）和图 2.79（d）所示。从而确定杆的固定端截面右侧为危险截面，该截面上扭矩和弯矩分别是

$$M_n = 2800\ \mathrm{N \cdot m}$$

$$M = F \times 150 \times 10^{-3} = (20 \times 10^3) \times (150 \times 10^{-3}) = 3000\ \mathrm{N \cdot m}$$

2）应力分析与强度计算。

由分析知，固定端右侧截面的上、下边缘两点是危险点。按第三强度理论，由强度条件式（2.49）

$$\sigma_{r3} = \frac{\sqrt{M^2 + M_n^2}}{W} \leqslant [\sigma]$$

即

$$\frac{\sqrt{(3\times10^3)^2+\ (2.8\times10^3)^2}}{\frac{\pi d^3}{32}}\leqslant 160\times10^6$$

由此得

$$d\geqslant 63.9\times10^{-3}\text{m}=63.9\ \text{mm}$$

圆整可取 AB 杆的直径 $d=64$ mm。

2.8　压杆的稳定

2.8.1　压杆稳定的概念

稳定是就平衡而言的。平衡有两种：稳定平衡和不稳定平衡。

如图 2.80（a）所示小球，当它位于凹槽底部 A 处时，它是稳定平衡的，因为当它受到外力的干扰时，离开其平衡位置 A 到达位置 A_1 后，只要去掉干扰外力，小球在重力作用下仍要回复到原来的平衡位置 A。而图 2.80（b）所示是位于凹凸槽顶部 B 的小球，虽然在 B 也可以处于平衡状态，但是这种平衡是极不稳定的，只要有微小的外力干扰使其离开 B 点，它就会滚到 B_1 点或 B_2 点，而平衡不会自动回复到原来的平衡位置 B 处，因此，小球在 B 点所处的平衡是不稳定的。

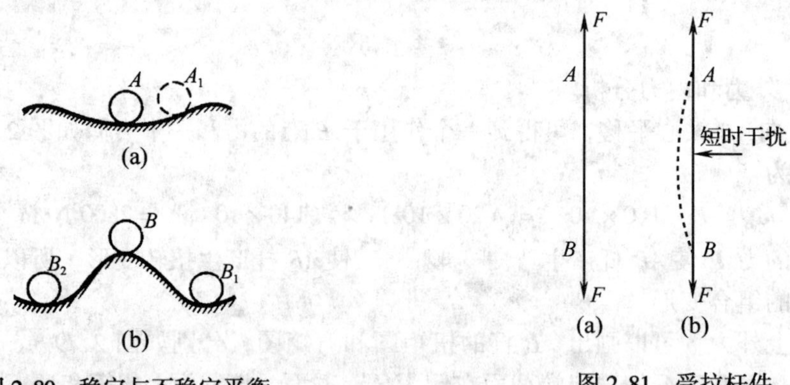

图 2.80　稳定与不稳定平衡

图 2.81　受拉杆件

对于受拉的直杆，如图 2.81（a）所示，在其两端作用有一对大小相等、方向相反的轴向力，杆件处于平衡状态。当遇到横向外力的干扰时，杆件也会变弯，如图 2.81（b）所示，一旦撤去横向外力后，杆件总是会恢复到图 2.81（a）原来的直线形状。这就是说，直杆在受拉时，其原有的直线平衡状态是稳定的。

对如图 2.82（a）的受压直杆（简称压杆），在横向力的干扰下变弯后，若撤去横向干扰力，根据所受轴向压力的不同，杆件可能出现两种不同的情况：当轴向压力小于某一数值时，压杆也能恢复到图 2.82（b）原来的直线平衡状态，此时压杆的平衡也是稳定的平衡；当轴向力逐渐增大达到某一值时，压杆就不能恢复到原来的直线平衡状态，如图 2.82（c），此平衡是不稳定的。本例说明，压杆维持其直线形状的稳定平衡状态是有条件的，即直杆所受压力必须小于某一临界数值。当达到或超过这一数值时，其平衡就是不稳定的。由此可见，当直杆的压力达到临界力时，压杆就从稳定的平衡状态转变为不稳定的平衡状态，这种现象称为丧失了稳定性，简称称为压杆失稳。

正因为平衡有两种，所以在设计承载零件时，不但要使零件满足强度条件和刚度条件，还要研究在外界干扰力的作用下其平衡是否真正稳定。只有稳定的平衡才是零件安全工作的前提，在此前提下，零件的承载能力才由强度或刚度决定。工程上绝不允许把不稳定的平衡当作稳定平衡来处理。

实际上，只有粗而短的压杆（$l \leqslant 5d$），其承载能力才取决于强度，而对于细而长的压杆，往往在所受载荷还远未达到强度破坏的数值时，就因不能维持其直线平衡状态变弯曲，从而丧失了工作能力，因此，细长的压杆应以保证其稳定性来决定承载能力。工程实际中，细长压杆的应用也很普遍，如图2.83所示内燃机配气机构中的挺杆、活塞连杆机构中的连杆、支承机械的千斤顶、建筑工程中的柱子等。

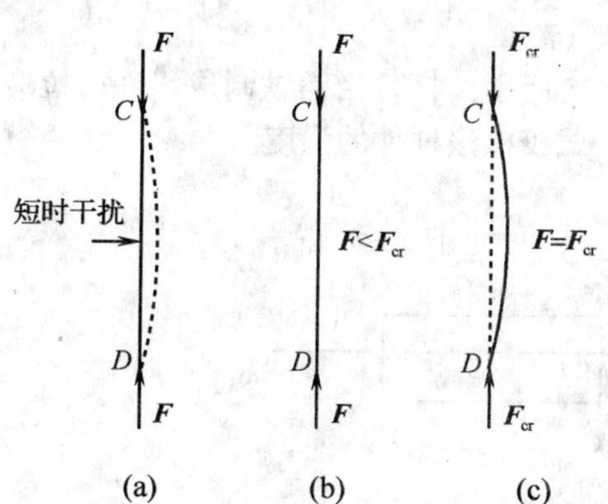

图2.82　受压杆的稳定与不稳定平衡

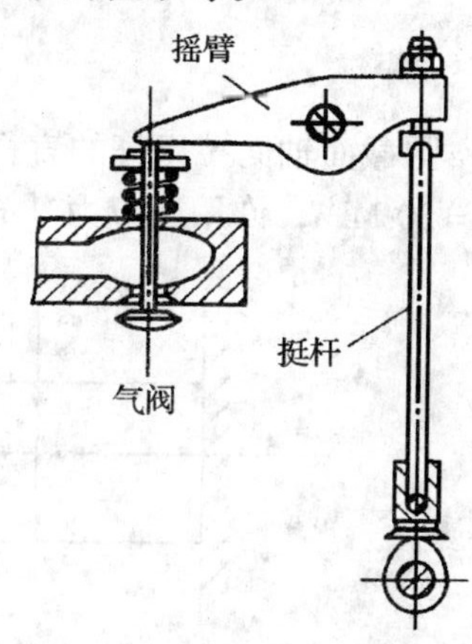

图2.83　内燃机配气机构中的挺杆

2.8.2　临界状态及临界力

由上述可知，直杆所受轴向压力由小到大逐渐增加时，其平衡状态将由稳定过渡到不稳定。这一过渡必有一个临界状态，与临界状态所对应的轴向压力就称为临界压力，以 $\boldsymbol{F}_{cr}$表示，则

当 $\boldsymbol{F} < \boldsymbol{F}_{cr}$时，压杆是稳定平衡状态；

当 $\boldsymbol{F} = \boldsymbol{F}_{cr}$时，压杆是临界平衡状态；

当 $\boldsymbol{F} > \boldsymbol{F}_{cr}$时，压杆是不稳定平衡状态，会产生失稳现象。

压杆失去稳定后，杆件因产生明显的弯曲变形而不能正常工作，因此，要进行稳定性计算。压杆稳定性计算是要求压杆工作时的安全系数不能小于许用的安全系数，校核公式为

$$S = \frac{\boldsymbol{F}_{cr}}{\boldsymbol{F}} \geqslant S_w \tag{2.50}$$

式中，S_w 为许用稳定安全系数。一般讲，钢制压杆取 $S_w = 1.8 \sim 3.0$，铸铁取 $S_w = 5.0 \sim 5.5$。可见，解决压杆稳定问题的关键是确定临界压力 $\boldsymbol{F}_{cr}$，临界压力 $\boldsymbol{F}_{cr}$的计算可参

阅有关资料。

思考与练习

1. 绘出图 2.84 所示轴向拉（压）杆的轴力图。

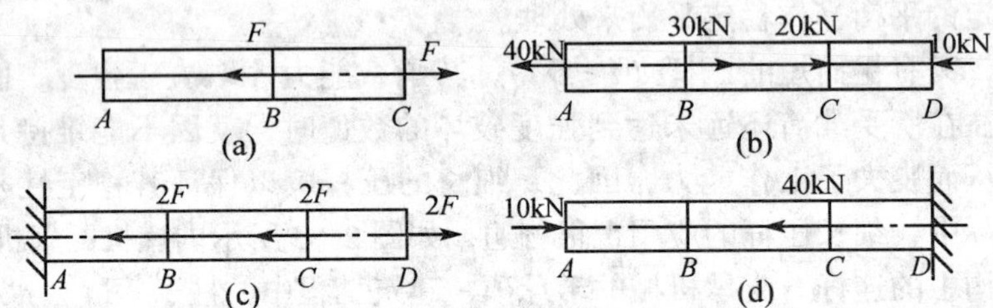

图 2.84　习题 1 图

2. 圆截面轴向拉压杆的直径及载荷如图 2.85 所示。杆件由铸铁制成，许用拉应力［σ_t］＝30 MPa，许用压应力［σ_c］＝150 MPa，试校核该杆件的强度。

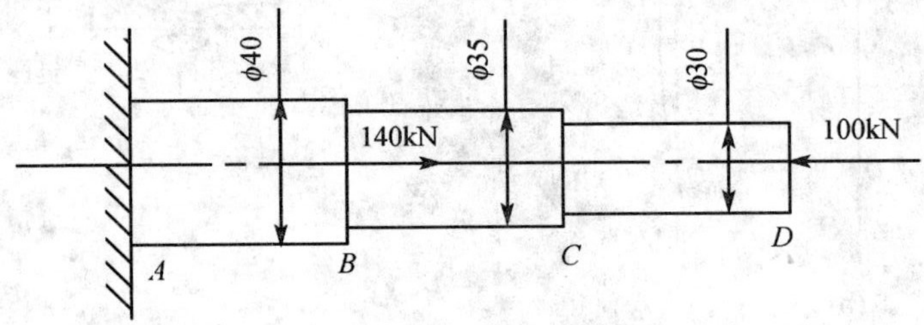

图 2.85　习题 2 图

3. 图 2.86 所示结构的 BC 梁上受均布载荷 $q = 50$ kN/m 作用。拉杆 AC 拟用一根等边角钢制作，其许用应力［σ］＝170 MPa。试选择角钢型号。

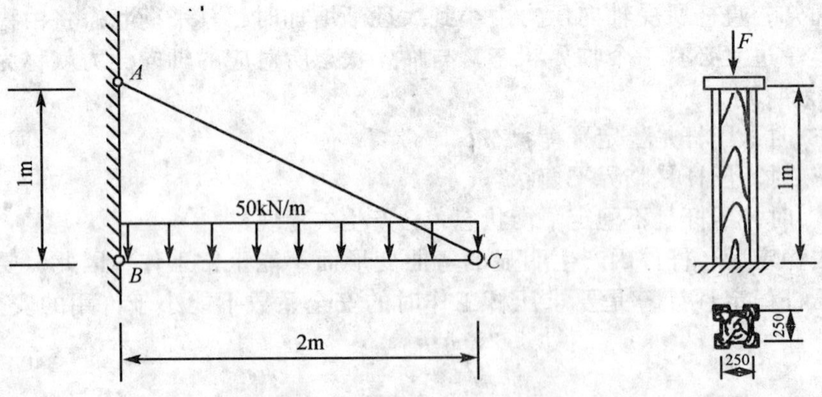

图 2.86　习题 3 图　　　　图 2.87　习题 4 图

4. 图 2.87 为一横截面为正方形的短木柱，在其四角上用 4 个 40 mm×40 mm×4 mm

的等边角钢加固。已知角钢的许用应力 $[\sigma]_{钢} = 160$ MPa，弹性模量 $E_{钢} = 200$ GPa；木材的许用应力 $[\sigma]_{木} = 12$ MPa，弹性模量 $E_{木} = 10$ GPa。试求载荷 $\boldsymbol{F}$ 的最大值。

5. 图 2.88 所示为钢制阶梯形直杆件，各段截面面积分别为 $A_1 = A_3 = 400\ \text{mm}^2$，$A_2 = 200\ \text{mm}^2$。$E = 200$ GPa。试求 (1) 杆各段的轴力和应力；(2) 计算杆件的总变形量。

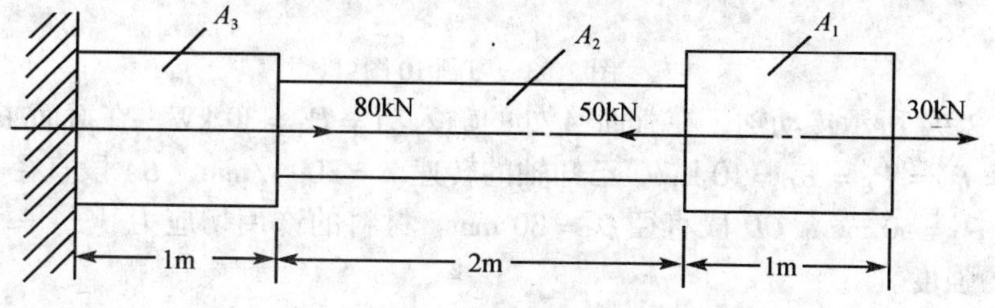

图 2.88　习题 5 图

6. 图 2.89 是石油钻井用的 A 型井架，高 $H = 28$ m，风力 $q = 3$ kN/m，杆 AB 的长度 $l = 5$ m，倾角 $\alpha = 60°$，AB 杆是由两根 20a 型工字钢组成的。若材料的许用应力 $[\sigma] = 160$ MPa，试校核 AB 杆的强度（井架宽度可忽略不计）。

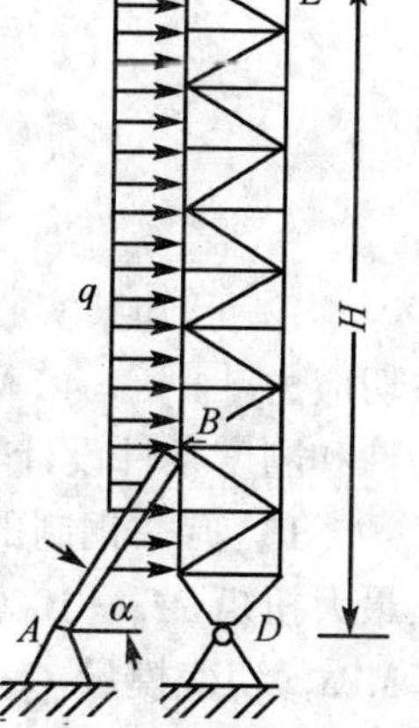

图 2.89　习题 6 图

7. 三根杆的尺寸相同，材料不同，它们的 σ-ε 图如图 2.90 所示。问哪种材料的强度高？哪种材料的刚度大？哪种材料的塑性好？

8. 图 2.91 所示为一销钉联接的接头，已知 $F = 18$ kN，$t_1 = 8$ mm，$t_2 = 5$ mm，销钉的直径 $d = 16$ mm，其材料的许用应力 $[\tau] = 60$ MPa，许用挤压应力 $[\sigma_{bs}] = 100$ MPa。试校核销钉的强度。

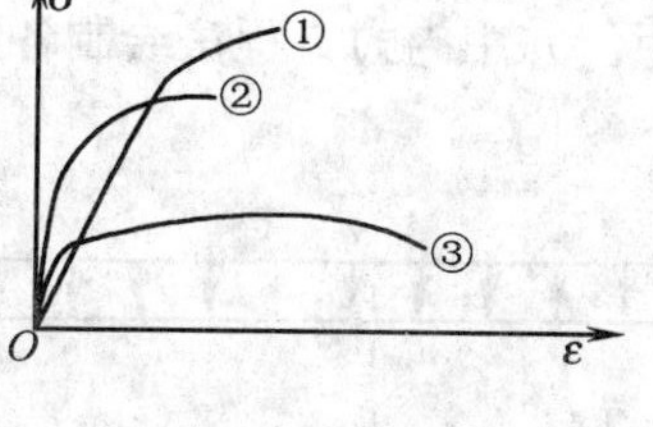

图 2.90　习题 7 图

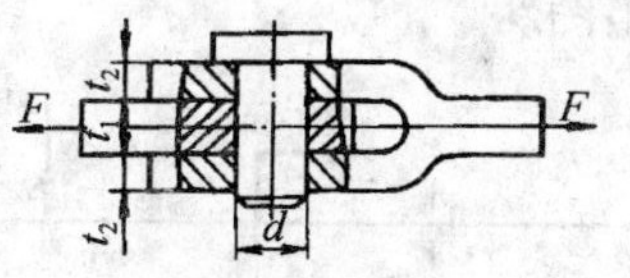

图 2.91　习题 8 图

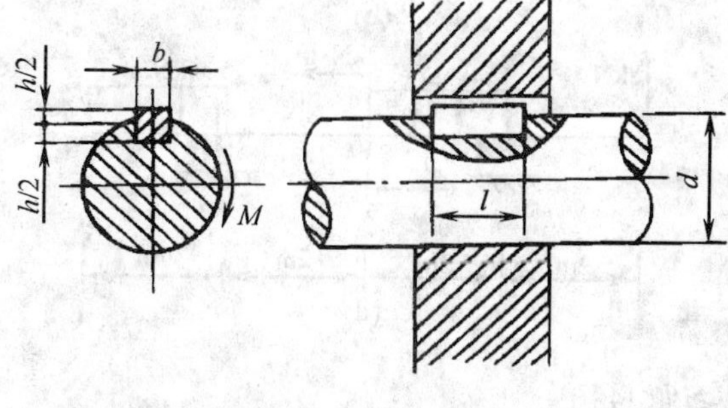

图 2.92　习题 9 图

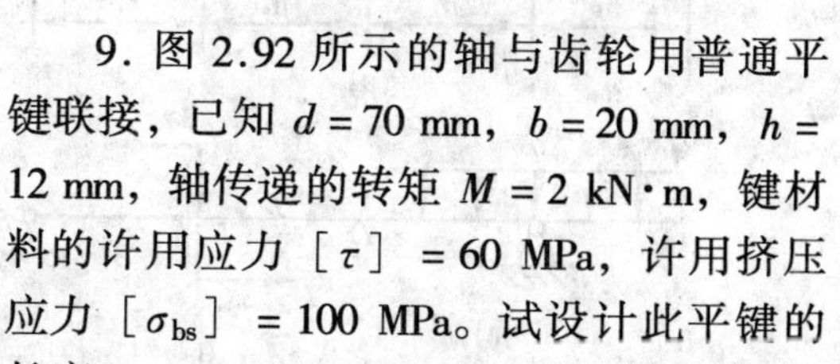

9. 图 2.92 所示的轴与齿轮用普通平键联接，已知 $d = 70$ mm，$b = 20$ mm，$h = 12$ mm，轴传递的转矩 $M = 2$ kN·m，键材料的许用应力 $[\tau] = 60$ MPa，许用挤压应力 $[\sigma_{bs}] = 100$ MPa。试设计此平键的长度 l。

10. 图 2.93 所示传动轴，在截面 A 处的输入功率 $P_A = 15$ kW，在截面 B、C 处的输出功率分别为 $P_B = 10$ kW，$P_C = 5$

KW，已知轴的转速 $n=60$ r/min。试绘出该轴的扭矩图。

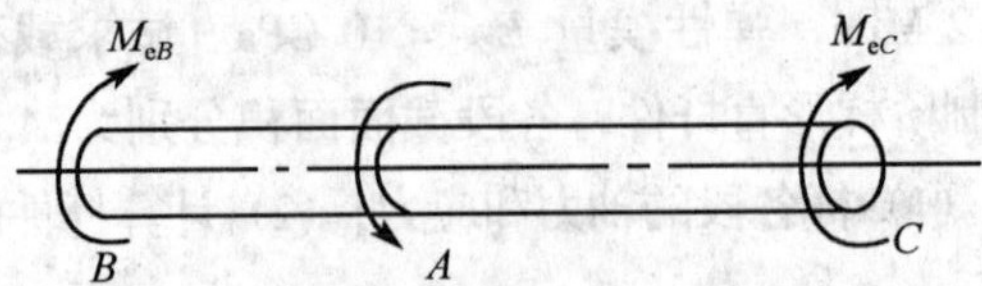

图 2.93　习题 10 图

11. 图 2.94 所示传动轴，在截面 A 处的输入功率 $P_A=30$ kW，在截面 B、C、D 处的输出功率 $P_B=P_C=P_D=10$ kW。已知轴的转速 $n=300$ r/min，BA 段直径 $D_1=40$ mm，BC 段直径 $D_2=50$ mm，CD 段直径 $D_3=30$ mm。材料的许用切应力［τ］$=60$ MPa，试校核此轴的强度。

图 2.94　习题 11 图

12. 已知某实心圆轴的转速 $n=200$ r/min，所传递的功率 $P=100$ kW；材料的许用切应力［τ］$=40$ MPa，切变模量 $G=80$ GPa，许用扭转角［θ］$=0.6°$/m。试按强度条件和刚度条件设计轴的直径。

13. 有一钢制的空心圆截面轴，其内径 $d=60$ mm，外径 $D=100$ mm，所须承受的最大扭矩 $M_n=1000$ N·m，许用扭转角［θ］$=0.5°$/m；材料的许用切应力［τ］$=60$ MPa，切变模量 $G=80$ GPa。试校核该轴的强度和刚度。

14. 求图 2.95 示各梁中 1-1 截面上的剪力和弯矩。并用内力方程法绘制各梁的剪力图和弯矩图。

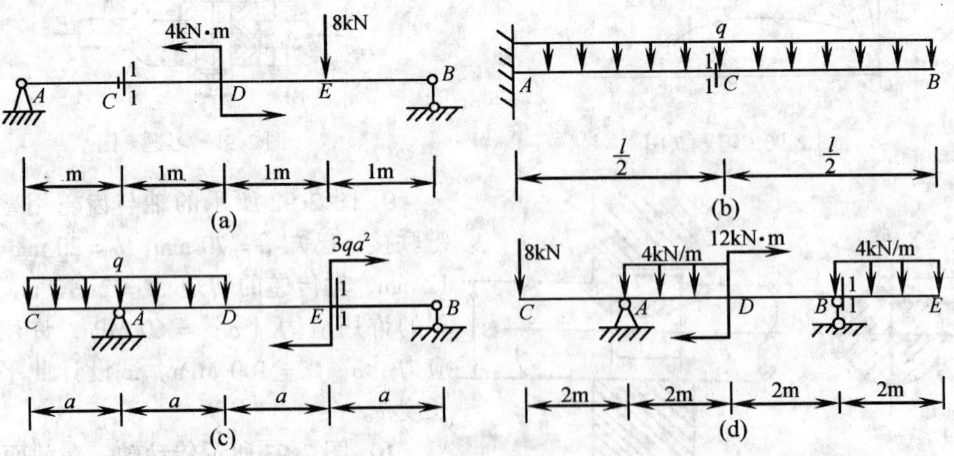

图 2.95　习题 14 图

15. 用简捷法绘制图 2.96 所示各梁的剪力图和弯矩图。

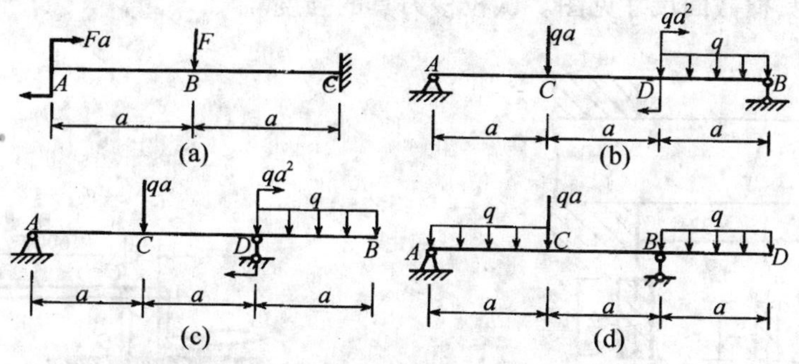

图 2.96　习题 15 图

16. 图 2.97 所示悬臂梁受集中力 $F = 10\text{kN}$ 和均布载荷 $q = 28\ \text{kN/m}$ 作用。计算 A 右截面上 a、b、c、d 四点处的正应力。

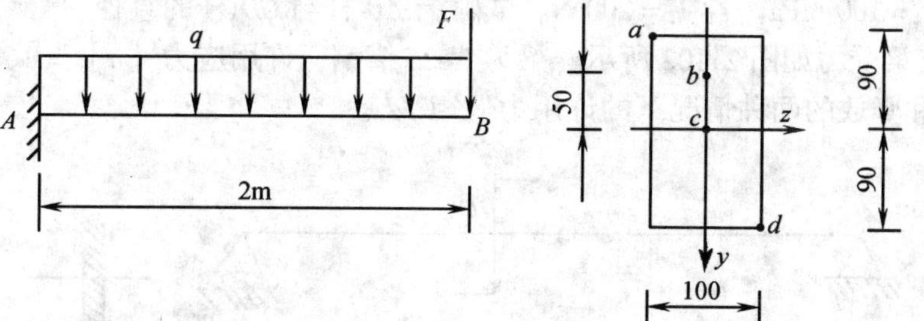

图 2.97　习题 16 图

17. 由工字钢制成的简支梁受力如图 2.98 所示。已知材料的许用应力 $[\sigma] = 170\text{MPa}$，试选择工字钢的型号。

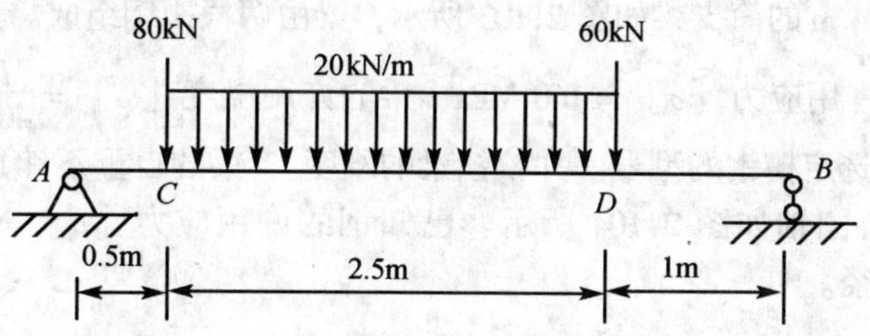

图 2.98　习题 17 图

18. 一悬臂钢梁如图 2.99 所示。钢的许用应力 $[\sigma] = 170\ \text{MPa}$。试按正应力强度条件选择下述截面的尺寸，并比较所能消耗的材料，哪种截面最经济。

(1) 圆形截面；(3) 宽高之比为 $b:h = 1:2$ 的矩形截面；

(2) 正方形截面；(4) 工字形截面。

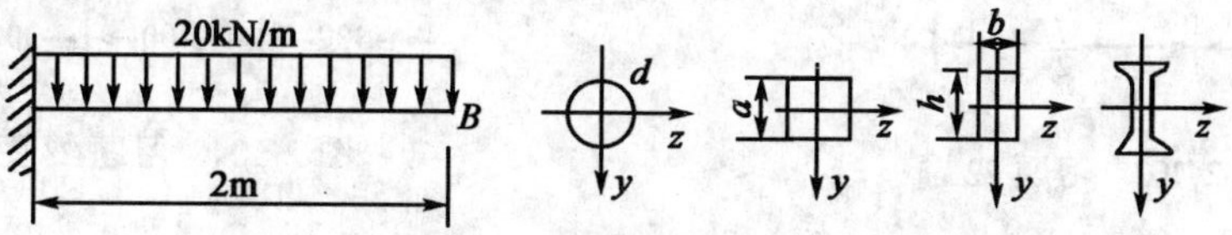

图 2.99　习题 18 图

19. 切削工件时，刀具的受力情况如图 2.100 所示。已知 $F=2$ kN，许用应力 $[\sigma]=200$ MPa，刀具横截面尺寸见图。试校核刀具的强度。

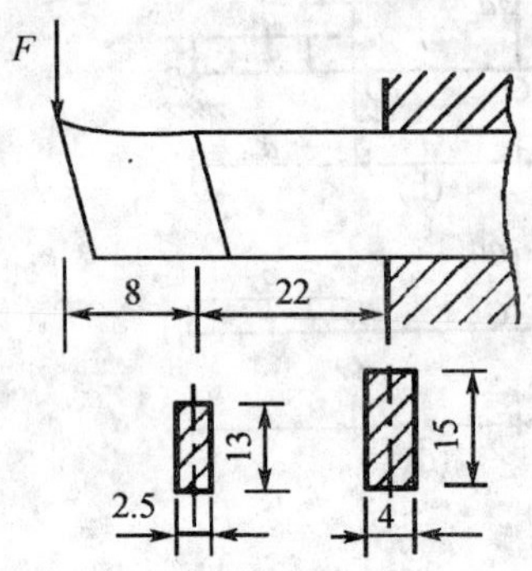

图 2.100 习题 19 图

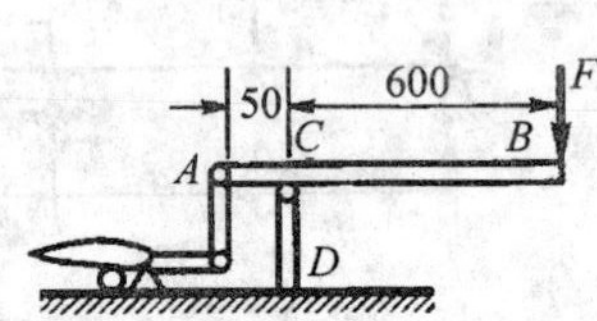

图 2.101 习题 20 图

20. 剪力机构如图 2.101 所示，图中 AB 杆与 CD 杆的截面均为圆形，材料相同，许用应力 $[\sigma]=100$ MPa，若 $F=200$ N。试确定 AB 杆与 CD 杆的直径。

21. 简支梁受力如图 2.102 所示。梁为 No25 槽钢，许用应力 $[\sigma]=160$ MPa，试求在截面横放和竖放的两种情况下的许用力偶 M_e。

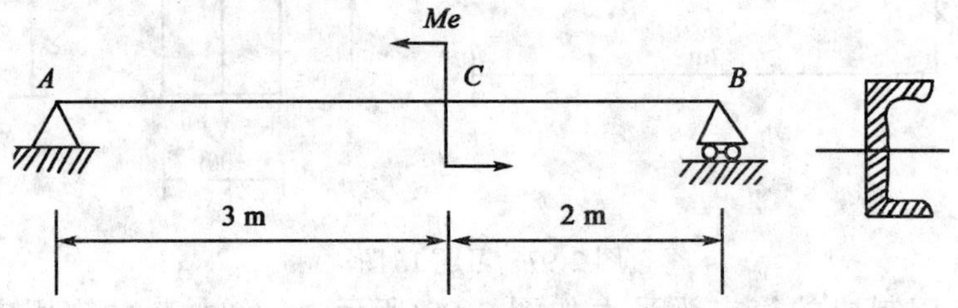

图 2.102 习题 21 图

22. 一跨度 $l=4$ m 的简支梁如图 2.103 所示，梁由两根槽钢组成。其中 $q=10$ kN/m，$F=20$ kN，材料的许用应力 $[\sigma]=160$ MPa，梁的许用挠度 $[\omega]=\dfrac{l}{400}$，材料的弹性模量 $E=210$ GPa。试选定槽钢的型号。并校核梁的刚度。(梁的自重不计)。

23. 一钢制实心圆轴如图 2.104 所示。已知钢的许用应力 $[\sigma]=80$ MPa，试按第四强度理论设计轴径。

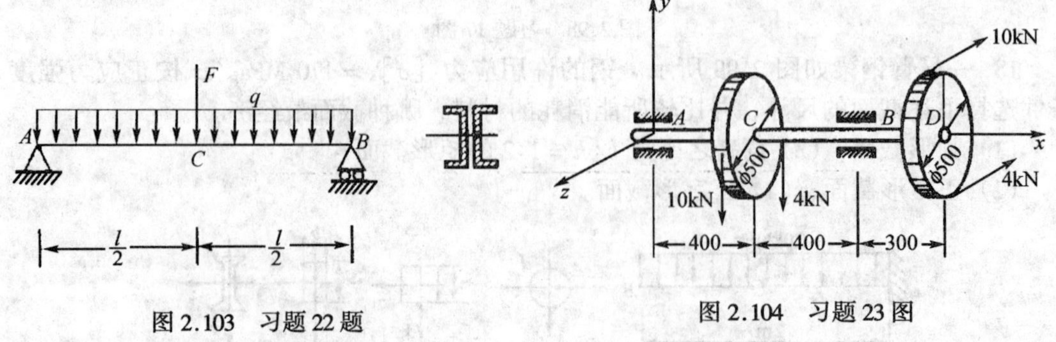

图 2.103 习题 22 题

图 2.104 习题 23 图

第二篇　机械原理与机械零件

第3章　常用机构

机构的主要功能是传递运动和动力或改变运动形式、运动轨迹等。机构多种多样，本章主要介绍用途较为广泛的四种常用机构：平面连杆机构、凸轮机构、间歇机构和螺旋机构。

3.1　平面机构概述

机构是由若干个构件组合而成且具有确定的相对运动的组合体。若组成机构的所有构件都在同一平面内或几个相互平行的平面内运动，则称这种机构为平面机构，否则称为空间机构。本节只讨论平面机构。

3.1.1　构件和运动副

1. 概念

构件和运动副是机构中最基本的组成部分。构件是由一个或若干个机械零件通过刚性连接而组成的运动单元体。机构中任一构件与另一构件都是直接地、以一定方式相连接的，这种连接是一种具有相对运动的活动连接。两构件直接接触并能产生相对运动的活动连接称为运动副。

例如在图3.1所示的单缸四冲程内燃机中，活塞5与汽缸体2、活塞5与连杆4、连杆4与曲轴3等的连接都是两个构件直接接触并能产生相对运动的活动连接。所以都是运动副。不同形式的运动副，对机构的运动将产生不同的影响。因此，在研究机构的运动时还需掌握运动副的类型。

2. 运动副分类

两构件组成运动副，其接触部分不外乎是点、线、面，而构件间允许产生的相对运动与它们的接触情况有关。按照组成运动副两构件的接触形式不同，常见的平面运动副可分为低副和高副两大类。

(1) 低副

两构件以面接触所形成的运动副称为低副。根据组成低副的两构件间相对运动的形式又可分为以下两种。

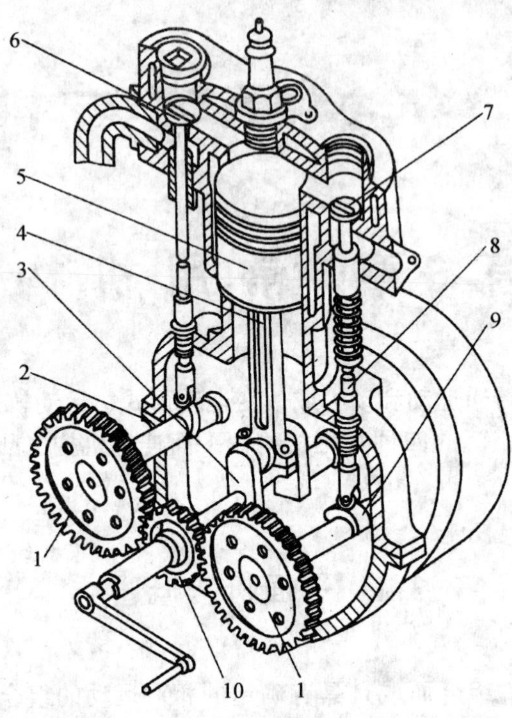

图 3.1　单缸四冲程内燃机

1. 大齿轮　2. 汽缸体　3. 曲轴　4. 连杆　5. 活塞
6. 进气阀　7. 排气阀　8. 推杆　9. 凸轮　10. 小齿轮

①转动副：若组成运动副的两构件间的相对运动为转动，则称这种运动副为转动副（或回转副），也称铰链。如图 3.2（a）所示，构件 1 相对于构件 2 只能在 yoz 平面内转动，而不能沿 x 轴（或 y 轴）和 z 轴移动，因此它们组成转动副。

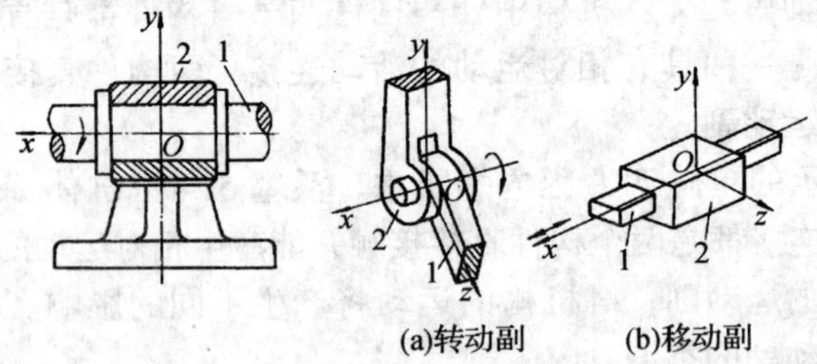

(a)转动副　(b)移动副

图 3.2　平面低副

②移动副：组成运动副的两构件间的相对运动为移动，则称这种运动副为移动副。如图 3.2（b）所示，两构件间的相对运动只能是沿 x 轴的移动而不能沿 z 轴（或 y 轴）移动和绕其他任何轴转动，因此它们组成移动副。

（2）高副

以点或线相接触所形成的运动副称为高副。组成高副的两构件间的相对运动为转动兼移动。高副又分为凸轮副和齿轮副，分别如图 3.3（a）和图 3.3（b）所示。构件 1 和构件 2 在 A 点接触而构成高副，它们之间的相对运动只能是沿接触点 A 的切线方向

（$t-t$ 方向）的移动和绕 A 点的转动，而不能沿 $n-n$ 方向移动。

除平面低副和平面高副外，常用的还有球面副如图 3.4（a）所示和螺旋副如图 3.4（b）所示等，它们都属于空间运动副。对于空间运动副，本节不作进一步讨论。

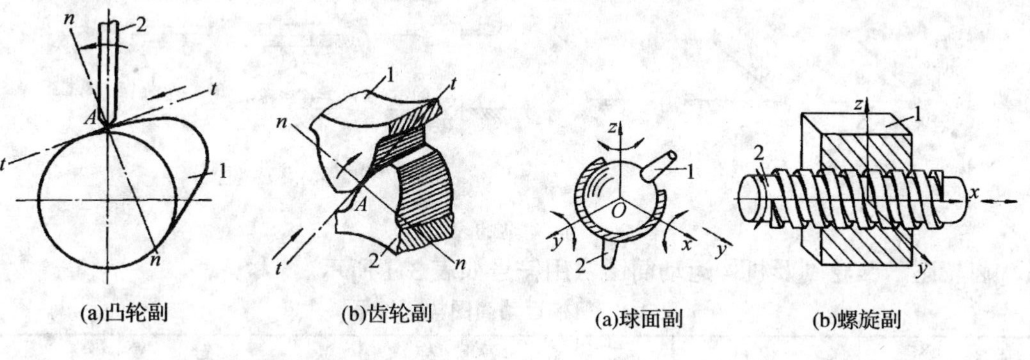

图 3.3 平面高副

图 3.4 空间运动副

3.1.2 平面机构运动简图

1. 机构运动简图及其作用

无论是分析现有机构，还是设计新机构，都需要画出能表明其运动特征的简单图形。由于机构的运动取决于主动件的运动规律、运动副的类型和数目、运动副的相对位置尺寸（即构件长度）、构件的数目，而与构件的外形、断面尺寸、组成构件的零件数目及固联方式等无关。所以，只要用简单的线条和符号来代表构件和运动副，并按一定的比例确定各运动副的相对位置，即可表明机构的运动关系。这种表示机构各构件间相对运动关系的简单图形称为机构运动简图。

机构运动简图应与它所表达的实际机构具有完全相同的运动特性。从机构运动简图可以了解机构的组成和类型，即机构中构件的数目、运动副的种类和数目、运动副的相对位置、机架和主动件。利用机构运动简图可以表达一部复杂机器的传动原理，还可进行机构的运动和动力分析。

如果只需表明机构的运动情况，也可不严格按比例绘制简图，这样的机构运动简图通常称为机构示意图。

2. 平面机构运动简图中构件和运动副的表示方法

(1) 构件的表示方法

对于轴、杆、连杆，常用一根直线表示，两端画出运动副的符号，如图 3.5（a）所示；若构件固联在一起，则涂以焊缝记号，如图 3.5（b）所示；机架的表示法如图 3.5（c）所示，其中左图为机架基本符号，右图表示机架以转动副与另一构件相连。

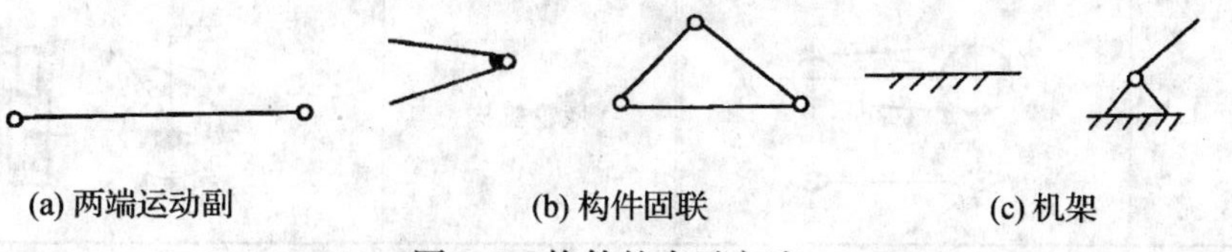

图 3.5 构件的表示方法

(2) 运动副的表示方法

两构件组成的转动副和移动副的表示方法分别如图 3.6（a)、(b）所示。如果两构件之一为机架，则在固定构件上画上斜线。

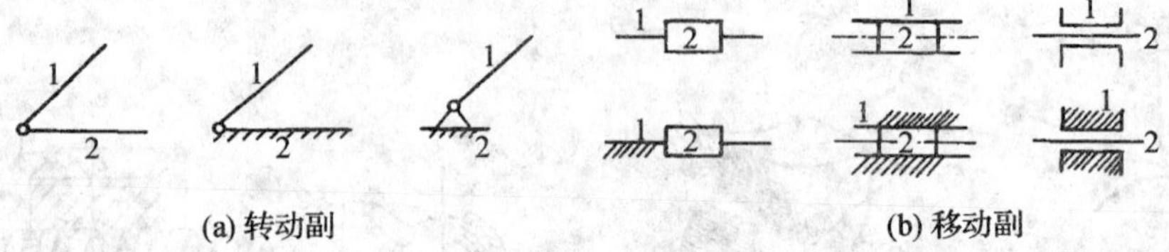

图 3.6　运动副的表示方法

齿轮副、凸轮副及机构运动简图常用符号如表 3.1 所示。

表 3.1　机构运动简图常用符号

名　称	符　号	名　称	符　号
杆的固定联接		转动副	
二副元素构件		移动副	
三副元素构件		电动机	
		向心普通轴承	
单向向心推力普通轴承		齿轮齿条机构	
凸轮机构		圆锥齿轮传动	
带传动		蜗杆传动	
链传动		棘轮机构	

续表

名称	符号	名称	符号
外啮合圆柱齿轮机构	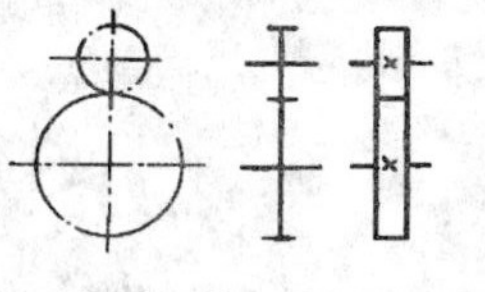	联轴器	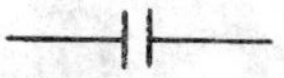
内啮合圆柱齿轮机构	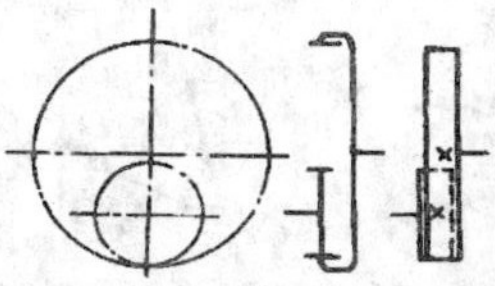	制动器	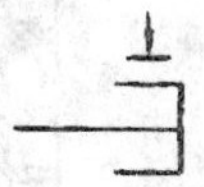

3. 绘制机构运动简图的基本方法和一般步骤

在绘制机构运动简图时，应当弄清楚机构的实际结构和运动传递情况。为此，需要首先确定原动部分和工作部分，再循着运动传递路线搞清运动关系，从而确定构件数目、运动副的类型和数目。绘制机构运动简图可按以下步骤进行。

(1) 分析结构和运动情况

分析机构的结构和运动传递情况，找出机架、主动件和从动件。从主动件开始，沿传动线路分析各构件的相对运动情况，确定运动关系。

(2) 确定构件数目、运动副的类型和数目

弄清构件数目。分析构件间的联接关系，确定运动副的类型和数目。

(3) 测量运动尺寸

测量出机构运动副间的相对位置尺寸。对于杆件，测量出杆件的长度。

(4) 选取视图平面

对于平面机构，取构件运动平面作为视图平面。

(5) 绘制机构运动简图

选择适当的比例尺，定出各运动副之间的相对位置，并以简单的线条和规定的符号画出机构运动简图。图中各运动副顺序标以大写英文字母，各构件标以阿拉伯数字，并将主动件的运动方向用箭头标明。

绘制机构运动简图的比例尺 μ_1 为

$$\mu_1=\frac{\text{运动尺寸的实际长度（m）}}{\text{图上所画的长度（mm）}}$$

下面举例说明机构运动简图的绘制方法。

【例 3.1】 绘制图 3.7（a）所示颚式破碎机的机构运动简图。

解：绘制机构运动简图的一般步骤如下。

1）分析机构的组成及运动情况。

机构运动是由电动机将运动传递给带轮 5 输入，而带轮 5 和偏心轴 1 连成一体（属同一构件），绕转动中心 A 转动；偏心轴 1 带动动颚板 2 运动；肘板 3 的一端与动颚板 2 相连，另一端与机架 4 在 D 点相连。这样，当偏心轴 1 转动时便带动动颚板 2 作平面

运动，定颚板固定不动，从而将矿石轧碎。由此可知，偏心轴 1 为主动件，动颚板 2 和肘板 3 为从动件，定颚板和 D 固定处为机架；该机构由机架和 3 个活动构件组成。

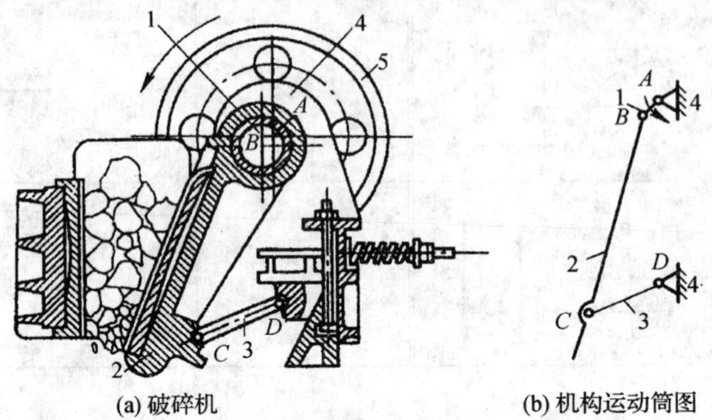

(a) 破碎机　　(b) 机构运动简图

图 3.7　颚式破碎机

2）确定构件数目、运动副的类型和数目。

偏心轴 1 与机架组成转动副 A；偏心轴 1 与动颚板 2 组成转动副 B；肘板 3 与动颚板 2 组成转动副 C；肘板 3 与机架组成转动副 D。可见该机构共有 4 个构件 4 个转动副。

3）选取视图平面。

由于该机构中各运动副的轴线互相平行，即所有活动构件均在同一平面或相互平行的平面内运动，故选构件的运动平面为绘制简图的平面。

4）选取适当的比例尺，绘制机构运动简图。

按选定的比例尺，确定各运动副的相对位置，并按规定的符号绘出运动副，如图 3.7（b）中的 4 个转动副 A、B、C、D。然后用线段将同一构件上的运动副连接起来代表构件。连接 A、B 为偏心轴 1，连接 B、C 为动颚板 2，连接 C、D 为肘板 3，并在图中机架上加画斜线，在偏心轴 1 主动件上标出箭头。这样便绘出了颚式破碎机的机构运动简图。

3.1.3　平面机构的自由度

1. 构件的自由度及其约束

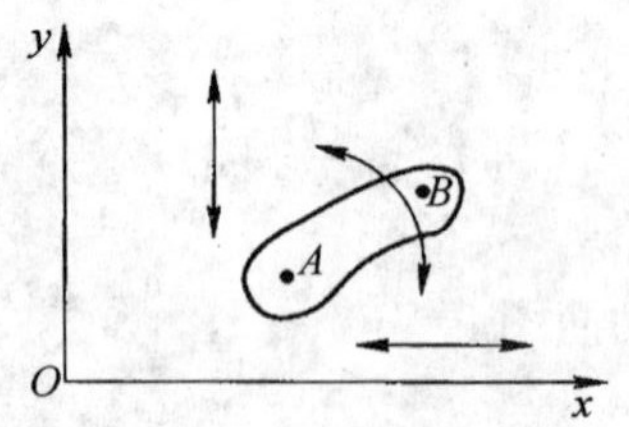

图 3.8　平面运动构件的自由度

一个构件作平面运动时，具有 3 个独立的运动：沿 x 轴和 y 轴的移动以及绕垂直于 xoy 平面的 A 轴的转动，如图 3.8 所示。构件的独立运动称为构件的自由度。所以，一个作平面运动的自由构件具有 3 个自由度。

当两个构件组成运动副之后，它们之间的相对运动就受到了限制，相应的自由度数也随之减少。这种对构件独立运动所加的限制称为约束。构件每增加一个约束，便减少一个自由度，即自由度减少的个数等于约束的数目。

运动副所引入的约束的数目与其类型有关。每个低副引入两个约束，使构件减少两个自由度；每个高副引入一个约束，使构件减少一个自由度。

2. 平面机构自由度的计算

设一个平面机构由 N 个构件组成，其中必有一个构件是机架。因机架为固定件，其自由度为零，故活动构件数 $n=N-1$。这 n 个活动构件在没有通过运动副连接时，共有3n个自由度，当用运动副将构件连接起来组成机构之后，其自由度就要减少。当引入一个低副，自由度就减少2个；当引入一个高副，自由度就减少1个。若机构中有 P_L 个低副和 P_H 个高副，则共减少 $2P_L+P_H$ 个自由度。于是，平面机构的自由度 F 为

$$F=3n-2P_L-P_H \tag{3.1}$$

式中，n——活动构件数，$n=N-1$；其中 N 为机构中的构件总数；

P_L——机构中的低副数目；

P_H——机构中的高副数目。

【例3.2】 求图3.9所示连杆机构的自由度。

解：该机构的活动构件数 $n=3$，低副数 $P_L=4$，高副数 $P_H=0$，则该连杆机构的自由度为

$$F=3n-2P_L-P_H=3\times3-2\times4-0=1$$

此机构的运动副全部是低副（转动副），所以又称为低副机构。

3. 计算平面机构自由度时应注意的问题

应用式（3.1）计算平面机构的自由度时，应注意以下几种特殊情况。

（1）复合铰链

两个以上的构件形成同轴线的转动副称为复合铰链，如图3.10（a）所示就是由3个构件组成的复合铰链，由图3.10（b）可以清楚地看出，构件1分别与构件2、构件3构成两个转动副。依此类推，由 m 个构件组成的复合铰链，其转动副的个数应为（$m-1$）。

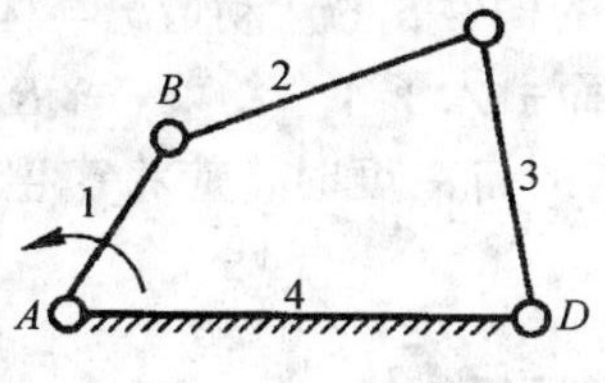

图3.9 连杆机构运动简图

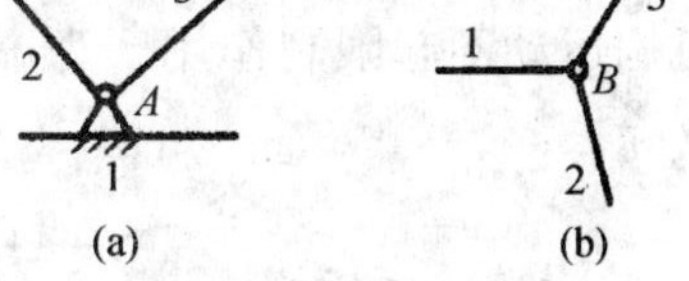

图3.10 复合铰链

【例3.3】 计算图3.11所示直线机构的自由度。

解：该机构的活动构件数 $n=7$，A、B、D、E 点为复合铰链，各有两个转动副，所以，低副数 $P_L=10$，高副数 $P_H=0$，则该机构的自由度为

$$F=3n-2P_L-P_H=3\times7-2\times10-0=1$$

（2）局部自由度

机构中某些不影响整个机构运动的自由度，称为局部自由度。在计算机构自由度

时应将局部自由度除去。

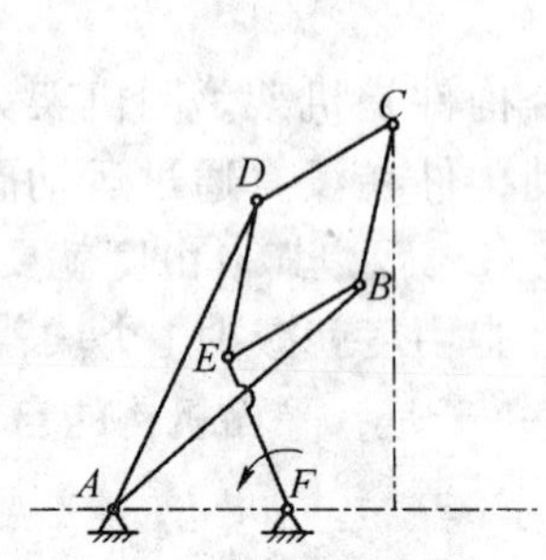

图 3.11　直线机构

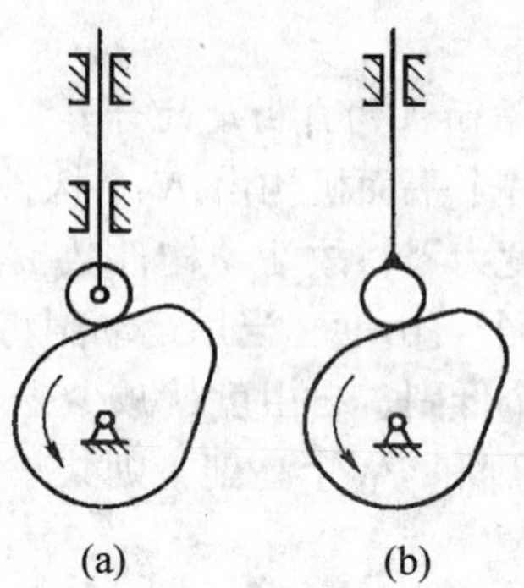

图 3.12　局部自由度

如图 3.12（a）所示的凸轮机构，滚子绕本身轴线的转动不影响其他构件的运动，该转动的自由度即为局部自由度。计算时先把滚子看成与从动件连成一体，消除局部自由度后如图 3.12（b）所示，再计算该机构的自由度。此时，该机构的活动构件数 $n=2$，低副数 $P_L=2$，高副数 $P_H=1$，则该机构的自由度为

$$F=3n-2P_L-P_H=3\times2-2\times2-1=1$$

局部自由度虽不影响机构的运动规律，但可以将高副接触处的滑动摩擦变为滚动摩擦，改善机构的工作状况，因此在机械中常有局部自由度存在。

（3）虚约束

在运动副引入的约束中，有些约束所起的限制作用是重复的，这种重复的不起独立限制作用的约束称为虚约束。在计算机构自由度时，也应将虚约束除去不计。

如图 3.13（a）所示的平行四边形机构，其自由度 $F=1$。若在构件 2 和 4 之间铰接一个与构件 1 长度相等且平行的构件 5 如图 3.13（b）所示，对机构的运动并无影响。但若按式（3.1）计算机构的自由度时，出现

$$F=3n-2P_L-P_H=3\times4-2\times6=0$$

显然，计算结果与实际情况不符。这是因为加入的构件 5 的运动情况与构件 1 完全相同。虽然多了 3 个自由度，却因增加了 2 个转动副而引入了 4 个约束。多出的一个约束对机构运动不起限制作用，为虚约束。在计算机构的自由度时，应将产生虚约束的构件 5 除去。

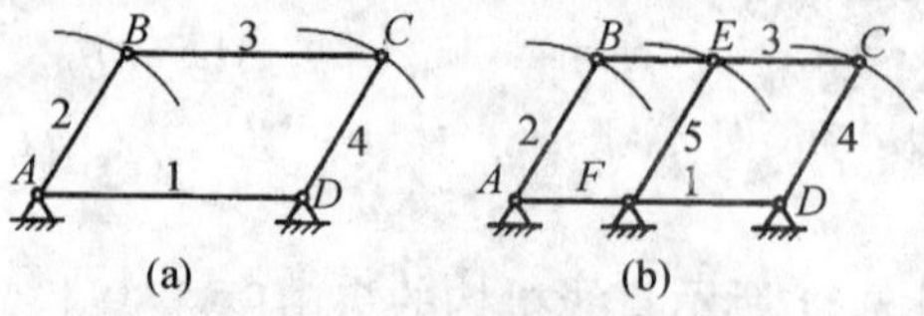

图 3.13　运动轨迹重合引入虚约束

虚约束是在特定的几何条件下出现的，平面机构中的虚约束常出现在下列场合。

①重复移动副：两构件之间组成几个导路互相平行或重合的移动副，只有一个移动副起约束作用，其他处则为虚约束，如图3.14所示。计算自由度时，只按一个移动副计算。

②重复转动副：两构件之间组成几个轴线互相平行或重合的转动副，只有一个转动副起约束作用，其他处则为虚约束，如图3.15所示。计算自由度时，只按一个转动副计算。

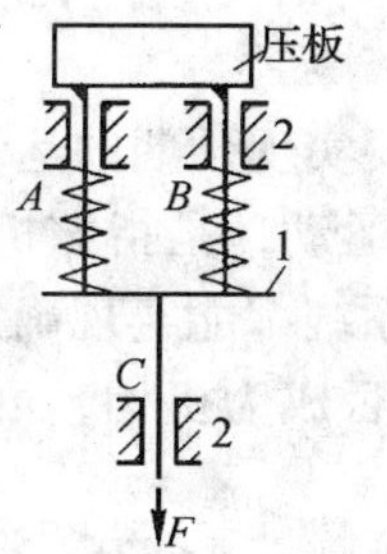

图3.14 移动方向一致引入的虚约束

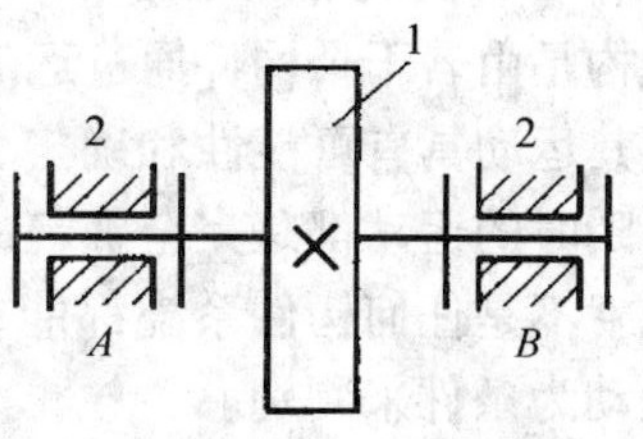

图3.15 轴线重合引入的虚约束

③重复轨迹：机构中两构件相连，连接前被连接件上连接点的轨迹和连接件上连接点的轨迹重合，则此连接引入的约束为虚约束，如图3.13（b）所示。

④重复高副：机构中对传递运动不起独立作用的对称部分称为虚约束。如图3.16所示的行星轮系，为了受力均衡，采用了3个行星轮对称布置，它们所起的作用完全相同，从运动的角度来看，只需要一个行星轮即可满足要求。因此其中只有一个行星轮所组成的运动副为有效约束。

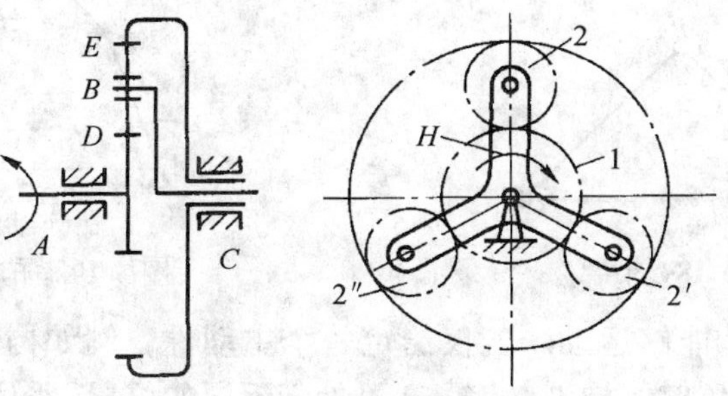

图3.16 重复高副引入的虚约束

对于重复轨迹和重复高副，在计算自由度时，将构成虚约束的构件及其运动副一起除去。

机构中引入的虚约束，并不影响机构的运动，主要是为了改善机构的受力情况或增加机构的刚度。

【例3.4】 计算如图3.17所示的大筛机构的自由度。

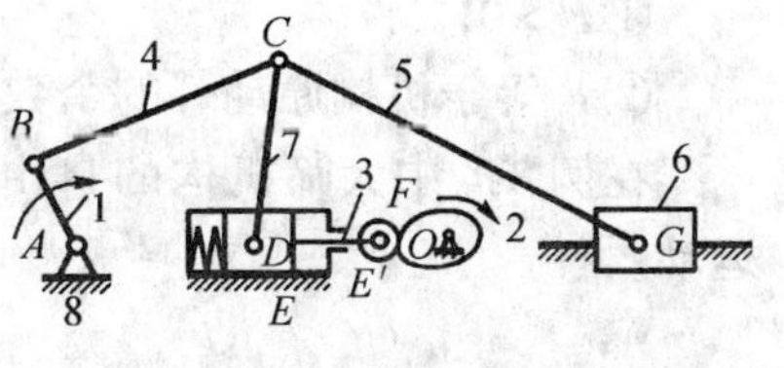

图3.17 大筛机构

解：由图可知，机构中的滚子具有局部自由度。顶杆3与机架8在 E 和 E' 处组成两个导路平行的移动副，其中之一是虚约束。C 处是复合铰链。在计算自由度时，将滚子 F 与顶杆 3 看成是连接在一起的一个整体，消除局部自由度，再去掉移动副 E 和 E' 中的一个虚约束 E'，复合铰链 C 含有 2 个转动副。因此，该机构的可动构件数为 $n=7$，低副 $P_L=9$，高副 $P_H=1$，由式（3.1）得

$$F=3n-2P_L-P_H=3\times7-2\times9-1=2$$

此机构的自由度等于 2。

4. 平面机构具有确定运动的条件

机构是由若干个构件通过运动副连接而成的，机构要实现预期的运动传递和变换，必须使其运动具有可能性和确定性。所谓机构具有确定运动，是指该机构中所有构件在任一瞬时的运动都是完全确定的。由于不是任何构件系统都能实现确定的相对运动，因此也就不是任何构件系统都能成为机构。构件系统能否成为机构，可以用是否具有确定运动为条件来判别。

如图 3.18 所示，机构的自由度等于 0（$F=3n-2P_L-P_H=3\times2-2\times3=0$），各构件之间不可能产生任何相对运动，故这样的构件组合不是机构。因此，机构具有相对运动的条件是自由度 $F>0$。

$F>0$ 的条件只表明机构能够运动，并不能说明机构运动是否确定。

如图 3.19 所示的五杆机构，其自由度为

$$F=3n-2P_L-P_H=3\times4-2\times5-0=2$$

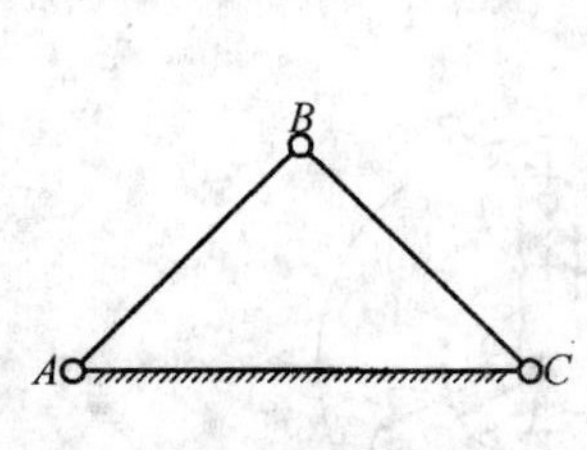

图 3.18　桁架

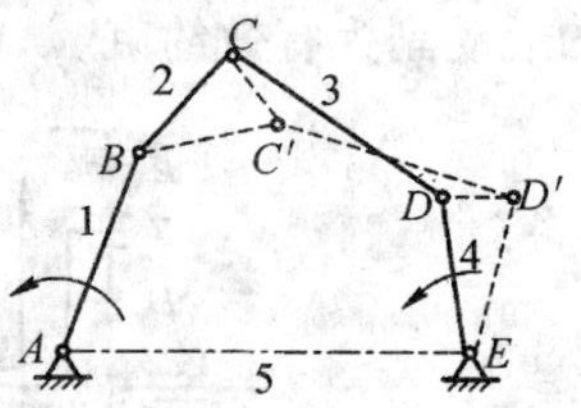

图 3.19　五杆铰链机构

$F>0$，说明机构能够运动。若仅给定一个主动件，例如构件 1 绕 A 点均匀转动，当构件 1 处于 AB 位置时，构件 2、3、4 可处于不同的位置（图示出两个位置），即这 3 个构件的运动并不确定。但若给定两个主动件，如构件 1 和 4 分别绕 A 点和 E 点转动，则构件 2、3 的运动就能完全确定。

由此可知，机构具有确定运动的条件是

①$F>0$；

②F 等于机构原动件的个数。

在例 3.4 中大筛机构的自由度等于 2，有两个主动件，故该机构具有确定的相对运动。

3.2 平面连杆机构

平面连杆机构是由若干个构件用低副联接，且各构件均在相互平行平面内运动的机构，又称为平面低副机构。平面连杆机构的优点是：构件间均为面接触，承载能力强，耐磨损；构件间的接触表面是圆柱面和平面，易于制造和获得较高的制造精度；能实现多种运动规律和运动轨迹。因此，平面连杆机构广泛应用于各种机械和仪器中。其缺点是：传动效率低；当构件数目多时，累计运动误差较大；高速运转时不平衡动载荷较大，且难于消除。

平面连杆机构中，以4个构件（连杆机构的构件常呈杆状，故又称为杆）组成的平面四杆机构用得最多。平面四杆机构不仅应用广泛，而且又是组成多杆机构的基础。在平面四杆机构中，又以铰链四杆机构为基本形式，其他形式均可以由铰链四杆机构演化得到。因此，木节将以铰链四杆机构为研究对象，讨论平面四杆机构的运动特性和设计方法。

3.2.1 铰链四杆机构的基本类型

全部用转动副联接的平面四杆机构称为铰链四杆机构。如图3.20所示，固定不动的构件4称为机架；与机架相连的构件1和构件3称为连架杆，其中能做整周转动的称为曲柄，不能做整周转动的称为摇杆；不与机架直接连接的构件2称为连杆，连杆作复杂的平面运动。

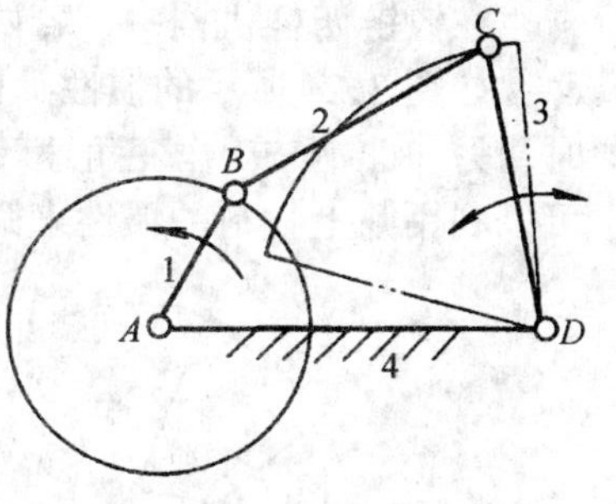

图3.20 铰链四杆机构

根据两连架杆的不同运动形式，铰链四杆机构可分为曲柄摇杆机构、双曲柄机构和双摇杆机构三种基本类型。

1. 曲柄摇杆机构

在铰链四杆机构中，若两连架杆中一个为曲柄，另一个为摇杆，则称为曲柄摇杆机构如图3.20所示。图3.20中构件1为曲柄，构件3为摇杆。曲柄和摇杆可分别作主动件，相应另一构件为从动件。

如图3.21（a）所示为牛头刨床工作台的横向进给机构。当主动齿轮1驱使从动齿轮2以及与之同轴的销盘（相当于曲柄）一起转动时，通过连杆3使带有棘爪的构件4（相当于摇杆）绕D点摆动。与此同时，棘爪推动棘轮5上的轮齿，使与棘轮固连在一起的丝杠6转动。而当构件4回摆时，棘爪在棘轮上滑过，棘轮与丝杠停止转动，从而完成工作台间歇的横向进给运动。图3.21（b）为该横向进给机构的曲柄滑块机构运动简图。

如图3.22所示为缝纫机踏板机构。当踏板为主动件（即摇杆c）作往复运动时，通过连杆b驱使曲柄a及带轮一起转动，从而使机头转动以进行缝纫工作。

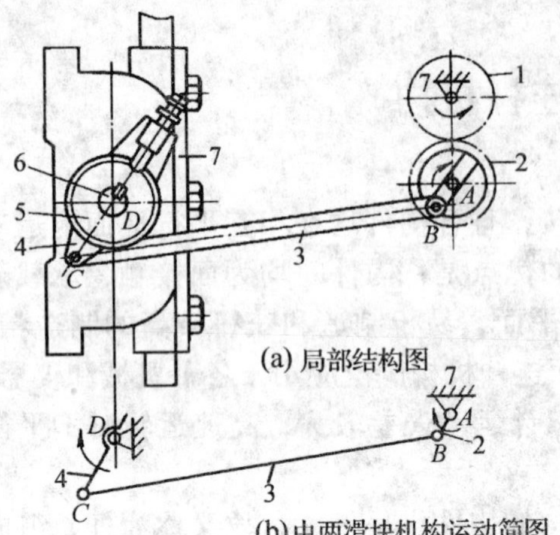

图 3.21　牛头刨床工作台的横向进给机构

1. 主动齿轮　2. 从动齿轮　3. 连杆
4. 摇杆（棘爪）　5. 棘轮　6. 丝杆　7. 机架

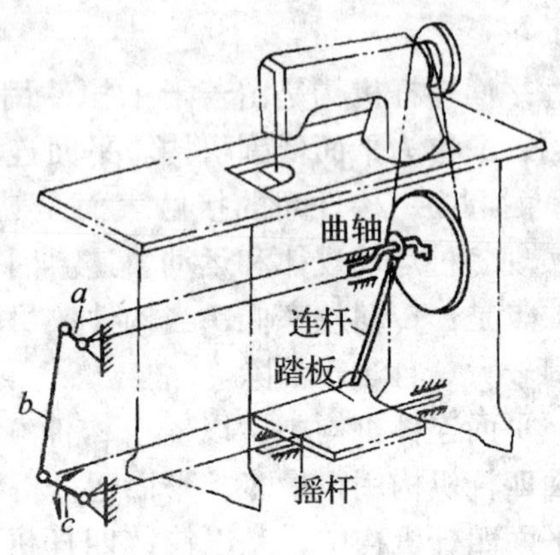

图 3.22　缝纫机踏板机构

2. 双曲柄机构

在铰链四杆机构中，若两连架杆均为曲柄，则称为双曲柄机构，如图 3.23 所示。

如图 3.24 所示的惯性筛机构中，*ABCD* 就是双曲柄机构。当曲柄 *AB* 作等角速转动时，另一曲柄 *CD* 作变角速转动，再通过构件 *CE* 使筛子产生变速直线运动。这样，便可以利用筛上物料的惯性来筛选物料。

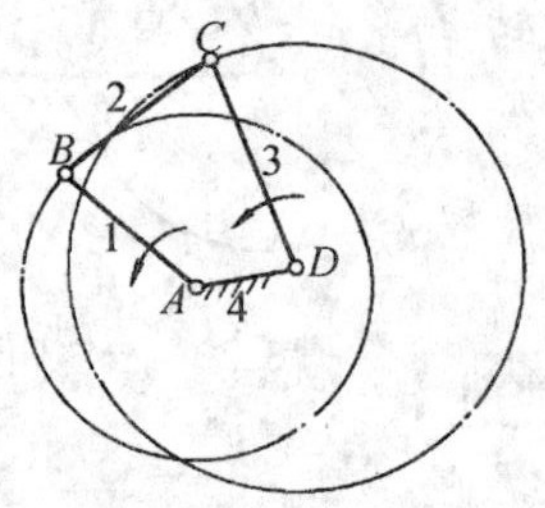

图 3.23　双曲柄机构

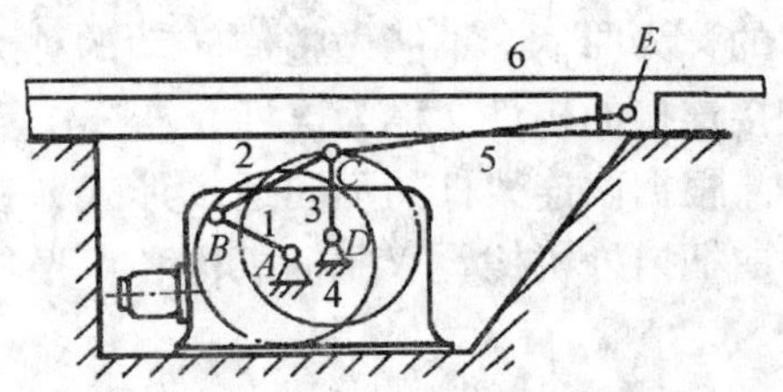

图 3.24　惯性筛机构

在双曲柄机构中，如果组成四边形的对边杆长度分别相等（即 $AB = CD$，$BC = AD$），则根据曲柄相对位置的不同，可得到如图 3.25（a）所示的正平行四杆机构和图 3.25（b）所示的反平行四杆机构。前者两连架杆 *AB*、*CD* 的转动方向相同，且角速度时时相等；后者两连架杆转动方向相反且角速度不等。如图 3.26 所示的机车驱动轮联动机构及图 3.27 所示的车门启闭机构分别是正平行四杆机构和反平行四杆机构应用的实例。

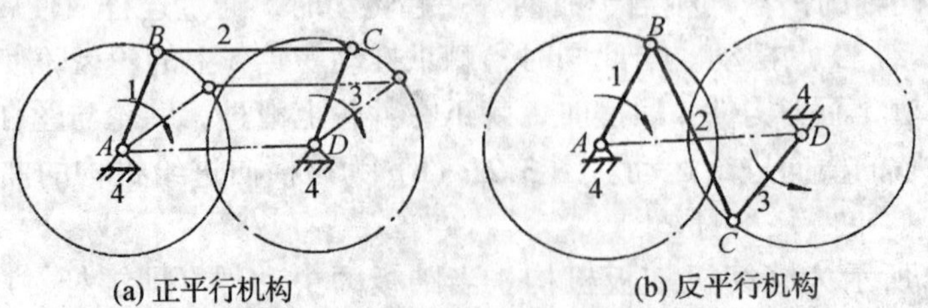

图 3.25　组成四边形的对边杆长度分别相等四杆机构

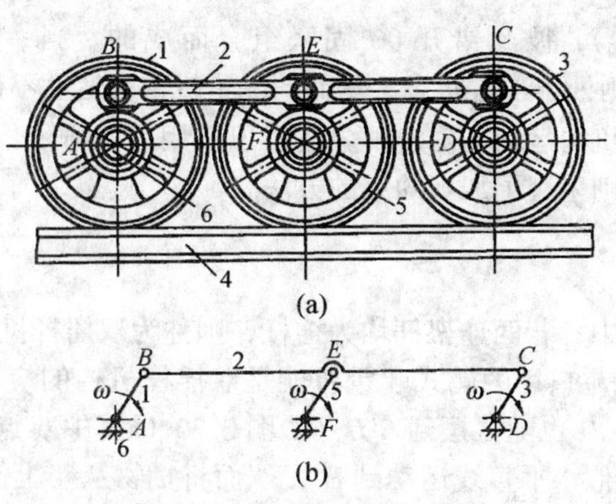

图 3.26 机车车轮的联动机构

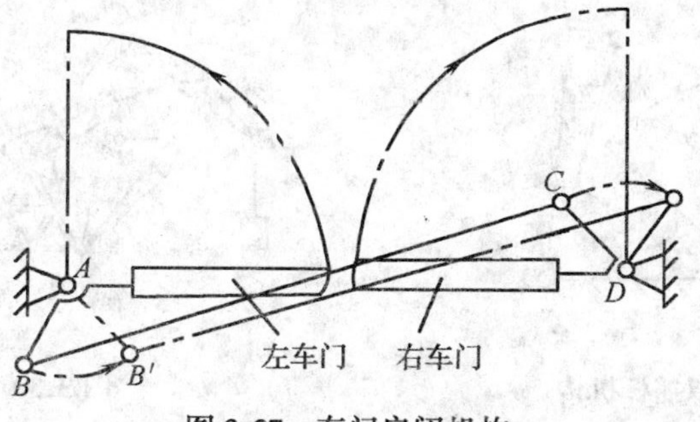

图 3.27 车门启闭机构

应当指出：如图 3.25（a）所示的正平行四杆机构在运动过程中主动曲柄 1 与连杆 2、从动曲柄 3 与连杆 2 将出现两次共线位置。如图 3.28（a）所示，当主动曲柄 1 从 B_1 转到 B_2（在 AD 线上）时，从动曲柄 3 从 C_1 转至 C_2 点（AD 延长线上），从而使 AB_2、B_2C_2、C_2D、AD 四杆共线；当主动曲柄 AB 再继续沿顺时针方向转至 B_3 时，从动曲柄 3 上的铰链 C 可能由 C_2 沿顺时针方向转到 C_3'，也可能沿逆时针方向返回到 C_3''，即出现从动曲柄运动不确定现象。

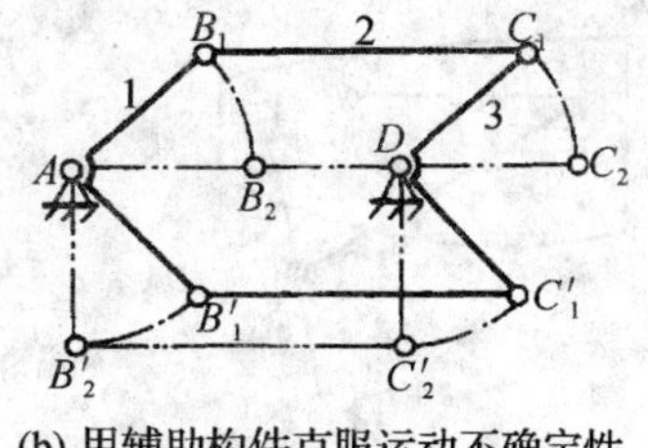

图 3.28 正平行四杆机构

为了防止这一现象发生，除可以利用从动曲柄本身的质量或再附加转动惯量较大的飞轮，依靠其惯性导向外，还可用辅助构件组成多组相同的机构，使彼此错开一定角度的方法来解决。如图 3.28（b）所示就是利用两组相同的正平行四杆机构

(AB_1C_1D 和 $AB_1'C_1'D$)，彼此错开 90°固联组合而成的。当一组处于水平共线位置 AB_2C_2D 时，另一组则处于正常状态，从而消除了机构的运动不确定现象，保证机构按预定要求运动。消除机构运动不确定现象还可以采用其他方法，如图 3.26 所示的机车车轮的联动机构中，则采用了加虚约束的方法。

3. 双摇杆机构

在铰链四杆机构中，若两连架杆均为摇杆，则称为双摇杆机构，如图 3.29 所示。

如图 3.30 所示的港口用的鹤式起重机就是双摇杆机构的应用实例，当摇杆 AB 摆到 AB' 时，另一摇杆 CD 也随之摆到 $C'D$（如图 3.30（a）中双点画线所示），使悬挂在 E 点的重物 Q 沿一近似水平直线运动到 E'，从而将货物从船上卸到岸上。图 3.30（b）所示为鹤式起重机的机构运动简图。

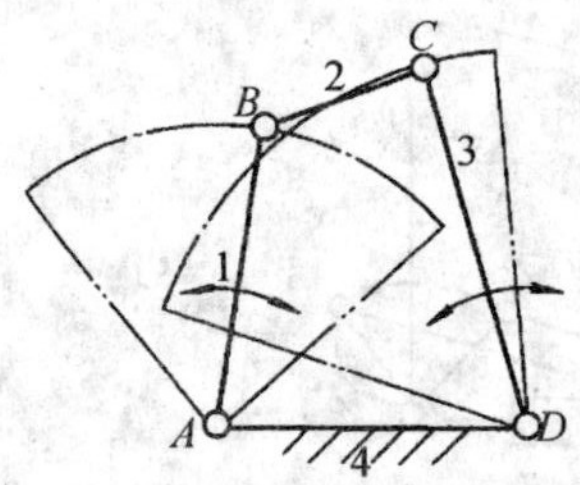

图 3.29 双摇杆机构

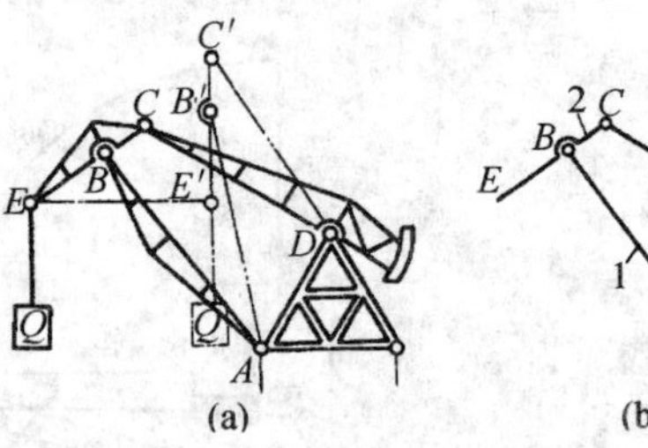

图 3.30 鹤式起重机

如图 3.31 所示为飞机起落架，所用的也是双摇杆机构。当飞机降落时，需将胶轮放下以便着陆，而当飞机飞离地面后，则需将胶轮收起。图中实线表示放下位置，双点画线为收起位置。

在双摇杆机构中，若两摇杆长度相等，则称为等腰梯形机构。如图 3.32 所示轮式车辆的前轮转向机构就是等腰梯形机构的应用实例。当车子转弯时，与两前轮固联的两摇杆摆动的角度 β 和 δ 不相等。如果在任意位置都能使两前轮轴线的交点 P 落在后轴轮轴线的延长线上，则当整个车身绕 P 点转动时，4 个车轮均能在地面上纯滚动，避免轮胎的滑动损伤。等腰梯形机构能近似满足这一要求。

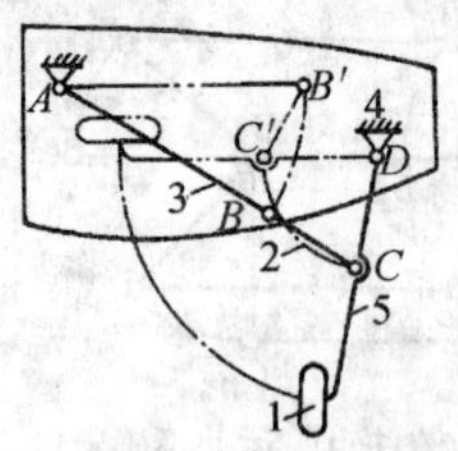

图 3.31 飞机起落架

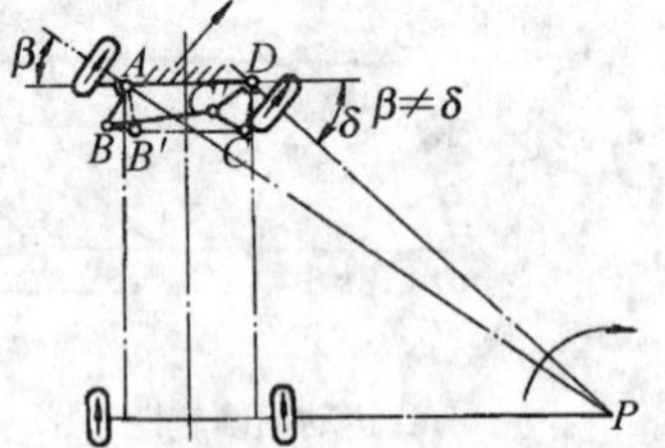

图 3.32 轮式车辆前轮转向机构

3.2.2 铰链四杆机构的演化

一般生产中广泛应用各种平面四杆机构，这些机构虽然具有不同的外形和构造，但都具有相同的运动特性，或一定的内在联系，并且都可看做是从铰链四杆机构演化而来的。揭示各种平面四杆机构间的内在联系，可为其分析和设计提供很大的方便。铰链四杆机构的演化方法有以下几种。

1. 扩大转动副，使转动副变成移动副

如图 3.33（a）所示的曲柄摇杆机构中，杆 1 为曲柄，杆 3 为摇杆。现把杆 4 作成环形槽，槽的中心在 D 点，而把杆 3 作成弧形滑块，与环形槽相配合，如图 3.33（b）所示。由于杆 3 仅在环形槽的一部分中运动，因此可将环形槽的多余部分除去，如图 3.33（c）所示。如图 3.33（a）、(b)、(c) 所示的机构中，尽管转动副 D 的形状发生了变化，但其相对运动性质却完全相同。如果再将环形槽的半径增加到无穷大，转动副的中心 D 移到无穷远处，则环形槽变成了直槽而转动副变成了移动副如图 3.33（d）所示，机构演化成偏置曲柄滑块机构。图中 e 为曲柄中心 A 至直槽中心线的垂直距离，称为偏心距。当 $e \neq 0$ 时称为偏心曲柄滑块机构。当 $e = 0$ 时称为对心曲柄滑块机构如图 3.34（a）所示，因此可以认为，曲柄滑块机构是从曲柄摇杆机构演化而来的。

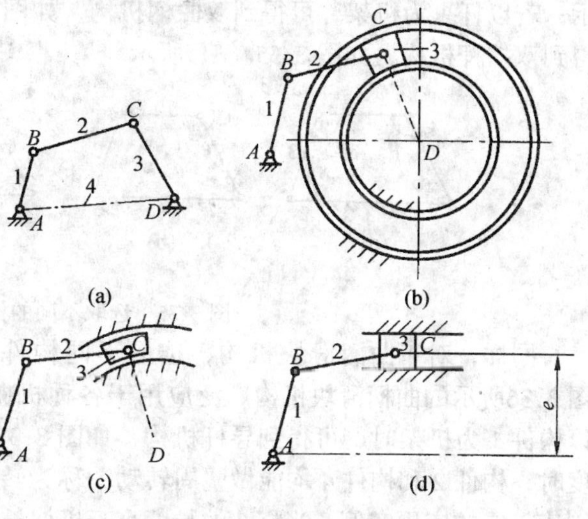

图 3.33　曲柄摇杆机构的演化

同样将转动副 C 的半径扩大，使其超过杆 2 的长度，将杆 2 改成滑块在环形槽 3 内绕 C 点转动，如图 3.34（b）所示，此时各构件的相对运动都没有发生变化。将转动副 C 的中心移到无穷远处，环形槽变成直槽，得到了移动导杆机构，如图 3.34（c）所示。若将图 3.34（a）中对心曲柄滑块机构中的转动副 B 的半径扩大，使之超过杆 1 的长度，杆 1 变成了圆盘 1，则对心曲柄滑块机构演化成偏心轮机构，如图 3.34（d）所示。

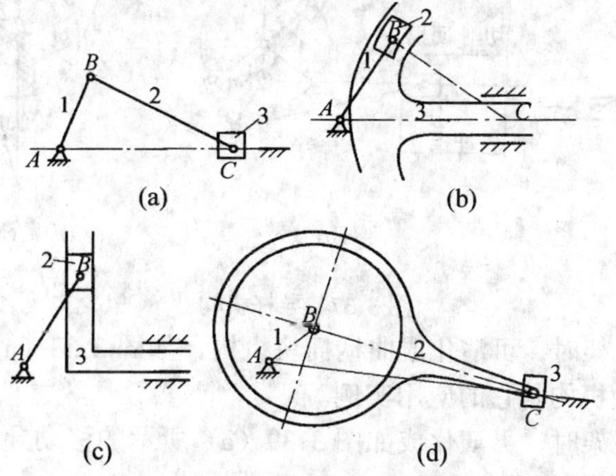

图 3.34　曲柄滑块机构的演化

2. 取不同的构件为机架

如图 3.35（a）所示的曲柄摇杆机构中，杆 1 为曲柄，α 和 β 可达 360°，而 θ 和 δ 均小于 360°，若以杆 4 或杆 2 为机架，可得到曲柄摇杆机构，如图 3.35（a）、（c）所示；若以杆 1 为机架，可得到双曲柄机构，如图 3.35（b）所示；若以杆 3 为机架，可得到双摇杆机构，如图 3.35（d）所示。

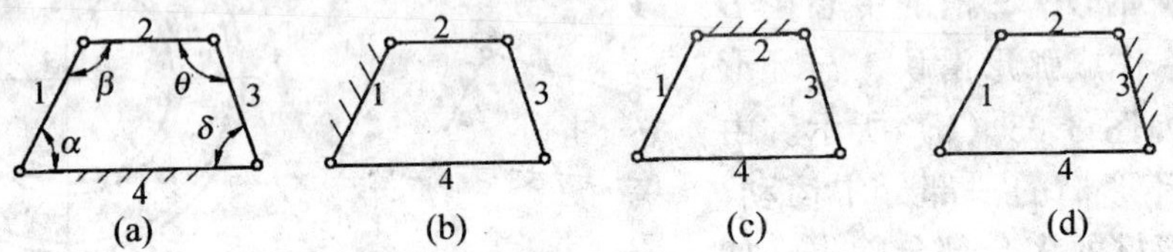

图 3.35 选取不同的构件为机架

同样，对于曲柄滑块机构，选取不同构件为机架，也可得到不同形式的机构。图 3.36所示的曲柄滑块机构广泛应用于各种机械中，如活塞式内燃机、冲床等。当它以构件 1 为机架时，可得到导杆机构，如图 3.37（a）所示，当杆 2 的长度大于机架长度时，构件 2 和构件 4 均能做整周转动，称为转动导杆机构。图 3.37（b）所示的小型刨床是它的应用实例。当杆 2 的长度小于机架长度时，导杆 4 只能作来回摆动，称摆动导杆机构，图 3.37（c）所示牛头刨床中的主运动机构是它的应用实例。

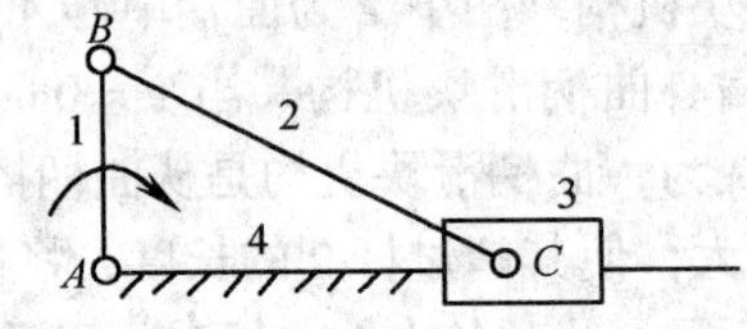

图 3.36 曲柄滑块机构

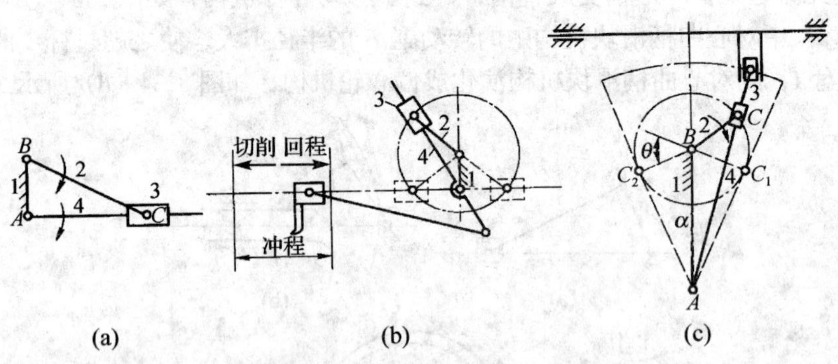

图 3.37 导杆机构

当以构件 2 为机架时，可演化成曲柄摇块机构，如图 3.38（a）所示。图 3.38（b）所示插齿机中的驱动机构是它的应用实例。

当以构件 3 为机架时，可演化成如图 3.39（a）所示的移动导杆机构，它常应用于如图 3.39（b）所示的手摇唧筒中。

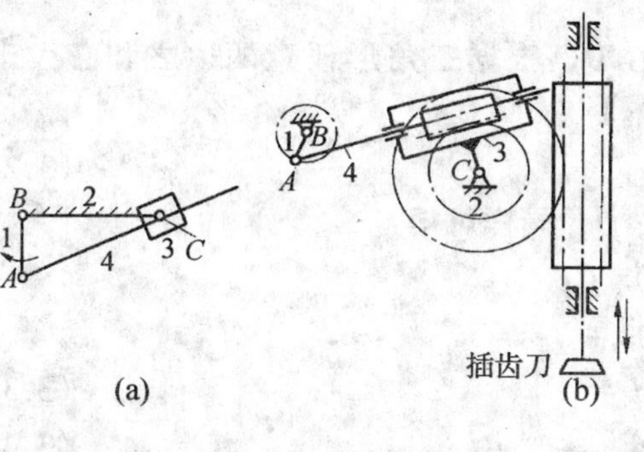

图 3.38 曲柄摇块机构

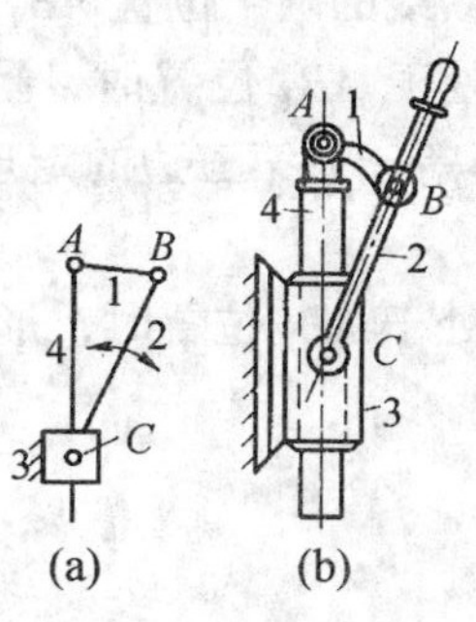

图 3.39 移动导杆机构

如以两个移动副代替铰链四杆机构中的两个转动副，便可得到三种不同形式四杆机构，如图 3.40（a）所示的曲柄移动导杆机构（正弦机构）、图 3.41（a）所示的双转块机构和图 3.42（a）所示的双滑块机构。如图 3.40（b）所示的缝纫机刺布机构、图 3.41（b）所示的十字沟槽联轴节以及图 3.42（b）所示的椭圆仪分别是它们的应用实例。

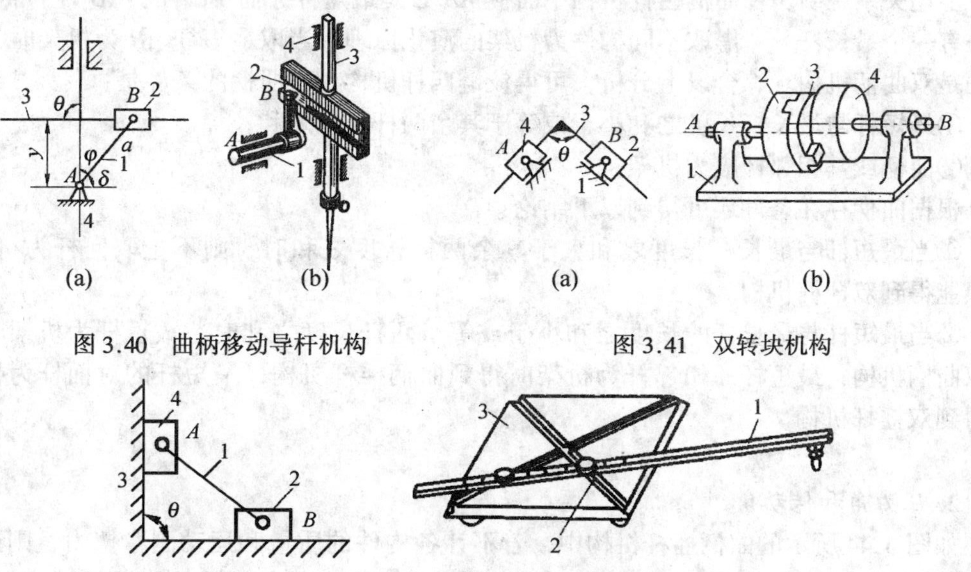

图 3.40 曲柄移动导杆机构

图 3.41 双转块机构

图 3.42 双滑块机构

3.2.3 铰链四杆机构的基本特性

1. 铰链四杆机构存在曲柄的条件

铰链四杆机构中是否存在曲柄，取决于机构中各杆的相对长度和机架的选择。如图 3.43 所示铰链四杆机构，杆 1 是曲柄，杆 2 为连杆，杆 3 为摇杆，杆 4 为机架，用 a、b、c、d 分别代表 1、2、3、4 各杆的长度。为保证杆 1 成为曲柄能作整周的回转运动，必须要求杆 1 能顺利

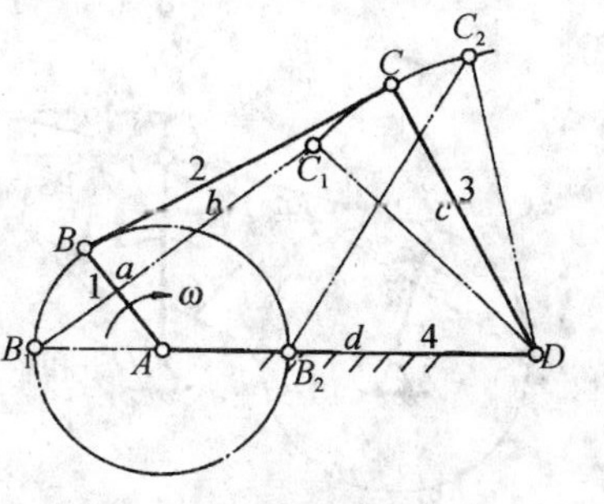

图 3.43 曲柄存在条件

通过与机架共线的两个位置 AB_1 和 AB_2。

当曲柄处于 AB_1 位置时，形成三角形 B_1C_1D，根据三角形任意两边之和必大于（极限情况下等于）第三边的定理可得

$$a+d\leqslant b+c \tag{3.2}$$

当曲柄处于 AB_2 位置时，形成三角形 $B2C2D$，同样可得

$$b\leqslant (d-a)+c$$

和

$$c\leqslant (d-a)+b$$

即

$$a+b\leqslant c+d \tag{3.3}$$

$$a+c\leqslant b+d \tag{3.4}$$

将式（3.2）、（3.3）和（3.4）两边分别相加，得

$$a\leqslant b \tag{3.5}$$

$$a\leqslant c \tag{3.6}$$

$$a\leqslant d \tag{3.7}$$

上述关系说明，在曲柄摇杆机构中曲柄 AB 必是最短杆，而 BC 杆、CD 杆和 AD 杆中必有一个最长杆。考虑取不同构件为机架的演化原理，当取最短杆 AB 为机架时，得到的是双曲柄机构。综合以上分析，可得铰链四杆机构存在曲柄的条件是：

①最短杆与最长杆长度之和小于或等于其余两杆长度之和；

②曲柄或其相邻杆应为机架。

根据曲柄存在条件还可得到以下结论：

①当最短杆与最长杆长度之和大于其余两杆长度之和时，则不论取何杆为机架，都只能得到双摇杆机构。

②当最短杆与最长杆的长度之和小于或等于两杆长度之和时，最短杆为机架时得到双曲柄机构；最短杆的相邻杆为机架时得到曲柄摇杆机构；最短杆的对面杆为机架时得到双摇杆机构。

2. 压力角和传动角

如图 3.44 所示的曲柄摇杆机构中，若不计各构件的质量和运动副摩擦力，则连杆 BC 只受两个力的作用，且作用力沿 BC 两点连线方向，于是原动件曲柄通过连杆 BC 作用于从动件摇杆 CD 的力 F 沿 BC 方向，F 可分解为两个分力 F_t 和 F_n

$$\left.\begin{aligned}F_t&=F\cos\alpha\\F_n&=F\sin\alpha\end{aligned}\right\} \tag{3.8}$$

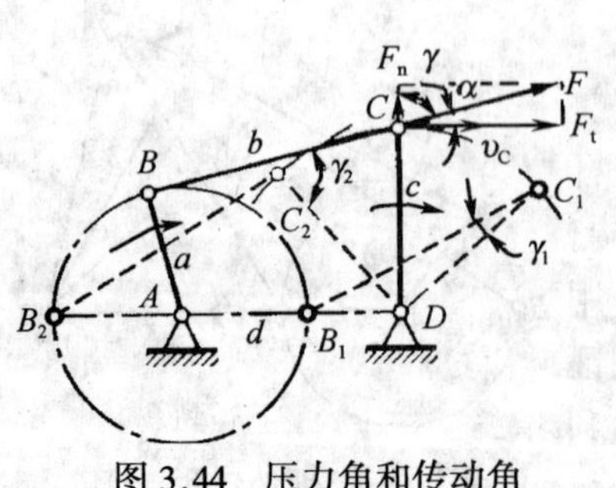

图 3.44　压力角和传动角

式中 α 为力 F 的作用线与其作用点（图 3.44 中为 C 点）速度 v_c 方向所夹的锐角，称为压力角，其余角 γ 称为传动角。

由式（3.8）可知，α 角越小或 γ 角越大，则使从动件运动的有效分力 F_t 就越大，机构的传动性能就越好，所以压力角 α 是反映机构传动性能的重要指标。在连杆机构设计中，由于传动角 γ 便于观察

和测量，故常用 γ 角来衡量连杆机构的传动性能。

为保证连杆机构具有良好的传动性，一般机械设计时要求最小传动角 $\gamma_{\min} \geqslant 40°$（即 $\alpha_{\max} \leqslant 50°$）。对高速大功率机械，则要求 $\gamma_{\min} \geqslant 50°$（即 $\alpha_{\max} \leqslant 40°$）。原动件曲柄 AB 与机架两次共线时，图 3.44 中的 γ_1 或 γ_2 必为 $\gamma_{\min}$。

3. 急回特性

在某些连杆机构中，当曲柄作等速转动时，从动件作往复运动，而且返回时的平均速度比前进时的平均速度要大，这种性质称连杆机构的急回特性。在生产实际中，利用连杆机构的急回特性可以提高产品质量并缩短非生产时间，从而提高生产效率，因而在设计各种机器时广泛考虑采用具有急回特性的连杆机构。

如图 3.45 所示的曲柄摇杆机构，在原动件曲柄 AB 作等速转动一周的过程中，它与连杆 BC 两次共线。此时从动件摇杆 CD 分别位于两极限位置 C_1D 和 C_2D，在此两极限位置时，曲柄相应的两个位置所夹的锐角称为极位夹角，用 θ 表示。

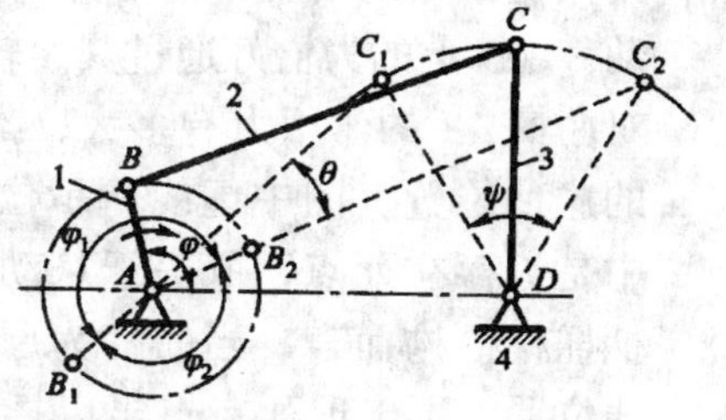

图 3.45 急回特性

当曲柄顺时针从 AB_1 转到 AB_2 位置时，转过角度 $\varphi_1 = 180° + \theta$，摇杆由 C_1D 摆至 C_2D，所需时间为 t_1，C 点的平均速度为 v_1。当曲柄顺时针从 AB_2 转到 AB_1 位置时，转过角度 $\varphi_2 = 180° - \theta$，摇杆由 C_2D 摆至 C_1D，所需时间为 t_2，C 点的平均速度为 v_2。由于曲柄等速转动，且 φ_1 大于 φ_2，所以 $t_1 > t_2$，因为摇杆 CD 来回摆动的行程相同，均为 $\overset{\frown}{C_1C_2}$，所以 $v_2 > v_1$。这说明曲柄摇杆机构具有急回特性。

连杆机构急回特性的相对程度，用行程速度变化系数 K 来表示，即

$$K = \frac{\text{从动件空回行程平均速度}}{\text{从动件工作行程平均速度}} = \frac{v_2}{v_1} = \frac{t_1}{t_2} = \frac{\varphi_1}{\varphi_2} = \frac{180° + \theta}{180° - \theta} \tag{3.9}$$

式（3.9）经变形后得

$$\theta = \frac{K-1}{K+1} \times 180° \tag{3.10}$$

由式（3.9）可见，连杆机构的急回特性取决于极位夹角 θ 的大小，θ 角越大，K 值越大，机构的急回程度越高。若 $\theta = 0°$，则 $K = 1$，机构无急特性。

对其他连杆机构，如图 3.46 所示，图 3.46（a）为对心曲柄滑块机构，因极位夹角 $\theta = 0°$，所以无急回特性；图 3.46（b）为偏心曲柄滑块机构，因极位夹角 $\theta \neq 0°$，所以有急回特性；图 3.46（c）为导杆机构，其极位夹角 θ 等于导杆摆角 Ψ，不可能等于 0，所以恒具急回特性。

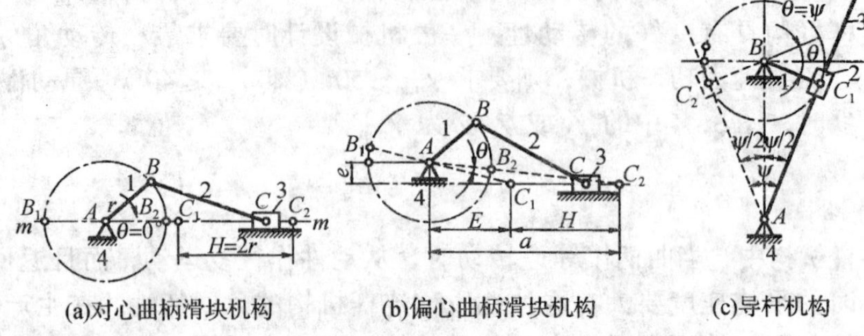

图 3.46　其他连杆机构的急回特性

4. 死点

图 3.47 所示的曲柄摇杆机构，当摇杆 *CD* 为主动件时，在曲柄与连杆共线的位置（即两者夹角 $\delta=180°$）出现传动角等于0°的情况。这时，主动件 *CD* 通过连杆作用于从动件 *AB* 上的力恰好通过其回转中心 *A*，因此不论连杆 *BC* 对曲柄 *AB* 的作用力有多大，都不能使杆 *AB* 转动，机构的这种位置（图中虚线所示位置）称为死点。四杆机构中是否存在死点，取决于从动件是否与连杆共线。对曲柄摇杆机构而言，当曲柄为原动件时，摇杆与连杆无共线位置，不出现死点；当以摇杆为主动件时，曲柄与连杆有共线位置，出现死点。

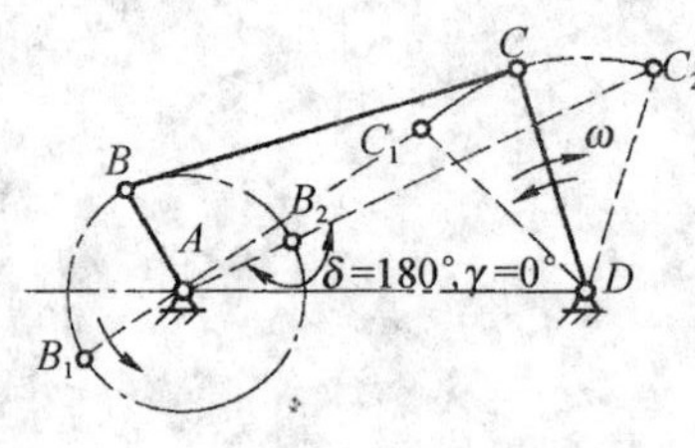

图 3.47　死点

工程上常借用飞轮使机构渡过死点，如图 3.22 所示的缝纫机，曲柄与大带轮为同一构件利用带轮的惯性使机构渡过死点。另外，还可利用机构错位排列的方法渡过死点，如图 3.48 所示的机车车轮联动机构，当一个机构处于死点位置时，可借助另一个机构来越过死点。

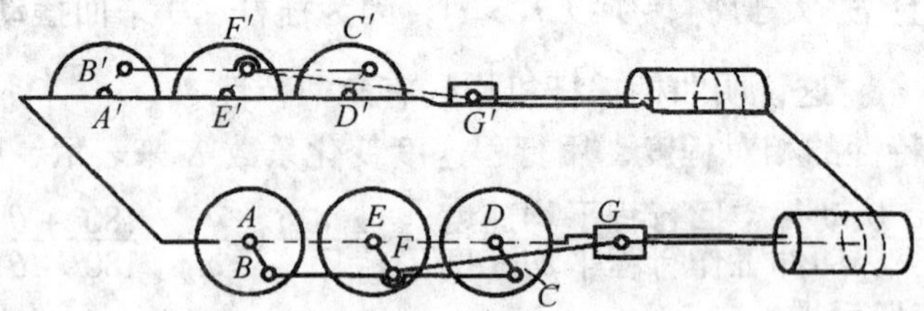

图 3.48　车轮联动机构

工程上有时也利用死点来实现一定的工作要求。如图 3.49 所示的飞机起落架，当机轮放下时，*BC* 杆与 *CD* 杆共线，机构处在死点位置，地面对机轮的力不会使 *CD* 杆转动，使降落可靠。又如图 3.50 所示的夹具，工件夹紧后 *BCD* 成一条线，即使工件反力很大也不能使机构反转，因此使夹紧牢固可靠。

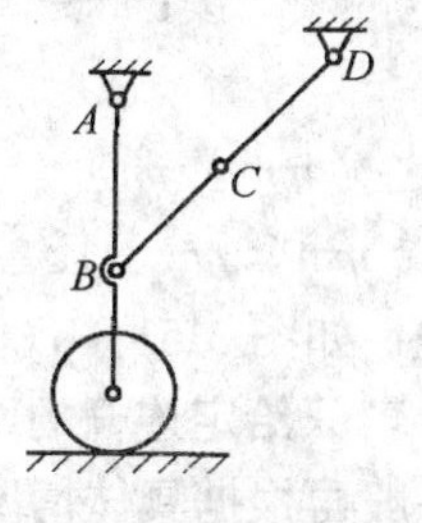

图3.49　起落架机构

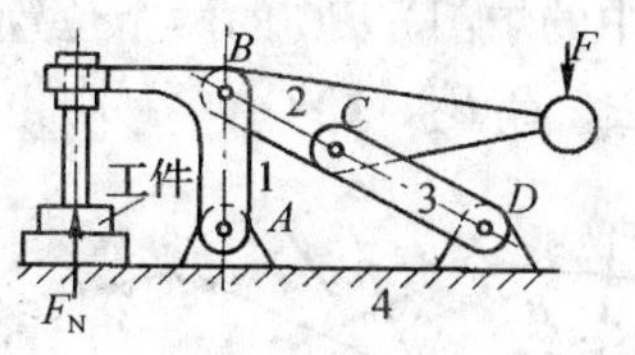

图3.50　夹紧机构

3.2.4　平面四杆机构的设计

平面四杆机构的设计指的是运动设计，即根据已知条件来确定机构中各构件的尺寸。这种设计一般可归纳为两类设计问题：

①实现给定的运动规律。如原动件等速运动时，要求从动件实现预期的急回特性或实现连杆的几组特定位置等。

②实现给定的运动轨迹。如要求连杆上某一点能沿着给定轨迹运动等。

平面四杆机构的设计方法有图解法、解析法和实验法三种。图解法直观但精度不高，解析法精确但设计复杂，实验法简便但不实用。三种方法各有其优缺点，本节只介绍图解法。

1. 按给定连杆位置设计四杆机构

如图3.51所示为加热炉的炉门，要求设计一四杆机构，把炉门从开启位置 B_2C_2（炉门水平位置，受热面向下）转变为关闭位置 B_1C_1（炉门垂直位置，受热面朝向炉膛）。

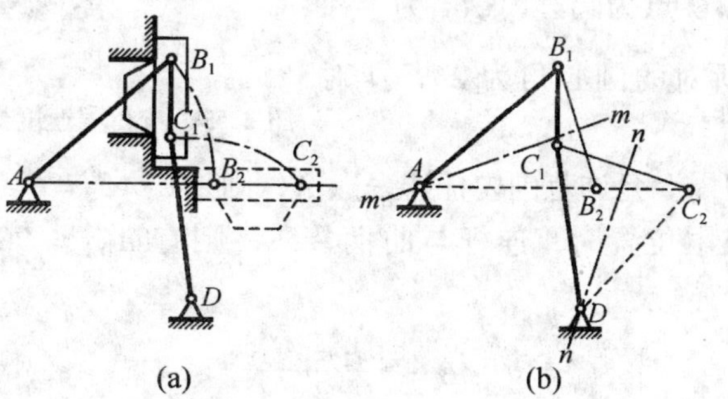

图3.51　加热炉门

本例中，炉门即是要设计的四杆机构中的连杆。因此设计的主要问题是根据给定的连杆长度及两个位置来确定另外三杆的长度（实际上即是确定两连架杆 AB 及 CD 的回转中心 A 和 D 的位置）。

由于连杆上 B 点的运动轨迹是以 A 为圆心，以 AB 长为半径的圆弧，所以 A 点必在 B_1、B_2 连线的垂直平分线上，同理可得 D 点也必在 C_1、C_2 连线的垂直平分线上。因此可得如下设计步骤：

①选取适当的长度比例尺 μ_1（μ_1 = 实际尺寸/作图尺寸），按已知条件画出连杆（如本例中的炉门）BC 的两个位置 B_1C_1、B_2C_2。

②连接 B_1B_2、C_1C_2，分别作 B_1B_2、C_1C_2 的垂直平分线 mm、nn。

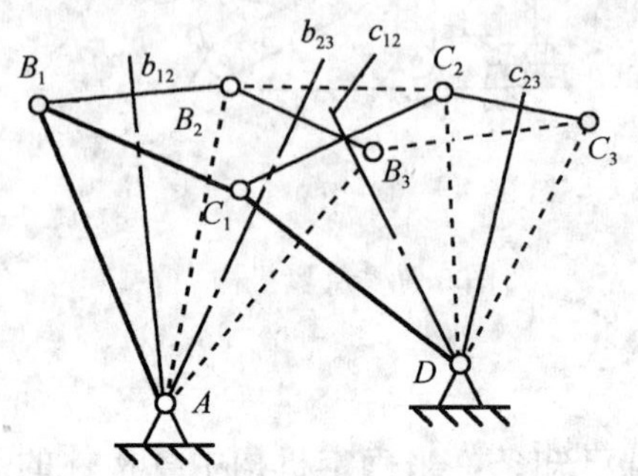

图 3.52　按给定连杆 3 个位置设计四杆机构

③分别在直线 mm、nn 上任意选取一点作为转动中心 A、D，如图 3.51（b）所示。

由以上可见，若只给定连杆的两个位置，则有无穷多个解，一般再根据具体情况由辅助条件（比如最小传动角、各杆尺寸范围或其他结构要求等）得到确定解。如果给定连杆的 3 个位置，设计过程与上述相同，但由于三点（如 B_1、B_2、B_3）可确定一个圆，故转动中心 A、D 能够唯一确定，即有唯一解，如图 3.52 所示。

2. 按给定行程速度变化系数 K 设计四杆机构

已知摇杆 CD 的长度 l_{CD}、摆角 ψ 和行程速度变化系数 K，试设计该曲柄摇杆机构。

设计的关键是确定固定铰链 A 的位置，具体设计步骤如下：

①选取适当比例尺 μ_1，按摇杆长度 l_{CD} 和摆角 ψ 作出摇杆的两极限位置 C_1D 和 C_2D，如图 3.53 所示。

②由公式（3.10）$\theta = \dfrac{K-1}{K+1} \times 180°$ 算出极位夹角 θ。

③连接 C_1C_2，作 $\angle C_1C_2O = \angle C_2C_1O = 90° - \theta$ 得一点 O，以 O 点为圆心，OC_1 为半径作辅助圆，则 $\overset{\frown}{C_1C_2}$ 所对的圆心角为 2θ，所对的圆周角为 θ。

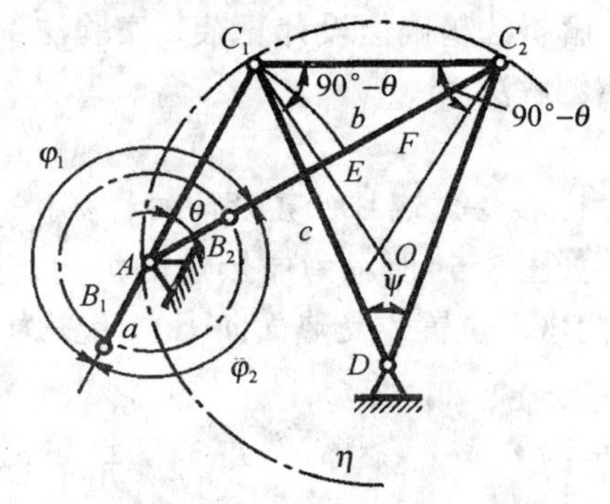

图 3.53　按行程速度变化系数设计四杆机构

④在辅助圆的圆周上允许范围内任选一点 A，则 $\angle C_1AC_2 = \theta$。

⑤由于摇杆在极限位置时，连杆与曲柄共线，则有 $AC_1 = BC - AB$，$AC_2 = BC + AB$，故有

$$AB = \frac{AC_2 - AC_1}{2}$$

$$BC = \frac{AC_2 + AC_1}{2}$$

由上述两式求得 AB、BC 和由图中量取 AD 后，可得曲柄、连杆、机架的实际长度分别为

$$l_{AB} = AB \cdot \mu_1$$

$$l_{BC} = BC \cdot \mu_1$$

$$l_{AD} = AD \cdot \mu_1$$

3.3　凸轮机构及其设计

与连杆机构一样，凸轮机构也是平面机构中的常用机构之一，广泛应用于各种机械和自动控制装置中。本节主要介绍凸轮机构的类型、从动件的常用运动规律及凸轮轮廓设计方法

3.3.1　概述

1. 凸轮机构的特点

如图 3.54 所示为单轴转塔车床上的刀架进给凸轮机构，原动件凸轮 1 匀速转动时，其轮廓驱使扇形齿轮 2 按预期运动规律绕 O 轴转动，带动与刀架固定在一起的齿条 3 作往复进给运动。如图 3.55 所示为内燃机的配气机构，原动件凸轮 1 做匀速转动时，通过其向径的变化驱使从，动件阀杆 2 按预期运动规律做上下往复运动，从而实现气阀的开启和关闭。

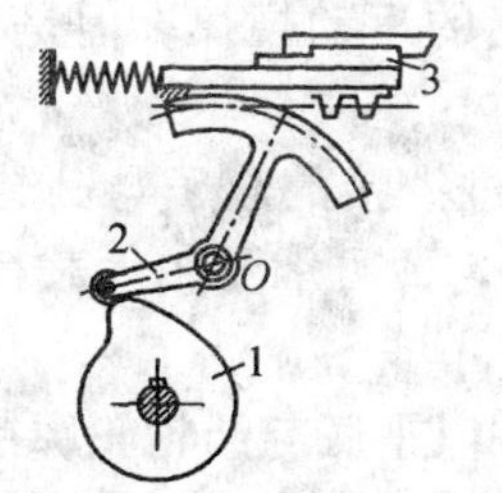

图 3.54　转塔车床刀架进给凸轮机构
1. 凸轮　2. 扇形齿轮　3. 齿条

图 3.55　内燃机的配气机构
1. 凸轮　2. 阀杆
3. 机架　4. 弹簧

以上两例中均含有一个凸轮，凸轮是指具有某种曲线轮廓或凹槽的构件，含有凸轮的机构称为凸轮机构。凸轮机构一般由凸轮、从动件和机架 3 个构件组成。通常凸轮为原动件，作连续等速转动，从动件（如推杆或摆杆）按预定规律作往复移动或摆动。

凸轮机构的特点是：

①结构简单、紧凑。

②设计方便。只需要设计出适当的凸轮轮廓，就可使从动件实现任何预期的运动规律。

③易磨损。因为凸轮副是高副，容易磨损。故凸轮机构主要用于传递动力不大的场合。

2. 凸轮机构的分类

凸轮机构有以下几种分类方法。

(1) 按凸轮的形状不同可把凸轮分为三种

①盘形凸轮：绕固定轴转动且向径变化的凸轮称为盘形凸轮。盘形凸轮是凸轮的基本形式，如图 3.54 和图 3.55 所示，是平面凸轮机构。

②移动凸轮：当盘形凸轮的回转中心趋于无穷远时，凸轮就作往复直线移动，这种凸轮称为移动凸轮，如图 3.56 所示，仍然是平面凸轮机构。

③圆柱凸轮：它可以看作是移动凸轮绕在圆柱体上演化而成的，从动件与凸轮之间的相对运动为空间运动，因此圆柱凸轮是空间凸轮机构，如图 3.57 所示。

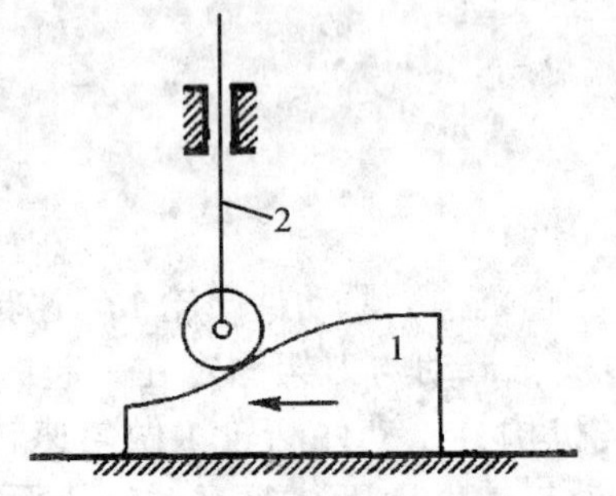

图 3.56　移动凸轮

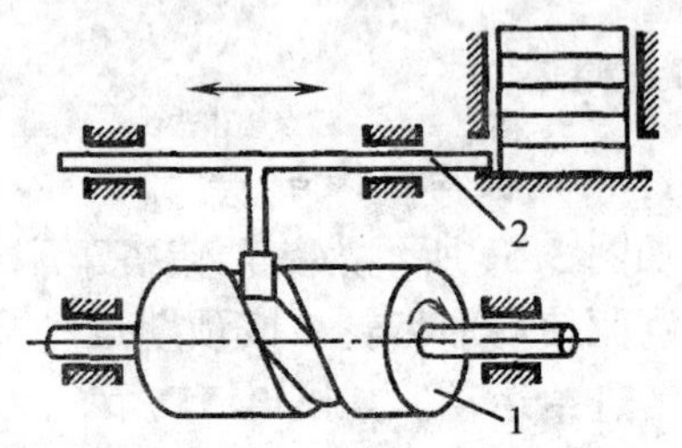

图 3.57　自动送料凸轮机构

(2) 按从动件结构形状不同可分三类

①尖顶从动件：如图 3.58（a）所示，这种从动件以尖顶与凸轮接触，结构简单，能与任何曲线轮廓的凸轮保持接触，可实现任意预定的运动规律。但是尖顶易磨损，故这种从动件只适用于低速、轻载的凸轮机构中。

②滚子从动件：如图 3.58（b）所示，从动件通过铰接的滚子与凸轮轮廓保持接触，由于滚子与凸轮之间是滚动摩擦，故磨损小而均匀，可承受较大载荷，因此应用最普遍。

③平底从动件：如图 3.58（c）所示，这种从动件以平底与凸轮轮廓接触。若不考虑摩擦，凸轮对于这种从动件的作用力始终垂直于平底，传动效率最高；另外，凸轮与平底之间形成楔形油膜，便于润滑和减少磨损，所以平底从动件常用于高速凸轮机构中。其缺点是不能用于具有内凹或凹槽轮廓的凸轮机构。

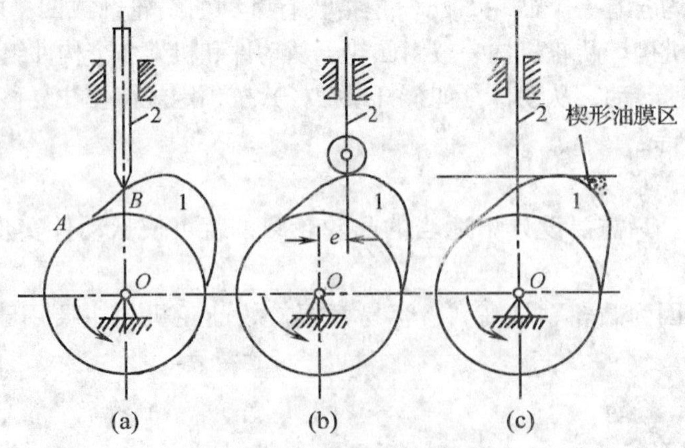

图 3.58　从动件的形状

除以上两种分类方法外，还可按从动件的运动形式分为移动从动件（如图 3.55、图

3.56和图3.58所示和摆动从动件如图3.54所示的凸轮机构；按从动件与凸轮保持接触的方式，分为力封闭凸轮机构（依靠弹性力或重力使从动件与凸轮保持接触，如图3.54、图3.55和图3.56所示）和形封闭凸轮机构（依靠凸轮或从动件的几何形状，使从动件与凸轮保持接触，如图3.59所示等宽凸轮机构和如图3.60所示等径凸轮机构）。

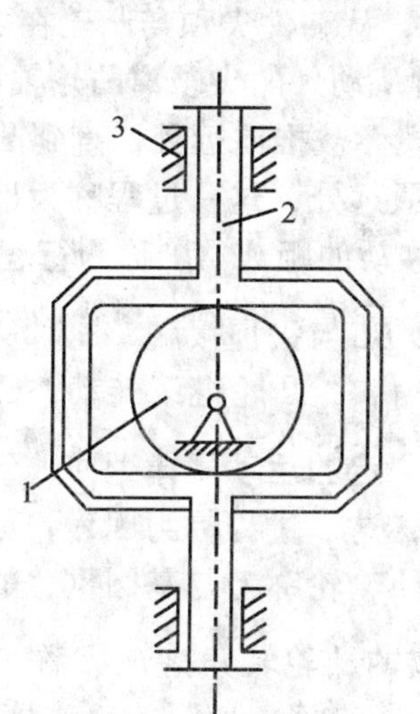

图3.59 等宽凸轮机构

1. 凸轮 2. 从动件 3. 机架

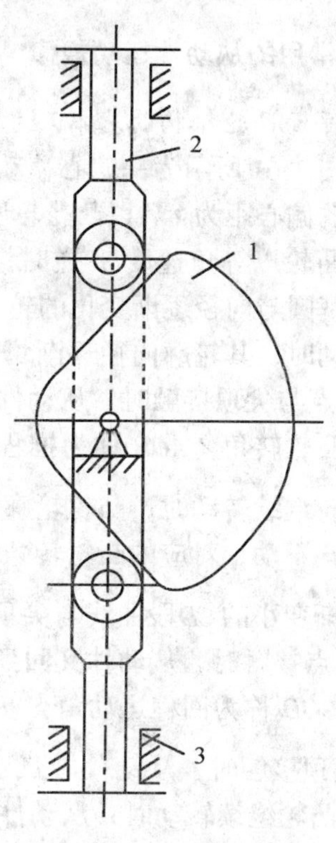

图3.60 等径凸轮机构

1. 等径凸轮 2. 从动件 3. 机架

3. 凸轮和滚子的材料

在凸轮传动机构中，凸轮轮廓与从动件之间理论上为点或线接触，接触处有相对运动并承受较大的反复作用的接触应力，因此容易发生磨损和疲劳点蚀。这就要求凸轮和滚子的工作表面硬度高、耐磨，具有足够的表面接触强度。同时，凸轮传动还经常受到冲击载荷的作用，所以凸轮轮心要有较大的韧性。凸轮常用材料及热处理如表3.2所示。

表3.2 凸轮常用材料及热处理

使用场合	材料	热处理
速度较低、载荷不大的一般场合	45	调质230～260HBS
	HT200、HT250、HT300	170～250HBS
	QT600—3	190～270HBS
速度较高、载荷较大的重要场合	45、40Cr	表面淬火40～50HRC
		高频淬火52～58HRC
	20Cr、20CrMnTi	渗碳淬火56～62HRC
	38CrMoAlA、35CrAlA	渗氮＞60HRC

从动件接触端（尖顶、滚子、平底）可采用与凸轮相同的材料。由于从动件接触端的工作次数比凸轮工作表面上各点的多，故二者材料和硬度相同时，从动件端部总比凸轮先磨损。但从动件易制造、易更换。因此，从动件一般可以采用45钢，接触端经表面淬火，使表面硬度达到40～45HRC即可。

3.3.2 常用的从动件运动规律

1. 平面凸轮机构的基本尺寸和运动参数

如图3.61所示为一偏心移动尖顶从动件盘形凸轮机构，从动件移动导路至凸轮转动中心的偏心距为 e。以凸轮轮廓的最小向径 r_0 为半径所作的圆称为基圆，r_0 为基圆半径，凸轮以等角速度 ω 逆时针转动。在图示位置，从动件尖顶与凸轮在 A 点接触，A 点是基圆与向径逐渐变化的轮廓曲线的交点，此时从动件的尖顶离凸轮轴轴心最近。凸轮转动时，其轮廓向径逐渐增大，从动件按一定规律被推向远处，直到凸轮向径最大的 B 点与尖顶接触时，从动件被推到离凸轮轴心最远处，这一过程称为推程。与之对应的凸轮转角$\angle AOB$ 称为推程运动角 ϕ，从动件移动的距离 AB' 称为行程，用 h 表示；凸轮继续转动时，凸轮轮廓上的一段等半径圆弧$\overset{\frown}{BC}$与尖顶接触，此时从动件在最远处停止不动，对应的凸轮转角$\angle BOC$ 称为远休止角 ϕ_s；凸轮继续转动，凸轮轮廓上向径逐渐变小的$\overset{\frown}{CD}$段曲线与尖顶接触，从动件就按一定的运动规律返回，到凸轮与尖顶在 D 点接触时，从动件又回到离凸轮轴心最近处，这一过程称为回程，对应的凸轮转角$\angle COD$ 称为回程运动角 ϕ'；凸轮继续转动，当凸轮轮廓上与基圆重合的一段圆弧$\overset{\frown}{DA}$与尖顶接触时，从动件在最近处停止不动，对应的凸轮转角$\angle DOA$ 称为近休止角 ϕ_s'。当凸轮继续转动时，从动件将重复上述的“升—停—降—停”的运动循环。

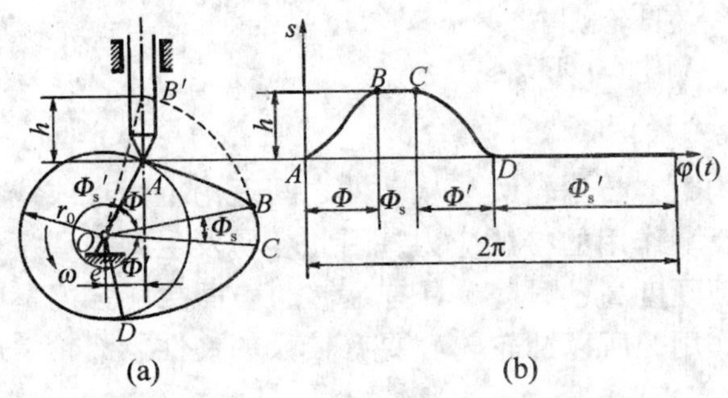

图3.61 凸轮机构的运动过程

然而，并不是所有凸轮机构的从动件都必须有“升—停—降—停”这样的运动循环，实际上，从动件的运动循环应根据工作要求的不同而只有“升—停—降”或“升—降—停”或“升—降”等的循环过程。

从动件运动循环的规律就称为从动件的运动规律，或者说，从动件的运动规律就是指从动件的运动参数（即位移、速度和加速度）随时间而变化的规律。当凸轮作匀速转动时，其转角 φ 与时间成正比，所以从动件的运动规律也可以用从动件的运动参数随凸轮转角 φ 而变化的规律来表示，即

$$s=f_1(\varphi),\ v=f_2(\varphi),\ a=f_3(\varphi)$$

称为从动件的运动方程。运动方程通常用凸轮转角 φ 或时间 t 为横坐标，相应运动参数 s、v、a 为纵坐标的运动线图来表示，因此，可用从动件的运动线图来表示其运动规律。

根据上述分析可知，从动件的运动规律取决于凸轮的轮廓形状，轮廓形状不同，从动件的运动规律也会随之变化。所以，设计凸轮的轮廓时，首先就要确定从动件的运动规律。

2. 常用的从动件运动规律

从动件的运动规律有很多种，常用的运动规律有等速运动规律、等加速等减速运动规律、余弦运动规律、正弦运动规律等。它们的运动线图如图 3.62 所示，运动方程如表 3.3 所示。

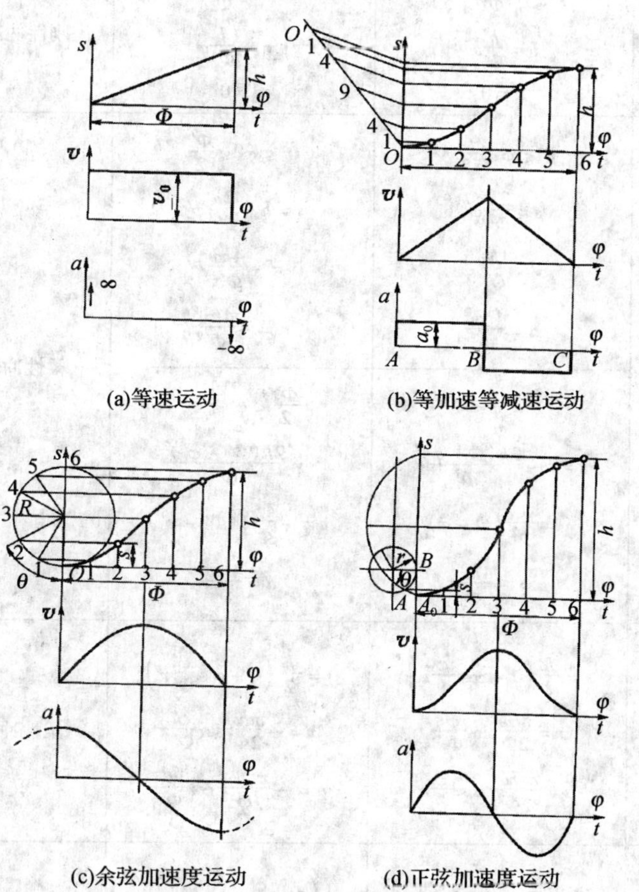

图 3.62 常用的从动件运动规律

由图 3.62 的运动线图可知，从动件作等速运动时，在行程开始和终止的两个位置，速度发生突变，因此在理论上有无穷大的惯性力，使机构产生强烈的“刚性冲击”，故等速运动规律只能用于低速轻载的场合；从动件作等加速、等减速运动时，在加速度

线图上的 A、B、C 三点发生加速度突变，使机构产生有限的“柔性冲击”，因此这种运动规律可用于中速轻载场合；从动件按余弦加速度规律运动时，在行程开始和终止的两个位置，加速度也发生有限突变，导致机构产生“柔性冲击”，故这种运动规律可用于中速场合；从动件按正弦加速度规律运动时，在整个行程中无速度和加速度的突变，不会使机构产生冲击，所以适用于高速场合。常用从动件运动规律的运动方程及其性质如表 3.3 所示。

应该指出，除了以上几种常用的从动件运动规律外，有时还要求从动件实现特定的运动规律，其动力性能的好坏及适用场合，仍可参考上述方法进行分析。

表 3.3　常用的从动件运动规律及运动特性

运动规律	运动方程		冲击性质	适用范围
	推程 $0° \leqslant \varphi \leqslant \Phi$	回程 $0° \leqslant \varphi' \leqslant \Phi'$		
等速运动	$s=\frac{h}{\Phi}\varphi$ $v=\frac{h}{\Phi}\omega$ $a=0$	$s=h-\frac{h}{\Phi'}\varphi'$ $v=-\frac{h}{\Phi'}\varphi$ $a=0$	刚性冲击	低速轻载
等加速等减速运动	$0° \leqslant \varphi \leqslant \frac{\Phi}{2}$ $s=\frac{2h}{\Phi^2}\varphi^2$ $v=\frac{4h\omega}{\Phi^2}\varphi$ $a=\frac{4h\omega^2}{\Phi^2}$	$0° \leqslant \varphi' \leqslant \frac{\Phi'}{2}$ $s=h-\frac{2h}{\Phi'^2}\varphi'^2$ $v=-\frac{4h\omega}{\Phi'^2}\varphi'$ $a=-\frac{4h\omega^2}{\Phi'^2}$	柔性冲击	中速轻载
	$\frac{\Phi}{2} < \varphi \leqslant \Phi$ $s=h-\frac{2h(\Phi-\varphi)^2}{\Phi^2}$ $v=\frac{4h\omega}{\Phi^2}(\Phi-\varphi)$ $a=-\frac{4hw^2}{\Phi^2}$	$\frac{\Phi'}{2} < \varphi' \leqslant \Phi'$ $s=\frac{2h(\Phi'-\varphi')^2}{\Phi'^2}$ $v=-\frac{4h\omega}{\Phi'^2}(\Phi'-\varphi')$ $a=\frac{4hw^2}{\Phi'^2}$		
余弦加速度运动(简谐运动)	$s=\frac{h}{2}\left(1-\cos\frac{\varphi}{\Phi}\pi\right)$ $v=\frac{\pi h\omega}{2\Phi}\sin\frac{\varphi}{\Phi}\pi$ $a=\frac{\pi^2 h\omega^2}{2\Phi^2}\cos\frac{\varphi}{\Phi}\pi$	$s=\frac{h}{2}\left(1+\cos\frac{\varphi'}{\Phi'}\pi\right)$ $v=-\frac{\pi h\omega}{2\Phi'}\sin\frac{\varphi'}{\Phi'}\pi$ $a=-\frac{\pi^2 h\omega^2}{2\Phi'^2}\cos\frac{\varphi'}{\Phi'}\pi$	柔性冲击	中低速中载或重载
正弦加速度运动(摆线运动)	$s=h\left(\frac{\varphi}{\Phi}-\frac{1}{2\pi}\sin\frac{2\varphi}{\Phi}\pi\right)$ $v=\frac{h\omega}{\Phi}\left(1-\cos\frac{2\varphi}{\Phi}\pi\right)$ $a=\frac{2\pi h\omega^2}{\Phi^2}\sin\frac{2\varphi}{\Phi}\pi$	$s=h\left(1-\frac{\varphi'}{\Phi'}+\frac{1}{2\pi}\sin\frac{2\varphi'}{\Phi'}\pi\right)$ $v=-\frac{h\omega}{\Phi'}\left(1-\cos\frac{2\varphi'}{\Phi'}\pi\right)$ $a=-\frac{2\pi h\omega^2}{\Phi'^2}\sin\frac{2\varphi'}{\Phi'}\pi$	无冲击	中高速重载

在选择从动件的运动规律时，应根据机器工作时的运动要求来确定。如机床中控制刀架进刀的凸轮机构，要求刀架进刀时作等速运动，所以应选择从动件作等速运动的运动规律。至于行程始末端，可以通过拼接其他运动规律曲线来消除冲击。对无一定运动要求，只需要从动件有一定位移的凸轮机构，如夹紧、送料等凸轮机构，可只考虑加工方便，采用圆弧、直线等组成的凸轮轮廓。对于高速凸轮机构，应减小惯性力所造成的冲击，多选择从动件作正弦加速度运动规律或其他改进型的运动规律。

3.3.3 凸轮轮廓设计

1. *反转法原理*

在确定从动件的运动规律后，就可以设计凸轮的轮廓。凸轮轮廓的设计有两种方法。一种是图解法（也叫作图法），这种方法简单直观，可直接得出凸轮的轮廓，在精确度仍可满足一般工程要求，因而用图解法设计凸轮在工程上应用较多。另一种是解析法，这种方法精度较高，但设计计算量大，多用于精密或高速凸轮机构的设计中。这里主要介绍图解法设计凸轮轮廓。

图解法设计凸轮轮廓的依据是“反转法”原理。即对整个凸轮机构加上一个绕凸轮转动中心 O 转动且与凸轮角速度 ω 等值反向的公共角速度 $-\omega$。此时，凸轮与从动件的相对运动并未改变，但凸轮却静止不动，而从动件一方面随导路一起以等角速度 $-\omega$ 绕 O 点转动，另一方面仍以原来的运动规律在导路中做相对移动。由于在运动过程中，从动件的尖顶始终与凸轮轮廓接触，所以反转后从动件尖顶的运动轨迹就是凸轮的轮廓曲线，如图 3.63 所示。

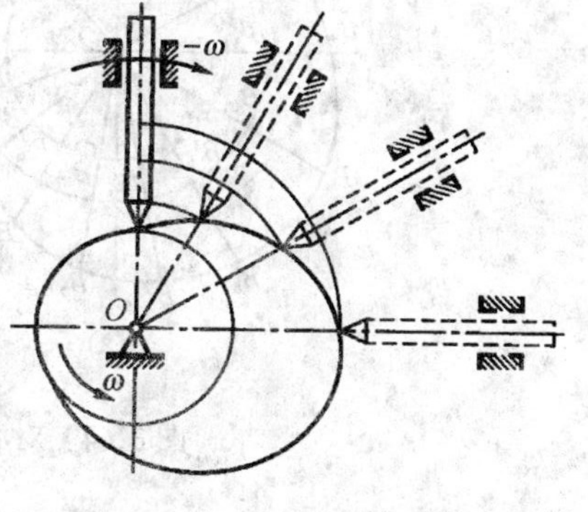

图 3.63 反转法原理

2. *对心移动尖顶从动件盘形凸轮轮廓的设计*

已知一基圆半径为 r_0 的对心移动尖顶从动件盘形凸轮机构，其从动件的位移线图如图 3.64（b）所示，凸轮以角速度 ω 顺时针转动。试设计该凸轮的轮廓曲线。

设计步骤如下：

①根据已知从动件的规律（即位移线图），选定适当比例尺 μ_1 作出位移曲线，并将横坐标上 ϕ 角等分成 4 份，如图 3.64（b）所示 1，2，3，4，通过各等分点作横坐标的垂线并与位移曲线相交，得到相应的凸轮转过各转角时从动件的位移 11′，22′，33′，44′；同理，将图中的 ϕ' 角等分成 6 份，如图 3.64（b）所示从 5 开始得 6，7，…，11，通过各等分点作横坐标的垂线并与位移曲线相交，得到相应的凸轮转过各转角时从动件的位移 66′，…，1111′，如图 3.64（b）所示。（注意，ϕ_s 角、ϕ_s' 角在横坐标轴不分，只按同样比例画出即可；ϕ、ϕ' 角等分几份视具体情况而定，总之，等分份数越多，图形设计越精确）。

②以基圆半径 r_0 为半径按所选比例尺 μ_1 作出基圆。

③在基圆上，任取一点 B_0 作为从动件升程的起始点，由 B_0 开始，沿 $-\omega$ 的方向将基圆 360°角按已知的 ϕ、ϕ_s、ϕ'、ϕ_s' 大小分出，如图 3.64（a）所示，$\angle B_0OB_4=\phi$，

……再将 ϕ 角、ϕ' 角等分成与位移线图相同的等份（图中 ϕ 角等分成 4 份，ϕ' 角等分成 6 份），得各等分点 B_1'，B_2'，B_3'，…。连接 OB_1'，OB_2'，OB_3'，…，得各径向线并将其延长，则这些径向即为从动件导路在反转过程中每转过相应的等份角度时所占据的位置。

④在各条径向线上，自 B_1'，B_2'，B_3'……各点分别截取 $B_1B_1'=11'$，$B_2B_2'=22'$，$B_3B_3'=33'$……，得 B_1，B_2，B_3，……各点。将 B_0，B_1，B_2，B_3，……各点连成光滑曲线，该曲线即为所要设计的对心移动尖顶从动件盘形凸轮轮廓曲线（注意，B_4 B_5 为等半径的圆弧，B_{11} B_0 也为等半径的圆弧）。

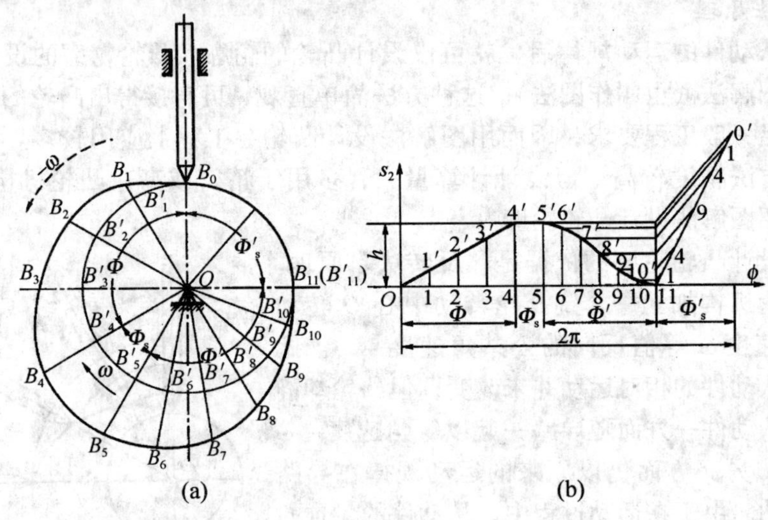

图 3.64　对心移动尖顶从动件盘形凸轮轮廓设计

3. 偏心移动尖顶从动件盘形凸轮轮廓的设计

已知一偏心距为 e、基圆半径为 r_0 的偏心移动尖顶从动件盘形凸轮机构，其从动件的位移线图如图 3.65（b）所示，凸轮以等角速度 ω 顺时针转动。试设计该凸轮的轮廓曲线。

偏心移动尖顶从动件凸轮轮廓的设计步骤与对心移动尖顶从动件凸轮轮廓的设计步骤相似。但由于从动件导路不通过凸轮的转动中心，所以从动件在反转的过程中，其导路线也不通过凸轮的转动中心，而是始终与以凸轮的转动中心为圆心、以偏心距 e 为半径所作的偏心距圆相切。根据这一特点，可以得到偏心移动尖顶从动件凸轮轮廓的设计步骤如下：

①根据已知从动件的运动规律，按选定的比例尺 μ_s 作出位移曲线，并将横坐标按上例的方法分段等分，如图 3.65（b）所示。

②以 O 为圆心，以已知的偏心距 e、基圆半径 r_0 为半径，按所选比例尺 μ_s 分别作偏心距圆和基圆。

③在基圆上，任取一点 B_0 作为从动件升程的起始点，并过 B_0 作偏心距圆的切线，该切线即是从动件导路的起始位置。

④由 B_0 开始，沿 $-\omega$ 的方向将基圆分成与位移线图相同的等分，得各等分点 B_1'，B_2'，B_3'，…。过 B_1'，B_2'，B_3'，……各点分别作偏心距圆的切线并向外延长，则这些切线就是从动件在反转过程中所依次占据的位置（注意，各切线不要画反了，应是顺着 $-\omega$ 转向的切线）。

⑤在各条切线上自 B_1'，B_2'，B_3'……各点分别截取 $B_1B_1'=11'$，$B_2B_2'=22'$，$B_3B_3'=33'$…，得 B_1，B_2，B_3，……各点。将 B_0，B_1，B_2，B_3，……各点连成光滑曲线，该曲线即为所要设计的偏心移动尖顶从动件盘形凸轮轮廓曲线。

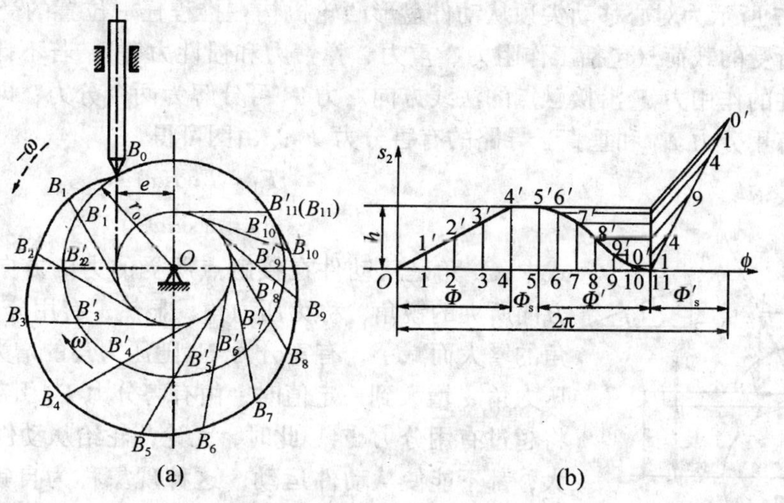

图 3.65 偏心移动尖顶从动件盘形凸轮轮廓设计

4．移动滚子从动件盘形凸轮轮廓的设计

已知一基圆半径为 r_0 的对心移动滚子从动件盘形凸轮机构，其从动件的位移线图如图 3.64（b）所示，凸轮以角速度 ω 顺时针转动。试设计该凸轮的轮廓曲线。

滚子从动件凸轮轮廓曲线的设计步骤与尖顶从动件凸轮轮廓的设计步骤基本相同，如图 3.66 所示。其不同点就是将滚子中心看做尖顶从动件的尖顶，按上述方法先设计出其轮廓曲线 β_0，称为理论轮廓曲线；再以 β_0 上各点为中心，以滚子半径为半径作一系列滚子圆，然后作这些滚子圆的内包络线 β，则曲线 β 就是与从动件直接接触的凸轮轮廓，称为凸轮工作轮廓，也是滚子从动件盘形凸轮机构的实际轮廓曲线。在设计理论轮廓曲线 β_0 时，半径为 r_0 的基圆称为凸轮理论轮廓基圆，而以凸轮实际轮廓曲线最小向径值为半径所作的圆，称为凸轮实际轮廓基圆。

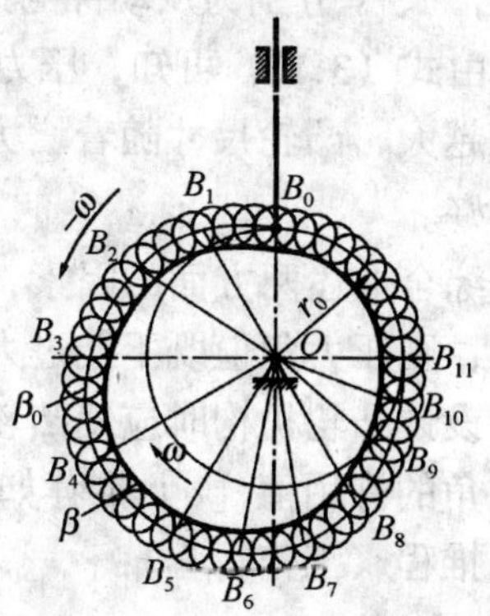

图 3.66 滚子从动件盘形凸轮的设计

3.3.4 凸轮设计中的几个问题

设计凸轮机构时，不仅要保证从动件能实现预定的运动规律，还要求结构紧凑和传力性能良好。这些要求与凸轮机构的压力角、基圆半径和滚子半径等基本尺寸的选择有关。

1. 凸轮机构的压力角和自锁

图 3.67 所示为对心移动尖顶从动件盘形凸轮机构在推程任一位置的受力情况，F_Q 为从动件所受的载荷（包括工作阻力、重力、弹簧力和惯性力等），若不计摩擦，则凸轮对从动件的作用力 $\boldsymbol{F}$ 沿接触点的法线方向。力 $\boldsymbol{F}$ 可分解为两个分力：即沿从动件运动方向的有用分力 $\boldsymbol{F}_1$ 和垂直于导路的有害分力 $\boldsymbol{F}_2$。由图可得

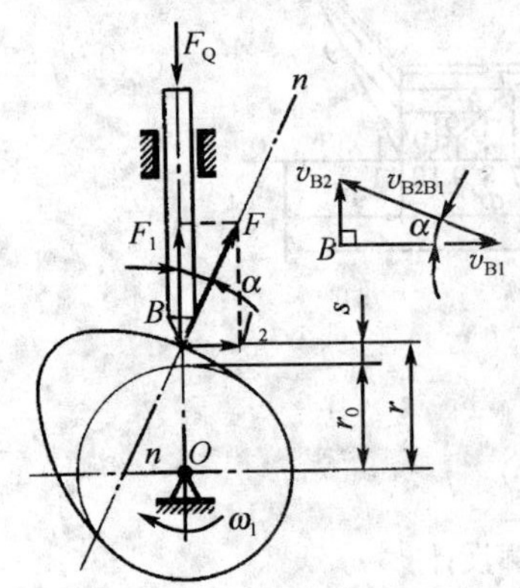

图 3.67　凸轮机构的压力角

$$\left.\begin{aligned}F_1 &= F\cos\alpha \\ F_2 &= F\sin\alpha\end{aligned}\right\} \tag{3.11}$$

式中，α 角是从动件在接触点所受的力的方向与该点速度方向所夹的锐角，称为压力角。显然，有用分力 $\boldsymbol{F}_1$ 随压力角的增大而减小，有害分力 $\boldsymbol{F}_2$ 随压力角的增大而增大。当压力角 α 增大到一定值时，由有害分力 $\boldsymbol{F}_2$ 引起的摩擦阻力将超过有用分力 $\boldsymbol{F}_1$。此时，无论凸轮给从动件的力 F 有多大，都不能使从动件运动，这种现象称为自锁。可见，从传力合理、提高传动效率来看，压力角越小越好。

但是，压力角的大小不仅与从动件的受力情况有关。也与凸轮的基圆大小有关。根据运动学知识，可得

$$r_0 = \frac{v}{\omega\tan\alpha} - s \tag{3.12}$$

式中，v、s 分别为从动件的速度、位移。

由式 (3.12) 可知，压力角 α 与基圆半径成反比，当压力角 α 越小时，基圆半径 r_0 就越大，凸轮尺寸随着增大。所以，为凸轮机构更加紧凑，凸轮机构的压力角应愈大愈好。

综合上述两方面的因素，保证凸轮机构传力性能良好，同时凸轮机构尺寸尽可能紧凑，则压力角值既不能过大，也不能过小。因此，压力角应有一许用值，以 [α] 表示。设计凸轮机构时应使凸轮机构的实际最大压力角 $\alpha_{max} \leqslant [\alpha]$。根据工程实践经验，压力角的许用值 [$\alpha$] 推荐如下。

推程（工作行程）：

移动从动件 $[\alpha] = 30°$

摆动从动件 $[\alpha] = 45°$

回程（空回行程）：因受力较小且无自锁问题，所以 [α] 可取大些，通常取 $[\alpha] = 70° \sim 80°$。

一般凸轮机构中最大压力角可能出现在下列位置：

①从动件的起点位置。

②从动件具有最大速度的位置。

③凸轮轮廓线向径变化最大的位置。

若检测以上各点得到 $\alpha_{max} \leqslant [\alpha]$，则设计合理；若超过许用压力角值，则要修改设计，通常采用的方法是增大凸轮基圆半径，以使 α_{max}减小。

2. 基圆半径的确定

由于基圆半径 r_0 与凸轮机构压力角 α 的大小有关，在确定基圆半径时，主要考虑的是使机构的压力角 $\alpha_{max} \leqslant [\alpha]$ 这一要求。具体确定方法是根据式（3.12）公式由许用压力角 $[\alpha]$ 值求出凸轮许用的最小基圆半径 $[r_0]$，再按结构条件取基圆半径 $r_0 \leqslant [r_0]$。

一般在工程实际中，可按经验来确定基圆半径 r_0。当凸轮与轴制成一体时，可取凸轮半径 r_0 略大于轴的半径；当凸轮与轴分开制造时，常取 $r_0 = (1.6 \sim 2)\ r$。其中 r 是安装凸轮处轴颈的半径。

3. 滚子半径的确定

从接触强度的观点出发，滚子的半径大一些为好，但是滚子半径的增大受到凸轮轮廓曲线曲率半径的限制。如图 3.68 所示，设凸轮理论轮廓曲线的最小曲率半径为 ρ_{min}，滚子半径为 r_T，实际轮廓曲线最小曲率半径为 ρ_a。对于轮廓曲线的内凹部分，有 $\rho_a = \rho_{min} + r_T$，不论滚子半径 r_T 多大，ρ_a 总大于0，因此总能作出凸轮实际轮廓，如图 3.68（a）所示。对于轮廓曲线的外凸部分，有 $\rho_a = \rho_{min} - r_T$，若 $\rho_{min} > r_T$，如图 3.68（b）所示，同样可作出凸轮实际轮廓；若 $\rho_{min} = r_T$ 如图 3.68（c）所示，则实际轮廓出现尖点，极易磨损；若 $\rho_{min} < r_T$如图 3.68（d）所示，则实际轮廓发生交叉，在加工凸轮时，轮廓上的交叉部分将被切去。凸轮实际轮廓上的尖点被磨损或交叉被切去后，都将使滚子中心不在理论轮廓曲线上，这就会造成从动件的运动失真现象。

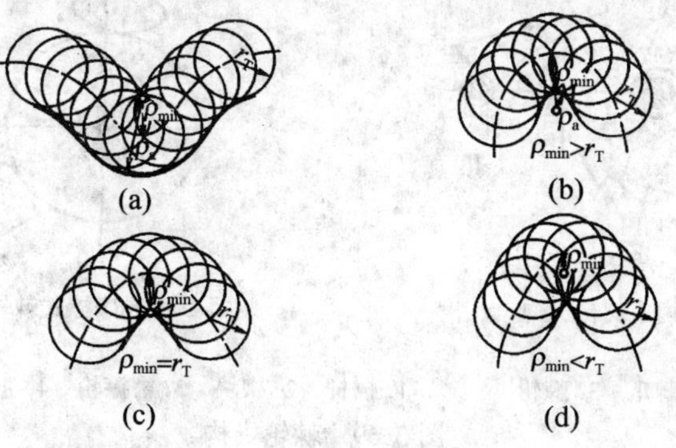

图 3.68　滚子半径与凸轮轮廓曲线曲率半径的关系

根据上述分析可知，滚子半径 r_T 必须小于凸轮理论轮廓外凸部分的最小曲率半径 ρ_{min}，从结构上考虑，还必须小于基圆半径 r_0。实际设计时，r_T 应满足以下两个经验公式：

$$\left.\begin{array}{l} r_T \leqslant 0.8\rho_{min} \\ r_T \leqslant 0.4r_0 \end{array}\right\} \tag{3.13}$$

3.4 间歇运动机构

在实际工作中，常常要求原动件连续运动而从动件做周期性的间歇运动，实现这种运动的机构称为间歇运动机构。本节将简要介绍棘轮机构、槽轮机构和不完全齿轮机构这三种常用的间歇运动机构。

3.4.1 棘轮机构

1. 棘轮机构的工作原理

棘轮机构有两大类型，不同类型棘轮机构的工作原理不同。如图 3.69（a）所示是齿式棘轮机构，其工作原理是做往复摆动的摇杆 1 在逆时针摆动时，使其上的棘爪 2 插入棘轮 3 的齿槽中，刚性推动棘轮使其转动；摇杆顺时针摆动时，棘爪 2 在棘轮 3 的齿上滑过不产生刚性推动，从而棘轮不动。摇杆连续往复摆动时，棘轮将作单向间歇运动。

如图 3.69（b）所示是摩擦式棘轮机构，其工作原理是当往复摆动的摇杆 1 逆时针摆动时，其上向径逐渐增大的楔块 2 与摩擦轮 3 的表面楔紧成一体来实现摩擦轮的转动；摇杆顺时针摆动时，楔块 2 在摩擦轮的表面上滑过，摩擦轮静止不动。

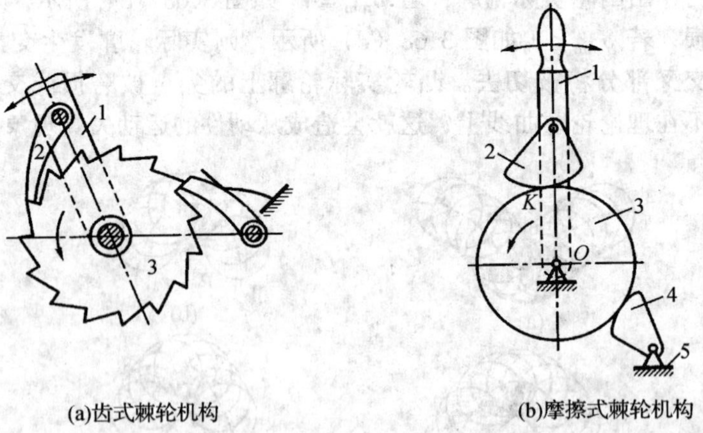

(a)齿式棘轮机构　　(b)摩擦式棘轮机构

1. 摇杆　2. 棘爪　3. 棘轮　　1. 摇杆　2. 楔块　3. 磨擦轮　4. 止回块　5. 机架

图 3.69　棘轮机构

2. 棘轮机构的类型

除按工作原理可将棘轮机构分为齿式和摩擦式两大类外，按结构和功能，还可将棘轮机构分为以下几种。

(1) 外啮合和内啮合棘轮机构

如图 3.69（a）所示的棘轮机构，棘爪或楔块 2 装在从动轮 3 的外面，称为外啮合棘轮机构，如图 3.70（a）和图 3.70（b）所示的棘轮机构，棘爪或楔块 2 装在从动轮 3 的内部，称为内啮合棘轮机构。比如自行车后轴上的所谓“飞轮”，即是典型的内啮合齿式棘轮机构。如图 3.70（c）所示的是摩擦式滚珠或滚柱内啮合棘轮机构，在自行车的倒蹬闸中以及一些机床中，得到了较广泛的应用。

1.主动轮 2.棘爪
3.从动轮
(a)

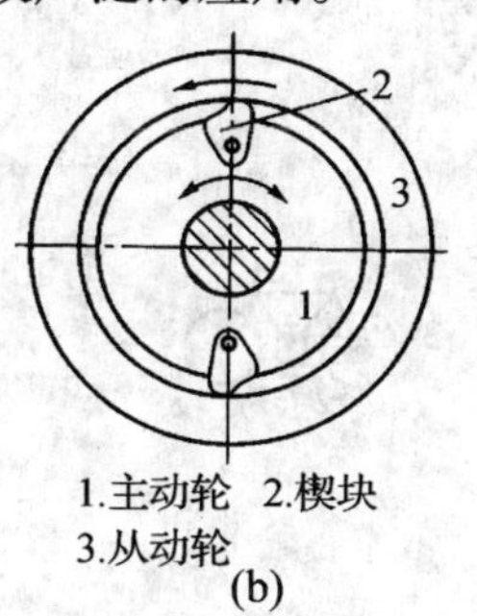

1.主动轮 2.楔块
3.从动轮
(b)

1.主动轮 2.滚珠
3.从动轮
(c)

图 3.70 内啮合棘轮机构

(2) 单动式和双动式棘轮机构

如图 3.69 和图 3.70 所示的棘轮机构，都是当原动件按某一方向摆动时，才能推动棘轮转动，故称为单动式棘轮机构。如图 3.71 所示的棘轮机构具有两个棘爪，摇杆往复摆动时都可推动棘轮机构转动，故称为双动式棘轮机构。

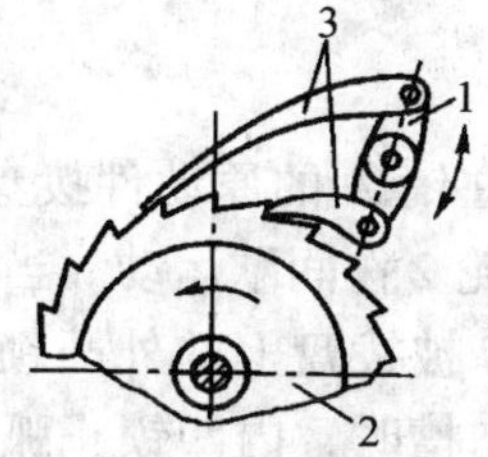

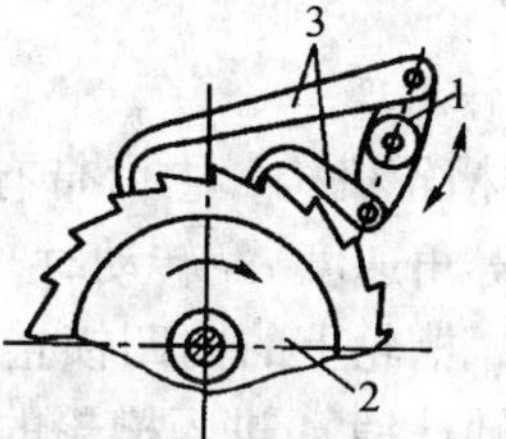

图 3.71 双动式棘轮机构
1. 双柄摇杆 2. 棘轮 3. 棘爪

(3) 可变向棘轮机构

以上所介绍的棘轮机构，棘轮都只能按一个方向作单向间歇运动，如图 3.72 所示的棘轮机构根据工作需要可使棘轮作双向间歇运动。如图 3.72（a）所示采用的是翻转棘爪，当棘爪位于实线位置时，棘轮作逆时针转动；当棘爪位于虚线位置时，棘轮作顺时针转动。如图 3.72（b）所示采用的是回转棘爪，当棘爪按图示位置放置时，棘轮作逆时针间歇转动；若将棘爪提起并绕本身轴线转 180°后再插入棘轮齿槽时，棘轮将作顺时针间歇转动；若将棘爪提起后绕本身轴线转 90°，棘爪将被架在壳体顶部，并与棘轮齿槽分开，此时棘轮静止不动。

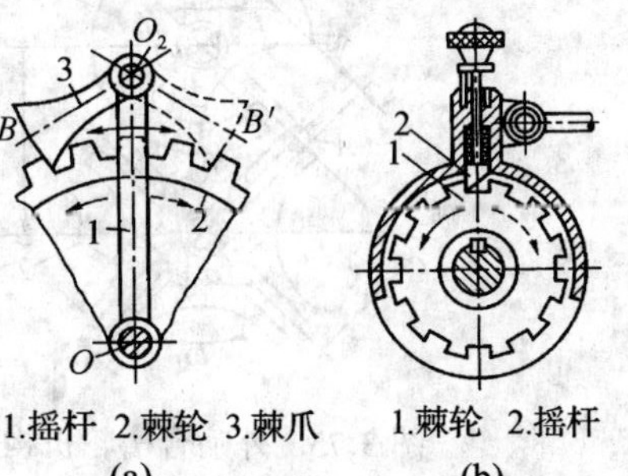

1.摇杆 2.棘轮 3.棘爪
(a)
1.棘轮 2.摇杆
(b)

图 3.72 可变向棘轮机构

3. 棘轮机构的特点与应用

棘轮机构结构简单，易于制造，运动可靠，改变棘轮转角方便（如改变摇杆的摆角），可实现“超越运动”（原动件不动而从动件继续运动的现象叫超越运动，如图3.73所示的自行车下坡情况）。但棘轮机构工作时存在较大的冲击与噪声，运动精度不高，所以常用在传力不大、转速不高的场合下，以实现步进运动、分度、超越运动和制动（如图3.74所示）等要求。

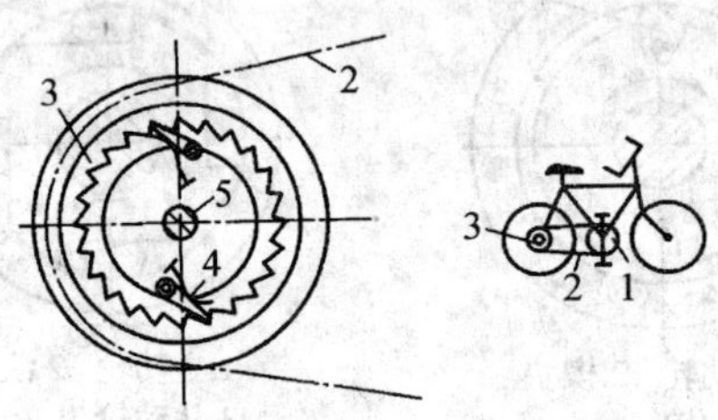

图3.73　超越运动

1. 主动轮　2. 链条　3. 从动轮　4. 止回爪　5. 轴

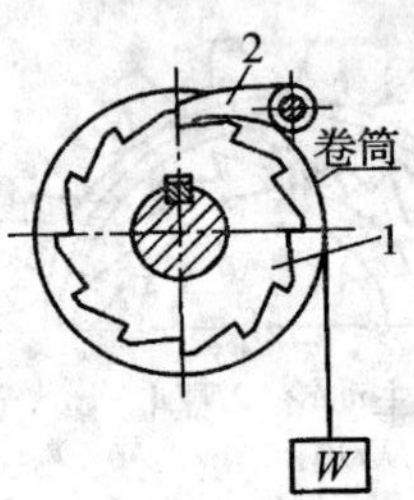

图3.74　棘轮制动

1. 棘轮　2. 棘爪

3.4.2　槽轮机构

槽轮是带有若干个径向槽的构件，含有槽轮的机构称为槽轮机构，又称马尔他机构，是另一种主要的单向间歇运动机构。

1. 槽轮机构的工作原理

如图3.75所示的槽轮机构，它由带有圆柱销 A 的原动件拨盘1、从动件槽轮2及机架组成，拨盘1以等角速度 ω_1 转动时，槽轮2作间歇运动。当拨盘上的圆柱销 A 未进入槽轮的径向槽时，槽轮上的内凹锁止弧 β 被拨盘上的外凸锁止弧 α 卡住，槽轮静止不动；当拨盘上的圆柱销 A 进入槽轮的径向槽时，内凹锁止弧 β 刚好被松开，槽轮在圆柱销 A 的驱动下转动；当圆柱销 A 离开槽轮的径向槽时，槽轮上的下一个内凹锁止弧 β 又被拨盘上的外凸锁止弧 α 卡住，使槽轮静止不动。依此下去，槽轮重复着以上的运动循环，即作间歇运动。

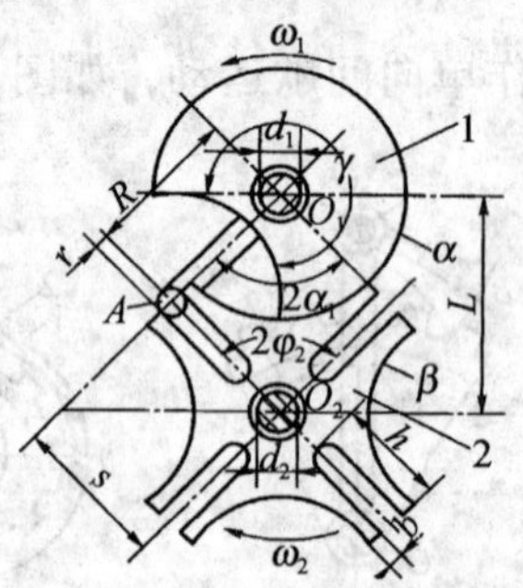

图3.75　外啮合槽轮机构

1. 拨盘　2. 槽轮

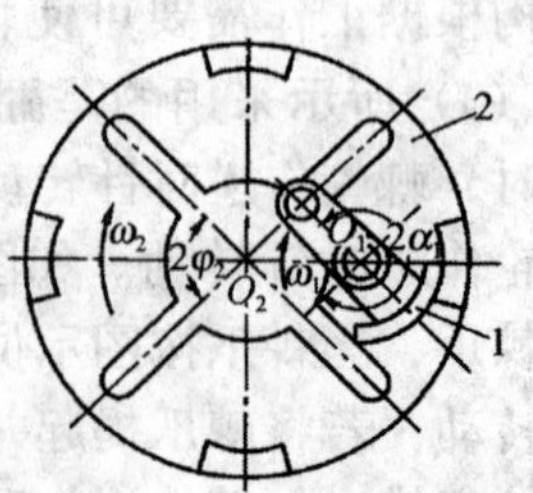

图3.76　内啮合槽轮机构

1. 拨盘　2. 槽轮

2. 槽轮机构的类型

槽轮机构有两种基本类型：外啮合槽轮机构如图 3.75 所示和内啮合槽轮机构如图 3.76 所示。前者拨盘与槽轮的转向相反，后者拨盘与槽轮的转向相同。

3. 槽轮机构的特点与应用

对槽轮机构，拨盘上的圆柱销数及槽轮的径向槽数是其主要参数，这两个参数要根据具体的运动要求来确定。

槽轮机构结构简单、尺寸紧凑、工作可靠、平稳性高、机械效率高，但在圆柱销进入和脱离径向槽时存在冲击，而且加工精度要求高，槽轮转角不可调，所以槽轮机构主要应用于各种仪器和精密机械中，起间歇运动作用。比如图 3.77 所示的转塔车床刀架转位槽轮机构和图 3.78 所示的电影放映机卷片槽轮机构等。

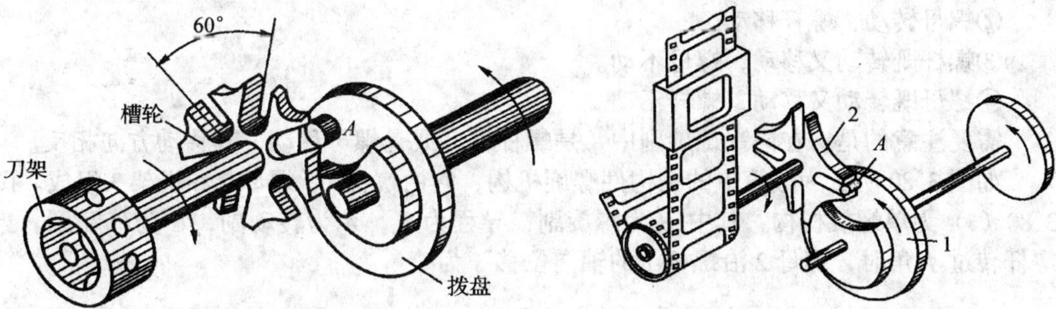

图 3.77 转塔车床刀架转位槽轮机构

图 3.78 电影胶片卷片槽轮机构

1. 拨盘 2. 槽轮 A. 销

3.4.3 不完全齿轮机构

不完全齿轮机构由普通渐开线齿轮机构演化而成，其基本结构形式分为外啮合如图 3.79（a）所示和内啮合如图 3.79（b）所示两种，分别如图 3.79（a）和图 3.79（b）所示。不完全齿轮机构的主动轮 1 只有一个或几个齿，从动轮 2 上具有若干个正常轮齿及锁止弧。当主动轮连续转动时，从动轮作间歇运动。

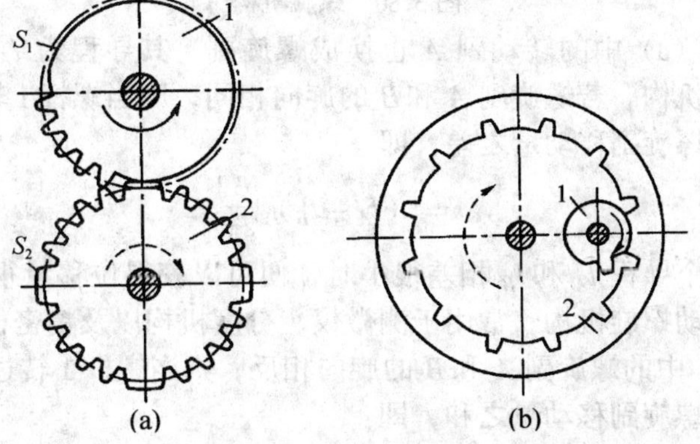

图 3.79 不完全齿轮机构

1. 主动轮 2. 从动轮

不完全齿轮机构结构简单、制造方便，从动轮转动和停歇的时间比例关系不受机构结构的限制。但因为从动轮在转动开始和终止时速度有突变，冲击较大，所以一般多用于低速轻载场合，如用于自动机、半自动机工作台的间歇转位等。

3.5 螺旋机构

螺旋机构是一种利用螺旋副来传递运动的机构，主要用来将旋转运动变为直线运动。在螺旋机构中，除螺旋副外，还有转动副和移动副。组成螺旋副的两构件，螺纹分布在圆柱体外表面的称为螺杆，分布在圆柱体内表面的称为螺母。按照螺纹旋向不同，螺旋副有左螺旋和右螺旋之分。在一个螺旋副中，螺杆与螺母之间既有转动又有移动，二者之间的相对运动情况有以下四种：

①螺杆转动，螺母移动。

②螺母转动，螺杆移动。

③螺杆既转动又移动，螺母不动。

④螺母既转动又移动，螺杆不动。

需要注意的是：在同一螺旋副中，是螺杆移动或是螺母移动，其移动方向相反。

如图 3.80 所示为最简单的三构件螺旋机构，它由螺杆 1、螺母 2 和机架 3 组成。图 3.80（a）为单螺旋机构，其中 B 为螺旋副，导程为 l_B，A 为转动副，C 为移动副。当螺杆转过 ϕ 角时，螺母 2 沿螺杆 1 的轴向位移 s 为

$$s = l_B \frac{\phi}{2\pi} \tag{3.14}$$

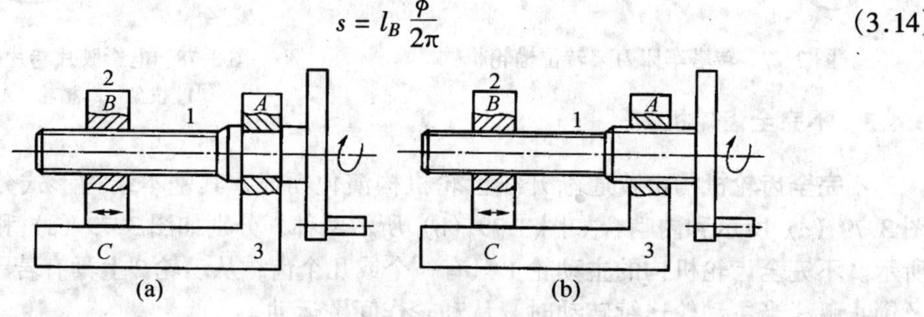

图 3.80　螺旋机构

如果把图 3.80（a）中的转动副 A 也换成螺旋副，其导程为 l_A，便得到如图 3.80（b）所示的双螺旋机构。若螺旋副 A 和 B 的旋向相同，则当螺杆 1 转过 ϕ 角时，螺母 2 的轴向位移为两个螺旋副移动量之差，即

$$s = (l_A - l_B) \frac{\phi}{2\pi} \tag{3.15}$$

当上式中的两个导程 l_A 和 l_B 相差很小时，便可以获得位移量很小的微动效果。这种螺旋机构称为差动螺旋机构，常用于测微仪、分度机构以及精密机床中。

若图 3.80（b）中的螺旋副 A 和 B 的旋向相反，则当螺杆 1 转过 ϕ 角时，螺母 2 的轴向位移等于两个螺旋副移动量之和，即

$$s = (l_A + l_B) \frac{\phi}{2\pi} \tag{3.16}$$

这种螺旋机构可以得到较大的位移，使螺母2产生快速移动，所以称为复式螺旋机构。复式螺旋机构常用于绘图仪器、螺旋拉紧装置如图3.81所示和车辆连接装置等如图3.82所示。

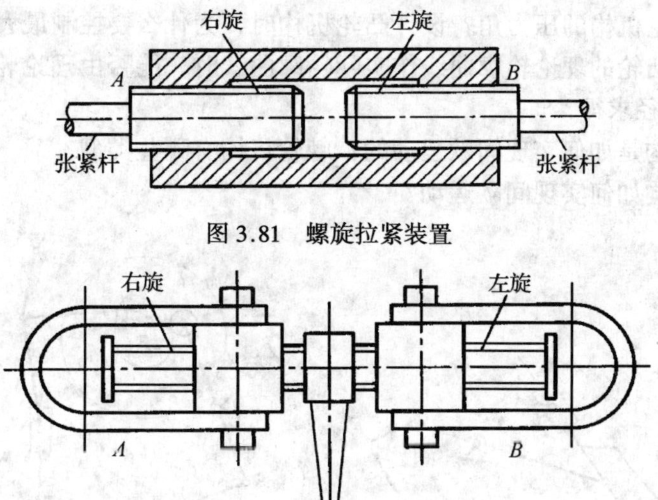

图3.81　螺旋拉紧装置

图3.82　车辆连接装置

思考与练习

1. 机构具有确定相对运动的条件是什么？
2. 在计算机构的自由度时要注意哪些事项？
3. 机构运动简图有什么作用？如何绘制机构运动简图？
4. 连杆机构为什么又称低副机构？它有哪些特点？常应用于何种场合？
5. 铰链四杆机构中曲柄存在的条件是什么？曲柄是否一定是最短杆？
6. 连杆机构中的急回特性的含义是什么？什么条件下连杆机构才具有急回特性？
7. 何谓连杆机构的死点？举出避免死点和利用死点的例子。
8. 绘制如图3.83所示各机构的运动简图，并计算其自由度。

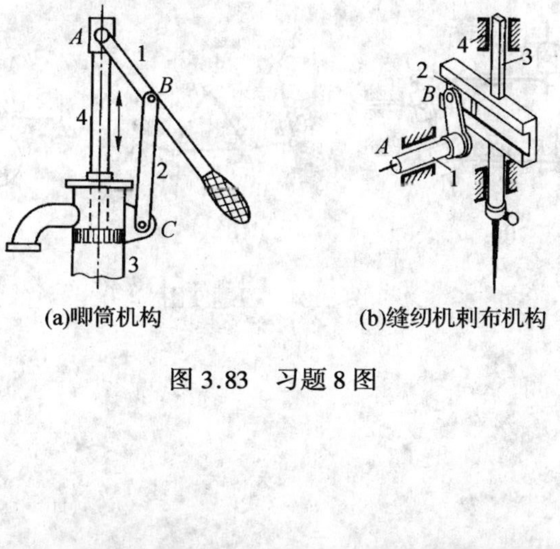

(a)唧筒机构　(b)缝纫机刺布机构

图3.83　习题8图

9. 指出图 3.84 各机构运动简图中的复合铰链、局部自由度和虚约束，计算其机构自由度，并说明欲使其具有确定运动需要几个原动件。

10. 试比较尖顶、滚子、平底从动件的优缺点，并说明他们各自适用什么样的场合?

11. 何谓凸轮机构的压力角？设计凸轮机构时，为什么要控制最大压力角？

12. 当已知凸轮的理论轮廓曲线作实际轮廓曲线时，能否由理论轮廓线上各点的向径减去滚子的半径求得?

13. 棘轮机构是如何实现间歇运动的？棘轮机构有哪些类型?

14. 槽轮机构如何实现间歇运动?

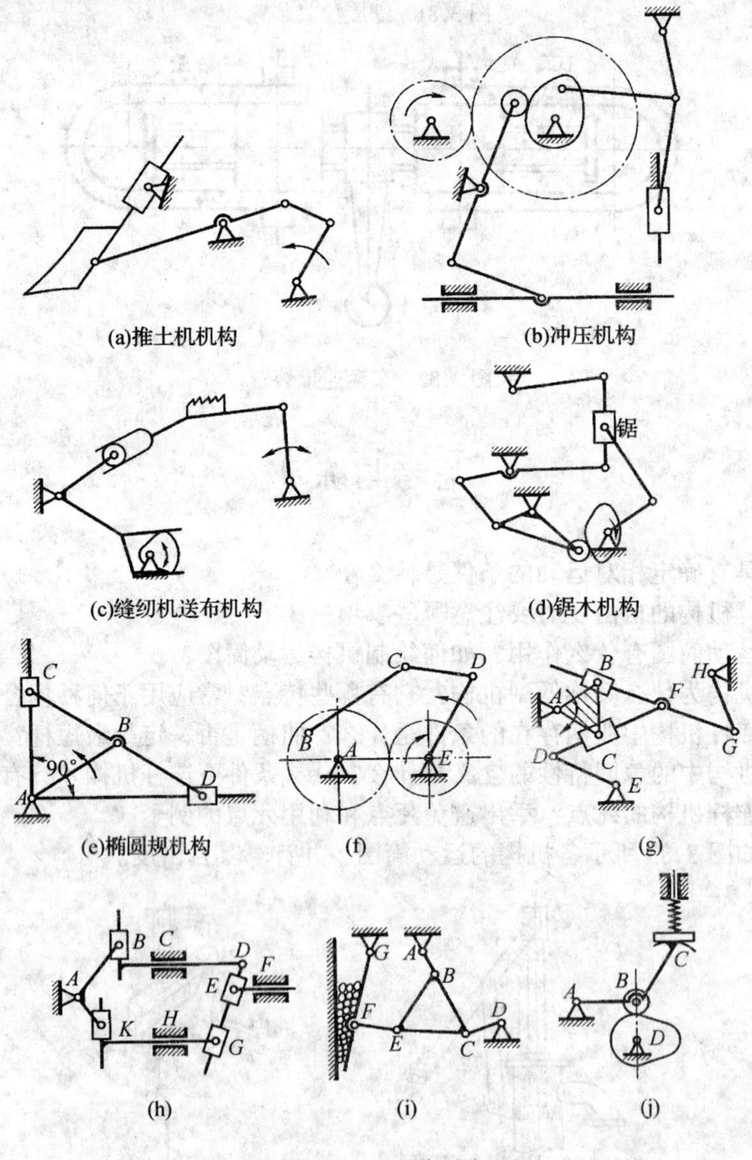

图 3.84　习题 9 图

15. 试根据图 3.85 中注明的尺寸判断下列铰链四杆机构的类型。

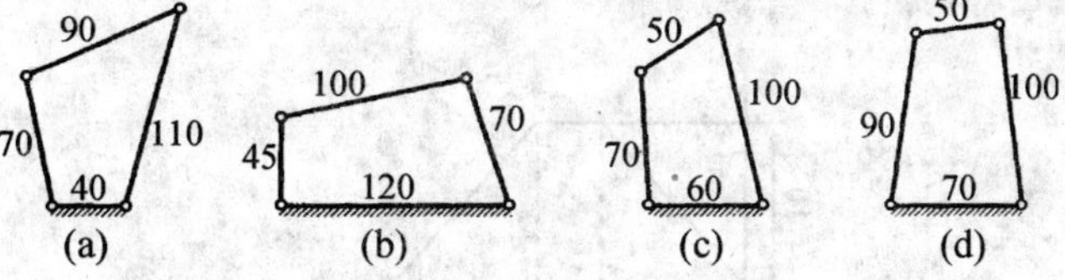

图 3.85　习题 15 图

16. 在如图 3.86 所示四铰链机构中，已知：$l_{BC}=50$ mm，$l_{CD}=35$mm，$l_{AD}=30$mm，AD 为机架。

（1）如果能成为曲柄摇杆机构，且 AB 是曲柄，求 l_{AB}的极限值；

（2）如果能成为双曲柄机构，求 l_{AB}的取值范围；

（3）如果能成为双摇杆机构，求 l_{AB}的取值范围。

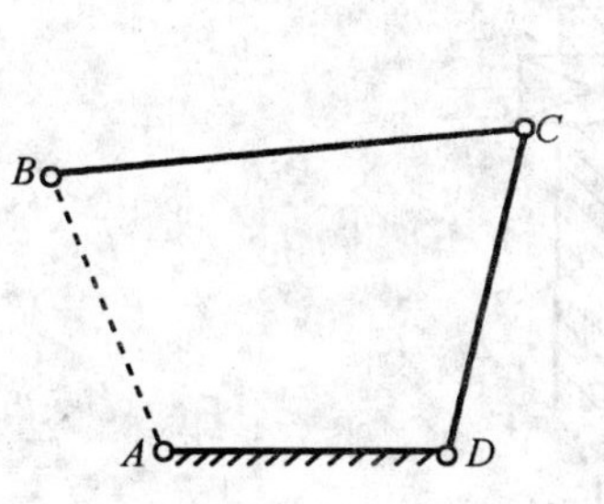

图 3.86　习题 16 图

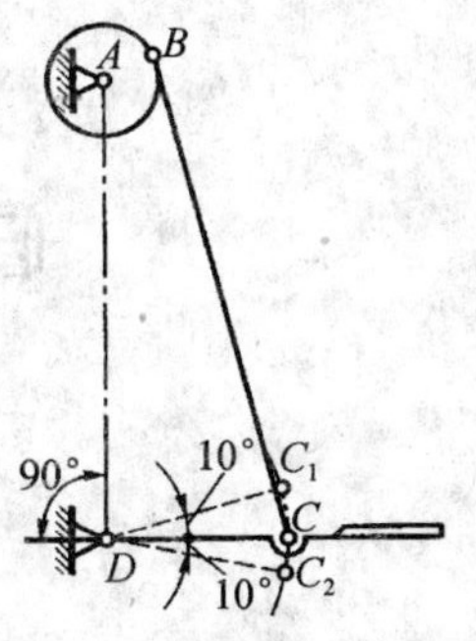

图 3.87　习题 17 图

17. 如图 3.87 设计一脚踏轧棉机的曲柄摇杆机构，要求踏板 CD 在水平上下各摆 10°，且 $l_{CD}=500$mm，$l_{AD}=1000$mm，试用图解法求曲柄 AB 和连杆 BC 的长度。

18. 设计一如图 3.88 所示的曲柄滑块机构。已知滑块的行程 $h=50$mm，偏心距 $e=$ 16mm，行程速度变化系数 $K=1.2$。

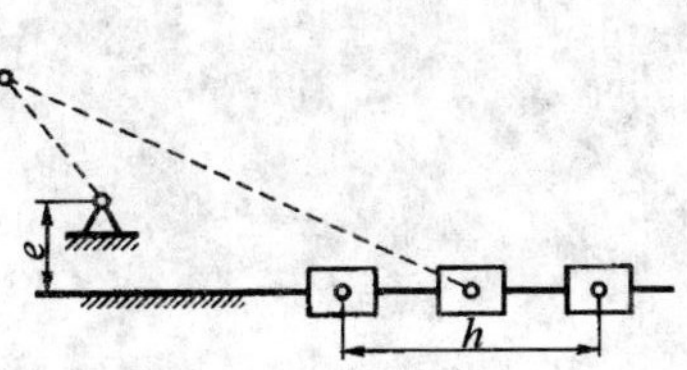

图 3.88　习题 18 图

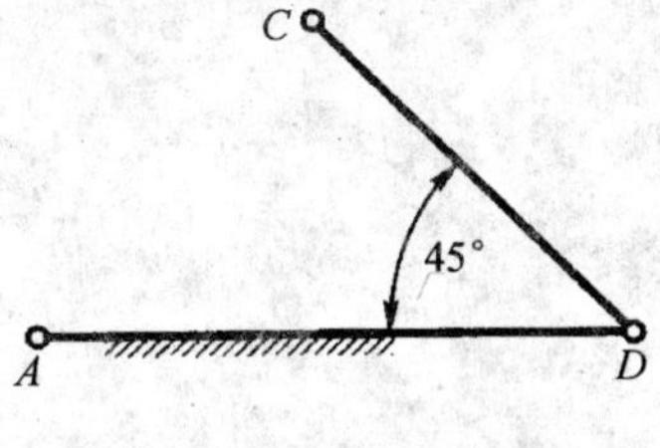

图 3.89　习题 19 图

19. 试用图解法设计如图 3.89 所示铰链四杆机构。已知摇杆 CD 的长度 $l_{CD}=$ 0.075m，行程速度变化系数 $K=1.5$，机架 AD 的长度为 $l_{AD}=0.1$ m，摇杆的一个极限位置与机架间的夹角为 45°，求曲柄 AB 的长度 l_{AB}和连杆 BC 的长度 l_{BC}。

20. 已知一左偏心移动尖顶从动件盘形凸轮机构的基圆半径 $r_0=40$mm，偏心距 $e=$

20mm，从动件的位移曲线如图 3.90 所示，凸轮逆时针方向转动试用图解法设计凸轮轮廓曲线。

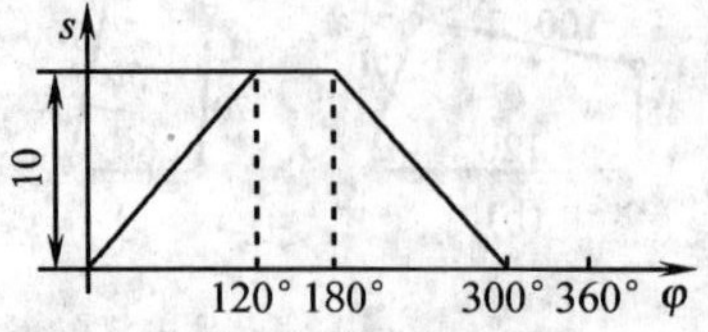

图 3.90　习题 20 图

21. 如图 3.91 所示为微动调节的差动螺旋机构，构件 1 与机架 3 组成右旋螺旋副 A，其导程 $l_A = 2.8\text{mm}$，构件 2 与机架 3 组成移动副 C，构件 2 与构件 1 还组成螺旋副 B，现要求当构件 1 转一圈时构件 2 向右移动 0.2mm，试问螺旋副 B 的导程 l_B 为多少？该螺旋副是右旋还是左旋？

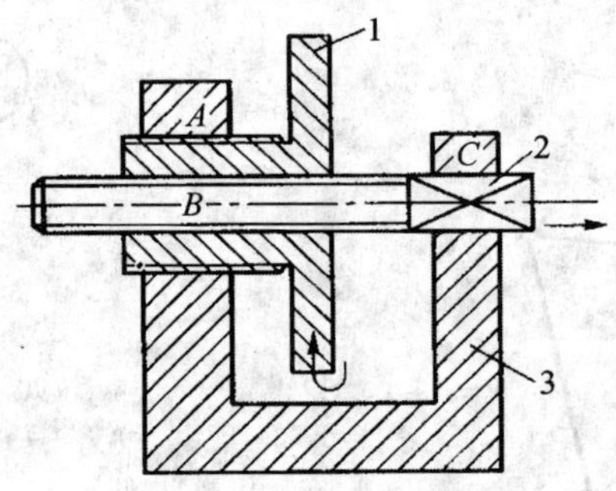

图 3.91　习题 21 图

第4章　机械设计概述

4.1　机械设计的基本要求

机械设计包括以下两种设计：应用新技术、新方法开发创造新机械；在原有机械的基础上重新设计或进行局部改造，从而改变或提高原有机械的性能。设计质量的高低直接关系到机械产品的性能、价格及经济效益。

机械零件是机器的基本制造单元，在讨论机械设计的基本要求之前，首先应初步了解设计机械零件的一些基本要求。

4.1.1　设计机械零件的基本要求

零件工作可靠并且成本低廉是设计机械零件应满足的基本要求。

零件的工作能力是指零件在一定的工作条件下抵抗可能出现的失效的能力，对载荷而言称为承载能力。失效是指零件由于某些原因不能正常工作。只有每个零件都能可靠地工作，才能保证整个机器的正常运行。

设计机械零件还必须坚持经济观点，要求零件的性价比高。为此在设计时应注意以下几点：

①合理选择材料，降低材料费用。

②保证良好的加工工艺性，降低制造成本。

③尽量采用标准化通用化设计，简化设计过程，从而降低成本。

4.1.2　机械设计的基本要求

机械产品设计应满足以下几方面的基本要求。

(1) 实现预定功能

设计的机器能实现预定的功能，在规定的工作条件下能正常运行，并有一定的寿命。

(2) 满足可靠性要求

机器由许多零件及部件组成，其可靠度取决于零、部件的可靠度。机械系统的零、部件越多，其可靠度也就越低，因此在设计机器时应尽量减少零件数目。但就目前而言，对机械产品的可靠度难以提出统一的考核指标。

(3) 满足经济性要求

经济性指标是一项综合性指标，要求设计及制造成本低，生产效率高，能源和材料消耗少、维护及管理费用低等。

(4) 操作方便、工作安全

操作系统要简便可靠，有利于减轻操作人员的劳动强度。要有各种保险装置，以消除由于误操作而引起的危险，避免人身伤害及设备事故的发生。

(5) 造型美观、减少污染

运用工业艺术造型设计方法对机械产品进行工业造型设计，使所设计的机器不仅使用性能好、尺寸小、价格低廉，而且外形美观、富有时代特点。机械产品的造型直接影响到产品的销售和竞争力，当前在机械设计中是一个不容忽视的环节。

此外，还必须尽可能地降低噪声，减轻对环境的污染。从某种意义上来说，噪声也是反映机械质量的一种综合指标。

4.2　机械设计的内容与步骤

机械设计是一项复杂、细致和科学性很强的工作。随着科学技术的发展，对设计的理解在不断地深化，设计方法也在不断地发展。近年来发展起来的“优化设计”、“可靠性设计”、“有限元设计”、“模块设计”、“计算机辅助设计”等现代设计方法已在机械设计中得到了推广与应用。即使如此，常规设计方法仍然是工程技术人员进行机械设计的重要基础，必须很好地掌握。常规设计方法又可分为理论设计、经验设计和模型实验设计等。

机械设计的过程通常可分为以下几个阶段：

(1) 产品规划

产品规划的主要工作是提出设计任务和明确设计要求，这是机械产品设计首先需要解决的问题。通常是人们根据市场需求提出设计任务，通过可行性分析后才能进行产品规划。

(2) 方案设计

在满足设计任务书中设计具体要求的前提下，由设计人员构思出多种可行性方案并进行分析论证，从中优选出一种能完成预定功能、工作性能可靠、结构设计可行、成本低廉的方案。

(3) 技术设计

在既定设计方案的基础上，完成机械产品的总体设计、部件设计、零件设计等，设计结果以工程图及计算书的形式表达出来。

(4) 制造及试验

经过加工、安装及调试制造出样机，对样机进行试运行或在生产现场试用，将试验过程中发现的问题反馈给设计人员，经过修改完善，最后通过鉴定。

与设计机器时一样，设计机械零件也常需拟订出几种不同的方案，经过认真比较选用其中最好的一种。设计机械零件的一般步骤如下：

① 根据机器的具体运转情况和简化的计算方案，确定零件的载荷。

② 根据零件工作情况的分析，判定零件的失效形式，从而确定其计算准则。

③ 进行主要参数选择，选定材料，根据计算准则求出零件的主要尺寸，考虑热处理及结构工艺性要求等。

④ 进行结构设计。

⑤ 绘制零件工作图，制定技术要求，编写计算说明书及有关技术文件。

对于不同的零件和工作条件，以上这些设计步骤可以有所不同。此外，在设计过程中这些步骤又是相互交错、反复进行的。

应当指出，在设计机械零件时往往是将较复杂的实际工作情况进行一定的简化，才能应用力学等理论解决机械零件的设计计算问题，因此，这种计算或多或少带有一定的条件性或假定性，称为条件性计算。机械零件设计基本上是按条件性计算进行的，如注意到公式的适用范围，一般计算结果具有一定的可靠性，并充分考虑了机械零件的安全性。为了使计算结果更符合实际情况，必要时可进行模型试验或实物试验。本课程在介绍各种零件设计时，其内容的安排顺序基本上是按照上述设计步骤进行的。

4.3　机械零件的失效形式及设计计算准则

机械零件丧失预定功能或预定功能指标降低到许用值以下的现象，称为机械零件的失效。由于强度不够引起的破坏是最常见的零件失效形式，但并不是零件失效的唯一形式。进行机械零件设计时必须根据零件的失效形式分析失效的原因，提出防止或减轻失效的措施，根据不同的失效形式提出不同的设计计算准则。

4.3.1　失效形式

机械零件最常见的失效形式大致有以下几种。

(1) 断裂

机械零件的断裂通常有以下两种情况：

①零件在外载荷的作用下，某一危险截面上的应力超过零件的强度极限时将发生断裂（如螺栓的折断）；

②零件在循环变应力的作用下，危险截面上的应力超过零件的疲劳强度而发生疲劳断裂（如轮齿的折断）。

(2) 过量变形

当零件上的应力超过材料的屈服极限时，零件将发生塑性变形。当零件的弹性变形量过大时也会使机器不能正常工作，如机床主轴的过量弹性变形会降低机床的加工精度。

(3) 表面失效

表面失效主要有疲劳点蚀、磨损、压溃和腐蚀等形式。表面失效后通常会增加零件的磨损，使零件尺寸发生变化，最终造成零件的报废。

(4) 破坏正常工作条件引起的失效

有些零件只有在一定的工作条件下才能正常工作，否则就会引起失效，如皮带传动因过载会打滑，使传动不能正常工作。

4.3.2 设计计算准则

同一零件对于不同失效形式的承载能力也各不相同。根据不同的失效原因建立起来的工作能力判定条件，称为设计计算准则，主要包括以下几种。

(1) 强度准则

强度是零件应满足的基本要求。强度是指零件在载荷作用下抵抗断裂、塑性变形及表面失效（磨粒磨损、腐蚀除外）的能力。强度可分为整体强度和表面强度（接触与挤压）两种。

整体强度的判定准则为：零件在危险截面处的最大应力（σ、τ）不应超过允许的限度（即许用应力，用 $[\sigma]$ 或 $[\tau]$ 表示），即

$$\sigma \leqslant [\sigma]$$

或

$$\tau \leqslant [\tau]$$

表面接触强度的判定准则为：在反复的接触应力作用下，零件在接触处的接触应力 σ_H 应该小于或等于许用接触应力值 $[\sigma_H]$，即

$$\sigma_H \leqslant [\sigma_H]$$

对于受挤压的表面，挤压应力不能过大，否则会发生表面塑性变形、表面压溃等。挤压强度的判定准则为：挤压应力 σ_{bs}应小于或等于许用挤压应力 $[\sigma_{bs}]$，即

$$\sigma_{bs} \leqslant [\sigma_{bs}]$$

(2) 刚度准则

刚度是指零件受载后抵抗弹性变形的能力，其设计计算准则为：零件在载荷作用下产生的弹性变形量应小于或等于机器工作性能允许的极限值。各种变形量计算第 2 章已经介绍，这里不再赘述。

(3) 耐磨性准则

设计时应使零件的磨损量在预定期限内不超过允许量。由于磨损机理比较复杂，通常采用条件性的计算准则，即零件的压强 p 不大于零件的许用压强 $[p]$，即

$$p \leqslant [p]$$

(4) 散热性准则

零件工作时如果温度过高，将导致润滑剂失去作用，材料的强度极限下降引起热变形及附加热应力等，从而使零件不能正常工作。散热性准则为：根据热平衡条件，工作温度 t 不应超过许用工作温度 $[t]$，即

$$t \leqslant [t]$$

(5) 可靠性准则

可靠性用可靠度表示，对那些大量生产而又无法逐件试验或检测的产品，更应计算其可靠度。零件的可靠度用零件在规定的使用条件下、在规定的时间内能正常工作的概率来表示，即用在规定的寿命时间内能连续工作的件数占总件数的百分比表示。如有 N_T 个零件，在预期寿命内只有 N_s 个零件能连续正常工作，则其系统的可靠度为

$$R=\frac{N_s}{N_T}$$

4.4 机械零件的结构工艺性

机械零件良好的工艺性是指：在一定的生产规模和生产条件下，能用最少的时间和最小的劳动量以及用一般的加工方法将零件制造出来，而且装配方便。机械零件工艺性能的好坏取决于零件的结构，所以又称为结构工艺性。零件的制造过程一般包括毛坯生产、切削加工、热处理和装配等阶段，各阶段对零件的结构要求互相联系、互相影响。所以，在设计零件的结构时必须全面考虑，应使所设计的零件具有良好的工艺性。

4.4.1 机械零件结构工艺性的基本原则

在设计机械零件的结构时，从工艺性方面应考虑的基本原则如下。

(1) 与生产条件、批量大小及获得毛坯的方法相适应

零件的工艺性与生产条件、批量大小及获得毛坯的制造方法密切联系。对于不同的生产条件或不同的批量大小或不同的毛坯制造方法，相应地零件就有不同的结构。在一种情况下具有良好工艺性的结构，到了另一种情况下其工艺性不一定就好。所以，良好的工艺性必须要与一定的生产条件、生产规模及获得毛坯的制造方法等相适应。

(2) 造型简单化

零件的结构形状越复杂，则其制造越困难，产品成本也就越高，这样的零件结构工艺性就不好。

(3) 加工的可能性、方便性、精确性和经济性

能在图上画出来的零件不一定都能够制造出来，能够制造出来的零件其加工也不一定方便，加工方便的零件未必都能满足精度要求，而不能满足精度要求的零件就是废品。零件的精度等级并不是越高越好，而是要根据实际要求来确定，等级越高，成本自然也高。只有那些既能满足工作要求又具有最低的精度等级的零件，其工艺性能才是最好的。

(4) 装拆的可能性和方便性

零件结构应便于安装和拆卸，便于使用和维护，具有良好的装拆工艺性能。

4.4.2 良好的工艺性对机械零件结构的具体要求

1. 铸造工艺性对零件结构的要求

进行铸造零件的结构设计时应注意以下方面。

① 应使造型方便、砂箱和型芯尽量少，具有必要的拔模斜度。

② 为防止浇铸不足，铸件壁厚应有一允许的最小值，砂型铸件壁厚的最小值如表4.1所示。

表 4.1 砂型铸件壁厚的最小值

材料	最小壁厚/mm		
	小型	中型	大型
灰铸铁	6	10	15
球墨铸铁	6	12	
铸钢	8	12	20
有色金属	3	6	

③ 零件箱壁交叉部分应有过渡圆角，以免尖角处产生裂纹，如图 4.1（a）所示。但圆角不能过大，以免交叉处尺寸过大，造成金属堆积出现缩松，如图 4.1（b）所示，一般取 $D\approx1.3d$，如图 4.1（c）所示。

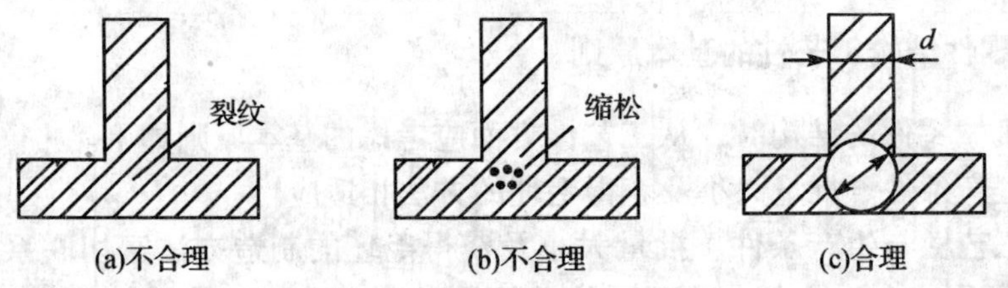

图 4.1 铸件过渡圆角

④ 铸件应有明显的分型面如图 4.2 所示，且垂直于分型面的表面应有斜度。

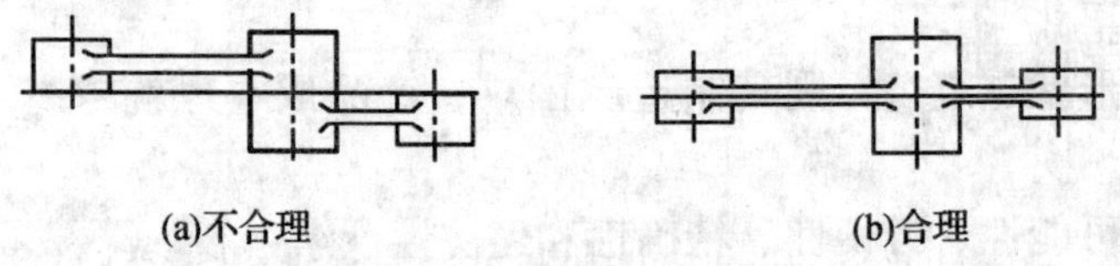

图 4.2 铸件分型面

⑤ 应尽量避免铸造水平位置的较大的薄板，在浇注过程中液态金属不易充满铸型，产生浇注不足、冷隔等缺陷。图 4.3（b）将水平薄板设计成倾斜的可避免这些缺陷。

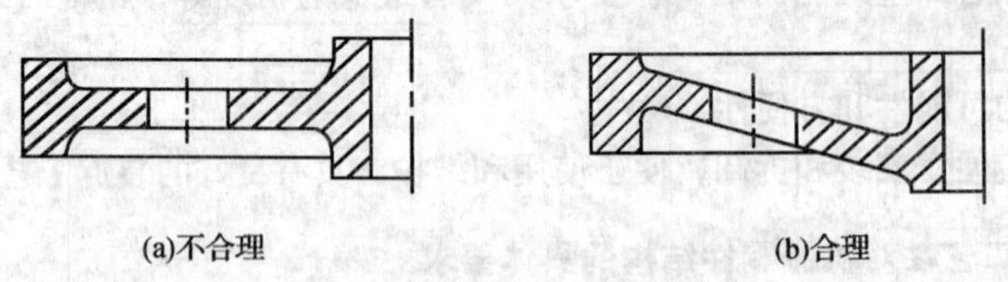

图 4.3 铸件应避免水平薄板

⑥ 为避免采用活块，可以将凸台加长至分型面，如图 4.4（b）所示；如加工方便，也可以不设计凸台，采用锪平措施，如图 4.4（c）所示。

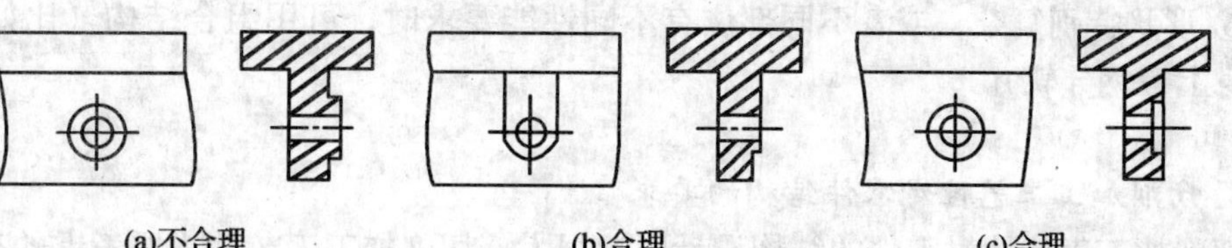

图 4.4 铸件凸台

⑦ 铸铁抗拉强度差而抗压强度高，在设计铸件形状时应尽可能把拉应力（或弯曲应力）转化为压应力如图 4.5 所示。

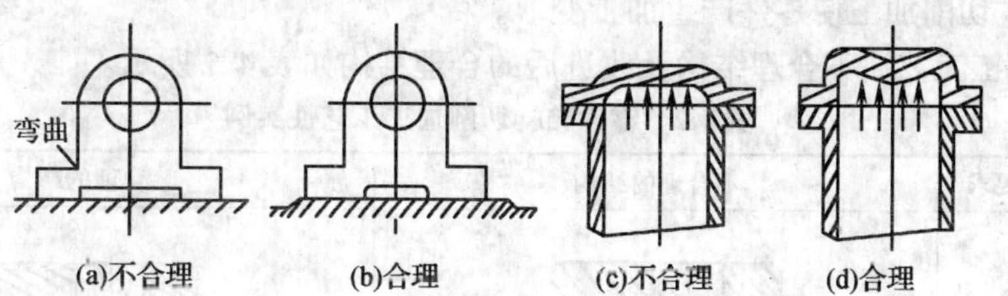

图 4.5 铸件形状应尽量使其受压

2. 锻造工艺性对零件结构的要求

(1) 自由锻

自由锻件应尽量避免圆锥体形状、圆柱体与圆柱体相交接、加强筋、表面凸台等结构，以免锻造困难。

(2) 模锻

模锻件的结构形状应使锻件易从锻模中取出，要考虑分模面问题；因模锻件的精度较高，故要考虑模锻斜度和圆角；应尽量简单、平直和对称，要避免薄壁、高的凸起和深的凹槽（如图 4.6 所示存在太深的凹槽，为不合理的结构）；模锻件的厚度不能太小，以防止金属坯料冷却太快影响金属充满模槽（如图 4.7 所示模锻件的厚度太小，结构不合理）。

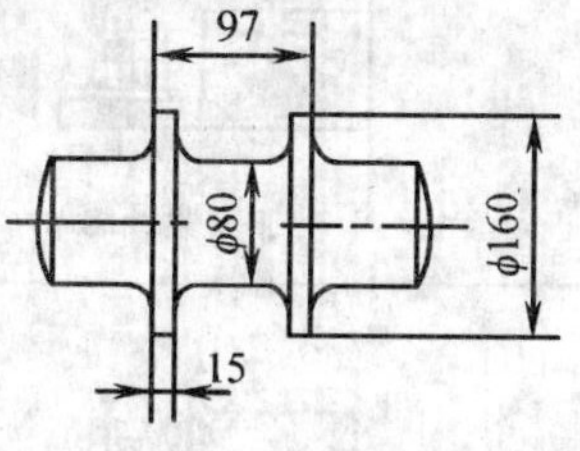

图 4.6 模锻件有深的凹槽

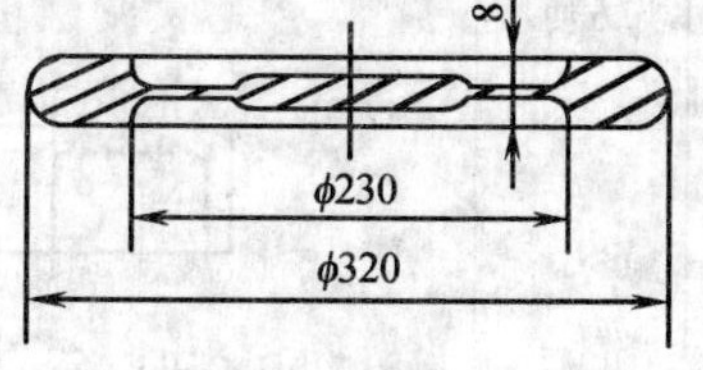

图 4.7 模锻件的厚度太小

3. 热处理工艺性对零件结构的要求

① 避免锐边尖角，应改成圆角或倒成钝角，圆角半径要大些。

② 零件形状力求简单、对称。

③ 轴类、棒类零件的长度与直径之比不可太大。

④ 提高零件的结构刚性，必要时增加加强筋。

⑤ 形状特别复杂，或者不同部位有不同性能要求时，可用组合结构（比如机床铸铁床身上镶钢导轨）。

4. 切削加工工艺性对零件结构的要求

切削加工工艺性对零件的结构设计影响很大，切削加工工艺性主要考虑的有：

① 提高切削效率。

② 便于切削加工。

③ 减少切削加工量。

④ 防止切削加工使零件产生加工变形。

切削加工工艺性不合理结构及改进后的合理结构如表 4.2 所示。

表 4.2 零件结构切削加工工艺性实例

加工工艺性要求		不合理的结构	合理的结构
提高切削效率	减少工件装夹次数	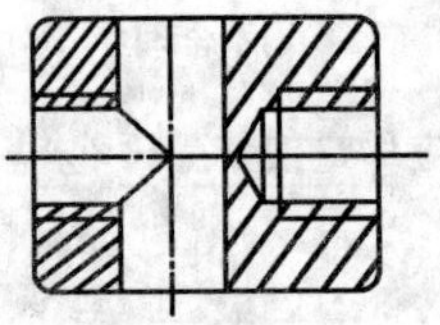 有盲孔，需两次装夹	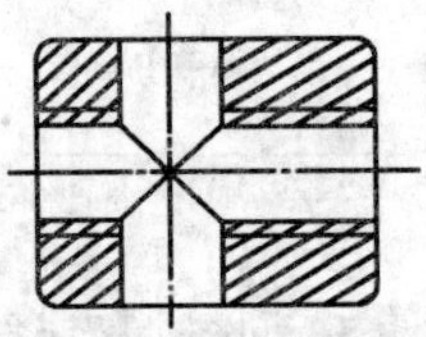 一次装夹，且能改善同轴度
	工件装夹方便	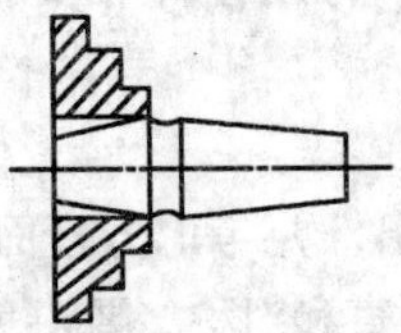 夹紧面积小，不易夹稳、对准	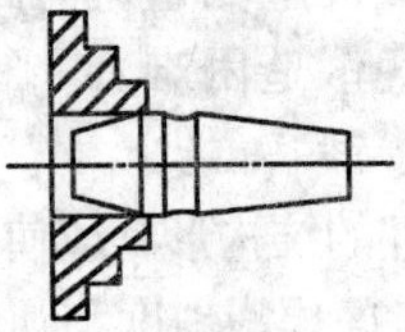 夹紧面积大，夹紧牢宏大、易对准
		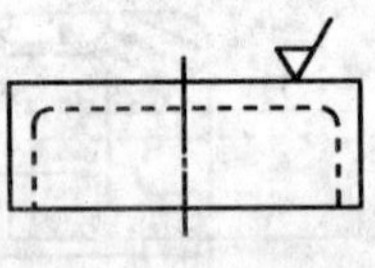 难以在机床上固定	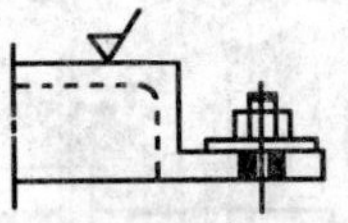 增加夹紧凸缘 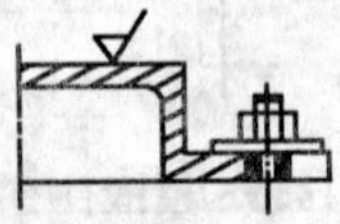 开夹紧工艺孔
	减少刀具调整次数	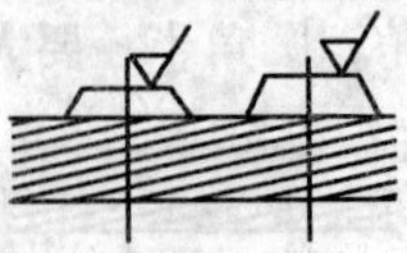 两次走刀	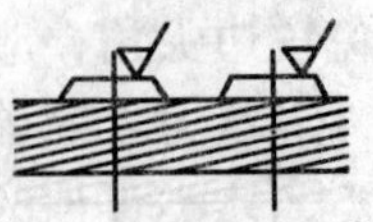 一次走刀

续表

加工工艺性要求		不合理的结构	合理的结构
	采用标准刀具，减少刀具种类	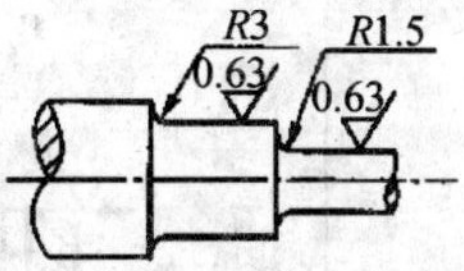 R3 0.63 R1.5 0.63 圆角半径 R 不同，刀具种类多	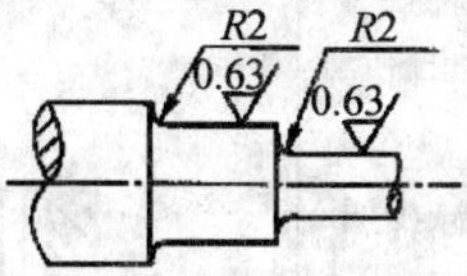 R2 0.63 R2 0.63 统一圆角半径 R
保证加工精度	提高工件刚度	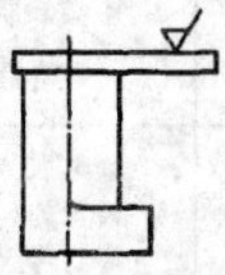 刚度不足，加工变形影响精度	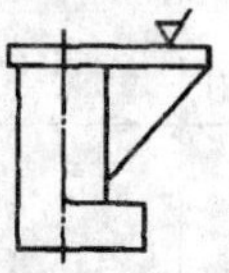 增设加强筋
便于切削加工	合理采用组合件或组合表面	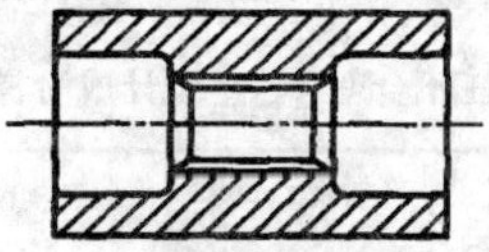 花键孔难加工	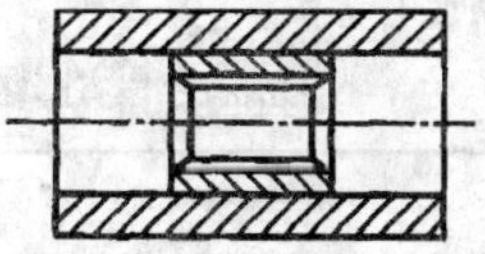 花键孔拉削后组装
	尽可能避免零件内表面的加工	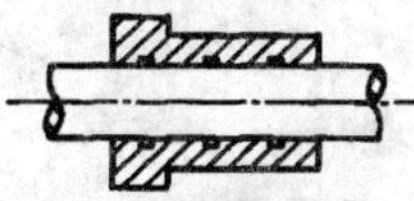 加工阀套沉割槽困难	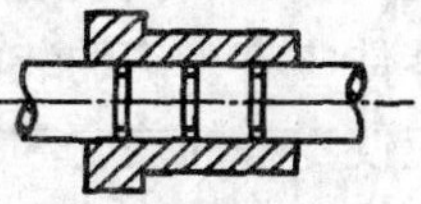 加工阀杆的沟割槽容易
	尽量减少同时配合面的数目	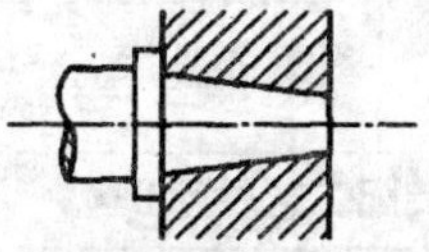 环形端面和圆锥面同时定位，难以保证	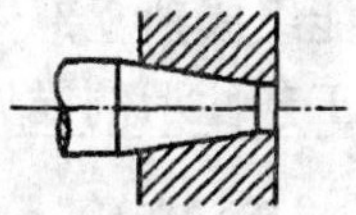 只用一个圆锥面定位，易保证
	加工时便于进刀、退刀和测量	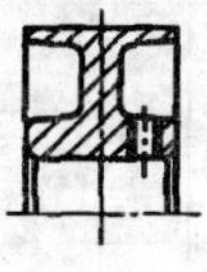 螺纹孔无法加工	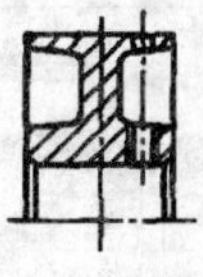 轮缘上开工艺孔
		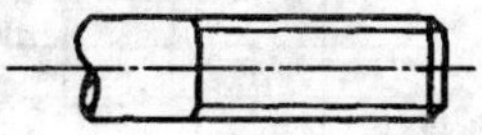 轴上螺纹加工无退刀槽	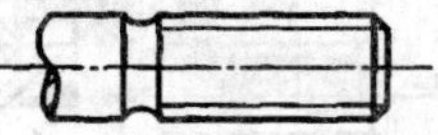 有退刀槽
	改善刀具工作条件，提高加工精度	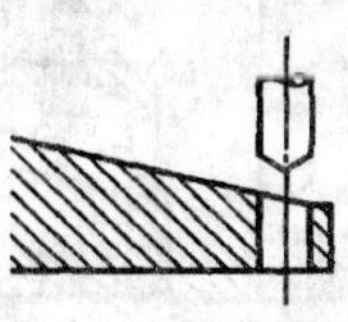 钻头单边受力，孔易歪斜，钻头易损坏	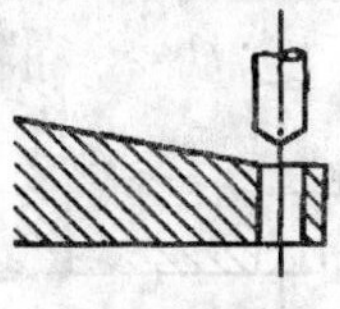 刀具切削时易受力，加工质量高，刀具刚性和寿命好

续表

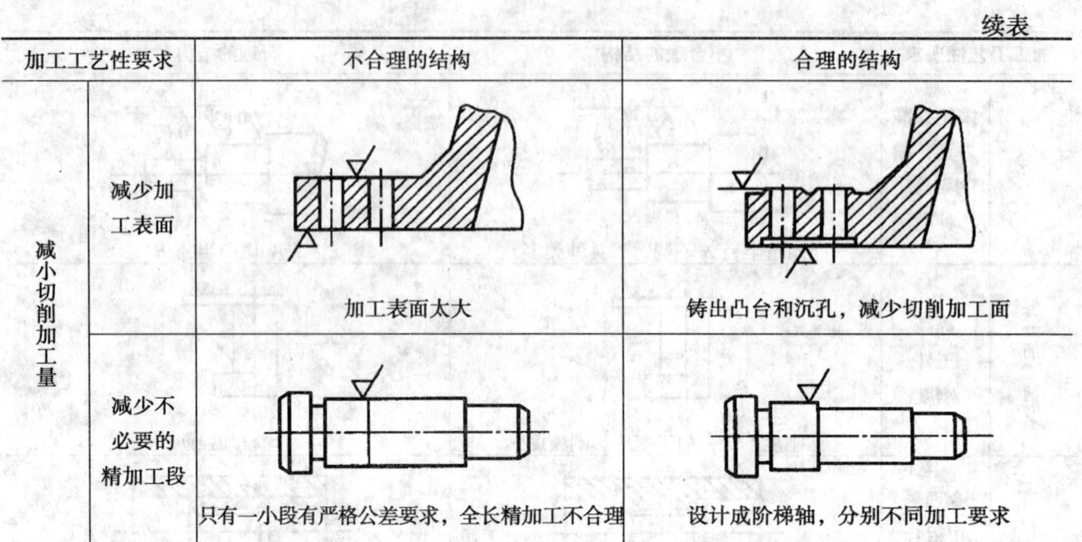

加工工艺性要求		不合理的结构	合理的结构
减小切削加工量	减少加工表面	加工表面太大	铸出凸台和沉孔，减少切削加工面
	减少不必要的精加工段	只有一小段有严格公差要求，全长精加工不合理	设计成阶梯轴，分别不同加工要求

5. 装配工艺性对零件结构的要求

装配工艺性对零件的结构设计影响也很大，装配工艺性主要应考虑以下几点：

① 零件应有正确的装配基面。

② 应使零件的装配和拆卸方便。

③ 应尽量避免或减少装配时的切削加工和手工修配（如钻孔、攻螺纹、刮削和研配等）。

④ 尽可能组成独立部件或装配单元再总装配。

⑤ 装配工艺性示例详见表 4.3。

表 4.3　零件结构装配工艺性示例

装配工艺性要求		不合理的结构	合理的结构
避免装配时的切削加工		轴套在装配时需钻孔、攻螺纹	轴套用卡在槽里的压板固紧，装配方便、省时
装配和拆卸方便	装配方便	螺栓装配困难	螺栓容易装配

续表

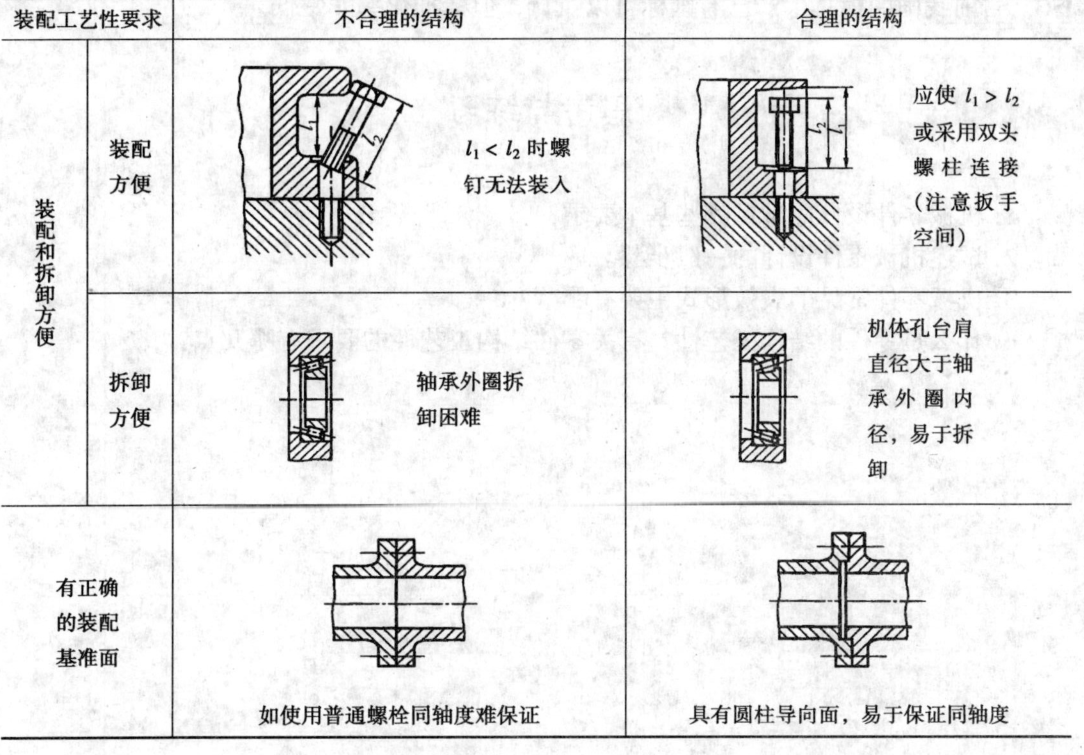

装配工艺性要求		不合理的结构	合理的结构
装配和拆卸方便	装配方便	$l_1 < l_2$ 时螺钉无法装入	应使 $l_1 > l_2$ 或采用双头螺柱连接（注意扳手空间）
	拆卸方便	轴承外圈拆卸困难	机体孔台肩直径大于轴承外圈内径，易于拆卸
有正确的装配基准面		如使用普通螺栓同轴度难保证	具有圆柱导向面，易于保证同轴度

4.5　机械设计中的标准化

在各种机械中，可以发现有许多零件（如螺纹连接、滚动轴承等）和部件（如机床照明灯、汽车发动机等）都是相同的，以及某些产品（如水泵、载重汽车等）是由小到大按一定规律组成系列的现象。这实际上就是机械设计中的标准化问题，即设计时要尽量考虑零件标准化、部件通用化、产品系列化。机械设计标准化的实际意义如下：

① 标准化后，同一型号零件的加工数量大大增加，便于采用高生产率的先进设备和技术进行大规模生产或组织专业化生产，可以合理使用原材料、节约能源、降低生产成本，提高产品质量。

② 统一零件的性能指标，提高了产品的可靠性。

③ 产品具有互换性。

④ 可以大大减少设计和制造工作量，减少设计中的差错，缩短设计制造周期，可以加速新产品的研发。

⑤ 便于维修，减少了维修更换的工作量和时间。

我国目前对零件的尺寸、结构要素、材料性能、检验方法、设计方法、制图规范等都制定了标准。我国现行标准分为三级：即国家标准（GB）、行业标准（如机械行业标准 JB）和专业标准或企业标准。国际上有国际标准化组织（ISO），我国已加入了ISO。目前我国的模具生产已有国标可以执行，但标准化率非常低。

思考与练习

1. 机械零件设计应满足哪些基本要求？
2. 试述机械零件设计的一般步骤。
3. 机械零件常见的失效形式主要有哪些？
4. 什么是零件的结构工艺性？有关零件结构工艺性的要求有哪几点？

第 5 章　带传动和链传动

带传动和链传动是利用中间挠性件（带或链）传递运动和动力的机械传动，应用广泛。本章主要讨论常用的普通 V 带传动和传动用短节距精密滚子链传动。

5.1　带传动的类型、特点和应用

5.1.1　带传动的类型

如图 5.1 所示，带传动是由主动轮 1、从动轮 2 和张紧在两轮上的环形传动带 3 组成。带传动按工作原理可分为摩擦传动和啮合传动两大类。

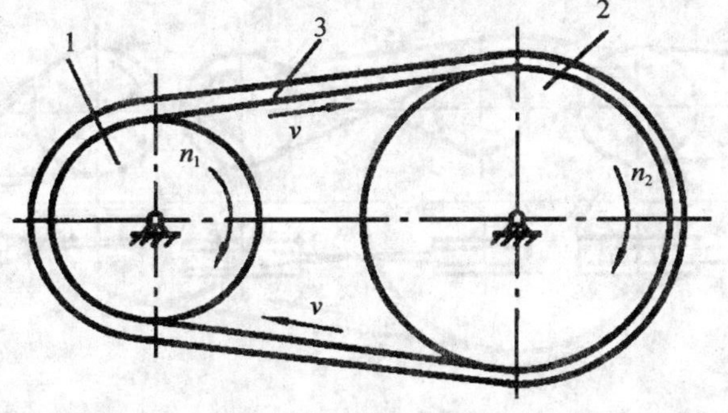

图 5.1　带传动

摩擦型带传动是利用带和带轮接触面间的摩擦力来传递运动和动力（如 V 带传动）；啮合型带传动靠带内表面的凸齿和带轮上的齿槽相啮合来传递运动和动力（如同步带传动）。按截面形状不同，带传动又可分为平带传动、V 带传动、圆带传动、多楔带传动、同步带传动等多种类型，如图 5.2 所示。

平带传动结构最简单，效率较高，一般用于中心距较大的场合。带长可根据需要剪截后用接头接成封闭环型；特殊需要时，平带传动可实现交叉传动和半交叉传动，如图 5.3 所示。与平带传动相比，V 带传动的承载能力和产生的摩擦力都要大得多，故结构更紧凑，应用更广泛，但 V 带传动一般只用于开口传动（见图 5.1）。圆带传动的传递功率较小，一般用于低速轻载的小型机械中。多楔带传动兼有平带传动和 V 带传动的特点，适用于传递动力大且要求结构紧凑场合。同步带传动的带与带轮间无相对滑动，能保持恒定的传动比，结构紧凑，传动效率高；但带和带轮的制造工艺和安装精度都较高，价格较贵，寿命较短，主要用于要求恒定传动比的传动，如机床、打字机等。

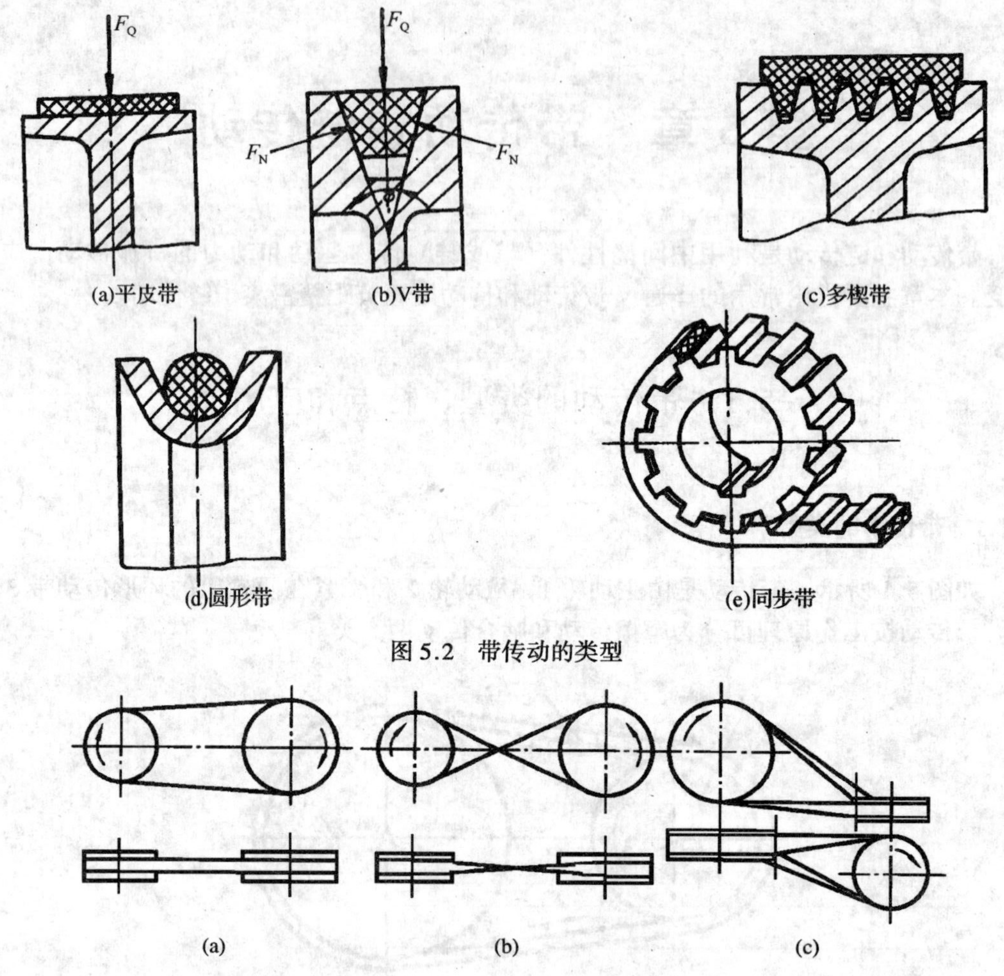

图 5.2　带传动的类型

图 5.3　平带传动类型

5.1.2　带传动的特点和应用

带传动的主要优点是：

① 适用于中心距较大的场合。

② 带是挠性物，可以缓冲、吸振，噪音小，传动平稳。

③ 当过载时，带与带轮之间会产生打滑，保护其他零部件免受损坏。

④ 结构简单，制造与维护方便，成本低。

带传动的主要缺点是：

① 外廓尺寸太大。

② 带在带轮上有相对滑动，传动比不恒定。

③ 传动效率较低，寿命较短。

④ 常需要张紧装置，支承带轮的轴和轴承受力较大。

⑤ 不宜用于高温、易燃等场所。

总的来说，带传动多用于两轴中心距较大，传动比要求不严格的中、小功率的机械中。

一般情况下，带传动传递的功率 $P \leqslant 100\mathrm{kW}$，带速 $v = 5 \sim 25\mathrm{m/s}$，平均传动比 $i \leqslant 5$，传动效率为 94% ~ 97%。高速带传动的带速可达 60 ~ 100m/s，传动比 $i \leqslant 7$。同步齿形带的带速为 40 ~ 50m/s，传动比 $i \leqslant 10$，传递功率可达 200kW，效率高达 98% ~ 99%。

5.2　V带的结构和标准

5.2.1　V带的结构和带轮

V带有普通V带、窄V带、宽V带、大楔角V带和汽车V带等多种形式，其中普通V带应用最广。本节主要介绍普通V带及带轮。

普通V带是楔角为40°，相对高度 $h/b_p \approx 0.7$ 的梯形截面环形带，其结构如图5.4所示，由拉伸层1、强力层2、压缩层3和包布层4等部分组成。强力层2承受基本拉力，它由几层帘布或一层粗线绳组成，分别称为帘布芯结构如图5.4（a）所示和线绳芯结构如图5.4（b）所示。帘布结构抗拉强度高，但柔韧性及抗弯曲强度不如线绳结构好。线绳芯结构V带柔软，抗挠曲疲劳性好，适用于转速较高、载荷不大和带轮直径较小的场合。拉伸层1及压缩层3为胶料。包布层4由几层橡胶布组成，是带的保护层。为了提高带的承载能力，近年来已普遍采用化学纤维线绳芯结构V带。

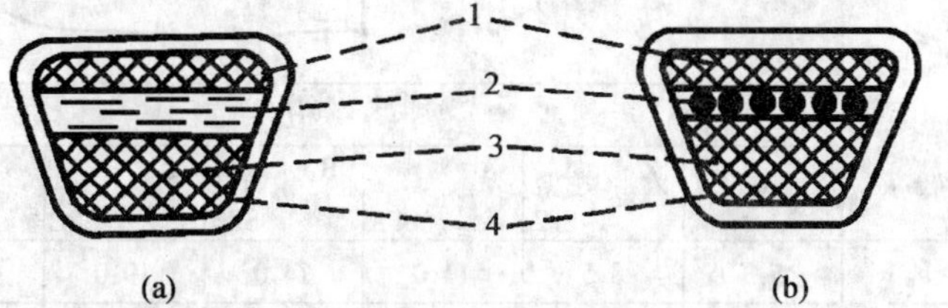

图5.4　V带结构

1. 拉伸层　2. 强力层　3. 压缩层　4. 包布层

当带垂直底边弯曲时，顶胶料受拉伸长，底胶料受压缩短，在两者之间的中性层长度保持不变，称其为节面，节面的宽度称为节宽，用 b_p 表示。V带的高度 h 与其节宽 b_p 之比（h/b_p）称为相对高度，普通V带的 $h/b_p \approx 0.7$，窄V带 $h/b_p \approx 0.9$。由于在相同高度下，窄V带的宽度比普通V带的减小约1/3，而承载能力可提高1.5 ~ 2.5倍，所以窄V带的应用也日趋广泛。

普通V带已经标准化（GB11544－97），按其截面形状不同，分为Y、Z、A、B、C、D、E七种，窄V带分为SPZ、SPA、SPB、SPC 4种，其截面尺寸如表5.1所示。在V带轮上，与所配用的V带节面宽度 b_p 相对应的带轮直径，称为基准直径，用 d_d 表示如表5.2所示。在规定的张紧力下，V带位于带轮基准直径上的周线长度称为基准长度，用 L_d 表示，它是V带的公称长度如表5.3所示。

表 5.1 V带的截面尺寸（mm）

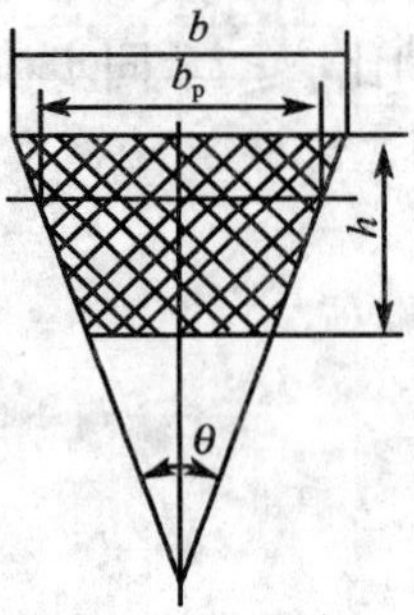

带型 普通V带	带型 窄V带	节宽 b_p	顶宽 b	高度 h	截面面积 A/mm^2	楔角 θ
Y		5.3	6	4	18	40°
Z		8.5	10	6	47	
	SPZ			8	57	
A		11.0	13	8	81	
	SPA			10	94	
B		14.0	17	10.5	138	
	SPB			14	167	
C		19.0	22	13.5	230	
	SPC			18	278	
D		27.0	32	19	476	
E		32.0	38	23.5	692	

表 5.2 V带轮的轮槽尺寸（mm）

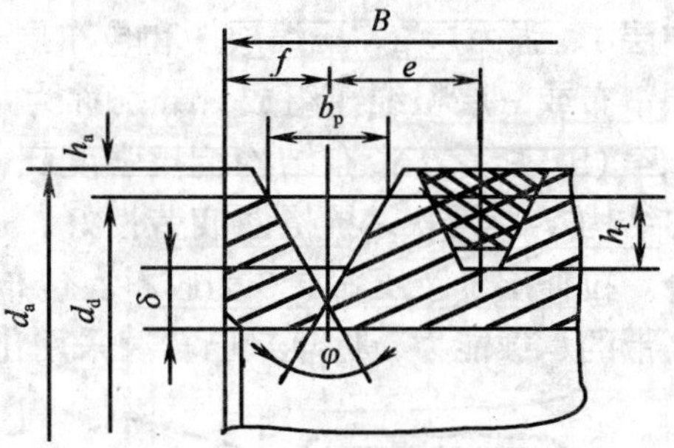

项目	符号	槽型 Y	槽型 Z / SPZ	槽型 A / SPA	槽型 B / SPB	槽型 C / SPC	槽型 D	槽型 E
基准宽度（节宽）	b_p	5.3	8.5	11.0	14.0	19.0	27.0	32.0
基准线上槽深	h_{amin}	1.6	2.0	2.75	3.5	4.8	8.1	9.6
基准线下槽深	h_{fmin}	4.7	7.0 / 9.0	8.7 / 11.0	10.8 / 14.0	14.3 / 19.0	19.9	23.4
槽间距	e	8±0.3	12±0.3	15±0.3	19±0.4	25.5±0.5	37±0.6	44.5±0.7
第一槽对称面至端面的距离	f	7±1	8±1	10^{+2}_{-1}	12.5^{+2}_{-1}	17^{+2}_{-1}	23^{+3}_{-1}	29^{+4}_{-1}
最小轮缘厚	δ_{min}	5	5.5	6	7.5	10	12	15
带轮宽	B	$B=(z-1)e+2f$ z 为轮槽数，f 为第一槽对称面至端面的距离						
外径	d_a	$d_a=d_d+2h_a$						
轮槽角 φ 32°	直径 d_d	≤60	—	—	—	—	—	—
轮槽角 φ 34°	直径 d_d	—	≤80	≤118	≤190	≤315	—	—
轮槽角 φ 36°	直径 d_d	>60	—	—	—	—	≤475	≤600
轮槽角 φ 38°	直径 d_d	—	>80	>118	>190	>315	>475	>600
轮槽角 φ 极限偏差		±1°					±30′	

表 5.3　V带的基准长度系列及带长修正系数 K_L

基准长度基本尺寸	K_L										
	普通V带							窄V带			
L_d/mm	Y	Z	A	B	C	D	E	SPZ	SPA	SPB	SPC
200	0.81										
224	0.82										
250	0.84										
280	0.87										
315	0.89										
355	0.92										
400	0.96	0.87									
450	1.00	0.89									
500	1.02	0.91									
560		0.94									
630		0.96	0.81					0.82			
710		0.99	0.82					0.84			
800		1.00	0.85					0.86	0.81		
900		1.03	0.87	0.81				0.88	0.83		
1000		1.06	0.89	0.84				0.90	0.85		
1120		1.08	0.91	0.86				0.93	0.87		
1250		1.11	0.93	0.88				0.94	0.89	0.82	
1400		1.14	0.96	0.90				0.96	0.91	0.84	
1600		1.16	0.99	0.93				1.00	0.93	0.86	
1800			1.01	0.95	0.85			1.01	0.95	0.88	
2000			1.03	0.98	0.88			1.02	0.96	0.90	0.81
2240			1.06	1.00	0.91			1.05	0.98	0.92	0.83
2500			1.09	1.03	0.93			1.07	1.00	0.94	0.86
2800			1.11	1.05	0.95	0.83		1.09	1.02	0.96	0.88
3150				1.07	0.97	0.86		1.11	1.04	0.98	0.90
3550				1.10	0.98	0.89		1.13	1.06	1.00	0.92
4000				1.13	1.02	0.91			1.08	1.02	0.94
4500				1.15	1.04	0.93	0.90		1.09	1.04	0.96
5000				1.18	1.07	0.96	0.92			1.06	0.98
5600					1.09	0.98	0.95			1.08	1.00
6300					1.12	1.00	0.97			1.10	1.02

5.2.2　V带轮的材料和结构

V带轮材料常用铸铁、钢、铝或工程塑料等，其中铸铁应用最广。当 $v < 25\text{m/s}$ 时，用HT150或HT200；当 $25\text{m/s} \leqslant v \leqslant 45\text{m/s}$ 时，可用球墨铸铁或铸钢；小功率传动时可用铸铝或塑料。

带轮由轮缘、腹板和轮毂三部分组成，如图5.5所示。V带轮的典型结构有实心式、腹板式、孔板式、椭圆轮辐式等四种，如图5.6所示。当

1
2
3

图 5.5　V带轮（孔板式）

1. 轮缘　2. 腹板　3. 轮毂

带轮基准直径 d_d 不同时，带型号不同，则用的带轮结构形式也不同，具体见表 5.4。关于图 5.6 中有关结构尺寸可查机械设计手册。

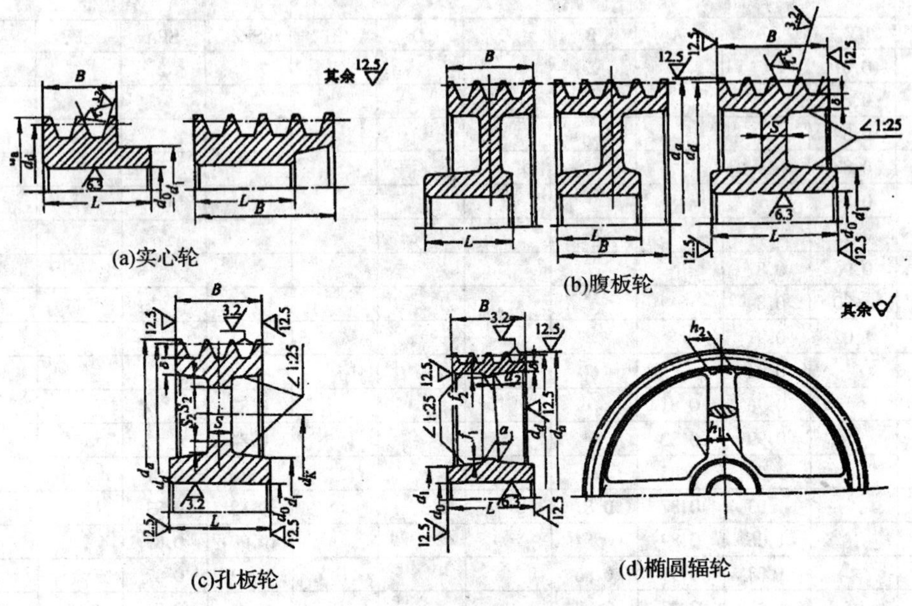

(a)实心轮　　(b)腹板轮　　(c)孔板轮　　(d)椭圆辐轮

图 5.6　V 带轮结构

表 5.4　V 带结构形式与辐板厚度（mm）

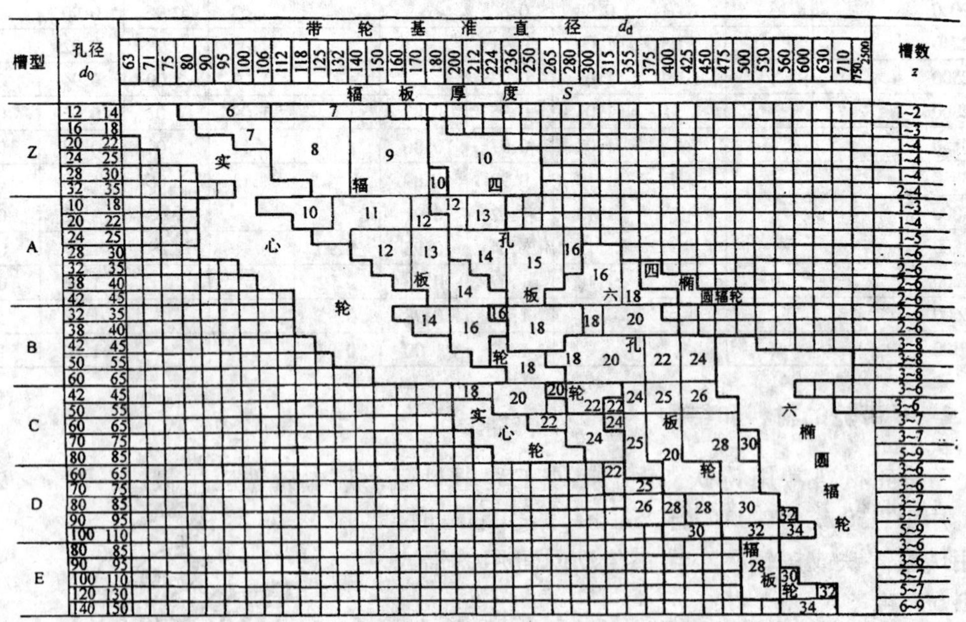

槽型	孔径 d_0		槽数 z
Z	12	14	1~2
	16	18	1~3
	20	22	1~4
	24	25	1~4
	28	30	1~4
	32	35	2~4
A	10	18	1~3
	20	22	1~4
	24	25	1~5
	28	30	1~6
	32	35	2~6
	38	40	2~6
	42	45	2~6
B	32	35	2~6
	38	40	2~6
	42	45	3~8
	50	55	3~8
	60	65	3~8
C	42	45	3~6
	50	55	3~6
	60	65	3~7
	70	75	3~7
	80	85	5~9
D	60	65	3~6
	70	75	3~6
	80	85	3~7
	90	95	3~7
	100	110	5~9
E	80	85	3~6
	90	95	3~6
	100	110	5~7
	120	130	5~7
	140	150	6~9

5.3　带传动的工作情况分析

5.3.1　带传动中的受力分析

安装带时，需以一定的初拉力 $\boldsymbol{F}_0$ 紧套在带轮上。当带传动未工作时，带两边的拉力均等于初拉力 $\boldsymbol{F}_0$，如图 5.7（a）所示。带传动工作时，主动轮以转速 n_1 开始转动，带与带轮接触面间产生摩擦力。主动轮作用在带上的摩擦力的方向与主动轮的圆周速度方向相同，带在此力作用下开始运动；而带作用在从动轮上的摩擦力的方向与带运动方向相同；从动轮在该摩擦力作用下以转速 n_2 转动。此时，带两边的拉力也发生了相应的变化，进入主动轮的一边被拉紧，称为紧边，拉力由 $\boldsymbol{F}_0$ 增加到 $\boldsymbol{F}_1$；另一边则被放松，称为松边；拉力由 $\boldsymbol{F}_0$ 减小到 $\boldsymbol{F}_2$，如图 5.7（b）所示。

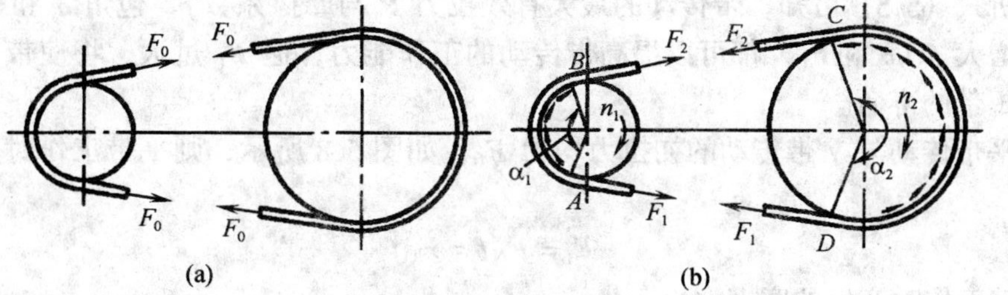

图 5.7　带传动的受力分析

设带的总长度不变，紧边拉力的增量（$\boldsymbol{F}_1-\boldsymbol{F}_0$）应等于松边拉力的减少量（$\boldsymbol{F}_0-\boldsymbol{F}_2$），即

$$F_1 - F_0 = F_0 - F_2 \tag{5.1}$$

或

$$F_1 + F_2 = 2F_0$$

带的紧边拉力 $\boldsymbol{F}_1$ 和松边拉力 $\boldsymbol{F}_2$ 之差称为有效拉力 $\boldsymbol{F}$，即

$$F = F_1 - F_2 \tag{5.2}$$

将式（5.2）代入式（5.1）整理可得

$$\left.\begin{aligned} F_1 &= \frac{2F_0 + F}{2} \\ F_2 &= \frac{2F_0 - F}{2} \end{aligned}\right\} \tag{5.3}$$

带的有效拉力也等于带和带轮接触面上摩擦力的总和，它决定了带传动所能传递的功率 P（kW）的大小，即

$$P = \frac{Fv}{1000}\text{kW}$$

式中，F——有效拉力，单位为 N；

v——带的速度，单位为 m/s。

当带传动的工作载荷超过了极限摩擦力的总和时，带将在带轮上发生全面的相对滑动，这种现象称为打滑。打滑将使带剧烈磨损与发热，从动轮转速急剧下降直至停止，传动因此而失效。打滑一般首先发生在小带轮上。即将打滑时，带传动中 $\boldsymbol{F}_1$ 与 $\boldsymbol{F}_2$ 的关系可利用柔韧体摩擦的欧拉公式表示

$$F_1 = F_2 e^{f\alpha} \tag{5.4}$$

式中，e——自然对数的底，e = 2.718；

f——带与带轮接触面间的摩擦系数（V 带为当量摩擦系数 f_v）；

α——带在带轮上的包角，单位为 rad。

将式（5.3）代入式（5.4），整理后，可得到初拉力为 $\boldsymbol{F}_0$ 时，带所能传递的最大有效拉力为

$$F_{max} = 2F_0 \frac{e^{f\alpha} - 1}{e^{f\alpha} + 1} \tag{5.5}$$

分析式（5.5）可知，带传动的最大有效拉力 $\boldsymbol{F}$ 与摩擦系数 f、包角 α 和初拉力 $\boldsymbol{F}_0$ 有关。增大 f、α 和 $\boldsymbol{F}_0$，都可以提高带传动的工作能力，但 $\boldsymbol{F}_0$ 过大，将使带的磨损加剧，缩短带的寿命。

设平带传动与 V 带传动的初拉力均为 $\boldsymbol{F}_0$，如图 5.8 所示，则平带工作时产生的摩擦力为

$$F_f = F_N f = F_Q f \tag{5.6}$$

V 带工作时产生的摩擦力为

$$F_f = F_N f = F_Q \frac{f}{\sin\frac{\varphi}{2}} = F_Q f_v \qquad \left(f_v = \frac{f}{\sin\frac{\varphi}{2}}\right) \tag{5.7}$$

式中，φ——带轮轮槽角；

f_v——当量摩擦系数；

f——摩擦系数；

F_Q——正压力。

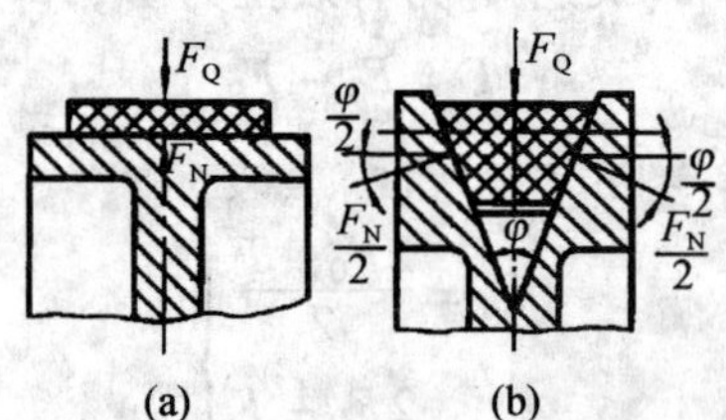

图 5.8 带与带轮间的法向压力

当轮槽角为 32°、34°、36°、38°时，f_v =（3.62 ~ 3.07）f，由此可知，在相同的条件下，V 带的传动能力是平带的 3 倍以上。所以，传递相同功率时，V 带传动的结构紧凑，应用更广泛。

5.3.2　带的应力分析

带传动工作时，带中的应力由三部分组成：

（1）拉应力

紧边拉应力　$$\sigma_1 = \frac{F_1}{A}\text{MPa} \tag{5.8}$$

松边拉应力　$$\sigma_2 = \frac{F_2}{A}\text{MPa} \tag{5.9}$$

式中，A 为带的横截面面积（mm^2）。

（2）离心应力

当带以速度 v 沿着带轮轮缘做圆周运动时，带自身的质量将产生离心力。虽然离心力只产生在带做圆周运动的部分，但由离心力产生的离心拉力作用于带的全长。离心应力可用下式计算

$$\sigma_c = \frac{qv^2}{A} \tag{5.10}$$

式中，q——带单位长度的质量（kg/m）（见表 5.5）；

v——带的线速度（m/s）。

表 5.5　带单位长度的质量 q　（kg/m）

带　型	Y	Z / SPZ	A / SPA	B / SPB	C / SPC	D	E
q	0.04	0.06 / 0.07	0.10 / 0.12	0.17 / 0.20	0.30 / 0.37	0.60	0.87

（3）弯曲应力

带绕在带轮上时因弯曲而引起弯曲应力，如图 5.9 所示，其大小由下式计算

$$\sigma_b \approx \frac{Eh}{d_d} \tag{5.11}$$

式中，h——带的高度（mm）；

d_d——带轮的计算直径，[对于 V 带轮，d_d 为基准直径]（mm）；

E——带的弹性模量（N/mm^2）。

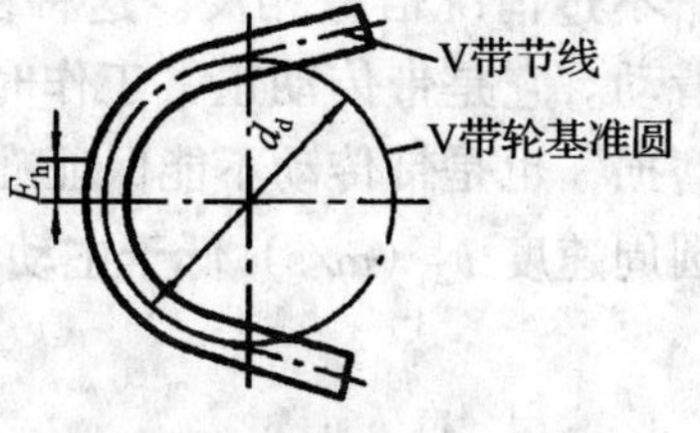

图 5.9　带的弯曲应力

显然，带的弯曲应力因带轮的直径不同而不同，带轮的直径越小，带的弯曲应力越大。为了避免带的弯曲应力过大，各种型号的 V 带都规定了最小带轮基准直径（见表 5.6）。

表 5.6　V带轮的最小基准直径 d_{dmin}（mm）

带　型	Y	Z / SPZ	A / SPA	B / SPB	C / SPC	D	E
$d_d$min	20	50 / 63	75 / 90	125 / 140	200 / 224	355	500

带工作时的应力分布情况如图 5.10 所示，各截面应力的大小用自该处引出的径向线或垂直线的长短来表示。很明显，在传动过程中，带处于变应力状态下工作，最大应力发生在带的紧边开始绕入小带轮处，其值为

$$\sigma_{max} = \sigma_1 + \sigma_c + \sigma_{b1} \tag{5.12}$$

在变应力的作用下，当应力循环次数达到一定值后，带将因此产生疲劳破坏而失效。

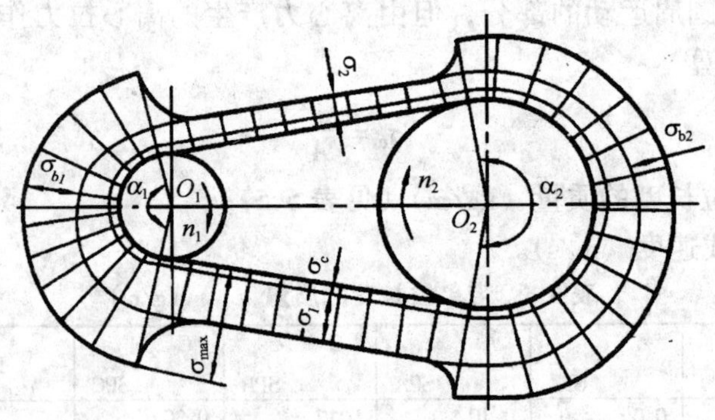

图 5.10　带的应力分析

5.3.3　带的弹性滑动与传动比

带传动在工作时，由于带是弹性体，受到拉力后会产生弹性变形。因为紧边与松边的拉力不同，所以带的变形量也会不同。如图 5.7（b）所示，当带在 A 点绕上主动轮时，带的速度 v 和带轮的速度 v_1 相同。带由 A 点转到 B 点的过程中，带的拉力由 $\boldsymbol{F}_1$ 逐渐减小到 $\boldsymbol{F}_2$，带的弹性伸长量也随之减小，带沿带轮的运动是一面绕进，一面向后收缩，带速 v 也逐渐低于主动轮的四周速度 v_1，此时带与带轮间必然发生相对滑动。这种现象也发生在从动轮上，不过情况恰好相反。这种由于带的弹性变形而引起的带与带轮间的滑动，称为弹性滑动。它是带传动正常工作时固有的特性，是不可避免的。它造成功率损失，增加带的磨损，也是带传动不能保证准确传动比的根本原因。

弹性滑动导致从动轮的圆周速度 v_2（m/s）低于主动轮的圆周速度 v_1（m/s），其降低量用滑动率 ε 表示。

$$\varepsilon = \frac{v_1 - v_2}{v_1} \times 100\% \tag{5.13}$$

$$v_1 = \frac{\pi d_{d1} n_1}{60 \times 1000} \tag{5.14}$$

$$v_2 = \frac{\pi d_{d2} n_2}{60 \times 1000}$$

式中，n_1、n_2 分别为主、从动轮转速（r/min）。

带传动的实际传动比

$$i=\frac{n_1}{n_2}=\frac{d_{d2}}{d_{d1}(1-\varepsilon)} \tag{5.15}$$

V 带传动的滑动率 $\varepsilon=0.01\sim0.02$，一般可不考虑，其传动比计算式为

$$i=\frac{n_1}{n_2}\approx\frac{d_{d2}}{d_{d1}} \tag{5.16}$$

5.4　带传动的设计

5.4.1　带传动的失效形式及设计准则

带传动的主要失效形式是打滑和疲劳破坏。因此，带传动的设计准则为：在保证不打滑的条件下，使带具有一定的疲劳强度和寿命。

保证带传动不打滑的条件是

$$F=1000\frac{p}{v}\leqslant F_1\left(1-\frac{1}{e^{fv\alpha}}\right)=\sigma_1 A\left(1-\frac{1}{e^{fv\alpha}}\right) \tag{5.17}$$

保证疲劳强度的条件是

$$\sigma_{max}=\sigma_1+\sigma_c+\sigma_{b1}\leqslant[\sigma]$$

即

$$\sigma_1\leqslant[\sigma]-\sigma_c-\sigma_{b1} \tag{5.18}$$

式中，$[\sigma]$ ——带的许用应力（N/mm^2）。

由式（5.17）和式（5.18）可得到既不打滑又满足疲劳强度条件的单根 V 带所能传递的功率计算式：

$$P_0=\frac{\sigma_1 Av}{1000}\left(1-\frac{1}{e^{fv\alpha}}\right)=\frac{Av}{1000}([\sigma]-\sigma_c-\sigma_{b1})\left(1-\frac{1}{e^{fv\alpha}}\right) \tag{5.19}$$

根据式（5.19）计算所得到的单根普通 V 带在特定条件下（载荷平稳 $\alpha=180°$，传动比 $i=1$，特定带长）所能传递的基本功率 P_0，如表 5.7（a）所示。

表 5.7（a）　单根普通 V 带的额定功率 P_0（kW）

带型	小带轮基准直径 d_{d1}/mm	小带轮转速 n_1/（r/min）								
		200	400	730	800	980	1200	1460	2000	2800
Z	50	–	0.06	0.09	0.10	0.12	0.14	0.16	0.20	0.26
	63	–	0.08	0.13	0.15	0.18	0.22	0.25	0.32	0.41
	71	–	0.09	0.17	0.20	0.23	0.27	0.31	0.39	0.50
	80	–	0.14	0.20	0.22	0.26	0.30	0.36	0.44	0.56
	90	–	0.14	0.22	0.24	0.28	0.33	0.37	0.48	0.60

续表

带型	小带轮基准直径 d_{d1}/mm	小带轮转速 n_1/（$r\cdot min^{-1}$）								
		200	400	730	800	980	1200	1460	2000	2800
A	75	0.16	0.27	0.42	0.45	0.52	0.60	0.68	0.84	1.00
	90	0.22	0.39	0.63	0.68	0.79	0.93	1.07	1.34	1.64
	100	0.26	0.47	0.77	0.83	0.97	1.14	1.32	1.66	2.05
	112	0.31	0.56	0.93	1.00	1.18	1.39	1.62	2.04	2.51
	125	0.37	0.67	1.11	1.19	1.14	1.66	1.93	2.44	2.98
	140	0.43	0.78	1.31	1.41	1.66	1.93	2.29	2.87	3.48
B	125	0.48	0.84	1.34	1.44	1.67	1.93	2.20	2.64	2.96
	140	0.59	1.05	1.69	1.82	2.13	2.47	2.83	3.42	3.85
	160	0.74	1.32	2.16	2.32	2.72	3.17	3.64	4.40	4.89
	180	0.88	1.59	2.61	2.81	3.30	3.85	4.41	5.30	5.76
	200	1.02	1.85	3.06	3.30	3.86	4.50	5.15	6.13	6.43
	224	1.19	2.17	3.59	3.86	4.50	5.26	5.99	7.02	6.95
C	200	1.39	2.41	3.80	4.07	4.66	5.29	5.86	6.34	5.01
	224	1.70	2.99	4.78	5.12	5.89	6.71	7.47	8.05	6.08
	250	2.03	3.62	5.82	6.23	7.18	8.21	9.06	9.62	6.56
	280	2.42	4.32	6.99	7.52	8.65	9.81	10.74	11.04	6.13
	315	2.86	5.14	8.34	8.92	10.23	11.53	12.48	12.14	4.13
	400	3.91	7.06	11.5	12.10	13.67	15.04	15.51	11.95	–
D	355	5.31	9.24	14.04	14.83	16.30	16.59	16.70		
	450	7.90	13.85	21.12	22.25	24.16	17.25	22.42		
	560	10.76	18.95	28.28	29.55	31.00	24.84	22.80		
	710	14.55	25.45	35.97	36.87	35.58	29.67	–		
	800	16.76	29.08	39.26	39.55	35.26	27.88	–		
E	500	10.86	18.55	26.62	27.57	28.52	25.53	16.25		
	630	15.65	26.95	37.64	38.52	37.14	29.17	–		
	800	21.70	37.05	47.79	47.38	39.08	16.46	–		
	900	25.15	42.49	51.13	49.21	34.01	–	–		
	1000	28.52	47.52	52.26	48.19	–	–	–		

表 5.7（b）　单根 V 带 $i\neq 1$ 时额定功率的增量 ΔP（kW）

带型	传动比 i	小带轮的转速 n_1（r/min）								
		200	400	730	800	980	1200	1460	2000	2800
Z	1.35～1.51	—	0.01	0.01	0.01	0.02	0.02	0.02	0.03	0.04
	1.52～1.99	—	0.01	0.01	0.02	0.02	0.02	0.02	0.03	0.04
	≥2	—	0.01	0.02	0.02	0.02	0.03	0.03	0.04	0.04
A	1.35～1.51	0.02	0.04	0.07	0.08	0.08	0.11	0.13	0.19	0.26
	1.52～1.99	0.02	0.04	0.08	0.09	0.10	0.13	0.15	0.22	0.30
	≥2	0.03	0.05	0.09	0.10	0.11	0.15	0.17	0.24	0.34
B	1.35～1.51	0.05	0.10	0.17	0.20	0.23	0.30	0.36	0.49	0.69
	1.52～1.99	0.06	0.11	0.20	0.23	0.26	0.34	0.40	0.56	0.79
	≥2	0.06	0.13	0.22	0.25	0.30	0.38	0.46	0.63	0.89
C	1.35～1.51	0.14	0.27	0.48	0.55	0.65	0.82	0.99	1.37	1.92
	1.52～1.99	0.16	0.31	0.55	0.63	0.74	0.94	1.14	1.57	2.19
	≥2	0.18	0.35	0.62	0.71	0.83	1.06	1.27	1.76	2.47

续表

带型	传动比 i	小带轮的转速 n_1（r/min）								
		200	400	730	800	980	1200	1460	2000	2800
D	1.35～1.51	0.49	0.97	1.70	1.95	2.31	2.92	3.52	—	—
	11.52～1.99	0.56	1.11	1.95	2.22	2.64	3.34	4.03	—	—
	≥2	0.63	1.25	2.19	2.50	2.97	3.75	4.53	—	—
E	1.35～1.51	0.96	1.93	3.38	3.86	4.58	5.61	6.83	—	—
	1.52～1.99	1.10	2.20	3.86	4.41	5.23	6.41	7.80	—	—
	≥2	1.24	2.48	4.34	4.96	5.89	7.21	8.78	—	—

5.4.2　带传动的设计计算

设计V带传动时，一般给定的原始条件是：传递的功率 P、小带轮及大带轮的转速 n_1 和 n_2（或传动比）、用途、载荷性质以及工作条件等。设计计算的主要任务是：确定合适的V带型号、长度、根数、传动中心距、带轮的直径、结构尺寸等。下面介绍设计计算的一般步骤。

（1）确定计算功率 P_c，选择V带型号

按给定的传递功率 P、载荷性质来确定计算功率 P_c。

$$P_c = K_A P$$

式中，K_A——工作情况系数，如表5.8所示。

表5.8　工作情况系数 K_A

工况		K_A					
		空、轻载启动			重载启动		
		每天工作小时数/h					
		<10	10～16	>16	<10	10～16	>16
载荷变动微小	液体搅拌机、通风机和鼓风机（≤7.5kW）、离心式水泵、压缩机、轻载荷输送机	1.0	1.1	1.2	1.1	1.2	1.3
载荷变动小	带式输送机（不均匀载荷）、通风机（>7.5kW）、旋转式水泵和压缩机（非离心式）、发电机、金属切削机床、印刷机、旋转筛、锯木机和木工机械	1.1	1.2	1.3	1.2	1.3	1.4
载荷变动较大	制砖机、斗式提升机、往复式水泵和压缩机、起重机、磨粉机、冲剪机床、橡胶机械、振动筛、纺织机械、载重输送机	1.2	1.3	1.4	1.4	1.5	1.6
载荷变动大	破碎机（旋转式、颚式等）、磨碎机（球磨、棒磨、管磨）	1.3	1.4	1.5	1.5	1.6	1.6

注：1）空、轻载启动——电动机（交流、直流并励），四缸以上的内燃机，装有离心式离合器、液力联轴器的动力机等；

2）重载启动——电动机（联机交流启动、直流复励或串励），四缸以下的内燃机；

3）反复启动、正反转频繁、工作条件恶劣等场合，应将表中 K_A 值乘以1.2；增速时 K_A 值查机械设计手册。

根据 P_c 和小带轮转速 n_1，由图5.11初步选定带的型号。

（2）确定带轮的基准直径 d_d

带轮直径小，结构紧凑，但使带的弯曲应力增大，影响带的疲劳强度，所以要限制小带轮的基准直径 d_{d1} 如表5.6所示。一般取 $d_{d1} \geqslant d_{dmin}$。，$d_{d2} = d_{d1} \times i$，$d_{d1}$ 和 d_{d2} 应

符合带轮基准直径系列 如表 5.4 所示。注意，当 d_{d1} 和 d_{d2} 选用系列值后，从动轮的转速将发生变化，但一般误差应控制在 ±5%以内。

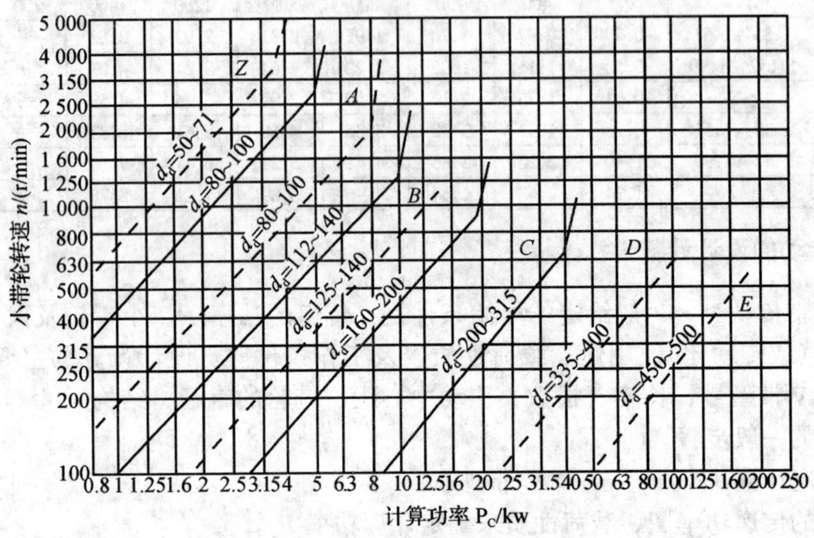

图 5.11　普通 V 带选型图

(3) 计算 V 带的速度 v

带速过高，离心力增大，摩擦损耗也增大，且应力循环次数增多，降低了带传动的工作能力；带速过低，在传递相同功率时，需要的有效拉力增大，将增多带的根数。故带的速度一般限制在 5～25m/s。带速按下式计算：

$$v=\frac{\pi d_{d1}n_1}{60\times 1000}\text{m/s} \tag{5.20}$$

若带速超出规定范围，则应重选小带轮的基准直径。

(4) 确定中心距 a_0 及基准长度 L_d

一般推荐按下式初步确定中心距 a_0。

$$0.7(d_{d1}+d_{d2})\leqslant a_0\leqslant 2(d_{d1}+d_{d2}) \tag{5.21}$$

a_0 选定后，根据带传动的几何关系，按下式初步确定带的基准长度 L_d'

$$L_d'=2a_0+\frac{\pi}{2}(d_{d1}+d_{d2})+\frac{(d_{d2}-d_{d1})^2}{4a_0} \tag{5.22}$$

根据计算的 L_d'，由表 5.3 选取接近的标准带长 L_d，其实际中心距可由下式近似计算

$$a\approx a_0+\frac{L_d-L_d'}{2} \tag{5.23}$$

为了便于安装和张紧 V 带，中心距一般是可调的，其变动范围为

$$a_{min}=a-0.015L_d$$

$$a_{max}=a+0.03L_d$$

(5) 验算小带轮包角 α_1

小带轮包角 α_1 过小，会降低带传动的有效力，容易产生打滑。一般要求 $\alpha_1\geqslant 120°$。

包角的大小由下式计算

$$\alpha_1 = 180° - \frac{d_{d2} - d_{d1}}{a} \times 57.3°$$

(6) 确定 V 带的根数

V 带的根数可由下式计算

$$z \geqslant \frac{P_c}{(P_0 + \Delta P)\ K_\alpha K_L} \tag{5.24}$$

式中，P_0——单根普通 V 带的基本额定功率见表 5.7a；

ΔP——考虑 $i \neq 1$ 时传递功率的增量。因为带绕过带轮的弯曲应力随着带轮的直径增大而减小，所以在相同寿命下，传递的功率有所增加，其值见表 5.7 (b)；

K_α——包角修正系数，考虑包角不同时对带传动的影响，其值见表 5.9。

表 5.9　小带轮包角修正系数 K_α

α/ (°)	180	175	170	165	160	155	150	145	140	135	130	125	120
K_α	1	0.99	0.98	0.96	0.95	0.93	0.92	0.91	0.89	0.88	0.86	0.84	0.82

K_L——带长修正系数，考虑带长不同时对带传动的影响，其值见表 5.3。

为了使各根皮带受力均匀，其根数不宜过多。一般要求 $z \leqslant 10$，否则应重新选择 V 带型号进行设计。

(7) 计算 V 带初拉力

保持适当的初拉力是带传动正常工作的前提。初拉力过小，带与带轮间的摩擦力小，容易打滑；初拉力过大，将增大轴和轴承的压力，并降低带的寿命。初拉力由下式计算：

$$F_0 = \frac{500P_c}{zv}\left(\frac{2.5}{K_\alpha} - 1\right) + qv^2 \tag{5.25}$$

式中，P_c——计算功率（kW）

z——V 带根数；

v——V 带速度（m/s）；

q——V 带每米长质量（kg/m）；

K_α——包角修正系数，如表 5.9 所示。

(8) 计算作用在轴上的载荷

在设计 V 带轮轴及轴承时，需先确定带传动作用在轴上的载荷 F_Q。若不考虑带两边的拉力差，如图 5.12 所示，F_Q 可由下式近似计算

$$F_Q = 2zF_0\sin\frac{\alpha_1}{2} \tag{5.26}$$

式中，F_0——单根 V 带的初拉力（N）；

z——V 带根数；

α_1——小带轮的包角。

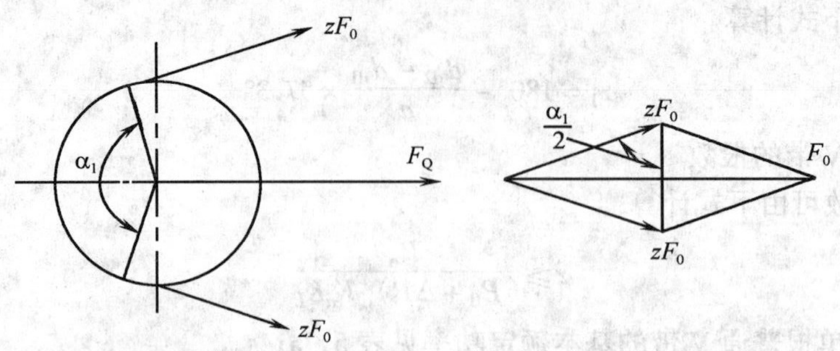

图 5.12　带传动作用在轴上的载荷

【例 5.1】　设计某鼓风机用普通 V 带传动。已知电动机额定功率 $P = 10\text{kW}$，转速 $n_1 = 1450\text{r/min}$，从动轴转速 $n_2 = 400\ \text{r/min}$，中心距约为 1500mm，每天工作 24h。

解：

1）确定计算功率 P_c，选取普通 V 带的型号。

由表 5.8 查得 $K_A = 1.3$，则：

$$P_c = K_A P = 1.3 \times 10 = 13\text{kW}$$

根据 $P_c = 13\text{kW}$，$n_1 = 1450\text{r/min}$，由图 5.11 选用 B 型普通 V 带。

2）确定带轮基准直径 d_{d1}、d_{d2}。

根据表 5.6 和图 5.11 选取 $d_{d1} = 140\text{mm}$，且 $d_{d1} > d_{dmin} = 125\text{mm}$。

大带轮基准直径为

$$d_{d2} = \frac{n_1}{n_2} d_{d1} = \frac{1450}{400} \times 140 = 507.5\text{mm}$$

按表 5.4 选取标准值 $d_{d2} = 500\text{mm}$，则实际传动比 i、从动轮的实际转速分别为

$$i = \frac{d_{d2}}{d_{d1}} = \frac{500}{140} = 3.57$$

$$n_2 = \frac{n_1}{i} = \frac{1450}{3.57} = 406\text{r/min}$$

从动轮的转速误差率为

$$\frac{406 - 400}{400} \times 100\% = 1.5\%$$

在 ±5%以内，满足要求。

3）验算带速 v。

$$v = \frac{\pi d_{d1} n_1}{60 \times 1000} = \frac{\pi \times 140 \times 1450}{60 \times 1000} = 10.63\text{m/s}$$

带的速度在 5～25m/s 范围内。

4）确定带的基准长度 L_d 及 实际中心距 a。

$$L_d' = 2a_0 + \frac{\pi}{2}(d_{d1} + d_{d2}) + \frac{(d_{d2} - d_{d1})^2}{4a_0}$$

$$= 2 \times 1500 + \frac{\pi}{2}(140 + 500) + \frac{(500 - 140)^2}{4 \times 1500} = 4026.9\text{mm}$$

由表 5.3 选取基准长度 $L_d = 4000$mm。

由式（5.23）得实际中心距 a 为

$$a \approx a_0 + \frac{L_d - L_d'}{2} = 1500 + \frac{4000 - 4026.9}{2} = 1487\text{mm}$$

中心距 a 的变动范围为

$$a_{min} = a - 0.015L_d = 1487 - 0.015 \times 4000 = 1427\text{mm}$$

$$a_{max} = a + 0.03L_d = 1487 + 0.03 \times 4000 = 1607\text{mm}$$

5）校验小带轮包角 α_1。

$$\alpha_1 = 180° - \frac{d_{d2} - d_{d1}}{a} \times 57.3°$$

$$= 180° - \frac{500 - 140}{1487} \times 57.3° = 166.13°$$

这里 $\alpha_1 > 120°$，因此以上设计合理。

6）确定 V 带根数 z。

查表 5:7（a），并用插值法得

$$P_0 = 2.82\text{kW}$$

由表 5.7（b）得

$$\Delta P = 0.46\text{kW}$$

由表 5.3、表 5.9 查得　$K_L = 1.13$　$K_\alpha = 0.96$，则由式（5.24）普通 V 带根数：

$$z \geqslant \frac{P_c}{(P_0 + \Delta P)\ K_\alpha K_L} = \frac{13}{(2.82 + 0.46)\ \times 1.13 \times 0.96} = 3.65\ 根$$

圆整得 $z = 4$ 根。

7）求初拉力 $\boldsymbol{F}_0$ 及带轮轴上的压力 $\boldsymbol{F}_Q$。

查表 5.5 得，$q = 0.17$kg/m，根据式（5.25）得

$$F_0 = \frac{500P_c}{zv}\left(\frac{2.5}{K_\alpha} - 1\right) + qv^2$$

$$= \frac{500 \times 13}{4 \times 10.63}\left(\frac{2.5}{0.96} - 1\right) + 0.17 \times (10.63)^2$$

$$= 264.44\text{N}$$

由式（5.26）可得作用在轴上的压力 $\boldsymbol{F}_Q$ 为

$$F_Q = 2zF_0 \sin\frac{\alpha_1}{2} = 2 \times 4 \times 264.44 \sin\frac{166.13°}{2}$$

$$= 2100.04\text{N}$$

8）带轮的结构设计。

按本章图 5.6 进行设计，图中有关结构尺寸查机械设计手册，画出带轮工作图（图略）。

9）设计结果汇总。

选用 4 根 B－4000（GB11544—97）V 带，中心距 $a = 1487$mm，带轮直径 $d_{d1} = 140$mm，$d_{d2} = 500$mm，轴上压力 $F_Q = 2100.04$N。

5.5 带传动的安装、张紧及维护

5.5.1 带传动的张紧法及初拉力的测定

1. 带传动的张紧法

为了使带获得初拉力，同时考虑便于装拆以及带使用过程中出现松弛后的调整，设计 V 带传动时应考虑使用张紧装置。

张紧的方法按照实现张紧的途径不同可分为：调节中心距法和使用张紧轮法。

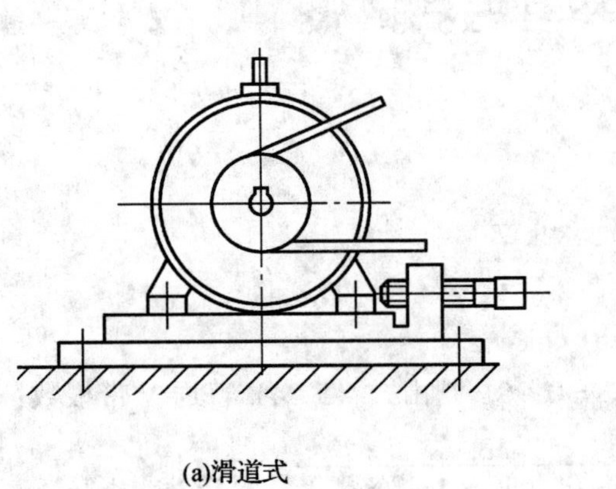

(a)滑道式

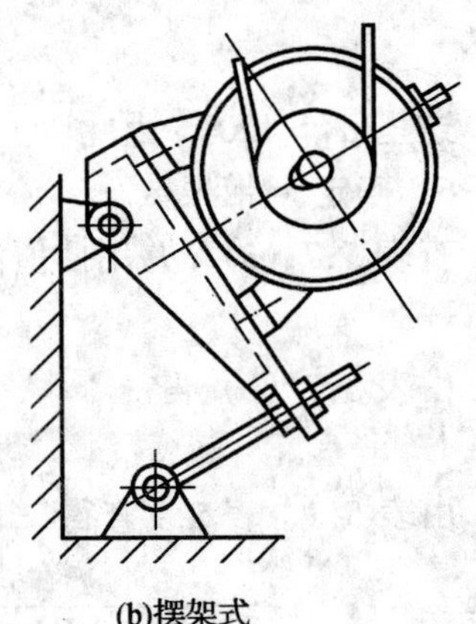

(b)摆架式

图 5.13 带的定期张紧装置

常见的定期张紧的装置如图 5.13（a）所示的滑轨和调节螺钉装置，松开各螺栓的螺母，再旋动调节螺杆就能移动电机，调节中心距以达到张紧的目的。这种装置可用于水平或接近水平的带传动。又如图 5.13（b）所示的摆动架和调节螺钉装置，利用调节螺母使机座绕轴摆动，以调整初拉力。这种装置可用于垂直或接近垂直的带传动。

常见的自动张紧的装置如图 5.14 所示，它是将装有带轮的电机装在浮动的摆架上，利用电机的自重达到自动张紧的目的。

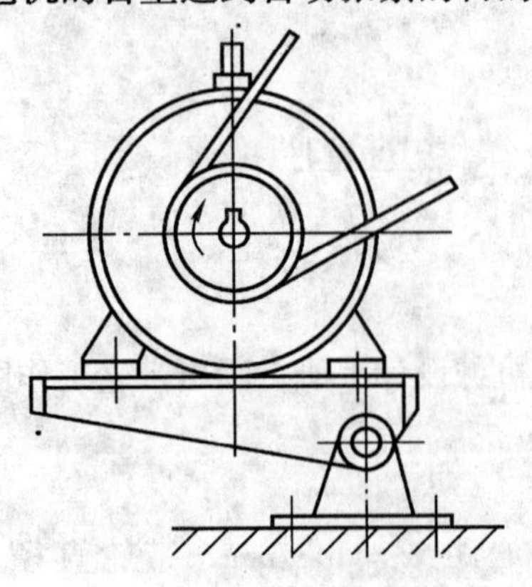

图 5.14 带的自动张紧装置图

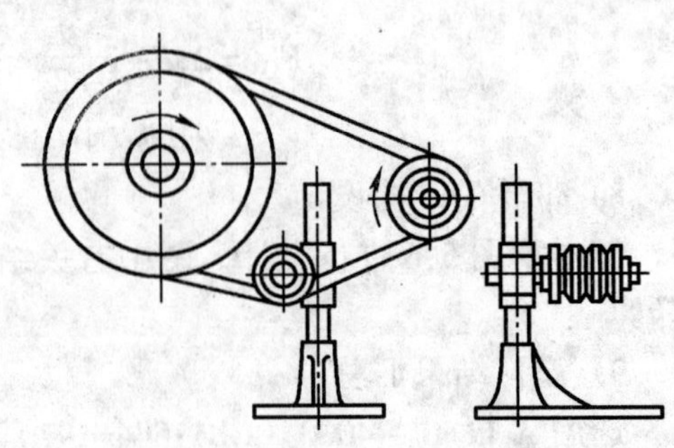

图 5.15 张紧轮张紧装置

常见的使用张紧轮张紧的装置如图5.15所示，当中心距不能调节时可用这种装置。张紧轮一般放在松边的内侧且靠近大带轮处（以免影响小带轮包角）。这种方式容易装拆，可任意调节张紧力大小，但由于带反复弯曲，因而对带的寿命有影响。

2. 初拉力的测定

初拉力的测定通常采用实测法，如图5.16所示，在两轮的上部外公切线的中点 M 处施加一垂直该公切线的适当载荷 G，当沿跨距每100mm带产生挠度 ω 为1.6mm（即挠度为1.8°）时，则带的初拉力是合适的。载荷 G 可由下式计算：

新装的V带
$$G=\frac{1.5F_0+\Delta F_0}{16} \tag{5.27}$$

用过的V带
$$G=\frac{1.3F_0+\Delta F_0}{16}$$

式中，ΔF_0——初拉力增量，其值如表5.10所示。

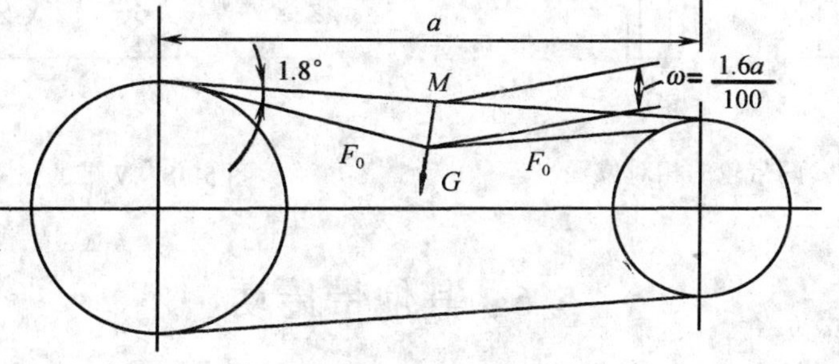

图5.16　初拉力的测定

表5.10　V带的初拉力增量 ΔF_0

带　型	Y	Z	SPZ	A	SPA	B	SPB	C	SPC	D	E
ΔF_0	6	10	12	15	19	20	32	29	55	59	108

5.5.2　带传动的安装与维护

为了确保带传动正常运转，延长带的使用寿命，在V带传动的安装与使用过程中，应注意以下一些问题：

① 为便于装拆无接头的环形V带，带轮宜悬臂装于轴端；在水平或近似水平的传动中，一般应使紧边在下，松边在上，以便利用带的自重加大带轮的包角。

② 安装带轮时，两带轮轴线必须平行，轮槽应对正，以减轻带的磨损如图5.17所示；安装V带时，应先缩短中心距，套上V带后再作调整。

③ V带应按规定的初拉力张紧，不能过紧（以免增加带的磨损及增大轴的受力），也不能过松（不能保证正常工作）。因此，安装时，先将中心距缩小，带套上后再慢慢拉紧不要硬撬。一般可凭实践经验来控制，即带张紧程度以大拇指能按下15mm为宜如图5.18所示。

④ 带不宜与酸、碱、油类介质接触，也不宜在阳光下曝晒，工作温度一般不超过

60℃，以防 V 带加速老化。

⑤ 选用 V 带时应注意型号和长度，型号应和带轮轮槽尺寸相符合。

⑥ 多根 V 带使用时应采用配组带；若其中一根带松弛或有疲劳撕裂现象时，应及时更换全部 V 带，以免新旧带并用时，长短不一，加速新带磨损。

⑦为确保安全，带传动一般应安装防护罩，并在使用过程中定期检查，调整带的张紧力。

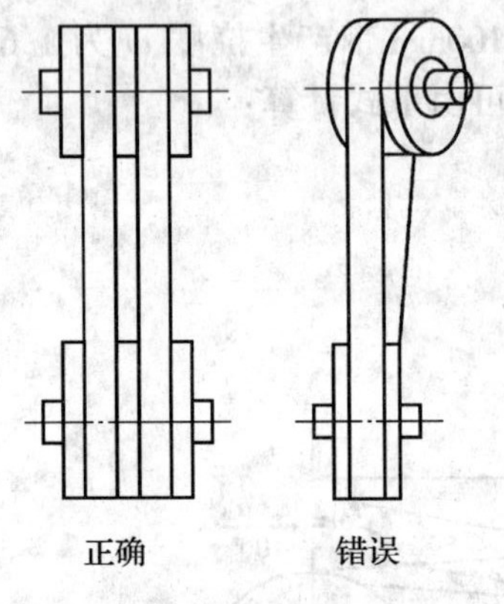

图 5.17 两带轮的相对位置

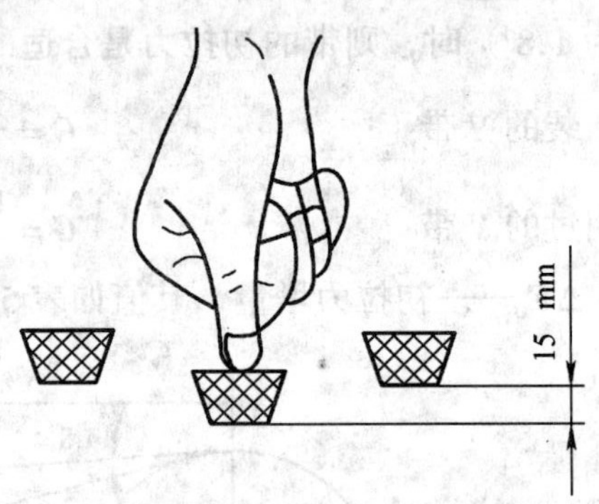

图 5.18 V 带的张紧程度检测

5.6 其他带传动

5.6.1 同步带传动简介

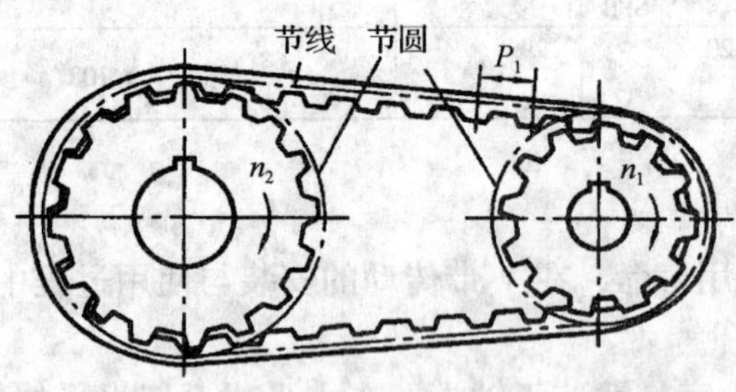

图 5.19 同步带传动

同步带传动是近年来发展较快的一种新型带传动。带的工作面制成齿形，与带轮齿槽啮合传动，如图 5.19 所示。它综合了带传动、链传动和齿轮传动的优点，应用范围日益广泛。

1. 同步带传动的特点和应用

同步带传动与一般带传动比较，它的优点是承载能力大；传动效率高，一般 $\eta = 0.98 \sim 0.995$；重量轻，挠性好，啮合传动，不打滑；带与带轮无相对滑动，传动比较准确，产生热量小；传动比大，最大可达 10；不需要较大的初拉力；适应的功率范围，从几瓦到上百千瓦，速度范围广，最高可达 50m/s。其缺点是对制造和安装的要求比较高，对中心距要求也比较严格。

它主要用于要求传动比准确的中、小功率传动中，如磨床、汽车、计算机、各种仪器仪表及纺织机械、打印机及某些办公设备等。

2. 同步带的结构和主要参数

同步带是以多股钢丝绳或玻璃纤维为强力层，外面用聚氨酯或氯丁橡胶浇铸成基体，如图 5.20 所示。强力层带用来传递动力，并保证同步带工作时节距不变；基体包括带齿 2 和带背 3。

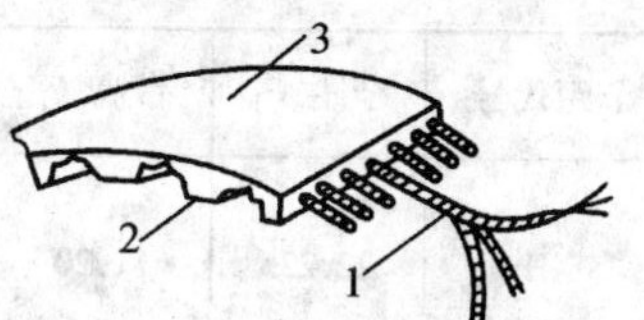

图 5.20　同步带结构

1. 强力层　2. 带齿　3. 带背

同步带整圈封闭无接头，基本参数是带的节距 P_b、带宽 b_s、带高 h_s、带齿的参数以及节长 L_P，如图 5.21 所示。由于强力层工作时长度不变，故把强力层中心线位置定为带的节线，并以节线周长 L_P 为公称长度。相邻两齿对应点间沿节线量得的长度为带的节距 P_b。根据节距不同，同步带有 7 种型号：MXL、XXL、XL、L、H、XH、XXH，如表 5.11 所示。

同步带的失效形式主要是强力层的疲劳断裂、带齿的磨损及带齿被剪切破坏或压溃。

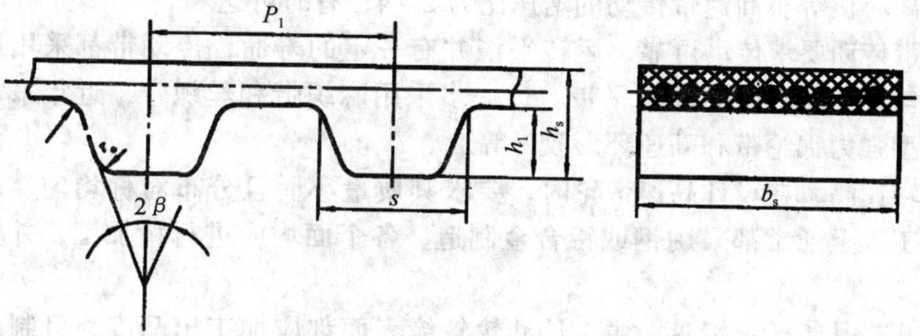

图 5.21　同步带节距和带齿尺寸

表 5.11　同步带的节距、带高、带宽

节距代号	节距 P_b	带高 h_s	带宽		齿高 h_t	齿根厚 s	齿形角 2β/ (°)
			带宽 b_s	带宽代号			
MXL	2.032	1.14	3.2 4.8 6.4	012 019 025	0.51	1.14	40
XXL	3.175	1.52	3.2 6.4	012 025	0.76	1.73	50
XL	5.080	2.30	6.4 7.9 9.5	025 031 037	1.27	2.57	50
L	9.525	3.60	12.7 19.1 25.4	050 075 100	1.91	4.65	40
H	12.700	4.30	19.1 25.4 38.1 50.8 76.2	075 100 150 200 300	2.29	6.12	40

续表

节距代号	节距 P_b	带高 h_s	带宽		齿高 h_t	齿根厚 s	齿形角 2β/(°)
			带宽 b_s	带宽代号			
XH	22.225	11.20	50.8 76.2 101.6	200 300 400	6.35	12.57	40
XXH	31.75	15.70	50.8 76.2 101.6 127.0	200 300 400 500	9.53	19.05	40

5.6.2 高速带简介

当带速 $v>30\text{m/s}$ 或高速轴转速为 10 000～50 000r/min 的传动称为高速带传动。带速≥100m/s 时，称为超高速带传动。高速带传动主要用于增速传动，以驱动高速机床、粉碎机、离心机等。高速带传动的增速比为 2～4，有时可达 8。

高速带传动要求传动可靠、运转平稳并有一定的寿命，传动带都采用质量小、厚度薄而均匀、挠曲性好的环行平带。过去多采用麻织带和丝织带，近年来常用锦纶编织带、薄型强力锦纶带和高速环形胶带等。

由于转速高，在设计高速带轮时，要求其质量小而且分布对称均匀、运转时空气阻力小。工程上通常都采用钢或铝合金制造，各个面均应进行精加工，并要求进行动平衡试验。

为防止带从带轮上滑落，主、从动轮轮缘表面都应加工出凸度，可制成鼓形面或 2°左右的双锥面，如图 5.22（a）所示。为了防止运转时带与轮缘表面间形成气垫，轮缘表面应开环形槽，如图 5.22（b）所示。

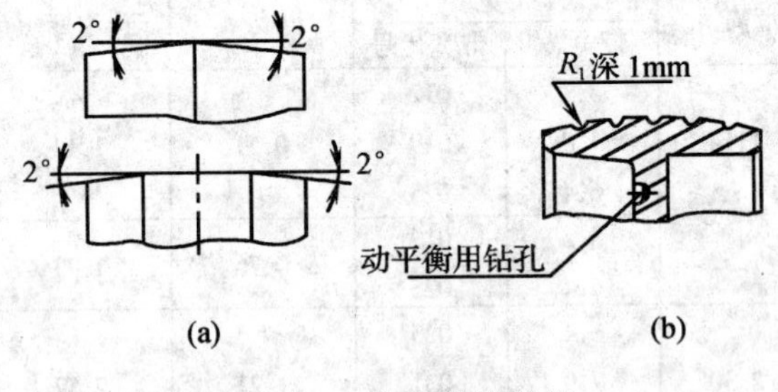

图 5.22 高速带轮轮缘

5.7 链 传 动

5.7.1 链传动概述

1. 链传动的组成和工作原理

如图 5.23 所示，链传动由主动链轮、从动链轮和链条组成。它通过链和链轮的啮合来传递运动和动力，兼有齿轮传动和带传动的一些特点。

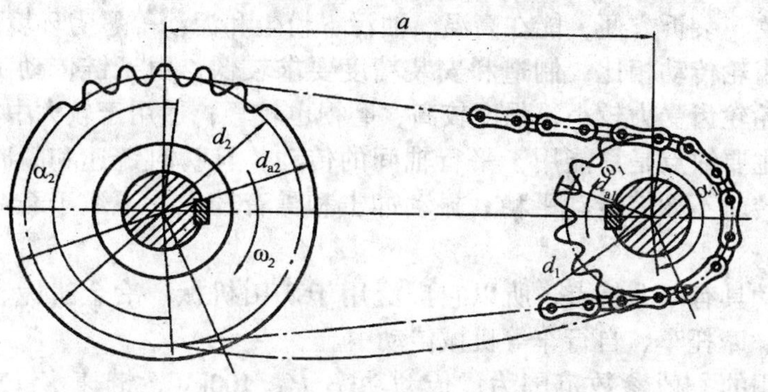

图 5.23　链传动

2. 链传动的类型

按用途的不同，链传动可分为传动链、起重链和牵引链。起重链和牵引链用于起重机械和运输机械，传动链主要用于一般机械，其中传动链最常用。

传动链的种类很多，主要有滚子链如图 5.24 所示和齿形链如图 5.25 所示两种。因为滚子链结构简单、重量轻、价格低、供应方便，故应用广泛。齿形链比滚子链传动平稳、噪音较小，又称为无声链，可用于较高速度或运动精度要求较高的场合，但结构复杂，重量大，价格高。

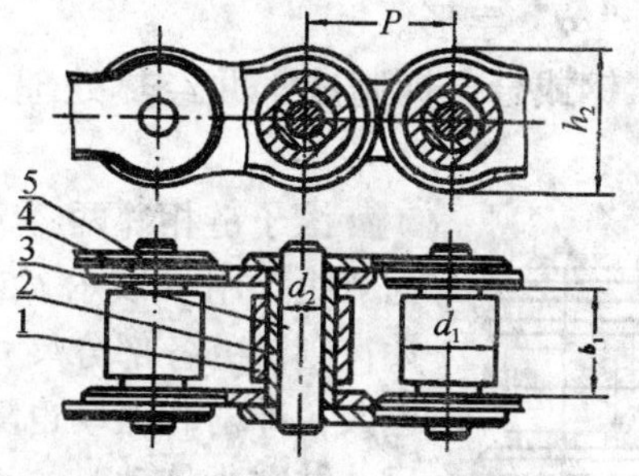

图 5.24　滚子链结构

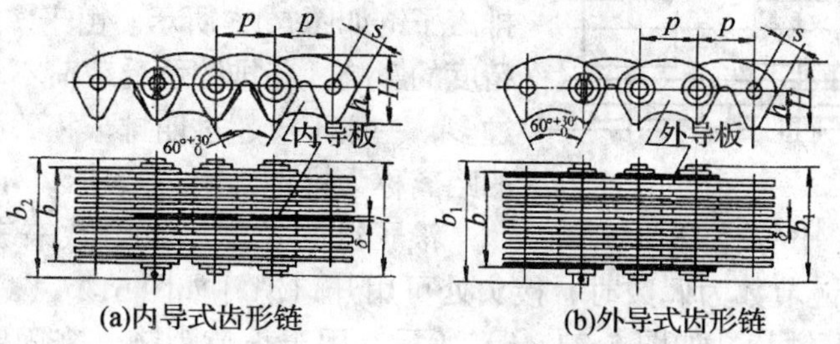

(a)内导式齿形链　(b)外导式齿形链

图 5.25　齿形链结构

3. 链传动的特点和应用

链传动与带传动相比，由于链传动是啮合传动，故没有弹性滑动和打滑现象，其平均传动比准确，效率较高；无需较大的初拉力，对轴的作用力较小；传递相同载荷时，结构更紧凑，装拆方便；能在高温、油污、粉尘和泥沙等恶劣环境下工作。

链传动与齿轮传动相比，制造和安装精度要求较低；由于链传动工作时啮合齿数较多，所以链轮轮齿受力较小，强度较高，磨损也较轻；适用于较大中心距传动。

链传动的主要缺点是只能用于平行轴间的传动，且瞬时链速和瞬时传动比是变化的，故高速运转时不如带传动平稳，振动冲击和噪音较大，不适于载荷变化很大和急速反转的传动。

由于链传动具有以上特点，所以它广泛用于矿山机械、冶金机械、起重运输机械及机床、汽车、摩托车、自行车等机械传动中。

链传动适用的一般参数范围为：传动功率 $P \leqslant 100$kW，链速 $v \leqslant 15$ m/s；传动比 $i \leqslant 8$；中心距 $a \leqslant 5 \sim 6$m；传动效率为 0.95～0.98。

5.7.2 滚子链与链轮

1. 滚子链的结构和标准

滚子链由滚子 1、套筒 2、销轴 3、内链板 4、外链板 5 组成，如图 5.24 所示。外链板与销轴过盈配合固结成外链节，内链板与套筒用过盈配合固结成内链节。而销轴与套筒，套筒与滚子之间均采用间隙配合，组成两转动副，相邻的内、外链节可以相对转动，使链条具有挠性。当链节与链轮轮齿啮合时，滚子沿链轮齿廓滚动，减轻了链与轮齿的磨损。为了减轻链条的重量并使链板各横截面强度相近（即近似符合等强度原则)，内、外链板均制成“∞”字形。

链条的零件均采用碳素钢或合金钢制成，并经热处理（硬度≥40HRC），以提高其强度和耐磨性。

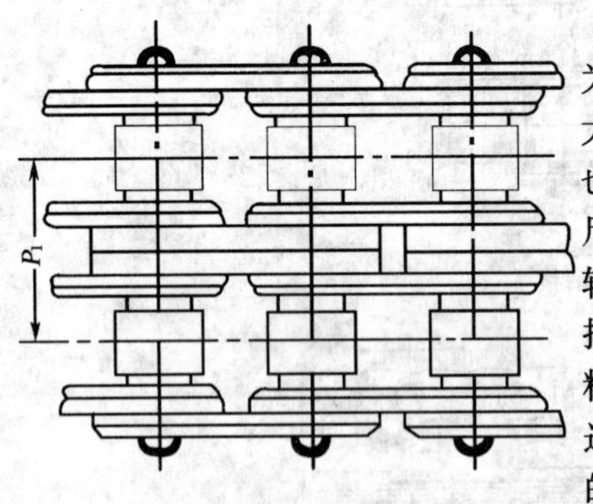

图 5.26　双排链结构

滚子链相邻两链节铰链副理论中心间的距离称为节距，用 p 表示，它是链传动的主要参数。节距大，则链的各部分尺寸大，传递的功率大，但重量也大，冲击和振动也随之增加。为了控制链传动的尺寸并减小传动时的动载荷，当传动的功率较大及转速较高时，可采用小节距的双排链或多排链，双排滚子链如图 5.26 所示。由于多排链的制造和安装精度的影响，各排链承受载荷不均匀，故排数不宜过多，一般不应超过四排。相邻两排链条中心线间的距离称为排距，用 P_t 表示。

滚子链的长度以链节数来表示，接头方式如图 5.27 所示。当链节数为偶数时，接头处可用开口销［如图 5.27（a）所示，一般用于大节距链］或弹簧锁片［如图 5.27（b）所示，用于小节距链］来固定。当链节数为奇数时，需采用如图 5.27（c）所示的过渡链节。由于过渡链节在链条受拉时，除受拉力外，还要承受附加弯矩的作用，所以应尽量避免采用奇数链节。

目前，传动用短节距精密滚子链已标准化（GB/T1243—1997），根据使用场合和极限拉伸载荷的不同，滚子链分为 A、B 两种系列，其中 A 系列为常用系列。表 5.12 列出了国标规定的 A 系列滚子链的主要参数。

滚子链的标记方法规定如下：

链号—排数 × 链节数 标准号

例：A 系列，节距 31.75mm，双排，60 节的滚子链标记为

20A—2 × 60　　GB/T1243—1997

链轮齿形已标准化，设计时主要是确定其结构尺寸，合理地选择材料及热处理方法。

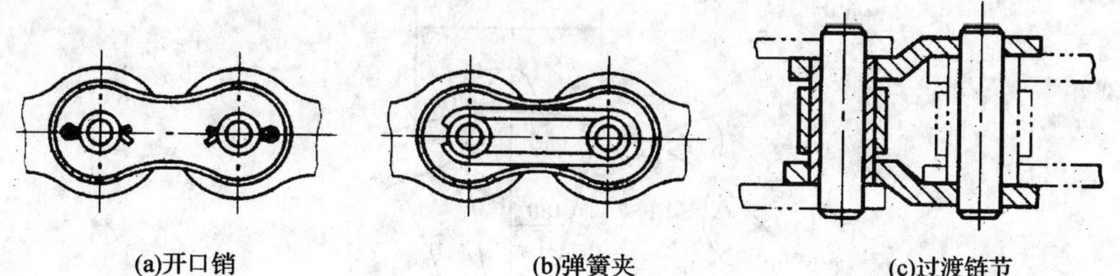

图 5.27　滚子链的接头形式

表 5.12　滚子链规格和主要参数

链号	链节距 p/mm	排距 P_t/mm	滚子外径 d_1/mm	内链节内宽 b_1/mm	销轴直径 d_2/mm	内链板高度 h_2/mm	极限拉伸载荷（单排）Q/kN	每米质量 q（kg/m）
05B	8.00	5.64	5.00	3.00	2.31	7.11	4.4	0.18
06B	9.525	10.24	6.35	5.72	3.28	8.26	8.9	0.40
08B	12.7	3.92	8.51	7.75	4.45	11.81	17.8	0.70
08A	12.7	14.38	7.95	7.85	3.96	12.07	13.8	0.60
10A	15.875	18.11	10.16	9.4	5.08	15.09	21.8	1.00
12A	19.05	22.78	11.91	12.57	5.94	18.08	31.1	1.50
16A	25.40	29.29	15.88	15.75	7.92	24.13	55.6	2.60
20A	31.75	35.76	19.05	18.90	9.53	30.18	86.7	3.80
24A	38.10	45.44	22.23	25.22	11.10	36.20	124.6	5.60
28A	44.45	48.87	25.40	25.22	12.70	42.24	169.0	7.50
32A	50.80	58.55	28.58	31.55	14.27	48.26	222.4	10.10
40A	63.50	71.55	39.68	37.85	19.84	60.33	347.0	16.10
48A	76.20	87.83	47.63	47.35	23.80	72.39	500.4	22.60

2. 链轮的基本参数和主要尺寸

链轮的基本参数是配用链条的节距 p、滚子外径 d_1、排距 P_t 及齿数 z。链轮的主要尺寸计算公式为

分度圆直径
$$d = \frac{p}{\sin\dfrac{180^\circ}{z}} \tag{5.28}$$

齿顶圆直径
$$d_a = p\left(0.54 + \cot\frac{180^\circ}{z}\right) \tag{5.29}$$

齿根圆直径
$$d_f = d - d_1 \tag{5.30}$$

3. 链轮的齿形

目前应用较广的滚子链轮端面齿形如图 5.28 所示，由三段圆弧（*aa*，*ab*，*cd*）和一段直线（*bc*）组成。这种齿廓形状具有较好的啮合性能和加工性能，而且国标规定有标准齿形刀具。只需在零件工作图上注明“齿形按 3RGBl244—85 规定制造”即可，不必画出端面齿形。

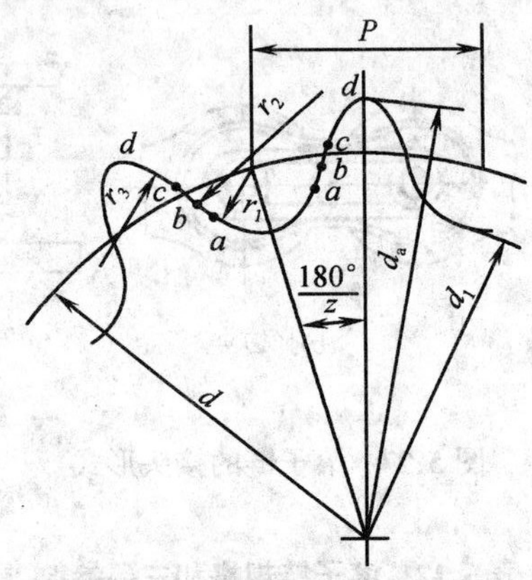

图 5.28 滚子链链轮端面齿形

链轮轴平面齿形则须在工作图中画出，且齿形和尺寸也应符合 GB/T1243—1997 的规定如图 5.29 和表 5.13 所示。

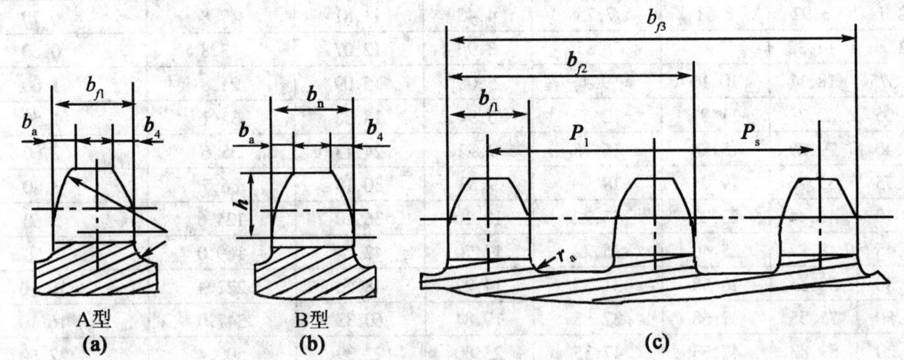

图 5.29 轴向齿廓

表 5.13 滚子链链轮轴向齿廓尺寸

名称		代号	计算公式		备注
			$P \leqslant 12.7$mm	$p > 12.7$mm	
齿宽	单排 双排、三排、四排以上	b_{f1}	$0.93b_1$ $0.91\ b_1$ $0.88\ b_1$	$0.95\ b_1$ $0.93\ b_1$ $0.93\ b_1$	$P > 12.7$mm 时，经制造厂同意也可使用 $p \leqslant 12.7$mm 时的齿宽 b_1，见表 5.12
倒角宽		b_a	$b_a =$（0.1～0.15）		

续表

名称	代号	计算公式		备注
		$P \leqslant 12.7$mm	$p > 12.7$mm	
倒角半径	r_x	$r_x \geqslant p$		
倒角深	h	$h = 0.5p$	仅适用于B型	
齿侧凸缘（或排间槽）圆角半径	r_a	$r_a \approx 0.04p$		
链轮齿总宽	b_{fn}	$b_{fn} = (n-1)P_t + b_n$		n——排数

4. 链轮的结构

图5.30所示为几种不同形式的链轮结构。小直径链轮采用整体式如图5.30（a）所示，中等尺寸链轮采用孔板式如图5.30（b）所示。大直径链轮（$d_a > 200$mm）常采用装配式结构，以便更换齿圈，装配方式可为焊接，如图5.30（c）所示，也可为螺栓连接，如图5.30（d）所示。

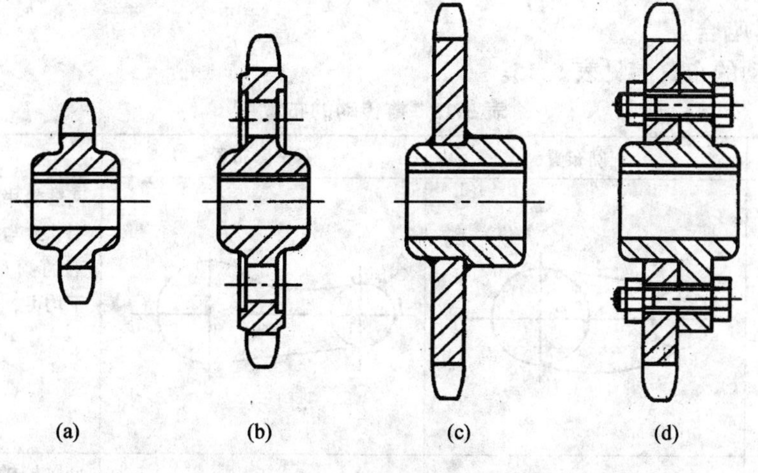

图5.30　链轮结构

5. 链轮的材料

链轮材料的选择，应以保证轮齿具有足够的强度和耐磨性为依据。在低速、轻载和平稳的传动中，链轮材料可采用中碳钢；中速、中载传动，也可用中碳钢，但需齿面淬火，使其硬度大于40HRC；在高速重载且连续工作的传动中，最好采用合金钢齿面渗碳淬火（如采用15Cr、20Cr淬硬至50～60HRC）。

由于小链轮齿数少，啮合次数多，磨损、冲击比大链轮严重。所以，小链轮材料及热处理要比大链轮的要求高。链轮常用材料及应用范围如表5.14所示。

表5.14　链轮常用材料及应用范围

材料	热处理	热处理后硬度	应用范围
15、20	渗碳、淬火、回火	50～60HRC	Z≤25，有冲击的链轮
35	正火	160～200HBS	Z>25的链轮
40、50、ZG310～570	淬火、回火	40～50HRC	无剧烈振动及冲击载荷的链轮

续表

材料	热处理	热处理后硬度	应用范围
15Cr、20Cr	渗碳、淬火、回火	56～60HRC	$Z<25$ 的传递大功率的重要链轮
35SiMn、40Cr、35CrMo	淬火、回火	40～50HRC	使用优质链条的重要的链轮
Q235、Q275		≈140HBS	中低速、中等功率的较大链轮

5.7.3 链传动的安装及使用维护

1. 链传动的合理布置

链传动的布置是否合理，对传动的工作能力及使用寿命都有较大的影响。合理布置的原则有：

① 链轮轴线应平行，两链轮的转动平面应在同一垂直平面内。

② 轮中心线最好为水平或接近水平，倾角不大于45°。

③ 应使链条的紧边在上（与带传动不同），松边在下，以免松边垂度过大时干扰链与轮齿的正常啮合。

④ 链传动的布置参见表5.15。

表 5.15 链传动的布置

传动条件	正确布置	不正确布置	说明
i 与 a 较佳场合 $i=2\sim3$ $a=(20\sim50)p$	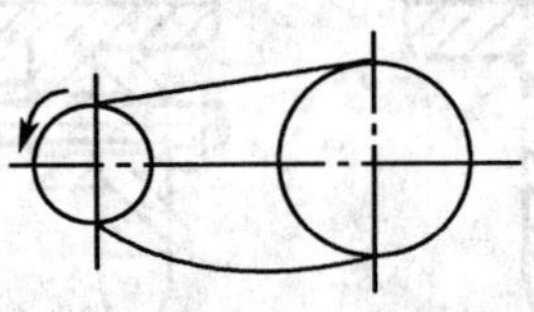	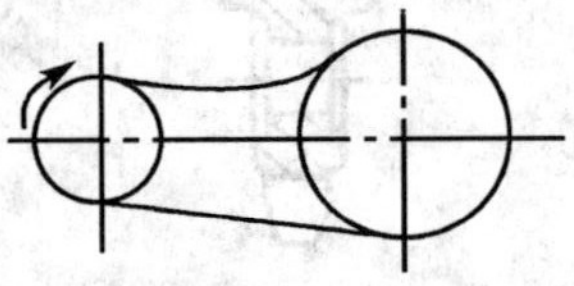	两链轮中心线最好成水平，或与水平面成60°以下的倾角，紧边在上、下均可，但在上较好些
i 大 a 小的场合 $i>3$ $a<30p$	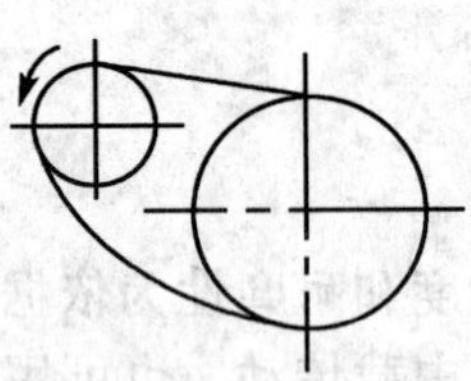	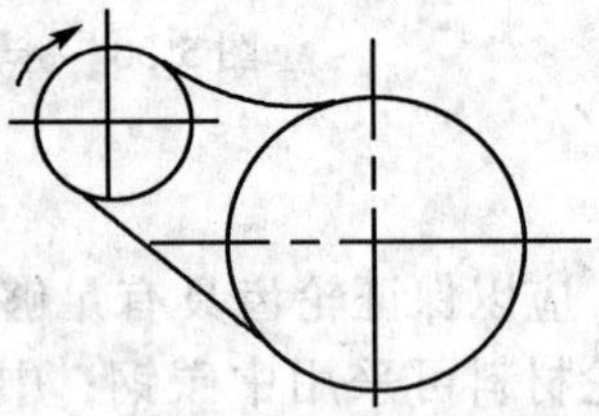	两链轮轴线不在同一水平面内，松边应在下面，否则松边下垂量增大后，松边链条易与小链轮发生干涉
i 小 a 大的场合 $i<1.5$ $a>60p$	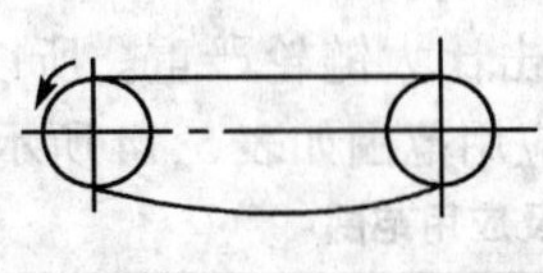	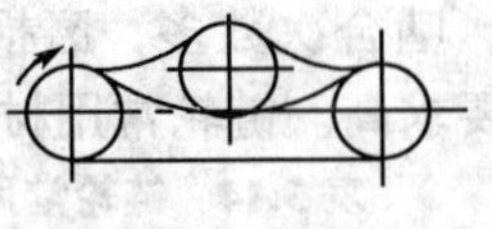	两链轮轴线在同一水平面内，松边应在下面，否则松边下垂量增大后，松边链条易与紧边相碰撞，需要经常调整中心距

续表

传动条件	正确布置	不正确布置	说明
垂直传动场合 i、a为任意值	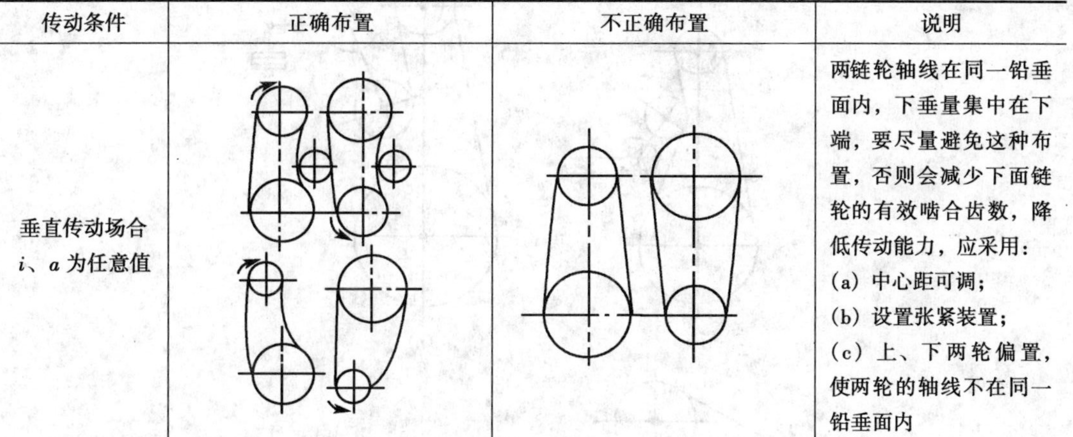		两链轮轴线在同一铅垂面内，下垂量集中在下端，要尽量避免这种布置，否则会减少下面链轮的有效啮合齿数，降低传动能力，应采用： (a) 中心距可调； (b) 设置张紧装置； (c) 上、下两轮偏置，使两轮的轴线不在同一铅垂面内

2. 链传动的张紧

链传动靠链条和链轮的啮合传递运动和转矩，不需要很大的张紧力。为了防止啮合不良和链条的抖动，链传动必须控制链条松边的垂度，因此链传动要张紧，但它与带张紧的目的是不同的。张紧的方法有：

① 通过调整链轮中心距来张紧链轮。

② 拆除1~2个链节，缩短链长，使链张紧。

③ 使用张紧轮张紧。当两链轮中心连线倾角大于60°时，应当设置张紧装置。张紧轮常设置在链条松边外侧或内侧。

张紧最常用的方法是通过移动链轮的位置以增大两轮的中心距。当中心距不可调时，可设张紧装置张紧，常用的张紧装置有张紧轮张紧和托板张紧。

(1) 张紧轮张紧

如图5.31 (a)、(b) 所示，它是利用弹簧或自重自动调整张紧轮的位置张紧链条的；如图5.31 (c) 所示则是利用螺栓定期调整张紧轮的位置张紧链条的。一般张紧轮应装在靠近主动链轮一端的松边上，张紧轮的直径与小链轮的直径相近为好。张紧轮可以是有齿的链轮，也可以是无齿的滚轮。

(2) 托板张紧

如图5.31 (d) 所示，它是通过调整托板的位置张紧链条的。托板上最好衬以橡胶、塑料或胶木，以减少链条的磨损。这种方式一般用于中心距较大的链传动。

3. 链传动的润滑

链传动的润滑是影响传动工作能力和寿命的重要因素之一，润滑良好能缓和冲击、减少铰链磨损、延长使用寿命。润滑方式可根据链速和链节距的大小查看相关手册。润滑油应加于松边，以便润滑油渗入各运动接触面。常用的链传动润滑剂有L-AN32、L-AN46、L-AN68油。

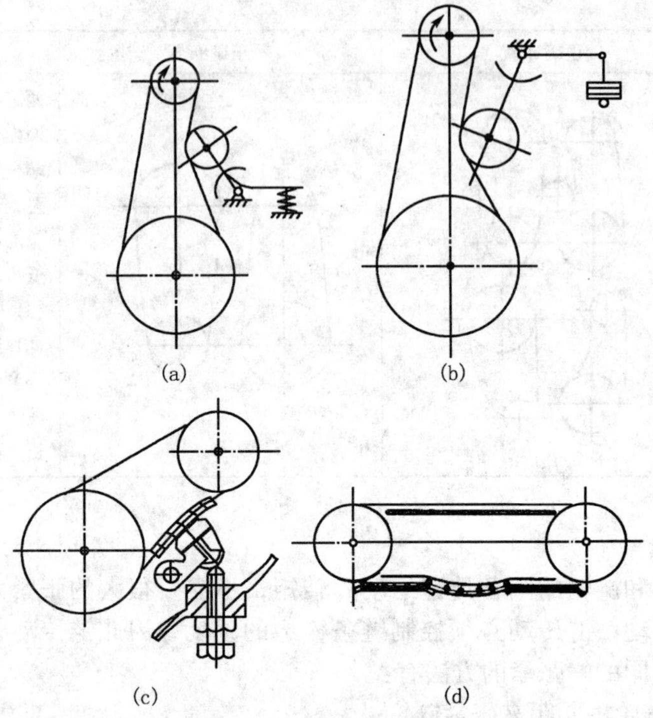

图 5.31　链传动的张紧装置

4. 链传动的故障分析与维修

(1) 链传动的失效形式

在正常的安装和润滑情况下，链传动的主要失效有以下几种。

① 链板的疲劳破坏：链条在工作中受到应力的作用，当应力变化达到一定的循环次数后，链条各零件将发生疲劳破坏。其中链板的疲劳破坏是链传动的主要失效形式。

② 链条铰链的磨损：当链节进入或退出啮合时，链条的销轴与套筒相对转动产生磨损，使链条的节距增大而脱链。磨损是开式链传动的主要失效形式。

③ 销轴与套筒的胶合：当链速过高、载荷很大或润滑不良时，销轴与套筒的工作面上将发生胶合，导致链传动失效。

④ 链条的拉断：重载或突然过载时，链条受到的拉力超过链条的静强度，将被拉断。

(2) 链传动常见故障分析与维修示例如表 5.16 所示

表 5.16　链传动故障分析与维修示例

故　障	原　因	维 修 措 施
链板或链轮齿严重侧磨	1. 各链轮不共面 2. 链轮端面跳动严重 3. 链轮支承刚度差 4. 链条扭曲严重	1. 提高加工与安装精度 2. 提高支承件刚度 3. 更换合格链条

续表

故　障	原　因	维 修 措 施
链板疲劳开裂	润滑条件良好的中低速链传动，链板的疲劳是主要矛盾，但若过早失效则有问题： 1. 链条规格选择不当 2. 链条品质差 3. 动力源或负载动载荷大	1. 重新选用合适规格的链条 2. 更换质量合格的链条 3. 控制或减弱负载和动力源的冲击振动
滚子碎裂	1. 链轮转速较高而链条规格选择不当 2. 链轮齿沟有杂物或链条磨损严重发生爬齿和滚子被挤顶现象 3. 链条质量差	1. 重新选用稍大规格链条 2. 清除齿沟杂物或换新链条 3. 更换质量合格的链条
销轴磨损或销轴与套筒胶合	链条铰链元件的磨损是最常见的现象之一，正常磨损是一个缓慢发展的过程。如果发展过快，则可能是 1. 润滑不良 2. 链条质量差或选用不当	1. 清除润滑油内杂质、改善润滑条件、更换润滑油 2. 更换质量合格或稍大规格链条
外链节外侧擦伤	1. 链条未张紧，发生跳动，从而与邻近物体碰撞 2. 链箱变形或内有杂物	1. 使链条适当张紧 2. 消除箱体变形、清除杂物
链条跳齿或抖动	1. 链条磨损伸长，使垂度过大 2. 冲击或脉动载荷较重 3. 链轮齿磨损严重	1. 更换链条或链轮 2. 适当张紧 3. 采取措施使载荷较稳定
链轮齿磨损严重	1. 润滑不良 2. 链轮材质较差，齿面硬度不足	1. 改善润滑条件 2. 提高链轮材质和齿[illegible] 3. 把链轮拆下，翻转[illegible]用齿廓的另一侧而延长使用寿命
卡簧、开口销等链条锁止元件松脱	1. 链条抖动过烈 2. 有障碍物磕碰 3. 锁止元件安装不当	1. 适当张紧或考虑增设导板托板 2. 消除障碍物 3. 改善锁止件安装质量
振动剧烈、噪声过大	1. 链轮不共面 2. 松边垂度不合适 3. 润滑不良 4. 链箱或支承松动 5. 链条或链轮磨损严重	1. 改善链轮安装质量 2. 适当张紧 3. 改善润滑条件 4. 消除链箱或支承松动 5. 更换链条或链轮 6. 加装张紧装置或防振导板

5. 链传动的维护

链传动在使用过程中应注意保持链与链轮的良好工作状态，按照规定的方法进行润滑，定期清洗链和链轮，并检查其磨损情况，更换损坏的链节等。为了保证工作安全，可将链传动封闭在防护罩内，同时也起到防尘及减轻噪声的作用。

思考与练习

1. 带传动的主要类型有哪些？各有何特点？试分析摩擦带传动的工作原理。

2. 带传动的弹性滑动和打滑是怎样产生的？它们对传动有何影响？是否可以避免？

3. 带传动工作时，带截面上产生哪些应力？应力沿带全长是如何分布的？最大应力在何处？

4. 在 V 带传动设计过程中，为什么要交验带速 $5\text{m/s} \leqslant v \leqslant 25\text{m/s}$ 和包角 $\alpha \geqslant 120°$？

5. 窄 V 带强度比普通 V 带高，为什么？窄 V 带与普通 V 带高度相同时，哪种传动能力大，为什么？

6. 带传动张紧的目的是什么？张紧轮应安放在紧边还是松边上？内张紧轮应靠近大带轮还是小带轮？外张紧轮又该怎样？并分析说明两种张紧方式的利弊。

7. 为什么一般都将带传动布置在高速级上？

8. V 带传动中为什么带的根数不宜过多？如计算根数过多应如何解决？

9. V 带传动传递功率 $P = 5\text{kW}$，主动轮的转速 $n_1 = 1450\text{r/min}$，主动轮直径 $d_{d1} = 100\text{mm}$，中心距 $a = 1550\text{mm}$，从动轮直径 $d_{d2} = 400\text{mm}$，带与带轮间的当量摩擦系数 $f_v = 0.2$，求带速 v、小带轮包角 α_1 及紧边拉力 $\boldsymbol{F}_1$。

[illegible] 动机（Y132M—4）额定功率 $P =$ [illegible] 面硬度 [illegible] in，每天工作 12 小时。

[illegible] 180°后再装上，则可利 [illegible] 、失效形式等方面有何不同？

12. 有一 V 带传动，主动轮转速 $n_1 = 14$[illegible] 从动轮转速 $n_2 = 400\text{r/min}$，主动轮基准直径 $d_{d1} = 180\text{mm}$，$d_{d2} = 280\text{mm}$ 中心距 $a = 1600\text{mm}$，用 3 根 V 带传动，载荷有振动，两班制工作。求带允许传递的功率。

13. 试设计某车床上电动机和床头箱间的普通 V 带传动。已知电动机的功率 $P = 4\text{kW}$，转速 $n_1 = 1440\text{r/min}$，从动轴的转速 $n_2 = 680\text{r/min}$，两班制工作，根据机床结构，要求两轮的中心距在 950mm 左右。

第 6 章　齿 轮 传 动

6.1　齿轮传动的分类及其特点

6.1.1　齿轮传动的分类

齿轮传动是现代机械设备中应用最广泛的一种机械传动，它可以传递空间任意两轴间的运动和动力。

齿轮传动的类型很多，按照齿轮传动轴线相对位置和轮齿方向，齿轮传动可分为

- 齿轮传动
  - 平行轴齿轮传动
    - 直齿圆柱齿轮传动
      - 外啮合传动［6.1 (a)］
      - 内啮合传动［6.1 (b)］
      - 齿轮-齿条传动［6.1 (c)］
    - 斜齿圆柱齿轮传动
      - 外啮合传动［6.1 (d)］
      - 内啮合传动
      - 齿轮-齿条传动
    - 人字齿轮传动［6.1 (e)］
  - 相交轴齿轮传动
    - 直齿圆锥齿轮传动［6.1 (f)］
    - 斜齿圆锥齿轮传动
    - 曲齿锥齿轮传动
  - 交错轴齿轮传动
    - 交错轴斜齿圆柱齿轮传动［6.1 (g)］
    - 蜗杆传动［6.1 (h)］

按照齿轮传动的工作条件可分为：闭式齿轮传动和开式齿轮传动。闭式传动中的齿轮封闭在具有足够刚度和良好润滑条件的箱体内，一般用于速度较高或重要的齿轮传动中；开式传动中的齿轮暴露在外面，不能保持良好的润滑，齿面容易磨损，因此，一般用于低速或不重要的齿轮传动中。

按照齿轮圆周速度可分为：极低速齿轮传动，圆周速度 $v < 0.5\text{m/s}$；低速齿轮传动，圆周速度 $v = 0.5 \sim 3\text{m/s}$；中速齿轮传动，圆周速度 $v = 3 \sim 15\text{m/s}$；高速齿轮传动，圆周速度 $v > 15\text{m/s}$。

按照齿轮的齿廓形状可分为：渐开线齿轮传动、摆线齿轮传动、圆弧齿轮传动等。其中应用最广泛的是渐开线齿轮传动，本节只介绍渐开线齿轮传动。

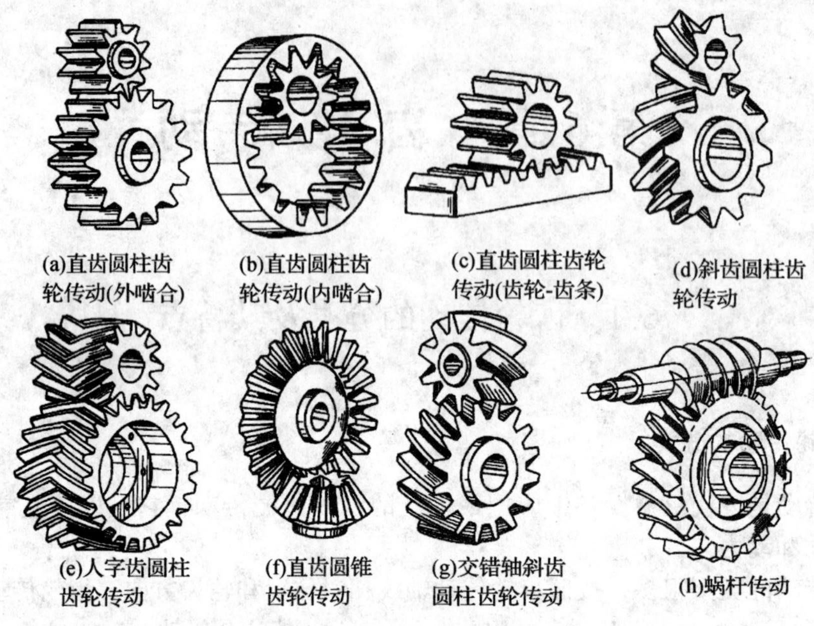

图 6.1 齿轮传动的类型

6.1.2 齿轮传动的特点

齿轮传动与其他传动形式比较，具有下列优点：能保证传动比恒定不变；适用的功率和速度范围广；结构紧凑；效率高，$\eta = 0.94 \sim 0.99$；工作可靠且寿命长。其主要缺点是：齿轮制造需要专用的设备和刀具，成本较高；精度低时，传动的噪声和振动较大；不宜用于轴间距离大的传动。

6.2 渐开线的形成原理与基本性质

6.2.1 渐开线的形成原理

如图 6.2（a）所示，当直线 NK 沿半径为 r_b 的圆作纯滚动时，该直线上任意一点 K 的轨迹曲线 AK，称为该圆的渐开线。该圆称为渐开线的基圆，直线 NK 则称为渐开线的发生线。

6.2.2 渐开线的基本性质

由渐开线的形成过程可知，渐开线有如下性质：

① 发生线在基圆上滚过的长度等于基圆上被滚过的弧长，即直线上的线段 NK 长等于基圆上的弧长 $\overset{\frown}{AN}$。

② 发生线 NK 是基圆的切线，也是渐开线上 K 点的法线。线段 NK 为渐开线在 K 点的曲率半径，点 N 为渐开线上 K 点的曲率中心。

③ 在不计摩擦时，两渐开线齿轮相互作用的正压力 F_n 的方向线与接触点渐开线的法线方向一致。正压力 F_n 与接触点 K 的速度 v_k 方向所夹的锐角 α_k，称为渐开线上该点的压力角。由图可得

$$\cos\alpha_k = \frac{r_b}{r_k} \tag{6.1}$$

式中，r_b 为渐开线的基圆半径，r_k 为渐开线上 K 点的向径。由上式可知，渐开线上各点的压力角不相等，离开基圆越远的点，其压力角越大。

④ 渐开线的形状取决于基圆的大小，如图 6.2（b）所示。基圆相同的渐开线，其形状相同；基圆越大，渐开线越平直，反之渐开线越弯曲；当基圆半径为无穷大时，渐开线就变成直线，齿轮就变为齿条。

⑤ 基圆内无渐开线。

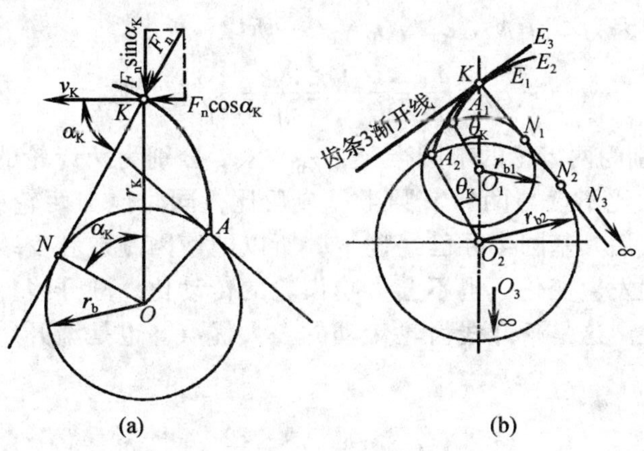

图 6.2　渐开线的形成与基本性质

6.2.3　渐开线齿廓的啮合特性

图 6.3 所示为一对渐开线齿廓的啮合传动，设图中渐开线齿廓 E_1E_2 在任意点 K 接触，过 K 点作两齿廓的公法线 N_1N_2，N_1N_2 与两轮连心线交于 C 点，称为节点。令 $O_1C = r_1'$，$O_2C = r_2'$，以 r_1' 和 r_2' 为半径所作的圆称为节圆。可以证明，齿轮传动时两节圆作纯滚动。两个齿轮轴线间的距离称为中心距，以 a' 表示，$a' = r_1' + r_2'$。

两个齿轮的瞬时角速度之比称为传动比，以 i_{12} 表示。在工程中，要求传动比是定值。

$$i_{12} = \frac{\omega_1}{\omega_2}$$

式中 ω_1 为主动齿轮 1 的角速度，ω_2 为从动齿轮 2 的角速度。由齿廓啮合基本定律（互相啮合传动的一对齿廓，在任一瞬时的传动比，等于该瞬时两轮连心线被齿廓接触点公法线所分成的两线段长的反比）可知

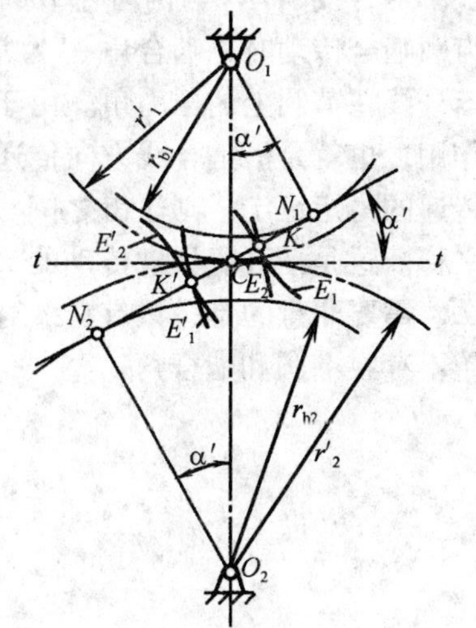

图 6.3　渐开线齿廓的啮合

$$i_{12}=\frac{\omega_1}{\omega_2}=\frac{O_2C}{O_1C}$$

由渐开线性质2可知，两齿廓在任一位置的公法线 N_1N_2 必定是两轮基圆的一条内公切线。因为两轮基圆的大小和位置都已确定，同一方向的内公切线只有一条，因此，不论这两齿廓在何处接触，过接触点的公法线都是同一条直线 N_1N_2，即齿廓接触点的公法线与两轮连心线相交于一固定点。这说明渐开线齿廓能满足定传动比传动，即

$$i_{12}=\frac{\omega_1}{\omega_2}=\frac{O_2C}{O_1C}=\text{常数} \tag{6.2}$$

根据渐开线的性质，渐开线齿廓啮合传动具有如下特性。

1. 中心距可分性

在图6.3中，因为$\triangle O_1N_1C\backsim\triangle O_2N_2C$，所以

$$i_{12}=\frac{\omega_1}{\omega_2}=\frac{O_2C}{O_1C}=\frac{r_2'}{r_1'}=\frac{r_{b2}}{r_{b1}}=\text{常数} \tag{6.3}$$

式中，r_1'、r_2'分别为两齿轮的节圆半径；r_{b1},、r_{b2}分别为两齿轮的基圆半径。上式表明，两齿轮的传动比不仅与两轮节圆半径成反比，同时也与两轮的基圆半径成反比。由于齿轮加工完成后其基圆半径已经确定，所以即使因制造和安装误差以及磨损等原因造成两轮中心距发生变化，也不会影响齿轮的传动比。渐开线齿轮传动的这一特性称为中心距可分性。这是渐开线齿轮传动的一大优点，也是渐开线齿轮传动获得广泛应用的重要原因。

2. 啮合角为常数

齿轮传动时，其齿廓接触点的轨迹称为啮合线。渐开线齿廓啮合时，由于无论在哪一点接触，接触点的公法线总是两基圆的内公切线 N_1N_2，故渐开线齿廓的啮合线就是直线 N_1N_2。

啮合线 N_1N_2 与两齿轮节圆的公切线 tt 间的夹角α'，称为啮合角。显然，渐开线齿廓啮合传动时，啮合角 α'为常数。由图6.3中几何关系可知，啮合角在数值上等于渐开线在节圆上的压力角。由于两齿廓啮合传动时，其间的正压力是沿齿廓法线方向作用，也就是沿啮合线方向传递，故啮合角不变，表示齿廓间压力方向不变。若齿轮传递的力矩恒定，则轮齿之间、轴与轴承之间压力的大小和方向也都不变，从而传动平稳。这是渐开线齿廓传动的又一大优点。

需要注意的是，只有在一对齿轮相互啮合的情况下，才有节圆和啮合角，单个齿轮不存在节圆和啮合角。

6.3　渐开线标准直齿圆柱齿轮的基本参数和几何尺寸计算

6.3.1　齿轮各部分名称

图6.4为渐开线直齿圆柱齿轮的一部分，其中图6.4（a）为外齿轮，图6.4（b）为内齿轮，图6.4（c）为齿条。轮齿两侧具有互相对称的齿廓。

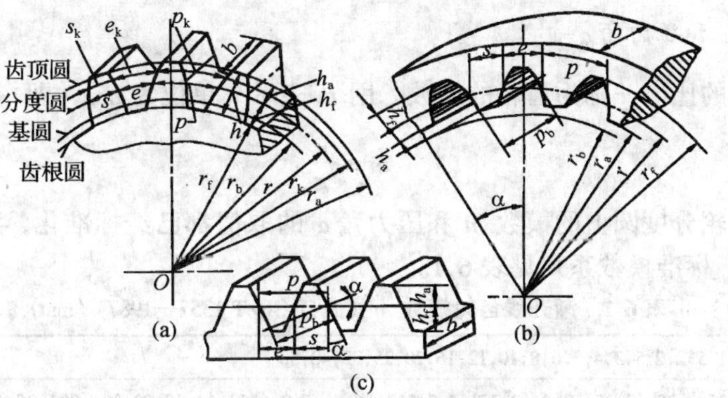

图6.4　渐开线齿轮各部分名称

在齿轮整个圆周上均匀分布的轮齿总数称为齿数，用 z 表示；对圆柱齿轮，所有轮齿顶部所在的圆称为齿顶圆，其直径和半径以 d_a 和 r_a 表示；过所有轮齿底部的圆称为齿根圆，其直径和半径用 d_f 和 r_f 表示。同一轮齿两侧齿廓间在任意圆（直径和半径以 d_k 和 r_k 表示）周上的弧长称为该圆上的齿厚，用 s_k 表示；相邻两轮齿间的空间称为齿槽，在任意圆周上的齿槽弧长称为齿槽宽，用 e_k 表示；相邻两轮齿同侧齿廓间在任意圆周上的弧长称为齿距，用 p_k 表示，依定义，有

$$p_k = s_k + e_k$$

根据齿距定义，可得任意圆的周长为

$$zp_k = \pi d_k$$

即

$$d_k = \frac{p_k}{\pi} z \tag{6.4}$$

显然，在不同圆周上，比值 $\frac{p_k}{\pi}$ 不同。由于式（6.4）包含无理数“π”，这给齿轮尺寸计算、齿轮制造和测量都带来不便。因此，人为地在齿轮上规定一个作为测量和计算基准的圆，并使该圆上的比值 $\frac{p_k}{\pi}$ 和压力角都为标准值，这个圆称为分度圆，其直径用 d 表示。为了表达上的方便，分度圆上各参数均不带下标，如 s、e、p、α 分别表示分度圆上的齿厚、齿槽宽、齿距、压力角。

齿顶圆与齿根圆之间的径向距离称为齿高，用 h 表示；分度圆与齿顶圆之间的径

向距离称为齿顶高，用 h_a 表示；分度圆与齿根圆之间的径向距离称为齿根高，用 h_f 表示。根据定义有

$$h = h_a + h_f \tag{6.5}$$

由图 6.4（a）、（b）可知，外齿轮的齿顶圆大于齿根圆，而内齿轮则相反。当基圆半径为无穷大时，齿轮就变为如图 6.4（c）所示的齿条，齿条各部分的名称相应地称为齿顶线、齿根线、中线等。

6.3.2 齿轮的基本参数

1. 模数 m 和压力角 α

分度圆上的比值 $\frac{p}{\pi}$ 称为齿轮的模数，用 m 表示，单位为 mm，即

$$m = \frac{p}{\pi} \tag{6.6}$$

渐开线齿轮分度圆上的模数 m 和压力角 α 的取值都已经标准化，我国规定的标准压力角为 20°，标准模数系列见表 6.1。

表 6.1 渐开线齿轮模数 m（摘自 GB/T 1357—1987）（mm）

第一系列	1,1.25,1.5,2,2.5,3,4,5,6,8,10,12,16,20,25,32,40,50
第二系列	1.75,2.25,2.75,(3.25),3.5,(3.75),4.5,5.5,(6.5),7.9,(11),14,18,22,28,(30),36,45

注：1）本标准适用于渐开线圆柱齿轮，对于斜齿轮是指法向模数 m_n；

2）优先采用第一系列，括号内的模数尽可能不用。

在齿轮各参数中，模数是一个重要参数。模数越大，轮齿的尺寸越大，承载能力也越强。

根据以上分析，齿轮分度圆可定义为：在齿轮上具有标准模数和标准压力角的圆。由以上定义，可得分度圆的直径和齿距分别为

$$d = mz \tag{6.7}$$

$$p = \pi m = s + e \tag{6.8}$$

2. 齿顶高系数 h_a^* 和顶隙系数 c^*

齿顶高和齿根高都与模数成正比。所以，齿顶高 h_a 和齿根高 h_f 可分别表示为

$$\left.\begin{aligned} h_a &= h_a^* m \\ h_f &= (h_a^* + c^*)\, m \end{aligned}\right\} \tag{6.9}$$

式中，h_a^* 和 c^* 分别称为齿顶高系数和顶隙系数。对于圆柱齿轮，我国标准规定

$$h_a^* = 1, \qquad c^* = 0.25$$

$c^* m$ 称为顶隙，顶隙是一齿轮齿顶圆与另一齿轮齿根圆之间的径向距离。顶隙可避免传动时一齿轮的齿顶与另一齿轮的齿根相碰撞，而且能贮存润滑油，有利于齿轮的啮合传动。

当齿轮具有标准模数、标准压力角、标准齿顶高系数和标准顶隙系数，而且分度

圆上齿厚等于齿槽宽时，这样的齿轮就称为标准齿轮。对标准齿轮，显然有

$$s = e = \frac{p}{2} = \frac{\pi m}{2} \tag{6.10}$$

6.3.3 标准直齿圆柱齿轮的几何尺寸计算

一对齿轮在安装时，为避免齿轮反转时出现空程并发生冲击，所以在理论上要求齿轮传动时齿廓间没有齿侧间隙。若是一对模数相等的标准齿轮传动，则一个齿轮的分度圆齿厚与另一个齿轮的分度圆齿槽宽必相等。这样的两个齿轮在安装传动时，其分度圆相切，节圆与分度圆重合，啮合角 α' 等于分度圆上的压力角 α，即 $\alpha' = \alpha = 20°$，齿侧的理论间隙为零。这样安装的中心距称为正确安装的标准中心距，用 a 表示，于是有

$$a = \frac{1}{2}(d_2' \pm d_1') = \frac{1}{2}(d_2 \pm d_1) = \frac{m}{2}(z_2 \pm z_1) \tag{6.11}$$

式中，“+”用于外啮合齿轮传动时，“−”用于内啮合齿轮传动时。

标准直齿圆柱齿轮的几何尺寸计算公式列于表 6.2 中。

表 6.2 渐开线标准直齿圆柱齿轮传动几何尺寸 (mm)

序号	名称	符号	计算公式
1	齿顶高	h_a	$h_a = h_a^* m = m$
2	齿根高	h_f	$h_f = (h_a^* + c^*)\ m = 1.25m$
3	全齿高	h	$h = h_a + h_f = (2h_a^* + c^*)\ m = 2.25m$
4	顶隙	c	$c = c^* m = 0.25m$
5	分度圆直径	d	$d = mz$
6	基圆直径	d_b	$d_b = d\cos\alpha$
7	齿顶圆直径	d_a	$d_a = d \pm 2h_a = m\ (z \pm 2h_a^*)$
8	齿根圆直径	d_f	$d_f = d \mp 2h_f = m\ (z \mp 2h_a^* \mp 2c^*)$
9	齿距	p	$p = \pi m$
10	齿厚	s	$s = \frac{p}{2} = \frac{\pi m}{2}$
11	齿槽宽	e	$e = \frac{p}{2} = \frac{\pi m}{2}$
12	标准中心距	a	$a = \frac{1}{2}(d_2 \pm d_1) = \frac{1}{2}m\ (z_2 \pm z_1)$

注：d_a、d_f 中“±”分别用于外齿轮和内齿轮的计算。

6.4 渐开线直齿圆柱齿轮的啮合条件

6.4.1 正确啮合条件

如图 6.5 所示为一对渐开线直齿圆柱齿轮啮合传动。由于两轮齿廓的啮合点是沿啮合线 N_1N_2 移动的，因此前一对轮齿的齿廓接触点 K 和后一对轮齿的齿廓接触点 B_2 必定同在啮合线 N_1N_2 上，B_2K 称为两齿轮的法向齿距。

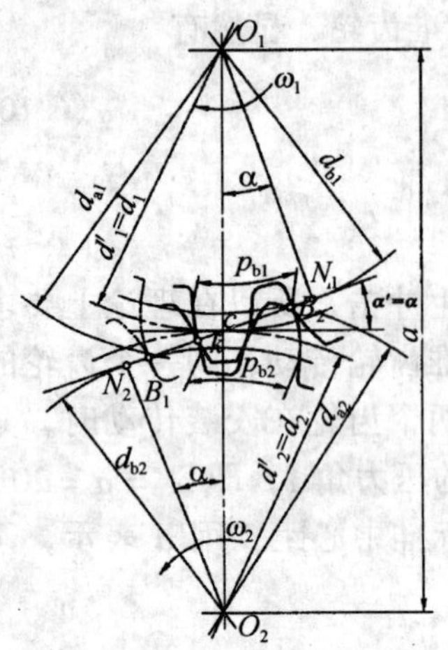

图 6.5　渐开线齿廓的啮合传动

因 N_1N_2 是两齿轮在齿廓接触点处的公法线，由渐开线的性质可知，齿轮的法向齿距应等于齿轮的基圆齿距。要使两齿轮能正确啮合，即两轮齿之间不产生间隙或卡住，则必须满足两齿轮的法向齿距相等的条件，即

$$p_{b1}=p_{b2}$$

而

$$p_b=\frac{\pi d_b}{z}=\frac{\pi d\cos\alpha}{z}=\pi m\cos\alpha$$

故有

$$m_1\cos\alpha_1=m_2\cos\alpha_2$$

由于模数和压力角都已标准化，所以要满足上式，应使

$$\left.\begin{aligned}m_1=m_2=m\\ \alpha_1=\alpha_2=\alpha\end{aligned}\right\}\tag{6.12}$$

即一对渐开线直齿圆柱齿轮正确啮合的条件是：两齿轮的模数和压力角应分别相等。

根据正确啮合条件，一对渐开线齿轮的传动比公式（6.3）可表示为

$$i_{12}=\frac{\omega_1}{\omega_2}=\frac{r_2'}{r_1'}=\frac{r_{b2}}{r_{b1}}=\frac{d_{b2}}{d_{b1}}=\frac{d_2\cos\alpha}{d_1\cos\alpha}=\frac{d_2}{d_1}=\frac{mz_2}{mz_1}=\frac{z_2}{z_1}\tag{6.13}$$

6.4.2　连续传动条件

1. 齿廓啮合过程

如图 6.5 所示，一对齿廓的啮合是由从动轮 2 的齿顶圆与啮合线 N_1N_2 的交点 B_2 开始，此时是主动轮 1 的齿根部推动从动轮 2 的齿顶部。随着齿轮的转动，啮合点将沿啮合线 N_1N_2 由 B_2 点向 B_1 点移动。B_1 点为主动轮 1 的齿顶圆与啮合线 N_1N_2 的交点。当啮合点移至 B_1 点时，这对齿廓的啮合终止。所以，B_2B_1 是一对齿廓啮合的实际啮合线段，N_1、N_2 点是理论上的啮合极限点，故 N_1N_2 是理论上的最大啮合线段，称为理论啮合线段。

2. 连续传动的条件

由上述一对齿廓的啮合过程可看出，要保证齿轮能连续啮合传动，应要求在前一对轮齿的啮合点 K 到达啮合终止点 B_1 时，后一对轮齿已提前或至少同时到达啮合起始点 B_2 进入啮合状态。否则主动齿轮 1 继续转过一定角度后，后一对轮齿才进入啮合，这样，齿轮传动的啮合过程就出现中断，并产生冲击。因此，保证一对齿轮能连续啮合传动的条件是：实际啮合线段的长度 B_1B_2 应大于或等于齿轮的法向齿距 B_2K。因齿轮的法向齿距等于基圆齿距，所以有

$$B_1B_2\geqslant B_2K\ \text{或}\ B_1B_2\geqslant p_b$$

令 $\varepsilon=\dfrac{B_1B_2}{p_b}$，$\varepsilon$ 称为齿轮传动的重合度。根据齿轮连续啮合条件，有

$$\varepsilon=\frac{B_1B_2}{p_b}\geqslant 1\tag{6.14}$$

ε 越大，意味着多对轮齿同时参与啮合的时间越长，每对轮齿承受的载荷就越小，齿轮传动也就越平稳。对于标准齿轮，ε 的大小主要与齿轮的齿数有关，齿数越多 ε 越大。ε 的计算公式为

$$\varepsilon = \frac{1}{2\pi}\left[z_1\left(\tan\alpha_{a1} - \tan\alpha'\right) + z_2\left(\tan\alpha_{a2} - \tan\alpha'\right)\right] \tag{6.15}$$

式中，α_a、α'分别为渐开线在齿顶圆上的压力角和啮合角，$\alpha_a = \arccos\dfrac{r_b}{r_a} = \dfrac{r\cos\alpha}{r + h_a} = \dfrac{z\cos\alpha}{z + 2h_a^*}$。

直齿圆柱齿轮传动的最大重合度 $\varepsilon = 1.982$，即直齿圆柱齿轮传动不可能始终保持两对齿同时啮合。理论上只要 $\varepsilon = 1$ 就能保证连续传动，但因齿轮有制造和安装等误差，实际应使 $\varepsilon > 1$。一般机械中常取 $\varepsilon \geqslant 1.1 \sim 1.4$。

6.5 渐开线齿轮的切齿原理及根切现象

6.5.1 渐开线齿廓的切齿原理

渐开线齿轮轮齿的成形方法有铸造、模锻、热轧、切削加工等，生产中最常用的是切削法。切削法按其原理可分为仿形法和展成法两种，展成法又称为范成法。

1. 仿形法

仿形法是用渐开线齿形的成形铣刀直接切出齿形。常用的成形铣刀有盘形铣刀和指状铣刀两种，如图 6.6（a）和图 6.6（b）所示。

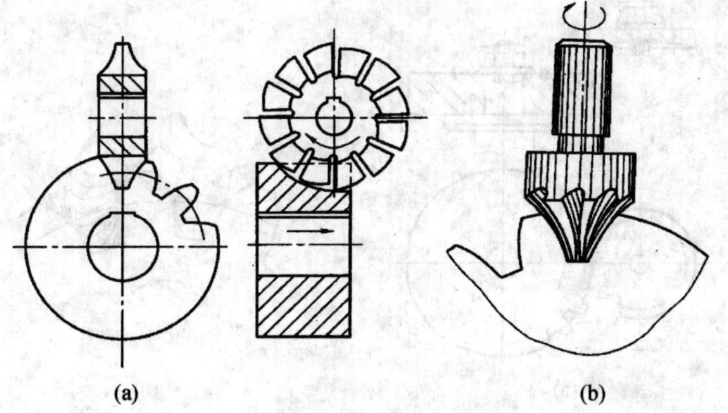

图 6.6 仿形法加工轮齿

由于渐开线齿廓的形状取决于基圆大小，而基圆半径 $r_b = \dfrac{mz\cos\alpha}{2}$，故即使模数和压力角相同的齿轮，如果齿数不同，则齿廓形状也不同。因此当用仿形法加工齿轮时，

为保证加工精度，对每一种模数、每一不同齿数的齿轮都要对应配一把铣刀，但这是无法实现的。所以在生产实际中，为减少刀具数量，对于具有相同模数和压力角的齿轮，一般配 8 把或 15 把为一套的铣刀。每把铣刀铣削一定齿数范围的齿轮。每把铣刀铣削的齿数范围如表 6.3 所示。

表 6.3 铣刀号数与切齿范围

铣刀号数	1号	2号	3号	4号	5号	6号	7号	8号
加工齿数范围	12 ~ 13	14 ~ 16	17 ~ 20	21 ~ 25	26 ~ 34	35 ~ 54	55 ~ 134	≥134

表中每号铣刀的齿形与该组齿数范围中最少齿数的齿形一致，因而加工该齿数的齿轮时可得到精确的渐开线齿廓。但铣削其余齿数的齿轮所得齿廓都是近似渐开线，因此仿形法铣削的齿廓精度较低。

仿形法切齿简单，不需专用机床，但加工过程不连续，生产率低，切削精度低，故只适用于修配及小批量的齿轮加工。

2. 展成法

展成法是利用一对齿轮无侧隙啮合传动时，其两轮齿齿廓互为包络线的原理来切削轮齿齿廓的。加工时工具与齿坯的运动就像一对互相啮合的齿轮，最后刀具将齿坯切出渐开线齿廓。这种切齿方法采用的刀具主要有齿轮插刀、齿条插刀和齿轮滚刀。与仿形法相比，这种方法加工的齿轮不仅精度高，而且生产率也较高。

(1) 齿轮插刀的切齿

齿轮插刀的形状如图 6.7 (a) 所示，刀具顶部比正常轮齿高出 $c^* m$，以便切出齿轮的顶隙。插齿时，插刀沿轮坯轴线方向作往复切削运动，同时插刀与轮坯以一定的角速比转动，如图 6.7 (b) 所示，直至切出全部齿廓。

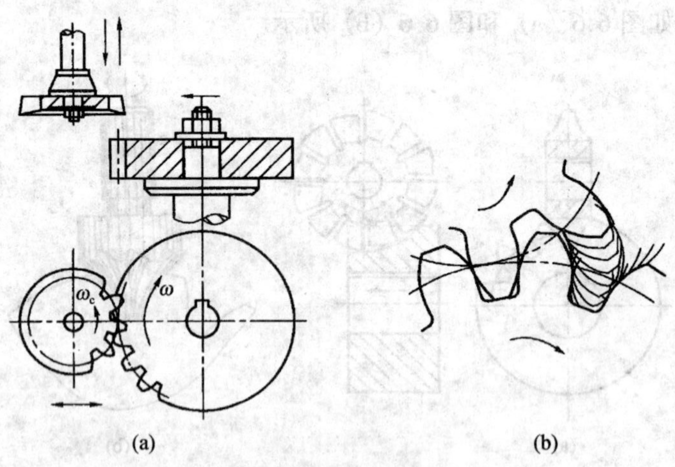

图 6.7 齿轮插刀的工作原理

因齿轮插刀的齿廓是渐开线，所以插制的齿轮也是渐开线。根据正确啮合条件，被切齿轮的模数和压力角必定与插刀的模数和压力角相等。故用同一把刀具可加工出具有相同模数和压力角的任意齿数的齿轮。

(2) 齿条插刀切齿

当齿轮插刀的齿数增加到无穷多时，基圆半径增至无穷大，渐开线齿廓变成直线齿廓，齿轮插刀就变为齿条插刀，如图 6.8（a）所示。图 6.8（b）所示为齿条插刀的刀刃形状，其齿顶比传动齿条的齿顶高出 $c = c^{*} m$ 的距离，同样是为了保证切制出齿轮的顶隙。齿条插刀插制齿轮时，其展成运动相当于齿条与齿轮的啮合传动，插刀的移动速度与轮坯分度圆上的圆周速度相等。

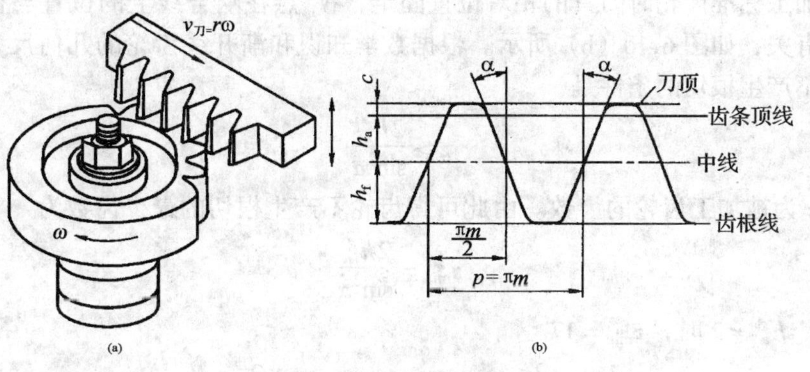

图 6.8　齿条插刀切齿

(3) 齿轮滚刀切齿

上述两种刀具切削齿轮时都是间断切削，生产率较低。为此，研制出了齿轮滚刀。图 6.9 所示为齿轮滚刀切削齿轮坯的情形。滚刀形状很像螺旋，它的轴向截面为一齿条。当滚刀绕其轴线回转时，就相当于齿条在连续不断地移动。当滚刀和轮坯分别绕各自轴线转动时，便按范成原理切制出轮坯的渐开线齿廓。由于滚刀是连续切削，因此生产率高，利用齿轮滚刀加工齿轮是目前广泛采用的一种轮齿切削方法。

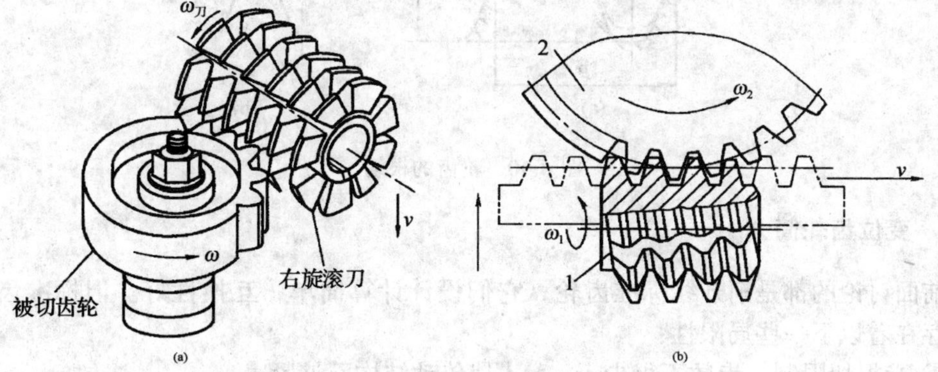

图 6.9　滚刀切齿

1. 滚刀　2. 工件

6.5.2　根切现象和最少齿数

当以展成法用齿条型刀具加工齿轮时，若被加工齿轮的齿数过少，则齿轮毛坯的渐开线齿廓根部会被刀具的齿顶过多地切削掉，如图 6.10（a）中的虚线齿廓所示。这种现象称为齿轮的根切。根切不仅使轮齿根部削弱，弯曲强度降低，而且使重合度减小，因此应尽量避免根切现象。

根据分析可知，产生根切的直接原因是刀具顶线（不包括 $c^* m$ 部分）超过了理论啮合线的上界点 N_1。因为基圆以内无渐开线，因此在刀具与被加工轮坯所进行的展成运动中，超过上界点 N_1 的刀刃不但不能展成渐开线齿廓，反而会将已加工好的齿轮根部的渐开线齿廓切去一部分。所以为了防止根切，必须保证 N_1 点不低于刀具顶线。

由于加工标准齿轮时刀具的相对位置固定，N_1 点在啮合线上的位置与被加工齿轮的齿数 z 有关，如图 6.10（b）所示。根据数学知识和渐开线齿轮的几何尺寸关系，可以推导出不产生根切的条件是

$$z \geqslant \frac{2h_a^*}{\sin^2\alpha}$$

上式中，z 为被加工齿轮的齿数。由此可得齿轮不产生根切的最少齿数为

$$z_{\min} = \frac{2h_a^*}{\sin^2\alpha} \tag{6.16}$$

当 $\alpha = 20°$、$h_a^* = 1$ 时，$z_{\min} = 17$。

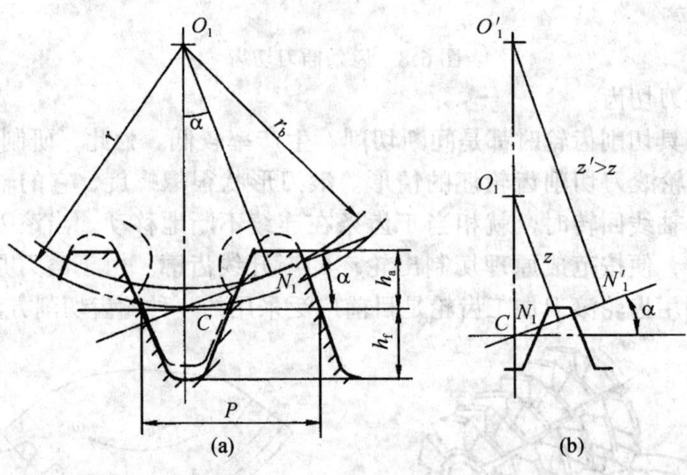

图 6.10　轮齿的根切

6.5.3　变位齿轮简介

前面讨论的都是渐开线标准齿轮，它们设计计算简单，互换性好。但标准齿轮传动仍存在着以下一些局限性：

① 受根切限制，齿数不得少于 $z_{\min}$，使传动结构不够紧凑。

② 不适用于安装中心距 a' 不等于标准中心距 a 的场合。当 $a' < a$ 时无法安装；当 $a' > a$ 时，虽然可以安装；但会产生过大的侧隙而引起冲击振动，影响传动的平衡性。

③ 一对标准齿轮传动时，小齿轮的齿根厚度小而啮合次数又较多，故小齿轮的强度较低，齿根部分磨损也较严重，因此小齿轮容易损坏，同时也限制了大齿轮的承载能力。

为了改善齿轮传动的性能，出现了变位齿轮。如图 6.11 所示，当齿条插刀按虚线位置安装时，齿顶线超过极限点 N_1，切出来的齿轮产生根切。若将齿条插刀远离轮心

O_1 一段距离（xm）至实线位置，齿顶线不再超过极限点 N_1，则切出来的齿轮不会发生根切，但此时齿条的分度线与齿轮的分度圆不再相切。这种改变刀具与齿坯相对位置后切制出来的齿轮称为变位齿轮，刀具移动的距离 xm 称为变位量，x 称为变位系数。刀具远离轮心的变位称为正变位，此时 $x>0$；刀具移近轮心的变位称为负变位，此时 $x<0$。标准齿轮就是变位系数 $x=0$ 齿轮。由图 6.11 可知，加工变位齿轮时，齿轮的模数、压力角、齿数以及分度圆、基圆均与标准齿轮相同，所以两者的齿廓曲线是相同的渐开线，只是截取了不同的部位（如图 6.12 所示）。由图可知，正变位齿轮齿根部分的齿厚增大，提高了齿轮的抗弯强度，但齿顶减薄；负变位齿轮则与其相反。

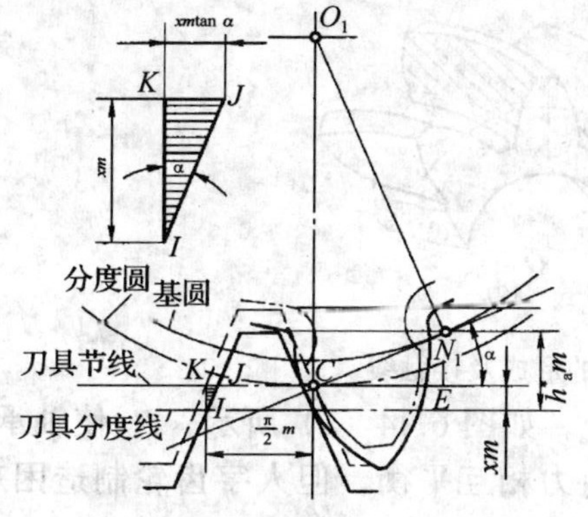

图 6.11 切削变位齿轮

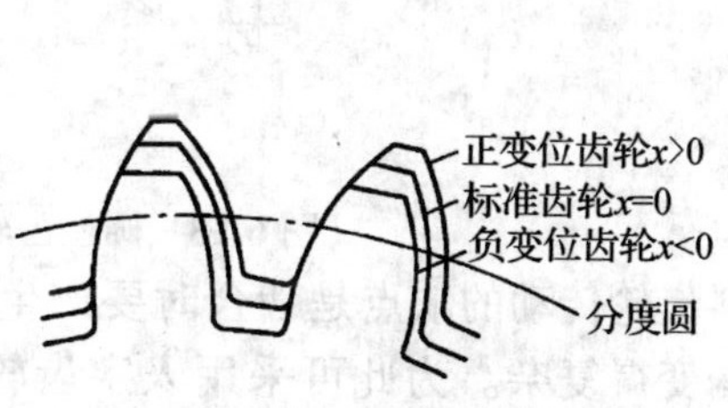

图 6.12 变位齿轮的齿廓

6.6 斜齿圆柱齿轮啮合传动简介

6.6.1 齿廓曲面的形成及其啮合特点

前面对直齿轮的齿廓形成和啮合特点的分析都是在齿轮端面进行的。由于齿轮有一定宽度，所以，其齿廓应该是渐开线曲面而不是渐开线，而且渐开线曲面是由发生面在基圆柱上作纯滚动时，发生面上任一与基圆柱母线平行的直线 BB 在空间的轨迹形成的，如图 6.13（a）所示。

在齿廓曲面形成过程中，发生面上与基圆柱母线成一夹角 β_b 的直线 BB 在空间的轨迹将形成一渐开螺旋面。若以渐开螺旋面作为齿轮的齿廓，则所得到的齿轮称为斜齿轮，如图 6.13（b）所示。

由齿廓曲面的形成过程可看出，直齿轮啮合传动时，齿面接触线皆为与齿轮轴线平行的等宽直线，如图 6.13（c）所示。啮合开始和终止都是沿齿宽突然发生的，易引起冲击、振动和噪声，尤其在高速传动中更为严重。而斜齿轮啮合传动时，齿面接触线与齿轮轴线相倾斜，如图 6.13（d）所示。其长度由点到线逐渐增长，到某一位置后又逐渐缩短，直至退出啮合。因此斜齿轮啮合是逐渐进入和逐渐退出的，且多齿啮合的时间比直齿轮长，故斜齿轮传动平稳、噪声小、重合度大、承载能力强，适用于高速和大功率场合。

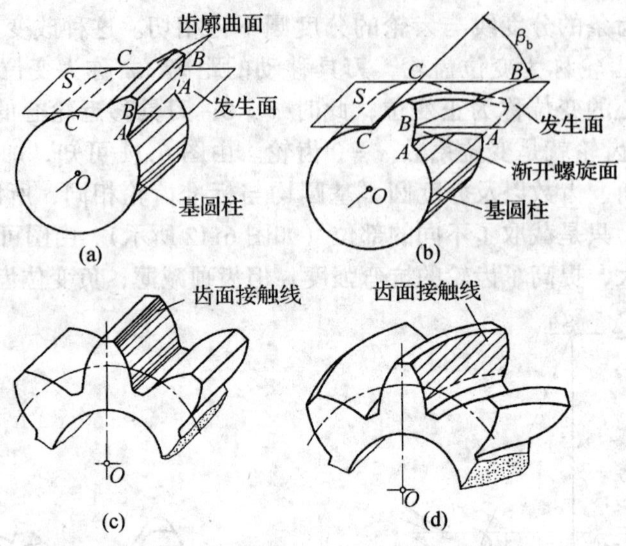

图 6.13 圆柱齿轮齿廓曲面的形成及接触线

斜齿轮传动的缺点是啮合时要产生轴向力 F_a，如图 6.14（a）所示，F_a 使轴承支承结构变得复杂。为此可采用人字齿轮，使轴向力相互平衡，但人字齿轮制造困难，主要用于重型机械。

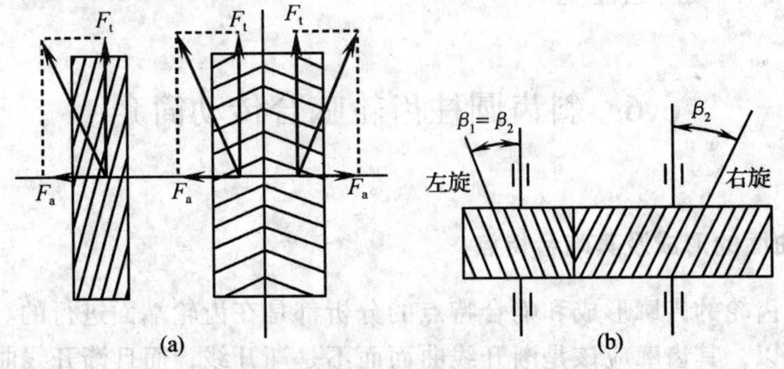

图 6.14 斜齿轮轴向力及轮齿旋向

6.6.2 斜齿轮的主要参数和几何尺寸计算

1. 螺旋角 β

斜齿轮的齿廓曲面与分度圆柱面相交为一螺旋线，该螺旋线上的切线与齿轮轴线的夹角 β 称为斜齿轮的螺旋角，一般 $\beta=8°\sim20°$，人字齿轮的螺旋角可达 $25°\sim40°$。根据螺旋线的方向，斜齿轮有左旋和右旋之分，如图 6.14（b）所示。

2. 端面参数和法向参数

垂直于斜齿轮轴线的平面称为斜齿轮的端面（下标以 t 表示），垂直于分度圆柱上螺旋线切线方向的平面称为斜齿轮的法平面（下标以 n 表示）。在切制斜齿轮时，由于刀具是沿齿轮分度圆柱上螺旋线方向进刀，因此斜齿轮在法平面内的参数（称法面参数，如 m_n、α_n、$h_{an}*$、c_n*）与刀具的参数相同。规定斜齿轮的法面参数为标准值且与直齿圆柱齿轮的标准值相同。法面模数 m_n 可由表 6.1 查得，法向压力角 $\alpha_n = 20°$，而法面齿顶高系数和法面顶隙系数分别为 $h_{an}* = 1$，$c_n* = 0.25$。

尽管斜齿轮的法面参数是标准值，但斜齿轮的直径和传动中心距等几何尺寸计算却是在端面内进行的。因此要了解斜齿轮的法面模数 m_n 和法面压力角 α_n 与端面模数 m_t 和端面压力角 α_t 间的换算关系。

图 6.15（a）为斜齿轮分度圆柱面的展开图，图中阴影线部分为被剖切轮齿，空白部分为齿槽，p_n 和 p_t 分别为法面齿距和端面齿距，由图中的几何关系可得

$$p_n = p_t\cos\beta$$

因 $p = \pi m$，故法面模数 m_n 和端面模数 m_t 间的关系是

$$m_n = m_t\cos\beta \tag{6.17}$$

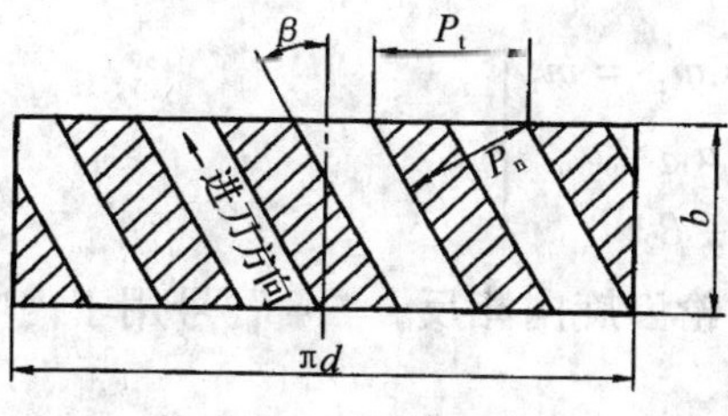

（a）斜齿轮分度圆柱面展开图　　（b）斜齿条的压力角

图 6.15　斜齿轮和斜齿条

图 6.15（b）为斜齿条的一个齿，由图中的几何关系经推导可得 α_n 和 α_t 的关系为

$$\tan\alpha_n = \tan\alpha_t\cos\beta \tag{6.18}$$

斜齿轮的法面齿顶高系数和法面顶隙系数与端面齿顶高系数和顶隙系数的换算公式为

$$\left.\begin{aligned} h_{at}^* &= h_{an}^*\cos\beta \\ c_t^* &= c_n^*\cos\beta \end{aligned}\right\} \tag{6.19}$$

3. 几何尺寸计算

由于一对斜齿轮的啮合在端面上与一对直齿轮的啮合完全相同，故可直接用端面参数按直齿轮几何尺寸计算公式来计算斜齿轮端面的几何尺寸，具体公式列于表 6.4 中。

表 6.4　外啮合标准斜齿轮的几何尺寸计算公式

名称	符号	计算公式	名称	符号	计算公式
齿根高	h_f	$h_f = 1.25m_n$	齿顶圆直径	d_a	$d_a = d + 2h_a$
齿顶高	h_a	$h_a = m_n$	齿根圆直径	d_t	$d_t = d - 2h_f$
全齿高	h	$h = h_a + h_f = 2.25m_n$	标准中心距	a	$a = \dfrac{d_1 + d_2}{2} = \dfrac{m_t(z_1 + z_2)}{2} = \dfrac{m_n(z_1 + z_2)}{2\cos\beta}$
分度圆直径	d	$d = m_t z = \dfrac{m_n z}{\cos\beta}$			

斜齿轮传动的中心距与螺旋角有关。当一对斜齿轮的模数和齿数一定时，可以通过改变螺旋角的大小来调整实际安装中心距。

对标准斜齿轮不发生根切的最少齿数为

$$z_{\min}=\frac{2h_{\text{at}}^{*}}{\sin^{2}\alpha_{\text{t}}}=\frac{2h_{\text{an}}^{*}\cdot\cos\beta}{\sin^{2}\alpha_{\text{t}}}$$

若 $\beta=20°$，$h_{\text{an}}^{*}=1$，$\alpha_{\text{n}}=20°$，则斜齿轮不发生根切的最少齿数 $z_{\min}=11$，比直齿轮少。因此斜齿轮传动尺寸小，结构比直齿轮更加紧凑。

6.6.3　斜齿圆柱齿轮的正确啮合条件

在端面内，斜齿圆柱齿轮和直齿圆柱齿轮一样，都是渐开线齿廓。因此一对斜齿圆柱齿轮传动时必须满足：$m_{\text{t1}}=m_{\text{t2}}$、$\alpha_{\text{t1}}=\alpha_{\text{t2}}$。另外，斜齿轮要正确啮合，还必须要求两齿轮的螺旋角相等。根据式（6.17）和式（6.18）可知，斜齿圆柱齿轮的正确啮合条件为

$$\left.\begin{aligned}m_{\text{n1}}&=m_{\text{n2}}=m_{\text{n}}\\ \alpha_{\text{n1}}&=\alpha_{\text{n2}}=\alpha_{\text{n}}\\ \beta_1&=\pm\beta_2\end{aligned}\right\}\tag{6.20}$$

式中，“－”号用于外啮合，表示两齿轮轮齿旋向相反；“＋”号用于内啮合，表示两齿轮轮齿旋向相同。

6.6.4　斜齿圆柱齿轮的当量齿数

在用仿形法加工斜齿轮及进行斜齿轮的强度计算时，必须要知道斜齿轮法面上的齿形。

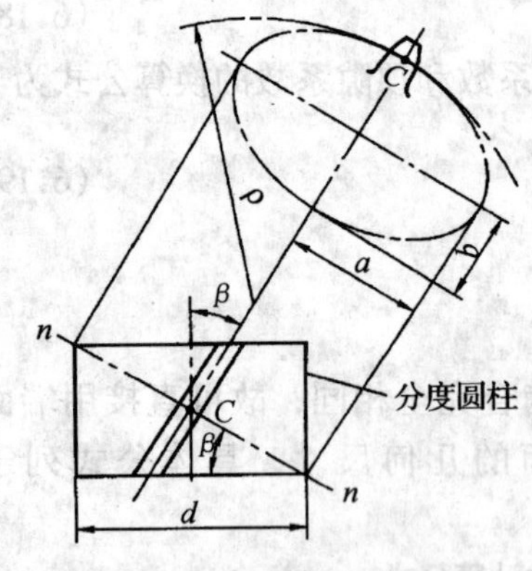

图 6.16　斜齿轮的当量齿轮

如图 6.16 所示，过斜齿轮分度圆柱上的 C 点作轮齿的法平面，该平面在分度圆柱上截出一个椭圆，椭圆上 C 点处的曲率半径为 ρ。以 ρ 为分度圆半径、以 m_{n} 为模数作一假想直齿圆柱齿轮，则该齿轮的齿廓形状与斜齿轮的法面齿廓形状非常近似。该假想的直齿圆柱齿轮称为斜齿轮的当量齿轮。

由数学知识可知：椭圆的长半轴 $a=\dfrac{d}{2\cos\beta}$，短半轴 $b=\dfrac{d}{2}$，则 C 点处的曲率半径 ρ 为

$$\rho=\frac{a^2}{b}=\frac{(r/\cos\beta)^2}{r}=\frac{m_{\text{n}}z}{2\cos^2\beta}\tag{6.21}$$

因为当量齿轮为直齿轮，设其直径为 d_{v}，于是有 $d_{\text{v}}=2\rho=m_{\text{n}}z_{\text{v}}$，$z_{\text{v}}$ 为当量齿数。由此可得，当量齿轮的齿数 z_{v} 与斜齿轮的齿数 z 的关系为

$$z_{\text{v}}=\frac{2\rho}{m_{\text{n}}}=\frac{z}{\cos^3\beta}\tag{6.22}$$

当 $z_{\text{vmin}}=17$ 时，可得斜齿轮不发生根切的最少齿数为 $z_{\min}=17\cos^3\beta$。

用仿形法加工斜齿轮时，应根据当量齿数来选择刀具号；而在对斜齿轮进行强度计算时，也要利用当量齿数。

6.7 直齿圆锥齿轮传动与蜗杆传动简介

6.7.1 直齿圆锥齿轮传动概述

圆锥齿轮传动主要用于传递相交两轴间的运动和动力。其传动可以看成是两个锥顶共点的圆锥体相互作纯滚动，如图6.17所示。圆锥齿轮的轮齿是均匀分布在一个截圆锥体上，从大端到小端逐渐收缩，其轮齿有直齿和曲齿两种类型。直齿圆锥齿轮易于制造，适用于低速、轻载传动。曲齿圆锥齿轮传动平稳、承载能力强，常用于高速重载传动，但其设计和制造较复杂。本节只介绍应用广泛且易于制造的两轴相互垂直的标准直齿圆锥齿轮传动。

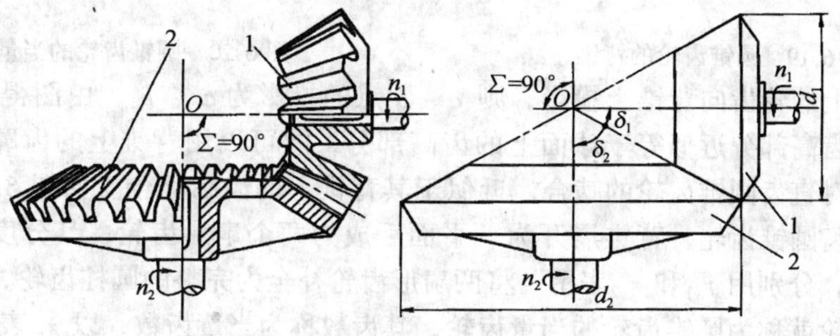

图6.17 直齿圆锥齿轮传动

1，2 锥齿轮

直齿圆锥齿轮和直齿圆柱齿轮相似，具有基圆锥、分度圆锥、齿顶圆锥和齿根圆锥等。一对相互啮合传动的直齿圆锥齿轮还有节圆锥。对于正确安装的标准圆锥齿轮传动，节圆锥与分度圆锥重合。

6.7.2 直齿圆锥齿轮的齿廓曲线、背锥和当量齿数

1. 直齿圆锥齿轮的齿廓曲线

直齿圆锥齿轮齿廓曲面的形成如图6.18所示。以半球截面的圆平面 S 为发生面，它与基圆锥相切于 ON。ON 既是圆平面 S 的半径，又是基圆锥的锥距 R，圆平面 S 的圆心 O（球心）也是基圆锥的锥顶。当发生面 S 绕基圆锥作纯滚动时，该平面上任意一点 B 的空间轨迹 BA 是位于以锥距 R 为半径的球面上的渐开线。因此，直齿圆锥齿轮大端的齿廓曲线理论上应在以锥顶 O 为球心、锥距 R 为半径的球面上。但是，由于球面渐开线不能展开，这给圆锥齿

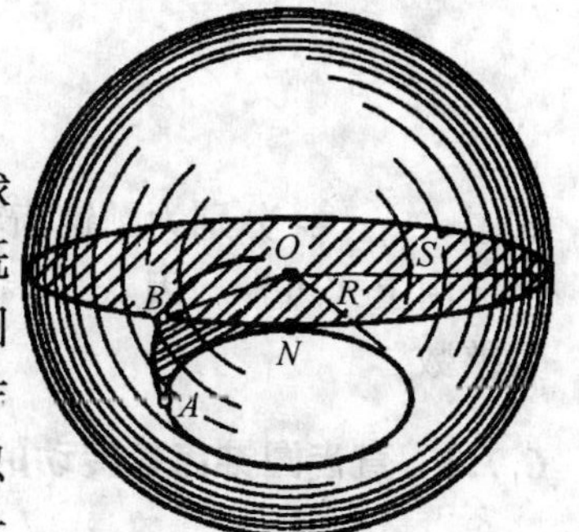

图6.18 球面渐开线的形成

轮的设计和制造带来了困难。所以，通常都是采用可展开的背锥上的齿形代替球面齿形的近似方法来解决这一问题。

2. 直齿圆锥齿轮的背锥和当量齿数

如图 6.19 所示，△OAB 为圆锥齿轮的分度圆锥，过分度圆锥上的 A 点作球面的切线 AO_1 与圆锥齿轮的轴线交于 O_1 点。以 OO_1 为轴，O_1A 为母线作一圆锥体，它的轴截面为△AO_1B，此圆锥称为背锥。背锥与球面相切于圆锥齿轮大端的分度圆上。

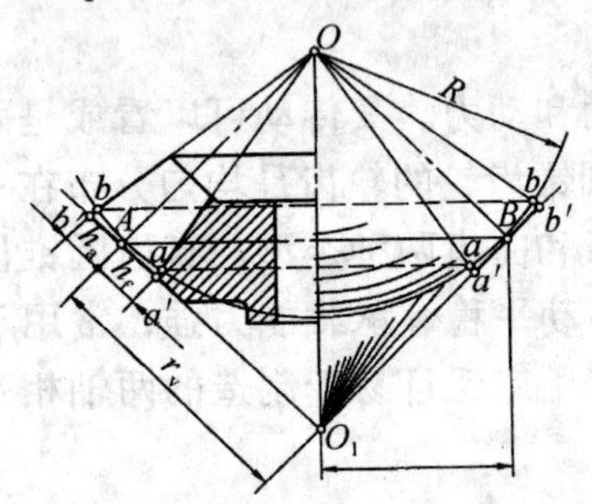

图 6.19 圆锥齿轮的背锥

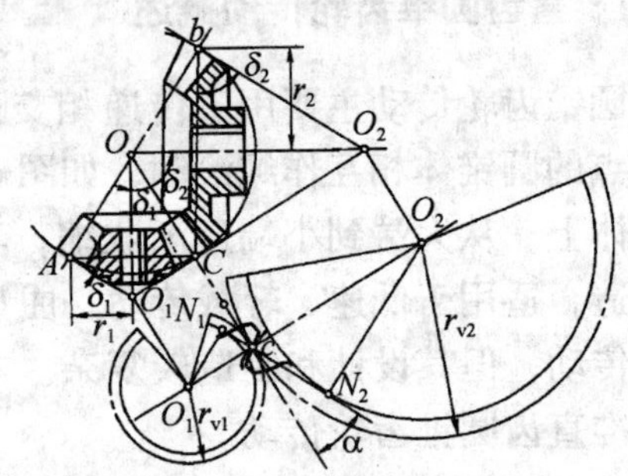

图 6.20 圆锥齿轮的当量齿数

将球面上的轮齿向背锥上投影，则 a、b 点的投影为 a'、b'，由图得，$ab \approx a'b'$，即背锥上的齿高部分近似等于球面上的齿高部分，故可以用背锥上的齿廓代替球面上的齿廓。一对直齿圆锥齿轮的啮合，近似于其背锥上的齿廓啮合。如图 6.20 所示为一对啮合的直齿圆锥齿轮，背锥展开为一平面后成为两个扇形齿轮，其分度圆半径即为背锥的锥距，分别用 r_{v1}和 r_{v2}表示。将两扇形齿轮补全为完整的圆柱齿轮，则这两个假象的圆柱齿轮就称为圆锥齿轮的当量齿轮，其齿数称为当量齿数，以 z_v 表示。

由图 6.20 可得

$$r_{v1} = \frac{r_1}{\cos\delta_1} = \frac{mz_1}{2\cos\delta_1}$$

又因 $r_v = \dfrac{1}{2} mz_v$，所以有

$$\left.\begin{aligned} z_{v1} &= \frac{z_1}{\cos\delta_1} \\ z_{v2} &= \frac{z_2}{\cos\delta_2} \end{aligned}\right\} \tag{6.23}$$

式中，z_1、z_2 分别为圆锥齿轮的实际齿数；δ_1、δ_2 分别为圆锥齿轮的分度圆锥角。

由上式可知，因 $\cos\delta_1$ 和 $\cos\delta_2$ 总是小于 1 的，所以当量大于实际齿数，且不一定为整数。

6.7.3 直齿圆锥齿轮传动的正确啮合条件及几何尺寸计算

1. 直齿圆锥齿轮的基本参数

直齿圆锥齿轮传动的基本参数及几何尺寸是以轮齿大端为准。大端模数按表 6.5 选取标准值。当模数 $m \leqslant 1\text{mm}$ 时，齿顶高系数 $h_a^* = 1$，顶隙系数 $c^* = 0.25$；当 $m > 1\text{mm}$

时，$h_a^*=1$，$c^*=0.2$。

圆锥齿轮大端压力角为标准值 $\alpha=20°$。

表 6.5 圆锥齿轮模数系列（GB/T 12368—1990）

0.1	0.35	0.9	1.75	3.25	5.5	10	20	36
0.12	0.4	1	2	3.5	6	11	22	40
0.15	0.5	1.125	2.25	3.75	6.5	12	25	45
0.2	0.6	1.25	2.5	4	7	14	28	50
0.25	0.7	1.375	2.75	4.5	8	16	30	—
0.3	0.8	1.5	3	5	9	18	32	—

2. 直齿圆锥齿轮的正确啮合条件

直齿圆锥齿轮的正确啮合条件为：两直齿圆锥齿轮的大端模数 m 和压力角 α 分别相等。即

$$m_1=m_2=m$$

$$\alpha_1=\alpha_2=\alpha$$

如图 6.21 所示为一对标准直齿圆锥齿轮传动，其节圆锥和分度圆锥相重合且两轴交角 $\sum=90°$，两轮各部分名称及主要几何尺寸的计算公式见表 6.6。

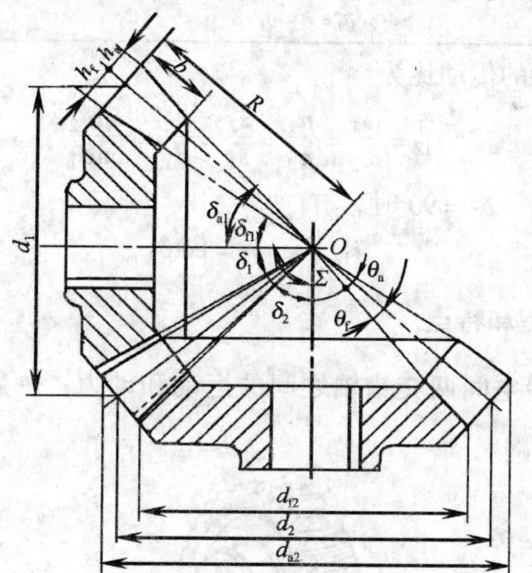

图 6.21 直齿圆锥齿轮几何尺寸

表 6.6 标准直齿圆锥齿轮传动（$\Sigma=90°$）的主要几何尺寸计算公式

名称代号	计算公式
模数 m	取大端模数为标准模数
分度圆直径 d	$d_1=mz_1$，$d_2=mz_2$
齿宽中点分度圆直径（平均分度圆直径）d_m	$d_{m1}=\left(1-\frac{0.5b}{R}\right)d_1$，$d_{m2}=\left(1-\frac{0.5b}{R}\right)d_2$

续表

名称代号	计算公式
锥距 R	$R=\dfrac{d_1}{2\sin\delta_1}=\dfrac{d_2}{2\sin\delta_2}=\dfrac{m}{2}\sqrt{z_1^2+z_2^2}$
齿宽 b	要求齿宽同时满足以下两式： $b=\psi_R R\leqslant\dfrac{R}{3}$ 和 $b\leqslant 10m$，ψ_R——齿宽系数，一般取 $\psi_R=0.25\sim0.3$
齿顶高 h_a	$h_a=m$
齿根高 h_f	$h_f=1.2m$
齿全高 h	$h=2.2m$
齿根圆直径 d_a	$d_{a1}=d_1+2m\cos\delta_1=m\ (z_1+2\cos\delta_1)$ $d_{a2}=d_2+2m\cos\delta_2=m\ (z_2+2\cos\delta_2)$
齿根圆直径 d_f	$d_{f1}=d_1-2.4m\cos\delta_1=m\ (z_1-2.4\cos\delta_1)$ $d_{f2}=d_2-2.4m\cos\delta_2=m\ (z_2-2.4\cos\delta_2)$
齿顶角	$\tan\theta_a=\dfrac{h_a}{R}$
齿根角	$\tan\theta_f=\dfrac{h_f}{R}$
齿顶角圆锥角	$\delta_a=\delta+\theta_a$
齿根角圆锥角	$\delta_f=\delta-\theta_f$

直齿圆锥齿轮传动的传动比为

$$i_{12}=\frac{\omega_1}{\omega_2}=\frac{n_1}{n_2}=\frac{z_2}{z_1}=\frac{d_2}{d_1}=\frac{\sin\delta_2}{\sin\delta_1} \tag{6.24}$$

当两轴线的夹角 $\Sigma=\delta_1+\delta_2=90°$时，有

$$i_{12}=\tan\delta_2=\cot\delta_1 \tag{6.25}$$

6.7.4　蜗杆传动的类型和特点

蜗杆传动用来传递空间两交错轴之间的运动和动力，一般两轴交角为 90°，如图 6.22 所示。

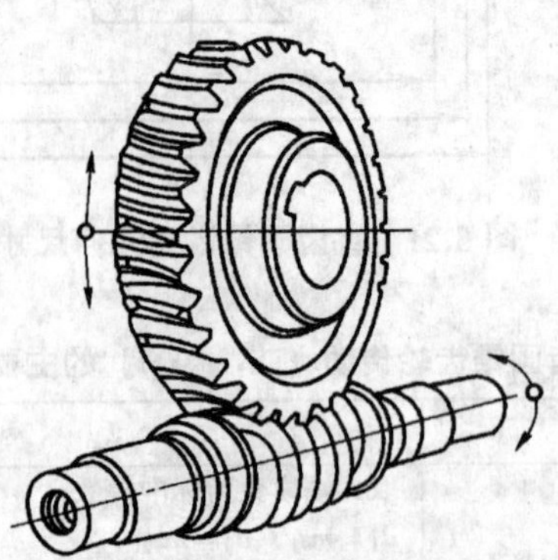

图 6.22　蜗杆传动

蜗杆传动由蜗杆与蜗轮组成。一般蜗杆为主动件、蜗轮为从动件，具有自锁性，作减速运动。蜗杆传动广泛应用于各种机械和仪器设备之中。

1. 蜗杆传动的类型

按蜗杆形状的不同，蜗杆传动可分为圆柱蜗杆传动如图 6.23 (a)所示、圆弧面蜗杆传动如图 6.23 (b)所示和锥面蜗杆传动如图 6.23 (c)所示。其中圆柱蜗杆传动应用最广。

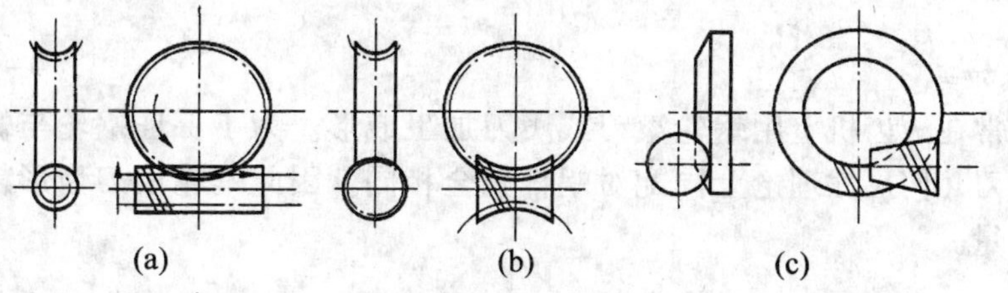

图 6.23　蜗杆传动的类型

圆柱蜗杆传动又有普通圆柱蜗杆传动和圆弧圆柱蜗杆传动两类。

按螺旋面形状的不同，螺旋面圆柱蜗杆又可分为阿基米德蜗杆（ZA 型）、渐开线蜗杆（ZI 型）、法向直廓蜗杆（ZN 型）等。其中阿基米德蜗杆由于加工方便，其应用最为广泛。

如图 6.24 所示为阿基米德蜗杆，其端面齿廓为阿基米德螺旋线，轴向齿廓为直线，加工方法与普通梯形螺纹相似，应使刀刃顶平面通过蜗杆轴线。阿基米德蜗杆较容易车削，但难以磨削，故不易得到较高精度。

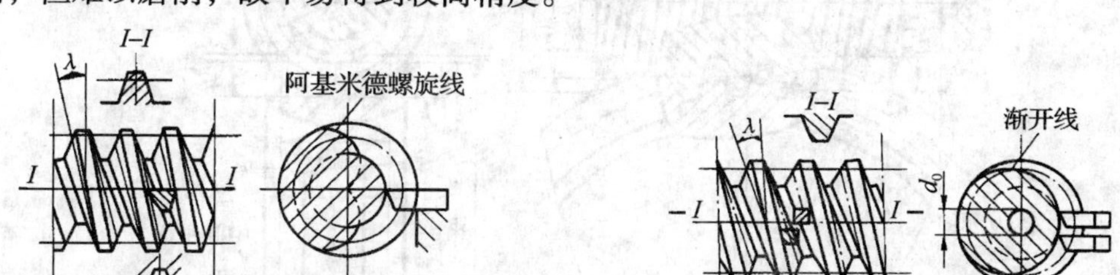

图 6.24　阿基米德蜗杆　　图 6.25　渐开线蜗杆

如图 6.25 所示为渐开线蜗杆，其端面齿廓为渐开线，加工时刀具的切削刃与基圆相切，两把刀具分别切出左、右侧螺旋面。渐开线蜗杆也可以用滚刀加工，并可在专用机床上磨削，制造精度较高，利于成批生产。

2. 蜗杆传动的特点

① 蜗杆传动的最大特点是结构紧凑、传动比大。一般传动比 $i = 10 \sim 40$，最大可达 80。若只传递运动（如分度运动），其传动比可达 1000。

② 传动平稳、噪声小。由于蜗杆上的齿是连续不断的螺旋齿，蜗轮轮齿和蜗杆是逐渐进入啮合并逐渐退出啮合的，同时啮合的齿数较多，所以传动平稳、噪声小。

③ 可制成具有自锁性的蜗杆。当蜗杆的螺旋线升角小于啮合面的当量摩擦角时，

蜗杆传动具有自锁性。

④ 蜗杆传动的主要缺点是效率较低。这是由于蜗轮和蜗杆在啮合处有较大的相对滑动，因而发热量大，效率较低。传动效率一般为0.7～0.8，当蜗杆传动具有自锁性时，效率小于0.5。

⑤ 蜗轮的造价较高。为减轻齿面的磨损及防止胶合，蜗轮一般多用青铜制造，因此造价较高。

3. 蜗轮加工

蜗轮通常在滚齿机上用蜗轮滚刀或飞刀加工成形。为了保证蜗轮与蜗杆的正确啮合，蜗轮滚刀几何尺寸理论上同配对蜗杆完全相同。因此蜗轮滚刀齿形精度直接影响蜗杆传动质量。

6.7.5　蜗杆传动的主要参数和几何尺寸计算

如图6.26所示，通过蜗杆轴线并垂直于蜗轮轴线的平面称为中间平面。在中间平面上，蜗轮与蜗杆的啮合相当于渐开线齿轮与齿条的啮合。因此，设计蜗杆传动时，其参数和尺寸均在中间平面内确定，并沿用渐开线圆柱齿轮传动的计算公式。

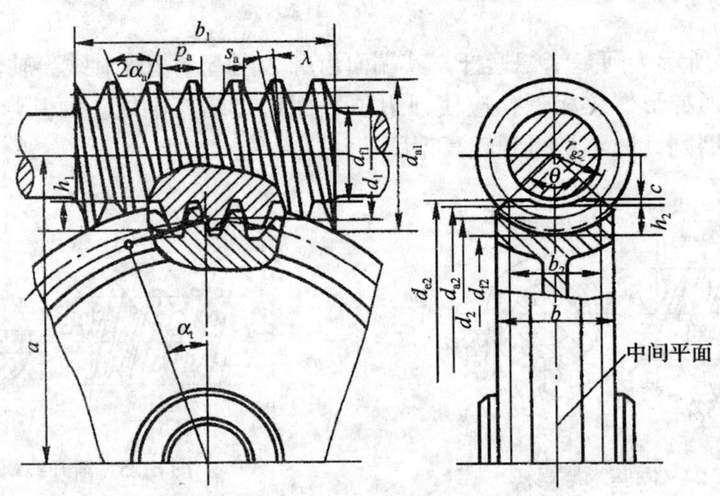

图6.26　蜗杆传动的主要参数和几何尺寸

1. 蜗杆传动的主要参数及其选择

(1) 蜗杆头数 z_1、蜗轮齿数 z_2 和传动比 i

蜗杆头数（齿数）z_1 即为蜗杆螺旋线的数目，蜗杆的头数 z_1 一般取1，2，4。当传动比大于40或要求蜗杆自锁时，取 $z_1=1$；当传递功率较大时，为提高传动效率、减少能量损失，常取 z_1 为2，4。蜗杆头数越多，加工精度越难保证。

通常情况下取蜗轮齿数 $z_2=28\sim80$。若 $z_2<28$，会使传动的平稳性降低，且易产生根切；若 z_2 过大，蜗轮直径增大，与之相应蜗杆的长度增加，刚度减小，从而影响啮合的精度。

通常蜗杆为主动件，蜗杆传动的传动比 i 等于蜗杆与蜗轮的转速之比。当蜗杆转一周时，蜗轮转过个 z_1 齿，即转过 z_1/z_2 周，所以可得出下式

$$i=\frac{n_1}{n_2}=\frac{1}{\frac{z_1}{z_2}}=\frac{z_2}{z_1} \tag{6.26}$$

式中 n_1、n_2 分别为蜗杆、蜗轮的转速，单位为 r/min；z_1、z_2 可根据传动比 i 按表 6.7 选取。

表 6.7　蜗杆头数 z_1 蜗轮齿数 z_2 推荐值

传动比 $i=\frac{z_2}{z_1}$	7～13	14～27	28～40	>40
蜗杆头数 z_1	4	2	2、1	1
蜗轮齿数 z_2	28～52	28～54	28～80	>40

值得提出的是，蜗杆传动的传动比 i 只与 z_1 和 z_2 有关，而不等于蜗轮与蜗杆分度圆直径之比。

(2) 模数 m 和压力角 α

如前所述，在中间平面上蜗杆与蜗轮的啮合可看成齿条与齿轮的啮合（图 6.26），蜗杆的轴向齿距 p_{a1}，应等于蜗轮的端面齿距 p_{t2}。即蜗杆的轴向模数 m_{a1}应等于蜗轮的端面模数 m_{t2}，蜗杆的轴向压力角 α_{a1}应等于蜗轮的端面压力角 α_{t2}。规定中间平面上的模数和压力角为标准值，则蜗杆基本参数如表 6.8 所示。

表 6.8　蜗杆基本参数（$\Sigma=90°$）(GB10085—88)

模数 m/mm	分度圆直径 d_1/mm	蜗杆头数 z_1	直径系数 q	m^2d_i	模数 m/mm	分度圆直径 d_1/mm	蜗杆头数 z_1	直径系数 q	m^2d_i
1	18	1	18.000	18	5	(40)	1,2,4	8.000	1 000
1.25	20	1	16.000	31.25		50	1,2,4,6	10.000	1 2500
	22.4	1	17.920	35		(63)	1,2,4	12.600	1 575
1.6	20	1,2,4	12.500	51.2		90	1	18.000	2 250
	28	1	17.500	71.68	6.3	(50)	1,2,4	7.936	1 985
2	(18)	1,2,4	9.000	72		63	1,2,4,6	10.000	2 500
	22.4	1,2,4,6	11.200	89.6		(80)	1,2,4	12.698	3 175
	(28)	1,2,4	14.000	112		112	1	17.778	4 445
	35.5	1	17.750	142	8	(63)	1,2,4	7.875	4 032
2.5	(22.4)	1,2,4	8.960	140		80	1,2,4,6	10.000	5 376
	28	1,2,4,6	11.200	175		(100)	1,2,4	12.500	6 400
	(35.5)	1,2,4	14.200	221.9		140	1	17.500	8 960
	45	1	18.000	281	10	(71)	1,2,4	7.100	7 100
3.15	(28)	1,2,4	8.889	278		90	1,2,4,6	9.000	9 000
	35.5	1,2,4,6	11.27	352		(112)	1,2,4	11.200	11 200
	45	1,2,4	14.286	447.5		160	1	16.000	16 000
	56	1	17.778	556	12.5	(90)	1,2,4	7.200	14 062
4	(31.5)	1,2,4	7.875	504		112	1,2,4	8.960	17 500
	40	1,2,4,6	10.000	640		(140)	1,2,4	11.200	21 875
	(50)	1,2,4	12.500	800		200	1	16.000	31 250
	71	1	17.750	1 136					

续表

模数 m/mm	分度圆直径 d_1/mm	蜗杆头数 z_1	直径系数 q	m^2d_1	模数 m/mm	分度圆直径 d_1/mm	蜗杆头数 z_1	直径系数 q	m^2d_1
16	(112)	1,2,4	7.000	28 672	20	(224)	1,2,4	11.200	89 600
	140	1,2,4	8.750	35 840		315	1	15.750	126 000
	(180)	1,2,4	11.250	46 080	25	(180)	1,2,4	7.200	112 500
	250	1	15.625	64 000		200	1,2,4	8.000	125 000
20	(140)	1,2,4	7.000	56 000		(280)	1,2,4	11.200	175 000
	160	1,2,4	8.000	64 000		400	1	16.000	250 000

注：1）表中模数均系第一系列，$m<1$mm 的未列入，$m>25$mm 的还有 31.5、40（mm）两种。属于第二系列的模数有：1.5、3、3.5、4.5、5.5、6、7、12、14（mm）；

2）表中蜗杆分度圆直径 d_1 均属第一系列，$d_1<18$mm 的未列入，此外还有 355mm。属于第二系列的有：30、38、48、53、60、67、75、85、95、106、118、132、144、170、190、300（mm）；

3）模数和分度圆直径均应优先选用第一系列。括号中的数字应尽可能不用。

（3）蜗杆螺旋线升角 λ

蜗杆螺旋面与分度圆柱面的交线螺旋线。如图 6.27 所示，将蜗杆分度圆柱展开，其螺旋线与端面的夹角即为蜗杆分度圆柱上的螺旋线升角 λ，或称蜗杆的导程角。由图可得蜗杆螺旋线的导程 L 为

$$L = z_1 p_{a1} = z_1 \pi m$$

蜗杆分度圆柱上螺旋线升角 λ 与导程的关系为

$$\tan\lambda = \frac{L}{\pi d_1} = \frac{z_1 \pi n}{\pi \mathrm{d}_1} = \frac{z_1 m}{d_1} \tag{6.27}$$

与螺旋相似，蜗杆螺旋线也有左旋、右旋之分，一般情况下多为右旋。

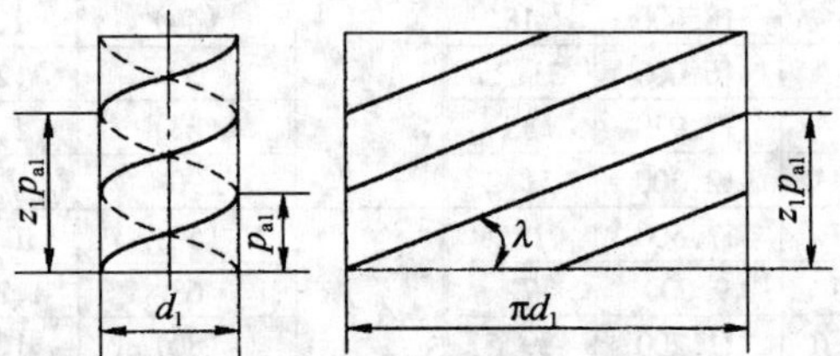

图 6.27 蜗杆分度圆柱展开图

通常蜗杆螺旋线的升角 $\lambda=3.5°\sim27°$，升角小时传动效率低，但可实现自锁（$\lambda=3.5°\sim4.5°$）；升角大时传动效率高，但蜗杆的车削加工较困难。

（4）蜗杆分度圆直径 d_1 和蜗杆直径系数 q

加工蜗杆时，蜗杆滚刀的参数应与相啮合的蜗杆完全相同，几何尺寸基本相同。由式（6.27）蜗杆的分度圆直径可写为

$$d_1 = m\frac{z_1}{\tan\lambda}$$

则蜗杆的分度圆直径 d_1 不仅与模数 m 有关，而且与 z_1 和 λ 有关。即同一模数的蜗杆，由于 z_1、λ 的不同，d_1 随之变化，致使滚刀数目较多，很不经济。为了减少滚刀的数量，有利于标准化，GB10085—88 规定，对应于每一个模数 m，规定了 1 ~ 4 种蜗杆分

度圆直径 d_1，并把 d_1 与 m 的比值称为蜗杆直径系数 q，即

$$q = \frac{d_1}{m} \tag{6.28}$$

式中，d_1、m 已标准化；q 为导出量，不一定是整数。

将此式代入式（6.27）得

$$\tan\lambda = \frac{z_1}{q} \tag{6.29}$$

当 m 一定时，q 越小，d_1 越小，升角 λ 越大，传动效率越高，但蜗杆的刚度和强度降低。

(5) 中心距

蜗杆传动的中心距为

$$a = \frac{d_1 + d_2}{2} = \frac{m\ (q + z_2)}{2} \tag{6.30}$$

2. 蜗杆传动的几何尺寸计算

标准圆柱蜗杆传动的几何尺寸计算公式如表 6.9 所示。

表 6.9　圆柱蜗杆传动的几何尺寸计算

名称	计算公式	
	蜗杆	蜗轮
齿顶高	$h_{a1} = m$	$h_{a2} = m$
齿根高	$h_{f1} = 1.2m$	$h_{f2} = 1.2m$
分度圆直径	$d_1 = mq$	$d_2 = mz_2$
齿顶圆直径	$d_{a1} = m(q+2)$	$d_{a2} = m(z_2+2)$
齿根圆直径	$d_{f1} = m(q-2.4)$	$d_{f2} = m(z_2-2.4)$
顶隙	$c = 0.2m$	
蜗杆轴向齿距 蜗轮端面齿距	$p_{a1} = p_{t2} = \pi m$	
蜗轮分度圆柱的导程角	$\lambda = \arctan\frac{z_1}{q}$	
蜗杆分度圆上轮齿的螺旋角		$\beta = \lambda$
中心距	$a = \frac{m}{2}(q + z_2)$	
蜗杆螺纹部分长度	$z_1 = 1、2,\ b_1 \geqslant (11 + 0.06z_2)m$ $z_1 = 4,\ b_1 \geqslant (12.5 + 0.09z_2)m$	
蜗轮咽喉母圆半径		$r_{g2} = a - \frac{1}{2}d_{a2}$
蜗轮最大外圆直径		$z_1 = 1,\ d_{e2} \leqslant d_{a2} + 2m$ $z_1 = 2,\ d_{e2} \leqslant d_{a2} + 1.5m$ $z_1 = 4,\ d_{e2} \leqslant d_{a2} + m$
蜗轮轮缘宽度		$z_1 = 1、2,\ b_2 \leqslant 0.75d_{a1}$ $z_1 = 4,\ b_2 \leqslant 0.67d_{a1}$
蜗轮轮齿包角		$\theta = 2\arcsin\frac{b_2}{d_1}$ 一般动力传动 $\theta = 70° \sim 90°$ 高速动力传动 $\theta = 90° \sim 130°$ 分度传动 $\theta = 45° \sim 60°$

3. 蜗杆传动的正确啮合条件

在图 6.26 所示的蜗杆蜗轮机构的中间平面内，蜗轮、蜗杆的齿距相等，即蜗轮的端面模数等于蜗杆的轴面模数，蜗轮的端面压力角等于蜗杆的轴面压力角。

$$\begin{cases} m_{a1} = m_{t2} = m \\ \alpha_{a1} = \alpha_{t2} = 20^\circ \end{cases}$$

6.7.6 蜗杆传动的材料和结构

1. 蜗杆传动的材料

考虑蜗杆传动的特点，蜗杆、蜗轮的材料不仅要求具有足够的强度，更重要的是要有良好的跑合性、耐磨性和抗胶合能力。

蜗杆一般用碳钢和合金钢制成，常用材料为 40、45 钢或 40Cr 并经淬火。高速重载蜗杆常用 15Cr 或 20Cr，并经渗碳淬火（硬度为 40 ~ 55 HRC）和磨削。对于速度不高、载荷不大的蜗杆，可采用 40、45 钢调质处理，硬度为 220 ~ 250 HBS。

蜗轮常用材料为青铜和铸铁。锡青铜耐磨性能及抗胶合性能较好，但价格较贵，常用的有 ZCuSnl0P1（铸锡磷青铜）、ZCuSn5Pb5Zn5（铸锡锌铅青铜）等，用于滑动速度较高的场合。铝铁青铜的力学性能较好，但抗胶合性略差，常用的有 ZCuAl9Fe4Ni4Mn2（铸铝铁镍青铜）等，用于滑动速度较低的场合。灰铸铁只用于滑动速度 $v \leqslant 2$ m/s 的传动中。

常用蜗杆蜗轮的配对材料如表 6.10 所示。

表 6.10 蜗杆蜗轮配对材料

相对滑动速度 v_a（m/s）	蜗轮材料	蜗杆材料
≤25	ZCuSnl0P1	20CrMnTi 渗碳淬火，56 ~ 62HRC 20Cr
≤12	ZCuSn5Pb5Zn5	45 高频淬火，40 ~ 50HRC 40Cr 50 ~ 55HRC
≤10	ZCuAl9Fe4Ni4Mn2 ZCuAl9Mn2	45 高频淬火，45 ~ 50HRC 40Cr 50 ~ 55HRC
≤2	HT150 HT200	45 调质 220 ~ 250HBS

2. 蜗杆、蜗轮的结构

蜗杆的直径较小，常与轴制成一个整体如图 6.28 所示。螺旋部分常用车削加工，也可用铣削加工。车削加工时需有退刀槽，因此刚性较差。

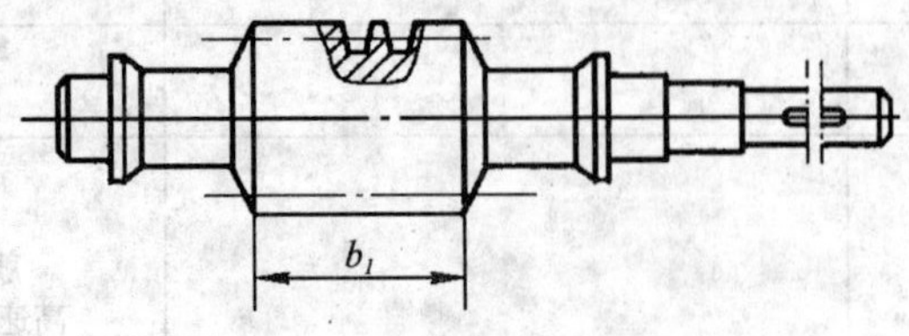

图 6.28 蜗杆轴结构

按材料和尺寸的不同，蜗轮的结构分为多种形式，如图 6.29 所示。

① 整体式蜗轮如图 6.29（a）所示：主要用于直径较小的青铜蜗轮或铸铁蜗轮。

② 齿圈式蜗轮如图 6.29（b）所示：为了节约贵重金属，直径较大的蜗轮常采用组合结构，齿圈用青铜材料，轮芯用铸铁或铸钢制造。两者采用 H7/r6 配合，并用 4～6 个直径为 $(1.2\sim1.5)m$ 的螺钉加固，m 为蜗轮模数。为便于钻孔，应将螺孔中心线向材料较硬的轮芯部分偏移 2～3mm。这种结构用于尺寸不太大而且工作温度变化较小的场合。

③ 螺栓连接式蜗轮如图 6.29（c）所示：这种结构的齿圈与轮芯用普通螺栓或铰制孔用螺栓连接，由于装拆方便，常用于尺寸较大或磨损后需更换蜗轮齿圈的场合。

④ 镶铸式蜗轮如图 6.29（d）所示：将青铜轮缘铸在铸铁轮芯上，轮芯上制出榫槽，以防轴向滑动。

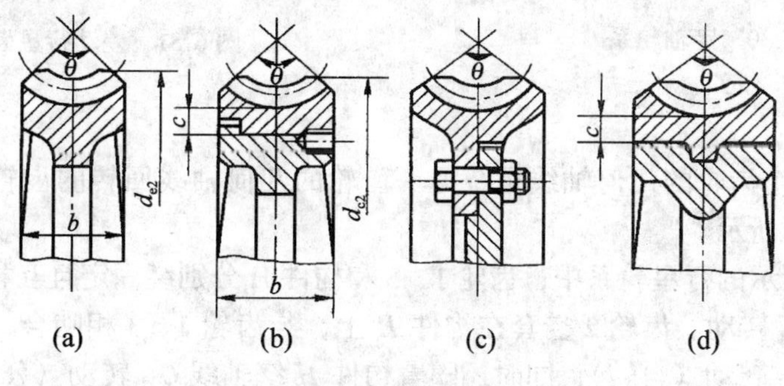

图 6.29　蜗轮结构

6.8　轮系及其应用

6.8.1　齿轮系的类型及作用

由一对齿轮所组成的传动是齿轮传动最简单的形式。但在机械设备中只用一对齿轮进行传动往往难以满足工作要求。为了获得较大的传动比、变速和换向等，一般需要采用多对齿轮进行传动。这种由多对齿轮所组成的传动系统称为齿轮系。

齿轮系按照运转时各轮轴线的位置是否固定不动分为定轴轮系和行星轮系两大类。

1. 定轴轮系

运转时各齿轮的几何轴线的位置相对于机架均固定不动的齿轮系，称为定轴轮系。如图 6.30 所示的汽车变速箱机构，牙嵌离合器的一半 X 及齿轮 1 固定在主动轴Ⅰ上，其另一半 Y 则和双联滑动齿轮 4、6 用滑键与从动轴Ⅲ相连。齿轮 2、3、5、7 与轴Ⅱ固连，齿轮 8 则与轴Ⅳ固连。齿轮 1、2 及 8、7 分别互相啮合。汽车的四挡变速是靠移动双联滑动齿轮而实现的，过程如下：

① 当右移双联齿轮，使 X、Y 啮合，轴Ⅰ的运动直接传给轴Ⅲ，汽车以高速前进；

② 当左移双联齿轮使齿轮 4、3 啮合，则运动从轴Ⅰ→齿轮 1、2→轴Ⅱ→齿轮 3、

4→轴Ⅲ，汽车以中速前进；

③ 若左移双联齿轮使齿轮 5、6 啮合，则运动从轴Ⅰ→齿轮 1、2→轴Ⅱ→齿轮 5、6→轴Ⅲ，汽车以低速前进；

④ 左移双联齿轮使齿轮 6、8 啮合，则运动从轴Ⅰ→齿轮 1、2→轴Ⅱ→齿轮 7、8→轴Ⅳ→齿轮 8、6→轴Ⅲ，汽车以低速倒车。

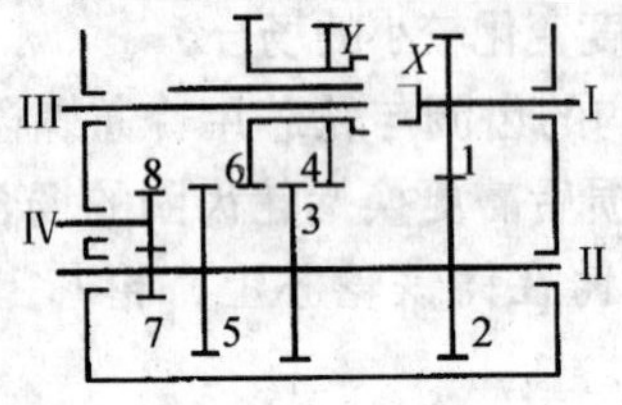

图 6.30　定轴轮系

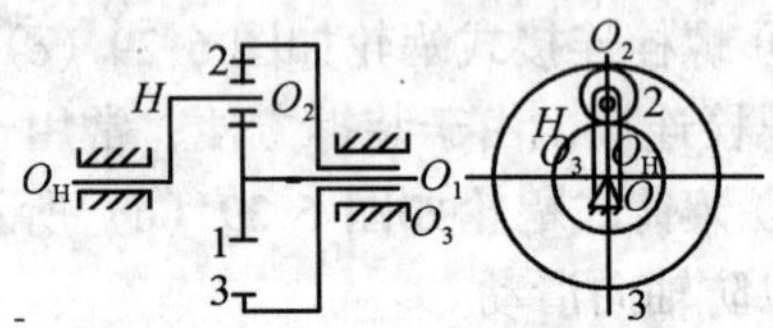

图 6.31　差动行星齿轮系

2. 行星轮系

凡至少有一个齿轮的几何轴线是绕另一齿轮的几何轴线回转的齿轮系，称为行星轮系，如图 6.31 所示。

如图 6.31 所示的行星轮系中，齿轮 1、3 和构件 H 分别绕固定且互相重合的几何轴线 O_1、O_3 及 O_H 转动。齿轮 2 空套在构件 H 上，与齿轮 1、3 相啮合，所以齿轮 2 一方面绕其轴线 O_2 转动（自转），同时还随着构件 H 绕轴线 O_H 转动（公转），因此，齿轮 2 称为行星轮。支撑行星轮 2 的构件 H 称为行星架或系杆。与行星轮 2 相啮合且作定轴转动的齿轮 1、3 称为中心轮或太阳轮。

行星轮系按其自由度不同可分为两大类。自由度为 2 的行星轮系称为差动行星轮系，如图 6.31 所示；自由度为 1 的行星轮系称为简单行星轮系，如图 6.32 所示，简单行星轮系中有一个中心轮是固定的。

根据轮系中是否含有空间齿轮，轮系也可分为平面轮系和空间轮系两类。

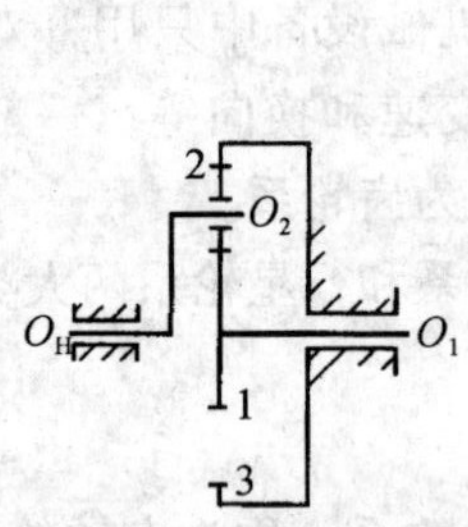

图 6.32　简单行星轮系

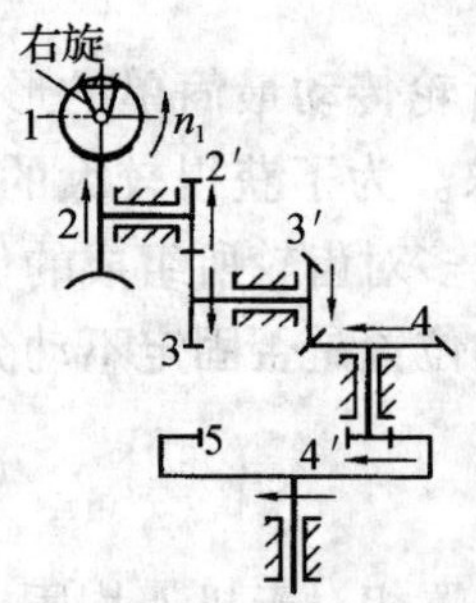

图 6.33　定轴轮系

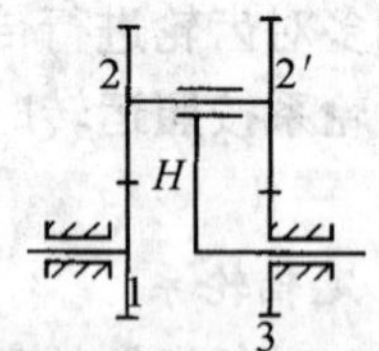

图 6.34　少齿差行星轮系

3. 轮系的作用

轮系的主要作用是：获得大的传动比，实现变速、变向传动；实现远距离传动及实现运动的合成与分解。

(1) 获得大的传动比

若要获得大的传动比，可用定轴轮系来实现，如图 6.33 中所示只用几个齿轮就能获得较大的传动比；若要求结构紧凑，且传动比大，则可用行星轮系来实现，如图 6.34所示，传动比可达 $i_{H1}=10\ 000$。一般在传递功率和传动相同情况下行星轮系减速器的体积是定轴轮系体积的 15%～60%，重量是 20%～55%。

(2) 实现变速、变向传动

如图 6.30 所示的汽车变速箱轮系，利用齿轮变速箱得到不同的输出速度，可根据需要使汽车以不同的速度前进或倒退，实现变速、变向传动。

(3) 实现远距离传动

当两轴距离较远时，若只用一对齿轮（图 6.35 中外圈的两个大齿轮）来传动，则齿轮的尺寸必然很大，致使机器的结构尺寸和重量增大。而采用多对齿轮（图 6.35 中内圈的 4 个小齿轮）传动时，齿轮尺寸可以大大减小，而且制造安装也较为方便。

(4) 实现运动的合成与分解

机械中常用具有两个自由度的差动行星轮系来实现运动的合成与分解如图 6.36 所示。应用差动行星轮系不仅可将两个构件的运动合成为另一个构件的运动并输出；也可以将一个构件的运动，分解成为两个构件的运动并输出。比如汽车上的后桥差速器如图 6.36所示，就是利用差动行星轮系将一个输入运动分解成两个构件的运动，从而满足汽车在转向时对两侧车轮转速不同的要求。

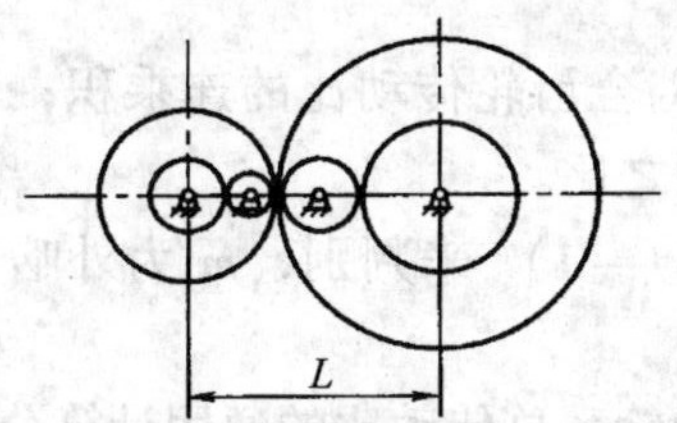

图 6.35 相距较远两轴间传动

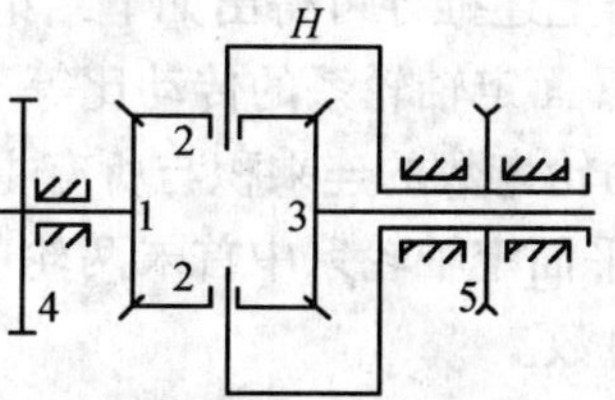

图 6.36 运动的分解与合成

6.8.2 定轴轮系传动比的计算

轮系中，输入、输出两轮（或两轴）的角速度或转速之比，称为轮系的传动比，用 i 表示。如图 6.37 中，轮系的传动比 $i_{15}=\frac{\omega_1}{\omega_5}=\frac{n_1}{n_5}$。

轮系传动比的计算包括两方面内容，一是计算传动比的大小，二是确定从动轮的转动方向。

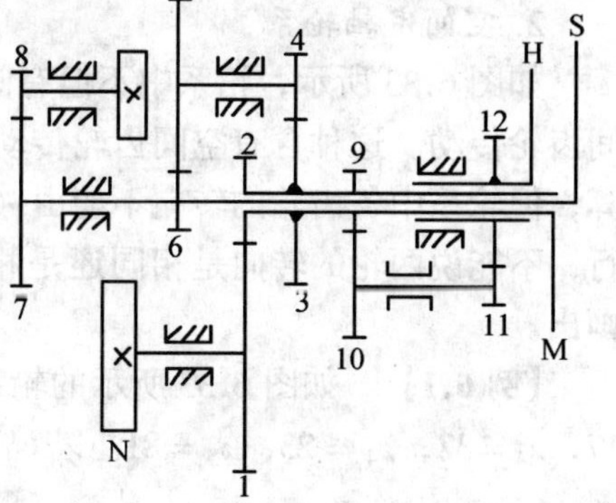

图 6.37 机械式钟表机构

1. 平面定轴轮系

如图 6.38 所示的轮系，全由圆柱齿轮组成，其各轮的轴线互相平行。这种全由轴线互相平行的齿轮组成的定轴轮系称为平面定轴轮系。平面定轴轮系各轮轴线的转向都是相同或相反的关系。因此可用带有正、负号的传动比来表示。规定：外啮合齿轮传动，因其转向相反，传动比 i 取负号；内啮合齿轮传动因转向相同，i 取正号。

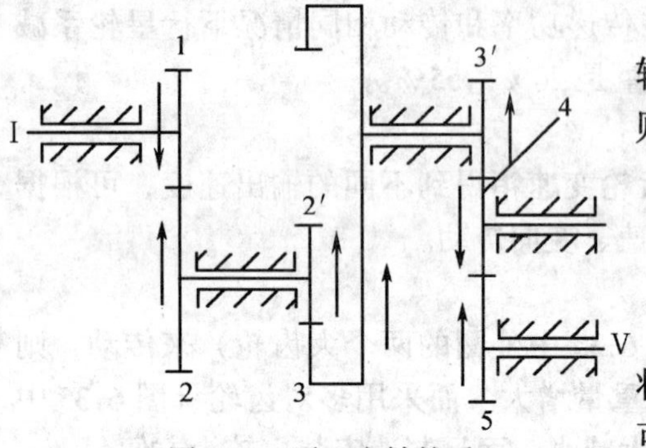

图 6.38　平面定轴轮系

图 6.38 中设Ⅰ轴为主动轴，Ⅴ轴为从动轴，已知各轮齿数分别为 z_1、z_2、z_3、z_4、z_5，则该定轴轮系的传动比及输出轴的转向为

$$i_{12}=\frac{n_1}{n_2}=-\frac{z_2}{z_1},\quad i_{2'3}=\frac{n_{2'}}{n_3}=\frac{z_3}{z_{2'}}$$

$$i_{3'4}=\frac{n_{3'}}{n_4}=\frac{z_4}{z_{3'}},\quad i_{45}=\frac{n_4}{n_5}=\frac{z_5}{z_4}$$

将以上式两边连乘，因 $n_2=n_{2'}$，$n_3=n_{3'}$，即可得轮系的总传动比为

$$i_{15}=i_{12}i_{2'3}i_{3'4}i_{45}=\frac{n_1}{n_2}\cdot\frac{n_{2'}}{n_3}\cdot\frac{n_{3'}}{n_4}\cdot\frac{n_4}{n_5}=(-1)^3\frac{z_2z_3z_4z_5}{z_1z_{2'}z_{3'}z_4}=-\frac{z_2z_3z_5}{z_1z_{2'}z_{3'}}$$

上式中，齿轮 4 既是前一对齿轮中的主动轮，又是后一对齿轮中的从动轮，其齿数 z_4 在式中可以消去，即其齿数对轮系传动比的大小没有影响。但是，增加了外啮合的次数，会改变传动比的符号，这种不影响传动比大小仅影响传动比符号（即改变轮系末轮转向）的齿轮，称为惰轮（或过桥轮、中间轮）。

根据上述推导可得出如下结论：

① 平面定轴轮系的传动比等于组成轮系的各对啮合齿轮传动比的连乘积；也等于所有从动轮齿数的连乘积与所有主动轮齿数的连乘积之比。

② 平面定轴轮系中首末两轮的转动方向，可用 $(-1)^m$ 来判别，m 为外啮合齿轮的啮合对数。

根据上述结论并将上式推广，可得任意平面定轴轮系总传动比的通用计算公式为

$$i_{1k}=\frac{n_1}{n_k}=(-1)^m\times\frac{\text{所有从动轮齿数的连乘积}}{\text{所有主动轮齿数的连乘积}}\tag{6.31}$$

式中，n_1、n_k 分别表示轮系中 1、k 两齿轮（或两轴）的转速。

2. 空间定轴轮系

如图 6.33 所示，轮系中不但有圆柱齿轮传动，而且还有圆锥齿轮、蜗轮蜗杆等空间齿轮传动。这种含有空间齿轮传动的定轴轮系的传动比，其大小仍可按式（6.31）计算，但轮系中各齿轮的转向不能由 $(-1)^m$ 来确定。因为，一对空间齿轮的两轴线不平行，不能说两轮的转向是相同还是相反，所以该轮系中各轮的转向只能在图上用箭头画出。

【例 6.1】 如图 6.33 所示的轮系中，已知 $z_1=1$，$z_2=30$，$z_2'=22$，$z_3=40$，$z_{3'}=17$，$z_4=32$，$z_{4'}=23$，$z_5=81$。若已知轮 1 的转速为 $n_1=1440\text{r/min}$，试求轮 5 的转速 n_5。

解： 根据式（6.31），可得该空间轮系的传动比为

$$i_{15}=\frac{n_1}{n_5}=\frac{z_2z_3z_4z_5}{z_1z_{2'}z_{3'}z_{4'}}=\frac{30\times40\times32\times81}{1\times22\times17\times23}=361.6$$

所以有

$$n_5=\frac{n_1}{i_{15}}=\frac{1440}{361.6}=3.98\text{r/min}$$

用箭头法确定出齿轮 5 的转向，如图 6.33 所示。

【例 6.2】 如图 6.39 所示为车床溜板箱进给刻度盘轮系，运动由齿轮 1 输入由齿轮 4 输出。已知各轮齿数 $z_1=18$，$z_2=87$，$z_{2'}=28$，$z_3=20$，$z_4=84$。试求轮系的传动比 i_{14}。

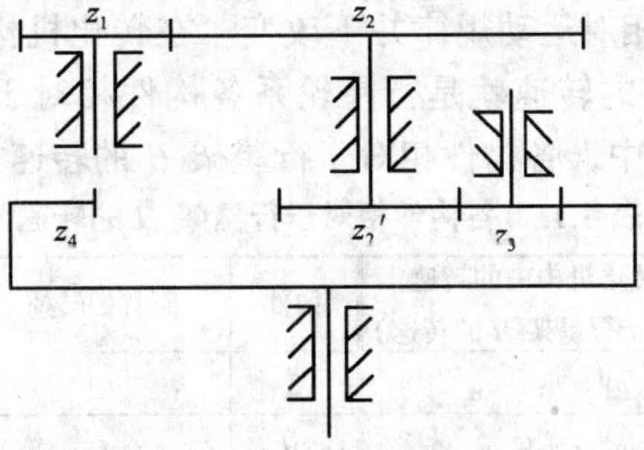

图 6.39 刻度盘轮系

解： 由式（6.31），可计算此轮系的总传动比为

$$i_{14}=\frac{n_1}{n_4}=(-1)^m\frac{z_2z_3z_4}{z_1z_{2'}z_3}=(-1)^2\frac{87\times20\times84}{18\times28\times20}=14.5$$

本例中，齿轮 3 是惰轮，增加一次外啮合，使末轮 4 与首轮 1 的转向相同。

6.8.3 行星轮系传动比的计算

1. 平面行星轮系的传动比计算

由于行星轮系中行星轮的轴线不是固定不动的，所以其传动比不能直接用定轴轮系传动比的计算公式来计算。

一般地，平面行星轮系传动比的计算都采用“转化机构”法。这种方法的基本思路是：设法将行星轮系转化成一假想的定轴轮系，再利用定轴轮系传动比的计算公式来求解行星轮系中各有关构件的转速及其传动比。如图 6.40（a）所示为一平面行星轮系，假定轮系中各齿轮和行星架 H 的转速分别为 n_1、n_2、n_3、n_H，且转向相同（均沿逆时针方向转动）。下面讨论如何将该行星轮系转化为定轴轮系。

假设对整个系统中（包括机架）加上一个绕轮系主轴线转动的公共转速，其大小与行星架 H 的转速 n_H 相等，但转向则与 n_H 相反，该公共转速以（$-n_H$）表示。这时，行星架 H 的转速将变为 $n_H-n_H=0$，即行星架变为静止不动，它支承的行星轮也变为轴线不动的齿轮。因此，原行星轮系就转化成为一个假想的定轴轮系如图 6.40（b）所示。这个转化所得的假想定轴轮系，称为行星轮系的转化机构。

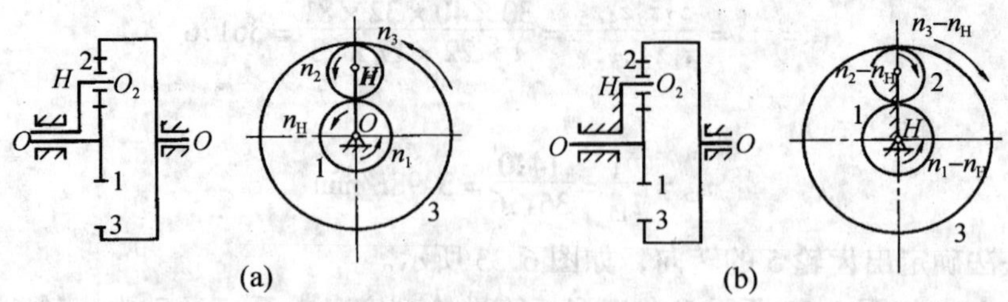

图 6.40 平面行星齿轮系

由相对运动原理可知，将行星轮系中每个构件上都加上一个公共转速（$-n_H$）以后，轮系中各构件之间的相对运动规律并不改变。在转化机构中，行星架 H 的转速为 0，所以转化机构中各构件的转速就是行星轮系各构件相对于行星架 H 的转速。如图 6.40（b）所示的转化机构中，各构件相对于行星架 H 的转速如表 6.11 所示。

表 6.11 各构件相对于行星架 H 的转速

构件	原有的转速	在转化机构中的转速（相对于行星架 H 的转速）	构件	原有的转速	在转化机构中的转速（相对于行星架 H 的转速）
1	n_1	$n_1^H = n_1 - n_H$	3	n_3	$n_3^H = n_3 - n_H$
2	n_2	$n_2^H = n_2 - n_H$	H	n_H	$n_H^H = n_H - n_H = 0$

由于行星轮系的转化机构是定轴轮系，所以可以运用平面定轴轮系传动比的计算公式（6.31）来求转化机构的传动比，即

$$i_{13}^H = \frac{n_1^H}{n_3^H} = \frac{n_1 - n_H}{n_3 - n_H} = -\frac{z_3}{z_1}$$

式中，i_{13}^H表示转化机构中轮 1 与轮 3 相对于行星架 H 的传动比，式中“$-$”号表示轮 1 与轮 3 在转化机构中的转向相反。

以上公式可以推广到平面行星轮系的一般情形。若轮系中任意两轮 1 和 k 的转速分别为 n_1、n_k，则在该行星轮系的转化机构中，两轮的传动比 i_{1k}^H为

$$i_{1k}^H = \frac{n_1^H}{n_k^H} = \frac{n_1 - n_H}{n_k - n_H} = (-1)^m \times \frac{\text{各对啮合齿轮的从动齿轮齿数的连乘积}}{\text{各对啮合齿轮的主动齿轮齿数的连乘积}} \quad (6.32)$$

式中，m 为行星轮系中齿轮 1 与齿轮 k 之间外啮合齿轮的对数。

在应用式（6.32）时，应特别注意以下几点：

① 齿轮 1、齿轮 k 与行星架 H 三个构件的轴线必须互相平行，否则，不能应用该式。

② 齿轮 1、齿轮 k 与行星架 H 三个构件的转速本身含有正、负号。对差动行星轮系，若已知两个构件的转向相反，则应将其中的一个转速以正值代入，另一转速以负值代入，这样求得的第三个构件的转速，其转向就可根据其正负号来确定；对简单行星轮系，固定中心轮的转速为 0。

③ $i_{1k} \neq i_{1k}^H$。i_{1k}是行星轮系中齿轮 1 与齿轮 k 的传动比，而 i_{1k}^H则是该行星轮系转化机构的传动比。

【例 6.3】 如图 6.41 所示的行星轮系中，已知 $z_1 = 100$，$z_2 = 101$，$z_{2'} = 100$，$z_3 =$

99。试求传动比 i_{H1}。

解：在图示的轮系中，由于轮 3 为固定轮（即 $n_3=0$），故该轮系为一简单行星轮系，其传动比的计算可根据式（6.32）求得为

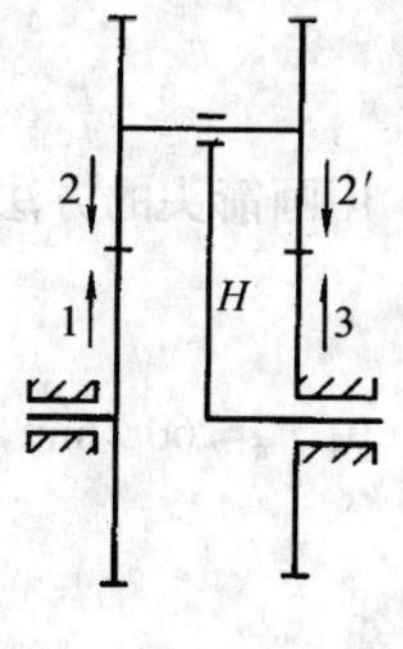

图 6.41 少齿差行星轮系

$$i_{13}^{H}=\frac{n_1-n_H}{n_3-n_H}=(-1)^2\frac{z_2z_3}{z_1z_{2'}}$$

将 $n_3=0$ 代入上式得

$$i_{13}^{H}=1-\frac{n_1}{n_H}=1-i_{1H}$$

所以，有

$$i_{1H}=1-i_{13}^{H}=1-\frac{101\times 99}{100\times 100}=\frac{1}{10000}$$

即

$$i_{H1}=10000$$

这说明当系杆转 10000 转时，轮 1 才转 1 转，可见其传动比极大，轮 1 的转向与系杆相同。若将 z_3 的齿数由 99 改为 100，则

$$i_{13}^{H}=\frac{n_1-n_H}{n_3-n_H}=(-1)^2\frac{z_2z_3}{z_1z_{2'}}=\frac{101\times 100}{100\times 100}=\frac{101}{100}$$

将 $n_3=0$ 代入上式得

$$i_{1H}=1-(-1)^2\frac{z_2z_3}{z_1z_{2'}}=1-\frac{101}{100}=-\frac{1}{100}$$

即

$$i_{H1}=-100$$

也就是说，当系杆 H 转 100 转时，轮 1 反向转 1 转。由此结果可见，同一种结构形式的行星齿轮系，由于某一齿轮的齿数略有变化（本例中仅差一个齿），其传动比会发生巨大变化，同时转向可能也会改变。这是行星轮系与定轴轮系不同的地方。

2. 空间行星轮系的传动比计算

对于空间行星轮系，只要两轮 1、k 和行星架的轴线相互平行，则其转化机构的传动比仍可应用式（6.32）来计算。但其等号右边的正、负号不能用 $(-1)^m$ 来确定，而应假想当行星架不动时，由轮 1 与 k 的相对转向来确定。即在转化机构中轮 1 与 k 的转向相同时，则取正号；转向相反时，取负号。

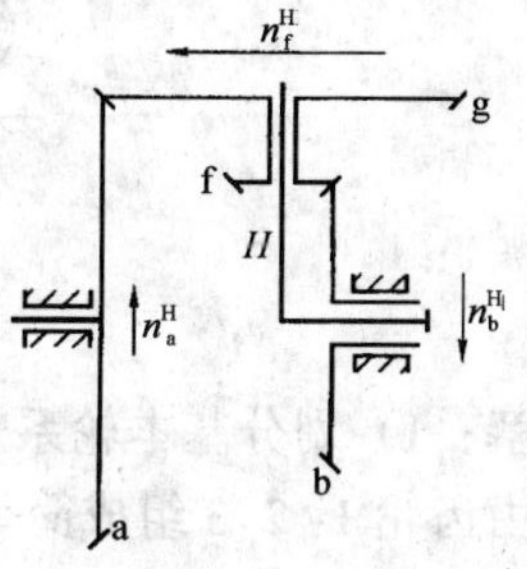

【例 6.4】 如图 6.42 所示为由圆锥齿轮组成的行星轮系。已知各轮齿数 $z_a=z_g=60$，$z_f=20$，$z_b=30$，设 $n_a=60\text{r/min}$，$n_H=180\text{r/min}$。n_a、n_H 转向相同，试求 n_b。

解：由式（6.32）得

$$i_{ab}^{H}=\frac{n_a-n_H}{n_b-n_H}=\frac{z_gz_b}{z_az_f}$$

将 z_a、z_b、z_f、z_g 值代入后得

图 6.42 空间行星轮系

$$i_{ab}^{H}=\frac{n_a^H}{n_b^H}=\frac{60\times 30}{60\times 20}=\frac{3}{2}$$

用画箭头的方法可知 n_a^H 与 n_b^H 的转向相反，故 n_{ab}^H应为负值，即

$$n_{ab}^{H}=-\frac{3}{2}$$

由 $n_a=60\text{r/min}$，$n_H=180\text{r/min}$ 得

$$n_{ab}^{H}=\frac{n_a-n_H}{n_b-n_H}=\frac{60-180}{n_b-180}=-\frac{3}{2}$$

故

$$n_b=\frac{1.5\times 180+120}{1.5}\text{r/min}=260\text{r/min}$$

解得 n_b 为正，表明 a、b 轮的实际转向相同。

注意： 上例中行星齿轮 g、f 的轴线与齿轮 a、b 及行星架 H 的轴线不平行，所以不能应用式（6.32）来计算行星齿轮 g、f 的转速。

3. 复合轮系的传动比

前两节仅讨论了单一的定轴轮系和单一的行星轮系传动比的计算。单一的定轴轮系或行星轮系称为基本轮系。但是在实际应用中，还会遇到由定轴轮系和行星轮系或由几个单一的行星轮系组成的复合轮系。

计算复合轮系的传动比时，首先应将它划分为各个单一的定轴轮系和行星轮系，再分别列出求传动比的方程式，最后通过联立方程求解得到所求的未知数。在复合轮系中鉴别出单一的行星轮系是解决问题的关键。一般的方法是首先在复合轮系中找到行星轮，再找到支持行星轮的构件即行星架 H，以及与行星轮相啮合的外齿轮或内齿轮（太阳轮），行星轮、行星架和太阳轮就组成一个单一的行星轮系。若有多个行星轮可按此方法一一确定，最后剩下的齿轮构成定轴轮系。

下面举例具体说明复合轮系传动比的计算方法。

【例 6.5】 如图 6.43 所示输送带的行星齿轮减速器中，已知各轮的齿数 $z_1=12$，$z_2=30$，$z_3=60$，$z_{2'}=30$，$z_4=75$。电动机转速为 1450r/min。试求输出轴的转速 n_4。

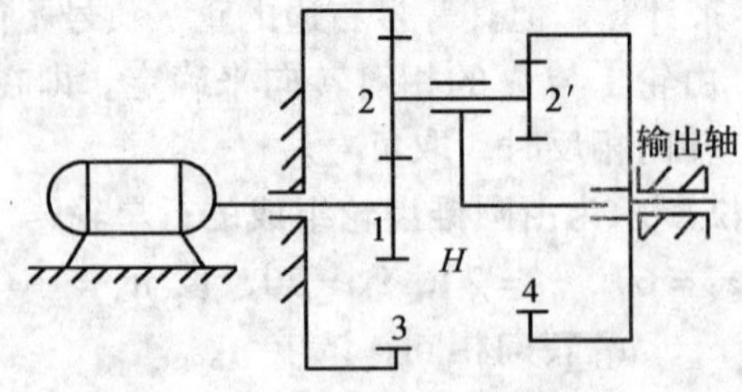

图 6.43　行星齿轮减速器

解： 1）划分基本轮系。

由齿轮 1-2-3 组成简单行星轮系。由齿轮 1-2 = 2′-4 组成差动轮系。
（两处齿轮 2 下方均以虚线连接 H）

2）计算各轮系传动比，联立方程组求解。

① 计算简单行星轮系 1-2-3（H）的传动比为

$$i_{13}^{H}=\frac{n_1-n_H}{n_3-n_H}=-\frac{z_3}{z_1}=-\frac{60}{12}=-5$$

由于 $n_3=0$，所以，有$\frac{n_1}{n_H}=6$。

$$i_{1H}=\frac{n_1}{n_H}=1-i_{13}^{H}=1-(-5)=6$$

② 计算差动轮系 1-2=2′-4（H）的传动比为

$$i_{14}^{H}=\frac{n_1-n_H}{n_4-n_H}=-\frac{z_2z_4}{z_1z_{2'}}=-\frac{30\times75}{12\times30}=-6.25$$

将 $n_1=6n_H$ 代入上式得

$$n_4=0.2n_H$$

$$i_{14}=\frac{n_1}{n_4}=\frac{6n_H}{0.2n_H}=30$$

$$n_4=\frac{n_1}{i_{14}}=\frac{1450}{30}\text{r/min}=48.3\text{r/min}$$

【例 6.6】 如图 6.44 所示轮系中，已知各轮齿数为 $z_1=17$，$z_2=22$，$z_{2'}=16$，$z_3=23$，$z_{3'}=25$，$z_4=15$，$z_5=55$。求传动比 i_{1H}。

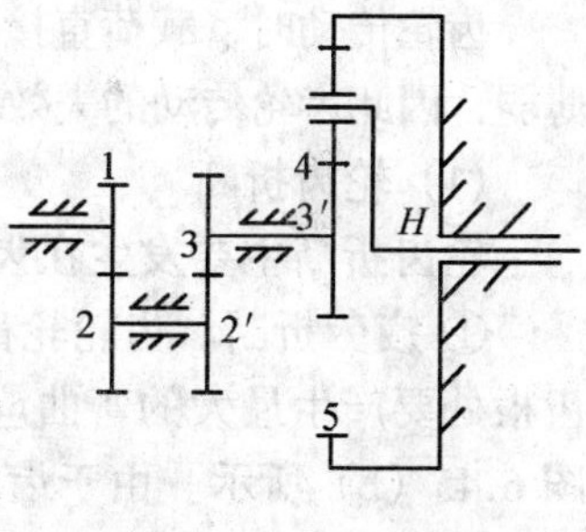

图 6.44 复合轮系

解：1）划分基本轮系。

由齿轮 3′-4-5（H）组成行星轮系，由齿轮 1-2-2′-3 组成定轴轮系。

2）计算各轮系传动比，联立方程组求解。

① 计算定轴轮系 1-2-2′-3 的传动比为

$$i_{13}=\frac{n_1}{n_3}=(-1)^2\frac{z_2z_3}{z_1z_{2'}}=\frac{22\times23}{17\times16}=1.86$$

即

$$n_1=1.86n_3$$

② 计算行星轮系 3′-4-5（H）的传动比

$$i_{3'5}^{H}=\frac{n_{3'}-n_H}{n_5-n_H}=-\frac{z_5}{z_{3'}}=-\frac{55}{25}=-2.2$$

由图可知，$n_5=0$，代入上式有

$$i_{3'H}=\frac{n_{3'}}{n_H}=1-i_{3'5}^{H}=1-(-2.2)=3.2$$

即

$$n_{\mathrm{H}}=\frac{n_{3'}}{3.2}$$

因为

$$n_3=n_{3'}$$

则

$$i_{1\mathrm{H}}=\frac{n_1}{n_{\mathrm{H}}}=\frac{1.86n_3}{\frac{n_{3'}}{3.2}}=5.95$$

6.9 圆柱齿轮设计

6.9.1 齿轮传动的失效形式与设计准则

齿轮传动不仅要求平稳，而且还要求有足够的承载能力。为计算齿轮的承载能力，必须对齿轮的受载特点、失效形式等进行分析，并由此制定出齿轮传动的设计准则。

1. 齿轮传动的失效形式

齿轮传动时，载荷直接作用在齿轮的轮齿上。由于轮齿相对于齿轮的其他部位相对薄弱，因此齿轮传动的失效主要是轮齿的失效。齿轮轮齿的失效主要有以下五种形式。

(1) 轮齿折断

轮齿折断主要发生在齿根处，分为疲劳折断和过载折断两种类型。

① 疲劳折断。齿轮轮齿受力时与悬臂梁的受力情况相似，如图 6.45 (a) 所示，在齿根处要产生最大的弯曲应力。当齿轮单向运转时，弯曲应力为脉动循环变应力，如图 6.45 (b) 所示。由于齿根处过渡部分的尺寸发生了急剧变化，存在着应力集中（即应力在过渡区相对集中）；加工轮齿时，沿齿宽方向易留下刀痕，这些都极易使轮齿根部产生疲劳裂纹，如图 6.45 (c) 所示。随着应力循环次数的增加，裂纹不断扩展，最终会因疲劳强度不足而使轮齿突然折断，这种折断就称为疲劳折断。在齿轮正常使用中，疲劳折断是轮齿折断的主要形式。

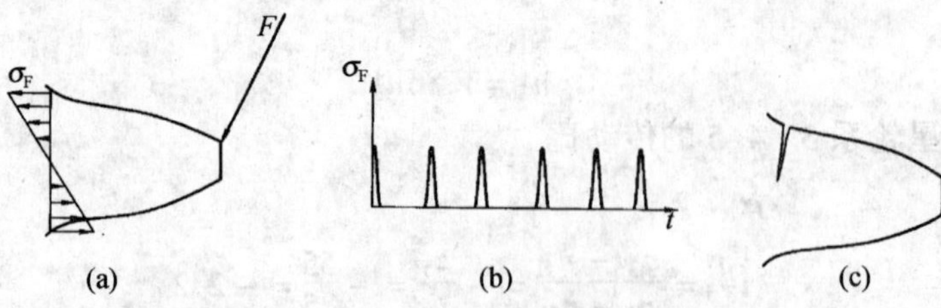

图 6.45 疲劳折断

② 过载折断。由于短时的严重过载或冲击载荷过大，轮齿因静强度不足而产生折断。这种折断称为过载折断。

采取对轮齿表面进行淬火的热处理方法，或适当降低齿轮材料的硬度，提高其韧性的方法，可改善轮齿抗折断的能力。

(2) 齿面疲劳点蚀

齿轮传动时，一对轮齿表面的接触区域理论上为一条直线，但实际上在受载变形后，其接触区域为一长方形小面积。由于此面积很小而使轮齿表层的局部应力很大，这种在接触表面局部产生的应力称为接触应力 σ_H，如图 6.46（a）所示。由于齿轮传动时，轮齿表面的接触区域在不停地移动，因此轮齿表面受到的是脉动循环接触变应力的作用。当接触应力超过表层材料的接触疲劳极限时，经一定的应力循环次数，齿面材料就会出现如图 6.46（b）所示的点状剥落，使轮齿啮合情况恶化而失效。这种失效称为疲劳点蚀。疲劳点蚀一般发生在齿根部位靠近节线处。

疲劳点蚀是润滑条件良好的闭式软齿面齿轮传动的主要失效形式。在润滑条件较差的开式传动中，由于齿面磨损较快，在点蚀未形成之前，部分齿面已被磨损，因而一般不发生点蚀失效。采取提高齿面硬度、降低齿面粗糙度等措施，可提高轮齿齿面的抗点蚀能力。

(3) 齿面胶合

齿轮传动在低速重载时，由于啮合齿面间压力大，不易形成润滑油膜；而在高速重载时，即使易形成润滑油膜，但由于啮合区的摩擦升温使润滑油黏度降低，润滑油膜易破裂，这两种情况均会导致两齿面金属直接接触。当啮合区瞬时升温过高时，两齿面会出现峰点粘着现象。随着齿面间的相对滑动，粘着点被撕脱，从而在较软齿面上留下与滑动方向一致的粘撕沟痕如图 6.47 所示，使轮齿表面遭到破坏，这种现象称为胶合。

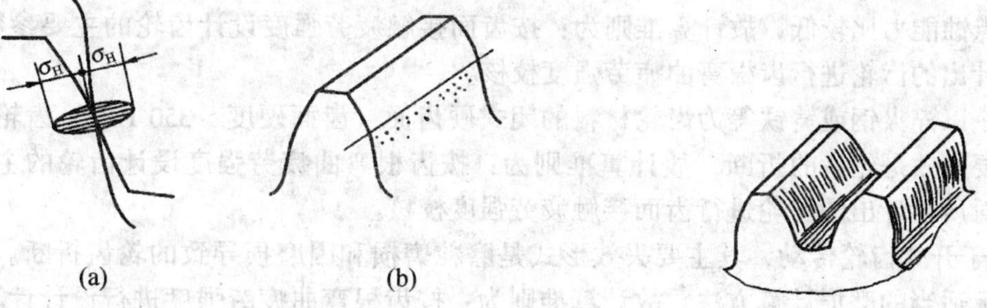

图 6.46 齿面疲劳点蚀

图 6.47 齿面胶合

为了增强抗胶合能力，除适当提高齿面硬度和降低齿面表面粗糙度值外，对于低速传动应选用黏度较大的润滑油，对于高速传动，应采用抗胶合能力强的润滑油。

(4) 齿面磨损

齿面磨损通常是磨粒磨损。在开式齿轮传动中，由于齿轮暴露在外，润滑条件差，灰尘、沙粒、金属碎屑等，极易进入啮合齿面起到磨粒作用，形成磨粒磨损。这是开式传动不可避免的一种主要失效形式。如图 6.48 所示，磨损不仅使轮齿失去正确的齿形，还会使轮齿变薄，严重时还会引起轮齿折断。

改开式传动为闭式传动是防止齿面磨损的最有效方法。此外提高齿面硬度和降低齿面的粗糙度对于防止和减轻磨损也很有效。

(5) 齿面塑性变形

在重载作用下，齿面间的正压力和与之形成的摩擦力都较大，较软一侧的齿面在较硬一侧齿面的推挤作用下，产生局部塑性变形如图 6.49 所示。这种失效多发生在低速、严重过载和起动频繁的软齿面齿轮传动中。

图 6.48 齿面磨损

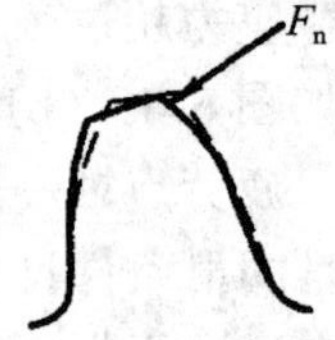

图 6.49 轮齿塑性变形

2. 齿轮传动设计计算准则

齿轮传动在不同的工作条件下有着不同的失效形式，不同的失效形式对应不同的设计准则。因此，设计齿轮时，应根据实际工作条件，分析其主要失效形式，选择相应的设计准则进行设计计算。目前，对齿面磨损等还没有建立起行之有效的计算方法及设计数据；齿面胶合主要发生在高速重载等重要场合，而且胶合计算比较复杂。因此，对一般齿轮传动进行设计计算时，通常只按保证齿根弯曲疲劳强度和保证齿面接触疲劳强度这两种设计准则进行。这两种设计计算准则的选用原则如下：

① 对于以正火或调质钢为齿轮材料的闭式软齿面（齿面硬度$\leqslant$350 HBS）齿轮传动，其抗点蚀能力比较低，故计算准则为：按齿面接触疲劳强度设计齿轮的主要参数，再对所设计出的齿轮进行齿根弯曲疲劳强度校核。

②对于以淬火钢或铸铁等为齿轮材料的闭式硬齿面（齿面硬度$>$350 HBS）齿轮传动，其主要失效是轮齿的折断，故计算准则为：按齿根弯曲疲劳强度设计齿轮的主要参数，再对所设计出的齿轮进行齿面接触疲劳强度校核。

③ 对于开式齿轮传动，其主要失效形式是磨粒磨损和因磨损导致的轮齿折断。但因目前尚无适当的磨损计算方法，故计算准则为：按齿根弯曲疲劳强度进行设计计算，并考虑磨损对轮齿折断的影响，将计算结果适当增大。

6.9.2 齿轮常用材料

用于制造齿轮的常用材料主要有锻钢、铸铁和铸钢。在特殊情况下也可采用有色金属材料或尼龙、夹布胶木等工程塑料。选择齿轮材料主要应考虑齿轮承受载荷的大小和性质、齿轮速度的高低等工作情况以及结构、尺寸、重量和工艺性、经济性等方面的要求。

1. 锻钢

碳素结构钢和合金结构钢是制造齿轮最常用的材料。齿轮毛坯经锻造后，钢的强度高，韧性好，并可用多种热处理方法改善其力学性能。因此，重要齿轮均采用锻钢。

按齿轮热处理后齿面硬度的高低，钢制齿轮可分为软齿面和硬齿面两类。

在齿轮传动中，两齿轮齿面硬度的组合对齿轮副的寿命影响很大。齿面硬度组合及其应用如表6.12所示。

表6.12 齿轮齿面硬度及其组合的应用举例

齿面类型	齿轮种类	热处理		两轮工作齿面硬度差	工作齿面硬度举例		备注
		小齿轮	大齿轮		小齿轮	大齿轮	
软齿面	直齿	调质	正火 调质	25～30 HBS	240～270 HBS 260～290 HBS	180～220 HBS 220～240 HBS	用于重载中低速和一般的传动装置
	斜齿及人字齿	调质	正火 正火 调质	40～50 HBS	240～270 HBS 260～290 HBS 270～300 HBS	160～190 HBS 180～210 HBS 200～230 HBS	
软、硬组合齿面	斜齿及人字齿	表面淬火	调质	齿面硬度差很大	45～50 HRC	270～300 HBS 200～230 HBS	用于冲击载荷及过载都不大的重载中、低速传动装置
		渗氮 渗碳	调质		56～62 HRC	270～300 HBS 300～330 HBS	
硬齿面	直齿、斜齿及人字齿	表面淬火	表面淬火	齿面硬度大致相同	45～50 HRC		用于传动尺寸受结构限制的情形和寿命、承载能力要求较高的传动装置
		渗碳	渗碳		56～62 HRC		

(1) 软齿面齿轮

这类齿轮的热处理方法是调质或正火。由于小齿轮轮齿受载循环次数多于大齿轮，且小齿轮齿根较薄、弯曲强度较低，因此，在选择材料及热处理时，对直齿轮，小齿轮齿面硬度应比大齿轮的齿面硬度高25～30HBS；对斜齿轮，则要高40～50HBS。

软齿面齿轮制造工艺简单，适用于中小功率、对尺寸和重量无严格要求的一般机械中。

(2) 硬齿面齿轮

这类齿轮的热处理方法是表面淬火、渗碳和渗氮。小齿轮材料优于大齿轮，两齿轮的齿面硬度大致相同。一般，硬齿面齿轮传动适用于尺寸受结构限制的场合。

2. 铸钢

当齿顶圆直径 $d_a \geqslant 400～500$mm，结构形状较复杂时，轮坯不宜锻造，这种情况下可采用铸钢作为齿轮材料。常用的铸钢牌号有ZG310—570、ZG340—640等。铸钢轮坯在切削加工以前，一般要进行正火处理，以消除内应力和改善切削加工性能。

3. 铸铁

普通灰铸铁具有较好的减摩性和切削工艺性，且价格低廉。但其强度较低，抗冲击能力较差，故只适用于低速、轻载和无冲击的场合。铸铁齿轮对润滑要求较低，因此较多地用于开式传动中，常用的铸铁牌号有 HT250、HT300 等。

近年来，用球墨铸铁制造的齿轮得到了较广泛应用，常用来代替开式传动中的铸铁齿轮和闭式传动中的铸钢齿轮，其常用牌号有 QT500—5，QT600—2 等。常用的齿轮材料及其力学性能如表 6.13 所示。

表 6.13　齿轮常用材料及其力学性能

材料	牌号	热处理	硬度	强度极限 σ_B/MPa	屈服极限 σ_s/MPa	应用范围
优质碳素钢	45	正火	169 ~ 217HBS	580	290	低速轻载
		调质	217 ~ 255HBS	650	360	低速中载
		表面淬火	48 ~ 55HRC	750	450	高速中载或低速重载冲击很小
	50	正火	180 ~ 220HBS	620	320	低速轻载
合金钢	40Cr	调质	240 ~ 260HBS	700	550	中速中载
		表面淬火	48 ~ 55HRC	900	650	高速中载，无剧烈冲击
	42SiMn	调质	217 ~ 269HBS	750	470	高速中载，无剧烈冲击
		表面淬火	45 ~ 55HRC			
	20Cr	渗碳淬火	56 ~ 62HRC	650	400	高速中载，承受冲击
	20CrMnTi	渗碳淬火	56 ~ 62HRC	1 100	850	
铸钢	ZG310 ~ 570	正火	160 ~ 210HBS	570	320	中速、中载、大直径
		表面淬火	40 ~ 50HRC			
	ZG340 ~ 640	正火	170 ~ 230HBS	650	350	
		调质	240 ~ 270HBS	700	380	
球墨铸铁	QT600 – 2	正火	220 ~ 280HBS	600		低、中速轻载，有小的冲击
	QT500 – 5		147 ~ 241HBS	500		
灰铸铁	HT200	人工时效	170 ~ 230HBS	200		低速轻载，冲击很小
	HT300	（低温退火）	187 ~ 235HBS	300		

6.9.3　圆柱齿轮传动的受力分析及强度计算

齿轮传动的强度计算就是在正确分析轮齿受力的基础上，按齿轮传动设计计算准则，通过对轮齿的强度进行计算，设计出齿轮传动的基本参数和几何尺寸；或者是对现有齿轮进行强度校核计算。

1. *齿轮传动的受力分析与计算载荷*

（1）直齿圆柱齿轮传动时轮齿的受力

如图 6.50（a）所示，一对标准直齿圆柱齿轮按标准中心距正确安装，其齿廓在 C 点接触。当主动轮上作用有转矩 $\boldsymbol{T}_1$ 时，如果不考虑啮合面上的摩擦力，则轮齿间只有沿齿宽分布且方向沿啮合线的相互作用力 $\boldsymbol{F}_n$，$\boldsymbol{F}_n$ 称为齿面法向力。为便于分析和计算，将 $\boldsymbol{F}_n$ 看作一作用在齿宽中点的集中力，如图 6.50（b）所示。法向力 $\boldsymbol{F}_n$ 可沿圆周方向和半径方向分解为两个相互垂直的分力，即圆周力 $\boldsymbol{F}_t$ 和径向力 $\boldsymbol{F}_r$。显然，作用在主动轮上的力 $\boldsymbol{F}_{n1}$、$\boldsymbol{F}_{t1}$、$\boldsymbol{F}_{r1}$ 与作用在从动轮上的力 $\boldsymbol{F}_{n2}$、$\boldsymbol{F}_{t2}$、$\boldsymbol{F}_{r2}$ 互为作用力与反作用力。

根据力矩平衡条件及力的性质，可得标准直齿圆柱齿轮传动时轮齿所受力的计算公式为

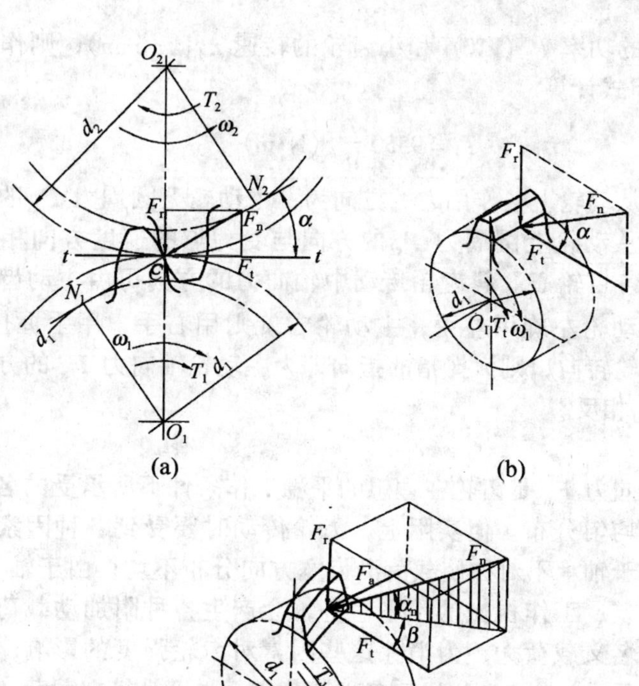

(a)　　　　　　　　(b)

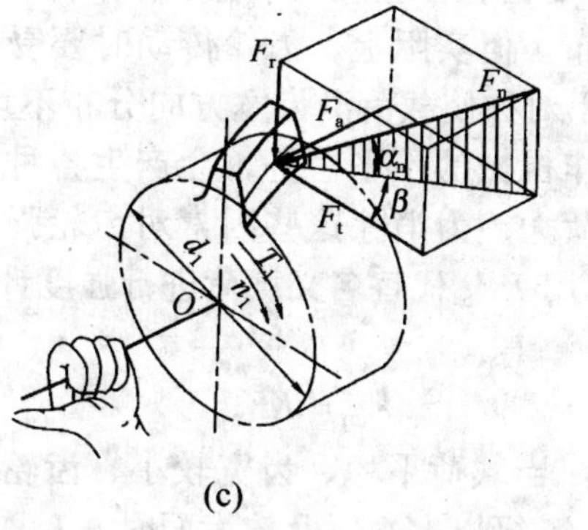

(c)

图 6.50　轮齿的受力

$$
\left.\begin{aligned}
&\text{圆周力} \quad && F_t = F_{t1} = F_{t2} = \frac{2T_1}{d_1}\\
&\text{径向力} \quad && F_r = F_{r1} = F_{r2} = F_t\tan\alpha\\
&\text{法向力} \quad && F_n = F_{n1} = F_{n2} = \frac{F_t}{\cos\alpha}
\end{aligned}\right\} \quad (6.33)
$$

(2) 斜齿圆柱齿轮传动时轮齿的受力

同样，一对标准斜齿圆柱齿轮传动时，其轮齿受力可简化为如图 6.50（c）所示的情况。由图可知，其法向力 $\boldsymbol{F}_n$ 可分解为 3 个相互垂直的分力，即圆周力 $\boldsymbol{F}_t$、径向力 $\boldsymbol{F}_r$，和轴向力 $\boldsymbol{F}_a$。根据图中几何关系，同样可求得这 3 个分力的计算公式为

$$
\left.\begin{aligned}
&\text{切向力} \quad && F_t = F_{t1} = F_{t2} = \frac{2T_1}{d_1}\\
&\text{径向力} \quad && F_r = F_{r1} = F_{r2} = \frac{F_{t1}\tan\alpha_n}{\cos\beta}\\
&\text{轴向力} \quad && F_a = F_{a1} = F_{a2} = F_{t1}\tan\beta
\end{aligned}\right\} \quad (6.34)
$$

式（6.33）和（6.34）中，$\boldsymbol{T}_1$ 是作用在主动小齿轮上的转矩（N·mm）；d_1 是小齿轮分

度圆直径（mm）；α 是直齿轮分度圆上压力角；α_n 是斜齿轮分度圆上法面压力角；β 是斜齿轮的螺旋角。

若已知齿轮传递的功率 P（kW）和小齿轮的转速 n_1（r/min），则作用在主动小齿轮上的转矩 $\boldsymbol{T}_1$ 可由下式计算

$$T_1 = 9550\frac{P}{n}\ (\text{N}\cdot\text{m}) \tag{6.35}$$

作用在主动轮和从动轮上各作用力的方向为：主动轮上圆周力 $\boldsymbol{F}_{t1}$ 的方向与受力点的线速度方向相反，从动轮上圆周力 F_{t2} 的方向与受力点的速度方向相同；而径向力 $\boldsymbol{F}_{r1}$ 和 $\boldsymbol{F}_{r2}$ 的方向指向各自轮心。斜齿轮传动中轴向力的方向可由主动齿轮左、右手螺旋定则判定，即：主动轮左旋用左手，主动轮右旋则用右手，用手握住齿轮的轴线，四指弯曲方向代表齿轮转向，则大拇指的指向即为主动轮轴向力 $\boldsymbol{F}_{a1}$ 的方向，从动轮轴向力 $\boldsymbol{F}_{a2}$ 的方向与 $\boldsymbol{F}_{a1}$ 相反。

(3) 计算载荷

上述轮齿上的法向力 $\boldsymbol{F}_n$ 是齿轮在理想的平稳工作条件下所承受的名义载荷，而且假设沿齿轮齿宽方向均匀分布。但实际上，齿轮传动时要受到各种因素的影响。如齿轮在轴上的位置相对于轴承不对称使载荷沿齿宽方向分布不均；由于轴和轴承的变形、传动装置制造安装误差、工作机械的不平稳等，会产生各种附加动载荷。这些因素使齿轮所受实际载荷比名义载荷大，为消除这些因素对齿轮强度的影响，需引入载荷系数 K（也称工作情况系数），用 KF_n 代替名义载荷进行强度计算。载荷 KF_n 称为计算载荷，用 $\boldsymbol{F}_{cn}$ 表示，即

$$F_{cn} = KF_n \tag{6.36}$$

K 的取值一般为 1.2～2。当载荷平稳、齿宽较小、齿轮相对于轴承对称布置、轴的刚性较大、齿轮精度较高（6 级以上）以及软齿面时，K 取较小值，反之取较大值。

2. 齿面接触疲劳强度计算

由齿轮传动的失效形式可知，齿面点蚀与齿面接触应力的大小有关。因此，必须对齿轮传动产生的接触应力进行分析和计算。防止齿面点蚀的强度计算称为齿面接触疲劳强度计算。

(1) 直齿圆柱齿轮传动

根据齿轮啮合原理，直齿圆柱齿轮在节点附近啮合时，只有一对齿参与啮合，轮齿受力最大，接触应力也最大，而且此时两齿轮相对滑动速度为零，故点蚀多发生在节线附近。

由上述分析可知，齿面接触疲劳强度条件为：节线处的最大接触应力 σ_H 应小于齿轮材料的许用接触应力，即

$$\sigma_H \leqslant [\sigma_H]$$

如图 6.51（a）所示，两齿轮在节线附近的接触可近似地看成是两半径分别为 ρ_1、ρ_2 的圆柱体沿齿宽 b 压紧的情况，如图 6.51（b）所示，ρ_1、ρ_2 分别为两渐开线齿廓在节点处的曲率半径。由弹性力学可知，两齿轮上的接触应力相等，且最大接触应力 σ_H 产生在接触区的中线上，其值可用赫兹公式计算，即

$$\sigma_H = Z_E\sqrt{\frac{F_n}{b}\left(\frac{1}{\rho_1} \pm \frac{1}{\rho_2}\right)} \tag{6.37}$$

式中，Z_E 是与两齿轮材料有关的常数，称为齿轮材料的弹性系数；F_n 可由式（6.33）求得；b 是齿轮的有效接触宽度（mm）。

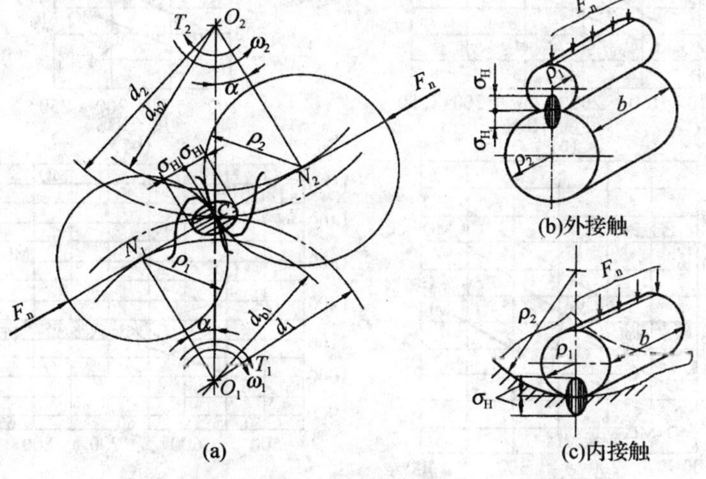

图 6.51 齿面接触应力

以计算载荷 $F_{cn} = KF_n$ 代替名义载荷 $\boldsymbol{F}_n$ 代入到式（6.37）中，并对该式进行技术简化处理后，得到直齿圆柱齿轮传动齿面接触疲劳强度的校核公式为

$$\sigma_H = \sqrt{\frac{u \pm 1}{u} \cdot \frac{C_m^3 A_d^3 K T_1}{b d_1^2}} \leqslant [\sigma_H] \tag{6.38}$$

引入齿宽系数 $\psi_d = b/d_1$ 并代入上式，可得直齿圆柱齿轮齿面接触疲劳强度的设计公式为

$$d_1 \geqslant C_m A_d \sqrt[3]{\frac{KT_1}{\psi_d [\sigma_H]^2} \cdot \frac{u \pm 1}{u}} \tag{6.39}$$

式（6.38）和式（6.39）中：u 是大齿轮与小齿轮的齿数比，$u = \frac{z_2}{z_1} \geqslant 1$；$C_m$ 是齿轮配对材料因数，由表 6.14 选取；A_d 是齿轮接触疲劳强度螺旋角因数，对直齿圆柱齿轮传动，取 $A_d = 766$；K 是载荷系数；$\boldsymbol{T}_1$ 是小齿轮上的转矩（N·mm）；b 是齿轮的有效接触宽度（mm），通常因小齿轮齿宽 b_1 比大齿轮齿宽 b_2 大，故取 $b = b_2$；$[\sigma_H]$ 是齿轮材料的许用接触应力（MPa），$[\sigma_H] = 0.9\sigma_{Hlim}$，$\sigma_{Hlim}$是齿轮材料的接触疲劳极限，应根据图 6.52 取 σ_{Hlim1}和 σ_{Hlim2}中的较小者作为 σ_{Hlim}值；“+”号用于外啮合，“-”号用于内啮合。

表 6.14 齿轮配对材料因数 C_m

小齿轮	钢				铸钢			球墨铸铁		灰铸铁
大齿轮	钢	铸钢	球墨铸铁	灰铸铁	铸钢	球墨铸铁	灰铸铁	球墨铸铁	灰铸铁	灰铸铁
C_m	1	0.997	0.970	0.906	0.994	0.967	0.898	0.943	0.880	0.836

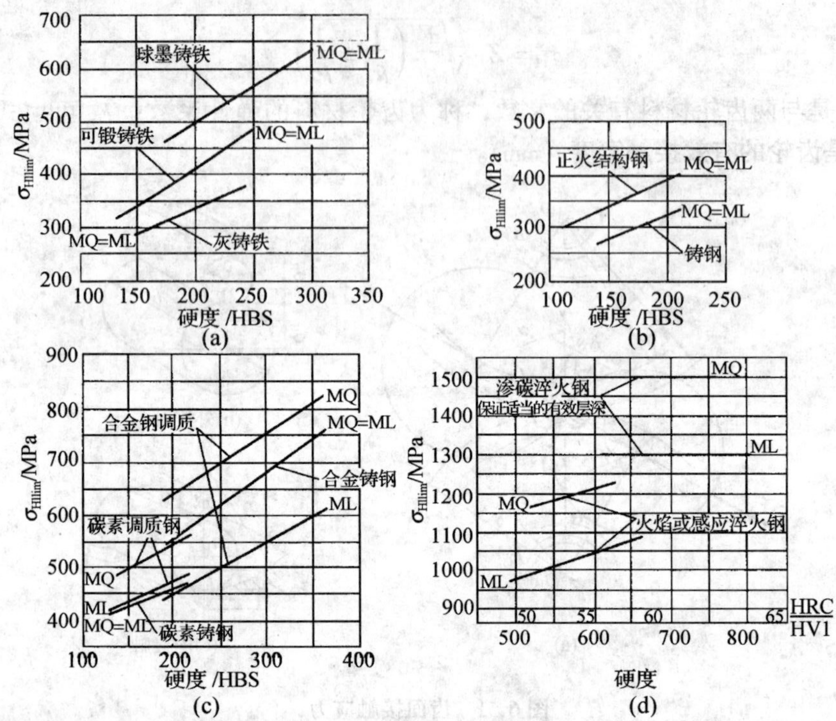

图 6.52　接触疲劳极限 σ_{Hlim}

(2) 斜齿圆柱齿轮传动

斜齿圆柱齿轮传动齿面接触疲劳强度的计算仍按公式（6.36）和式（6.37）进行，但螺旋角因数 A_d 不再是常数，必须由表 6.15 选取。斜齿轮的齿面接触疲劳强度是按其法向齿形进行计算的，其承载能力比直齿圆柱齿轮要大。

表 6.15　螺旋角因数 A_d、A_m

螺旋角 β/（°）	8～15	25～35
A_d	756	709
A_m	12.4	11.5

3. 齿根弯曲疲劳强度计算

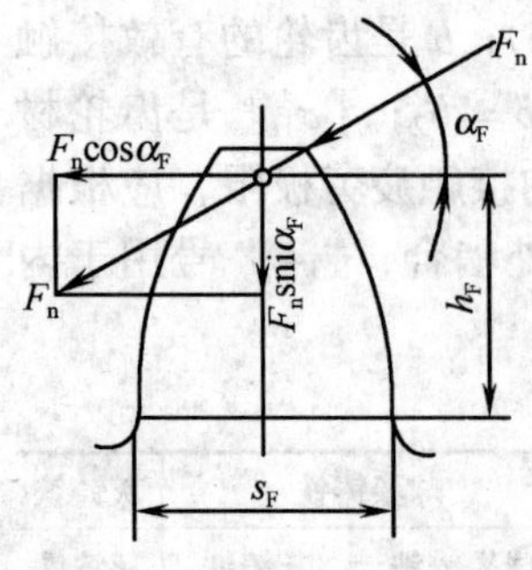

图 6.53　轮齿受弯

根据齿轮传动的失效分析可知，轮齿的受力如同一悬臂梁，故轮齿的疲劳折断与齿根弯曲应力有关，为防止轮齿折断，应限制齿根的弯曲应力。所以，齿根弯曲疲劳强度条件为：齿根处的最大弯曲应力 σ_F 应小于齿轮材料的许用弯曲应力，即

$$\sigma_F \leqslant [\sigma_F]$$

对直齿圆柱齿轮传动，为简化分析计算和使传动安全可靠，假定全部载荷 $\boldsymbol{F}_n$ 由一对齿承担，且载荷 $\boldsymbol{F}_n$ 作用于齿顶，如图 6.53 所示。显然，此时齿根处的弯曲应力最大。

将 $\boldsymbol{F}_n$ 沿作用线移到轮齿中线处，并分解为两个相互垂直的分力 $F_n\cos\alpha_F$ 和 $\boldsymbol{F}_n\sin\alpha_F$。前者将在齿根处产生弯曲应力和切应力，后者则在齿根处产生压应力。切应力和压应力对齿根弯曲疲劳强度影响较小，在分析中是以引入相关系数的形式来考虑它们的影响。设危险截面处的齿根厚度为 s_F，分力 $\boldsymbol{F}_n\cos\alpha_F$，到齿根危险截面的距离为 h_F，则根据矩形截面梁横截面上弯曲正应力的计算公式，可得齿根危险截面上的弯曲应力为

$$\sigma_F=\frac{M}{W}=\frac{F_n\cos\alpha_F h_F}{\frac{b}{6}s_F^2}$$

以计算载荷 $F_{cn}=KF_n$ 代替名义载荷代入上式，考虑关系 $d_1=mz_1$，对上式进行技术简化处理，并考虑压应力和切应力的影响，即得到直齿圆柱齿轮齿根弯曲疲劳强度校核公式为

$$\sigma_F=\frac{C_m^3A_m^3KT_1Y_{FS}}{bd_1m}\leqslant[\sigma_F] \tag{6.40}$$

引入齿宽因数 $\psi_d=b/d_1$，可得直齿圆柱齿轮齿根弯曲疲劳强度设计公式为

$$m\geqslant C_mA_m\sqrt[3]{\frac{KT_1}{\psi_d z_1^2}\cdot\frac{Y_{FS}}{[\sigma_F]}} \tag{6.41}$$

在式（6.40）和式（6.41）中，A_m 是弯曲强度螺旋角因数，对于直齿圆柱齿轮，取 $A_m=12.6$；Y_{FS}是复合齿形系数，由图6.54查取；m 是齿轮模数（mm）；$[\sigma_F]$ 是齿轮材料的许用弯曲应力（MPa），对于单向受力的轮齿：$[\sigma_F]=1.4\ \sigma_{Flim}$，对于双向受力的轮齿或开式传动的齿轮：$[\sigma_F]=\sigma_{Flim}$，$\sigma_{Flim}$是齿轮材料的弯曲疲劳极限，由图6.55查取。在由式（6.41）进行齿轮设计时，因两齿轮的 Y_{FS}和 $[\sigma_F]$ 都不同，故式中的$\frac{Y_{FS}}{[\sigma_F]}$应取$\frac{Y_{FS1}}{[\sigma_F]_1}$和$\frac{Y_{FS2}}{[\sigma_F]_2}$中的较大者，并要将求得的模数 m 圆整成表6.1中的标准值。式中其余各参数的意义与齿面接触疲劳强度计算相同。

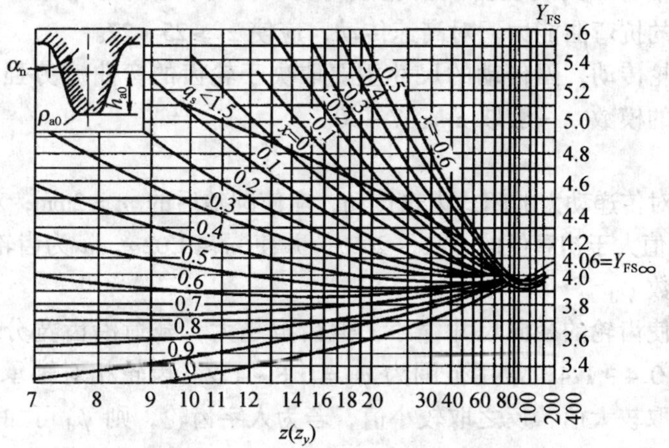

图6.54 外齿轮复合齿形系数 Y_{FS}

对斜齿圆柱齿轮传动，其齿根弯曲疲劳强度计算仍根据式（6.40）和式（6.41）

进行，但不同的是，斜齿轮是按法向齿形进行计算的，因此应将式（6.40）和式（6.41）中的分度圆直径 $d_1 = mz_1$ 和模数 m 分别换成 $d_1 = m_n z_1/\cos\beta$ 和 m_n，并且弯曲强度螺旋角因数 A_m 值要按表 6.15 查取，复合齿形系数 Y_{FS} 要按斜齿轮的当量齿数 z_v 由图 6.54 查取。

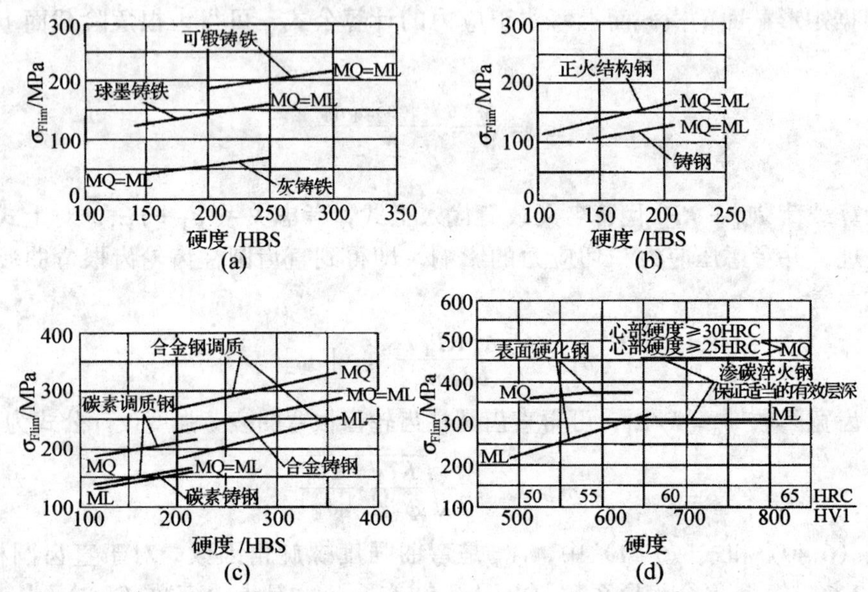

图 6.55　齿轮的齿根弯曲疲劳极限 σ_{Flim}

4. 齿轮传动参数的选择

(1) 齿数 z

对于闭式齿轮传动，常取 $z_1 \geqslant 20 \sim 40$。闭式软齿面齿轮载荷变动不大时，宜取较大值，以使传动平稳。闭式硬齿面齿轮载荷变动大时，宜取较小值，以增加模数 m，保证齿根有足够的抗弯曲能力。对高速传动，应使 $z_1 \geqslant 25 \sim 27$。

对于开式齿轮传动，因传动的尺寸主要取决于轮齿的弯曲疲劳强度，故需用较少的齿数获得较大的模数，一般取 $z_1 = 17 \sim 20$。

(2) 模数 m

m 应圆整，对传递动力的闭式齿轮传动，应使圆整后的 $m \geqslant 2$mm；对开式齿轮传动，应使圆整后的 m 值大于初算值的 10% ~ 20%，并使 $m \approx 0.02a$，a 为齿轮传动的中心距。

(3) 齿宽系数 ψ_d

增大齿宽可使齿轮的径向尺寸缩小，但齿宽越大，载荷沿齿宽分布越不均匀。动力传动齿轮 $\psi_d = 0.4 \sim 1.4$，常用范围为 $\psi_d = 0.8 \sim 1.2$。齿轮相对轴承对称布置、软齿面、斜齿轮时可取较大值，反之取较小值，若为人字齿轮，则 ψ_d 可加倍。

(4) 齿宽 b

为保证齿轮传动时有足够的接触齿宽，一般使小齿轮齿宽大于大齿轮齿宽（5 ~ 10）mm，即取 $b_2 = \psi_d d_1$，$b_1 = b_2 +$（5 ~ 10）mm。

(5) 齿数比 u

齿数比 u 不宜过大，以免因大齿轮的直径大，而使整个齿轮传动尺寸过大。通常直齿圆柱齿轮取 $u \leqslant 5$，斜齿圆柱齿轮取 $u \leqslant 7$。

(6) 螺旋角 β

螺旋角 β 是斜齿轮独有的一个重要参数。设计斜齿轮时，通常取 $\beta = 8° \sim 20°$，人字齿轮则取 $\beta = 25° \sim 40°$。通过设计求出模数 m_n 并对中心距 a 圆整取值后，再按式 $\cos\beta = \dfrac{m_n\ (z_1 + z_2)}{2a}$ 计算出齿轮的实际螺旋角 β 值，要求计算出的螺旋角 β 值，精确到秒。

【例 6.7】 设计一单级圆柱齿轮减速器中的直齿圆柱齿轮传动。已知传递功率 $P = 5.5$kW，小齿轮转速 $n = 750$r/min，传动比 $i = 4.8$，单向运转，载荷有中等冲击。

解： 设计步骤和过程列表如表 6.16 所示。

表 6.16 步骤列表

步骤	计算与说明	主要结果
1. 选择齿轮材料和热处理工艺	小齿轮选用 45 钢调质处理，齿面平均硬度 220 HBS；大齿轮选用 45 钢正火，齿面平均硬度 180 HBS。	小齿轮：45 钢调质，220 HBS；大齿轮：45 钢正火，180 HBS
2. 按齿面接触疲劳强度设计	因是闭式软面齿轮传动，故按齿面接触疲劳强度计算。查图 6.52 取极限应力 σ_{Hlim}： $\sigma_{Hlim1} = 490\text{MPa}$；$\sigma_{Hlim2} = 370\text{MPa}$	
(1)许用接触应力	$[\sigma_H] = 0.9\sigma_{Hlim2} = 0.9 \times 370\text{MPa} = 333\text{MPa}$	$[\sigma_H] = 333\text{MPa}$
(2)小齿轮转矩	$T_1 = 9.55 \times 10^6 \times \dfrac{5.5}{750}\text{N·mm} \approx 70\text{N·m}$	
(3)齿宽系数	单级减速器中齿轮相对轴承对称布置，且为软齿面直齿轮，取 $\psi_d = 0.8 \sim 1.2$ 的中间值。	$T_1 = 70\text{N·m}$ $\psi_d = 1$
(4)载荷系数	因载荷有中等冲击、$\psi_d = 1$、齿轮对称布置且为软齿面，K 按 1.2～2 的中小偏向取值，取 $K = 1.5$	$K = 1.5$
(5)其他系数	因为是直齿圆柱齿轮，所以有 $A_d = 766$； 由表 6.14 查得齿轮材料配对因数，$C_m = 1$； 齿数比 $u = i = 4.8$	
3. 确定几何尺寸	由式 6.39 计算 d_1 $d_1 \geqslant C_m A_d \sqrt[3]{\dfrac{KT_1}{\psi_d'[\sigma_H]^2} \cdot \dfrac{u+1}{u}}$ $= 1 \times 766 \times \sqrt[3]{\dfrac{1.5 \times 70}{1 \times 333^2} \times \dfrac{4.8+1}{4.8}}\text{mm} \approx 80.1\text{mm}$	
(1)确定齿数和模数	取 $z_1 = 27$；$z_2 = uz_1 = 4.8 \times 27 = 129.6$，整取 $z_2 = 130$ $m = \dfrac{d_1}{z_1} = \dfrac{80.1}{27}\text{mm} \approx 2.97mm$，由表 6.1 取标准模数：$m = 3\text{mm}$	$z_1 = 27, z_2 = 130$ $m = 3\text{mm}$
(2)计算主要几何尺寸	分度圆直径：$d_1 = mz_1 = 3 \times 27\text{mm} = 81\text{mm}$ $d_2 = mz_2 = 3 \times 130\text{mm} = 390\text{mm}$ 中心距：$a = \dfrac{m}{2}(z_1 + z_2) = \dfrac{3}{2} \times (27 + 130)\text{mm} = 235.5\text{mm}$ $b = \psi_d d_1 = 1 \times 81\text{mm} = 81\text{mm}$，取 $b_2 = 81\text{mm}$，$b_1 = b_2 + (5 \sim 10)\text{mm} = 86\text{mm}$	$d_1 = 81\text{mm}$ $d_2 = 390\text{mm}$ $a = 235.5\text{mm}$ $b_1 = 86\text{mm}$ $b_2 = 81\text{mm}$

续表

步骤	计算与说明	主要结果
4. 校核齿根弯曲疲劳强度	由图 6.55 查取极限应力 σ_{Flim}； $\sigma_{Flim1} = 165MPa$；$\sigma_{Flim2} = 122MPa$	
(1)齿根许用弯曲应力	$[\sigma_F]_1 = 1.4\sigma_{Hlim} = 1.4 \times 165MPa = 231MPa$ $[\sigma_F]_2 = 1.4\sigma_{Hlim} = 1.4 \times 122MPa = 170.8MPa$	$[\sigma_F]_1 = 231MPa$ $[\sigma_F]_2 = 170.8MPa$
(2)验算齿根弯曲应力	由图 6.54 查取复合齿形系数 Y_{FS}；$Y_{FS1} = 4.37$，$Y_{FS2} = 3.98$ 因是直齿圆柱齿轮，所以有 $A_m = 12.6$ 按式(6.40)计算齿根弯曲应力 σ_F $\sigma_{F1} = \frac{C_m^3 A_m^3 K T_1 Y_{FS1}}{b d_1 m} = \frac{1^3 \times 12.6^3 \times 1.5 \times 70 \times 4.37}{81 \times 81 \times 3} MPa = 46.6MPa$ $\sigma_{F2} = \sigma_{F1}\frac{Y_{FS2}}{Y_{FS1}} = 46.6 \times \frac{3.98}{4.37} MPa = 42.4MPa$	$\sigma_{F1} = 44.6MPa$ $\sigma_{F1} < [\sigma_F]_1$ $\sigma_{F2} = 42.4MPa$ $\sigma_{F2} < [\sigma_F]_2$
5. 绘制齿轮零件工作图	(略)	弯曲疲劳强度足够

6.10 齿轮的结构设计

齿轮的结构设计通常是先根据齿轮直径的大小选定合适的结构形式，然后再根据推荐的经验公式和数据进行结构设计。齿轮常用的结构形式有以下几种。

1. 齿轮轴

对于直径较小的钢制齿轮，当齿轮的顶圆直径 d_a 小于轴孔直径的 2 倍，或圆柱齿轮齿根圆至键槽底部的距离 $\delta \leqslant 2.5m$（斜齿轮为 m_n）、圆锥齿轮的小端齿根圆至键槽底部的距离 $\delta \leqslant 1.6m$（m 为大端模数）时，应将齿轮与轴做成一整体，称为齿轮轴，如图 6.56 所示。

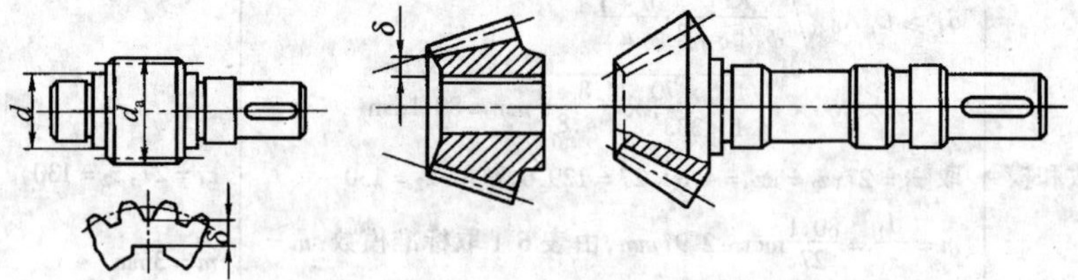

图 6.56 齿轮轴

2. 锻造齿轮

当齿轮与轴分开制造时，可采用锻造结构的齿轮，也可采用铸造结构的齿轮。

锻造齿轮的结构如图 6.57 所示。齿顶圆直径 $d_a \leqslant 200mm$ 时的锻造圆柱齿轮一般采用如图 6.57（a）所示的实体形式；$d_a \leqslant 500mm$ 时的锻造圆柱齿轮可采用如图 6.57（b）所示的腹板形式。锻造锥齿轮的结构形式如图 6.57（c）所示。

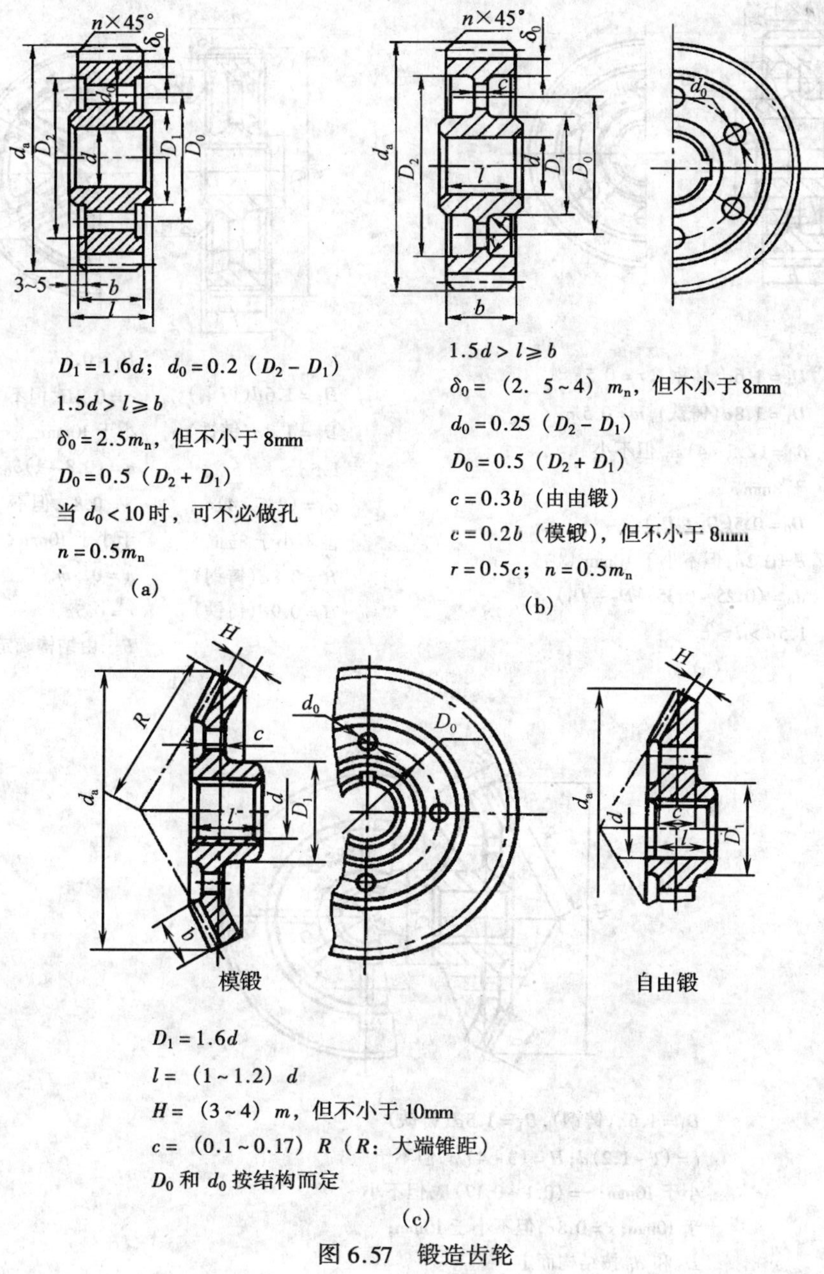

图 6.57　锻造齿轮

3. 铸造齿轮

当齿轮的顶圆直径 $d_a>400\sim500$mm 时，由于齿轮尺寸大且重，不便锻造。此时，齿轮应采用铸造结构，如图 6.58 所示。当 400mm $<d_a\leqslant500$mm 时，多采用如图 6.58（a）所示的腹板式结构或如图 6.58（b）所示的轮辐式结构；当 $d_a=500\sim1000$mm 时，只能采用如图 6.58（b）所示的轮幅式结构。锥齿轮的顶圆直径 $d_a>300$mm 时，也应采用铸造结构，锥齿轮可铸成带加强肋的腹板式结构，如图 6.58（c）所示。

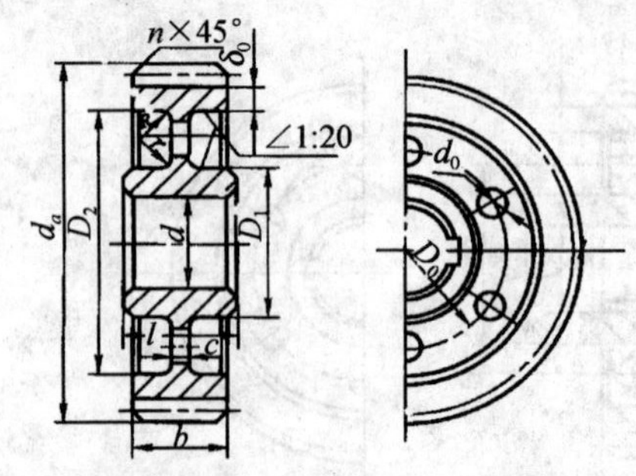

$D_1=1.6d$(铸钢)，$r=0.5c$

$D_1=1.8d$(铸铁)，$n=0.5m_n$

$\delta_0=(2.5\sim4)m_n$ 但不小于 8mm

$D_0=0.5(D_2+D_1)$

$c=0.2b$，但不小于 10mm

$d_0=(0.25\sim0.35)(D_2-D_1)$

$1.5d>l\geqslant b$

(a)

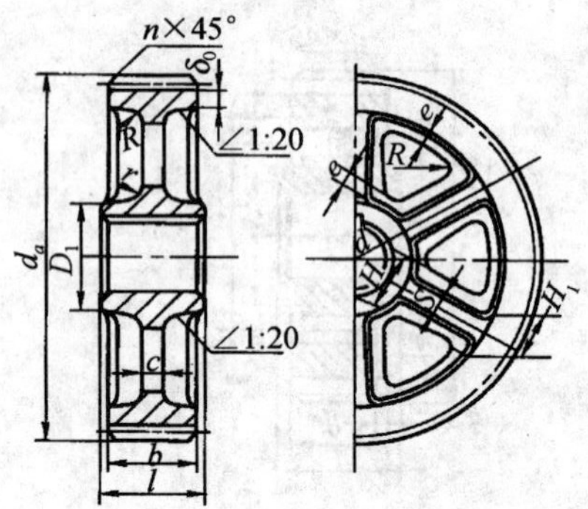

$D_1=1.6d$(铸钢)

$D_1=1.8d$(铸铁)

$1.5d>l\geqslant b$

$\delta_0=(2.5\sim4)m_n$，但不小于 8mm

$H=0.8d$(铸钢)

$H=0.9d$(铸铁)

$H_1=0.8H$

$c=0.2H$，但不小于 10mm

$e=(0.8\sim1)\delta_0$

$S=0.8c$，但不于小于 10mm

$n=0.5m_n$

$r=0.5c$

R—由结构确定

(b)

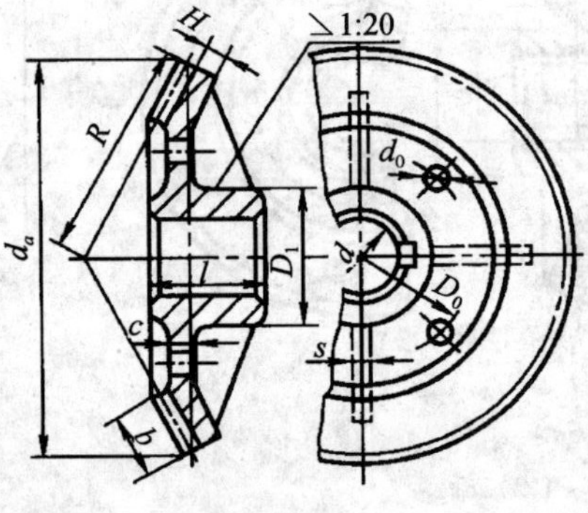

$D_1=1.6d$(铸钢)，$D_1=1.8d$(铸铁)

$l=(1\sim1.2)d$；$H=(3\sim4)m$，但不于小于 10mm；$c=(0.1\sim0.17)R$，但不小于 10mm；$s=0.8c$，但不小于 10mm；

D_0 和 d_0 按结构而定

(c)

图 6.58 铸造齿轮

思考与练习

1. 分度圆与节圆有何不同？齿轮在何种情况下啮合传动时分度圆与节圆重合？啮合角等于齿轮分度圆压力角？

2. 欲使一对渐开线直齿圆柱齿轮能进行啮合传动，则必须满足什么条件？

3. 一对齿轮传动时，大、小齿轮齿根处的弯曲应力是否相等？齿面上的接触应力是否相等？

4. 若一对标准齿轮传动的传动比和分度圆直径均保持不变而只改变其齿数，试问对齿轮的接触强度和弯曲强度各有什么影响？

5. 齿轮的失效形式有哪些？采取什么措施可减缓失效发生？

6. 齿轮强度设计准则是如何确定的？

7. 为何要使小齿轮比配对大齿轮轮宽（5 ~ 10）mm？

8. 斜齿轮的当量齿轮是如何作出的？其当量齿数 z_v 在强度计算中有何用处？

9. 锥齿轮的背锥是如何作出的？

10. 进行齿轮结构设计时，齿轮轴适用于什么情况？

11. 一标准直齿圆柱齿轮的模数 $m = 4$mm，齿数 = 30，齿顶高系数 $h_a^* = 1$，试计算齿轮基圆处的压力角和齿顶处的压力角。

12. 已知一对外啮合标准直齿圆柱齿轮传动，标准中心距 $a = 120$mm，传动比 $i = 3$，模数 $m = 3$mm，试计算大齿轮的几何尺寸 d、d_a、d_f、d_b、p、s、h_a 和 h_f。

13. 现有一对闭式标准直齿圆柱齿轮传动，已知小齿轮材料为 45 钢调质处里，齿面硬度 220HBS，大齿轮材料为 ZG310 ~ 570，正火处理，齿面硬度 190HBS，$z_1 = 24$，$z_2 = 72$，m = 3mm，$b_1 = 65$mm，$b_2 = 60$mm，传递功率 $P = 5$kW，小齿轮转速 $n_1 = 720$r/min，单向运转，中等载荷，齿轮相对轴承为非对称布置。试校该对齿轮传动的强度。

14. 设计一单级直齿圆柱齿轮减速器中的齿轮传动。已知所传递的功率为 $P = 7.5$kW，高速轴转速 $n_1 = 720$r/min。要求传动比 $i = 3.6$，齿轮单向运转，载荷平稳，齿轮相对轴承为对称布置，电机驱动。

15. 已知一圆柱蜗杆传动的模数 $m = 5$mm，蜗杆分度圆直径 $d_1 = 50$mm，蜗杆头数 $z_1 = 2$，传动比 $i = 25$，试计算该蜗杆传动的主要几何尺寸。

16. 如图 6.59 所示的齿轮系中，已知各齿轮齿数（括号内为齿数），3′为单头右旋蜗杆，求传动比 i_{15}。

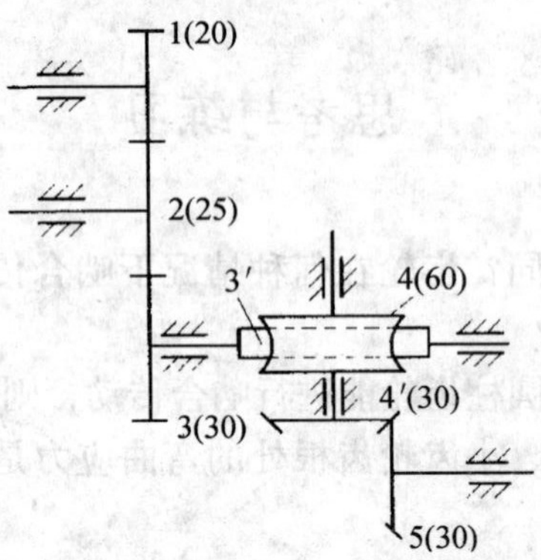

图 6.59 习题 16 图

17. 如图 6.60 所示为车床溜板箱手动操纵机构。已知齿轮 1、2 的齿数 $z_1=16$，$z_2=80$，齿轮 3 的齿数 $z_3=13$，模数 $m=2.5\text{mm}$，与齿轮 3 啮合的齿条被固定在床身上。试求当溜板箱移动速度为 1m/min 时的手轮转速。

18. 如图 6.61 所示的差速器中，已知 $z_1=48$，$z_2=42$，$z_{2'}=18$，$z_3=21$，$n_1=100\text{r/min}$，$n_3=80\text{r/min}$，其转向如图所示，求 n_H。

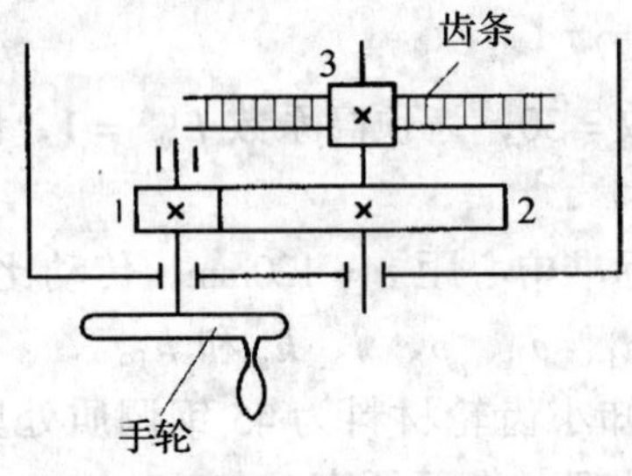

图 6.60 习题 17 图

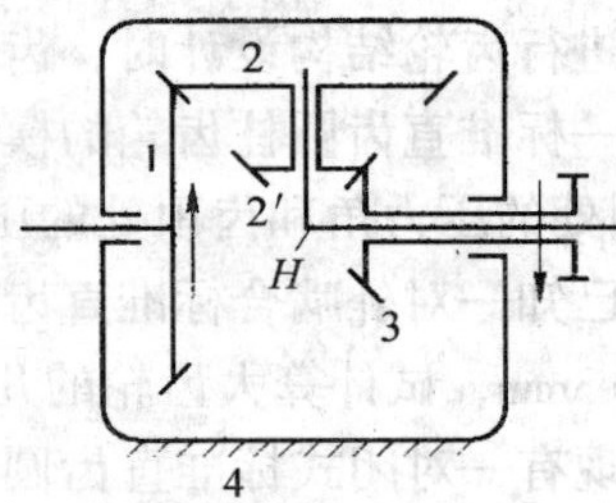

图 6.61 习题 18 图

19. 如图 6.62 所示的齿轮系中，已知 $z_1=22$，$z_3=88$，$z_{3'}=z_5$，试求传动比 i_{15}。

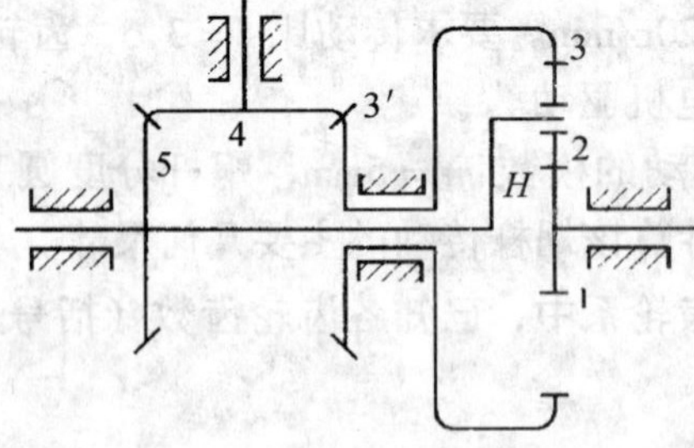

图 6.62 习题 19 图

第 7 章　联　　接

为了便于机器的制造、安装、维修和运输，在机器和设备的各零件、部件之间广泛采用各种联接。例如前面设计的齿轮、带轮等并不能单独运动，它们必须靠轴等其他零、部件的支撑，并与这些部件恰当联接，才能实现传递运动和动力的目的。

联接是将两个或两个以上的零件联成一体的结构。联接按是否可拆卸分为两类：可拆联接和不可拆联接。不损坏联接中的任一零件就可将被联接件拆开的联接称为可拆联接，这类联接经多次装拆仍不影响零件的使用性能，如螺纹联接、键联接和销钉联接等；不可拆联接是指至少必须毁坏或损伤联接中的一个零件才能拆开的联接，如焊接、铆钉联接和过盈配合等。

7.1　螺 纹 联 接

螺纹联接是利用螺纹零件，将两个以上零件刚性联接起来构成的一种可拆联接。螺纹联接结构简单，联接可靠，装拆方便，成本低廉，故应用极为广泛。

7.1.1　螺纹的形成及主要参数

1. 螺纹的形成及分类

如图 7.1 所示，将底边长为 πd_2 的直角三角形 ABC 的纸片绕在直径为 d_2 的圆柱面上，并使其底边 BC 和圆柱面底周边相重合，则斜边 AB 在圆柱面上形成的一条曲线即为螺旋线。再取一个通过圆柱面轴线的牙型平面 N（如矩形、三角形、梯形），使其沿螺旋线移动，则此牙型平面的空间轨迹即构成螺纹，如图 7.2 所示。

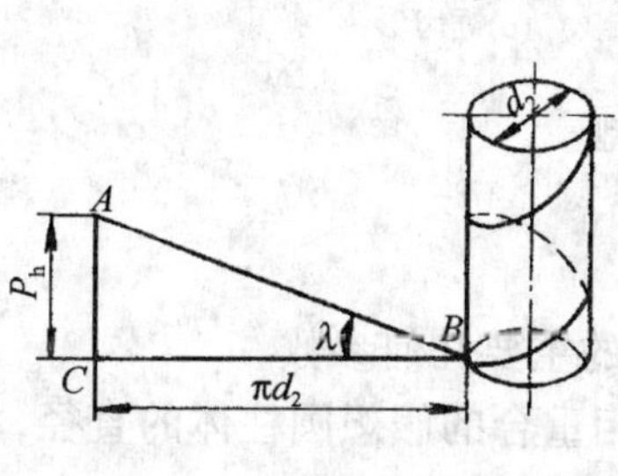

图 7.1　螺旋线的形成

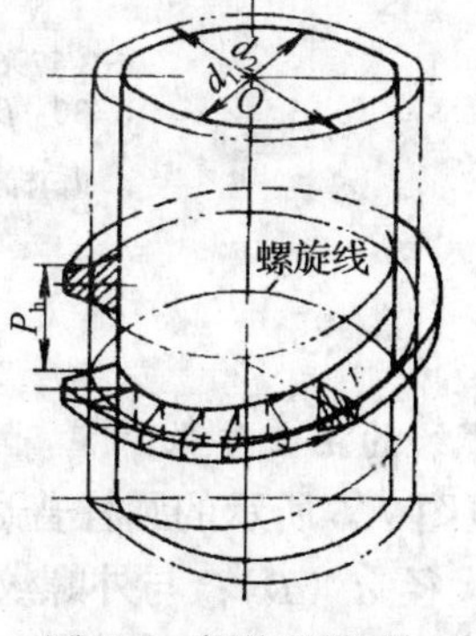

图 7.2　螺纹的形成

按螺旋线绕行方向的不同，螺纹可分为右旋螺纹和左旋螺纹，如图 7.3 所示。机械制造中常用右旋螺纹。

根据螺旋线的数目，还可将螺纹分为单线（单头）螺纹和多线螺纹，如图 7.4 所示。单线螺纹自锁性好，常用于联接，多线螺纹传动效率较高，常用于传动。

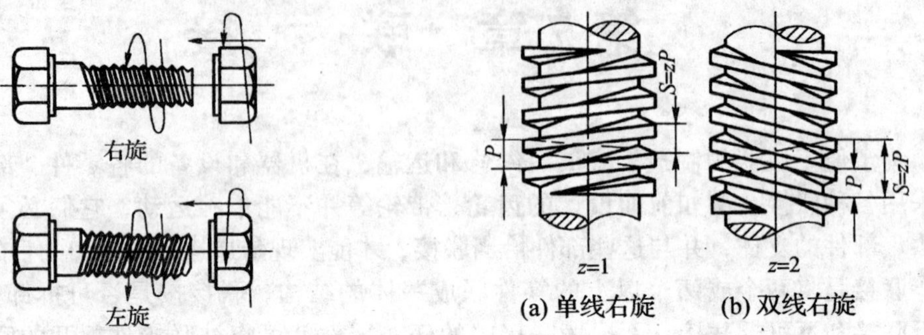

图 7.3　螺纹的旋向　　　　图 7.4　螺纹的线数、螺距的导程

螺纹有外螺纹和内螺纹之分，二者共同组成螺纹副用于联接和传动。螺纹有米制和英制两种，我国除管螺纹外都采用米制螺纹。

螺纹轴向剖面的形状称为螺纹的牙型，常用的螺纹牙型有三角形、矩形、梯形和锯齿形等，如图 7.5 所示。其中三角形螺纹主要用于联接，其余则多用于传动。

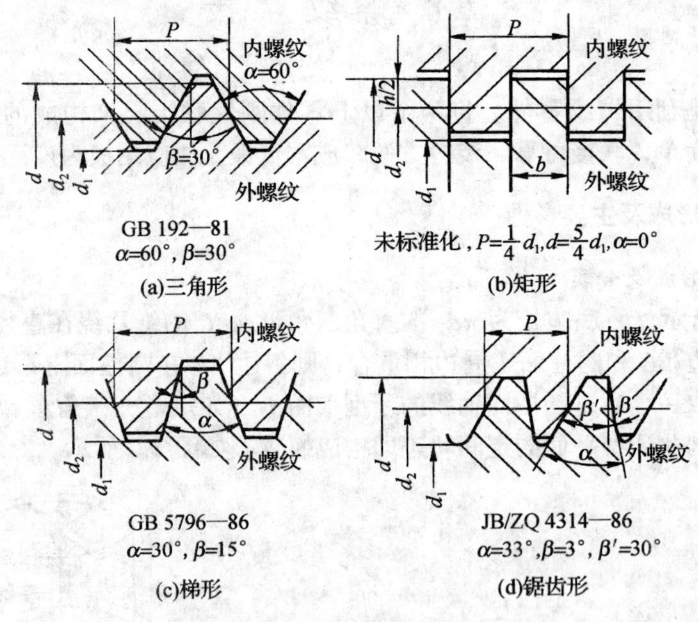

图 7.5　螺纹的牙型

2. 螺纹的主要参数

现以图 7.6 所示的圆柱普通螺纹为例说明螺纹的主要几何参数。

① 大径 d（D）：与外螺纹牙顶或内螺纹牙底相重合的假想圆柱体的直径，是螺纹的最大直径。它是螺纹的公称直径。

② 小径 d_1（D_1）：与外螺纹牙底或内螺纹牙顶相重合的假想圆柱体的直径，是螺纹的最小直径，常作为强度计算直径。

③ 中径 d_2（D_2）：在螺纹的轴向剖面内，牙厚和牙槽宽相等处的假想圆柱体的直径。

④ 螺距 P：螺纹相邻两牙在中径线上对应两点间的轴向距离。

⑤ 导程 S：同一条螺旋线上相邻两牙在中径线上对应两点间的轴向距离。设螺纹线数为 z，则对单线螺纹有 $S=P$；对于多线螺纹则有 $S=zP$，如图 7.4 所示。

⑥ 升角 λ：在中径 d_2 的圆柱面上，螺旋线的切线与垂直于螺纹轴线的平面间的夹角，由图 7.6 可得

$$\tan\lambda = \frac{S}{\pi d_2} = \frac{zP}{\pi d_2} \tag{7.1}$$

⑦ 牙型角 α、牙型斜角 β：在螺纹的轴向剖面内，螺纹牙型相邻两侧边的夹角称为牙型角 α。牙型侧边与螺纹轴线的垂线间的夹角称为牙型斜角 β，对称牙型的 $\beta=\frac{\alpha}{2}$，如图 7.5 所示。

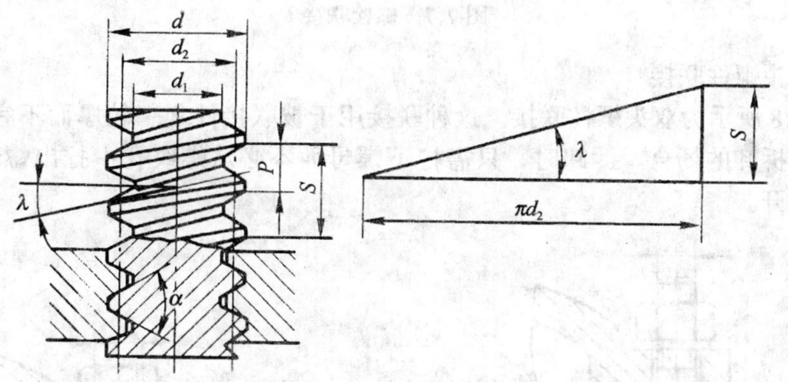

图 7.6 螺纹的主要几何参数

7.1.2 螺纹联接的基本类型及螺纹联接件

1. 螺纹联接的基本类型及应用

(1) 螺栓联接

螺栓联接是将螺栓穿过被联接件上的光孔并用螺母锁紧。这种联接结构简单、装拆方便、应用广泛。

螺栓联接有普通螺栓联接和铰制孔螺栓联接两种，如图 7.7（a）所示为普通螺栓联接，其结构特点是螺栓杆与被联接件孔壁之间有间隙，工作载荷只能使螺栓受拉伸。如图 7.7（b）所示为铰制孔螺栓联接，被联接件上的铰制孔和螺栓的光杆部分多采用基孔制过渡配合，螺栓杆受剪切和挤压。

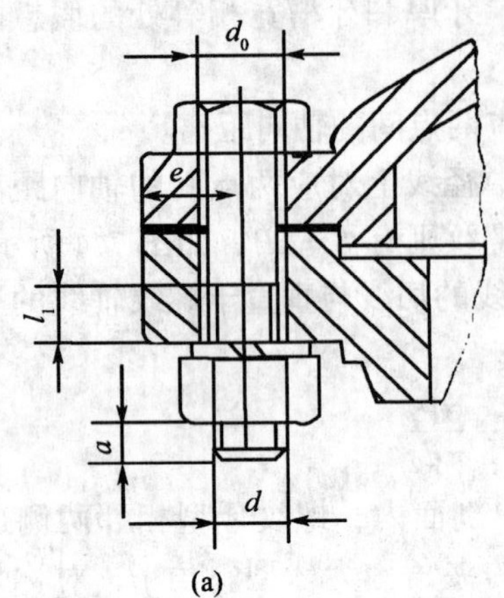

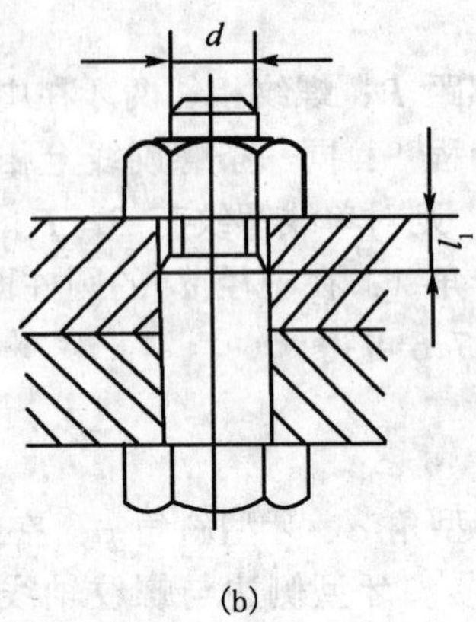

静载荷 $l_1 \geqslant$ (0.3~0.5) d；变载荷 $l_1 \geqslant 0.75d$；冲击或弯曲载荷 $l_1 \geqslant d$；

$e = d +$ (3~6) mm；$d_0 \approx 1.1d$；$a =$ (0.2~0.3) d；铰制孔螺栓联接 $l_1 \approx d$。

图 7.7　螺栓联接

(2) 双头螺柱联接

如图 7.8 所示为双头螺柱联接。这种联接用于被联接件之一较厚而不宜制成通孔，且需要经常拆卸的场合。拆卸时，只需拧下螺母而不必从螺纹孔中拧出螺柱，即可将被联接件分开。

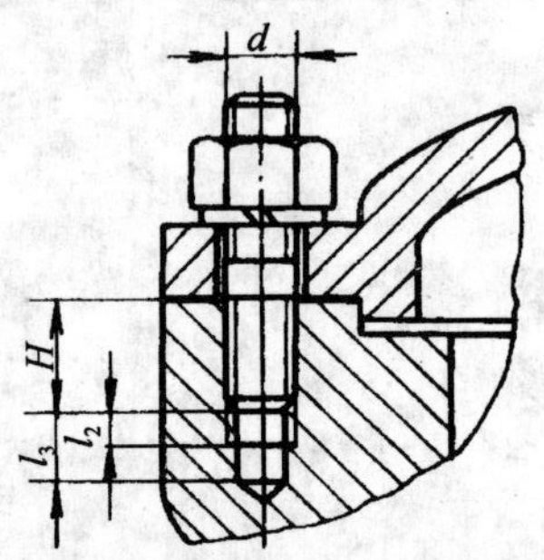

螺纹孔件为钢 $H \approx d$；铸铁 $H \approx (1.25 \sim 1.5)d$

铝合金 $H \approx (1.5 \sim 2.5)d$　$l_2 = (2 \sim 2.5)d$

$l_3 = (2.2 \sim 2.8)d$

图 7.8　双头螺柱联接

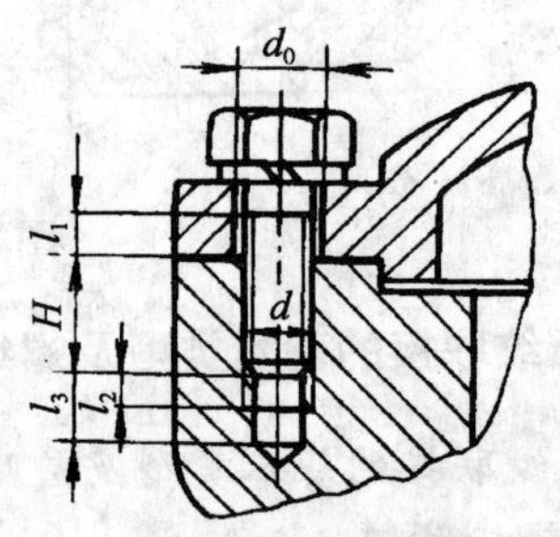

拧入深度等相关尺寸同图 7.7、7.8

图 7.9　螺钉联接

(3) 螺钉联接

如图 7.9 所示为螺钉联接。这种联接不需用螺母，适用于一个被联接件较厚，不便钻成通孔，且受力不大，不需经常拆卸的场合。

(4) 紧定螺钉联接

如图 7.10 所示为紧定螺钉联接。将紧定螺钉旋入一零件的螺纹孔中，并用螺钉端部顶住或顶入另一个零件，以固定两个零件的相对位置，并

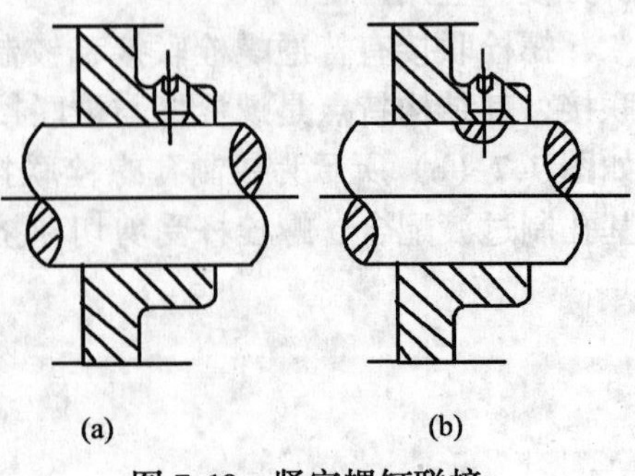

图 7.10　紧定螺钉联接

可传递不大的力或转矩。紧定螺钉的端部有平端、锥端和柱端等。

2．螺纹联接件

常用的螺纹联接件有螺栓、螺柱、螺钉、螺母、垫圈以及防松零件等，其结构形式、尺寸都已标准化。通常根据螺栓、螺钉所承受的载荷或者结构要求，计算或拟定螺纹的公称直径，然后根据公称直径，由标准中选配螺母、垫圈的规格、型号，最后在工作图中注明其标记和标准号。

(1) 螺栓

螺栓有普通螺栓和铰制孔用螺栓，如图 7.11（a）、（b）所示。螺栓头多为六角形，有标准六角头和小六角头两种。由冷镦法生产的小六角头螺栓，用材省，生产率高，力学性能好，但由于头部尺寸小，不宜频繁拆卸，也不宜用于强度低的被联接件和容易锈蚀的地方。六角头螺栓也用于螺钉联接。

(2) 双头螺柱

双头螺柱（图 7.11（c））的两头螺纹长度，有相等的和不相等的两类。旋入被联接件的一头长度为 b_m，它随被联接件材料而定。螺纹长度相等的螺柱，用于两头都配有螺母的场合。

(3) 螺钉和紧定螺钉

螺钉和紧定螺钉的头部有多种形式，如图 7.12（a）所示，以适应不同的拧紧程度。内六角头适用于拧紧力矩大，联接强度高；十字槽头拧时易对中，不易打滑、拧秃，易实现自动化装配；开槽头结构简单，适用于拧紧力矩较小；滚花头适用于拧紧力矩小，可用手拧。紧定螺钉用末端顶住被联接件，其末端也有多种形式，如图 7.12 (b)所示，锥端要求被顶表面有凹坑，紧定可靠；平端适用于顶紧平面；凹端适合于硬度较高的被顶表面；圆柱端不伤被顶表面，多用于需经常调节位置的场合。

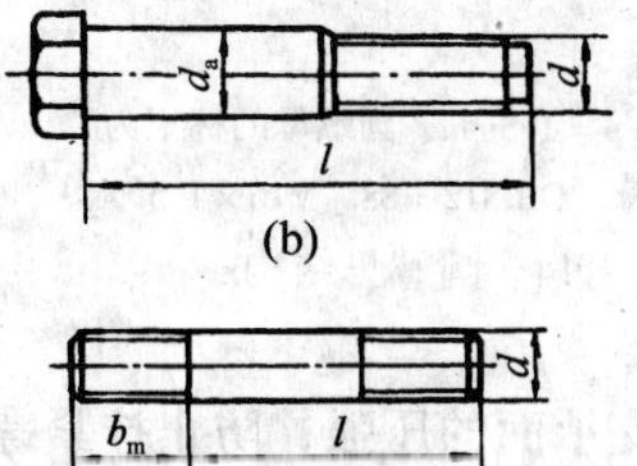

d = M12，l = 80mm、性能等级 8.8 的 A 级六角头螺栓的标记为
螺栓　GB 5782—86　M12 × 80

d = M12，d_a 按 $h9$ 制造，l = 80mm，性能等级 8.8 的六角头铰制孔用螺栓的标记为
螺栓　GB 27—88　M12 × 80

两端均为粗牙，d = M10　l = 50mm，性能等级 4.8，B 型，$b_m = 1.25d$ 的双头螺柱的标记为
螺柱　GB 898—88　M10 × 50

图 7.11　螺栓与螺柱结构

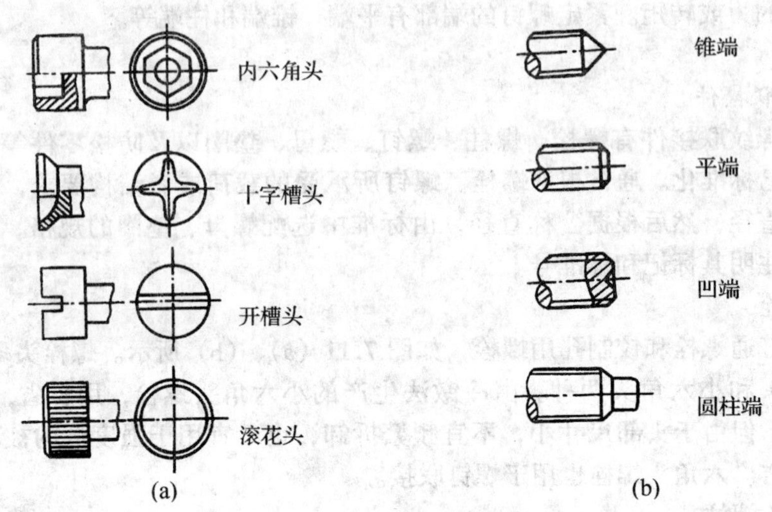

图 7.12　螺钉和紧定螺钉结构

(4) 螺母

螺母与螺栓或螺柱的螺纹部分组成具有自锁性能的螺旋副，可保持静载时联接不松动。螺母的形状很多，常用的有六角形和圆形。

六角螺母（7.13），按螺母高度不同，分普通螺母、薄螺母和厚螺母。普通螺母又分 1 型、2 型，2 型比 1 型约高 10%，供高性能等级的螺栓配用。薄螺母用于高度受空间限制的地方，厚螺母用于装拆频繁、容易磨损的地方。

圆螺母（7.14）多为细牙螺纹，4 个缺口供扳手拧螺母用。圆螺母常与止动垫圈配合使用，形成机械防松，用以固定轴上零件。

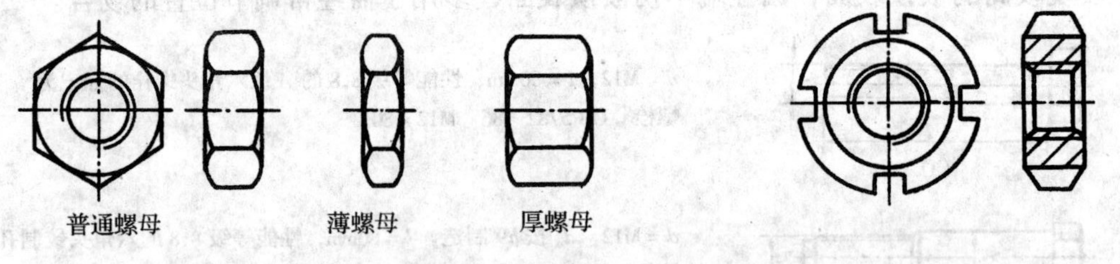

M12、性能等级 12、A 级、1 型六角螺母的标记为：
螺母　GB 6170—86　M12

图 7.13　六角螺母结构

M16、$p = 1.5$mm、圆螺母的标记为
圆螺母　GB 812—88　M16×1.5

图 7.14　圆螺母结构

(5) 垫圈

垫圈（7.15）的作用是增大被联接件的支承面，降低支承面的压强，防止拧紧螺母时擦伤被联接件的表面。常用垫圈有平垫圈和弹簧垫圈等。平垫圈分普通型（7.15a）和倒角型（7.15b）两种。平垫圈与螺栓、螺柱、螺钉配合使用。弹簧垫圈（7.15c）与螺母等配合使用，可起摩擦防松作用。

螺纹联接件（螺栓、螺柱、螺母、螺钉等）的产品，分为 A、B、C 三个等级，A 级精度最高，C 级最低。螺栓、螺柱必须与相同等级的螺母配套使用，机械上常用 A

级和B级。

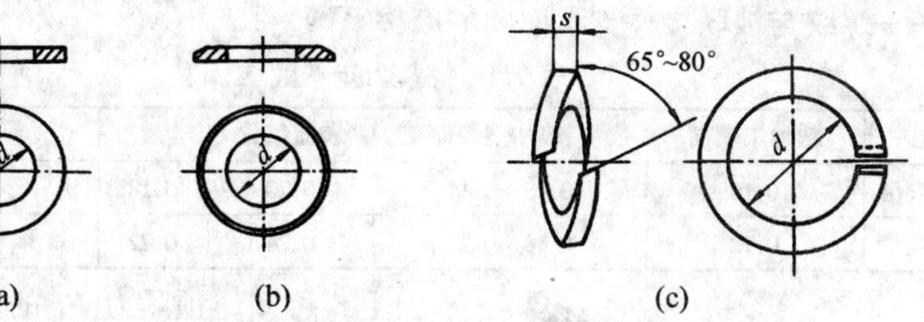

$d=16$mm，A级平垫圈的标记为：
垫圈　GB 97.1—85　16

$d=16$mm，标准型弹簧垫圈的标记为：
垫圈　GB 93—87　16

图7.15　垫圈

7.1.3　螺纹联接的预紧与防松

1. 螺纹联接的预紧

一般螺纹联接在装配时都必须拧紧，以增强联接的可靠性、紧密性和防松能力。联接件在承受工作载荷之前就预加上的作用力称为预紧力。如果预紧力过小，则会使联接不可靠，如果预紧力过大，又会导致联接过载甚至被拉断的后果。

对于一般的联接，可凭经验来控制预紧力 $\boldsymbol{F_0}$ 的大小，但对重要的联接，就要严格控制其预紧力。

预紧时，扳手力矩 $\boldsymbol{T}$ 是用于克服螺纹副的摩擦阻力矩 T_1 和螺母与被联接件支承面间的摩擦阻力矩 $\boldsymbol{T_2}$，如图7.16所示。

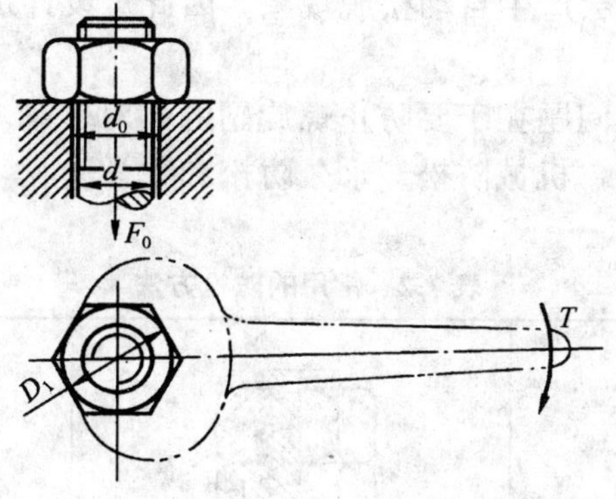

图7.16　扳手力矩 T

拧紧时扳手力矩为

$$T=T_1+T_2=F_0\tan(\lambda+\varphi_v)\frac{d_2}{2}+\frac{1}{3}f_cF_0\frac{D_1^3-d_0^3}{D_1^2-d_0^2}=KF_0d \tag{7.2}$$

式中，F_0——预紧力，单位为N；

d——螺纹的公称直径，单位为mm；

K——拧紧力矩系数，如表7.1所示；

λ——螺纹升角；

φ_v——当量摩擦角；

f_c——螺纹与被联接件支承面间的摩擦系数。

表 7.1　拧紧力矩系数 K

摩擦表面状态		精加工表面	一般加工表面	表面氧化	镀锌	干燥粗加工表面
K 值	有润滑	0.10	0.13～0.15	0.20	0.18	—
	无润滑	0.12	0.18～0.21	0.24	0.22	0.26～0.30

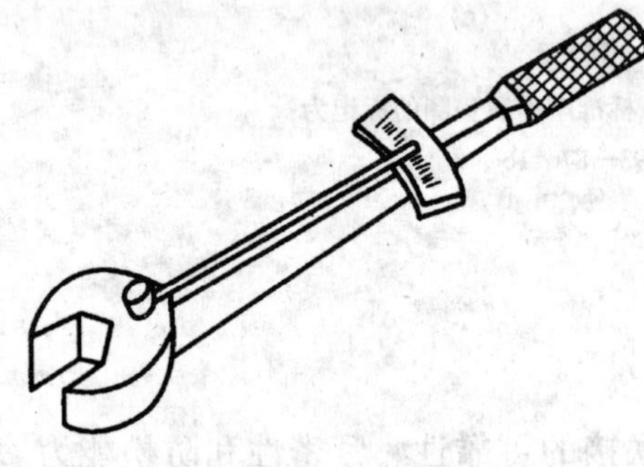

图 7.17　测力矩板手

由上式可知，预紧力 $\boldsymbol{F}_0$ 的大小取决于拧紧力矩 $\boldsymbol{T}$。

预紧力的大小可根据螺栓的受力情况和联接的工作要求决定，一般规定拧紧后预紧力不超过螺纹联接件材料屈服极限 σ_s 的 80%。

对于比较重要的联接，可采用测力矩扳手来旋紧螺母，所控制的力矩 $\boldsymbol{T}$ 可以在刻度上读出，如图 7.17 所示。若不能严格控制预紧力的大小，而只靠安装经验来拧紧螺纹联接件时，不宜采用小于 M12 的螺栓。

2. 螺纹联接的防松

联接中常用的单线普通普通螺纹和管螺纹都能满足自锁条件，在静载荷或冲击振动不大、温度变化不大时不会自行松脱。但在冲击、振动或变载荷的作用下，或当温度变化较大时，螺纹联接会产生自动松脱现象。因此，设计螺纹联接必须考虑防松问题。

螺纹联接防松的根本问题在于要防止螺旋副的相对转动。防松的方法很多，按其工作原理可分为摩擦防松、机械防松、永久防松和化学防松 4 大类。常用的防松方法如表 7.2 所示。

表 7.2　常用的防松方法

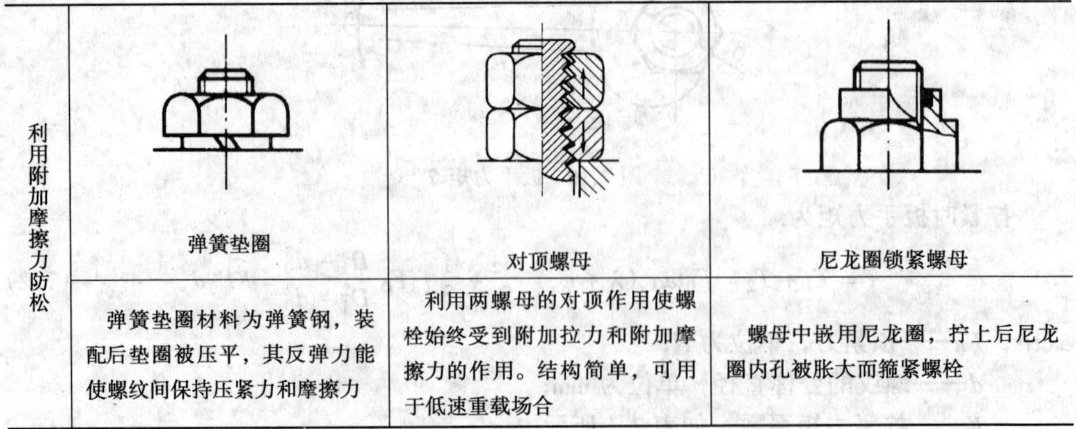

利用附加摩擦力防松	弹簧垫圈	对顶螺母	尼龙圈锁紧螺母
	弹簧垫圈材料为弹簧钢，装配后垫圈被压平，其反弹力能使螺纹间保持压紧力和摩擦力	利用两螺母的对顶作用使螺栓始终受到附加拉力和附加摩擦力的作用。结构简单，可用于低速重载场合	螺母中嵌用尼龙圈，拧上后尼龙圈内孔被胀大而箍紧螺栓

续表

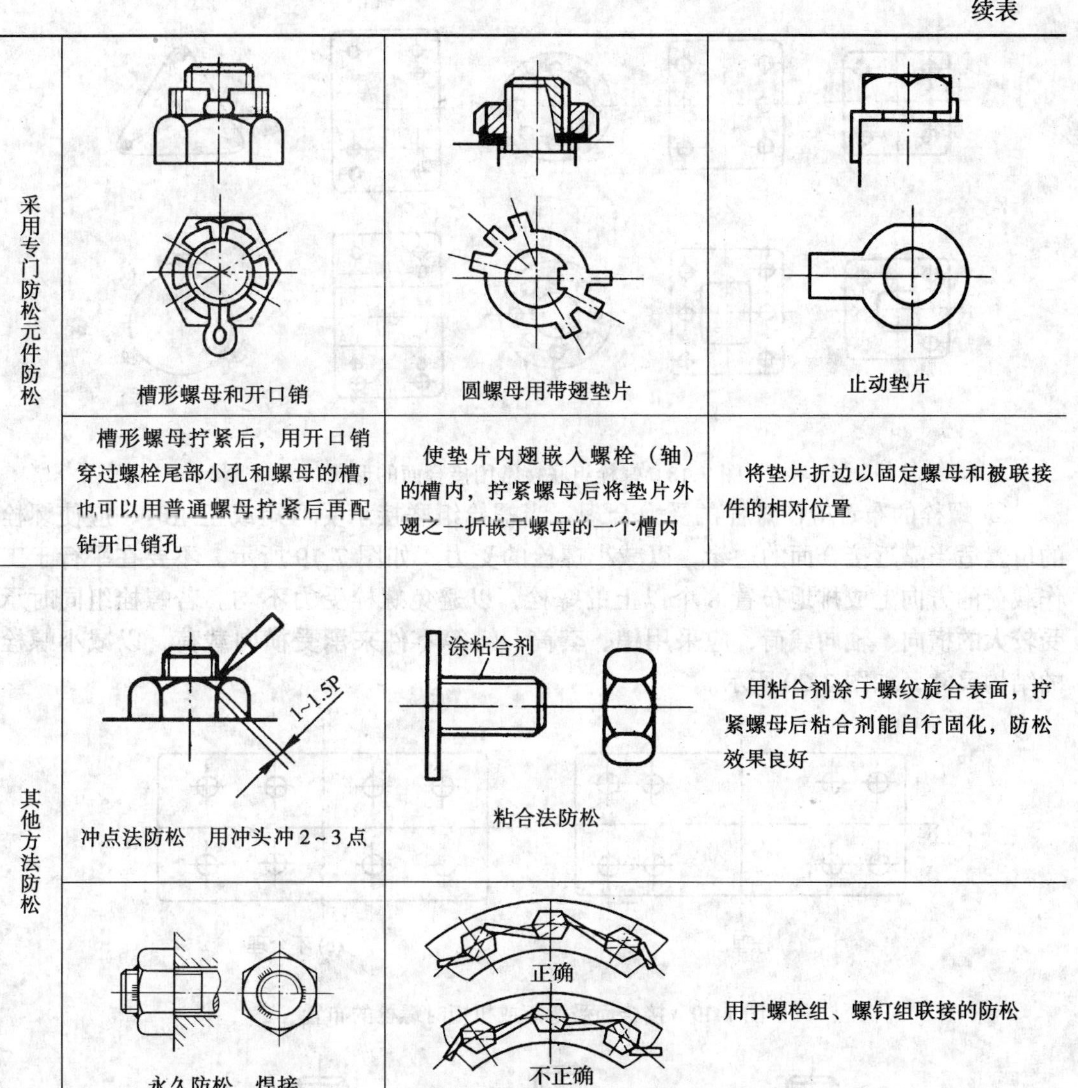

类别			
采用专门防松元件防松	槽形螺母和开口销	圆螺母用带翅垫片	止动垫片
	槽形螺母拧紧后，用开口销穿过螺栓尾部小孔和螺母的槽，也可以用普通螺母拧紧后再配钻开口销孔	使垫片内翅嵌入螺栓（轴）的槽内，拧紧螺母后将垫片外翅之一折嵌于螺母的一个槽内	将垫片折边以固定螺母和被联接件的相对位置
其他方法防松	冲点法防松　用冲头冲2～3点（1～1.5P）	涂粘合剂 粘合法防松	用粘合剂涂于螺纹旋合表面，拧紧螺母后粘合剂能自行固化，防松效果良好
	永久防松　焊接	正确 不正确 串联钢丝	用于螺栓组、螺钉组联接的防松

7.1.4　螺栓组联接设计

1．螺栓组联接的结构设计

一般情况下，大多数螺纹都是成组使用的，其中螺栓组联接最具有典型性。下面讨论的螺栓组联接的设计问题，其基本结论也适用于双头螺柱组联接和螺钉组联接等。设计螺栓组联接时，首先确定螺栓组联接的结构，即设计被联接件接合面的结构、形状、选定螺栓的数目和布置形式。螺栓组联接的结构设计考虑以下几点：

① 联接接合面的几何形状通常设计成轴对称的简单几何形状，如图7.18所示。这样便于对称布置螺栓，使螺栓组的对称中心和联接接合面的形心重合，保证接合面的受力比较均匀，同时也便于加工制造。

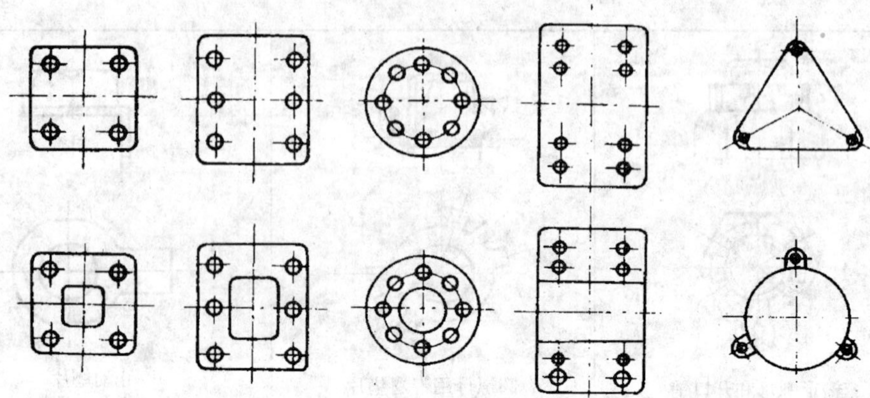

图 7.18　螺栓组联接常用接合面的形状

② 螺栓的布置应使螺栓的受力合理。当螺栓组联接承受弯矩或扭矩时，应使螺栓的位置适当靠近接合面的边缘，以减小螺栓的受力，如图 7.19 所示。不要在平行于工作载荷的方向上成排地布置 8 个以上的螺栓，以避免螺栓受力不均。若螺栓组同时承受较大的横向、轴向载荷，应采用销、套筒、键等零件来承受横向载荷，以减小螺栓的结构尺寸，如图 7.20 所示。

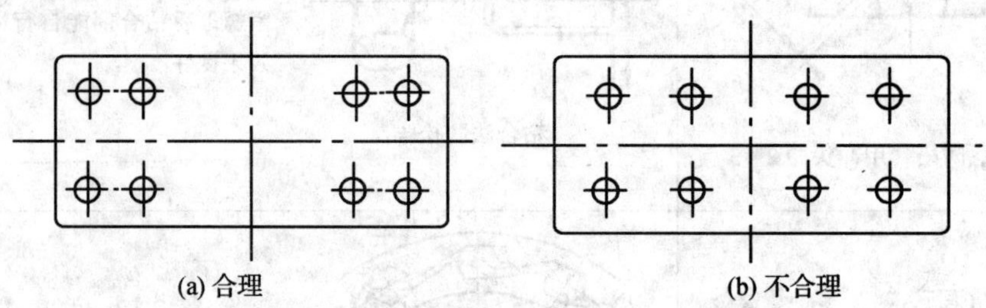

图 7.19　接合面受弯矩或扭矩时螺栓的布置

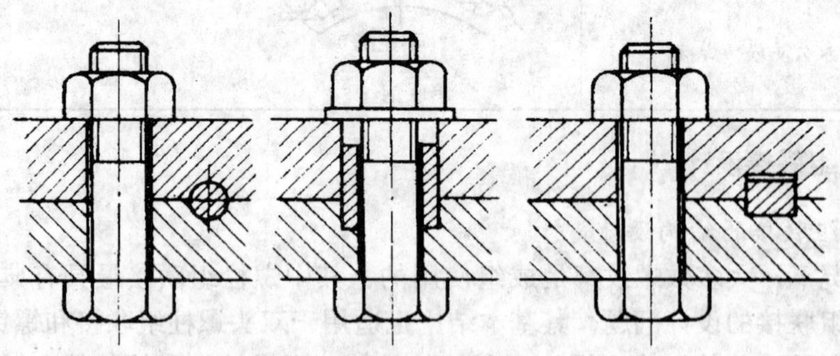

图 7.20　承受横向载荷的减载装置

③ 螺栓的排列应有合理的间距、边距。应根据扳手空间尺寸来确定各螺栓中心的间距及螺栓轴线到机体壁面间的最小距离。如图 7.21 所示的扳手空间尺寸可查阅有关标准。对于压力容器等紧密性要求较高的联接，螺栓间距 t 不得大于表 7.3 中所推荐的数值。

④ 同一螺栓组联接中各螺栓的直径和材料均应相同。分布在同一圆周上的螺栓数目应取 4、6、8 等偶数，以便加工孔时分度与画线。

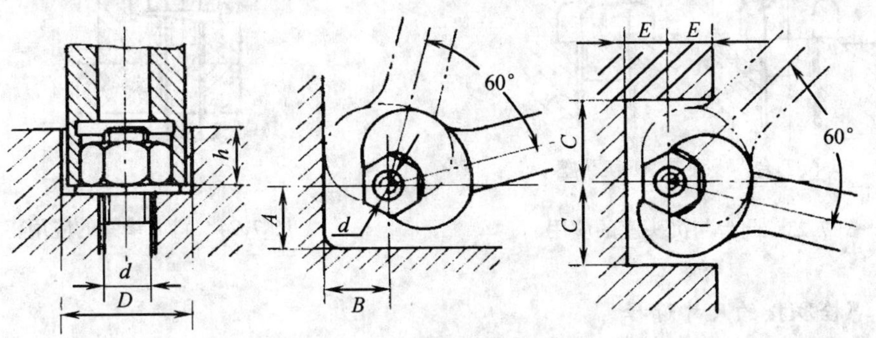

图 7.21 扳手空间尺寸

表 7.3 紧密联接的螺栓间距 t

d—螺纹公称直径	容器工作压力 p/MPa					
	≤1.6	1.6～4	4～10	10～16	16～20	20～30
	t/mm					
	$7d$	$4.5d$	$4.5d$	$4d$	$3.5d$	$3d$

⑤ 螺栓承受偏心载荷如图 7.22 所示，要减小载荷相对于螺栓轴心线的偏距，保证螺母或螺栓头部支承面平整并与螺栓轴线相垂直，被联接件上应设置凸台、沉头座或采用斜面垫圈，如图 7.23 及图 7.24 所示。

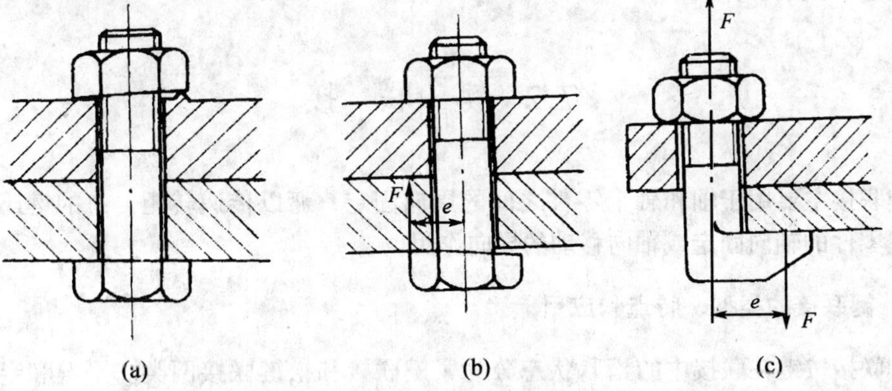

图 7.22 螺栓承受偏心载荷

总之，进行螺栓组的结构设计时，在综合考虑以上各点的同时，还要根据螺栓联接的工作条件合理地选择防松装置。具体参见表 7.2。

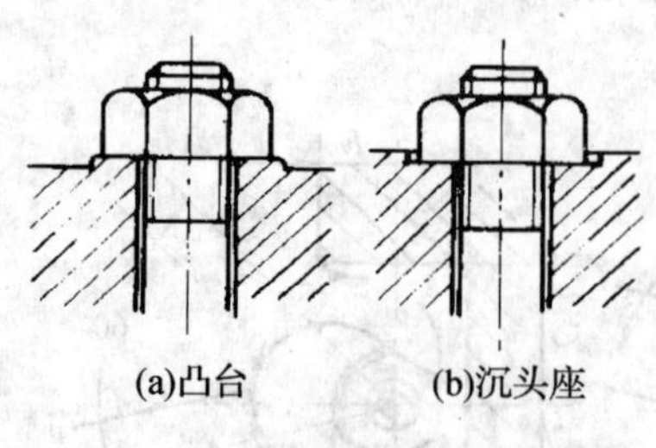

图 7.23　凸台与沉头座的应用

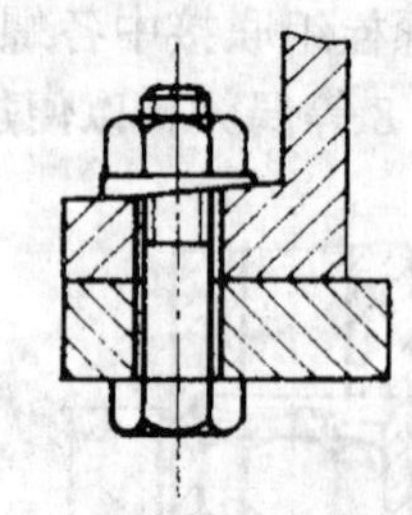

图 7.24　斜面垫圈的应用

2. 螺栓联接的尺寸选择

螺栓联接的尺寸选择主要是指联接中螺栓直径、螺母、垫圈等的确定。螺栓直径是根据强度原则确定的，与之相配的螺母、垫圈等的结构尺寸，可直接由螺栓公称尺寸按标准选取。

螺栓联接按装配时是否预紧，分为松螺栓联接和紧螺栓联接。

(1) 松螺栓联接

这种联接装配时螺母不需拧紧。螺栓只在工作时才受轴向拉力作用，如拉杆、起重吊钩等的螺栓联接均属此类。其尺寸选择可参考《机械设计手册》或本书第 2 章有关拉伸强度的计算内容。

(2) 紧螺栓联接

这种联接装配时螺母需拧紧。在拧紧力矩作用下，螺栓除受预紧力而产生拉应力外，还受到螺旋副摩擦力矩引起的扭转切应力的作用。对于一般场合的紧螺栓联接，不管联接是受横向载荷还是轴向载荷，其螺栓直径的选择均可用类比法或经验公式确定。对重要场合的紧螺栓联接，可参考有关资料或《机械设计手册》中的有关内容，对联接进行强度计算。

7.2 键 联 接

键联接主要用于轴和轴上零件之间的周向固定，藉以传递转矩，有的键还用来实现轴上零件的轴向固定或轴向移动的导向作用。

7.2.1 键联接的类型、特点和应用

键联接按键在联接中的松紧状态分为紧键联接和松键联接两类。平键和半圆键是松键联接，松键联接依靠键的两侧面传递转矩。键的上表面与轮毂键槽底面间有间隙，装配时不用打紧，不影响轴与轮毂的同心精度，装拆方便。紧键联接有楔键和切向键等，用于紧键联接的键具有斜面。由于斜面的楔紧影响，使轮毂与轴产生偏心，所以紧键联接的定心精度不高。键已经标准化了，设计时可根据使用要求在标准中选择，再进行验算。

1. 平键联接

按键的用途不同，平键联接可分为普通平键、导向平键和滑键。

(1) 普通平键

表7.4所示为普通平键联接的结构。键的两侧面为工作面，靠键与键槽侧面的挤压传递运动和转矩，键的顶面为非工作面，与轮毂的键槽表面留有间隙。因此，这种联接只能用于轴上零件的周向固定。平键联接结构简单，装拆方便，对中性好，故应用很广泛。

普通平键用于静联接。这种键应用最广，其标准为GB1095—79、GB1096—79，有圆头（A型）、方头（B型）或单圆头（C型）三种，见表7.4。A、C平键在轴上的键槽一般由指状铣刀加工，如图7.25（a）所示，键在槽中固定较好，但槽对轴的应力集中影响较大。

B型平键在轴上的键槽用圆盘铣刀加工，如图7.25（b）所示，键在槽中固定不好，但槽对轴的应力集中影响较小。A型键应用最广泛，C型键常用于轴端。平键联接的剖面尺寸（键宽 $b\times$ 键高 h）按轴径 d 查GB1095—79，键长 L 应略小于轮毂长度并符合标准系列。普通平键尺寸可查GB/T1096—1979，部分平键尺寸标准参见表7.4。

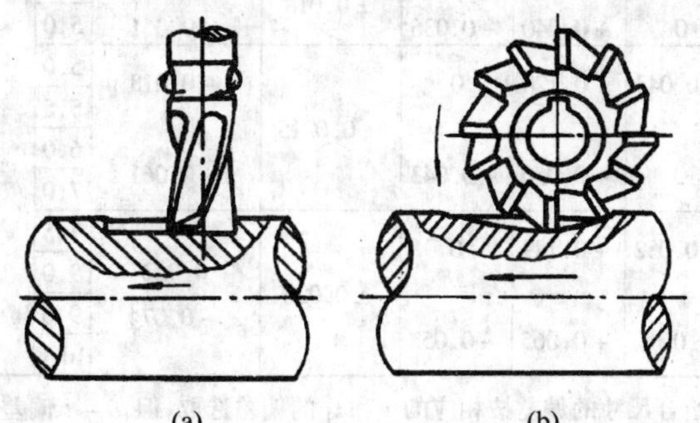

图7.25　指状铣刀加工与圆盘铣刀加工

表7.4　平键联接尺寸（mm）

平键　键和键槽的剖面尺寸（GB 1095－79）

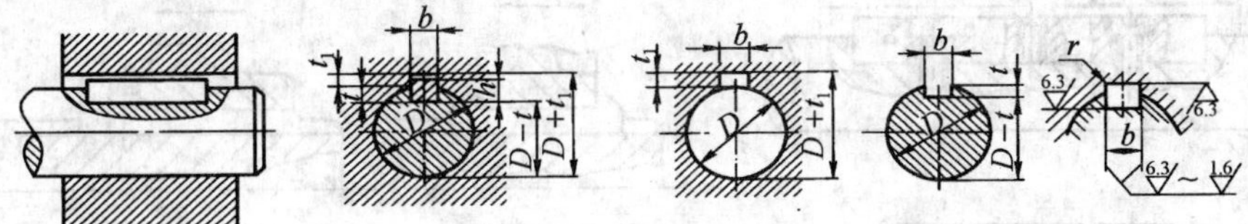

普通平键　型式尺寸（GB 1096－79）

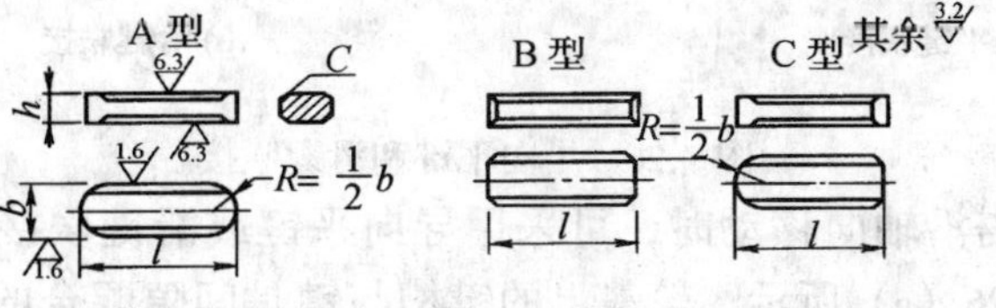

续表

标记示例:

$L=100$mm

键 18×100 GB 1096－79

平头普通平键（B型）、$b=18$mm、$h=11$mm、$L=100$mm

键 B18×100 GB 1096－79

单圆头普通平键（C型）、$b=18$mm、$h=11$mm、$L=100$mm

键 C18×100 GB 1096－79

轴	键	键槽											
轴颈 D	公称尺寸 $b\times h$	宽度 b						深度				半径 r	
		公称尺寸 b	偏差					轴 t		毂 t_1			
			较松键联接		一般键联接		较紧键联接						
			轴 H9	毂 D10	轴 N9	毂 Js9	轴和毂 P9	公称	偏差	公称	偏差	最小	最大
自 6～8	2×2	2	+0.025	+0.060	－0.004	±0.0125	－0.006	1.2	+0.1	1	+0.1	0.08	0.16
>8～10	3×3	3	0	+0.020	－0.029		－0.031	1.8		1.4			
>10～12	4×4	4	+0.030	+0.078	0		－0.012	2.5		1.8			
>12～17	5×5	5				±0.015		3.0		2.3			
>17～22	6×6	6	0	+0.030	－0.030		－0.042	3.5	0	2.8	0	0.16	0.25
>22～30	8×7	8	+0.036	+0.098	0	±0.018	－0.015	4.0		3.3			
>30～38	10×8	10	0	+0.040	－0.036		－0.051	5.0		3.3			
>38～44	12×8	12	+0.043	+0.120	0		－0.018	5.0	+0.2	3.3	+0.2	0.25	0.40
>44～50	14×9	14				±0.0215		5.5		3.8			
>50～58	16×10	16						6.0		4.3			
>58～65	18×11	18	0	+0.050	－0.043		－0.061	7.0		4.4			
>65～75	20×12	20	+0.052	+0.149	0			7.5		4.9		0.40	0.60
>75～85	22×14	22				±0.026	0.022	9.0	0	5.4	0		
>85～95	25×14	25					－0.074	9.0		5.4			
>95～110	28×16	28	0	+0.065	－0.052			10.0		6.4			

注：$D-t$ 和 $D+t_1$ 两组给合尺寸的偏差按相应的 t 和 t_1 的偏差选取，但 $D-t$ 偏差值应取负号（－）。

对于键，b 的偏差按 h9，h 的偏差按 h11，L 的偏差按 h14。

长度（L）系列为：6.8，10，12，14，16，18，20，22，25，28，32，35，40，45，50，55，60，70，80，90，100，…，500。

（2）导向平键和滑键

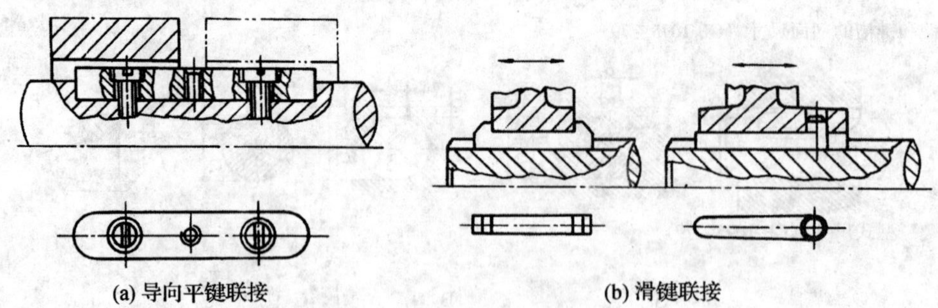

(a) 导向平键联接　　(b) 滑键联接

图 7.26　导向平键和滑键联接

当轮毂在轴上需沿轴向移动时，可采用导向平键或滑键联接。导向平键用螺钉固定在轴上，如图 7.26（a）所示，轮毂上的键槽与键是间隙配合的，当轮毂移动时，键起导向作用。滑键与轮毂相联，如图 7.26（b）所示。轴上的键槽与键是间隙配合，当轮毂移动时，键随轮毂沿键槽滑动。滑键适用于移动距离大的场合，如车床光轴与溜板箱采用滑键联接。导向平键的标准为 GB1097—79。

2. 半圆键联接

半圆键联接如图 7.27 所示。半圆键也是以两侧面为工作面来传递转矩的。由于其侧面为半圆形，能在轴的键槽内摆动，以适应轮毂键槽底面的斜度，装配方便，特别适合锥形轴端的联接。但由于轴上键槽过深，对轴的削弱较大，故只适用于轻载。半圆键标准为 GB1098—79、GB1099—79。

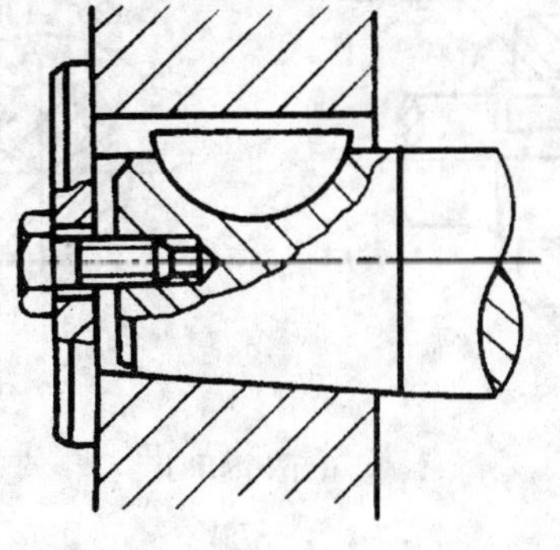

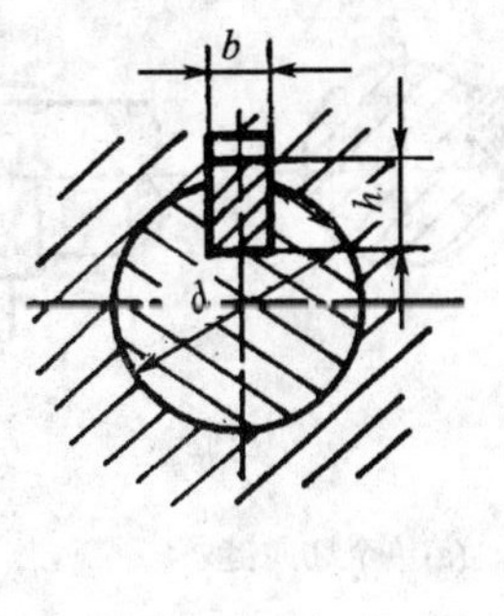

图 7.27　半圆键联接

3. 楔键联接

楔键联接的结构如图 7.28 所示。键的上、下表面是工作面，键的上表面和轮毂键槽底面，都有 1:100 的斜度。键楔入键槽后，工作表面产生很大的预紧力。工作时靠表面摩擦力传递转矩，并能承受单向的轴向力和起轴向固定作用。楔键分普通楔键和钩头楔键两种如图 7.28 所示。钩头楔键的钩头是为装拆用的，因此，装配时须留有拆卸位置 m，外露钩头随轴转动，容易发生事故，应加防护罩。楔键标准为 GB1563—79、GB1565—79。

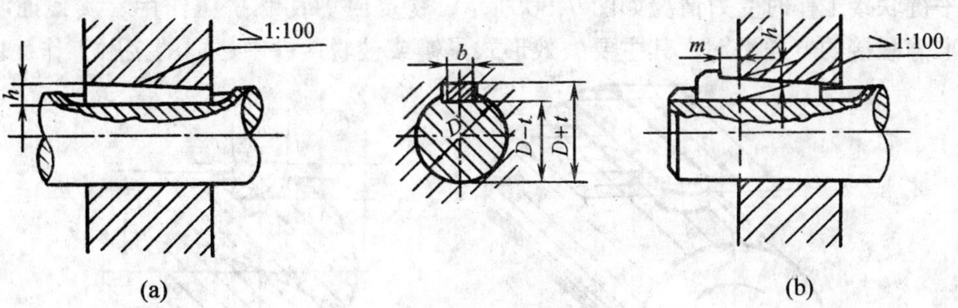

图 7.28　楔键联接

4. 切向键联接

切向键联接的结构如图 7.29 所示。它由两个普通楔键组成。装配时两个键分别自轮毂两端楔入。装配后两个相互平行的窄面是工作面，工作时主要依靠工作面直接传递转矩。单个切向键只能传递单向转矩，如图 7.29（a）所示。若需传递双向转矩，应装两个互成 120°～135°的切向键，如图 7.29（b）所示。切向键能传递很大的转矩，常用于重型机械。

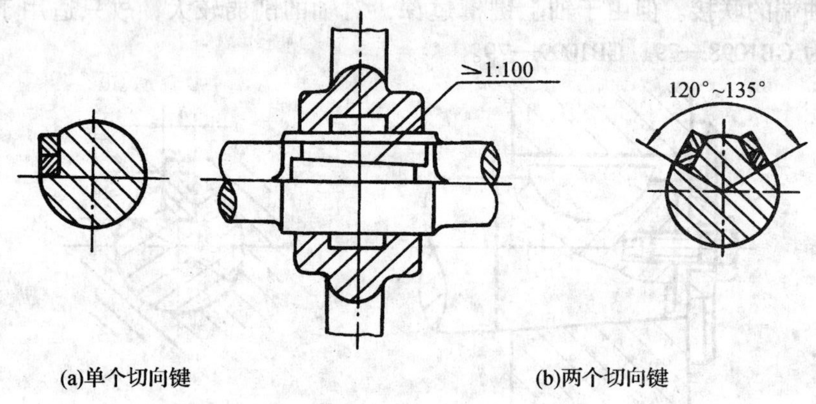

(a)单个切向键　　(b)两个切向键

图 7.29　切向键联接

7.2.2　平键联接的选择和强度计算

（1）键的类型选择

按工作要求和使用特性选择合适的类型。

（2）键的尺寸选择

根据轴的直径，从标准中查出键的宽度 b、高度 h、轴上及轮毂上槽深 t、t_1；键的长度根据轮毂的宽度确定，一般键长应比轮毂短 5～10mm，并符合标准长度系列。

（3）键的强度校核

平键联接工作时受力情况如图 7.30 所示，键受到剪切和挤压作用。实践证明，对于标准静联接的普通平键，其主要失效形式是键或被联接件中最弱的接触工作面由于

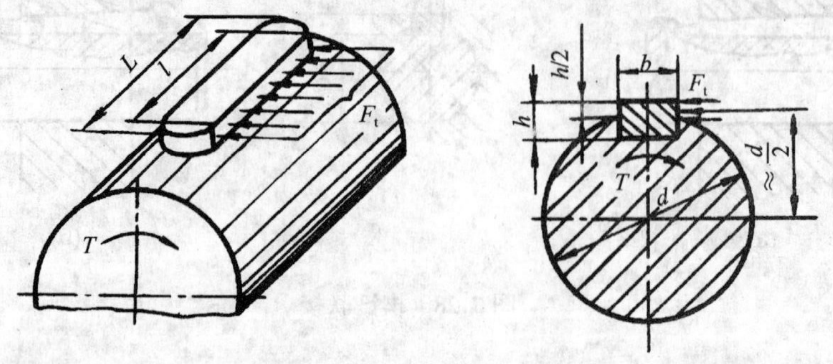

图 7.30　平键的受力分析

挤压而破坏，因此一般只需验算挤压强度。计算式为

$$\sigma_{bs} \approx \frac{F_t}{(h/2)l} = \frac{4T}{dhl} \leqslant [\sigma_{bs}] \tag{7.3}$$

式中，T——传递的转矩，单位为 N·mm；

l——键的有效工作长度，单位为 mm，对于圆头平键应扣除圆头部分长度；

F_t——传递的圆周力，单位为 N；

$[\sigma_{bs}]$——键联接中较弱零件（通常是轮毂）材料的许用挤压应力，单位为 MPa，见表 7.5。

表 7.5　键联接的许用挤压应力（MPa）

许用值	联接方式	轮毂材料	载荷性质		
			静载荷	轻微冲击	冲击
$[\sigma_{bs}]$	静联接	钢	125 ~ 150	100 ~ 120	60 ~ 90
		铸铁	70 ~ 80	50 ~ 60	30 ~ 45
	动联接（如导向键联接）	钢	50	40	30

键的材料的抗拉强度不得低于 600MPa，常采用 45 钢。平键联接如验算强度不够，可适当增加轮毂和键的长度，但不宜超过 $2.5d$，否则挤压应力沿键的长度方向分布将很不均匀；也可配置两个相隔 180°的平键，或者过盈配合结合使用。

【例 7.1】　图 7.31 所示为某减速器的输出轴，轴与齿轮采用平键联接，已知传递的转矩 $T = 600$N·m，有轻微冲击，试选择平键的尺寸。

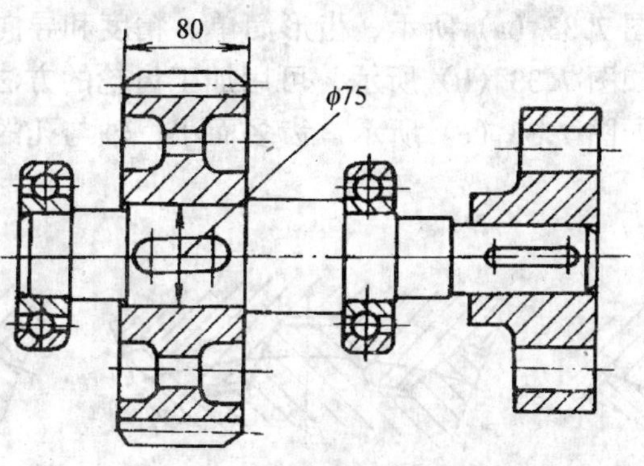

图 7.31　减速器的输出轴

解：1）尺寸选择。

由图知轮毂直径 $d = 75$mm，$B = 80$mm，这里选择 A 型平键，查表 7.4 得

$$b \times h \times L = 20\text{mm} \times 12\text{mm} \times 70\text{mm}$$

2）强度验算。

工作长度 $l = L - b = 70 - 20 = 50$，由表 7.5 查得 $[\sigma_{bs}] = 100$MPa，故

$$\sigma_{bs} = \frac{4T}{dhl} = \frac{4 \times 600 \times 10^3}{75 \times 12 \times 50} = 53.3\text{MPa}$$

$\sigma_{bs} < [\sigma_{bs}]$，即此键联接的强度足够。

其标记为

键 20×70GB/T1096—1979

7.2.3 花键联接的类型、标准和选用

1. 花键联接的类型

花键联接是由周向均布的多个键齿的花键轴与带有相应的键齿槽的轮毂相配合而组成的可拆联接，如图 7.32 所示。齿的侧面是工作面，由于是多齿传递载荷，且键与轴做成一体，所以与平键联接相比，花键联接承载能力强，轴被削弱和应力集中程度有所改善，并且有良好的定心精度和导向性能。其缺点是需要采用专门设备加工，生产成本也高。因此，它适用于定心精度要求高、载荷较大的静联接和动联接。如在飞机、汽车、机床制造和农业机械中都得到了广泛的应用。

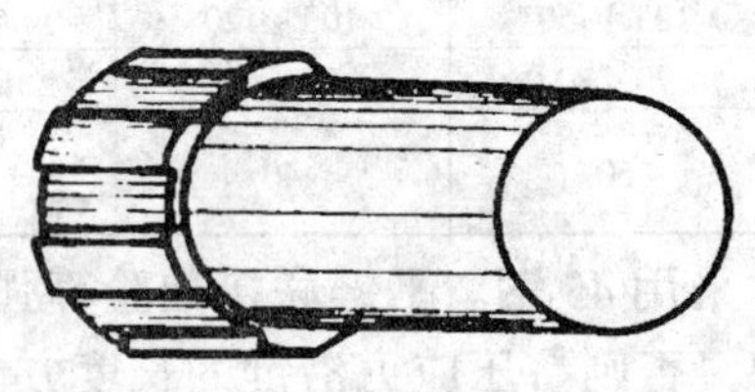

图 7.32 花键类型

花键按齿形不同分为：

① 矩形花键，如图 7.33（a）所示，齿形简单、精度和导向性能好，应用广泛。

② 渐开线花键，如图 7.33（b）所示，可用加工齿轮的方法加工，工艺性好。

③ 三角形花键，如图 7.33（c）所示，齿多而小，轴与孔的削弱程度小，适用于薄壁零件的静联接。

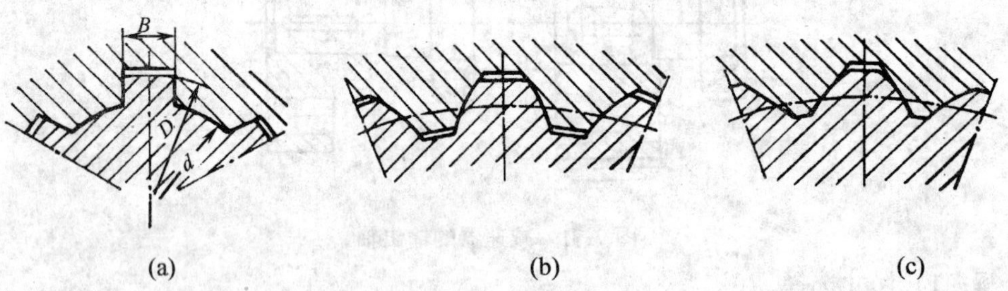

图 7.33 花键联接

矩形花键的主要参数为小径 d（公称尺寸）、大径 D、齿宽 B［见图 7.33（a）］和齿数 N。花键的标记为

$$N\times d\times D\times B$$

矩形花键加工方便，因而应用最广。矩形花键采用小径定心，轴和孔在热处理后可磨削，因而制造精度、定心精度高，导向性能好。渐开线花键和三角形花键常采用齿侧定心。三角形花键由于齿细小而多，适用于薄壁零件的联接。关于矩形花键的定心方式及其应用，可参阅相关的机械设计手册。

2. 花键的选用

设计花键联接时，根据使用要求和工作条件以及被联接件的结构特点，选择花键联接的类型和尺寸，然后进行强度校核。

7.3 紧固联接

常用的紧固联接有销联接、铆接、焊接、粘接和过盈联接。它们在汽车等机械制造中得到了广泛的应用。这里只介绍销联接和过盈联接。

7.3.1 销联接

1. 销的作用

销的主要用途是确定零件间的相互位置，即起定位作用。例如图 7.34（a）所示，销钉 2 用以确定轴承座和机架相互间的位置；两者的联接则依靠螺栓 1。销钉也可用以承受不大的载荷，例如图 7.34（b）所示的销钉，用以传递轮毂与轴间的转矩等。

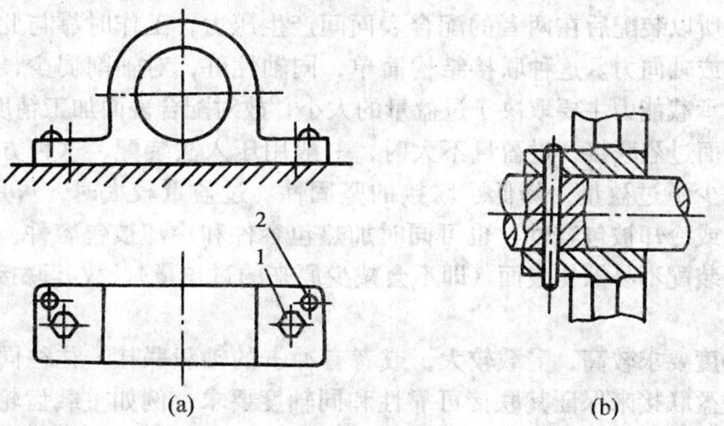

图 7.34 销钉

2. 销的分类

按销的形状可分为圆柱销和圆锥销。

(1) 普通圆柱销

如图 7.35（a）所示，有 A、B、C、D 四种不同配合的型号可供选用，适用于不常拆卸的零件定位。

(2) 普通圆锥销

如图 7.35（b）所示，有 A、B 两种型号，A 型精度高。圆锥销适用于经常拆卸的零件定位。

两类销的标准号及标记见图 7.35。

销的常用材料有 35、45、30CrMnSiA 等钢材。

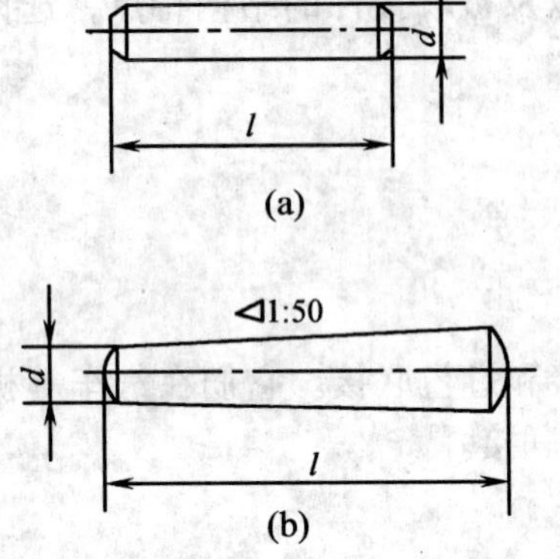

直径 $d = 8\text{mm}$，长度 $l = 30\text{mm}$，
A 型圆柱销的标记为：
销　GB 119—86　A8×30

公称直径（小端）$d = 10\text{mm}$，
长度 $l = 60\text{mm}$，A 型圆锥销的标记为：
销　GB 117—86　A10×60

图 7.35　销的分类

7.3.2　过盈配合联接

过盈配合联接常用于轴与轮毂的联接，由于包容件（轮毂）被包容件（轴）间存在着过盈量，所以装配后在两者的配合表面间产生压力，工作时靠与此压力伴随的摩擦力传递转矩或轴向力。这种联接结构简单，同轴性好，对轴削弱少，抗冲击的性能好，但由于其承载能力主要取决于过盈量的大小，故对配合表面加工精度要求较高。

对于圆柱面过盈联接，过盈量不大时，一般用压入法装配，这种方法易擦伤配合表面，因而减少了过盈量，降低了联接的坚固性。过盈量较大时，可用温差法装配，即加热包容件或冷却被包容件，也可同时加热包容件和冷却被包容件，以形成装配间隙。用温差法装配不易擦伤表面（即不会减少原来的过盈量），故其联接质量比用压入法好。

一些同轴度要求较高，受载较大，或者有冲击的轴毂联接，往往同时应用键（或销）联接和过盈联接来保证其联接可靠性和同轴度要求。例如重载齿轮或蜗轮与轴的联接。

为了装配方便，轴孔类过盈联接其孔口和轴端的倒角尺寸均有一定的要求。

圆锥面过盈联接可以用高压油来进行装拆。当高压油进入配合表面时，迫使配合面处内径胀大和外径缩小，同时施加一定的轴向力使之相互压紧，等零件装配至预定位置以后，排出高压油，这样就达到了过盈联接的要求如图 7.36 所示。圆锥面过盈联接具有装拆方便，不需很大轴向力，配合面不易擦伤，可以多次装拆而不影响其联接强度等优点，目前已在一些大型零件装配中使用。但对配合面的接触精度要求高（接触率 >75%，且应接触均匀），还要有高压油泵等专用设备。

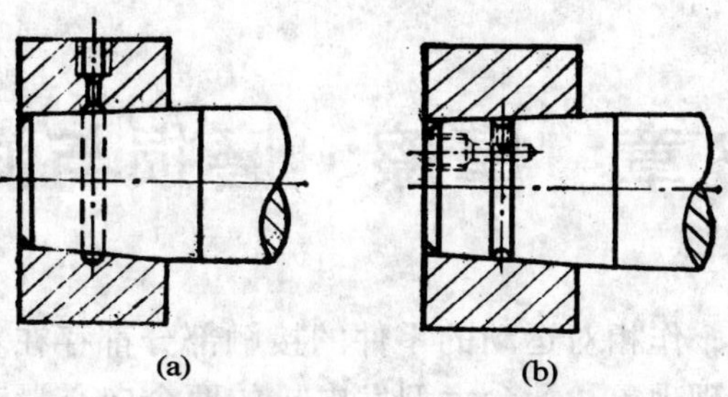

图 7.36　用高压油装拆的圆锥面过盈联接

思考与练习

1. 常用螺纹的种类有哪些？各用于什么场合？
2. 螺纹的导程和螺距有何区别？螺纹的导程 S 和螺距 P 与螺纹线数 z 有何关系？
3. 螺纹联接的基本形式有哪几种？各适用于何种场合？
4. 为什么螺纹联接通常要采用防松措施？常用的防松方法和装置有哪些？
5. 键联接有哪些类型？各有什么特点？适用于什么场合？
6. 简述销联接的类型、特点和应用。

第 8 章　摩擦、磨损与润滑

各类机器在工作时，作相对运动的零件的接触部分都存在着摩擦，摩擦是机器运转过程中不可避免的物理现象。一台大型发电机的两个向心滑动轴承的摩擦损耗可达八九百千瓦；汽车中约有 30%的功率消耗于传动摩擦。据统计，世界上 1/3 ~ 1/2 能源消耗在摩擦上。摩擦不仅造成能量损耗，还会使零件发生磨损或因摩擦发热产生其他形式的表面失效，其中，因磨损失效的各种机械零件约占全部失效零件的一半以上。磨损是摩擦的结果，润滑则是减小摩擦和磨损的有力措施。摩擦、磨损与润滑，三者相互联系、密不可分，对它们的研究日益深入并逐渐形成了一门学科——摩擦学。

8.1　摩擦与磨损

8.1.1　摩擦及其分类

在外力的作用下，一物体相对于另一物体运动或有运动趋势时，在两物体接触表面间要产生一种阻碍物体运动的切向力，称为摩擦力。为克服摩擦力对运动的阻碍，就得多消耗能量，这种因摩擦力的存在而产生阻碍运动并消耗能量的现象，称为摩擦。摩擦除造成能量的损耗外，还会造成零件的磨损。因此在一般情况下摩擦是有害的，应尽量减少摩擦。但有些情况下却要利用摩擦工作，如带传动，摩擦制动器等。

根据两物体的相对运动情况，摩擦可分为滑动摩擦和滚动摩擦两大类，本章主要介绍滑动摩擦。由于润滑条件和工作条件的不同，滑动摩擦副表面间共有四种摩擦状态：干摩擦、液体摩擦、边界摩擦和混合摩擦，如图 8.1 所示。不同的摩擦状态具有不同的摩擦阻力、功率损耗、使用寿命及工作可靠性，所以，研究摩擦状态并进行合理的设计和维护是机械设计中的一个重要课题。

（1）干摩擦

如果两物体的滑动表面没有任何润滑剂或保护膜，这两个物体直接接触时的摩擦称为干摩擦，如图 8.1（a）所示。理论上的干摩擦只有在高真空条件下才存在，实际中完全的干摩擦并不存在，因为运动表面之间即使不加任何润滑剂，但总存在空气和水汽，这也会形成很微弱的润滑膜。即便如此，干摩擦状态仍会产生较大的摩擦损耗及严重的磨损，因此应避免这种摩擦状态的出现。

（2）液体摩擦

两摩擦表面不直接接触，被油膜（油膜厚度一般在 1.5 ~ 2μm 以上）隔开的摩擦称为液体摩擦，如图 8.1（b）所示。在液体摩擦状态下，摩擦系数很小，零件之间没有磨损，使用寿命长，是理想的摩擦状态。

(3) 边界摩擦

两摩擦表面被吸附在表面的边界膜（油膜厚度小于 1 μm）隔开，处于干摩擦与液体摩擦之间的状态，这种摩擦称为边界摩擦，如图 8.1（c）所示。

(4) 混合摩擦

在实践中有很多摩擦副是处于干摩擦、液体摩擦与边界摩擦的混合状态，称为混合摩擦，如图 8.1（d）所示。

由于液体摩擦、边界摩擦、混合摩擦都必须在一定的润滑条件下才能实现，因此这三种摩擦又分别称为液体润滑、边界润滑和混合润滑。

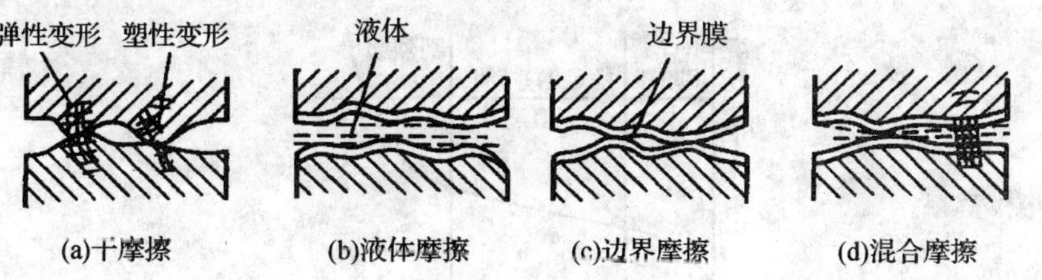

图 8.1　滑动摩擦副表面摩擦状态

8.1.2　磨损及其过程

运动副之间的摩擦将导致零件表面材料的逐渐损失，这种现象称为磨损。单位时间内材料的磨损量称为磨损率。磨损量可以用体积、质量或厚度来衡量。

机械零件严重磨损后，将降低机器的工作效率和可靠性，使机器提前报废。因此，预先考虑如何避免或减轻磨损，是设计、使用、维护机器的一项重要内容。但另一方面，磨损也并不是全都有害的，工程上常利用磨损的原理来减小零件的表面粗糙度，如磨削、研磨、抛光、跑合等。

在机械正常运转中，磨损过程大致可分为以下 3 个阶段。

1. 跑合（磨合）磨损阶段

在这一阶段中，磨损速度由快变慢，而后逐渐减小到一稳定值。这是由于新加工的零件表面成尖峰状态，使运转初期摩擦副的实际接触面积较小，单位接触面积上的压力较大，因而磨损速度较快，如图 8.2 所示磨损曲线的 Oa 段。

跑合磨损到一定程度后，尖峰逐渐被磨平，磨损速度逐渐减慢，进入到稳定磨损阶段。

2. 稳定磨损阶段

在这一阶段中磨损缓慢、磨损率（指磨损曲线的斜率）稳定而且较小，磨损曲线近似为一条水平直线，如图 8.2 所示的 ab 段曲线，零件的磨损平稳而缓慢。这一阶段属于零件正常工作阶段，这个阶段的长短即代表零件使用寿命的长短。经过稳定磨损阶段后，零件将进入剧烈磨损阶段。

3. 剧烈磨损阶段

此阶段的特征是磨损速度及磨损率都急剧增大。当工作表面的总磨损量超过机械正常运转要求的某一允许值后，摩擦副的间隙增大，零件的磨损加剧，精度下降，润滑状态恶化，温度升高，从而产生振动、冲击和噪声，导致零件迅速失效，如图 8.2 所示的 *bc* 段曲线。

上述磨损过程的 3 个阶段，在一般机械设备的运转过程中都存在。必须指出的是，在跑合阶段结束后，应清洗零件，更换润滑油，这样才能正常地进入稳定磨损阶段。

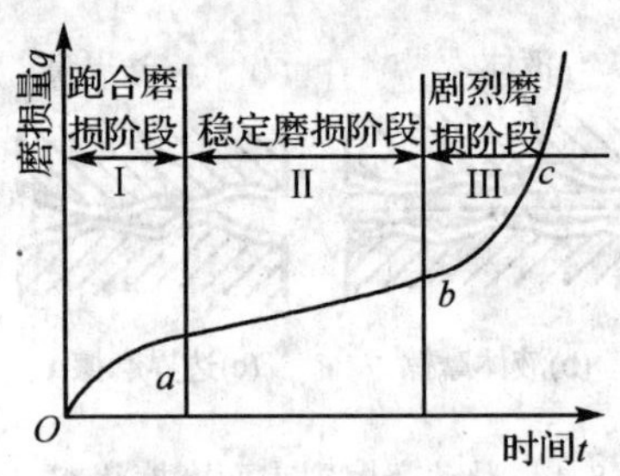

图 8.2　零件的磨损过程

8.1.3　磨损分类

按照磨损的机理以及零件表面磨损状态的不同，一般情况下把磨损分为磨粒磨损、粘着磨损、疲劳磨损、腐蚀磨损等。

(1) 磨粒磨损

由于摩擦表面上的硬质突出物或从外部进入摩擦表面的硬质颗粒，对摩擦表面起到切削或刮擦作用，从而引起表层材料脱落的现象，称为磨粒磨损。这种磨损是最常见的一种磨损形式，应设法减轻这种磨损。为减轻磨粒磨损，除注意满足润滑条件外，还应合理地选择摩擦副的材料，降低表面粗糙度值以及安装防护密封装置等。

(2) 粘着磨损

当摩擦副受到较大正压力作用时，由于表面不平，其顶峰接触点受到高压力作用而产生弹、塑性变形，附着在摩擦表面的吸附膜破裂、温度升高后使金属的顶峰塑性面牢固地粘着并熔焊在一起，形成冷焊结点。当两摩擦表面相对滑动时，材料便从一个表面转移到另一个表面，成为表面凸起，促使摩擦表面进一步磨损。这种由于粘着作用引起的磨损称为粘着磨损。

粘着磨损按程度不同可分为五级：轻微磨损、涂抹、擦伤、撕脱、咬死。如气缸套与活塞环、曲轴与轴瓦、轮齿啮合表面等，都可能出现不同程度的粘着磨损。涂抹、擦伤、撕脱又称为胶合，胶合往往发生在高速、重载的场合。

合理选择配对材料（如选择异种金属）、采用表面处理（如表面热处理、喷镀、化学处理等）、限制摩擦表面的温度、控制压强及采用含有油性极压添加剂的润滑剂等，都可减轻粘着磨损。

(3) 疲劳磨损（又称点蚀）

当两摩擦表面为点或线接触时，由于局部弹性变形形成较小的接触区。这些小的接触区形成的摩擦副如果受变化接触应力的反复作用，表层将产生裂纹。随着裂纹的扩展与相互连接，表层金属产生脱落，形成许多月牙形的浅坑，这种现象称为疲劳磨损，也称点蚀。是润滑良好的闭式齿轮传动的主要失效形式。

合理选择材料及材料的硬度（硬度高则抗疲劳磨损能力强）、选择高黏度的润滑油、加入极压添加剂或 MoS_2 及减小摩擦表面的粗糙度值等，都可提高零件抗疲劳磨损的能力。

(4) 腐蚀磨损

在摩擦过程中，摩擦表面与周围介质发生化学或电化学反应而产生物质损失的现象，称为腐蚀磨损。腐蚀磨损可分为氧化磨损、特殊介质腐蚀磨损和气蚀磨损等。腐蚀也可以在没有摩擦的条件下形成，这种情况常发生于钢铁类零件，如化工管道、泵类零件、柴油机缸套等。

应该指出的是，实际上大多数磨损都是以上述四种磨损形式的复合形式出现的。

8.2 润　滑

在摩擦副间加入润滑剂以降低摩擦、减轻磨损的措施称为润滑。润滑的主要作用有：

①减小摩擦系数，提高机械效率。

②减轻磨损，延长机械的使用寿命；同时还可以起冷却、防尘、吸振等作用。

要保持理想的摩擦润滑状态，除了正确的设计外，还必须要正确选择润滑剂、采用正确的润滑方式以及对润滑进行合理的日常维护。

8.2.1 润滑剂的性能与选择

凡是能降低摩擦力的介质都可以作为润滑材料，润滑材料也称润滑剂。机械设备中常用的润滑剂按物态分有液体润滑剂（润滑油）、半固体润滑剂（润滑脂）、固体润滑剂（如石墨、二硫化钼等）和气体润滑剂（如空气、氢气、水蒸气等）。

1. 润滑油的性能指标

润滑油是目前使用最多的润滑剂，主要有矿物油、合成油、动植物油等，其中应用最广泛的是矿物油。

(1) 粘度

润滑油在外力作用下流动时，液体分子之间产生内摩擦力的性质称为粘性。粘性的大小用粘度来衡量。润滑油最重要的一项物理性能指标即为粘度。它是选择润滑油的主要依据。粘度的大小表示了液体流动时内摩擦阻力的大小，粘度越大，内摩擦阻力就越大，液体的流动性就越差。

粘度可用动力粘度、运动粘度、条件粘度（恩氏粘度）等表示。我国石油产品常用运动粘度来标定。一般地，润滑油的牌号就是指该润滑油在40℃（或100℃）时运动粘度（以mm^2/s为单位）的平均值。如L—AN46全损耗系统用油在40℃时的运动粘度为41.4～50.6mm^2/s，其平均值则为46mm^2/s。

润滑油的粘度并不是固定不变的，而是随着温度和压强的变化而变化。粘度随温度的升高而降低，而且变化很大；因此，在注明某种润滑油的粘度时，必须同时标明它的测试温度，否则所给数值毫无意义。粘度随压强的升高而加大，但当压强小于20MPa时，其影响很小，可以不予考虑。

（2）凝点、倾点

是描述润滑油的主要物理性能的指标。凝点是指在规定的冷却条件下，润滑油停止流动的最高温度，润滑油的使用温度应比凝点高5～7℃。倾点是润滑油在规定的条件下冷却到能继续流动的最低温度，润滑油的使用温度应比倾点高3℃以上。

（3）闪点

闪点是表示润滑油蒸发性的指标。油蒸发性越大，其闪点越低；另一方面闪点是表示着火危险性的指标。润滑油的使用温度应低于闪点20～30℃。

2. 润滑脂的性能指标

润滑脂是在润滑油中加入稠化剂（如钙、钠、锂等金属皂基）而形成的脂状润滑剂，又称为黄油或干油。

润滑脂的主要物理性能指标为滴点、锥入度和耐水性等。润滑脂的流动性小，不易流失，所以密封简单，不需经常补充。润滑脂对载荷和速度变化不是很敏感，有较大的适应范围，但因其摩擦损耗较大，机械效率较低，故不宜用于高速传动的场合。

（1）滴点

是指在规定的条件下，润滑脂受热后从标准测量杯的孔口滴下第一滴油时的温度。它反映润滑脂的耐高温能力，润滑脂的工作温度应比滴点低20～30℃。

（2）锥入度

即润滑脂的稠度。将重量为1.5 N的标准锥体在25℃恒温下，由润滑脂表面自由沉下，经5 s后该锥体可沉入的深度值（以0.1 mm为单位）即为润滑脂的锥入度。锥入度表明润滑脂的内阻力的大小和流动性的强弱。锥入度越小，表明润滑脂越稠，承载能力越强，密封性越好，但摩擦阻力也越大，流动性也越差，因而不易填充较小的摩擦间隙。

目前使用最多的是钙基润滑脂，其耐水性强，但耐热性差，常用于在60℃以下工作的各种轴承的润滑，尤其适用于在露天条件下工作的机械轴承的润滑。钠基润滑脂的耐热性好，可用于115～145℃以下工作的情况，但其耐水性差。锂基润滑脂的性能优良，耐水耐热性均好，可以在－20～150℃的范围内广泛使用。

3. 润滑剂的选用

润滑剂选用的基本原则是：在低速、重载、高温、间隙大的情况下，应选用粘度较大的润滑油；而在高速、轻载、低温、间隙小的情况下应选用粘度较小的润滑油。

润滑脂主要用于速度低、载荷大、不需经常加油、使用要求不高或灰尘较多的场合。气体、固体润滑剂主要用于高温、高压、防止污染等一般润滑剂不能使用的场合。对于润滑剂的具体选用，可参阅表 8.1 及表 8.2。

表 8.1　常用润滑油的主要质量指标和用途

名　称	粘度牌号	主要质量指标					主要性能和用途
		运动粘度 /（mm²/s）	凝点（≤）/℃	倾点（≤）/℃	闪点（≤）/℃	粘度指数	
全损耗系统用油（GB443—89）	L—AN15 L—AN22 L—AN32 L—AN46 L—AN68	13.5～16.5 19.8～24.2 28.8～35.2 41.4～50.6 61.2～74.8	－15 －15 －15 －10 －10		65 170 170 180 190		适用于对润滑油无特殊要求的锭子、轴承、齿轮和其他负荷机械等部件的润滑，不适用于循环系统
L—HL 液压油（GB1118.1—94）	L—HL32 L—HL46 L—HL68 L—HL100	28.8～35.2 41.4～50.6 61.2～74.8 90.0～110		－6 －6 －6 －6	180 180 200 200	90 90 90 90	抗氧化、防锈、抗浮化等性能优于普通机油。适用于一般机床主轴箱、液压箱和齿轮箱及类似的机械设备的润滑。
工业闭式齿轮油（GB9503—95）	L—CKB100 L—CKB150 L—CKB220	90.0～110 135～165 198～242		－8 －8 －8		90 90 90	一种抗氧化防锈型润滑油。适用于正常油温下运转的轻载荷工业闭式齿轮润滑
普通开式齿轮（SH0363—91）	150 220 320	135～165 198～242 288～352			200 210 210		适用于正常油温下轻载荷普通工业开式齿轮的润滑
工业闭式齿轮（SH0094—91）	L—CKE200 L—CKE320 L—CKE460	198～242 288～352 414～506		－12 －12 －12	200 200 200		适用于正常油温下轻载荷蜗杆传动的润滑

续表

名称	粘度牌号	主要质量指标					主要性能和用途
		运动粘度/(mm²/s)	凝点(≤)/℃	倾点(≤)/℃	闪点(≤)/℃	粘度指数	
主轴、轴承和有关离合器用油(SH0017—90)	L—FC22 L—FC32 L—FC46	19.8~24.2 28.8~35.2 41.4~50.6					适用于主轴、轴承和有关离合器用油的压力油浴和油雾润滑

表 8.2 常用润滑脂的主要质量指标和用途

名称	代号	滴点(不低于)/℃	工作锥入度/×10^{-1}mm(25℃,150g)	主要用途
钙基润滑脂(GB491—87)	1号 2号 3号	80 85 90	310~340 265~295 220~250	有耐水性能。用于工作温度低于55~60℃的各种工农业、交通运输设备的轴承润滑，特别是有水、潮湿处
钠基润滑脂(GB492—89)	2号 3号	160 160	265~295 220~250	不耐水(潮湿)。用于工作温度在-10~10℃的一般中等载荷机械设备轴承的润滑
通用锂基润滑脂(GB7324—94)	1号 2号 3号	170 175 180	310~340 265~295 220~250	多效通用润滑脂。适用于多种机械设备的滚动轴承和滑动轴承及其他摩擦部位的润滑。使用温度为-20~120℃
钙钠基润滑脂(ZBE36001)	1号 2号	120 135	310~340 265~295	用于有水\较潮湿环境中工作的机械润滑，多用于铁路机车、列车、发电机滚动轴承的润滑。不适于低温工作。使用温度为80~100℃
7407号齿轮润滑脂(SY4036—84)		160	75~90	用于各种低速，中、高载荷齿轮、链和联轴器的润滑。使用温度小于120℃
7014—1高温润滑脂(GB11124—89)	7014—1	55~75		用于高温下工作的各种滚动轴承的润滑，也用于一般滚动轴承和齿轮的润滑。使用温度为-40~200℃

8.2.2 润滑方法和润滑装置

机械设备的润滑，主要集中在传动件和支承轴上。油润滑的方法多种多样，其分类标准大概有四种：集中润滑和分散润滑，连续润滑和间歇润滑，压力润滑和无压力润滑，循环式润滑和非循环式润滑。分散润滑比集中润滑简便。集中润滑需要一个多出口的润滑装置供油，而分散润滑中各摩擦副的润滑装置则是各自独立的。对于轻载、低速的摩擦副可采用间歇无压力润滑或间歇压力润滑，可利用油壶、油枪将油注入油杯进行润滑。油杯可采用 GB1152—89 ~ GB 1157—89 中的适当形式。连续无压力润滑可采用油绳、油垫、针阀式油杯、油环、油轮等润滑装置。而连续压力润滑需采用油泵、喷嘴装置，高速时还可采用油雾发生器实现油雾润滑。

脂润滑的装置比较简单，加脂方式有人工加脂、脂杯加脂和集中润滑系统供脂等。对于单机设备上的轴承、链条等部位，由于润滑点不多，大多采用人工加脂或涂抹润滑脂。对于润滑点多的大型设备，如矿山机械、船舶机械等，则采用润滑系统。

8.3 密封装置

为了使润滑持续、可靠、不漏油，同时为了防止外界脏物进入机体，必须采用相应的密封装置。密封装置从总体上可分为两大类：一类是固定密封，即密封后密封件之间固定不动；另一类是动密封，即密封后两密封件之间有相对运动。

固定密封可采用各种垫片，包括金属、非金属垫片以及密封胶等。动密封又分为接触式密封、非接触式密封、半接触式密封。其中应用较广的是接触式密封，它主要是利用各种密封圈或毡圈密封。各种密封件都已标准化，可查阅机械设计手册选取适当的形式。非接触式密封有迷宫式密封、螺旋式密封（将在滚动轴承的密封中论述）等，半接触式密封有活塞式密封、机械密封等，其结构较复杂，主要用于重要部件的密封。

在一般常用的机械中，用得较多的密封装置是密封圈和填料。密封圈有各种样式，有带骨架的和不带骨架的，有普通型的和双口型的等，应根据使用条件进行选择。密封圈也可用做防尘密封件使用，但粉尘严重时，应使用专门的防尘密封圈。采用脂润滑时，可使用毡圈密封。

综上所述，在设计机械时，选择适当的润滑装置和密封装置是必不可少的，而在使用机械时，更应注意机械的润滑和维护。应按使用说明的规定加润滑油，经常保持润滑油的清洁，注意油温不能过高，定期更换润滑油等。还应注意密封情况，如有漏油现象，应查找原因，及时更换密封件，以确保机器在良好的润滑状态下工作。

思考与练习

1. 按摩擦副表面间的润滑状态，摩擦可分为哪几类？各有何特点？
2. 磨损过程分几个阶段？各阶段的特点是什么？
3. 按磨损机理不同，磨损有哪几种类型？哪些磨损是有益的？为什么？
4. 润滑剂的种类有哪些？如何选择适当的润滑剂？
5. 润滑油的牌号表示的含义是什么？
6. 密封的种类有几种？各有哪些方式？

第9章　轴　　承

9.1　轴承的概述

轴承的功用是支承轴及轴上零件，保持轴的旋转精度，减少转轴与支承之间的摩擦和磨损。

根据支承处相对运动表面的摩擦性质，轴承分为滑动摩擦轴承和滚动摩擦轴承，分别简称为滑动轴承和滚动轴承，如图9.1和图9.2所示。

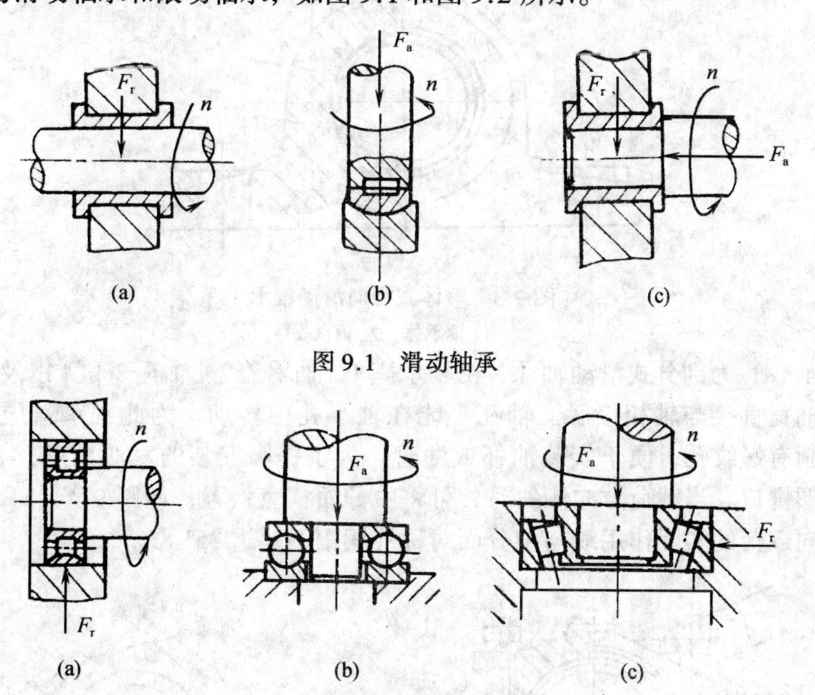

图9.1　滑动轴承

图9.2　滚动轴承

9.2　滑 动 轴 承

轴承是支承轴和轴上零件的部件。

一般情况下，滚动摩擦力小于滑动摩擦力，因此滚动轴承应用很广泛。但润滑良好的滑动轴承在高速、重载、高精度以及结构要求对开的场合优点更突出。因而在汽轮机、内燃机、大型电机、仪表、机床、航空发动机及铁路机车等机械上被广泛应用。此外，在低速、伴有冲击的机械中，如水泥搅拌机、破碎机等也常采用滑动轴承。

按受载方向，滑动轴承可分为受径向载荷的径轴承和受轴向载荷的推力轴承。

9.2.1 滑动轴承的结构

常用滑动轴承的结构形式及其尺寸已经标准化，应尽量选用标准形式。必要时也可以专门设计，以满足特殊需要。

1. 径向滑动轴承的结构形式

图 9.3 所示为整体式滑动轴承，由轴承体 1、轴承 2、润滑装置等组成。这种轴承结构简单，但装拆时轴或轴承需轴向移动，而且轴套磨损后轴承间隙无法调整。整体式轴承多用于间歇工作和低速轻载的机械。

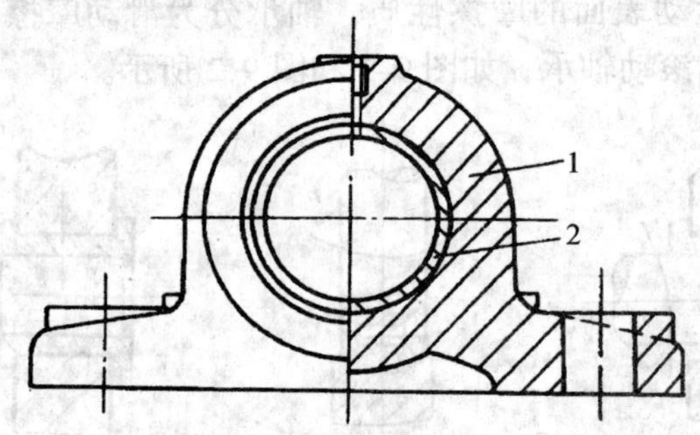

图 9.3 整体式径向滑动轴承

1. 轴承体 2. 轴承

图 9.4（a）为剖分式滑动轴承，由轴承座 1、轴承盖 2、轴瓦 3 和 4 以及双头螺柱 5 等组成。轴瓦直接与轴相接触。轴瓦不能在轴承孔中转动，为此轴承盖应适度压紧。轴承盖上制有螺纹孔，便于安装油杯或油管。为了提高安装的对心精度，在中分面上制出台阶形榫口。当载荷方向倾斜时，可将中分面相应斜置，如图 9.4（b），但使用时应保证径向载荷的实际作用线与中分面对称线摆幅不超过 35°。

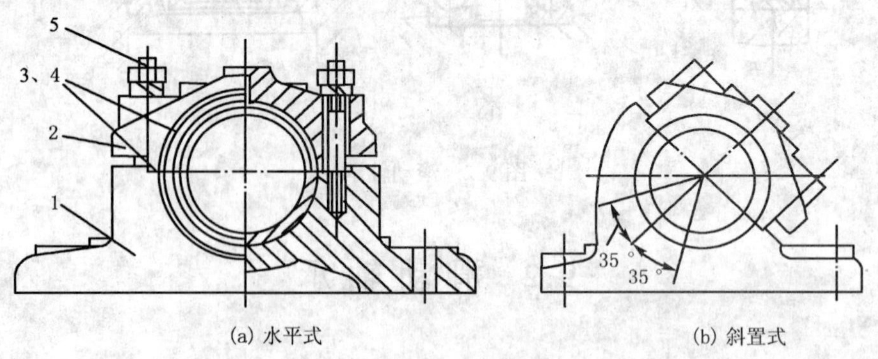

(a) 水平式 (b) 斜置式

图 9.4 剖分式径向滑动轴承

1. 轴承座 2. 轴承盖 3、4. 轴瓦 5. 双头螺柱

剖分式轴承装拆方便，轴承孔与轴颈之间的间隙可适当调整，当轴瓦磨损严重时，可方便地更换轴瓦，因此应用比较广泛。

径向滑动轴承还有其他许多类型。如轴瓦外表面和轴承座孔均为球面，从而能适应轴线偏转的调心轴承、轴承间隙可调的滑动轴承等。

2. 推力滑动轴承的结构形式

推力滑动轴承用来承受轴向载荷，如图 9.5 (e)所示。

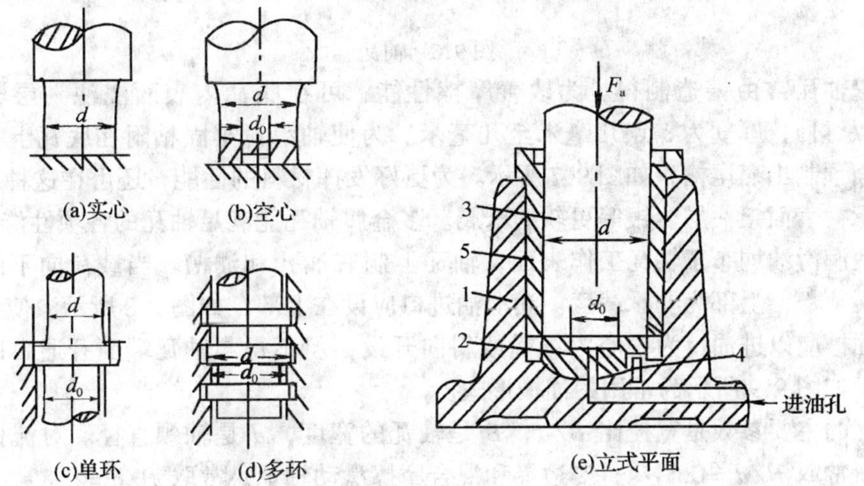

图 9.5 推力滑动轴承

1. 轴承座 2. 止推轴瓦 3. 轴颈 4. 限位销钉 5. 轴套

常见的止推面结构有：轴的端面［图 9.5 (a)、(b)］、轴段中制出的单环或多环形轴肩［图 9.5 (c)、(d)］等。

实心端面［图 9.5 (a)］为止推面的轴颈工作时，接触端外缘的滑动速度较大，因此端面外缘的磨损大于中心处，结果使应力集中于中心处。实际结构中多数采用空心轴颈［图 9.5 (b)］，它不但能改善受力状况，且有利于润滑油由中心凹孔导入润滑并储存。［图 9.5 (e)］为空心立式平面推力滑动轴承结构示意图，轴承座 1 由铸铁或铸钢制成，止推轴瓦 2 由青铜或其他减摩材料制成，限位销钉 4 限制轴瓦转动。止推轴瓦下表面制成球形，以防偏载。

9.2.2 轴瓦和轴承衬

1. 结构

轴瓦和轴套是滑动轴承中的重要零件。轴套用于整体式滑动轴承，轴瓦用于剖分式滑动轴承。轴瓦有厚壁（壁厚 δ 与直径 D 之比大于 0.5）和薄壁两种，如图 9.6 所示。

薄壁轴瓦是将轴承合金粘附在低碳钢带上经冲裁、弯曲变形及精加工而成，这种轴瓦适合于大量生产，质量稳定，成本低。但刚性差，装配后不再修刮内孔，轴瓦受力变形后形状取决于轴承座的形状，所以轴承座也应精加工。

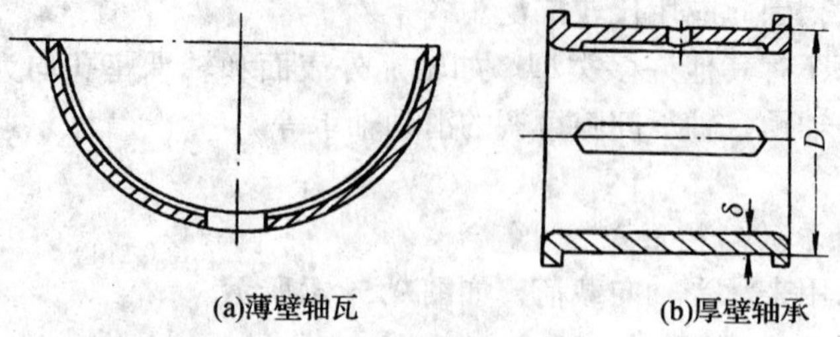

(a)薄壁轴瓦　　(b)厚壁轴承

图 9.6　轴瓦

厚壁轴瓦常由铸造制得。为改善摩擦性能，可在底瓦内表面浇注一层轴承合金(称为轴承衬)，厚度为零点几毫米至几毫米。为使轴承衬牢固粘附在底瓦上，可在底瓦内表面预制出燕尾槽，如图 9.7 所示。为更好发挥材料的性能，还可在这种双金属轴瓦的轴承衬表面镀一层、银等更软的金属。多金属轴瓦能满足轴瓦的各项性能要求。

为使润滑油均布于轴瓦工作表面，轴瓦上制有油孔和油槽。当载荷向下时，承载区为轴瓦下部，上部为非承载区。润滑油进口应设在上部，如图 9.8 所示，使油能顺利导入。油槽应以进油口为中心沿纵横或斜向开设，但不得与轴瓦端面开通，以减少端部泄油。如图 9.9 所示为常用的油槽形式。

轴瓦的主要参数是宽径比 B/d，B 是轴瓦的宽度，d 是轴颈直径。对流体摩擦滑动轴承，常取 $B/d=0.5\sim1$；对边界和混合摩擦滑动轴承，常取 $B/d=0.8\sim1.5$。

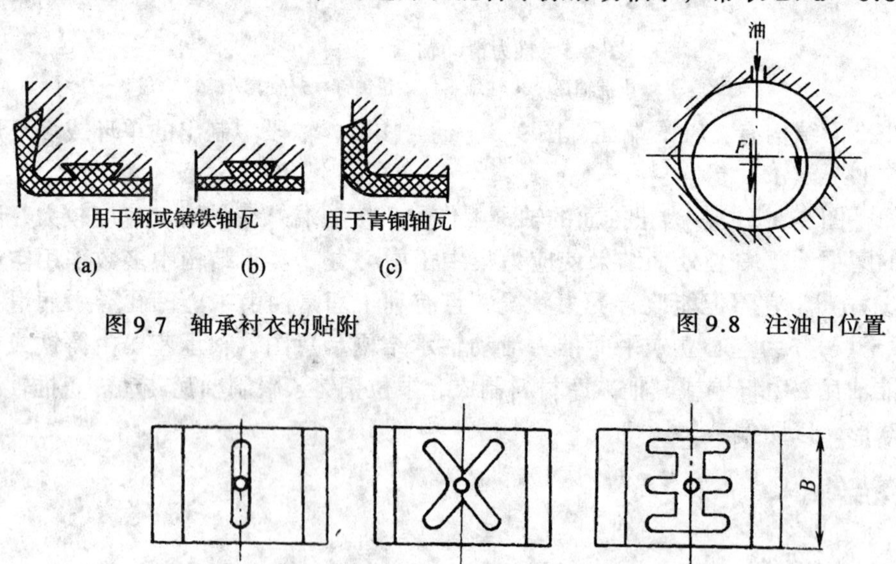

图 9.7　轴承衬衣的贴附　　图 9.8　注油口位置

图 9.9　油槽形式

2. 材料

轴瓦和轴承衬的材料应具备的性能有：摩擦因数小；导热性好，热胀系数小；耐磨、耐腐蚀、抗胶合能力强；足够的机械强度和一定的可塑性；对润滑油的亲和性。

轴瓦（包括轴承衬）材料直接影响到轴承的性能，应根据使用要求、生产批量和经济性要求合理选择。

常用的轴瓦和轴承衬材料有以下几种。

（1）铸造轴承合金

该合金又名巴氏合金或白合金。它有锡锑轴承合金和铅锑轴承合金两大类。

锡锑轴承合金的摩擦因数小，抗胶合性能良好，对油的吸附性好，耐腐蚀，易磨合，常用于高速重载的场合。但是价格较贵，且机械强度较差，因此多用作轴承衬材料浇注在钢、铸铁或青铜底瓦上。常用牌号为ZSnSb11Cu6、ZSnSb8Cu4等。

铅锑轴承合金的各方面性能与锡锑轴承合金相近，但材料较脆，不宜承受较大的冲击载荷，一般用于中速、中载的场合。常用牌号为ZPbSb16Sn16Cu2、ZPb-Sb15Sn5Cu3Cd2。

（2）铸造青铜

青铜的熔点高、硬度高，其承载能力、耐磨性与导热性均高于轴承合金，可以在较高温度（250℃）下工作。但是可塑性差，不易跑合，与之配合的轴颈必须淬硬。

青铜可单独制成轴瓦。为节约有色金属材料，也可将青铜浇注在钢或铸铁底瓦上。常用的铸造青铜主要有铸造锡青铜和铸造铝青铜，一般分别用于重载、中速中载和低速重载场合。

（3）粉末合金

该合金又称金属陶瓷，它经制粉、定型、烧结等工艺制成。粉末合金轴承具有多孔组织，使用前将轴承浸入润滑油充分渗入微孔组织。运转时，轴瓦温度升高，由于油的热膨胀及轴颈旋转时的抽吸作用使油自动进入滑动表面润滑轴承。轴承一次浸油后可以使用较长时间，常用于不便加油的场合。粉末合金轴承在食品机械、纺织机械、洗衣机等家用电器中有广泛的应用。

（4）非金属材料

制作轴承的非金属材料主要是塑料。它具有摩擦因数小、耐腐蚀、抗冲击、抗胶合等特点。但导热性差，容易变形，重载使用时必须充分润滑。大型滑动轴承（如水轮机轴承）可选用醛酚塑料；中小型轴承，可选用聚酰胺（尼龙）塑料。

此外，碳-石墨、橡胶和木材等也可用做轴承材料。应用时，轴瓦和轴承衬材料的牌号和性能可由机械零件设计手册查取。

9.3 滚动轴承的概述

9.3.1 滚动轴承的组成

滚动轴承一般由内圈1、外圈2、滚动体3和保持架4组成，如图9.10所示。内圈装在轴颈上，外圈装在机座或零件的轴承孔内。多数情况下，外圈不转动，内圈与轴一起转动。当内外圈之间相对旋转时，滚动体沿着滚道滚动。保持架使滚动体均匀分布在滚道上，并减少滚动体之间的碰撞和磨损。

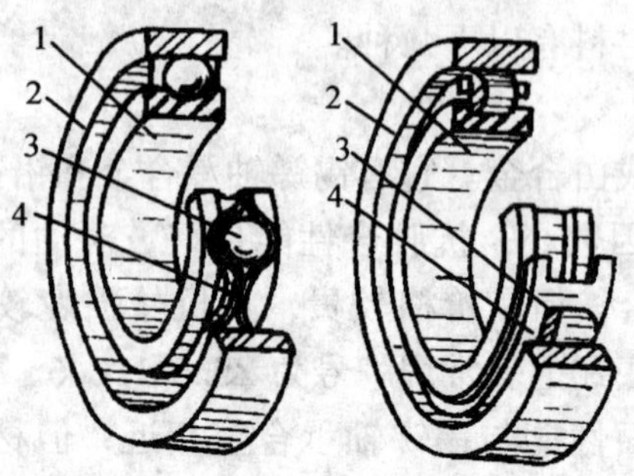

图 9.10 滚动轴承的基本结构

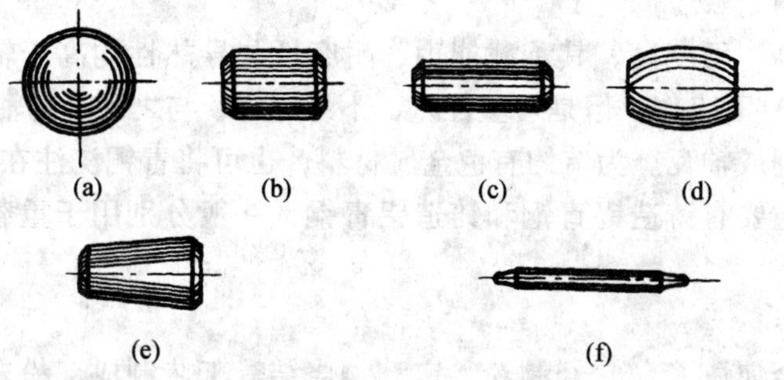

图 9.11 滚动体的种类

常见的滚动体有 6 种形状，如图 9.11 所示。

滚动轴承的内外圈和滚动体应具有较高的硬度和接触疲劳强度，良好的耐磨性和冲击韧性。一般用特殊轴承钢制造，常用材料有 GCr15、GCr15SiMn、GCr6、GCr9 等，经热处理后硬度可达 60 ~ 65HRC。滚动轴承的工作表面必须经磨削抛光，以提高其接触疲劳强度。

保持架多用低碳钢板通过冲压成形方法制造，也可采用有色金属或塑料等材料。

为适应某些特殊要求，有些滚动轴承还要附加其他特殊元件或采用特殊结构，如轴承无内圈或外圈，带有防尘密封结构或在外圈上加止动环等。

滚动轴承具有摩擦阻力小、启动灵敏、效率高、旋转精度高、润滑简便和装拆方便等优点。

9.3.2 滚动轴承的类型及特点

滚动轴承按结构特点的不同有多种分类方法，各类轴承分别适用于不同载荷、转速及特殊需要。

①按所能承受载荷的方向或公称接触角的不同可分为向心轴承和推力轴承如表 9.1 所示。

表 9.1 各类轴承的公称接触角

轴承种类	向心轴承		推力轴承	
	径向接触	角接触	角接触	轴向接触
公称接触角 α	$\alpha = 0°$	$0° < \alpha \leqslant 45°$	$45° < \alpha < 90°$	$\alpha = 90°$
图　例（以球轴承为例）	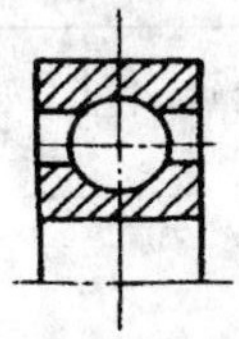	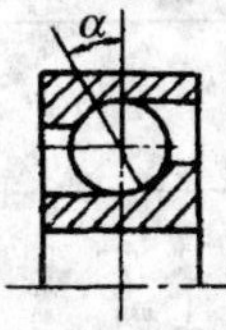	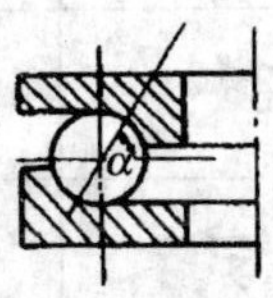	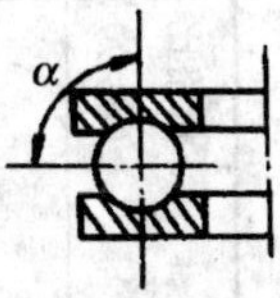

表中的 α 为滚动体与套圈接触处的公法线与轴承径向平面（垂直于轴承轴心线的平面）之间的夹角，称为公称接触角。

向心轴承又可分为径向接触轴承和向心角接触轴承。径向接触轴承的公称接触角为 $\alpha = 0°$，主要承受径向载荷，有些可承受较小的轴向载荷；向心角接触轴承公称接触角 α 的范围为 0°～45°，能同时承受径向载荷和轴向载荷。

推力轴承又可分为推力角接触轴承和轴向接触轴承。推力角接触轴承 α 的范围为 45°～90°，主要承受轴向载荷，也可以承受较小的径向载荷；轴向接触轴承的 $\alpha = 90°$，只能承受轴向载荷。

②按滚动体的种类可分为球轴承和滚子轴承。

球轴承的滚动体为球，球与滚道表面的接触为点接触；滚子轴承的滚动体为滚子，滚子与滚道表面的接触为线接触。按滚子的形状又可分为圆柱滚子轴承、滚针轴承、圆锥滚子轴承和调心滚子轴承，如表 9.2 所示。

在外廓尺寸相同的条件下，滚子轴承比球轴承的承载能力和耐冲击能力都好，但球轴承摩擦小、高速性能好。

③按工作时能否调心可分为调心轴承和非调心轴承。调心轴承允许的偏位角大。

④按安装轴承时其内、外圈可否分别安装，分为可分离轴承和不可分离轴承。

⑤按公差等级可分为 0、6、5、4、2 级滚动轴承，其中 2 级精度最高，0 级为普通级。另外还有只用于圆锥滚子轴承的 6x 公差等级。

⑥按运动方式，可分为回转运动轴承和直线运动轴承。

表 9.2　各类轴承

轴承名称及简图符号	结构简图	示意简图及承载方向	轴承代号			基本额定动载荷比	极限转速	偏位角 δ	标准号	价格比（参考）	结构性能特点
			类型代号	尺寸系列代号	轴承基本代号						
调心球轴承			1 (1) 1 (1) [1]	(0)2 22 (0)3 23 [1、2、3、4…]	1200 2200 1300 2300 [如 1308]	0.6～0.9	中	2°～3°	GB/T281—94 [GB281—84]	1.3	双排球，外圈内球面球心在轴线上，偏位角大，可自动调位，主要承受径向载荷，能承受较小的轴向载荷
调心滚子轴承			2 2 2 2 2 2 2 2 2[3]	13 22 23 30 31 32 40 41 [2、3…]	21300 22200 22300 23000 23100 23200 24000 24100 [如 3208]	1.8～4	低	0.5°～2°	GB/T288—94 [GB288—87]	5	与“1”类相似，但承载能力较大，而偏位角较小
圆锥滚子轴承			3 3 3 3 3 3 3 3 3 3 [7]	02 03 13 20 22 23 29 30 31 32 [2、3、4…]	30200 30300 31300 32000 32200 32300 32900 33000 33100 33200 [如 7206]	1.5～2.5	中	2′	GB/T297—94 [GB297—84]	1.5	接触角 $\alpha = 11° \sim 16°$，外圈可分离，便于调整游隙；除能承受径向载荷外，还能承受较大的单向轴向载荷

续表

轴承名称及简图符号		结构简图	示意简图及承载方向	轴承代号			基本额定动载荷比	极限转速	偏位角δ	标准号	价格比（参考）	结构性能特点
				类型代号	尺寸系列代号	轴承基本代号						
推力球轴承	推力球轴承			5 5 5 5 [8]	11 12 13 14 [1、2、3…]	51100 51200 51300 51400 [如 8206]	1	低	-0°	GB/T301—1995 [GB301—84]	0.9	套圈可分离，承受单向轴向载荷。高速时离心力大，故极限转速低
	双向推力球轴承			5 5 5 [3、8]	22 23 24 [2、3、4…]	52200 52300 52400 [如 38206]				GB/T301—1995 [GB301—84]	1.8	可双向承受轴向载荷
深沟球轴承				6 6 6 6 16 6 6 6 6 [0]	17 37 18 19 (0)0 (1)0 (0)2 (0)3 (0)4 [1、2、3…]	61700 63700 61800 61900 16000 6000 6200 6300 6400 [如 207]	1	高	8′~16′ (30′)	GB/T276—94 GB/T4221—93 [GB276—89]	1	广泛应用，主要承受径向载荷，也能承受一定的双向轴向载荷，可用于较高转速

续表

轴承名称及简图符号	结构简图	示意简图及承载方向	轴承代号			基本额定动载荷比	极限转速	偏位角 δ	标准号	价格比（参考）	结构性能特点
			类型代号	尺寸系列代号	轴承基本代号						
角接触球轴承 $\alpha=15°$(C)、 25°(AC)、40°(B)			7 7 7 7 7 [6]	19 (1)0 (0)2 (0)3 (0)4 [1、2、3…]	71900 7000 7200 7300 7400 [如 6208]	1.0－1.4(C) 1.0－1.3(AC) 1.0－1.2(B)	高	2′～10′	GB/T292—94 [GB292—83]	1.7	可用于承受径向和较大轴向载荷，α大则可承受轴向力越大
圆柱滚子轴承			N N N N N N [2]	10 (0)2 22 (0)3 23 (0)4 [1、2、3…]	N1000 N200 N2200 N300 N2300 N400 [如 2207]	1.5～3	高	2′～4′	GB/T283—94 [GB283—87]	2	有一个套圈（内、外圈）可以分离，所以不能承受轴向载荷。由于是线接触，所以能承受较大径向载荷
圆柱滚子轴承			NU NU NU NU NU NU [32]	10 (0)2 22 (0)3 23 (0)4 [1、2、3…]	NU1000 NU200 NU2200 NU300 NU2300 NU400 [如 32207]						

注：1）[ ]内为旧标准。

2）极限转速比：同尺寸系列各类轴承的极限转速与深沟球轴承极限转速之比（脂润滑，0 级精度），比值＞90%～100%为高，比值 60%～90%为中，比值＜60%为低。

3）基本额定动载荷比：同尺寸系列各类轴承的基本额定球载荷与深沟球轴承的基本额定动载荷之比。

9.4 滚动轴承的代号与选择

滚动轴承代号是表示其结构、尺寸、公差等级和技术性能等特征的产品符号，由字母和数字组成。按 GB/T272—93 的规定，轴承代号由基本代号、前置代号和后置代号构成，其表达方式如表 9.3 所示。

表 9.3 轴承代号的构成

前置代号	基本代号			后置代号
	字母和数字			字母和数字
字母 成套轴承的分部件	××× 类型代号	×× 宽度系列代号 直径系列代号	×× 内径代号	内部结构改变 密封、防尘与外部形状变化 保持架结构、材料改变及轴承材料改变 公差等级和游隙 其他

9.4.1 基本代号

基本代号表示轴承的基本类型、结构和尺寸，是轴承代号的基础。基本代号由轴承类型代号、尺寸系列代号及内径代号三部分构成。

(1) 类型代号

用数字或大写拉丁字母表示，如表 9.4 所示。

表 9.4 一般滚动轴承类型代号

轴承类型	代　号	原代号	轴承类型	代　号	原代号
双列角接触球轴承	0	6	深沟球轴承	6	0
调心球轴承	1	1	角接触球轴承	7	6
调心滚子轴承和推力调心滚子轴承	2	3和9	推力圆柱滚子轴承	8	9
圆锥滚子轴承	3		圆柱滚子轴承	N	2
双列深沟球轴承	4	0	外球面球轴承	U	0
推力球轴承	5	8	四点接触球轴承	QJ	6

(2) 尺寸系列代号

由轴承的宽（高）度系列代号和直径系列代号组合而成，见表 9.5。

其代号及含义如表 9.7 所示。

直径系列代号表示内径相同的同类轴承有几种不同的外径和宽度，如图 9.12 所示。

宽度系列代号表示内、外径相同的同类轴承宽度的变化。

(3) 内径代号

表示轴承的内径尺寸，如表 9.6 所示。

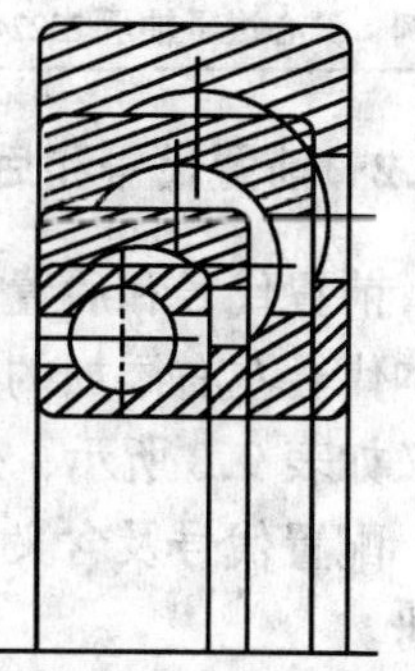

图 9.12 轴承的直径系列

表 9.5 向心轴承、推力轴承尺寸系列代号

直径系列代号（外径↓）	向心轴承								推力轴承			
	宽度系列代号（宽度→）								高度系列代号（高度→）			
	8	0	1	2	3	4	5	6	7	9	1	2
	尺寸系列号											
7	—	—	17	—	37	—	—	—	—	—	—	—
8	—	08	18	28	38	48	58	68	—	—	—	—
9	—	09	19	29	39	49	59	69	—	—	—	—
0	—	00	10	20	30	40	50	60	70	90	10	—
1	—	01	11	21	31	41	51	61	71	91	11	—
2	82	02	12	22	32	42	52	62	72	92	12	22
3	83	03	13	23	33	—	—	—	73	93	13	23
4	—	04	—	24	—	—	—	—	74	94	14	24
5	—	—	—	—	—	—	—	—	—	95	—	—

表 9.6 轴承内径代号

轴承公称内径/mm		内径代号	示例
0.6 到 10（非整数）		直接用公称内径毫米数表示，在其与尺寸系列代号之间用“/”分开	深沟球轴承 618/2.5 d = 2.5mm
1 到 9（整数）		直接用公称内径毫米数表示，对深沟球轴承及角接触球轴承 7、8、9 直径系列，内径与尺寸系列代号之间用“/”分开	深沟球轴承 62 5 618/5 d = 5 mm
10 到 17	10	00	深沟球轴承 62 00 d = 10 mm
	12	01	
	15	02	
	17	03	
20 到 480（22、28、32 除外）		用公称内径除以 5 的商数表示，商数为一位数时，需在商数左边加“0”，如 08	调心滚子轴承 232 08 d = 40 mm
大于和等于 500 以及 22、28、32		直接用公称内径毫米数表示，但在其与尺寸系列代号之间用“/”分开	调心滚子轴承 230/500 d = 500 mm 深沟球轴承 62/22 d = 22 mm
例：调心滚子轴承 23224 2—类型代号 32—尺寸系列代号 24—内径代号 d = 120 mm			

9.4.2 前置代号和后置代号

前置代号和后置代号是当轴承的结构形状、公差、技术要求等有改变时，在轴承基本代号左右添加的补充代号，后置代号用字母或字母加数字表示。内部结构代号及含义如表 9.8 所示；公差等级代号及含义如表 9.9 所示；游隙代号及含义如表 9.10 所示；配置代号及含义如表 9.11 所示。有关后置代号的其他内容可查阅轴承标准及设计手册。

表 9.7　前置、后置代号

前置代号			基本代号	后置代号（组）							
代号	含义	示例		1	2	3	4	5	6	7	8
F	凸缘外圈的向心球轴承（仅适于 $d\leqslant 10$ mm）	F618/4		内部结构	密封与防尘套圈变型	保持架及其材料	轴承材料	公差等级	游隙	配置	其他
L	可分离轴承的可分离内圈或外圈	LNU207									
R	不带可分离内圈或外圈的轴承	RNU207									
WS	推力圆柱滚子轴承轴圈	WS81107									
GS	推力圆柱滚子轴承座圈	GS81107									
KOW -	无轴圈推力轴承	KOW - 51108									
KIW -	无座圈推力轴承	KIW - 51108									
K	滚子和保持架组件	K81107									

表 9.8　后置代号的内部结构代号及含义

代号	含义	示例
A、B、C、D、E	1. 表示内部结构改变 2. 表示标准设计，其含义随轴承的不同类型、结构而异	B ①角接触球轴承公称接触角 $\alpha=40°$　7210B ②角锥滚子轴承接触角加大 32310B C ①角接触球轴承公称接触角 $\alpha=15°$　7005C ②调心滚子轴承 C 型 23112C E 加强型*　NU207E
AC	角接触球轴承公称接触角 $\alpha=25°$	7210AC
D	剖分式轴承	K50×55×20D
ZW	滚针保持架组件双列	K20×25×40ZW

* 加强型（即为内部结构设计改进），增大轴承承载能力的轴承

表 9.9　后置代号中的公差等级代号及其含义

代号	含义	示例
/P0	公差等级符合标准规定的 0 级，在代号中省略而不表示（普通级）	6203
/P6	公差等级符合标准规定的 6 级	6203/P6
/P6x	公差等级符合标准规定的 6x 级	30210/P6x
/P5	公差等级符合标准规定的 5 级	6203/P5
/P4	公差等级符合标准规定的 4 级	6203/P4
/P2	公差等级符合标准规定的 2 级	6203/P2

表 9.10　后置代号中的游隙代号及其含义

代号	含义	示例
/C1	游隙符合标准规定的 1 组	NN3006K/C1
/C2	游隙符合标准规定的 2 组	6210/C2
—	游隙符合标准规定的 0 组	6210
/C3	游隙符合标准规定的 3 组	6210/C3
/C4	游隙符合标准规定的 4 组	NN3006 K/C4
/C5	游隙符合标准规定的 5 组	NNU4920K/C5

表 9.11　后置代号中的配置代号及其含义

代　号	含　义	示　例
/DB	成对背对背安装	7210C/DB
/DF	成对面对面安装	32208/DF
/DT	成对串联安装	7210C/DT

滚动轴承代号示例。

(1) 71908/P5

7——轴承类型为角接触球轴承；

19——尺寸系列代号。1 为宽度系列代号，9 为直径系列代号。

08——内径代号，$d=40$mm；

P5——公差等级为 5 级。

(2) 6204

6——轴承类型为深沟球轴承；

(0) 2——尺寸系列代号，宽度系列代号为 0（省略），2 为直径系列代号；

04——内径代号，$d=20$mm；

公差等级为 0 级（公差等级代号/P0 省略）。

轴承代号中的基本代号最为重要，而 7 位数字中以右起头 4 位数字最为常用。

9.4.3　滚动轴承类型的选择

1. 影响轴承承载能力的参数

(1) 游隙

内、外圈滚道与滚动体之间的间隙称为游隙，即当一个座圈固定时，另一座圈沿径向或轴向的最大移动量（通常用 μ 表示），如图 9.13 所示。游隙可影响轴承的运动精度、寿命、噪声、承载能力等。

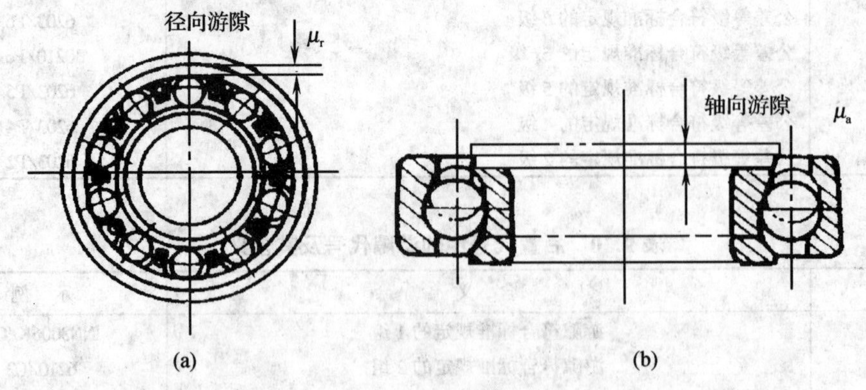

图 9.13　轴承的游隙

(2) 极限转速

滚动轴承在一定载荷和润滑条件下，允许的最高转速称为极限转速。滚动轴承转速过高会使摩擦面间产生高温，使润滑失效，从而导致滚动体胶合而产生破坏。各类轴承极限转速的比较如表9.2所示。

（3）偏位角

安装误差或轴的变形等都会引起轴承内外圈中心线发生相对倾斜，倾斜角 δ 称为偏位角，如图9.14所示。各类轴承的允许偏位角如表9.2所示。

（4）接触角

由轴承结构类型所决定的接触角称为公称接触角，如表9.1所示。当深沟球轴承（$\alpha=0$）只承受径向力时，其内外圈不会做轴向移动，故实际接触角保持不变。如果作用有轴向力 $\boldsymbol{F}_{\mathrm{a}}$ 时（如图9.15所示），其实际接触角不再与公称接触角相同，α 增大至 α_1。对角接触轴承而言，α 值越大，则轴承受轴向载荷的能力也越大。

2. 滚动轴承类型的选择

各类轴承的基本特点在表9.2中进行了说明。选用轴承时，首先是选择类型。选择轴承类型应考虑多种因素，如轴承所受载荷的大小、方向及性质；轴向的固定方式；转速与工作环境；调心性能要求；经济性和其他特殊要求等。滚动轴承的选型原则可概括如下。

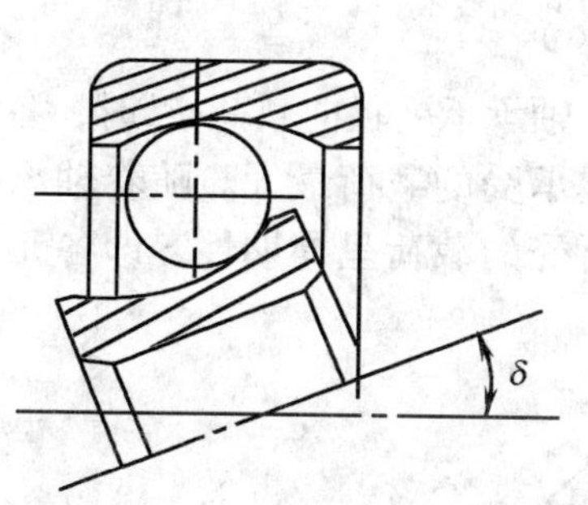

图9.14　轴承偏位角

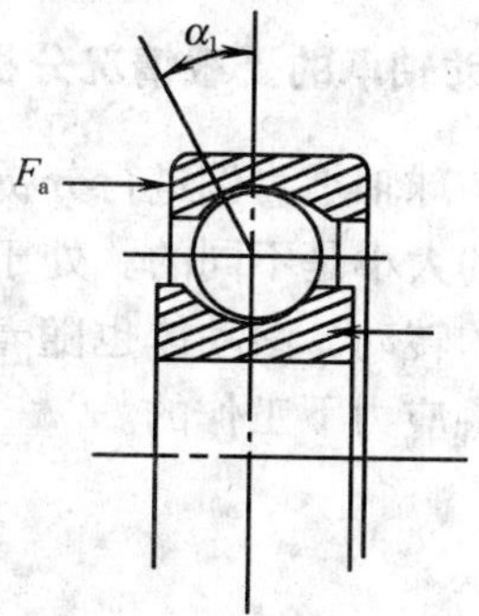

图9.15　接触角的变化

（1）载荷条件

轴承承受载荷的大小、方向和性质是选择轴承类型的主要依据。载荷较大时应选用线接触的滚子轴承。受纯轴向载荷时通常选用推力轴承；主要受径向载荷时应选用深沟球轴承；同时受径向和轴向载荷时应选角接触轴承；当轴向载荷比径向载荷大很多时，常用推力轴承和深沟球轴承的组合结构；受冲击载荷时宜选用滚子轴承。应该注意推力轴承不能承受径向载荷，圆柱滚子轴承不能受轴向载荷。

（2）转速条件

选择轴承类型时应注意其允许的极限转速 $n_{\lim}$。当转速较快且旋转精度要求较高时，应选用球轴承。推力轴承的极限转速低。当工作转速较快，而轴向载荷不大时，可采用角接触球轴承或深沟球轴承。对高速回转的轴承，为减小滚动体施加于外圈滚道的离心力，宜选用外径和滚动体直径较小的轴承。若工作转速超过轴承的极限转速，可通过提高轴承的公差等级、适当加大其径向游隙等措施来满足要求。

(3) 装调性能

3类（圆锥滚子轴承）和 N 类（圆柱滚子轴承）的内外圈可分离，便于装拆。为方便安装在长轴上轴承的装拆和紧固，可选用带内锥孔和紧定套的轴承。

(4) 调心性能

轴承内、外圈轴线间的偏位角应控制在极限值之内，否则会增加轴承的附加载荷而降低其寿命。对于刚度差或安装精度较差的轴系，宜选用调心轴承，如1类（调心球轴承）、2类（调心滚子轴承）轴承。

(5) 经济性

在满足使用要求的情况下优先选用价格低廉的轴承。一般球轴承的价格低于滚子轴承。轴承的精度越高价格越高。在同精度的轴承中，深沟球轴承的价格最低。同型号不同公差等级轴承的价格比为：P0:P6:P5:P4≈1:1.5:1.8:6。选用高精度轴承时应进行性能价格比的分析。

9.5 滚动轴承的分析及计算

9.5.1 滚动轴承的受载情况分析

以深沟球轴承为例进行分析，如图9.16所示。轴承承受径向载荷 F_r 时，各滚动体承受载荷的大小是不同的。处于最低位置的滚动体承受的载荷最大。随着轴承内圈相对于外圈的转动，滚动体也随着运动。轴承元件所受的载荷呈周期性，即各元件是在交变的接触应力下工作的。

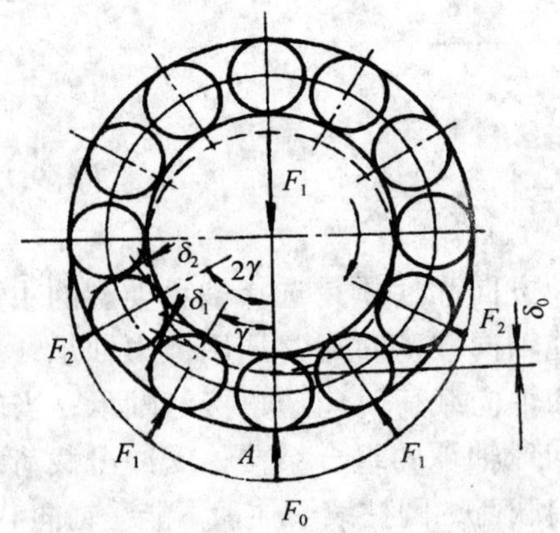

图9.16　滚动轴承的内部径向载荷的分布

9.5.2 滚动轴承的失效形式和计算准则

1. 失效形式

滚动轴承的失效形式主要有三种：疲劳点蚀、塑性变形和磨损。

(1) 疲劳点蚀

滚动体和套圈滚道在交变接触应力的作用下会发生表面接触疲劳点蚀，这是滚动轴承的主要失效形式。点蚀使轴承在运转中产生振动和噪声，回转精度降低且工作温度升高，使轴承丧失正常的工作能力。为防止点蚀，需要进行疲劳寿命计算。

(2) 塑性变形

在静载荷或冲击载荷作用下，滚动体和套圈滚道可能产生塑性变形，出现凹坑，由此导致摩擦增大、运动精度降低，使轴承产生剧烈的振动和噪声，不能正常工作。为防止塑性变形，需对轴承进行静强度计算。

(3) 磨损

轴承在多尘或密封不可靠、润滑不良的条件下工作时，滚动体或套圈滚道易产生磨粒磨损。轴承在高速运转时还会产生胶合磨损，当轴承过热时会产生滚动体胶合。为防止和减轻磨损，应限制轴承的工作转速，采取良好的润滑和密封措施。

此外，由于配合不当、拆装不合理等非正常原因，轴承的内、外圈可能会发生破裂，应在使用和装拆轴承时充分注意这一点。

2. 计算准则

在选择滚动轴承类型后要确定其型号和尺寸，为此需要针对轴承的主要失效形式进行计算，其计算准则为：

①对于一般转速的轴承，即 $10r/min < n < n_{lim}$，如果轴承的制造、保管、安装、使用等条件均良好时，轴承的主要失效形式为疲劳点蚀，因此应以疲劳强度计算为依据进行轴承的寿命计算。

②对于高速轴承，除疲劳点蚀外其工作表面的过热也是重要的失效形式，因此除需进行寿命计算外还应校验其极限转速。

③对于低速轴承，即 $n < 1r/min$，可近似地认为轴承各元件是在静应力作用下工作的，其失效形式为塑性变形，应进行以不发生塑性变形为准则的静强度计算。

9.5.3　滚动轴承的寿命计算

在一般条件下工作的轴承，只要轴承类型选择合适，能正确安装与维护，绝大多数轴承是因为疲劳点蚀而报废。因此滚动轴承的型号选择主要取决于疲劳强度的要求。

1. 基本额定寿命和基本额定动载荷

(1) 寿命

轴承中任一元件首次出现疲劳点蚀前轴承所经历的总转数，或轴承在恒定转速下的总工作小时数为轴承的寿命。

(2) 可靠度

在同一条件下运转的一组近似相同的轴承能达到或超过某一规定寿命的百分率，称为轴承寿命的可靠度。

(3) 基本额定寿命

一批同型号的轴承即使在同样的工作条件下运转，由于制造精度、材料均质程度等因素的影响，轴承的寿命也不尽相同。基本额定寿命是指一批同型号的轴承在相同条件下运转时，90%轴承未发生疲劳点蚀前运转的总圈数，或在恒定转速下运转的总工作小时数，分别用 L_{10}和 L_{10h}表示。按基本额定寿命的计算选用轴承时，可能有 10%以内的轴承提前失效，也即可能有 90%以上的轴承超过预期寿命。而对单个轴承而言，能达到或超过此预期寿命的可靠度为 90%。

(4) 基本额定动载荷

轴承抵抗点蚀破坏的承载能力可由基本额定动载荷表征。基本额定寿命为 10^6 转，即 $L_{10}=1$（单位为 10^6r）时轴承能承受的最大载荷称为基本额定动载荷，用符号 C 表示。换言之，即轴承在基本额定动载荷的作用下。运转 10^6 转而不发生点蚀失效的轴承寿命可靠度为 90%。如果轴承的基本额定动载荷大，则其抗疲劳点蚀的能力强。基本额定动载荷对于向心轴承而言是指径向载荷，称为径向基本额定动载荷 C_r；对于推力轴承而言是指轴向载荷，称为轴向基本额定动载荷 C_a，各种类型、各种型号轴承的基本额定动载荷值可在轴承标准中查到。

2. 当量动载荷

当轴承受到径向载荷 $\boldsymbol{F}_r$ 和轴向载荷 $\boldsymbol{F}_a$ 的复合作用时，为了计算轴承寿命时能与基本额定动载荷作等价比较，需将实际工作载荷转化为等效的当量动载荷 $\boldsymbol{P}$。$\boldsymbol{P}$ 的含义是轴承在当量动载荷 $\boldsymbol{P}$ 作用下的寿命与实际工作载荷条件下的寿命相等。当量动载荷的计算公式为

$$\boldsymbol{P}=f_P\ (XF_r+YF_a) \tag{9.1}$$

式中，f_P 为载荷系数，是考虑机器工作时振动、冲击对轴承寿命影响的系数，见表 9.12；$\boldsymbol{F}_r$ 为径向载荷；$\boldsymbol{F}_a$ 为轴向载荷；X、Y 分别为径向载荷系数和轴向载荷系数，如表 9.13 所示。

表 9.12　载荷系数 f_P

载荷性质	举　例	f_P
无冲击或轻微冲击	电机、汽轮机、通风机、水泵	1.0～1.2
中等冲击	机床、车辆、内燃机、冶金机械、起重机械、减速器	1.2～1.8
强大冲击	轧钢机、破碎机、钻探机、剪床	1.8～3.0

对于只承受纯径向载荷的向心轴承，其当量动载荷为

$$P=f_PF_r \tag{9.2}$$

对于只承受纯轴向载荷的推力轴承，其当量动载荷为

$$P=f_PF_a \tag{9.3}$$

表 9.13 当量动载荷的 X、Y 系数

轴承类型		F_a/C_{0r}①	e③	单列轴承				双列轴承（或成对安装单列轴承）			
				$F_a/F_r \leq e$		$F_a/F_r > e$		$F_a/F_r \leq e$		$F_a/F_r > e$	
名称	类型代号			X	Y	X	Y	X	Y	X	Y
调心球轴承	1	—	$1.5\tan\alpha$②					1	$0.42\cot\alpha$②	0.65	$0.65\cot\alpha$②
调心滚子轴承	2	—	$1.5\tan\alpha$②					1	$0.45\cot\alpha$②	0.67	$0.67\cot\alpha$②
圆锥滚子轴承	3	—	$1.5\tan\alpha$②	1	0	0.4	$0.4\cot\alpha$③	1	$0.45\cot\alpha$②	0.67	$0.67\cot\alpha$②
深沟球轴承	6	0.014	0.19				2.30				2.3
		0.028	0.22				1.99				1.99
		0.056	0.26				1.71				1.71
		0.084	0.28				1.55				1.55
		0.11	0.30	1	0	0.56	1.45	1	0	0.56	1.45
		0.17	0.34				1.31				1.31
		0.28	0.38				1.15				1.15
		0.42	0.42				1.04				1.04
		0.56	0.44				1.00				1.00
角接触球轴承	7 $\alpha = 15°$	0.015	0.38				1.47		1.65		2.39
		0.029	0.40				1.40		1.57		2.28
		0.058	0.43				1.30		1.46		2.11
		0.087	0.46				1.23		1.38		2.00
		0.12	0.47	1	0	0.44	1.19	1	1.34	0.72	1.93
		0.17	0.50				1.12		1.26		1.82
		0.29	0.55				1.02		1.14		1.66
		0.44	0.56				1.00		1.12		1.63
		0.58	0.56				1.00		1.12		1.63
	7 $\alpha = 25°$	—	0.68	1	0	0.41	0.87	1	0.92	0.67	1.41

①C_{0r}为径向基本额定静载荷，由产品目录查山。

②具体数值按不同型号轴承由产品目录或有关手册查出。

③e 为判别轴向载荷 F_a 对当量动载荷 P 影响程度的参数。

3. 滚动轴承的寿命计算

大量试验证明滚动轴承所承受的载荷 $\boldsymbol{P}$ 与寿命 $\boldsymbol{L}$ 的关系如图 9.17 所示，其方程为

$$P^{\varepsilon} L_{10} = \text{常数}$$

式中，$\boldsymbol{P}$ 为当量动载荷，单位为 N；L_{10}为基本额定寿命，单位为 10^6r；ε 为寿命指数，对于球轴承，$\varepsilon = 3$，对于滚子轴承，$\varepsilon = 10/3$。由上式及基本额定动载荷的定义可得

$$P^{\varepsilon} \times L_{10} = C^{\varepsilon} \times 1$$

因此滚动轴承的寿命计算基本公式为

$$L_{10} = \left(\frac{C}{P}\right)^{\varepsilon} \tag{9.4}$$

若用给定转速下的工作小时数 L_{10h}来表示，则为

$$L_{10h}=\frac{10^6}{60n}\left(\frac{C}{P}\right)^{\varepsilon}$$

当轴承的工作温度高于100℃时，其基本额定动载荷 C 的值将降低，需引入温度系数 f_T 进行修正，得

$$L_{10h}=\frac{10^6}{60n}\left(\frac{f_T C}{P}\right)^{\varepsilon}\geqslant [L_h] \tag{9.5}$$

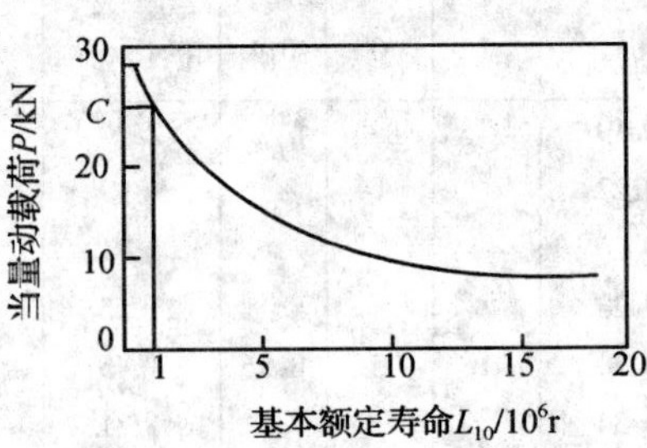

图 9.17　滚动轴承的 $P-L$ 曲线

若以基本额定动载荷 C 表示，可得

$$C\geqslant\frac{P}{f_T}\left(\frac{60n\ [L_h]}{10^6}\right)^{\frac{1}{\varepsilon}} \tag{9.6}$$

式中，n 为轴承的工作转速，单位为 r/min；f_T 为温度系数，如表 9.14 所示；$[L_h]$ 为轴承的预期寿命，单位为 h，可根据机器的具体要求或参考表 9.15 确定。

表 9.14　温度系数 f_T

轴承工作温度/℃	100	125	150	175	200	225	250	300
f_T	1	0.95	0.90	0.85	0.80	0.75	0.70	0.60

表 9.15　轴承预期寿命 $[L_h]$ 的参考值

机器种类		预期寿命/h
不经常使用的仪器及设备		500
航空发动机		500 ~ 2 000
间断使用的机器	中断使用不致引起严重后果的手动机械、农业机械等	4 000 ~ 8 000
	中断使用会引起严重后果的机器设备，如升降机、输送机、吊车等	8 000 ~ 12 000
每天工作 8 小时的机器	利用率不高的齿轮传动、电机等	12 000 ~ 20 000
	利用率较高的通风设备、机床等	20 000 ~ 30 000
连续工作 24 小时的机器	一般可靠性的空气压缩、电机、水泵等	50 000 ~ 60 000
	高可靠性的电站设备、给排水装置等	> 100 000

【例 9.1】　一水泵选用深沟球轴承，已知轴的直径 $d=35$mm，转速 $n=2900$r/min，轴承所受径向载荷 $F_r=2300$N，轴向载荷 $F_a=540$N，工作温度正常，要求轴承预期寿

命 $[L_h]=5000\text{h}$，试选择轴承型号。

解：

1）求当量动载荷 $\boldsymbol{P}$。

根据式（9.1）得 $P=f_P(XF_r+YF_a)$

查表 9.12 得 $f_P=1.1$，式中径向载荷系数 X 和轴向载荷系数 Y 要根据$\dfrac{F_a}{C_{or}}$值查取，C_{or}是轴承的径向额定静载荷，未选轴承型号前暂不知道，故用试算法计算。根据表 9.13，暂取$\dfrac{F_a}{C_{or}}=0.028$，则 $e=0.22$。由 $F_a/F_r=540/2300=0.235>e$，查表 9.13 得，$X=0.56$，$Y=1.99$，则

$$P=1.1\times(0.56\times2300+1.99\times540)\ \text{N}=2600\text{N}$$

2）计算所需的径向额定动载荷值。

由式（9.6）可得

$$C=\frac{P}{f_T}\left(\frac{60n[L_h]}{10^6}\right)^{\frac{1}{\varepsilon}}$$

$$=\frac{2600}{1}\times\left(\frac{60\times2900}{10^6}\times5000\right)^{\frac{1}{\varepsilon}}\text{N}=24820\text{N}$$

3）选择轴承型号。

查有关轴承的手册，根据 $d=35\text{mm}$ 选得 6307 轴承，其 $C_r=33200\text{N}>24820\text{N}$，$C_{or}=19200\text{N}$。6307 轴承的$\dfrac{F_a}{C_{or}}=\dfrac{540}{19200}=0.0281$与初定值相近，所以，选用深沟球轴承 6307 合适。

4. 角接触轴承的载荷计算

（1）角接触轴承的内部轴向力

由于结构的原因，角接触球轴承和圆锥滚子轴承在承受径向载荷时会产生内部轴向力 $\boldsymbol{F}_{s0}$由于接触角 α 的存在，使得载荷作用线偏离轴承宽度的中点，而与轴心线交于

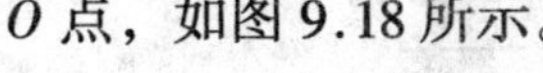

O 点，如图 9.18 所示。

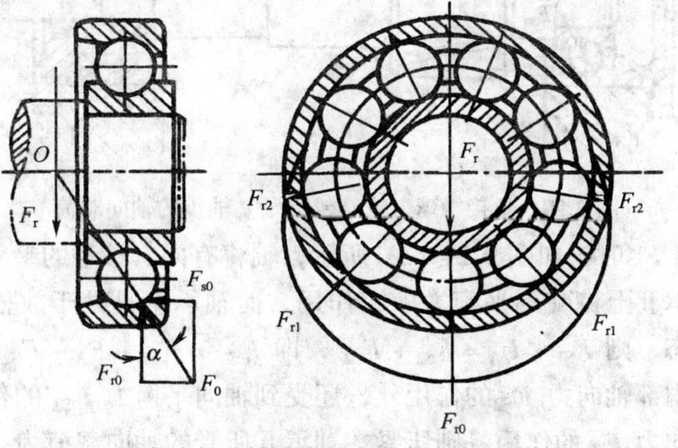

图 9.18　角接触球轴承中径向载荷所产生的轴向分力

当角接触轴承承受径向载荷 $\boldsymbol{F}_r$ 时，所产生的内部轴向力 $\boldsymbol{F}_s$ 可按表 9.16 所列的近似式计算，其方向由外圈的宽边指向窄边。

表 9.16　角接触轴承的内部轴向力 $\boldsymbol{F}_s$

轴承类型	圆锥滚子轴承（3类）	角接触球轴承（7类）		
		$\alpha=15°$	$\alpha=25°$	$\alpha=40°$
F_s	$F_r/(2Y)$	eF_r	$0.68F_r$	$1.14F_r$

注：1）Y 为圆锥滚子轴承的轴向系数。

2）若接触角 α 与 Y 的关系为 $Y=0.4\cot\alpha$，可查有关手册确定 α 的值。

(2) 角接触轴承的轴向载荷计算

为了使角接触轴承能正常工作，通常采用两个轴承成对使用，对称安装的方式。如图 9.19 所示为成对安装角接触轴承的两种安装方式，正装时外圈窄边相对，轴的实际支点偏向两点里侧，反装时外圈窄边相背，轴的实际支点偏向两支点外侧。简化计算时可近似认为支点在轴承宽度的中点处。

因此在计算轴承所承受的轴向载荷时，不但要考虑 $\boldsymbol{F}_s$ 与 $\boldsymbol{F}_a$ 的作用，还要考虑到安装方式的影响。下面以一对角接触球轴承支承的斜齿轮轴为例分析轴承上所承受的轴向载荷，如图 9.20 所示。

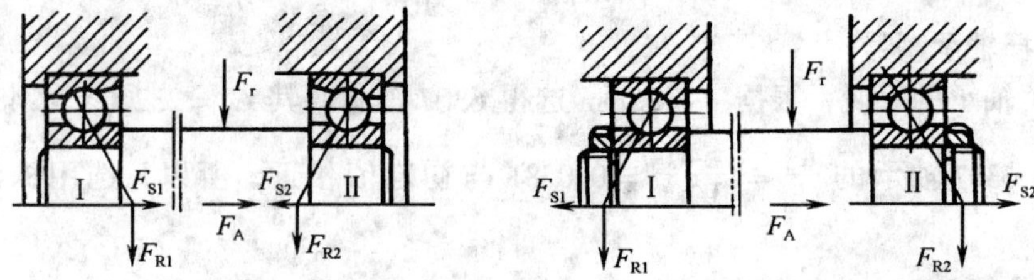

图 9.19　角接触轴承轴向载荷的分析

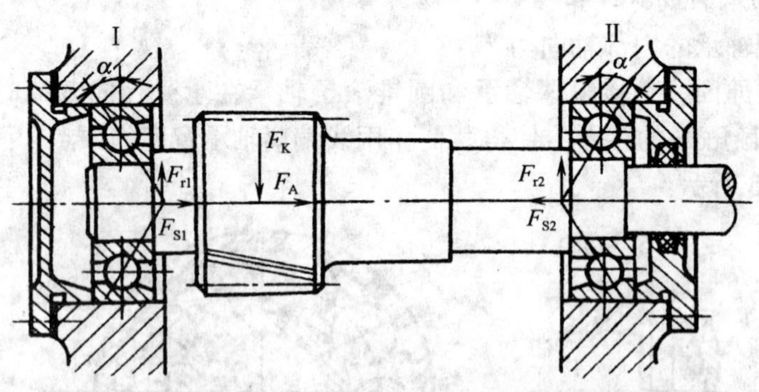

图 9.20　角接触球（或圆锥滚子）轴承的轴向载荷

若 $\boldsymbol{F}_{S1}+\boldsymbol{F}_A>\boldsymbol{F}_{S2}$ 时，如图 9.21（a）所示，轴将有向右移动的趋势，轴承Ⅱ被端盖顶住而压紧。轴承Ⅱ上将受到平衡力 $\boldsymbol{F}_{S2}'$ 作用，而轴承Ⅰ是处于放松状态。轴与轴承组件处于平衡状态，则 $\boldsymbol{F}_{S1}+\boldsymbol{F}_A=\boldsymbol{F}_{S2}+\boldsymbol{F}_{S2}'$，即 $\boldsymbol{F}_{S2}'=\boldsymbol{F}_{S1}+\boldsymbol{F}_A-\boldsymbol{F}_{S2}$。

轴承Ⅱ除受内部轴向力 $\boldsymbol{F}_{S2}$ 的作用外，还受到轴向平衡力 $\boldsymbol{F}_{S2}'$ 的作用，而轴承Ⅰ仅受自身的内部轴向力 $\boldsymbol{F}_{S1}$ 的作用，则压紧端轴承Ⅱ所受的轴向载荷为

$$F_{a2} = F_{S2} + F_{S2}' = F_{S1} + F_A$$

放松端轴承Ⅰ所受的轴向载荷为

$$F_{a1} = F_{S1}$$

若 $F_{S1} + F_A < F_{S2}$时，如图9.21（b）所示，轴将有向左移动的趋势，左端轴承Ⅰ被压紧，而右端轴承Ⅱ被放松。同上述分析方法可得出：

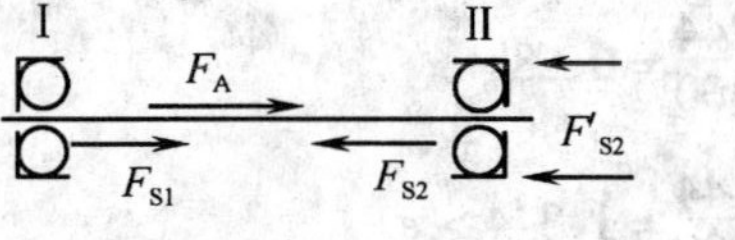

(a)$F_{S1}+F_A>F_{S2}$

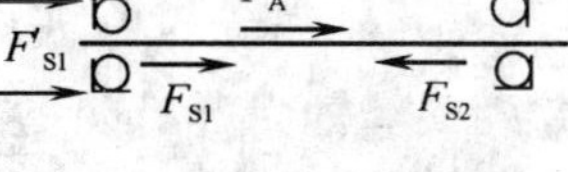
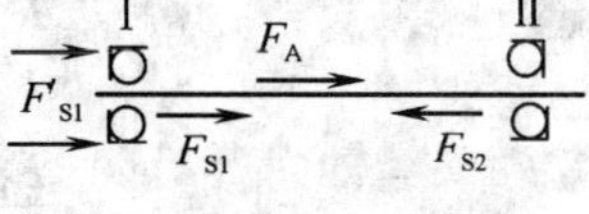

(b)$F_{S1}+F_A<F_{S2}$

图 9.21　轴向力示意图

压紧端轴承Ⅰ所受的轴向载荷为

$$F_{a1} = F_{S1} + F_{S1}' = F_{S2} - F_A$$

放松关轴承Ⅱ所受的轴各载荷为

$$F_{a2} = F_{S2}$$

由此可得计算两支点轴向载荷的步骤如下：

①根据轴承和安装方式，画出内部轴向力 F_{S1}和 F_{S2}的方向；

②设内部轴向力 F_{S1}与外载荷 F_A 同向，F_{S2}与 F_A 反向。通过比较 $F_A + F_{S1}$与 F_{S2}的大小判断轴的移动趋势及轴承的压紧及放松端。

③压紧端的轴向载荷 F_a 等于除去压紧关本身的人部轴向力外，所以轴向力的代数和；

④放松端的轴向载荷 F_a 等于放松端本身的内部轴向力 F_S。

【例 9.2】　一工程机械的传动装置中，根据工作条件决定采用一对向心角接触球轴承，如图 9.22 所示，并初选轴承型号为 7211AC。已知轴承所受载荷 F_{r1} = 3300N，F_{r2} = 1000N，轴向载荷 F_A = 900N，轴的转速 n = 1750r/min，轴承在常温下工作，运转中受中等冲击，轴承预期寿命 10000h。试问所选轴承型号是否恰当？

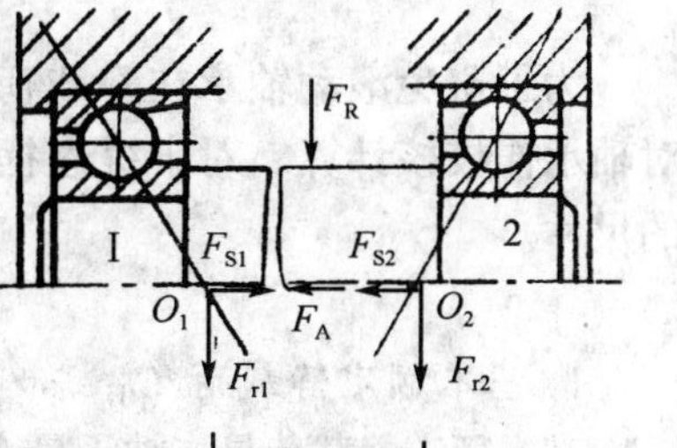

图 9.22　向心角接触轴承

解：

1）计算轴承的轴向力 F_{a1}、F_{a2}。

由表 9.16 查得 7211AC 轴承内部轴向力的计算公式为

$$F_S = 0.68Fr$$

则

$$F_{S1} = 0.68F_{r1} = 0.68 \times 3300\text{N} = 2244\text{N}\text{（方向如图示）}$$

$$F_{S2} = 0.68F_{r2} = 0.68 \times 1000\text{N} = 680\text{N}\text{（方向如图示）}$$

因为

$$F_{S2} + F_A = (680 + 900)\text{N} = 1580\text{N} < F_{S1}$$

所以轴承 2 为压紧端，故有

$$F_{a1}=F_{S1}=2244\text{N}$$

$$F_{a2}=F_{S1}-F_A=(2244-900)\ \text{N}=1344\text{N}$$

2）计算轴承的当量动载荷 $\boldsymbol{P}_1$、$\boldsymbol{P}_2$。

由表 9.13 查得 7211AC 轴承的 $e=0.68$，而

$$\frac{F_{a1}}{F_{r1}}=\frac{2244}{3300}=0.68=e$$

$$\frac{F_{a2}}{F_{r2}}=\frac{1344}{1000}=1.344>e$$

查表 9.13 可得，$X_1=1$，$Y_1=0$；$X_2=0.41$，$Y_2=0.87$。根据表 9.12 取 $f_p=1.4$，则轴承的当量动载荷为

$$P_1=f_p(X_1F_{r1}+Y_1F_{a1})=1.4\times(1\times3300+0\times2244)\ \text{N}=4620\text{N}$$

$$P_2=f_p(X_2F_{r2}+Y_2F_{a2})=1.4\times(0.41\times1000+0.87\times1344)\ \text{N}=2211\text{N}$$

3）计算轴承寿命 L_{10h}。

因两个轴承的型号相同，所以其中当量动载荷大的轴承寿命短。因 $P_1>P_2$，所以只需计算轴承 1 的寿命。

查手册得 7211AC 轴承的 $C_r=50500\text{N}$。取 $\varepsilon=3$，$f_T=1$，则上式（9.5）得

$$L_{10h}=\frac{10^6}{60n}\left(\frac{f_tC}{p}\right)^{\varepsilon}=\frac{10^6}{60\times1750}\times\left(\frac{1\times50500}{4620}\right)^3\text{h}=12437\text{h}$$

由此可见轴承的寿命大于轴承的预期寿命，所以所选轴承型号合适。

9.5.4 滚动轴承的静强度计算

为了避免滚动轴承在静载荷或冲击载荷作用下产生过大的塑性变形，应按静强度对轴承作校核计算。对于缓慢摆动或极低速运转的轴承，应按轴承的静载荷选择轴承的尺寸。

1. 基本额定静载荷 C_0

基本额定静载荷是指轴承最大载荷滚动体与滚道接触中心处引起以下接触应力时的载荷：调心球轴承为 4600MPa；所有其他型号的球轴承为 4200MPa；滚子轴承为 4000MPa。

基本额定静载荷对于向心轴承为径向额定静载荷 C_{0r}；对推力轴承为轴向额定静载荷 C_{0a}。各类轴承的 C_0 值可由轴承标准中查得。

2. 当量静载荷 $\boldsymbol{P}_0$

当量静载荷被定义为大小和方向恒定的静载荷，在该载荷作用下应力最大的滚动体和滚道接触处总的永久变形量与实际载荷作用下的永久变形量相同。对于同时承受径向载荷 $\boldsymbol{F}_r$ 和轴向载荷 $\boldsymbol{F}_a$ 的轴承，应按当量静载荷 $\boldsymbol{P}_0$ 进行计算。

向心轴承的径向当量静载荷 $\boldsymbol{P}_{0r}$按下式计算。

$\alpha=0°$的向心滚子轴承为

$$P_{0r} = F_r \tag{9.7}$$

向心球轴承和 $\alpha \neq 0°$ 的向心滚子轴承为

$$\begin{cases} P_{0r} = X_0 F_r + Y_0 F_a \\ P_{0r} = F_r \end{cases} \tag{9.8}$$

式中，X_0、Y_0 分别为静径向载荷系数和静轴向载荷系数，见表9.17，取式（9.8）中两式计算值的较大值。

推力轴承的轴向当量静载荷按下列公式计算。

$\alpha = 90°$ 的推力轴承为

$$P_{0a} = F_a \tag{9.9}$$

$\alpha \neq 90°$ 的推力轴承为

$$P_{0a} = 2.3F_r\tan\alpha + F_a \tag{9.10}$$

3. 静强度计算

轴承产生过大塑性变形的静强度计算公式为

$$\frac{C_0}{P_0} \geqslant S_0 \tag{9.11}$$

式中，S_0 为静强度安全系数，如表9.18所示；C_0 为基本额定静载荷，单位为N；P_0 为当量静载荷，单位为N。

对于有短期的严重过载、转速较高的轴承，或对承受强大冲击载荷、一般转速的轴承，除进行寿命计算外，不应进行静强度校核。

【例 9.3】 试对7205AC角接触轴承进行静强度计算。已知轴承所受轴向载荷 $F_a = 1300N$，径向载荷 $F_r = 1800N$，载荷系数 $f_p = 1.2$，工作转速 $n = 460r/min$，每天工作8小时。

表 9.17 滚动轴承的 X_0 和 Y_0 值

轴承类型		单列		双列	
		X_0	Y_0	X_0	Y_0
深沟球轴承		0.5	0.5	0.6	0.5
角接触球轴承	$\alpha = 15°$	0.5	0.46	1	0.92
	$\alpha = 20°$		0.42		0.84
	$\alpha = 25°$		0.38		0.76
	$\alpha = 30°$		0.33		0.66
	$\alpha = 35°$		0.29		0.58
	$\alpha = 40°$		0.26		0.52
	$\alpha = 45°$		0.22		0.44
调心球轴承 $\alpha \neq 0°$		0.5	$0.22\cot\alpha$	1	$0.44\cot\alpha$
调心滚子轴承 $\alpha \neq 0°$		0.5	$0.22\cot\alpha$	1	$0.44\cot\alpha$
圆锥滚子轴承		0.5	$0.22\cot\alpha$	1	$0.44\cot\alpha$

注：1）对于两个相同的深沟球轴承、角接触球轴承或圆锥滚子轴承，以“背对背”或“在对面”成对安装在同一支点上作为一个整体运转时，计算其径向当量静载荷时，用双列轴承的 X_0 和 Y_0 值，F_r 和 F_a 取为作用在该支承上的总载荷；对于“串联”安装，计算时则用单列轴承的 X_0 和 Y_0 值，F_r 和 F_a 也取为作用于该支承上的总载荷。

2）表中 α 为公称接触角。

表 9.18 滚动轴承的静强度安全系数 S_0

使用要求或载荷性质		S_0
旋转轴承	正常使用	0.8~1.2
	对旋转精度和运转平稳性要求较低、没有冲击和振动	0.5~0.8
	对旋转精度和运转平稳性要求较高	1.5~2.5
	承受较大振动和冲击	1.2~2.5
静止轴承（静止、缓慢摆动、极低速旋转）	不需经常旋转的轴承、一般载荷	0.5
	不需经常旋转的轴承、有冲击载荷或载荷分布不均（例如水坝闸门 $S_0 \geqslant 1$，吊桥 $S_0 \geqslant 1.5$）	1~1.5

注：1）推力调心滚子轴承无论旋转与否，均取 $S_0 \geqslant 2$。对旋转轴承，滚子轴承比球轴承的 S_0 值取得高，一般均不小于 1。

2）与轴承配合部位的座体刚度较低时，应取较高的安全系数，反之取较低的值。

解：

1）计算当量静载荷。

查手册得 7205AC 轴承的 $C_{0r} = 9880\text{N}$，由表 9.17 查得 $X_0 = 0.5$，$Y_0 = 0.38$，由式(9.8)可得

$$P_{0r} = X_0 F_r + Y_0 F_a = (0.5 \times 1800 + 0.38 \times 1300)\text{N} = 1394\text{N}$$

$$P_{0r} = F_r = 1800\text{N}$$

取两者中较大值为计算值，即 $P_{or} = 1800\text{N}$.

2）静强度校核。

由表 9.18 知，对旋转精度和平稳性要求高的轴承取 $S_0 = 1.5 \sim 2.5$，由式（9.11）得

$$\frac{C_{0r}}{p_{0r}} = \frac{9880}{1800} = 5.5 > S_0$$

所以轴承的静强度足够。

9.5.5 滚动轴承的选择

滚动轴承是一种高度标准化的部件，它的选择可分成两个步骤进行：①按工作条件首先确定滚动轴承的类型；②选择轴承的尺寸。

1. 轴承类型的选择

根据本章 9.4 节中所述，选择轴承的类型时必需考虑 5 个原则。应先选取几个轴承类型方案，然后进行全面的分析比较，最后才能确定究竟选用哪一类型的轴承最为合适。

2. 轴承尺寸的选择

在选定轴承的类型后，求出轴承的当量动载荷 P（或当量静载荷 P_0），代入式(9.6)，求出基本额定动载荷 C，然后查有关的轴承手册，确定轴承的尺寸。

轴承的工作转速不同，则其失效形式也不同，因而寿命计算方法及选择轴承尺寸的原则也不同。下面分几种情况予以讨论。

①对于静止轴承、缓慢摆动或极低速动转的轴承（工作转速 $n<1$ r/min），根据其失效形式可知，选择轴承时应按静载荷计算。求出轴承的基本额定静载荷 C_0，使 $C_0 \geqslant S_0 P_0$，查有关轴承手册确定轴承的尺寸。

②对于一般运转的轴承（$10<n \leqslant$ nlim），按寿命计算进行轴承尺寸的选择，使轴承寿命大于预期寿命。

③当轴承的工作转速 n 在 1～10 r/min 之间时，其轴承尺寸的选择有两种方法：①按 $n=10$r/min 选择轴承尺寸；②一方面将实际的 n 值代入寿命计算公式中计算出 C 值，另一方面按静载荷强度计算公式计算出 C_0 值。将二者进行比较，把其中较大值对应的轴承尺寸作为所选的轴承尺寸。

④对于转速较高又同时承受冲击载荷的轴承，除进行寿命计算外，还要进行轴承的静强度校核。

⑤对于高速轴承，除进行寿命计算外，还应检验极限转速。

若不能满足要求时则可放大轴承的尺寸。

3. 公差等级的选择

对于同型号的轴承，其精度越高价格也越高，因此一般的机械传动中宜选用普通级（$P0$）精度的轴承。

9.6　滚动轴承的组合设计

为保证滚动轴承的正常工作，除了要合理选择轴承的类型和尺寸外，还必须正确、合理地进行轴承的组合设计，即正确解决轴承的轴向位置固定、轴承与其他零件的配合、轴承的调整与装拆等问题。

9.6.1　轴承的轴向固定

1. 内圈固定

如图 9.23 所示为轴承内圈轴向固定的常用方法。轴承内圈的一端常用轴肩定位固定，另一端则可采用轴用弹性挡圈，轴端挡圈，圆螺母和止动垫圈，开口圆锥紧定套、止动垫圈和圆螺母等定位形式。

为保证定位可靠，轴肩圆角半径必须小于轴承的圆角半径。

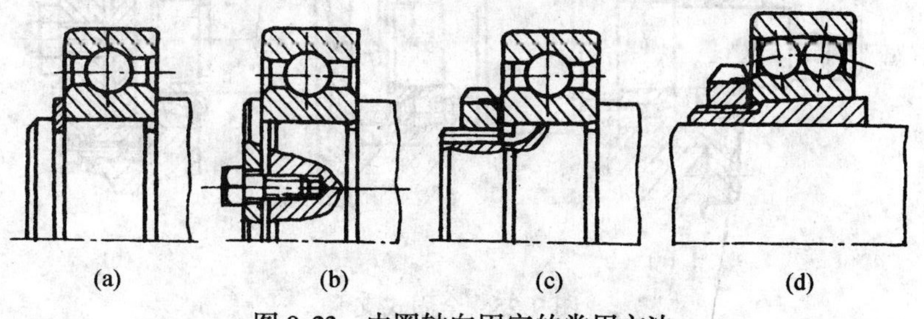

图 9.23　内圈轴向固定的常用方法

2. 外圈固定

如图 9.24 所示为轴承外圈轴向固定的常用方法。外圈在轴承孔中的轴向位置常用座孔的台肩如图 9.24（a）所示、轴承盖如图 9.24（b）、（c）所示、止动环如图 9.24（d）所示、孔用弹性挡圈如图 9.24（e）所示、螺纹环如图 9.24（g）所示、套杯肩环如图 9.24（i）所示等结构固定。

轴向固定可以是单向固定，也可以是双向固定。

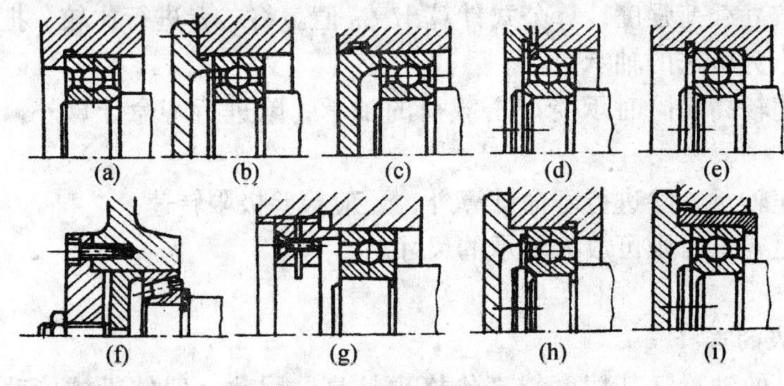

图 9.24　外圈轴向锁紧方法

9.6.2　轴承组的轴向固定

滚动轴承组成的支承结构必须满足轴系轴向定位可靠、准确的要求，并要考虑轴在工作中有热伸长时其伸长量能够得到补偿。常用轴承组轴向固定的方式有以下三种。

1. 两端固定式

如图 9.25（a）所示为全固式支承结构，轴的两个支点中的每个支点都能限制轴的单向移动，两个支点合起来就限制了轴的双向移动。这种支承形式结构简单，适用于工作温度变化不大的短轴（跨距≤350mm）。考虑到轴受热后会伸长，一般在轴承端盖与轴承外圈端面间留有补偿间隙 $a=0.2\sim0.4$mm。也可由轴承游隙来补偿，如图9.25（a)下半部所示。当采用角接触球轴承或圆锥滚子轴承时，轴的热伸长量只能由轴承的游隙补偿。间隙 a 和轴承游隙的大小可用热处理或图 9.25（b）中所示的调整螺钉来调节。

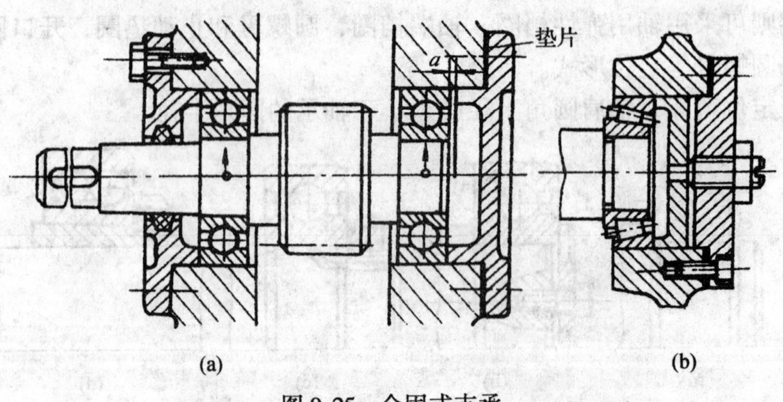

图 9.25　全固式支承

2. 一端固定、一端游动式

如图9.26（a）所示的支承结构中，一个支点为双向固定（图中左端），另一个支点则可做轴向移动（图中右端），这种支承结构称为游动支承。选用深沟球轴承作为游动支承时应在轴承外圈与端盖间留适当间隙；选用圆柱滚子轴承作为游动支承时［如图9.26（b）所示］，依靠轴承本身具有内、外圈可分离的特性达到游动目的。这种固定方式适用于工作温度较高的长轴（跨距 $L > 350$mm）。

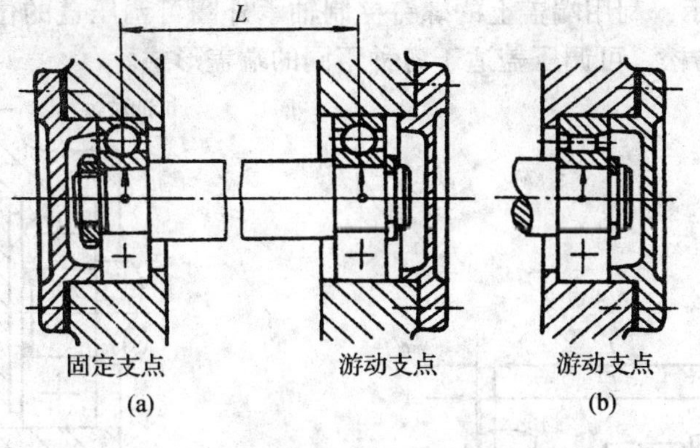

图9.26　固游式支承

3. 两端游动式

在如图9.27所示的人字齿轮传动中，小齿轮轴两端的支承均可沿轴向游动，即为两端游动，而大齿轮轴的支承结构采用了两端固定结构。由于人字齿轮的加工误差使得轴转动时产生左右窜动，而小齿轮轴采用两端游动的支承结构，满足了其运转中自由游动的需要，并可调节啮合位置。若小齿轮轴的轴向位置也固定，将会发生干涉以至卡死现象。

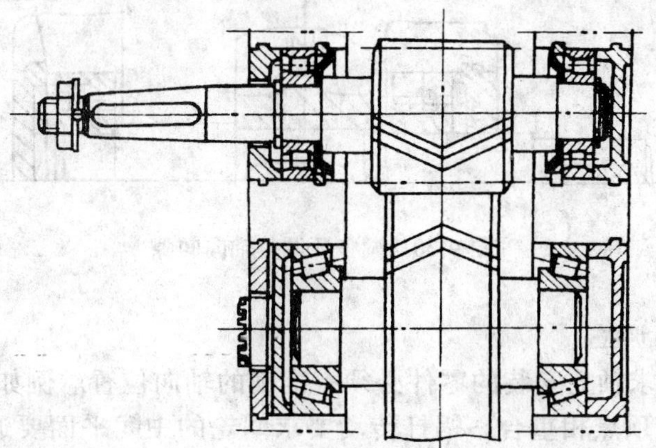
图9.27　全游式支承

9.6.3 轴承组合的调整

1. 轴承间隙的调整

为使轴正常工作，通常采用如下调整措施保证滚动轴承应有的轴向间隙。

(1) 调整垫片

如图 9.28 所示，靠增减端盖与箱体结合面间垫片的厚度进行调整。

(2) 可调压盖

如图 9.29 所示，利用端盖上的螺钉控制轴承外圈可调压盖的位置来实现调整，调整后用螺母锁紧防松。可调压盖适于各种不同的端盖形式。

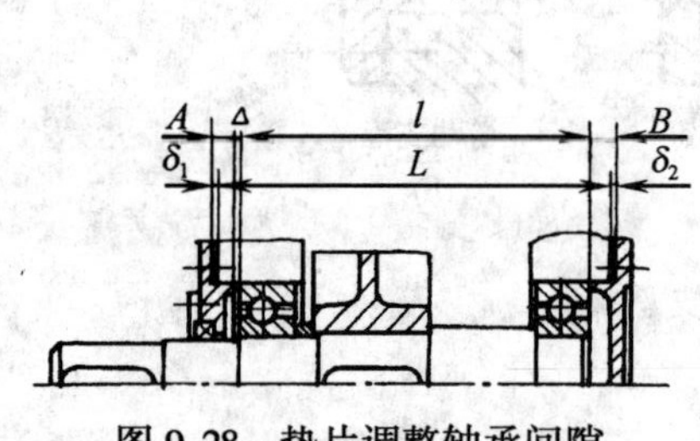

图 9.28 垫片调整轴承间隙

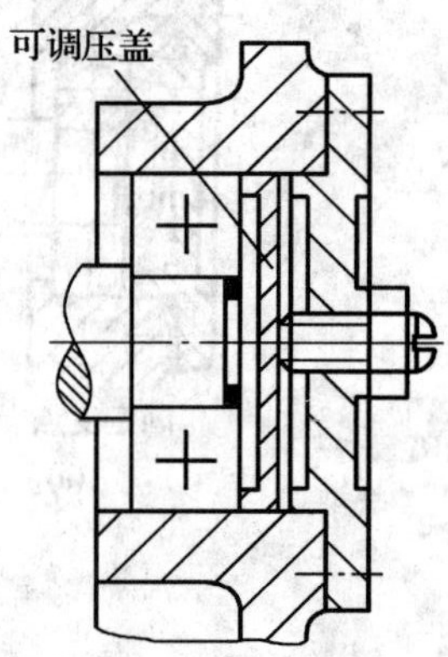

图 9.29 可调压盖调整轴承间隙

(3) 调整环

如图 9.30 所示，在端盖与轴承间设置不同厚度的调整环来进行调整。这种调整方式适用于嵌入式端盖。

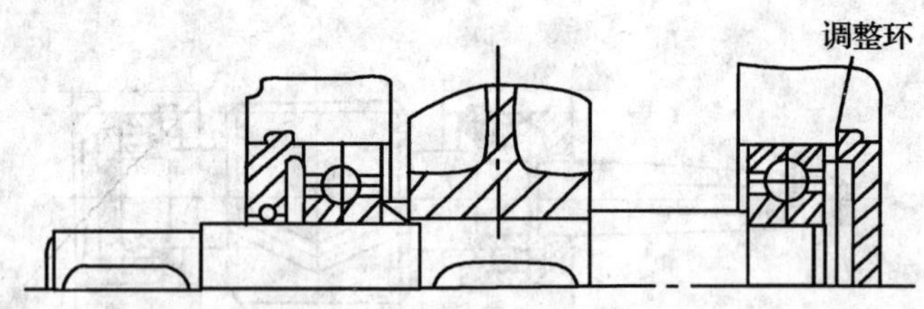

图 9.30 调整环调整轴向间隙

2. 轴向位置的调整

如某些场合要求轴上安装的零件必须有准确的轴向位置。例如，圆锥齿轮传动要求两锥齿轮的节锥顶点相重合，蜗杆传动要求蜗轮的中间平面要通过蜗杆的轴线等。这种情况下需要有轴向位置调整的措施。

图 9.31 所示为圆锥齿轮轴承组合位置的调整方式，通过改变套杯与箱体间垫片 1 的厚度，使套杯做轴向移动，以调整齿轮的轴向位置。垫片 2 则用来调整轴承间隙。

9.6.4　轴承组合支承部分的刚度和同轴度

在支承结构中，安装轴承处必须要有足够的刚度才能使滚动体正常滚动。因此轴承座孔壁应有足够的厚度，并用加强肋增强其刚性，如图 9.32 所示。

支承结构中同一根轴上的轴承座孔应尽可能同心。为此应采用整体结构的外壳，并将安装轴承的两个座孔一次镗出。如果一根轴上装有不同尺寸的轴承，则可利用衬套使轴承座孔径相等，以便各座孔能一次镗出，如图 9.33 所示。

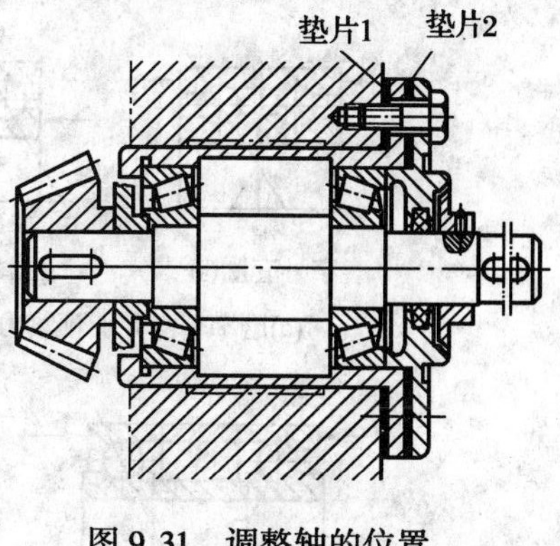

图 9.31　调整轴的位置和轴承内部间隙

角接触轴承安装方式不同时，轴承组合的刚性也不同。一般机器中常用正装方式，以方便安装和调节。

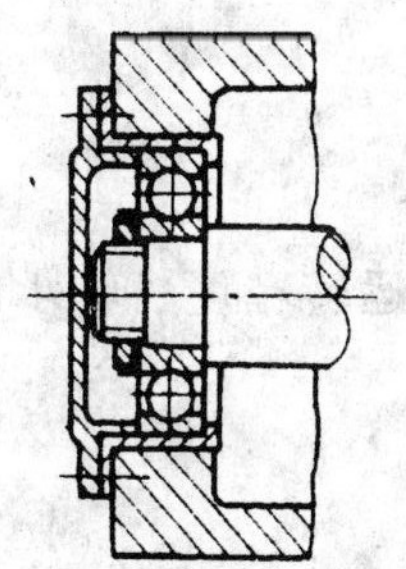
图 9.32　用加强肋增强轴承座孔的刚性

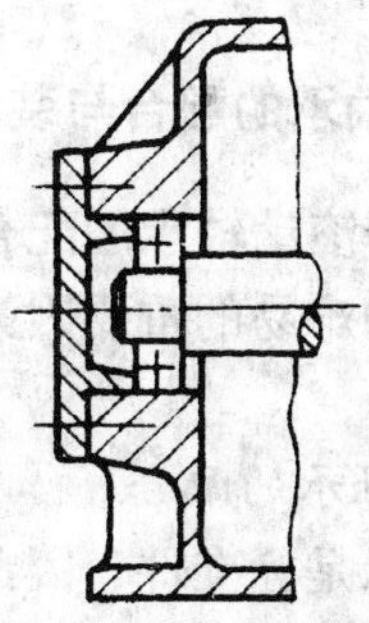
图 9.33　使用衬套的轴承座孔

9.6.5　轴承的预紧

轴承的预紧就是在安装轴承时使其受到一定的轴向力，以消除轴承的游隙并使滚动体和内、外圈接触处产生弹性预变形，如图 9.34 所示。预紧的目的在于提高轴承的刚度和旋转精度。成对并列使用的圆锥滚子轴承、角接触球轴承，对旋转精度和刚度有较高要求的轴系通常都采用预紧方法。常用的预紧方法有磨窄套圈并加预紧力、在套圈间加垫片并加预紧力、在两轴承间加入不等厚的套筒控制预紧力等，如图 9.35 所示。

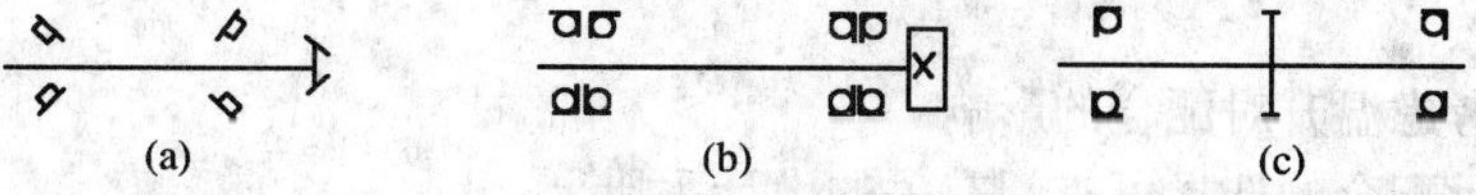

图 9.34　轴承组安装方式示意图

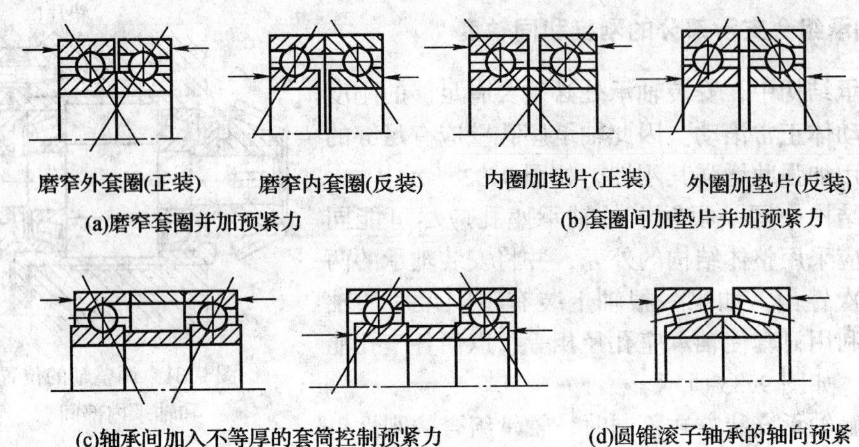

图 9.35　滚动轴承的预紧

9.6.6　滚动轴承的配合与装拆

合理选择滚动轴承的配合与装拆方法是影响轴组件的运转精度、轴承的使用寿命以及轴承维护难易的重要因素。

1. 滚动轴承的配合

滚动轴承是标准件，因此轴承内圈与轴的配合采用基孔制，轴承外圈与轴承座孔的配合采用基轴制。但滚动轴承公差带与一般圆柱面配合的公差带不同，轴承内孔和外径的上偏差为0，下偏差为负，所以内圈与轴配合较紧，而外圈与座孔的配合较松。

在设计时，应根据机器的工作条件、载荷的大小及性质、转速的高低、工作温度及内外圈中哪一个套圈转动等因素选择轴承的配合。可参考以下几个原则进行选择。

①当外载荷方向不变时，转动套圈应比固定套圈的配合紧一些。一般内圈随轴转动，外圈固定不转，故内圈常取具有过盈的过渡配合，如 r6、n6、m6、k6、j6；外圈常取较松的配合，如 G7、H7、J7、K7、M7 等。

②高速、重载情况下应采用较紧配合。

③作游动支承的轴承外圈与座孔间应采用间隙配合，但又不能过松，怕发生相对转动。

④轴承与空心轴的配合应选用较紧配合，剖分式轴承座座孔与轴承外圈的配合应较松。

⑤充分考虑温升对配合的影响。

滚动轴承配合的选择可查阅有关的设计手册。

2. 滚动轴承的安装与拆卸

滚动轴承是精密组件，因而装拆方法必须规范，否则会使轴承精度降低，损坏轴承和其他零部件。

滚动轴承的组合结构应有利于轴承的装拆。装拆时，要求滚动体不受力，装拆力要对称或均匀地作用在座圈端面上。

(1) 轴承的安装

①冷压法。常用专用压套压。装轴承的内、外圈，如图 9.36 所示。

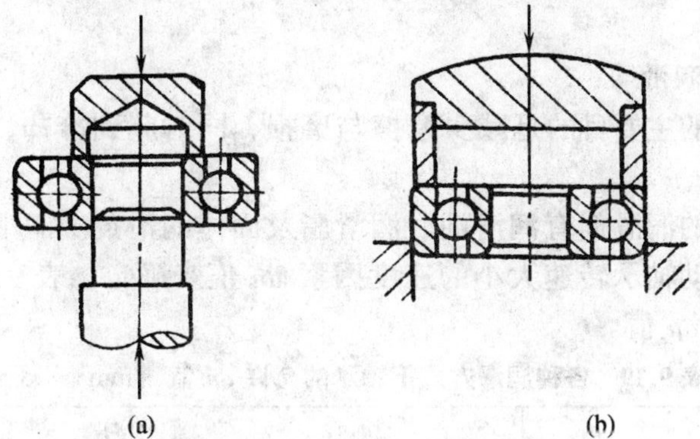

图 9.36　冷压法装轴承

②热套法。将轴承放入油池中加热至 80～100℃，然后套装在轴上。

(2) 轴承的拆卸

应采用专用拆卸工具或压力机拆卸轴承，如图 9.37 所示。

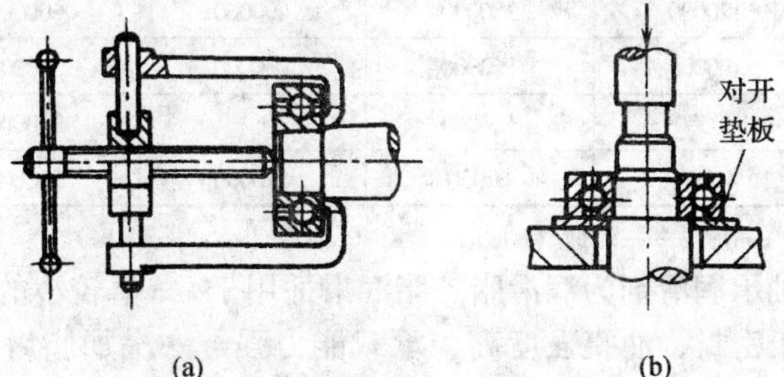

图 9.37　轴承内圈的拆卸

为了便于拆卸，轴上定位轴肩的角度应小于轴承内圈的高度。同理，轴承外圈在套筒内应留出足够的高度和必要的拆卸空间，或在壳体上制出能放置拆卸螺钉的螺纹孔，如图 9.38 所示。

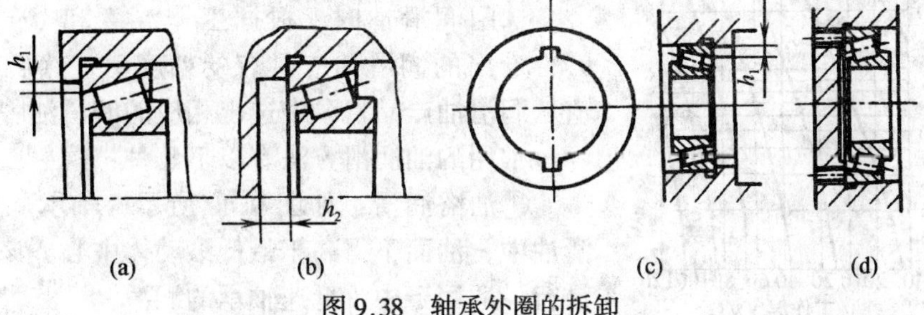

图 9.38　轴承外圈的拆卸

9.6.7 滚动轴承的润滑与密封

根据滚动轴承的实际工作条件，选择合适的润滑方式并设计可靠的密封结构，是保证滚动轴承正常工作的重要条件，对滚动轴承的使用寿命有着重要的影响。

1. 滚动轴承的润滑

滚动轴承润滑的主要目的是减少摩擦与磨损，同时起到冷却、吸振、防锈及降低噪声等作用。

滚动轴承常用的润滑剂有润滑油、润滑脂及固体润滑剂。润滑方式和润滑剂的选择，可根据表征滚动轴承转速大小的速度因素 *dn* 值来确定。表 9.19 列出了各种润滑方式下轴承的允许 *dn* 值。

表 9.19 各种润滑方式下轴承的允许 *dn* 值（mm·r/min）

轴承类型	脂润滑	油润滑			
		油浴润滑	滴油润滑	循环油润滑	喷雾润滑
深沟球轴承	160000	250000	400000	600000	>600000
调心球轴承	160000	250000	400000		
角接触球轴承	160000	250000	400000	600000	>600000
圆柱滚子轴承	120000	250000	400000	600000	
圆锥滚子轴承	100000	160000	230000	300000	
调心滚子轴承	80000	120000		250000	
推力球轴承	40000	60000	120000	150000	

注：*d*——轴承内径（mm）；*n*——转速（r/min）。

最常用的滚动轴承润滑剂为润滑脂。脂润滑适用于 *dn* 值较小的场合，其特点是润滑脂不易流失、易于密封、油膜强度高、承载能力强，一次加脂后可以工作相当长的时间。装填润滑脂时一般不超过轴承内空隙的 1/3～1/2，以免因润滑脂过多而引起轴承发热，影响轴承的正常工作。

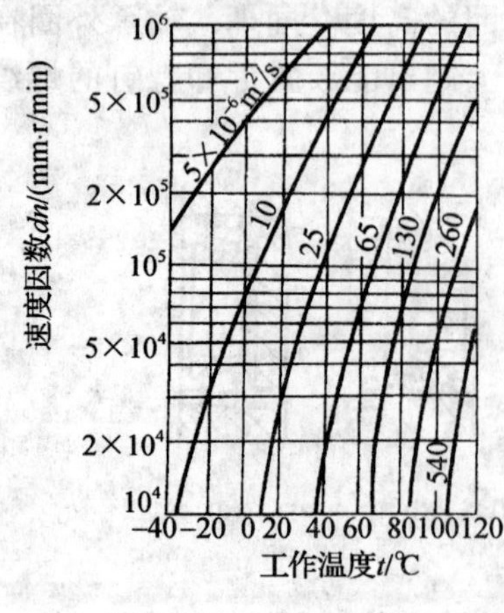

图 9.39 滚动轴承润滑油粘度的选择

油润滑适用于高速、高温条件下工作的轴承。油润滑的优点是摩擦系数小、润滑可靠，且具有冷却散热和清洗的作用。缺点是对密封和供油的要求较高。

选用润滑油时，根据工作温度和 *dn* 值，由图 9.39 选出的润滑油应具有的粘度值，然后根据粘度值从润滑油产品目录中选出相应的润滑油牌号。

常用的油润滑方法有以下几种：

①油浴润滑：如图 9.40 所示，轴承局部浸入润滑油中，油面不得高于最低滚动体中心。该方法简单易行，适用于中、低速轴承的润滑。

②飞溅润滑：这是一般闭式齿轮传动装置中轴承

常用的润滑方法。利用转动的齿轮把润滑油甩到箱体的四周内壁面上，然后通过沟槽把油引到轴承中。

③喷油润滑：利用油泵将润滑油增压，通过油管或油孔，经喷嘴将润滑油对准轴承内圈与滚动体间的位置喷射，从而润滑轴承。这种方法适用于转速高、载荷大、要求润滑可靠的轴承。

④油雾润滑：油的雾化需采用专门的油雾发生器，如图 9.41 所示。油雾润滑有益于轴承冷却，供油量可以精确调节，适用于高速、高温轴承部件的润滑。使用时应注意避免油雾外逸而污染环境。

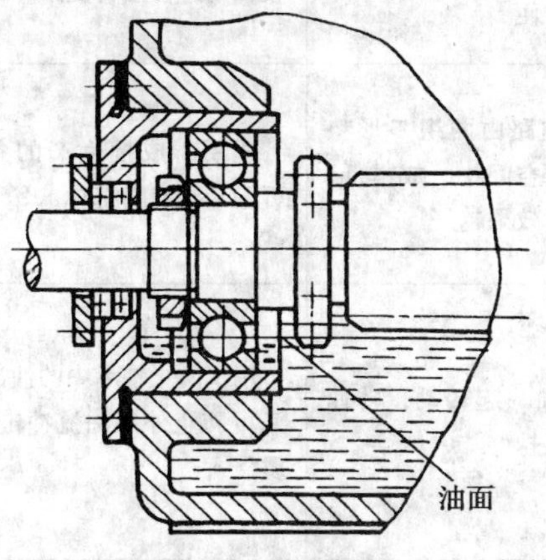

图 9.40 油浴润滑

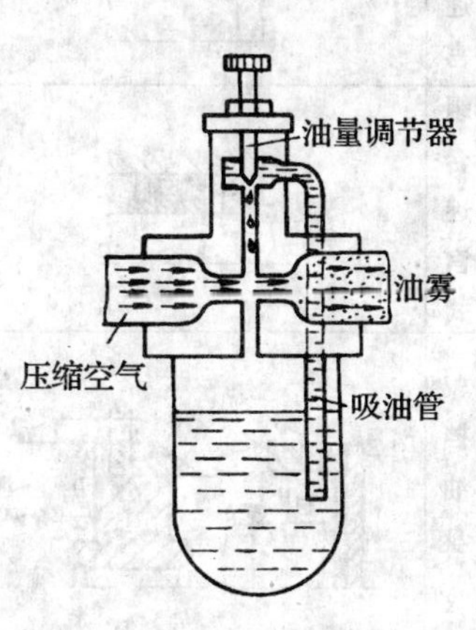

图 9.41 油雾发生器

2. 滚动轴承的密封

为了保持良好的润滑效果及工作环境，防止润滑油泄出，阻止灰尘、杂物及水分的侵入，必须设计可靠的滚动轴承的密封结构。滚动轴承密封装置的选择与润滑的种类、工作环境和温度密封表面的圆周速度等因素有关。滚动轴承的密封分接触式密封、非接触式密封和组合式密封等。各种密封装置的结构、特点及应用如表 9.20 所示。

表 9.20 密封装置的类型、特点及应用

密封型式			简 图	特 点	应用范围
非接触式	间隙式	缝隙式		一般间隙为 0.1 ~ 0.3mm，间隙越小、间隙宽度越长、密封效果越好	适用于环境比较干净的脂润滑
		油沟式		在端盖配合面上开 3 个以上宽 3 ~ 4mm、深 4 ~ 5mm 的沟槽，并在其中填充脂	适于脂润滑、速度不限
		W 形间隙		在轴或轴套上开有 W 形槽用来甩回渗漏的油，并在端盖上开回油孔（槽）	适于油润滑、速度不限

续表

密封型式			简　图	特　点	应用范围
非接触式	迷宫式	轴向迷宫	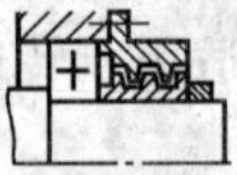	轴向迷宫曲路由轴套和端盖的轴向间隙组成。端盖剖分。曲路沿轴向展开，径向尺寸紧凑	适用于比较脏的工作环境，如金属切削机床的工作端
		径向迷宫	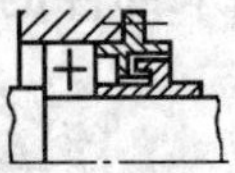	径向迷宫曲路由轴套和端盖的径向间隙组成。曲路沿径向展开，装拆方便	与轴向迷宫应用相同，但较轴向迷宫用得更广
		组合迷宫式	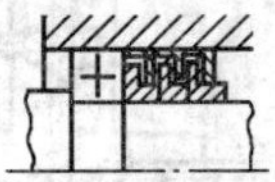	组合迷宫曲路由两组T形垫圈组成，占用空间小、成本低，组数越多密封效果越好	适用于成批生产的条件，可用于油或脂密封
非接触式		挡油盘	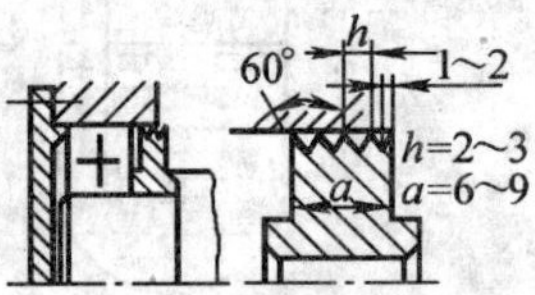 60°　h　1~2　h=2~3　a=6~9	挡油盘随轴一起转动，转速越高密封效果越好	用于防止轴承中的油泄出，又可防止外部油流冲击或杂质侵入
		挡油环	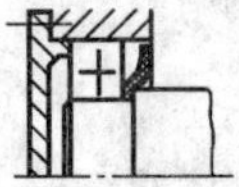	挡油环随轴一起转动。转速越高密封效果越好	用于脂密封，也可防止油侵入
接触式	毛毡密封	单毡圈	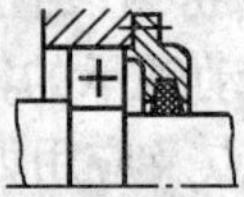	用羊毛毡填充槽中，使毡圈与轴表面经常摩擦以实现密封	用于干净、干燥环境的脂密封，一般接触处的圆周速度不大于 4 ~ 5m/s，抛光轴可达 7 ~ 8m/s
		双毡圈	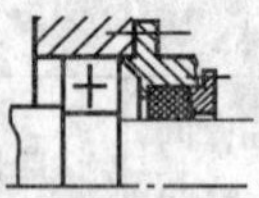	毛毡圈可间歇调紧，密封效果更好，而且拆换毛毡方便	同单毡圈密封的应用情况
	皮碗密封	密封唇向里	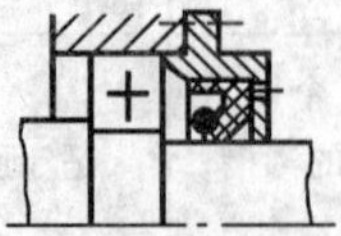	皮碗用弹簧圈把唇紧扣在轴上、密封唇朝向轴承，防止油泄出	用于油润滑密封，滑动速度不大于 7m/s，工作湿度不大于 100℃
		密封唇向外	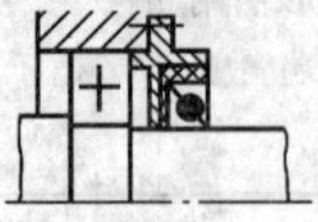	密封唇背向轴承，以防止外界灰尘、杂物侵入，也可防止油外泄	同密封唇向里的结构

续表

密封型式			简图	特点	应用范围
接触式	皮碗密封	双唇式		采用双唇皮碗，既可防油外泄，又可防灰尘、杂物侵入	同密封唇向里的结构
组合式		迷宫毛毡组合		迷宫与毛毡密封组合，密封效果好	适用于油或脂润滑的密封，接触处圆周速度不大于7m/s
		挡油环皮碗组合		挡油环与皮碗密封组合	适用于油或脂润滑的密封，接触处圆周速度可大于7～25m/s
		甩油环、W形间隙密封组合		甩油环与W形间隙密封组合，无摩擦阻力损失，密封效果可靠	适用于油、脂润滑的密封，不受圆周速度限制，圆周速度越大效果越好

9.7 滚动轴承与滑动轴承的性能比较

轴承被广泛应用于现代机械中，轴承的类型很多且各有特点。设计机器时应根据具体的工作情况，结合各类轴承的特点和性能进行对比分析，选择一种既满足工作要求又经济实用的轴承。

表9.21列出了滚动轴承和滑动轴承的性能及特点，可供选用轴承时参考。

表9.21 滚动轴承与滑动轴承性能的比较

性能	滑动轴承		滚动轴承
	非液体摩擦轴承	液体摩擦轴承	
摩擦特性	边界摩擦或混合摩擦	液体摩擦	滚动摩擦
一对轴承的效率 η	$\eta\approx0.97$	$\eta\approx0.995$	$\eta\approx0.99$
承载能力与转速的关系	随转速增高而降低	在一定转速下，随转速增高而增大	一般无关，但极高转速时承载能力降低

续表

性能		滑动轴承		滚动轴承
		非液体摩擦轴承	液体摩擦轴承	
适应转速		低速	中、高速	低、中速
承受冲击载荷能力		较高	高	不高
功率损失		较大	较小	较小
启动阻力		大	大	小
噪声		较小	极小	高速时较大
旋转精度		一般	较高	较高，预紧后更高
安装精度要求		剖分结构，容易装拆		安全精度要求高
		安装精度要求不高	安装精度要求高	
外廓尺寸	径向	小	小	大
	轴向	较大	较大	中
润滑剂		油、脂或固体	润滑油	润滑油或润滑脂
润滑剂用量		较少	较多	中
维护		较简单	较复杂，油质要洁净	维护方便，润滑较简单
经济性		批量生产价格低	造价高	中

思考与练习

1. 轴瓦和轴承衬有何区别？轴瓦有哪两种形式？

2. 对轴瓦和轴承衬的材料有哪些要求？常用的材料有哪几类？

3. 轴瓦上的油槽应设在什么位置？油槽可否与轴瓦端面连通？

4. 轴瓦的主要参数是什么？边界和混合摩擦状态时，该参数一般取多少？

5. 边界和混合摩擦滑动轴承计算压强 p 及 p_v 值的意义是什么？

6. 止推滑动轴承的止推面为什么不能制成实心端面？

7. 滚动轴承的组成零件中，哪一零件是不可省略的关键零件？球轴承和滚子轴承各有何特点？

8. 按承受载荷方向的不同，滚动轴承可分为哪几类？各有何特点？

9. 说明下列滚动轴承代号的含义：

60210/P6　612/32　N2312　70216AC　71311C

10. 选择滚动轴承类型时要考虑哪些因素？

11. 滚动轴承的额定动载荷 C 和额定静载荷 C_0 的意义有何不同？分别针对何种失效形式？

12. 轴承间隙常用的调整方法有哪些？轴承的预紧有何意义？

13. 轴承常用的密封装置有哪些？各适用于什么场合？

14. 一深沟球轴承径向载荷 $F_r = 7500N$，转速 $n = 2000r/min$，预期寿命 $[L_h] = 4000h$，中等冲击，温度小于100℃。试计算轴承应有的径向基本额定动载荷 C_r 值。

15. 30208轴承基本额定动载荷 $C_r = 63000N$。①若当量动载荷 $P = 6200N$，工作转速

$n=750\text{r/min}$，试计算轴承寿命 L_{10h}；②若工作转速 $n=960\text{r/min}$，轴承的预期寿命 $[L_h]=10000\text{h}$，求允许的最大当量动载荷。

16. 直齿轮轴系用一对深沟球轴承支承，轴颈 $d=35\text{mm}$，转速 $n=1450\text{r/min}$，每个轴承受径向载荷 $F_r=2100\text{N}$，载荷平稳，预期寿命 $[L_h]=8000\text{h}$，试选择轴承型号。

17. 一对 7210C 角接触球轴承分别受径向载荷 $F_{r1}=8000\text{N}$，$F_{r2}=5200\text{N}$，轴向外载荷 $\boldsymbol{F}_A$ 的方向如图 9.42 所示。试求下列情况下各轴承的内部轴向力 $\boldsymbol{F}_s$ 和轴向载荷 $\boldsymbol{F}_a$。①$F_A=2200\text{N}$；②$F_A=900\text{N}$；③$F_A=1120\text{N}$。

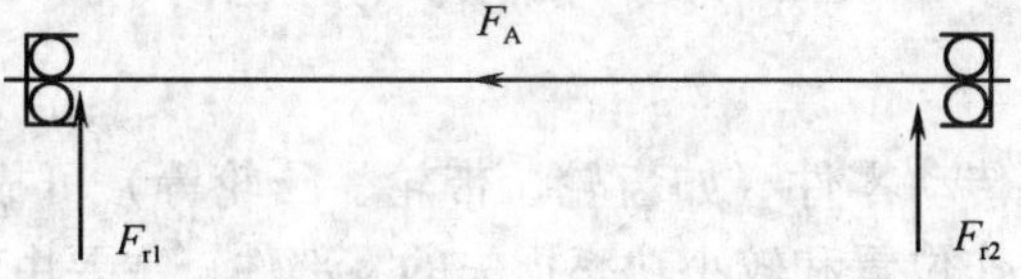

图 9.42　题 17 图

18. 如图 9.43 所示的　对轴承组合，已知 $F_{r1}=7500\text{N}$，$F_{r2}=15000\text{N}$，$F_A=3000\text{N}$，转速 $n=1470\text{r/min}$，轴承预期寿命 $[L_h]=8000\text{h}$，载荷平稳，温度正常。试分别按 33000 型和 70000 型选择轴承型号（对轴承直径无特殊要求）。

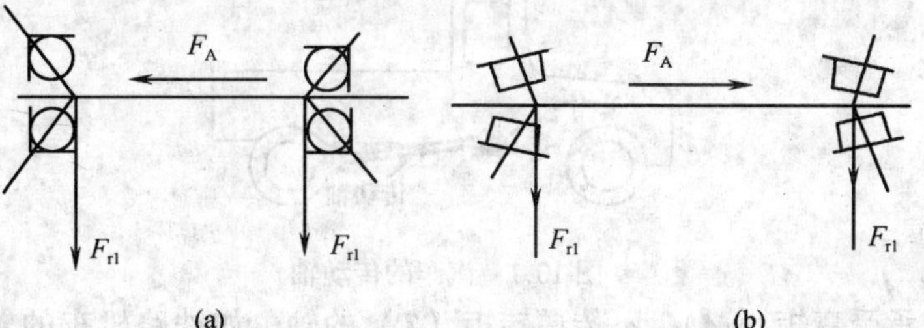

图 9.43　习题 18 图

19. 锥齿轮轴系选用一对 30206/P6 圆锥滚子轴承，如图 9.44 所示。已知轴的转速 $n=640\text{r/min}$，锥齿轮平均分度圆直径 $d_m=56.25\text{mm}$，作用于锥齿轮上的圆周力 $F_t=2260\text{N}$，径向力 $F_r=760\text{N}$，轴向力 $F_a=292\text{N}$。试求该对轴承的寿命。

20. 图 9.45 所示为轴承安装形式的受力分析。

（1）已知：$F_{S2}+F_A>F_{S1}$ 或 $F_{S2}+F_A<F_{S1}$，求：Ⅰ、Ⅱ轴承上作用的轴向载荷。

（2）已知：$F_{S1}>F_{S2}$；$F_A<F_{S1}-F_{S2}$，求：Ⅰ、Ⅱ轴承上作用的轴向载荷。

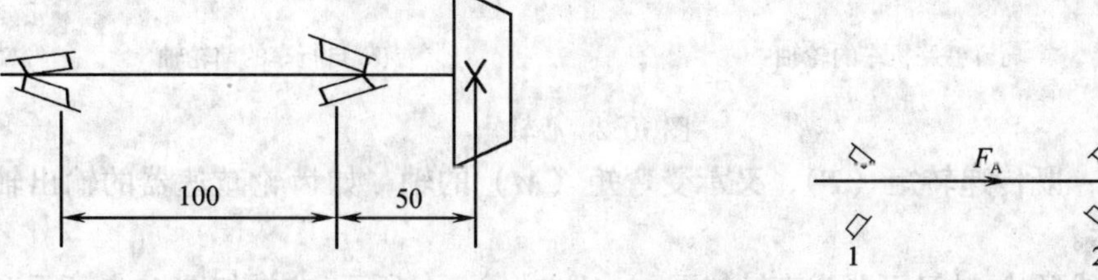

图 9.44　习题 19 图　　图 9.45　习题 20 图

第 10 章　轴

10.1　轴的概述

支承零部件是能将传动零件（如齿轮、带轮、凸轮等）可靠地支承在机架上，并保证它们具有准确的工作位置和较小功率损失的零部件，主要由轴和轴承组成。

轴是直接支持旋转零件（如齿轮、带轮、车轮等）并传递运动和动力的支承零件，是组成机器的重要零件之一。根据受载情况，轴可分为以下几种：

①传动轴：以传递转矩（***T***）为主，不承受弯矩（***M***）或承受很小弯矩的轴，如汽车的传动轴如图 10.1 所示。

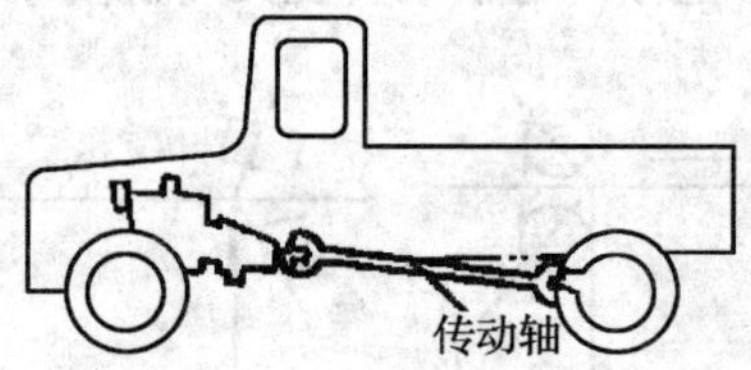

图 10.1　汽车的传动轴

②心轴：承受弯矩（***M***），不传递转矩（***T***）的轴，如铁路机车的轮轴和自行车的前轮轴，如图 10.2（b）所示。

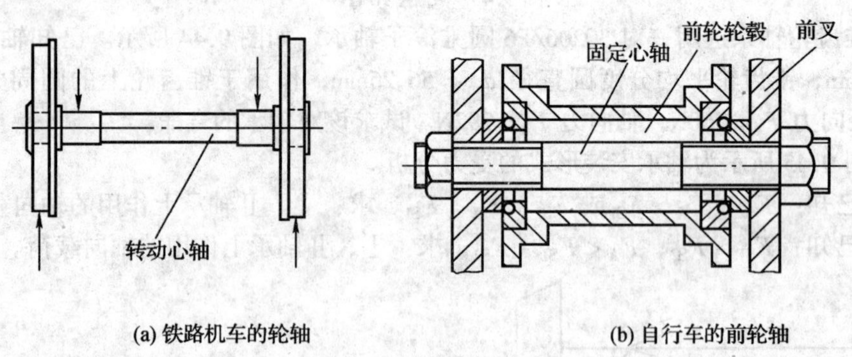

图 10.2　心轴

③转轴：既传递转矩（***T***），又承受弯矩（***M***）的轴，如齿轮减速器的输出轴，如图 10.3 所示。

根据轴线形状，轴又可分为直轴如图 10.4(a)、(b)、(c)所示、曲轴如图 10.5 所示和挠性钢丝轴如图 10.6 所示，直轴应用最广。根据外形，直轴可分为直径无变化的光轴和直径有变化的阶梯轴如图 10.4(a)、(b)所示。为提高刚度，有时制成空心轴如图 10.4(c)所示。

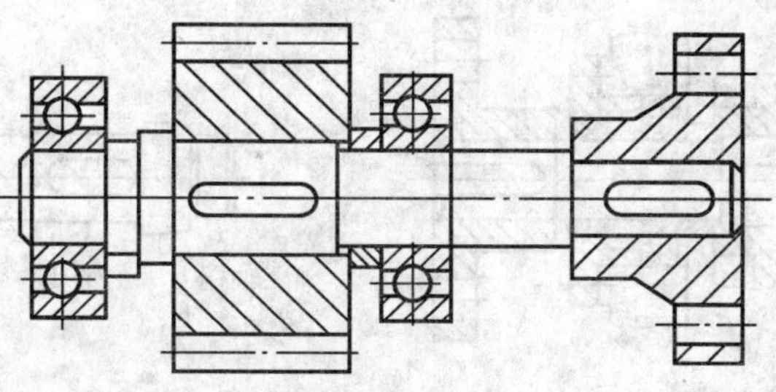

图 10.3　减速器的输出轴

【例 10.1】　试根据受载情况说明吊扇中的转动轴、三轮车的前轮轴和后轮轴各为何种类型的轴。

解：吊扇中的转动轴为电动机转子轴，传递转矩，为传动轴；三轮车前轮轴仅受弯矩，为心轴，其后轮轴既受弯矩又传递转矩，为转轴。

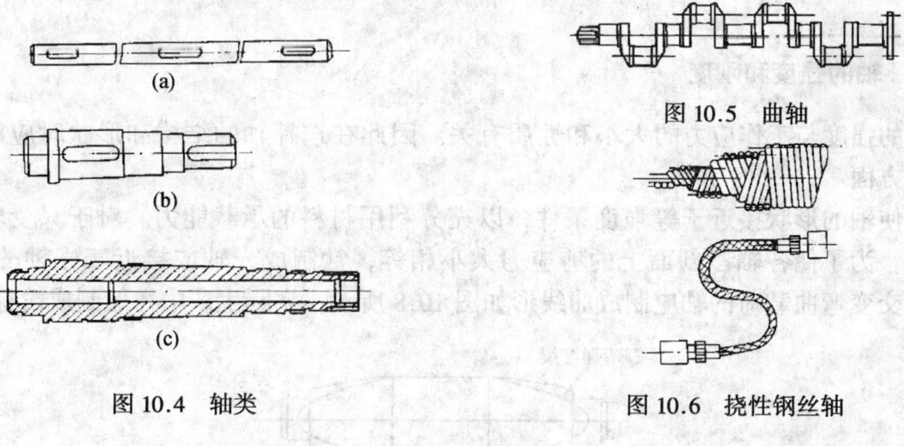

图 10.4　轴类

图 10.5　曲轴

图 10.6　挠性钢丝轴

10.2　轴的结构设计

如图 10.7 所示为圆柱齿轮减速器中的低速轴。轴通常由轴头、轴颈、轴肩、轴环、轴端及不装任何零件的轴段等部分组成。轴与轴承配合处和轴段称为轴颈，根据轴颈所在的位置又可分为端轴颈（位于轴的两端，只承受弯矩）和中轴颈（位于轴的中间，同时承受弯矩和转矩）。根据轴颈所受载荷的方向，轴颈又可分为承受径向力的径向轴颈（简称轴颈）和承受轴向力的止推轴颈。安装轮毂的轴段称为轴头。轴头与轴颈间的轴段称为轴身（参见图 10.1）。轴颈、轴头的直径应取标准值，直径的大小由与之相配合部件的内孔决定。轴身尺寸应取以 mm 为单位的整数，最好取为偶数或 5 进位的数。

轴的结构和形状取决于下面几个因素：①轴的毛坯种类；②轴上作用力的大小及其分布情况；③轴上零件的位置、配合性质以及联接固定的方法；④轴承的类型、尺寸和位置；⑤轴的加工方法、装配方法以及其他特殊要求。

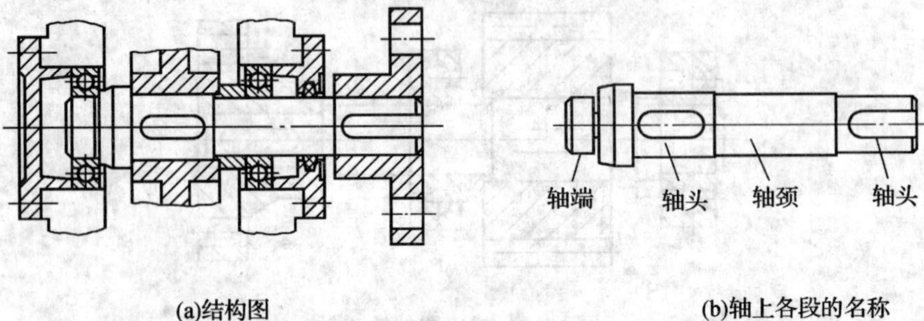

图 10.7　低速轴

可见影响轴的结构与尺寸的因素很多，设计轴时要全面综合地考虑各种因素。

对轴的结构进行设计主要是确定轴的结构形状和尺寸。一般在进行结构设计时的已知条件有：机器的装配简图、轴的转速、传递的功率、轴上零件的主要参数和尺寸等。

10.2.1　轴的强度和刚度

轴的强度与工作应力的大小和性质有关。因此在选择轴的结构和形状时应注意以下几个方面。

①使轴的形状接近于等强度条件，以充分利用材料的承载能力。对于只受转矩的传动轴，为了使各轴段剖面上的剪应力大小相等，常制成光轴或接近于光轴的形状；对于受交变弯曲载荷的轴应制成曲线形如图 10.8 所示，实际生产中一般制成阶梯轴。

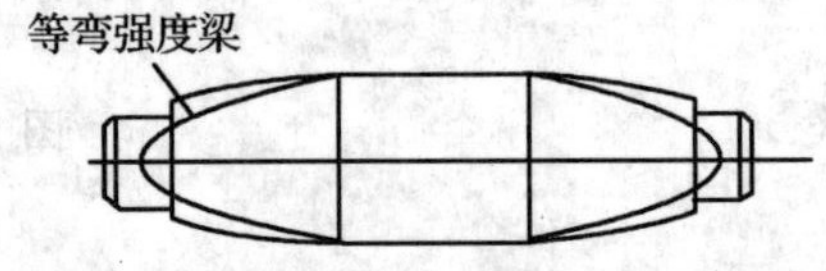

图 10.8　曲线轴

②尽量避免各轴段剖面突然改变以降低局部应力集中，提高轴的疲劳强度。由于阶梯轴各轴段的剖面是变化的，在各轴段过渡处必然存在应力集中，而降低轴的疲劳强度。为减少应力集中，常将过渡处制成适当大的圆角，并应尽量避免在轴上开孔或开槽，必要时可采用减载槽、中间环或凹切圆角等结构如图 10.9 所示。采用这些方法也可以避免轴在热处理时产生淬火裂纹的危险。

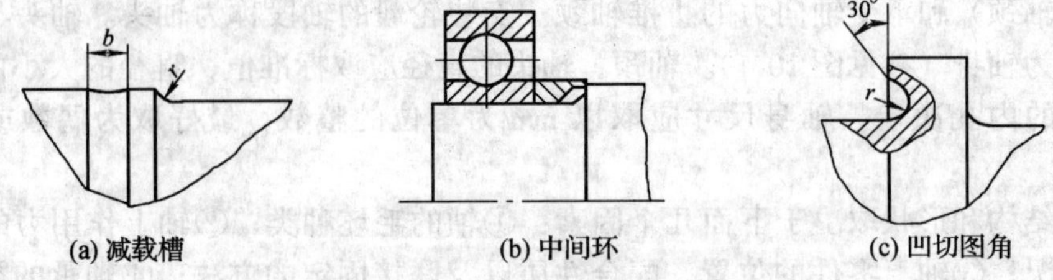

图 10.9　减载结构

由于粗糙表面易引起疲劳裂纹，设计时应十分注意轴表面粗糙度的选择。可采用辗压、喷丸、渗碳淬火、氮化处理、高频淬火等表面强化方法提高轴的疲劳强度。

③改变轴上零件的布置，有时可以减小轴上的载荷。如图 10.10（a）所示的轴，轴上作用的最大转矩为 T_1+T_2；如把输入轮布置在两输出轮之间，如图 10.10（b）所示，则轴所受的最大转矩将由（T_1+T_2）降低到 T_1。

④改进轴上零件的结构也可以减小轴上的载荷。如图 10.11（b）所示，卷筒的轮毂很长，

如把毂分成两段，如图 10.11（a）所示，则减小轴上的弯矩，从而提高了轴的强度和刚度，同时还能得到更好的轴孔配合。

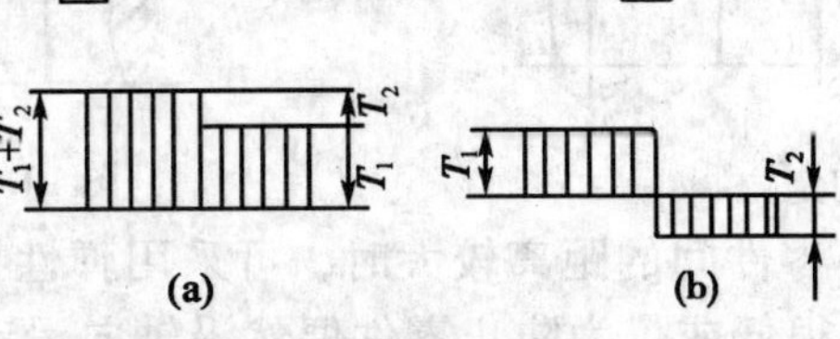

图 10.10　轴上零件的合理布置

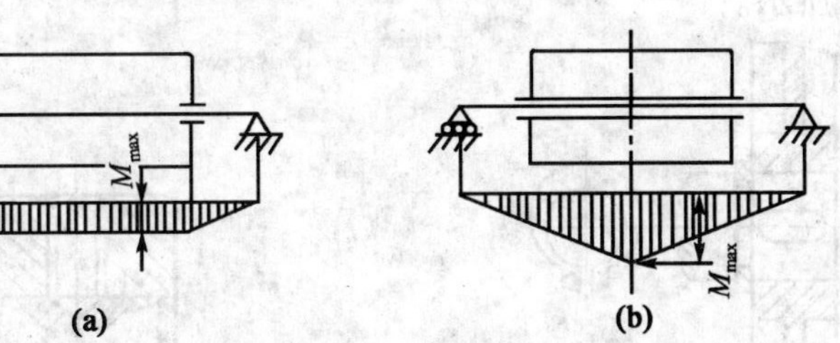

图 10.11　卷筒的轮毂结构

10.2.2　零件在轴上的固定

零件在轴上的固定或连接方式随零件的作用而有所不同。一般情况下，为了保证零件在轴上的工作位置固定，应在周向和轴向上对零件进行固定。

1. 周向固定

为了传递运动和转矩，防止轴上零件与轴作相对转动，轴上零件的周向固定必须可靠。常用的周向固定方法有键、花键、销和过盈配合等连接。在图 10.7 中，齿轮与轴的周向固定采用了平键连接。

2. 轴向固定

零件在轴上的轴向定位要准确而可靠，以使其安装位置确定，能承受轴向力而不产生轴向位移。常见的轴向固定方法有轴肩、轴环定位，螺母定位，套筒定位及轴端挡圈定位等。

轴肩由定位面和内圆角组成，如图 10.12 所示。为了保证轴上零件的端面能紧靠定位面，轴肩的内圆角半径 R 应小于零件上的外圆角半径 R 或倒角 C。R 和 C 的尺寸可查有关的机械设计手册。一般取轴肩高度 $h = R(C) + (0.5 \sim 2)$ mm，轴环宽度 $b \approx 1.4h$。

用轴肩或轴环固定零件时，常需采用其他附件来防止零件向另一方向移动，如图 10.13 中采用圆螺母、图 10.7 中采用套筒（轴套）作另一方向的轴向固定。但当转速很高时不宜采用套筒固定。在安装齿轮时，为了使齿轮固定可靠，应使齿轮轮毂宽度大于与之相配合的轴段长度，一般两者的差取 2～3mm。

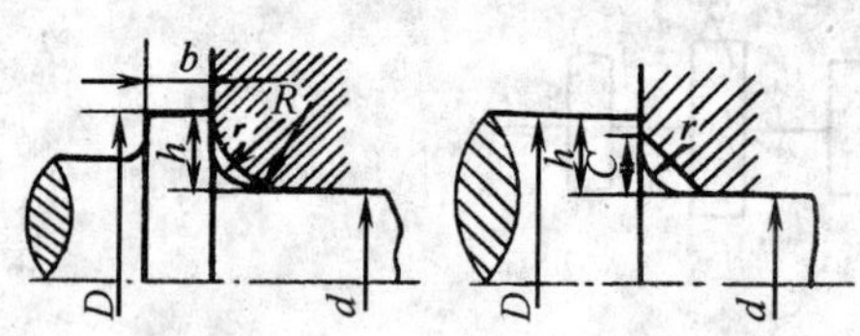

图 10.12　轴肩定位

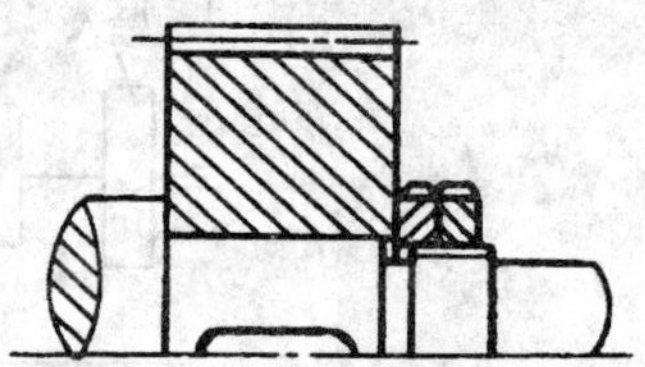

图 10.13　圆螺母定位

当轴向力不大而轴上零件间的距离较大时，可采用弹性挡圈固定，如图 10.14 所示。当轴向力很小、转速很低或仅为防止零件偶然沿轴向滑动时，可采用紧定螺钉固定，如图 10.15 所示。

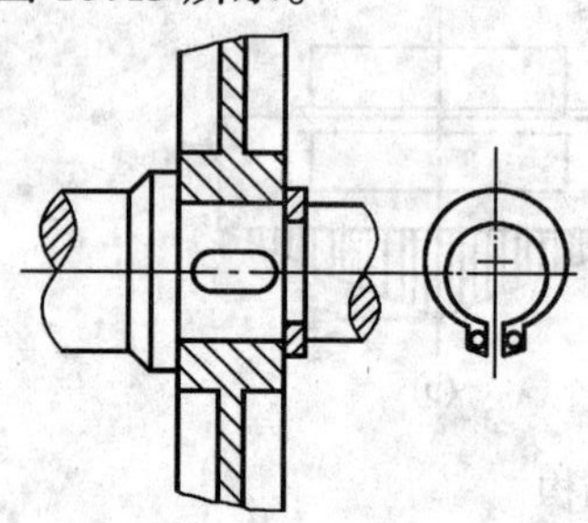

图 10.14　弹性挡圈固定

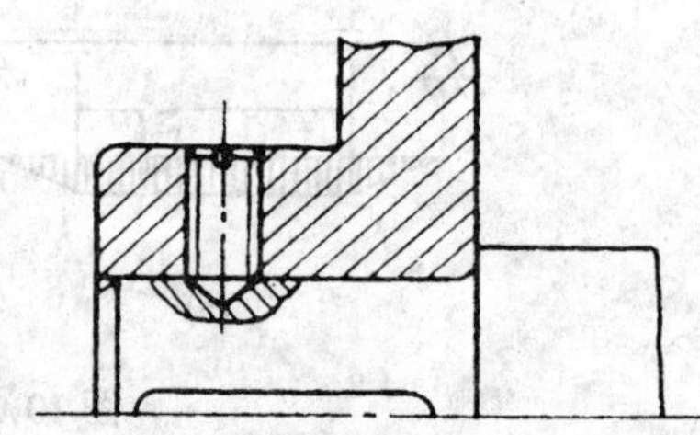

图 10.15　轴的加工和装配工艺性

轴向固定有方向性，是否需在两个方向上均对零件进行固定，应视机器的结构、工作条件而定。

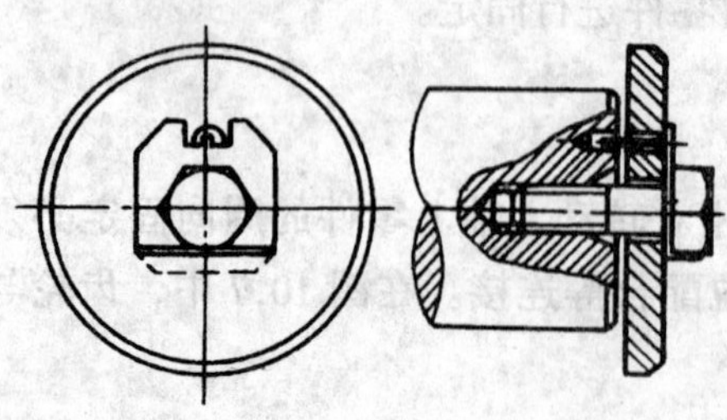

图 10.16　压板轴端固定装置

如图 10.16 所示的压板是一种轴端固定装置。除压板外还有很多其他的轴端固定形式。

另外，为保证轴上零件有确定的工作位置，有时要求轴组件的轴向位置能进行调整，调整后再加以轴向固定。如图 10.7 所示的低速轴组件，其轴向位置依靠左右轴承盖来限制。又如在锥齿轮传动中，要使锥齿轮的锥顶交于一点，就要依靠调整轴组件的位置来实现。这些对零件在轴上位置的限制和调整通常是依靠轴承组合设计来实现的。

10.2.3　轴的加工和装配工艺性

轴的形状要力求简单，阶梯轴的级数应尽可能少，轴上各段的键槽、圆角半径、倒角、中心孔等尺寸应尽可能统一，以利于加工和检验。轴上需磨削的轴段应设计出砂轮越程槽，需车制螺纹的轴段应有退刀槽，如图 10.17 所示。当轴上有多处键槽时，应使各键槽位于轴的同一母线上（参见图 10.7）。为使轴便于装配，轴端应有倒角。对于阶梯轴常设计成两端小中间大的形状，以便于零件从两端装拆。轴的结构设计应使各零件在装配时尽量不接触其他零件的配合表面，轴肩高度不能妨碍零件的拆卸（参见图 10.18）。

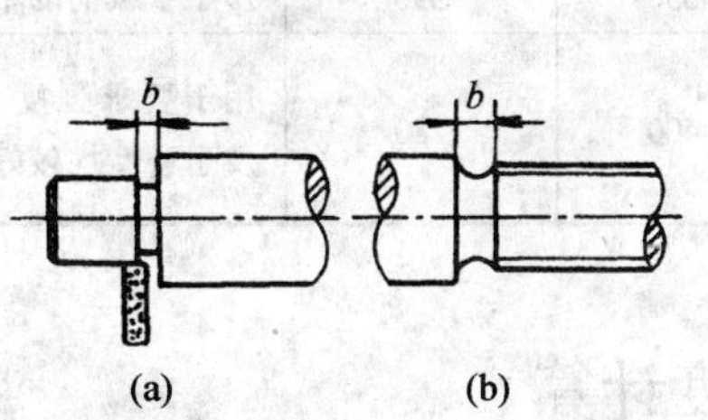

图 10.17　砂轮越程槽及螺纹退刀槽

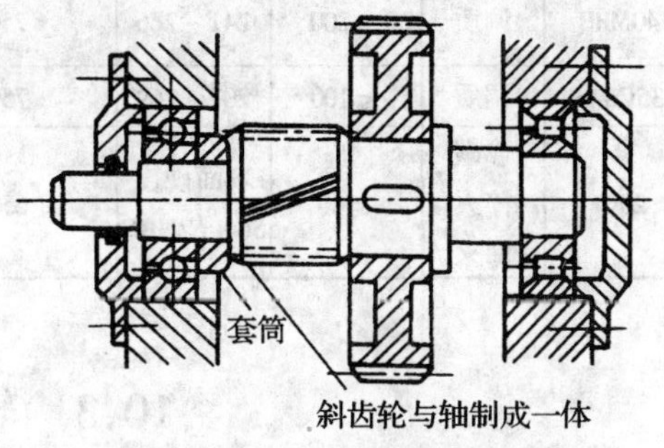

图 10.18　减速器中间轴的结构

10.2.4　轴的材料及选择

轴的材料主要采用碳素钢和合金钢。轴的毛坯一般采用辗压件，很少采用铸件。由于碳素钢比合金钢成本低，且对于应力集中的敏感性较小，所以得到广泛的应用。

常用的碳素钢有 30 钢、40 钢、45 钢等，其中最常用的为 45 钢。为保证轴材料的机械性能，应对轴材料进行调质或正火处理。轴受截荷较小或用于不重要的场合时，可用普通碳素钢（如 Q235A、Q257 等）作为轴的材料。

合金钢具有较高的机械性能，可淬火性也较好，可以在传递大功率、要求减轻轴的重量和提高轴颈耐磨性时采用，如 20Cr、40Cr 等。

轴也可以采用合金铸铁或球墨铸铁制造，其毛坯是铸造成形的，所以易于得到更合理的形状。合金铸铁和球墨铸铁的吸振性高，可用热处理方法提高材料的耐磨性，材料对应力集中的敏感性也较低。但是铸造轴的质量不易控制，可靠性较差。

轴的常用材料及部分机械性能见表 10.1。

表 10.1　轴的常用材料及其部分机械性能

材料牌号	热处理方法	毛坯直径 d/mm	硬度 HBS	抗拉强度极限 σ_B/MPa	屈服极限 σ_S/MPa	弯曲疲劳极限 σ_{-1}/MPa	应用说明
Q235A				440	240	200	用于不重要或载荷不大的轴
Q275			190	520	280	220	用于不很重要的轴
35	正火		143 ~ 187	520	270	250	用于一般轴

续表

材料牌号	热处理方法	毛坯直径 d/mm	硬度 HBS	抗拉强度极限 σ_B/MPa	屈服极限 σ_S/MPa	弯曲疲劳极限 σ_{-1}/MPa	应用说明
45	正火	≤100	170~217	600	300	275	用于较重要的轴，应用最为广泛
45	调质	≤200	217~255	650	360	300	
40Cr	调质	≤100	241~286	750	550	350	用于载荷较大，而无很大冲击的轴
35SiMn 45SiMn	调质	≤100	229~286	800	520	400	性能接近于 40Cr，用于中，小型轴
40MnB	调质	≤200	241~286	750	500	335	性能接近于 40Cr，用于重要的轴
35CrMn	调质	≤100	207~269	750	550	390	用于重载荷的轴
20Cr	渗碳 淬火 回火	≤60	表面硬度 56~62HRC	650	400	280	用于要求强度、韧性及耐磨性均较好的轴

10.3 轴的强度计算

10.3.1 轴的扭转强度计算

开始设计轴时，通常还不知道轴上零件的位置及支点位置，无法确定轴的受力情况，只有待轴的结构设计基本完成以后，才能对轴进行受力分析及强度、刚度等校核计算。因此，一般在进行轴的结构设计前，先按纯扭转受力情况对轴的直径进行估算。

设轴在转矩 $\boldsymbol{T}$ 的作用下，产生剪应力 τ。对于圆截面的实心轴，其抗扭强度条件为

$$\tau=\frac{T}{W_T}=\frac{9.55\times10^6P}{0.2d^3n}\leqslant[\tau] \tag{10.1}$$

式中，$\boldsymbol{T}$ 为轴所传递的转矩，单位为 N·mm；W_T 为轴的抗扭截面系数，单位为 mm^3；P 为轴所传递的功率，单位为 kW；n 为轴的转速，单位为 r/min；τ、$[\tau]$ 分别为轴的剪应力 τ、许用剪应力，单位为 MPa；d 为轴的估算直径，单位为 mm。

轴的设计计算公式为

$$d\geqslant\sqrt[3]{\frac{T}{0.2[\tau]}}=\sqrt[3]{\frac{9.55\times10^6P}{0.2[\tau].n}}=C\sqrt[3]{\frac{P}{n}} \tag{10.2}$$

常用材料的 $[\tau]$ 值、C 值可查表 10.2。$[\tau]$ 值、C 的大小与轴的材料及受载情况有关。当作用在轴上的弯矩比转矩小，或轴只受转矩时，$[\tau]$ 值取较大值，C 值取较小值，否则相反。

表 10.2 常用材料的 $[\tau]$ 值和 C 值

轴的材料	Q235A，20	35	45	40Cr，35SiMn
$[\tau]$ / MPa	12~20	20~30	30~40	40~52
C	160~135	135~118	118~107	107~98

由式（10.2）求出的直径值，需取成标准直径，并作为轴的最小直径。如轴上有一个键槽，可将算得的最小直径增大3%～5%，如果有两个键槽，可增大7%～10%。

10.3.2 轴的弯扭合成强度计算

完成轴的结构设计后，作用在轴上外载荷（转矩和弯矩）的大小、方向、作用点、载荷种类及支点反力等就已确定，可按弯扭合成的理论进行轴危险截面的强度校核。

进行强度计算时通常把轴当做置于铰链支座上的梁，作用于轴上零件的零件作为集中力，其作用点取为零件轮毂宽度的中点。支点反力的作用点一般可近似地取在轴承宽度的中点上。具体的计算步骤如下：

①画出轴的空间力系图。将轴上作用力分解为水平面分力和垂直面分力，并求出水平面和垂直面上的支点反力。

②分别作出水平面上的弯矩图（$\boldsymbol{M}_H$）和垂直面上的弯矩图（$\boldsymbol{M}_v$）

③计算出合成弯矩 $M=\sqrt{M_H^2+M_v^2}$，绘出合成弯矩图。

④作出转矩图（$\boldsymbol{T}$）图。

⑤计算当量弯矩 $M_e=\sqrt{M^2+(\alpha T)^2}$，绘出当量弯矩图。式中 α 为考虑弯曲应力与扭转剪应力循环特性的不同而引入的修正系数。通常弯曲应力为对称循环变化应力，而扭转剪应力随工作情况的变化而变化。对于不变转矩取 $\alpha=[\sigma_{-1b}]/[\sigma_{+1b}]\approx 0.3$；对于脉动循环转矩取 $\alpha=[\sigma_{-1b}]/[\sigma_{0b}]\approx 0.6$；对于对称循环转矩取 $\alpha=1$。其中、$[\sigma_{-1b}]$、$[\sigma_{0b}]$、$[\sigma_{+1b}]$ 分别为对称循环、脉动循环及静应力状态下的许用弯曲应力，其值列于表10.3中。

对正反转频繁的轴，可将转矩 T 看成是对称循环变化。当不能确切地知道载荷的性质时，一般轴的转矩可按脉动循环处理。

⑥校核危险截面的强度。根据当量弯矩图找出危险截面，进行轴的强度校核，其公式如下：

$$\sigma_e=\frac{M_e}{W}=\frac{\sqrt{M^2+(\alpha T)^2}}{0.1d^3}\leqslant[\sigma_{-1b}] \tag{10.3}$$

式中 W 为轴的抗弯截面系数，单位为 mm^3；M、T、M_e 的单位均为 N·mm；d 的单位为 mm；σ_e 为当量弯曲应力，单位为 MPa。

表10.3 轴的许用弯曲应力（MPa）

材 料	σ_B	$[\sigma_{+1b}]$	$[\sigma_{0b}]$	$[\sigma_{-1b}]$
碳素钢	400	130	70	40
	500	170	75	45
	600	200	95	55
	700	230	110	65
合金钢	800	270	130	75
	900	300	140	80
	1000	330	150	90
铸钢	400	100	50	30
	500	120	70	40

10.3.3　轴的刚度计算

轴受载荷的作用后会发生弯曲、扭转变形，如变形过大会影响轴上零件的正常工作，例如装有齿轮的轴，如果变形过大会使啮合状态恶化。因此，对于有刚度要求的轴，必须进行轴的刚度校核计算。轴的刚度有弯曲刚度和扭转刚度两种，下面分别讨论这两种刚度的计算方法。

1. 轴的弯曲刚度校核计算

应用材料力学的计算公式和方法算出轴的挠度 ω 或转角 θ，并使其满足下式：

$$\omega \leqslant [\omega] \tag{10.4}$$

$$\theta \leqslant [\theta] \tag{10.5}$$

式中 $[\gamma]$、$[\theta]$ 分别为许用挠度和许用转角，其值列于表 10.4 中。

表 10.4　轴的许用变形量

<table>
<tr><th colspan="2">变形种类</th><th>应用场合</th><th>许　用　值</th><th colspan="2">变形种类</th><th>应用场合</th><th>许用值</th></tr>
<tr><td rowspan="9">弯曲变形</td><td rowspan="9">许用挠度 [ω]</td><td>一般用途的转轴</td><td>$(0.0003\sim0.0005)\ l$</td><td rowspan="6">弯曲变形</td><td rowspan="6">许用偏转角 [θ]</td><td>滑动轴承</td><td>0.001 rad</td></tr>
<tr><td>刚度要求较高的轴</td><td>$\leqslant 0.0002l$</td><td>深沟球轴承</td><td>0.005 rad</td></tr>
<tr><td>安装齿轮的轴</td><td>$(0.01\sim0.03)\ m_n$</td><td>调心球轴承</td><td>0.05 rad</td></tr>
<tr><td>安装蜗轮的轴</td><td>$(0.02\sim0.05)\ m$</td><td>圆柱滚子轴承</td><td>0.0025 rad</td></tr>
<tr><td>感应电机轴</td><td>$\leqslant 0.01\Delta$</td><td>圆锥滚子轴承</td><td>0.0016 rad</td></tr>
<tr><td colspan="2" rowspan="4">l—支承间跨距；
m_n—齿轮法向模数；
m—蜗轮端面模数；
Δ—电机定子与转子间的间隙</td><td>安装齿轮处轴的截面</td><td>0.001 rad</td></tr>
<tr><td rowspan="3">扭转变形</td><td rowspan="3">许用扭转角 [θ]</td><td>一般传动</td><td>0.5°～1°/m</td></tr>
<tr><td>较精密的传动</td><td>0.25°～0.5°/m</td></tr>
<tr><td>重要传动</td><td>0.25°/m</td></tr>
</table>

2. 轴的扭转刚度校核计算

应用材料力学的计算公式和方法算出轴每米长的扭转角 θ，并使其满足下式：

$$\theta \leqslant [\theta] \tag{10.6}$$

式中，$[\theta]$为轴每米长的许用扭转角。一般传动的 $[\theta]$值列于表 10.4 中。

10.4　轴的设计

一般轴的设计方法通常有类比法和设计计算法两种。

1. 类比法

这种方法是根据轴的工作条件，选择与其类似的轴进行类比及结构设计，画出轴的零件图。用类比法设计轴一般不进行强度计算。由于完全是依靠现有资料及设计者的经验进行轴的设计，设计结果比较可靠、稳妥，同时又可加快了设计进程，因此类比法较为常用，但有时这种方法也带有一定的盲性。

2. 设计计算法

用设计计算法设计轴的一般步骤为：

①根据轴的工作条件选择材料，确定许用应力。

②按扭转强度估算出轴的最小直径。

③设计轴的结构，绘制出轴的结构草图。具体内容包括：①根据工作要求确定轴上零件的位置和固定方式；②确定各轴段的直径；③确定各轴段的长度；④根据有关设计手册确定轴的结构细节，如圆角、倒角、退刀槽等的尺寸。

④按弯扭合成进行轴的强度校核。一般在轴上选取 2 ~ 3 个危险截面进行强度校核。若危险截面强度不够或强度裕度太大，则必须重新修改轴的结构。

⑤修改轴的结构后再进行校核计算。这样反复交替地进行校核和修改，直至设计出较为合理的结构。

⑥绘制轴的零件图。

需要指出的是：

①一般情况下设计轴时不必进行轴的刚度、振动、稳定性等校核。如需进行轴的刚度校核时，也只作轴的弯曲刚度校核。

②对用于重要场合的轴、高速转动的轴应采用疲劳强度校核计算方法进行轴的强度校核。具体内容可查阅机械设计方面的有关资料。

【例 10.2】　设计如图 10.19 所示的斜齿圆柱齿轮减速器的从动轴（Ⅱ轴）。已知传递功率 $P = 8\text{kW}$，从动齿轮的转速 $n = 280\text{r/min}$，分度圆直径 $d = 265\text{mm}$，圆周力 $F_1 = 2059\text{N}$，径向力 $F_r = 763.8\text{N}$，轴向力 $F_a = 405.7\text{N}$。齿轮轮毂宽度为 60mm，工作时单向运转，轴承采用深沟球轴承。

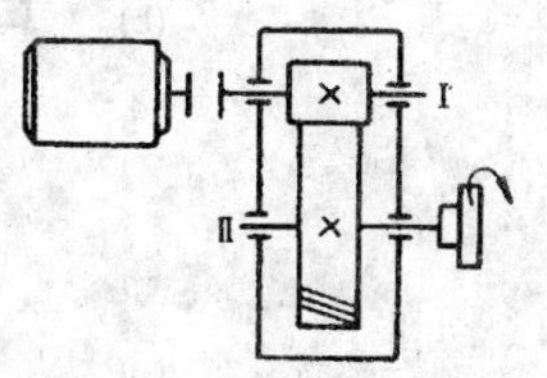

图 10.19　单级齿轮减速器

解：

(1) 选择轴的材料，确定许用应力。

由已知条件知减速器传递中小功率，对材料无特殊要求，故选用 45 钢并经调质处理。由表 10.4 查得强度极限 $\sigma_B = 650\text{MPa}$，由表 10.2 得许用弯曲应力 $[\sigma_{-1b}] = 60\ \text{MPa}$。

(2) 按扭转强度估算轴径。

根据表 10.1 得 $C = 118 \sim 107$。又由式（10.2）得

$$d \geqslant C\sqrt[3]{\frac{P}{n}} = (107 \sim 118)\sqrt[3]{\frac{8}{280}}\text{mm} = 32.7 \sim 36.1\text{mm}$$

考虑到轴的最小直径处要安装联轴器，会有键槽存在，故将估算直径加大 3% ~ 5%，取为 33.86 ~ 37.91mm。由设计手册取标准直径 $d_1 = 35\text{mm}$。

(3) 设计轴的结构并绘制结构草图。

由于设计的是单级减速器，可将齿轮布置在箱体内部中央，将轴承对称安装在齿轮两侧，轴的外伸端安装半联轴器。

①确定轴上零件的位置和固定方式。要确定轴的结构形状，必须先确定轴上零件的装拆顺序和固定方式。参考图 10.7，确定齿轮从轴的右端装入，齿轮的左端用轴肩（或轴环）定位，右端用套筒固定。这样齿轮在轴上的轴向位置被完全确定。齿轮的周

向固定采用平键联接。轴承对称安装于齿轮的两侧，其轴向用轴肩固定，周向采用过盈配合固定。

②确定各轴段的直径。如图 10.20（a）所示，轴段①（外伸端）直径最小，d_1 = 35mm；考虑到要对安装在轴段①上的联器进行定位，轴段②上应有轴肩，同时为能很顺利地在轴段②上安装轴承，轴段②必须满足轴承内径的标准，故取轴段②的直径 d_2 为 40mm；用相同的方法确定轴段③、④的直径 d_3 = 45mm、d_4 = 55mm；为了便于拆卸左轴承，可查出 6208 型滚动轴承的安装高度为 3.5mm，取 d_5 = 47mm。

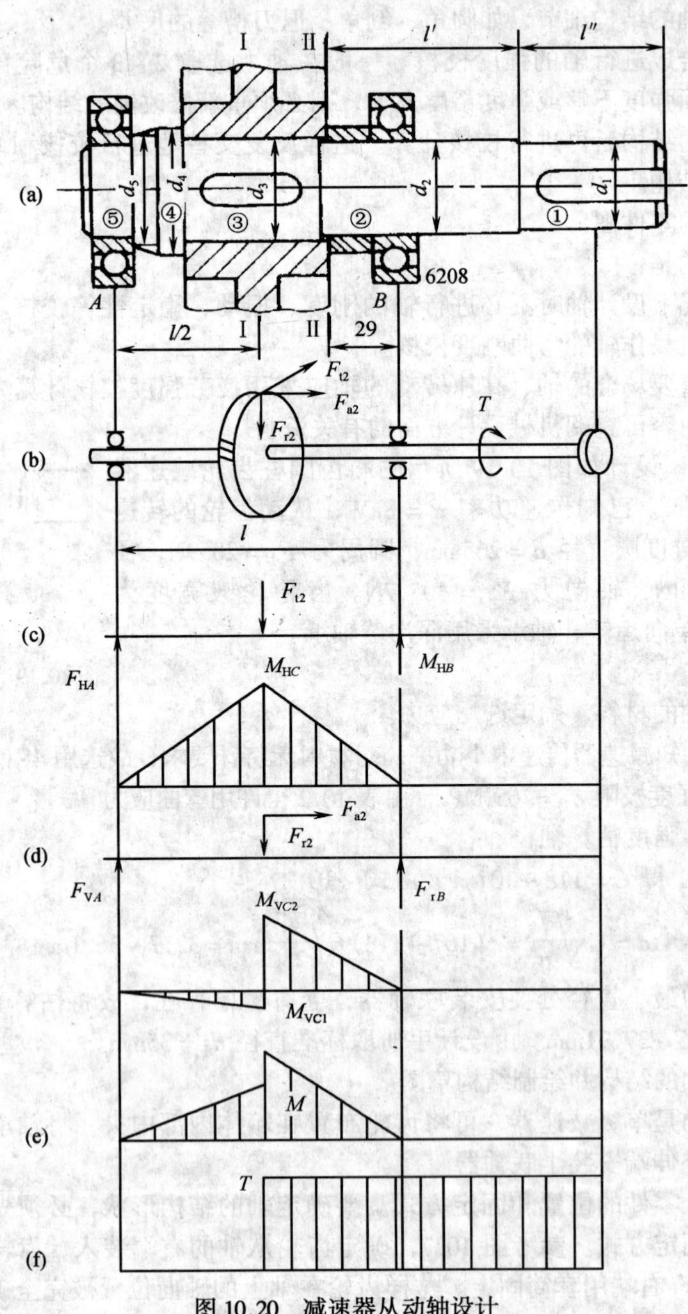

图 10.20 减速器从动轴设计

③确定各轴段的长度。齿轮轮毂宽度为60mm，为保证齿轮固定可靠，轴段③的长度应略短于齿轮轮毂宽度，取为58mm；为保证齿轮端面与箱体内壁不相碰，齿轮端面与箱体内壁应留有一定的间距，取该间距为15mm；为保证轴承安装在箱体轴承座孔中(轴承宽度为18mm)，并考虑到轴承的润滑，取轴承端面距箱体内壁的距离为5mm，所以轴段④的长度取为20mm，轴承支点距离 $l = 118$mm；根据箱体结构及联轴器距轴承盖要有一定距离的要求，取 $l' = 75$mm；查阅有关的联轴器手册取 l''为70mm；在轴段①③上分别加工出键槽，使两键槽处于同一圆柱母线上，键槽的长度比相应的轮毂宽度小约5～10mm，键槽的宽度按轴段直径查手册得到。

④选定轴的结构细节，如圆角、倒角、退刀槽等的尺寸。

按设计结果画出结构草图，如图10.20（a）所示。

(4) 按弯扭合成强度校核轴径。

①画出轴的受力图，如图10.20（b）所示。

②作水平面内的弯矩图如图10.20（c）所示。支点反力为

$$F_{HA} = F_{HB} = \frac{F_{t2}}{2} = \frac{2059}{2}\text{N} = 1029.5\text{N}$$

Ⅰ－Ⅰ截面处的弯矩为

$$M_{HI} = 1030 \times \frac{118}{2}\text{N·mm} = 60770\ \text{N·mm}$$

Ⅱ－Ⅱ截面处的弯矩为

$$M_{HI} = 1030 \times 29\text{N·mm} = 29870\ \text{N·mm}$$

③作垂直面内的弯矩图如图10.21b所示支点反力为

$$F_{VA} = \frac{F_{r2}}{2} - \frac{F_{a2} \times d}{2l} = \left(\frac{763.8}{2} - \frac{405.7 \times 265}{2 \times 118}\right)\text{N} = -73.65\text{N}$$

$$F_{VB} = F_{r2} - F_{VA} = [763.8 - (-73.65)]\ \text{N} = 837.5\text{N}$$

Ⅰ－Ⅰ截面左侧弯矩为

$$M_{VT左} = F_{VA} \cdot \frac{l}{2} = -73.65 \times \frac{118}{2}\text{N·mm} = -4345.35\text{N·mm}$$

Ⅰ－Ⅰ截面右侧变矩为

$$M_{VT右} = F_{VB} \cdot \frac{l}{2} = 837.5 \times \frac{118}{2}\text{N·mm} = 49412.5\text{N·mm}$$

Ⅱ－Ⅱ截面处的弯矩为

$$M_{V_{II}} = F_{VB} \cdot 29 = 837.5 \times 29\text{N·mm} = 24287.5\text{N·mm}$$

④作合成弯矩图，如图10.21（e）所示。

$$M = \sqrt{M_{II}^2 + M_V^2}$$

Ⅰ－Ⅰ截面：

$$M_{I左} = \sqrt{M_{VI左}^2 + M_{HI}^2} = \sqrt{(-4345)^2 + (60770)^2}\text{N·mm} = 60925\text{N·mm}$$

$$M_{I右} = \sqrt{M_{VI左}^2 + M_{HI}^2} = \sqrt{(49410)^2 + (60770)^2}\text{N·mm} = 78320\text{N·mm}$$

Ⅱ－Ⅱ截面：

$$M_{\text{Ⅱ}}=\sqrt{M_{\text{VⅡ}}^2+M_{\text{HⅡ}}^2}=\sqrt{(24287.5)^2+(29870)^2}\text{N·mm}=39776\text{N·mm}$$

⑤作转矩图，如图 10.20（f）所示。

$$T=9.55\times10^6\frac{P}{n}=9.55\times10^6\times\frac{8}{280}\text{N·mm}=272900\text{N·mm}$$

⑥求当量弯矩。

因减速器单向运转，故可认为转矩为脉动循环变化，修正因数 α 为 0.6。

Ⅰ－Ⅰ截面：

$$M_{\text{eI}}=\sqrt{M_{\text{I右}}^2+(\alpha T)^2}=\sqrt{78320^2+(0.6\times272900)^2}\text{N·mm}=181500\text{N·mm}$$

Ⅱ－Ⅱ截面：

$$M_{\text{eⅡ}}=\sqrt{M_{\text{Ⅱ}}^2+(\alpha T)^2}=\sqrt{39776^2+(0.6\times272900)^2}\text{N·mm}=168502\text{N·mm}$$

⑦确定危险截面及校核强度。

由图 10.20 可以看出，截面Ⅰ－Ⅰ、Ⅱ－Ⅱ所受转矩相同，但弯矩 $M_{\text{eⅠ}}>M_{\text{eⅡ}}$，且轴上还有键槽，故截面Ⅰ－Ⅰ可能为危险截面。但由于轴径 $d_3>d_2$，故也应对截面Ⅱ－Ⅱ进行校核。

Ⅰ－Ⅰ截面：

$$\sigma_{\text{eⅠ}}=\frac{M_{\text{eⅠ}}}{W}=\frac{181500}{0.1d_3^3}=\frac{181500}{0.1\times45^3}\text{MPa}=19.9\text{MPa}$$

Ⅱ－Ⅱ截面：

$$\sigma_{\text{eⅡ}}=\frac{M_{\text{eⅡ}}}{W}=\frac{168502}{0.1\times d_2^3}=\frac{168502}{0.1\times40^3}\text{MPa}=26.3\text{MPa}$$

查表 10.2 得 $[\sigma_{-1\text{b}}]=60\text{Mpa}$，满足 $\sigma_{\text{e}}\leqslant[\sigma_{-1\text{b}}]$ 的条件，故设计的轴有足够强度，并有一定的裕量。

(5) 修改轴的结构。

因所设计轴的强度裕度不大，此轴不必再作修改。

(6) 绘制轴的零件图（略）。

思考与练习

1. 自行车的中轴和后轮轴是什么类型的轴？为什么？

2. 试选择下列场合轴的材料：①食品机械螺旋输送机的输送轴；②普通机床齿轮箱中的转轴；③水电站发电机的转子轴。

3. 多级齿轮减速器高速轴的直径总比低速轴的直径小，为什么？

4. 轴上最常用的轴向定位结构是什么？轴肩与轴环有何异同？

5. 轴上传动零件最常见的周向固定方式是什么？

6. 下列场合的轴中，哪些适合选用滚动轴承，哪些适合选用滑动轴承？

(1) 大型发电机转子轴；

（2）普通机床齿轮箱中的各转轴；

（3）水泥搅拌机的滚筒轴；

（4）高精度精密机床的主轴。

7. 轴按功用与所受载荷的不同分为哪三种？常见的轴大多属于哪一种？

8. 轴的结构设计应从哪几个方面考虑？

9. 制造轴的常用材料有几种？若轴的刚度不够，是否可采用高强度合金钢提高轴的刚度？为什么？

10. 轴上零件的周向固定有哪些方法？采用键固定时应注意什么？

11. 轴上零件的轴向固定有哪些方法？各有何特点？

12. 在齿轮减速器中，为什么低速轴的直径要比高速轴的直径大得多？

13. 在轴的弯扭合成强度校核中，α 表示什么？为什么要引入 α？

14. 常用提高轴的强度和刚度的措施有哪些？

15. 试述平键联接和楔键联接的工作特点和应用场合。

16. 图 10.21 所示为二级圆柱齿轮减速器。已知：$Z_1 = Z_3 = 20$，$Z_2 = Z_4 = 40$，$m = 4$mm，高速级齿宽 $b_{12} = 45$mm，低速级齿宽 $b_{34} = 60$mm，轴Ⅰ传递的功率 $P = 4$kW，转速 $n_1 = 960$r/min，不计摩擦损失，图中 a、c 取为 5 ~ 20mm，轴承端面到箱体内壁的距离为 5 ~ 10mm。试设计轴Ⅱ，初步估算轴的直径，画出轴的结构图、弯矩图及扭矩图，并按弯扭合成强度校核此轴。

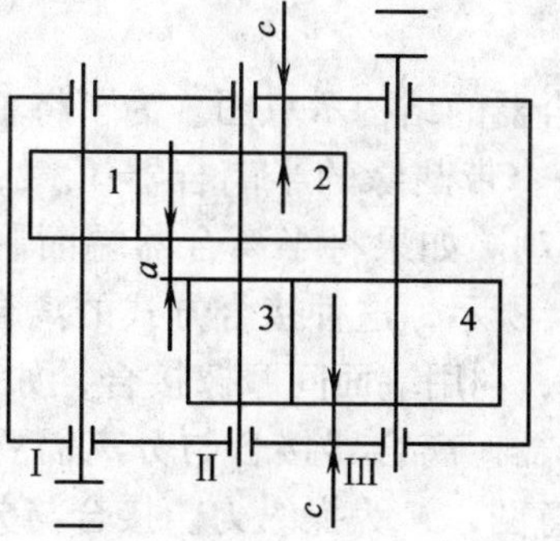

图 10.21　习题 16 图

第 11 章　联轴器、离合器和弹簧

联轴器与离合器的功用是将轴与轴（或轴与旋转零件）连成一体，使其一同运转，并将一轴转矩传递给另一轴，联轴器在运转时，两轴不能分离，必须停车后，经过拆卸才能分离。离合器在运转或停车后，不用拆卸，两轴便能分离。联轴器与离合器都是由若干零件组成的通用部件。

如图 11.1（a）所示是联轴器的结构示意图。为了将轴Ⅰ与轴Ⅱ联成一体，特地在两轴上，各装上一个带凸缘的半联轴器 1、2。半联轴器与轴用键联接，再将两个半联轴器通过中间联接件 3（如螺栓）联结成一个整体的联轴器，轴Ⅰ的运动和转矩便能传递给轴Ⅱ。如果联轴器的中间联接件是刚性的，便称这类联轴器为刚性联轴器；如果中间联接件是弹性的，便称这类联轴器为弹性联轴器。刚性联轴器又按有无补偿两轴轴线间相对偏移能力分为两类，没有补偿能力的联轴器称为固定式联轴器，有补偿能力的联轴器，称为可移式联轴器。

联轴器已标准化，它的主要性能参数为：标志传递能力的公称传矩 $\boldsymbol{T_0}$，许用转速 $[n]$，被联接两轴的直径范围和标志补偿能力的偏移补偿。使用时，只需按要求直接选用。

如图 11.1（b）所示为离合器的结构示意图。为了将轴Ⅰ与轴Ⅱ在运转时能联接和分离，特地在两轴上各装上一个带凸缘的半离合器 1、2，半离合器与轴以花键联接，其中半离合器 2 在轴上可以移动。如果将半离合器端面制成齿和齿槽，利用齿槽和齿嵌合方式接合，如图 11.1（c）所示，这种接合方式的离合器称为嵌合式离合器。如果将两个半离合器端面直接压紧，利用端面间摩擦接合，如图 11.1（d）所示，这种接合方式的离合器称为摩擦式离合器。离合器接合与分离需要专门操纵的，称为操纵离合器，图 11.1（b）所示是其示意图，$\boldsymbol{F}$ 为操纵力。接合与分离是自动进行的，称为自动离合器。

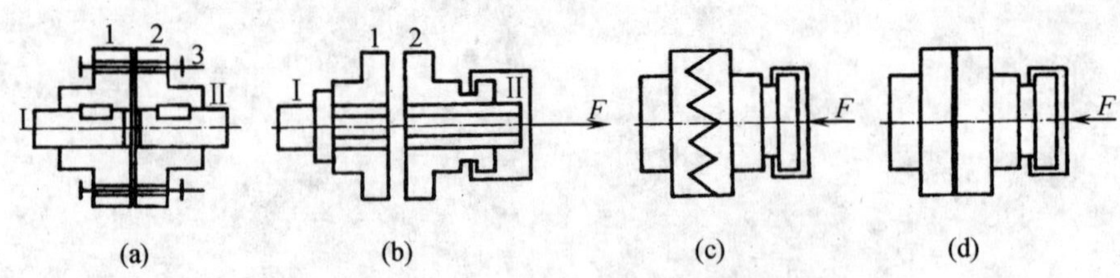

图 11.1　联轴器、离合器结构图

11.1　联　轴　器

11.1.1　常用联轴器类型

1. 刚性联轴器

常用的刚性联轴器有套筒联轴器和凸缘联轴器等。

(1) 套筒联轴器

如图 11.2 所示，套筒联轴器是利用套筒及连接零件（键或销）将两轴连接起来。图 11.2（a）中的螺钉用作轴向固定；当轴超载时，图 11.2（b）中的锥销会被剪断，可起到安全保护的作用。

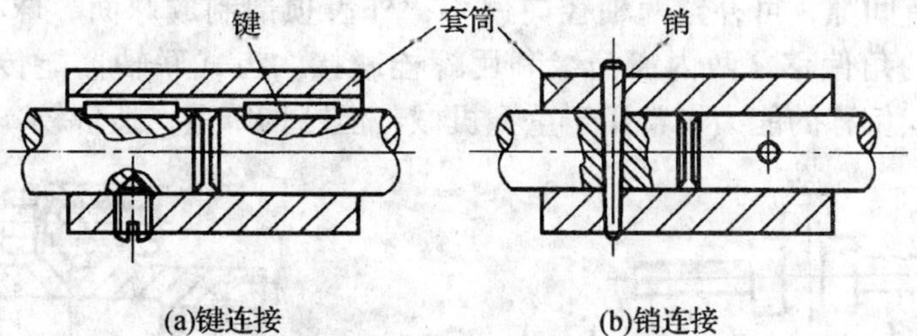

(a)键连接　　(b)销连接

图 11.2　套筒联轴器

套筒联轴器结构简单、径向尺寸小、容易制造，但缺点是装拆时因被连接轴需作轴向移动而使用不太方便。适用于载荷不大、工作平稳、两轴严格对中并要求联轴器径向尺寸小的场合。此种联轴器目前尚未标准化。

(2) 凸缘联轴器

如图 11.3 所示，凸缘联轴器由两个带凸缘的半联轴器和一组螺栓组成。这种联轴器有两种对中方式：一种是通过分别具有凸槽和凹槽的两个半联轴器的相互嵌合来对中，半联轴器之间采用普通螺栓连接，靠半联轴器接合面间的摩擦来传递转矩，如图 11.3（a）所示；另一种是通过铰制孔用螺栓与孔的紧配合对中，靠螺栓杆承受载荷来传递转矩，如图 11.3（b）所示。当尺寸相同时后者传递的转矩较大，且装拆时轴不必做轴向移动。

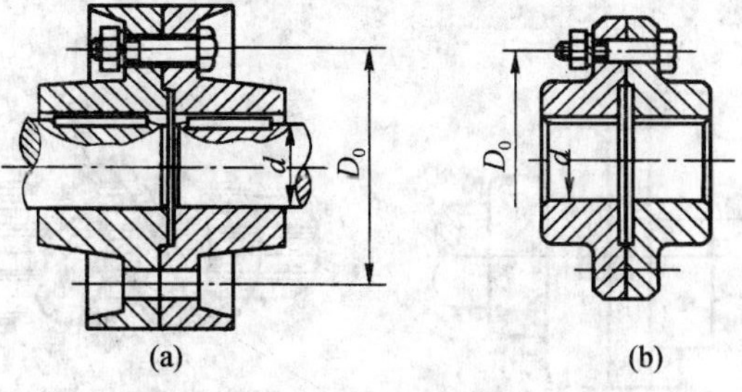

(a)　　(b)

图 11.3　凸缘联轴器

凸缘联轴器的主要特点是结构简单、成本低、传递的转矩较大，但要求两轴的同轴度要好。适用于刚性大、振动冲击小和低速大转矩的连接场合，是应用最广的一种刚性联轴器。这种联轴器已标准化（GB 5843—86）。

2. 可移式刚性联轴器

由于制造、安装误差和工作时零件变形等原因，不易保证两轴对中时，宜采用具有补偿两轴相对偏移能力的可移式刚性联轴器。这类联轴器能补偿两轴相对轴向偏移 Δx 如图 11.4（a）所示、径向偏移 Δy 如图 11.4（b）所示、角偏移 Δa 如图 11.4（c）所示和这些偏移组合的综合偏移。

可移式刚性联轴器有齿式联轴器、滑块联轴器和万向联轴器等。

（1）齿式联轴器

齿式联轴器如图 11.5 所示。它是利用内、外齿啮合以实现两轴相对偏移的补偿。内、外齿径向有间隙，可补偿两轴径向偏移；外齿顶部制成球面，球心在轴线上，可补偿两轴之间的角偏移。两内齿凸缘利用螺栓联接。齿式联轴器能传递很大的转矩，又有较大的补偿偏移的能力，常用于重型机械，但结构笨重，造价较高。

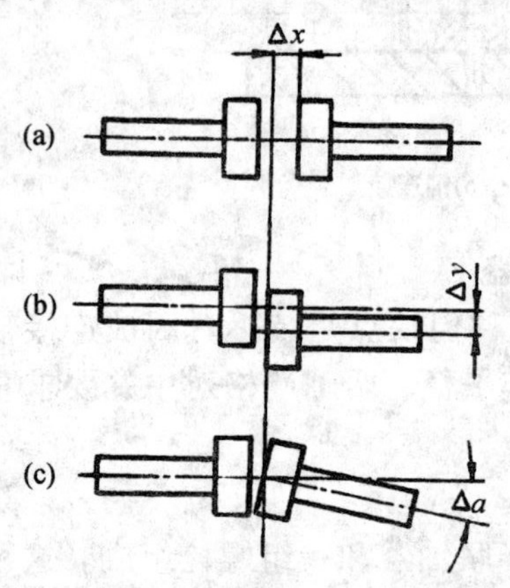

图 11.4　可移式刚性联轴器

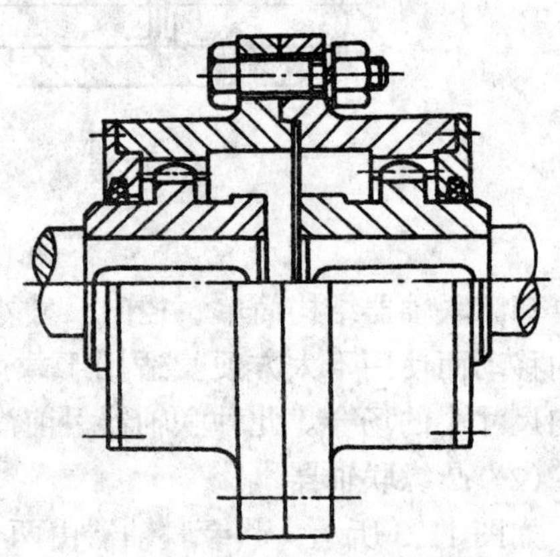

图 11.5　齿式联轴器

（2）十字滑块联轴器

如图 11.6 所示，由两个在端面上开有凹槽的半联轴器 1、3 和一个两端面均带有凸牙的中间盘 2 组成，中间盘两端面的凸牙位于互相垂直的两个直径方向上，并在安装时分别嵌入 1、3 的凹槽中。因为凸牙可在凹槽中滑动，故可补偿安装及运转时两轴间的相对位移和偏斜。

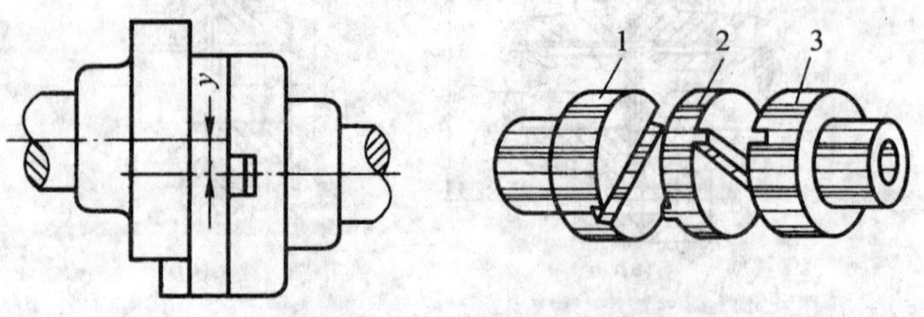

图 11.6　十字滑块联轴器

1、3. 半联轴器　2. 中间盘

因为半联轴器与中间盘组成移动副，不能相对转动，故主动轴与从动轴的角速度应相等。但在两轴间有偏移的情况下工作时，中间盘会产生很大的离心力，故其工作转速不宜过大。

这种联轴器一般用于转速较低，轴的刚性较大，无剧烈冲击的场合。

(3) 万向联轴器

万向联轴器中常见的有十字轴式万向联轴器，如图 11.7 所示。它利用中间联接件十字轴 3 联接两边的半联轴器，两轴线间夹角 α 可达 40°～45°。单个十字轴式万向联轴器的主动轴 1 作等角速转动时，其从动轴 2 作变角速转动。为避免这种现象，可采用两个万向联轴器，使两次角速度变动的影响相互抵消，从而使主动轴 1 与从动轴 2 同步转动，如图 11.8 所示。但各轴相互位置必须满足：主动轴 1、从动轴 2 与中间轴 C 之间的夹角相等，即 $\alpha_1 = \alpha_2$；中间轴两端叉面必须位于同一平面内，如图 11.8（a）、（b）所示，图 11.8（c）是双十字轴式万向联轴器的结构图。

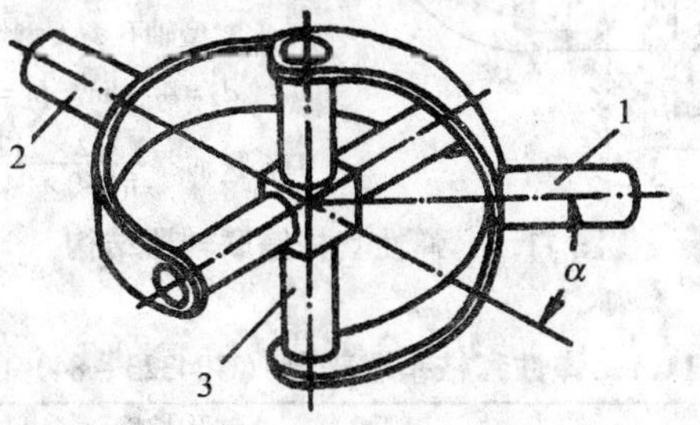

图 11.7　十字轴式万向联轴器

1. 主动轴　2. 从动轴　3. 十字轴

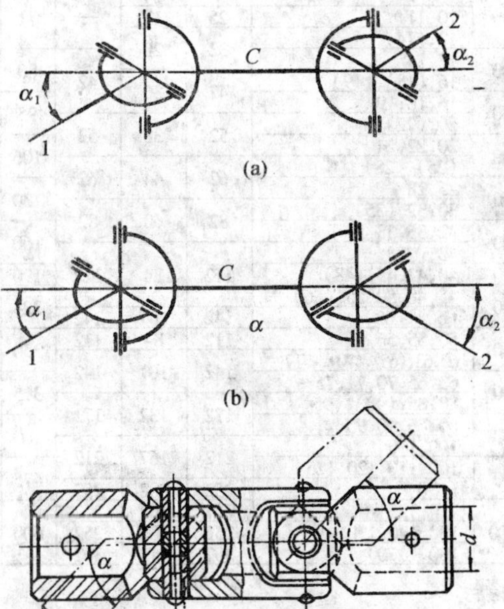

图 11.8　双十字轴式万向联轴器结构图

3. 弹性联轴器

弹性联轴器是利用弹性联接件的弹性变形来补偿两轴相对位移，缓和冲击和吸收振动的。弹性联轴器有弹性套柱销联轴器、弹性柱销联轴器和轮胎式联轴器等。

(1) 弹性套柱销联轴器

弹性套柱销联轴器如图 11.9 所示，是利用一端具有弹性套的柱销作为中间联接件。为了补偿轴向偏移，在两轴间留有轴向间隙 c。为了更换易损元件弹性套，留出一定的空间距离 A。弹性套柱销联轴器的标准号为 GB4323—84，如表 11.1 所示。

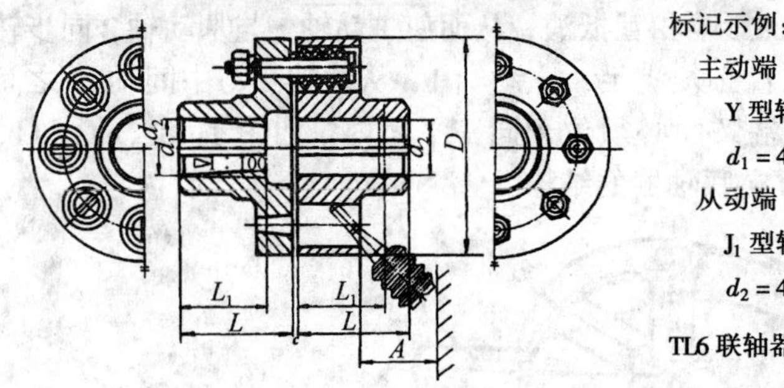

标记示例：

主动端

Y 型轴孔。A 型键槽

$d_1 = 42$ mm，$L = 112$ mm

从动端

J_1 型轴孔，A 型键槽

$d_2 = 40$ mm，$L_1 = 84$ mm

TL6 联轴器 $\dfrac{YA42 \times 112}{J_1A40 \times 84}$ GB 4323—84

图 11.9　弹性套柱销联轴器结构

表 11.1　弹性套柱销联轴器（GB4323－84）（mm）

型号	公称转矩 T_n/N·m	许用转速 [n] / (r/min) 铁	许用转速 [n] / (r/min) 铜	轴孔直径* d_1、d_2、d_3	轴孔长度 Y 型 L	轴孔长度 J、J_1、Z 型 L_1	轴孔长度 J、J_1、Z 型 L	D	A	质量 m/kg	转动惯量 I/(kg·m)^2	许用补偿量 径向 Δy	许用补偿量 角向 $\Delta\alpha$
TL1	6.3	6 600	8 800	9	20	14	—	71	18	1.16	0.000 4	0.2	1°30′
				10,11	25	17							
				12,(14)	32	20							
TL2	16	5 500	7 600	12,14			42	80		1.64	0.001		
				16,(18),(19)	42	30							
TL3	31.5	4 700	6 300	16,18,19				95	35	1.9	0.002		
				20,(22)	52	38	52						
TL4	63	4 200	5 700	20,22,24				106		2.3	0.004		
				(25),(28)	62	44	62						
TL5	125	3 600	4 600	25,28				130		8.36	0.011	0.3	
				30,32,(35)	82	60	82		45				
TL6	250	3 300	3 800	32,35,38				160		10.36	0.026		
				40,(42)									
TL7	500	2 800	3 600	40,42,45,(48)	112	84	112	190		15.6	0.06		
TL8	710	2 400	3 000	45,48,50,55,(56)				224		25.4	0.13	0.4	1°
				(60),(63)	142	107	142		65				
TL9	1 000	2 100	2 850	50,55,56	112	84	112	250		30.9	0.20		
				60,63,(65),(70),(71)	142	107	142						
TL10	2 000	1 700	2 300	63,65,70,71,75				315	80	65.9	0.64		
				80,85,(90),(95)	172	132	172						
TL11	4 000	1 350	1 800	80,85,90,95				400	100	122.6	2.06	0.5	
				100,110	212	167	212						
TL12	8 000	1 100	1 450	100,110,120,125				475	130	218.4	5.00		0°30′
				(130)	252	202	252						
TL13	16 000	800	1 1500	120,125	212	167	212	600	180	425.8	16.00	0.6	
				130,140,150	252	202	252						
				160,(170)	302	242	302						

(2) 弹性柱销联轴器

弹性柱销联轴器如图 11.10 所示，是直接利用具有弹性的非金属（如尼龙）柱销 2 作为中间联接件，将半联轴器 1 联接在一起。为了防止柱销由凸缘孔中滑出，在两端配置有挡板 3。这种联轴器的柱销结构简单，更换方便；安装时，要留有轴向间隙 S。

弹性套柱销联轴器和弹性柱销联轴器的径向偏移和角偏移的许用范围不大，故安装时，需注意两轴对中，否则会使柱销或弹性套迅速磨损。

(3) 轮胎式联轴器

轮胎式联轴器如图 11.11 所示，利用轮胎式橡胶制品 2 作为中间联接件，将半联轴 1 与 3 联接在一起。这种联轴器结构简单可靠，能补偿较大的综合偏移，可用于潮湿多尘的场合，它的径向尺寸大，而轴向尺寸比较紧凑。轮胎式联轴器标准号为 GB5844—86。

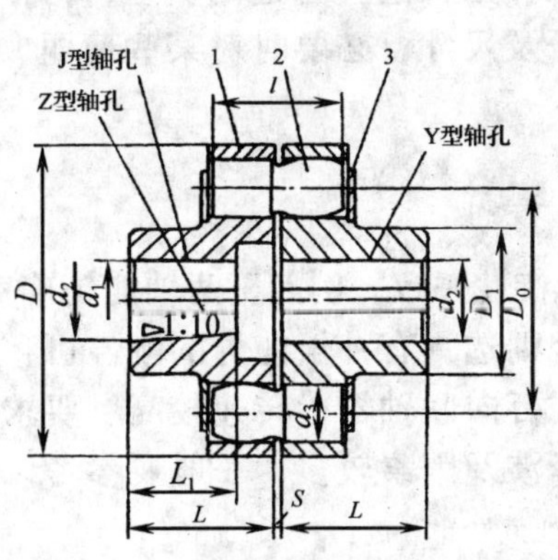

图 11.10　弹性柱销联轴器

1. 半联轴器　2. 柱销　3. 挡板

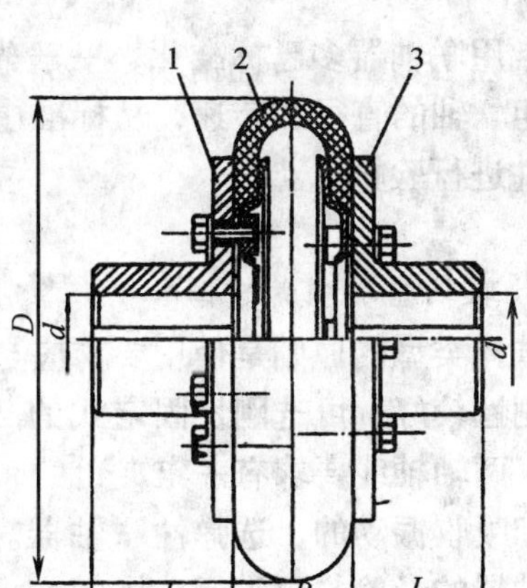

图 11.11　轮胎式联轴器

1、3. 半联轴器　2. 橡胶

4. 安全联轴器

为了防止机器过载而损伤机器零、部件和造成事故，常在传动的某个环节，设置安全联轴器，起到保护机器的作用。常用的安全联轴器有销钉式安全联轴器和牙嵌式安全联轴器。

(1) 销钉式安全联轴器

如图 11.12 所示为销钉式安全联轴器，它的传力件是细小的销钉，销钉装在两段钢套中，正常工作时，销钉温度足够；过载时，销钉首先被切断，以保证轴的安全。销钉式安全联轴器用于偶发性过载。

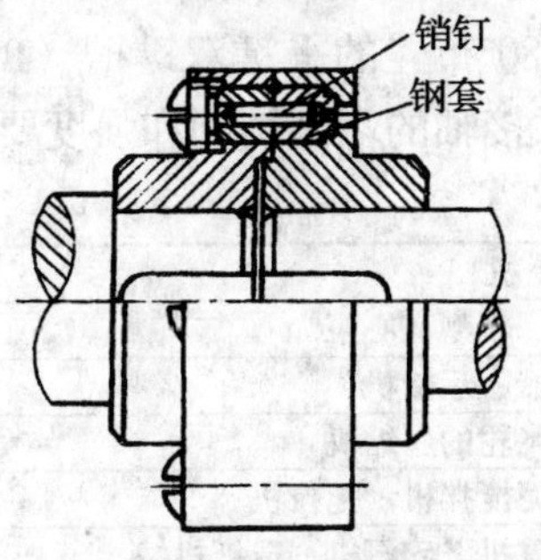

图 11.12　销钉式安全联轴器

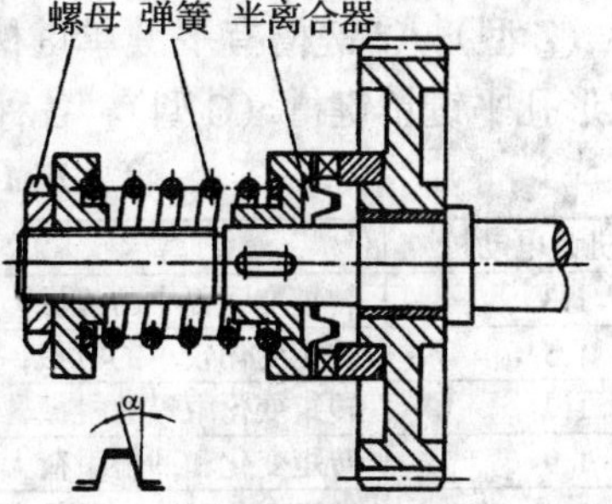

图 11.13　牙嵌式安全联轴器

(2) 牙嵌式安全联轴器

如图 11.13 所示为牙嵌式安全联轴器，它的两半联轴器端面上有牙，依靠弹簧使牙齿与齿槽相互嵌入并压紧，以传递转矩；过载时，由于它具有牙形角 α 大于摩擦 ρ 的结构特点，故推开弹簧，两半联轴器的牙齿脱开，以保证轴的安全。牙嵌式安全联轴功率器用于经常性过载。

11.1.2 联轴器的选择

常用联轴器多已标准化，一般先根据机器的工作条件选择合适的类型；再根据计算转矩、轴的直径和转速，从标准中选择所需型号及尺寸；必要时对某些薄弱、重要的零件进行验算。

1. 联轴器类型的选择

选择类型的原则是使用要求应与所选联轴器的特性一致。例如，两轴能精确对中，轴的刚性较好，可选刚性固定式的凸缘联轴器，否则选具有补偿能力的刚性可移式联轴器；两轴轴线要求有一定夹角的，可选十字轴式万向联轴器；转速较高、要求消除冲击和吸收振动的，选弹性联轴器。由于类型选择涉及因素较多，一般要参考以往使用联轴器的经验，再进行选择。

2. 联轴器型号、尺寸的选择

选择类型后，根据计算转矩、轴径、转速，由手册或标准中选择联轴器的型号、尺寸。选择时要满足：

①计算转矩 $\boldsymbol{T}$，不超过联轴器的公称转矩 $\boldsymbol{T}_{\mathrm{n}}$，即

$$T_{\mathrm{c}} = KT = K \cdot 9550 \frac{P}{n} \leqslant T_{\mathrm{n}}\ (\mathrm{N \cdot m}) \tag{11.1}$$

式中，K 为工作情况系数，见表 11.2；$\boldsymbol{T}$ 为理论转矩，单位为 N·m；P 为原动机功率，单位为 kW；n 为转速，单位为 r/min。

②转速 n 不超过联轴器许用转速 $[n]$。

③轴径与联轴器孔径一致。在 GB3852—83 中，对联轴器轴孔及键槽的规定：①轴孔有长圆柱形（Y 型）、有沉孔的短圆柱形（J 型）、无沉孔的短圆柱形（J_1 型）和有沉孔的圆锥形（Z 型）；②键槽有平键单键槽（A 型），120°、180°布置的平键双键槽（B、B_1 型）和圆锥形孔平键单键槽（C 型）。各种型号适应各种被联接轴的端部结构和强度要求。

表 11.2 工作情况系数 K

原动机为电动机	工 作 机
1.3	转矩变化很小的机械，如发电机、小型通风机、小型离心泵
1.5	转矩变化较小的机械，如汽轮压缩机、木工机械、运输机
1.7	转矩变化中等的机械，如搅拌机、增压机、有飞轮的压缩机
1.9	转矩变化和冲击载荷大的机械，如织布机、水泥搅拌机、拖拉机
2.3	转矩变化和冲击载荷大的机械，如挖掘机、起重机、碎石机、造纸机械

11.2　常用离合器

摩擦式离合器是利用接触面间产生的摩擦力传递转矩的。摩擦离合器可分单片式和多片式等。

1. 单片式摩擦离合器

单片式摩擦离合器如图 11.14 所示，是利用两圆盘面 1、2 压紧或松开，使摩擦力产生或消失，以实现两轴的联接或分离。

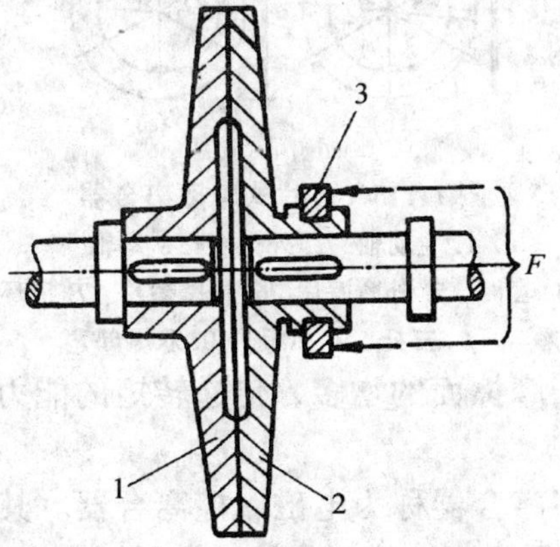

图 11.14　单片式摩擦离合器结构

1. 主动盘　2. 从动盘　3. 滑块

操纵滑块 3，使从动盘 2 左移，以压力 F 将其压在主动盘 1 上，从而使两圆盘结合；反向操纵滑块 3，使从动盘右移，则两圆盘分离。单片式摩擦离合器结构简单，但径向尺寸大，而且只能传递不大的转矩，常用在轻型机械上。

2. 多片式摩擦离合器

多片式摩擦离合器如图 11.15 所示，主动轴 1、外壳 2 与一组外摩擦片 5 组成主动部分，外摩擦片如图 11.15（b）所示可沿外壳 2 的槽移动。从动轴 3、套筒 4 与一组内摩擦片 6 组成从动部分、内摩擦片如图 11.15（c）所示可沿套筒 4 上的槽滑动。滑环 7 向左移动，使杠杆 8 绕支点顺时针转，通过压板 9 将两组摩擦片压紧如图 11.15（a）所示，于是主动轴带动从动轴转动。滑环 7 向右移动，杠杆 8 下面的弹簧的弹力将杠杆 8 绕支点反转，两组摩擦片松开，于是主动轴从动轴脱开。双螺母 10 是调节摩擦片的间距用的，借以调整摩擦面间的压力。

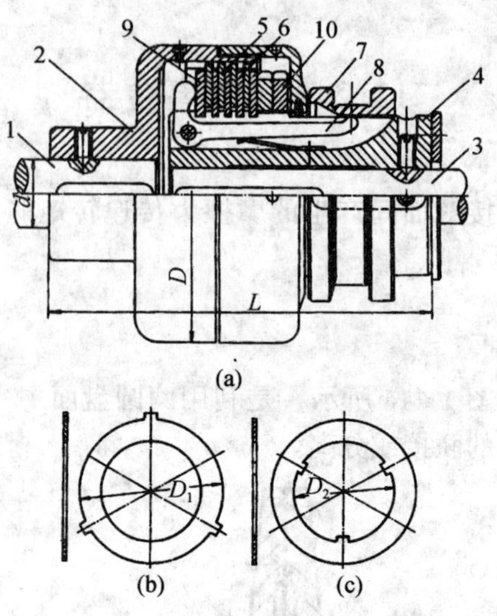

图 11.15　多片式摩擦离合器

1. 主动轴　2. 外壳　3. 从动轴
4. 套筒　5. 外摩擦片　6. 内摩擦片　7. 滑环
8. 杠杆　9. 压板　10. 双螺母

多片式摩擦离合器由于摩擦面的增多，传递转矩的能力显著增大，径向尺寸相对减小，但是结构比较复杂。

利用电磁力操纵的摩擦离合器称为电磁摩擦离合器。其中最常用的是多片式电磁摩擦离合器，如图 11.16 所示。摩擦片部分的工作原理与前述相同。电磁操纵部分及原理如下：当直流电接通后，电流经接触环 1 导入励磁线圈 2，线圈产生的电磁力吸引衔铁 5，压紧两组摩擦片 3、4，使离合器处于接合状态。切断电流后，依靠复位弹簧 6 将衔铁 5 推开，两组摩擦片随着松开，使离合器处于分离状态。电磁摩擦离合器可以在电路上实现改善离合器功能的要求，例如利用快速励磁电路可实现快速接合；利用缓冲励磁电路可实现缓慢接合，避免起动冲击。

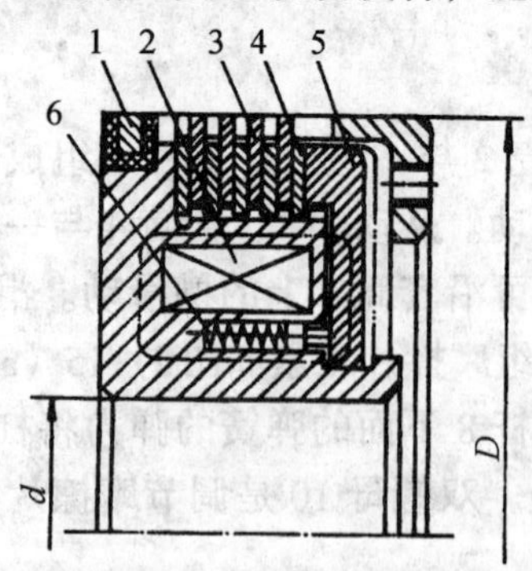

图 11.16　电磁摩擦离合器

1. 接触环　2. 励磁线圈　3、4. 摩擦片
5. 衔铁　6. 复位弹簧

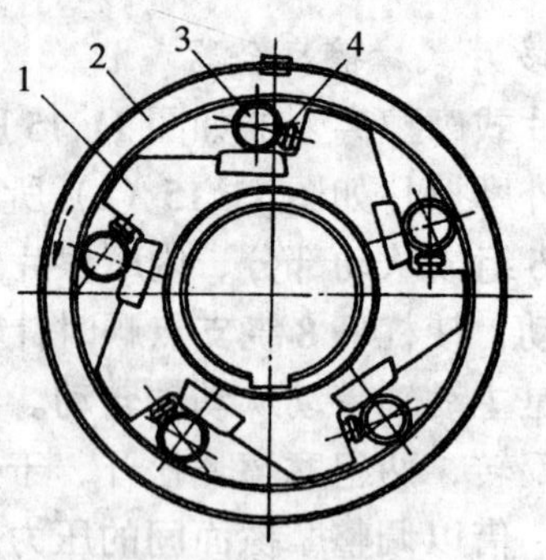

图 11.17　定向离合器

1. 星轮　2. 外环
3. 滚柱　4. 推杆

与牙嵌式离合器相比，摩擦式离合器的优点有：①在任何转速下都可接合；②过载时摩擦面打滑，能保护其他零件，不致损坏；③接合平稳、冲击和振动小。缺点为接合过程中，相对滑动引起发热与磨损，损耗能量。

3. 定向离合器

定向离合器是利用机器本身转速、转向的变化，来控制两轴离合的离合器。如图 11.17 所示的定向离合器，星轮 1 和外环 2 分别装在主动件或从动件上。星轮与外环间有楔形空腔，内装滚柱 3。每个滚柱都被弹簧推杆 4 以适当的推力推入楔形空腔的小端，且处于临界状态（即稍加外力便可楔紧或松开的状态）。星轮和外环都可作主动件。按图示结构，外环为主动件逆时针回转时，摩擦力带动滚柱进入楔形空间的小端，便楔紧内、外接触面，驱动星轮转动。当外环顺时针回转，摩擦力带动滚柱进入楔形空间的大端，便松开内、外接触面，外环空转。由于传动具有确定转向，故称为定向离合器。

星轮和外环都作顺时针回转时，根据相对运动关系，如外环转速小于星轮转速，则滚柱楔紧内、外接触面，外环与星轮接合。反之，滚柱与内、外接触面松开，外环与星轮分离。可见只有当星轮超过外环转速，才能起到传递转矩并一起回转的作用，故又称为超越离合器。

定向离合器是自动离合器的一种。

11.3　弹　　簧

弹簧是一种弹性元件。由于它具有刚性小、弹性大、在载荷作用下容易产生弹性变形等特性，被广泛地应用于各种机器、仪表及日常用品中。

(1) 功用

随着使用场合的不同，弹簧在机器中所起的作用也不同，其功用主要有：

①缓冲和吸振：例如汽车的减振簧和各种缓冲器中的弹簧；

②存储及输出能量：如钟表的发条等；

③测量载荷：如弹簧秤、测力器中的弹簧；

④控制运动：如内燃机中的阀门弹簧等。

(2) 类型

弹簧的类型很多，表 11.3 列出了常用类型的弹簧及其特点和应用。在一般机械中最常用的是圆柱形螺旋弹簧，这里主要讨论圆柱形螺旋压缩及拉伸弹簧的结构形式。

表 11.3 弹簧的类型及应用

名称	简图	说明
圆柱螺旋弹簧	圆截面压缩弹簧	承受压力。结构简单，制造方便，应用最广
	矩形截面压缩弹簧	承受压力。当空间尺寸相同时，矩形截面弹簧比圆形截面弹簧吸收能量大，刚度更接近于常数
	圆截面拉伸弹簧	承受拉力
	圆截面扭转弹簧	承受转矩。主要用于压紧和蓄力以及传动系统中的弹性环节
圆锥螺旋弹簧	圆截面压缩弹簧	承受压力。弹簧圈从大端开始接触后特性线为非线性的。可防止共振，稳定性好，结构紧凑。多用于承受较大载荷和减振
碟形弹簧	对置式	承受压力。缓冲、吸振能力强。采用不同的组合，可以得到不同的特性线，用于要求缓冲和减振能力强的重型机械。卸载时需先克服各接触面间的摩擦力，然后恢复到原形，故卸载线和加载线不重合
环形弹簧		承受压力。圆锥面间具有较大的摩擦力，因而具有很高的减振能力，常用于重型设备的缓冲装置
盘簧	非接触型	承受转矩。圈数多，变形角大，存储能量大。多用做压紧弹簧和仪器、钟表中的储能弹簧
板弹簧	多板弹簧	承受弯矩。主要用于汽车、拖拉机和铁路车辆的车厢悬挂装置中，起缓冲和减振作用

（3）材料

弹簧的材料主要是热轧和冷拉弹簧钢。弹簧丝直径在 8 ~ 10mm 以下时，弹簧用经过热处理的优质碳素弹簧钢丝（如 65Mn、60Si2Mn 等）经冷卷成型制造，然后经低温回火处理以消除内应力。制造直径较大的强力弹簧时常用热卷法，热卷后须经淬火、回火处理。

（4）圆柱形螺旋弹簧的结构

如图 11.18 所示为螺旋压缩弹簧和拉伸弹簧。压簧在自由状态下各圈间留有间隙 δ，经最大工作载荷的作用压缩后各圈间还应有一定的余留间隙 δ（$\delta = 0.1$，$d > 0.2$mm）。为使载荷沿弹簧轴线传递，弹簧的两端和有 $\frac{3}{4} \sim \frac{5}{4}$ 圈与邻圈并紧，称为死圈。死圈端部必须磨平，如图 11.19 所示。拉簧在自由状态下各圈应并紧，端部制有挂钩，利于安装及加载，常用的端部结构如图 11.20 所示。

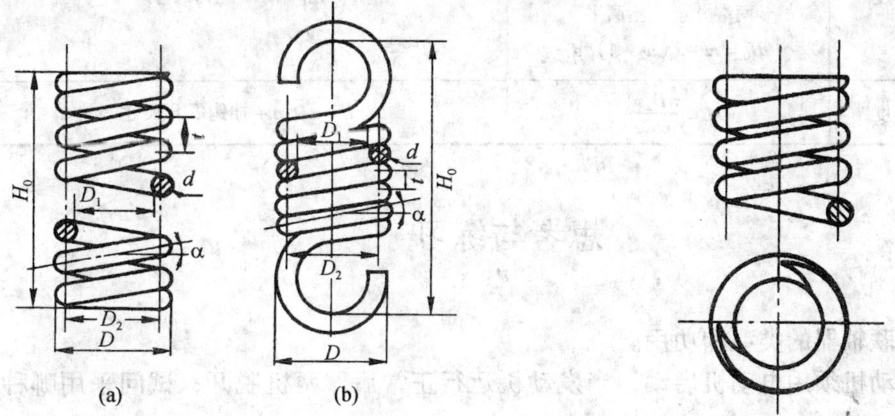

图 11.18　弹簧的基本几何参数　　图 11.19　死圈结构

圆柱形螺旋弹簧的主要参数和几何尺寸，如图 11.20 所示有：弹簧丝直径，弹簧圈外径、内径和中径，节距，螺旋升角，弹簧工作圈数和弹簧自由高度等。螺旋弹簧各参数间的关系列于表 11.4 中。

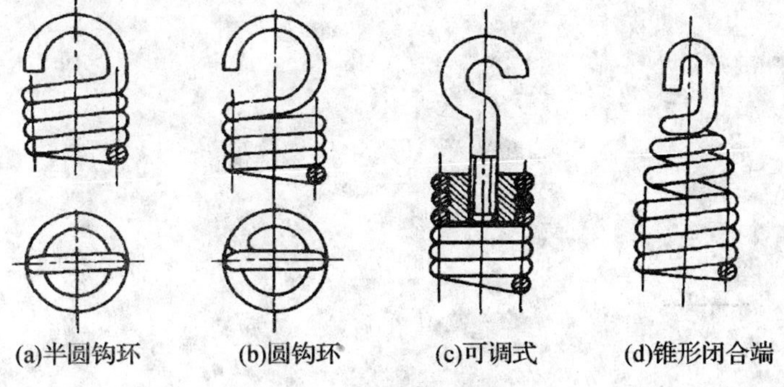

(a)半圆钩环　(b)圆钩环　(c)可调式　(d)锥形闭合端

图 11.20　螺旋拉簧的端部结构

表 11.4　螺旋弹簧基本几何参数的关系式

<table>
<tr><th>参数名称</th><th>压缩弹簧</th><th>拉伸弹簧</th></tr>
<tr><td>外径</td><td colspan="2">$D = D_2 + d$</td></tr>
<tr><td>内径</td><td colspan="2">$D = D_2 - d$</td></tr>
<tr><td>螺旋角</td><td colspan="2">$\alpha = \arctan \frac{t}{\pi D_2}$</td></tr>
<tr><td>节距</td><td>$t =（0.28 \sim 0.5）D_2$</td><td>$t = d$</td></tr>
<tr><td>有效工作圈数</td><td colspan="2">n</td></tr>
<tr><td>死圈数</td><td>n_2</td><td>—</td></tr>
<tr><td>弹簧总圈数</td><td>$n_1 = n + n_2$</td><td>$n_1 = n$</td></tr>
<tr><td>弹簧自由高度</td><td>两端并紧、磨平
$H_0 = nt +（n_2 - 0.5）d$
两端并紧、不磨平
$H_0 = nt +（n_2 + 1）d$</td><td>$H_0 = nd$ + 挂钩尺寸</td></tr>
<tr><td>簧丝展开长度</td><td>$L = \frac{\pi D_2 n_1}{\cos\alpha}$</td><td>$L = \pi D_2 n$ + 挂钩展开尺寸</td></tr>
</table>

思考与练习

1. 试述联轴器的类型和功用。

2. 某发动机须用电动机启动，当发动机运行正常后，两机脱开，试问采用哪种离合器为宜。

3. 找出实际中的三种不同的弹簧，说明它们的类型、结构和功用。

3．热轧槽钢（GB/T707—1988）

符号意义：

h——高度　　b——腿宽

d——腰厚　　t——平均腿厚度

r——内圆弧半径　　r_1——腿端圆弧半径

I——惯性矩　　W——截面系数

i——惯性半径　　z_0——yy 轴与 y_0y_0 轴间距

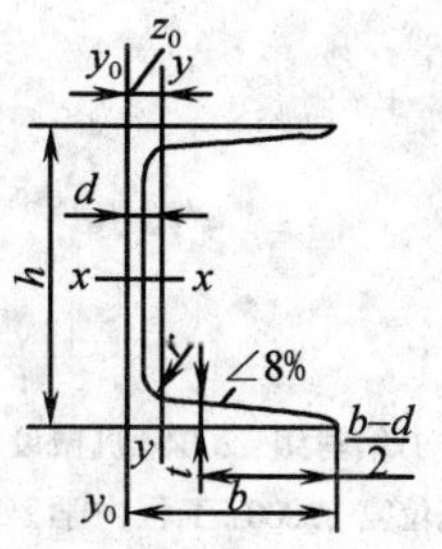

型号	尺寸/mm						截面面积 A/cm^2	理论质量 /（kg/m）	参考数值							
									$x-x$			$y-y$			y_0-y_0	
	h	b	d	t	r	r_1			W_x /cm^3	I_x /cm^4	i_x /cm	W_y /cm^3	I_y /cm^4	i_y /cm	W_{y0} /cm^4	z_0/cm
5	50	37	4.5	7.0	7.0	3.5	6.928	5.438	10.4	26.0	1.94	3.55	8.30	1.10	20.9	1.35
6.3	63	40	4.8	7.5	7.5	3.8	8.451	6.634	16.1	50.8	2.45	4.50	11.9	1.19	28.4	1.36
8	80	43	5.0	8.0	8.0	4.0	10.248	8.046	25.3	101	3.15	5.79	16.6	1.27	37.4	1.43
10	100	48	5.3	8.5	8.5	4.2	12.748	10.007	39.7	198	3.95	7.80	25.6	1.41	54.9	1.52
12.6	126	53	5.5	9.0	9.0	4.5	15.692	12.318	62.1	391	4.95	10.2	38.0	1.57	77.1	1.59
14a	140	58	6.0	9.5	9.5	4.8	18.516	14.535	80.5	564	5.52	13.0	53.0	1.70	107	1.71
14b	140	60	8.0	9.5	9.5	4.8	21.316	16.733	87.1	609	5.35	14.1	61.0	1.69	121	1.67
16a	160	63	6.5	10.0	10.0	5.0	21.962	17.240	108	866	6.28	16.3	73.3	1.83	144	1.80
16	160	65	8.5	10.0	10.0	5.0	25.162	19.752	117	935	6.10	17.6	83.4	1.82	161	1.75
18a	180	68	7.0	10.5	10.5	5.2	25.699	20.174	141	1270	7.04	20.0	98.6	1.96	190	1.88
18	180	70	9.0	10.5	10.5	5.2	29.299	23.000	152	1370	6.84	21.5	111	1.95	210	1.84
20a	200	73	7.0	11.0	11.0	5.5	28.837	22.637	178	1780	7.86	24.2	128	2.11	244	2.01
20	200	75	9.0	11.0	11.0	5.5	32.837	25.777	191	1910	7.64	25.9	144	2.09	268	1.95
22a	220	77	7.0	11.5	11.5	5.8	31.846	24.999	218	2390	8.67	28.2	158	2.23	298	2.10
22	220	79	9.0	11.5	11.5	5.8	36.246	28.453	234	2570	8.42	30.1	176	2.21	326	2.03
25a	250	78	7.0	12.0	12.0	6.0	34.917	27.410	270	3370	9.82	30.6	176	2.24	322	2.07
25b	250	80	9.0	12.0	12.0	6.0	39.917	31.385	282	3530	9.41	32.7	196	2.22	353	1.98
25c	250	82	11.0	12.0	12.0	6.0	44.917	35.260	295	3690	9.07	35.9	218	2.21	384	1.92
28a	280	82	7.5	12.5	12.5	6.2	40.034	31.427	340	4760	10.9	35.7	218	2.33	388	2.10
28b	280	84	9.5	12.5	12.5	6.2	45.634	35.822	366	5130	10.6	37.9	242	2.30	428	2.02
28c	280	86	11.5	12.5	12.5	6.2	51.234	40.219	393	5500	10.4	40.3	268	2.29	463	1.95
32a	320	88	8.0	14.0	14.0	7.0	48.513	38.083	475	7600	12.5	46.5	305	2.50	552	2.24
32b	320	90	10.0	14.0	14.0	7.0	54.913	43.107	509	8140	12.2	49.2	336	2.47	593	2.16
32c	320	96	12.0	14.0	14.0	7.0	61.313	48.131	543	8690	11.9	52.6	374	2.47	643	2.09
36a	360	96	9.0	16.0	16.0	8.0	60.910	47.814	566	11900	14.0	63.5	455	2.73	818	2.44
36b	360	98	11.0	16.0	16.0	8.0	68.110	53.466	703	12700	13.6	66.9	497	2.70	880	2.37

主要参考文献

本书编写组 .2004. 机械设计手册 . 北京：机械工业出版社
陈位宫 .2000. 工程力学 . 北京：高等教育出版社
哈尔滨工业大学理论力学教研室 .1981. 理论力学 . 第四版 . 北京：高等教育出版社
何元庚 .1992. 机械原理与机械零件 . 北京：高等教育出版社
胡家秀 .2001. 机械基础 . 北京：机械工业出版社
卢小春 .2002. 汽车机械基础 . 北京：机械工业出版社
穆能伶 .2002. 工程力学 . 北京：机械工业出版社
沈养中 .2002. 材料力学 . 北京：科学出版社
沈养中 .2002. 理论力学 . 北京：科学出版社
石固欧 .2000. 机械设计基础 . 北京：高等教育出版社
王虎 .2000. 工程力学 . 西安：西北工业大学出版社
张立德 .2000. 机械设计基础 . 重庆：重庆大学出版社

2. 热轧工字钢（GB/T706—1988）

符号意义：

h——高度　　b——腿宽

d——腰厚　　t——平均腿厚度

r——内圆弧半径　　r_1——腿端圆弧半径

I——惯性矩　　W——截面系数

i——惯性半径　　S——半截面的静力矩

型号	尺寸/mm						截面面积 A/cm^2	理论质量 /（kg/m）	参考数值						
									$x-x$				$y-y$		
	h	b	d	t	r	r_1			I_x /cm^4	W_x /cm^3	i_x /cm	$I_x:S_x$	I_x /cm^4	W_y /cm^3	i_y /cm
10	100	68	4.6	7.6	6.5	3.3	14.345	11.261	245	49.0	4.14	8.59	33.0	9.72	1.62
12.6	126	74	5.0	8.4	7.0	3.5	18.118	14.273	488	77.5	5.20	10.8	46.9	12.7	1.61
14	140	80	5.5	9.1	7.6	3.8	21.516	16.890	712	102	5.76	12.0	64.4	16.1	1.73
16	160	88	6.0	9.9	8.0	4.0	26.131	20.513	1130	141	6.58	13.8	93.1	21.2	1.89
18	180	94	6.5	10.7	8.5	4.3	30.756	24.143	1160	185	7.36	15.4	122	26.0	2.00
20a	200	100	7.0	11.4	9.0	4.5	35.578	27.929	2370	237	8.15	17.2	158	31.5	2.12
20b	200	102	9.0	11.4	9.0	4.5	39.578	31.069	2500	250	7.96	16.9	169	33.1	2.06
22a	220	110	7.5	12.3	9.5	4.8	42.128	33.070	3400	309	8.99	18.9	225	40.9	2.31
22b	220	112	9.5	12.3	9.5	4.8	46.528	36.524	3570	325	8.78	18.7	239	42.7	2.27
25a	250	116	8.0	13.0	10.0	5.0	48.541	38.105	5020	402	10.2	21.6	280	48.3	2.40
25b	250	118	10.0	13.0	10.0	5.0	53.541	42.030	5280	423	9.94	21.3	309	52.4	2.40
28a	280	122	8.5	13.7	10.5	5.3	56.404	43.492	7110	508	11.3	24.6	345	56.6	2.50
28b	280	124	10.5	13.7	10.5	5.3	61.004	47.888	7480	534	11.1	24.2	379	61.2	2.49
32a	320	130	9.5	15.0	11.6	5.8	67.156	52.717	11100	692	12.8	27.5	460	70.8	2.62
32b	320	132	11.6	15.0	11.6	5.8	78.556	57.741	11600	726	12.6	27.1	502	76.0	2.61
32c	320	134	13.5	15.0	11.5	5.8	79.956	62.765	12200	760	12.3	26.8	544	81.2	2.61
36a	360	136	10.0	15.8	12.0	6.0	76.480	60.037	15800	875	14.4	30.7	552	81.2	2.69
36b	360	138	12.0	15.8	12.0	6.0	83.680	65.689	16500	919	14.1	30.3	582	84.3	2.64
36c	360	140	14.0	15.8	12.0	6.0	90.880	71.341	17300	962	13.8	29.9	612	87.4	2.60
40a	400	142	10.5	16.5	12.5	6.3	86.112	67.598	21700	1090	15.9	34.1	660	93.2	2.77
40b	400	144	12.5	16.5	12.5	6.3	94.112	73.878	22800	1140	15.6	33.6	692	96.2	2.71
40c	400	145	14.5	16.5	12.5	6.3	102.112	80.158	23900	1190	15.2	33.2	727	99.6	2.65
45a	450	150	11.5	18.0	13.5	6.8	102.446	80.420	32200	1430	17.7	38.6	855	114	2.89
45b	450	152	13.5	18.0	13.5	6.8	111.446	87.485	33800	1500	17.4	38.0	894	118	2.84

附录　部分型钢表

1. 热轧等边角钢（GB/T9787—1988）

符号意义：

b——边宽	d——边厚
I——惯性矩	W——截面系数
i——惯性半径	z_0——重心距离
r——内圆弧半径	r_1——边端内圆弧半径

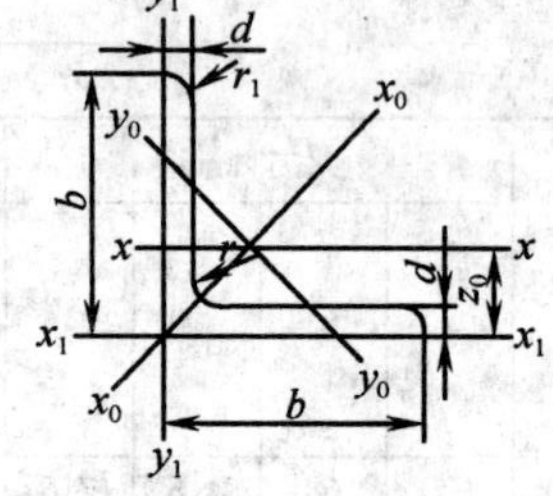

角钢型号	尺寸/mm			截面面积 A/cm^2	理论质量 /（kg/m）	外表面积 A_1/（m^2/m）	参考数值										z_0 /cm
							$x-x$			x_0-x_0			y_0-y_0			x_1-x_1	
	b	d	r				I_z /cm^4	i_s /cm	W_z /cm^3	I_{x0} /cm^4	i_{x0} /cm	W_{x0} /cm^3	I_{y0} /cm^4	i_{y0} /cm	W_{y0} /cm^3	I_{x1} /cm^4	
2	20	3	3.5	1.132	0.889	0.078	0.40	0.59	0.29	0.63	0.75	0.45	0.17	0.39	0.20	0.81	0.60
		4		1.459	1.145	0.077	0.50	0.58	0.36	0.78	0.73	0.55	0.22	0.38	0.24	1.09	0.64
2.5	25	3	3.5	1.432	1.124	0.098	0.82	0.76	0.46	1.29	0.95	0.73	0.34	0.49	0.33	1.57	0.73
		4		1.859	1.459	0.097	1.03	0.74	0.59	1.62	0.93	0.92	0.43	0.48	0.40	2.11	0.76
3	30	3	4.5	1.749	1.373	0.117	1.46	0.91	0.65	2.31	1.15	1.09	0.61	0.59	0.51	2.17	0.85
		4		2.276	1.786	0.117	1.84	0.90	0.87	2.92	1.13	1.37	0.77	0.58	0.62	3.63	0.89
3.0	36	3	4.5	2.109	1.656	0.141	2.58	1.11	0.99	4.09	1.39	1.61	1.07	0.71	0.76	4.68	1.00
		4		2.756	2.163	0.141	3.29	1.09	1.28	5.22	1.38	2.05	1.37	0.70	0.93	6.25	1.04
		5		3.382	2.656	0.141	3.95	1.08	1.56	6.24	1.36	2.45	1.65	0.70	1.09	7.84	1.07
4	40	3	5	2.539	1.852	0.157	3.59	1.23	1.23	5.69	1.55	2.01	1.49	0.79	0.96	6.41	1.09
		4		3.086	2.422	0.157	4.60	1.22	1.60	7.29	1.54	2.58	1.91	0.79	1.19	8.56	1.13
		5		3.791	2.976	0.156	5.53	1.21	1.96	8.76	1.52	3.10	2.30	0.78	1.39	10.74	1.17
4.5	45	3		2.659	2.088	0.177	5.17	1.40	1.58	8.20	1.76	2.58	2.14	0.89	1.24	9.12	1.22
		4		3.486	2.736	0.177	6.65	1.38	2.05	10.56	1.74	3.32	2.75	0.89	1.54	12.18	1.26
		5		4.292	3.369	0.176	8.01	1.37	2.51	12.74	1.72	4.00	3.33	0.88	1.81	15.25	1.30
		6		5.076	3.985	0.176	9.33	1.36	2.95	14.76	1.70	4.46	3.89	0.88	2.06	18.30	1.33
5	50	3	5.5	2.971	2.332	0.197	7.18	1.55	1.96	14.37	1.96	3.22	2.98	1.00	1.57	12.50	1.34
		4		3.879	3.059	0.197	9.26	1.54	2.56	14.70	1.94	4.16	3.82	0.99	1.96	16.69	1.38
		5		4.803	3.770	0.196	11.21	1.53	3.13	17.79	1.92	5.03	4.46	0.98	2.31	20.90	1.42
		6		5.688	4.456	0.196	13.05	1.52	3.69	20.68	1.91	5.85	5.42	0.98	2.63	25.14	1.45
5.6	56	3	6	3.343	2.624	0.221	10.19	1.75	2.48	16.14	2.20	4.08	4.24	1.13	2.02	17.56	1.48
		4		4.390	3.446	0.220	13.18	1.73	3.24	20.92	2.18	5.28	5.46	1.11	2.52	23.43	1.53
		5		5.415	4.251	0.220	16.02	1.72	3.97	25.42	2.17	6.42	6.61	1.10	2.98	29.33	1.57
		8		8.367	6.568	0.219	23.63	1.68	6.03	37.37	2.11	9.44	9.89	1.09	4.16	47.24	1.68
6.3	63	4	7	4.978	3.907	0.248	19.03	1.96	4.13	30.17	2.46	6.78	7.89	1.26	3.29	33.33	1.70
		5		6.143	4.822	0.248	23.17	1.94	5.08	36.77	2.45	8.25	9.57	1.25	3.90	41.73	1.74
		6		7.288	5.721	0.247	27.12	1.93	6.00	43.03	2.43	9.66	11.20	1.24	4.46	50.14	1.78
		8		9.515	7.469	0.247	34.46	1.90	7.75	54.56	2.40	12.25	14.33	1.23	5.47	67.11	1.85
		10		11.657	9.151	0.246	41.09	1.88	9.39	64.85	2.36	14.56	17.33	1.22	6.36	84.31	1.93